図解スポーツ大百科

図解スポーツ大百科

フランソワ・フォルタス＝編著
室星隆吾＝監訳

Sports
The Complete Visual Reference

悠書館

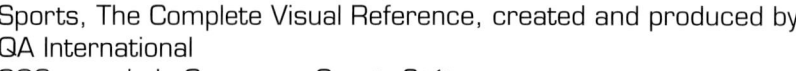

Sports, The Complete Visual Reference, created and produced by
QA International
329, rue de la Commune Ouest, 3ᵉ étage
Montréal (Québec) H2Y 3E1 Canada
T:514.499.3000 F:514.499.3010
www.qa-international.com
© QA International 2006. All rights reserved.
Japanese edition rights arranged with
QA International through Motovun Tokyo.
Japanese translation © 2006 Yushokan

Publisher	Jacques Fortin
Managing editor	François Fortin
Editor-in-chief	Karine Delobel
Writers	Denis Fourny
	Benoit Fradette
	Jean Gounelle
	Francis Magnenot
	Anne-Marie Villeneuve
	Jessie Daigle
	Jean-François Lacoste
Art director	Jean-Yves Ahern
Assistant art director	Claude Thivierge
	Rielle Lévesque
Computer-graphics supervisors	Jocelyn Gardner
	Michel Rouleau
Illustrators	Yan Bohler
	Mélanie Boivin
	Charles Campeau
	Mivil Deschênes
	Martin Desrosiers
	Jonathan Jacques
	Danièle Lemay
	Alain Lemire
	Martin Lortie
	Raymond Martin
	Annie Maurice
	Nicolas Oroc
	Frédérick Simard
	Yan Tremblay
	Mathieu Blouin
	Sébastien Dallaire
	Hoang Khanh Le
	Pierre Savoie
	Mamadou Togola
	Anne-Marie Ouellette
Graphic designer	Anne Tremblay
Layout	Véronique Boisvert
	Pascal Goyette
	Lucie McBrearty
	Josée Noiseux
	Yan Bohler
	Mario Bergeron
Researchers	Jessie Daigle
	Nancy Lepage
	Sophie Pellerin
	Sylvain Robichaud
	François Vézina
	Gilles Vézina
	Kathleen Wynd
	Daniel Provost
	Isabelle Lafrance
Photograph retouching	Hélène Coulombe
Translators	Argos interprètes et traducteurs inc.
	Käthe Roth
Proofreaders	Veronica Schami
	Denis Fourny
Computer programmer	Daniel Beaulieu
Production coordinator	Guylaine Houle
Preprint technician	Tony O'Riley
Consultants	Paul Ohl
	Guy Thibault

2005 REVISED EDITION

Editor-in-chief	Julie Cailliau
Researcher	Gilles Vezina
Layout	Sophie Pellerin
	Danielle Quinty
	Kien Tang
Translators	Kathe Roth
	Diana Halfpenny

編集者のことば ── Editor's note ──

日常生活の中で、スポーツの果たす役割は絶えず大きくなっている。さまざまな形式のスポーツや試合があらゆる国で行なわれ、主要な国際および国内大会が世界中にテレビ中継される機会も増えている。

各スポーツに関する情報は、その膨大な量にもかかわらず、世界に向けて発信される傾向にある。それでも、地元開催の人気の高いスポーツの方が、ワールドカップやシーズンごとに行なわれる選手権より、容易に情報を手に入れることができる。

本書は、国際大会をベースとした基本的な理解マニュアルであり、簡潔でわかりやすい説明と鮮やかなイラストで、120以上ものスポーツを紹介している。選手がどのような動きをし、競技がどのように行なわれているのかをより詳しく知ってもらうため、各分野に精通した競技連盟の理事、一流選手およびトレーナーに情報を提供していただき、独自の方法で最新かつ丁寧な解説を満載した。

読者の皆様には、きっと各スポーツの歴史や現在の競技形式に至るまでの流れを理解していただけることだろう。また、各競技のトレーニング方法からは、トップレベルを目指す選手の日々の努力を垣間見ることができる。実際に競技をされている方は、自分自身の技術やトレーニング内容をトップアスリートのそれと比較してみてもよいだろう。

本書では、専門用語や特別な表現を使って、競技会の施設、選手や役員の役割、各スポーツのメカニズムを紹介している。鮮明でリアルなイラストと易しい解説により、新しいスポーツ競技、または、なじみの深いスポーツのルールに関する説明や情報もひと目でわかるように工夫した。

選手の動きについては、ポイントとなる動作を連続イラストで示し、丁寧な解説をつけた。また、各競技で使用される用具についても説明を添えて紹介している。

ひと言で言えば、本書は、現代スポーツを知る理想的な手引き書である。詳細な情報が知りたいとき、または、単に好奇心からスポーツの魅力を堪能したいときなど、さまざまな形で本書を役立てていただけることと思う。

フランソワ・フォルタン

はじめに —— Introduction ——

　体力の限界への挑戦とは何だろうか？　個人による取り組みと答える人もいれば、スポーツをする人なら誰もが経験するものだと言う人もいる。このように、アスリートによって「スポーツ」の捉え方は違う。しかし、あらゆるスポーツに共通して必要なものがある。それは、公正な条件のもとで競技を行なうためのルールだ。これは、宗教行事であった古代オリンピックと、スポーツをトレーニングや教育の一環と考えた19世紀の「身体鍛錬」に唯一共通する基本原則である。そして、20世紀には、「楽しむ」という概念（プロを含め今日のアスリートは、この概念なくしては、トップレベルに到達することができないだろう）が、徐々に重要な役割を果たすようになってきた。

　近代スポーツの出現には数多くの要因がかかわっている。たとえば、イギリス人が体制作りに大きく貢献したこと、近代的な測定法の誕生により、記録の制度が作られ管理が行なわれるようになったこと、そして、オリンピック運動がきっかけで、スポーツや試合への関心が高まったことなどである。最近では、メディアに取り上げられる機会が増えたおかげで、スポーツは社会や経済に極めて大きな影響を与えるようになっている。また、莫大な投資により、組織からチームのオーナーへ、そして最終的には、個々の選手へと資金が流れていくようになってきた。今日のスポーツ界では、選手、スポンサー、放送局の利害関係が密接に絡み合い、その収益は視聴率によってかなり左右されている。

　19世紀後半、スポーツの恩恵を熱心に説いたピエール・ド・クーベルタン男爵は、近代オリンピックの復活を提唱した。オリンピックは、人々の完全復興を

introduction

求める声、つまり、古代オリンピックから受け継がれた精神にもとづいて行なわれるべきだと考えられた。1894年6月、クーベルタン男爵は、パリの国際会議で、国際オリンピック委員会(IOC)を創設した。そして、1896年、近代オリンピックの第1回大会が、ギリシャのアテネで開かれる。特別切手が発行され、政府も財政支援を行なったが、スタジアムの完成を開催に間に合わせたのは、ロシアの富豪（ジョージ・アヴェナリウス）による援助であった。開会式は、熱烈な歓迎の中、7万人の観衆を前に行なわれ、14カ国から参加した総勢311人の選手が9競技で戦いを繰り広げた。

オリンピック組織団体の中で、非常に重要な役割を果たしたクーベルタン男爵は、1925年までIOCの会長を務め、オリンピック憲章、選手宣誓、開閉会式の協約を採択した。また、すべての決定に関与し、自身の理想にもとづいて、近代オリンピック精神の発展に力を尽くした。クーベルタン男爵は、大切なのは狭義の愛国心や個人の栄光ではなく、アスリートが大会を通じて「トレーニングに取り組むときと同じひたむきさでスポーツに対する尊敬の念と公平の精神」を伝えることだと考えた。

クーベルタン男爵が採択したオリンピック・シンボルと式典の協約には、以下のことが定められている。

・オリンピック標語は、「より速く、より高く、より強く」とする。これは、フランス人神父の言葉の引用で、最善を尽くすこと、競技に不可欠な勝利への執念と勇気、そして、陸上競技における3つの基本活動の「走る」、「跳ぶ」、「投げる」を表す。

・標章は、オリンピックの旗に描かれる互いに組み合わされた5つの輪であり、5つの世界大陸と地球上の全人類を結ぶ友情を意味する。各国の国旗には、オリンピック旗に使用されている5色のうち、少なくとも1色が使われている。

今日、スポーツは、名誉や功績の社会的価値を示す国際的な文化現象になっている。そして、多くの商業ブランドが、オリンピックの威信あるイメージを利用しようとしている。スポーツは、今や、国境を越えて世界中に生中継されており、観客の入場料よりもテレビやスポンサーからの収入で資金を確保している。このグローバル化によって、統合的な組織が生まれ、スポーツ機関、代理人、商業パートナー（通常はメーカー）、放送局が複雑に絡み合うネットワークが構築されるようになった。つまり、近代スポーツの2つの大きな流れである、（オリンピックに代表されるような）アマチュア精神とプロ精神が合併したのである。したがって、財源を増やそうと多くの視聴者を求めて、さまざまな競技

introduction

が試合を放映してもらうために変革を行なっている。試合会場や日程、競技の形式までもが、商業界の都合に合わせて変更されるようになり、オリンピックもこの流れに追随している。

オリンピックの分岐点は、テレビ放映権を販売した1960年であった。それ以来、競技数は着実に増加し、視聴者も増え、民間スポンサーは派手な宣伝の場を求めてオリンピックに注目するようになった。そして、プロスポーツの人気は、最高の選手が集まるプロだけの大会では見られなかったほど、過去最高の盛り上がりを見せている。1981年、オリンピックは正式にアマチュアリズムを放棄し、1986年には五輪マークの商品化を承認した。IOCによるこの2つの決定が、オリンピックに巨額の収益をもたらすようになると、他の国際大会（一部の例を挙げるとワールドカップサッカー、F1レース、テニスやゴルフのトーナメント）も同様に世界規模の利益を得るようになった。最大級のスポーツイベントは、現在、200カ国以上で放映され、数十億人の視聴者のおかげで数億ドルもの収入を得ている。

しかし、質の高いパフォーマンスが求められるショービジネスの世界に、これほど大々的にスポーツが参入するようになると、さまざまな問題が生じてくる。パフォーマンス向上のためにドーピング薬物を使用することは、ほんの1例に過ぎない。一般の人たちが、アスリートとの一体感を得るのは、明白の原則にもとづいているときだ。つまり、アスリートが大勢の観客の前で素晴らしい活躍を見せたときである。観客にとっては、この瞬間こそが真実を証明するものに他ならない。しかし一方では、このことが真実と相反する境遇へアスリートを追い込んでいるのである。彼らの収入は、実績に基づいて決まる。見返りが期待できるなら、投資家たちは莫大な資金を注ぎ込む。しかし、アスリートの雇用主またはスポンサーは、選手の努力に左右される不透明な部分を差し引いて、どれだけ金銭的な見返りが期待できるかを試算する。したがって、アスリートたちは、絶えず求められる努力のレベルが上がり、それが人間の肉体の限界に近づこうとも、信頼されるパフォーマンスを見せなければならないのである。

競争が熾烈になる中、問題の解決策について明確な態度を示すことを強いられた世界のスポーツ関係者たちは、ドーピング対策への取り組みを掲げている。しかし、この一般的でごく常識的な見解以外に、少数ではあるがまったく方向性の違う画期的な意見もある。たとえば、国際パワーリフティング連盟は、薬物テストを行なうカテゴリーと薬物テストを行なわないカテゴリーを設け、それぞれの記録を管理しているのだ。

ところが、この現代スポーツの抑圧をはねのける新しいタイプのトップアスリートたちが登場してきた。彼らは、競技で実績を残しつつ、メディアのプレッ

introduction

シャーにもうまく対処する。たとえば、F1のアラン・プロスト、バスケットボールのマイケル・ジョーダン、アイスホッケーのウエイン・グレツキー、ゴルフのグレッグ・ノーマンなどは、大きな期待を背負いながら、非常に長い間、各界の一線で活躍し続けたスポーツ史上に残るアスリートたちである。権威ある数々のタイトルを手にした彼らは、手本となる存在であり、スポーツ界以外にも多大なる影響を及ぼした。

一方、最近では「危険な」スポーツが人気を呼んでいる。アクロバティックな側面を持つこれらのスポーツの台頭は、新しい自己表現法の追求であったり、すでに確立されたものとの個別化を図ろうとする表れである。この新しい競技は、トップレベルにおいても、危険を顧みない自由奔放なスタイルで行なわれている。それは、結果を求めるよりも観客を楽しませることを目的としているからである。陸上競技をはじめとする古くから行なわれている競技は、従来の常識を打ち破る新しい動向から大いに利益を得た。つまり、アスリート個々の能力を、動作の純粋な美しさやショーマンシップで評価する新しい視点を持った観客をひきつけることに成功したのである。

以上のようなことを発見しながら本書を楽しんでいただきたい。レベルの高いスポーツの最新情報を手に入れることによって、アスリートたちがより身近な存在に感じられるようになるだろう。本書には、110mハードルから、スノーボードや馬術にいたるまで、さまざまな国際大会やアスリートの素晴らしい活躍が満載されている。

目次 — contents —

- **1 陸上競技**
- 2 概要
- 4 100m走
- 6 200m走
- 7 400m走
- 8 リレー：4_100m、4_400m
- 10 100mハードル、110mハードル
- 11 400mハードル
- 12 800m走、1,500m走
- 14 3,000m障害物競走
- 16 競歩
- 18 5,000m走、10,000m走
- 19 クロスカントリー
- 20 マラソン
- 22 やり投げ
- 24 円盤投げ
- 26 ハンマー投げ
- 28 砲丸投げ
- 30 走り高跳び
- 32 棒高跳び
- 34 走り幅跳び
- 36 三段跳び
- 38 七種競技、十種競技

- **41 自転車競技**
- 42 ロードレース
- 46 トラックレース
- 49 バイシクルモトクロス
- 52 マウンテンバイク

- **55 体操競技**
- 56 体操
- 62 新体操
- 64 競技エアロビック
- 66 トランポリン

- **69 重量挙げ**
- 70 ウエイトリフティング
- 72 パワーリフティング

- **73 水中・水上の競技**
- 74 水泳
- 80 シンクロナイズドスイミング
- 84 水球
- 88 フリーダイビング
- 90 飛び込み

- **95 舟・船の競技**
- 96 ボート
- 100 カヌー：フラットレーシング
- 102 カヌー：スラローム
- 104 ヨット
- 110 ウインドサーフィン
- 112 サーフィン
- 114 水上スキー

- **117 馬術競技**
- 118 概要
- 120 馬場馬術
- 123 障害飛越
- 126 総合馬術
- 128 競馬
- 130 繋駕競走（けいがきょうそう）：斜対歩と側対歩
- 132 ポロ

- **135 精度を追求するスポーツ**
- 136 射撃
- 140 アーチェリー
- 143 ビリヤード
- 146 ローンボウルズ
- 147 ペタンク
- 148 ボウリング
- 150 カーリング
- 152 ゴルフ

- **157 総合的な力を要するスポーツ**
- 158 トライアスロン
- 160 近代五種競技
- 162 オリエンテーリング

- **163 アイススポーツ**
- 164 アイスホッケー
- 170 バンディ
- 172 ボブスレー
- 174 スケルトン

176 リュージュ
178 フィギュアスケート
183 アイスダンス
184 スピードスケート

189 スノースポーツ
190 アルペンスキー
195 フリースタイルスキー
198 スピードスキー
200 スキージャンプ
202 クロスカントリースキー
205 スノーボード
208 バイアスロン
210 ノルディック複合

211 山のスポーツ
212 ロッククライミング

219 空のスポーツ
216 パラシューティング

219 球技（小さなボール）
220 野球
226 ソフトボール
228 ラクロス
230 クリケット
234 ホッケー
238 ペロタバスカ（バスクボール）

240 ハンドボール

241 球技（大きなボール）
242 サッカー
248 ラグビー
254 オーストラリアンフットボール
256 アメリカンフットボール
262 バスケットボール
268 ネットボール
270 バレーボール
273 ビーチバレー
274 ハンドボール（チーム）

277 ラケットスポーツ
278 テニス
284 ラケットボール
286 卓球
289 バドミントン
292 スカッシュ

295 格闘技
296 空手
300 柔術
302 柔道
306 合気道
308 剣道
310 相撲
312 カンフー

314 テコンドー
316 ボクシング
320 キックボクシングとフルコンタクト
322 フェンシング
328 グレコローマンおよびフリースタイルレスリング

331 ローラースポーツ
332 スケートボード
334 ローラーホッケー
336 インラインスケート

339 モータースポーツ
340 概要
342 フォーミュラ1
347 ドラッグレース
348 ラリー
349 オフロードラリー
350 オートバイレース
354 スノーモービルレース
356 パワーボートレース

359 審美スポーツ
360 ボディビルディング

364 索引

陸上競技

- 2 概要
- 4 100m走
- 6 200m走
- 7 400m走
- 8 リレー：4×100m、4×400m
- 10 100mハードル、110mハードル
- 11 400mハードル
- 12 800m走、1,500m走
- 14 3,000m障害物競走
- 16 競歩
- 18 5,000m走、10,000m走
- 19 クロスカントリー
- 20 マラソン
- 22 やり投げ
- 24 円盤投げ
- 26 ハンマー投げ
- 28 砲丸投げ
- 30 走り高跳び
- 32 棒高跳び
- 34 走り幅跳び
- 36 三段跳び
- 38 七種競技、十種競技

陸上競技

1896年アテネで開催された第1回近代オリンピックの会場（最後の古代オリンピックが行なわれたスタジアムでもある）。7万人の観衆の前で、14カ国から集まった311人のアスリートたちが9種目で熱戦を繰り広げた。

陸上競技は基本的に個人競技である。その種目は約30を数え、正式にはトラック競技（短距離、中距離、長距離）とフィールド競技（跳躍、投てき）に分けられる。これらのスポーツの原型は、すでに4000年以上も前のエジプトで行なわれていたが、初めて競技という形を取ったのは紀元前1500年頃のクレタ人であり、その後、アカイア人によって陸上競技は受け継がれていく。「athlete（アスリート）」という言葉はギリシャ語で「競争」を意味する「athlos（アスロス）」に、また「stadium（スタディアム）」という言葉は古代ギリシャの距離を表す単位「スタディオン（stadion＝約180m）」にそれぞれ由来している。近代陸上競技の始まりはイギリスで、17世紀末から18世紀初期にかけ、主に競走と競歩という形で競技が確立していった。19世紀初めには、プロによる初の大会が開催され、賭けレースが行なわれるようになった。そして、1860年頃になると、オックスフォード大学とケンブリッジ大学で大会が開かれ、1866年には初の正式競技会、第1回英国陸上競技選手権大会が行なわれた。その後、陸上競技はアメリカおよびヨーロッパ各国へと広がっていく。1896年の第1回近代オリンピックで行なわれた競技の大半は陸上種目であった。

大会における一般ルール

競技順は抽選で決められる。自分の順番に競技を行なわなかった者は、レースまたは試技のやり直しはできない。正当な理由なく遅れた場合は、失格となることがある。2度遅刻すると、その時点で失格となり、失格前の記録だけが認められる。競技を妨害された場合は、審判の判断により再度競技を行なうチャンスが与えられる。競技者の服装はシャツに短パン、または、体にフィットする1枚タイプのもの。どちらのタイプも、清潔で透き通っていないものを着用する。エントリーナンバーの入ったゼッケンもつける。シューズは履かなくてもよく、着用する場合は両足でも片足でも構わない。素材は軽くて丈夫なものが良い。一般の道路で行う競技のマラソンと競歩を除き、グリップ力を生み出すスパイクピンは片足につき11本までとされている。

競技場

公式大会を開催する競技場には、6レーンまたは8レーンの400mトラック、跳躍および投てき種目を行なうフィールド、そして障害物競走用の水濠がなければならない。走る方向は必ず反時計回り、すなわち、走者の左側がトラックの内側になる。

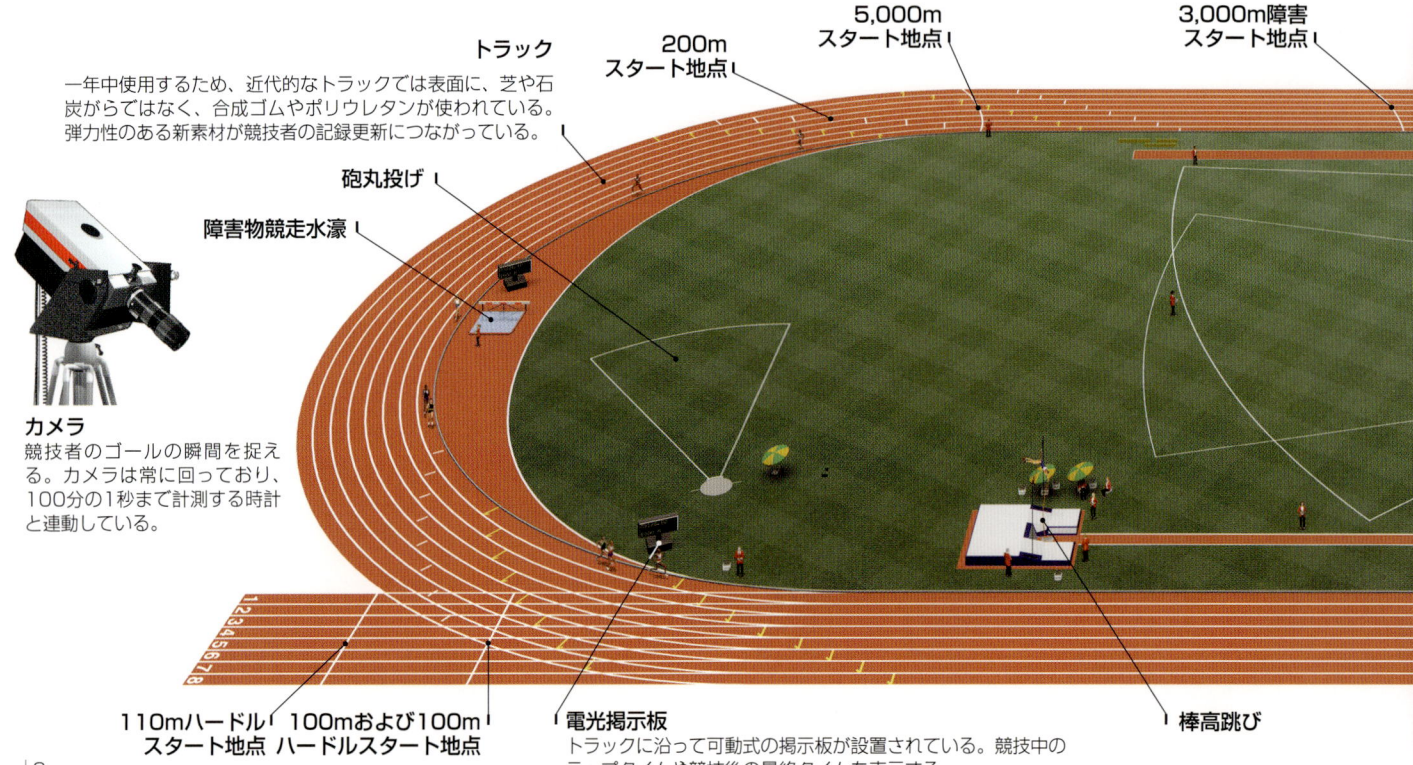

計測

近代陸上競技の発祥の地がイギリスであったため、測定単位にはヤードポンド法が使われていた。1ヤードは約0.914m、1ポンドは約0.454kgである。今日、世界では400mの競技用トラックが主流だが、英語圏の国にはまだ440ヤード（402.34m）のトラックを使用している競技場もある。これは、もともと1マイル（1760ydまたは1609.35m）を基準にしていたからである。つまり、短距離レースは1マイルの16分の1、すなわち、110ヤードで行なわれていた。しかし、陸上競技に人気が出始めると、ヨーロッパ各国に普及するようになり、メートル法が採用されるようになったのである。投てき種目では、3人の審判がスチールテープ（鋼巻尺）で計測を行なう。選手が投てきを行なったサークルの中心、または、サークルの円弧の部分から、投てき物の落下地点までを測定する。しかし、公式に記録される距離は（種目にもよるが）、実際の投てきより1〜2cm短い。走り幅跳びや三段跳びの計測も同様である。

スターティングブロック

競技者が地面にくぼみを掘ったのが始まりである。後に木製のスターティングブロックが作られたが、現在では持ち運びのできる金属製のものが主流。1928年以降、400mまでの短距離レースで用いられている。競技者は、滑らず、より確実なスタートが切れる。国際大会では、フライングを感知する装置と連動している。

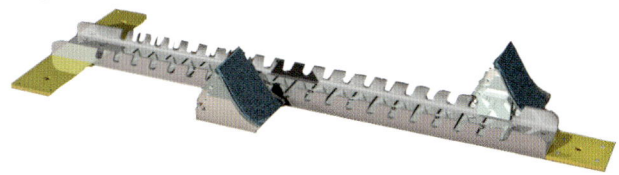

計時

スターターのピストルでレースが始まる。ピストル、または、大会公認のスタート装置による合図と同時に電子時計が動き出し、公式タイムを記録する。さらに、ゴール付近では3人の審判員がストップウォッチで手動計時を行ない、タイムが比較された後、記録が決定される。10,000mまでのレースでは100分の1秒までを計測。それ以上の距離では、10分の1秒まで、あるいは、1秒単位までを記録する。

各陸上競技がオリンピック種目となった年

種目	男子	女子
100 m	1896	1928
200 m	1900	1948
400 m	1896	1964
100 mハードル	—	1972
110 mハードル	1896	—
400 mハードル	1900	1984
4×100 mリレー	1912	1928
4×400 mリレー	1912	1972
800 m	1896	1928
1,500 m	1896	1972
3,000 m		1984—1992*
3000 m障害	1920	—
5,000 m	1912	1996
10,000 m	1912	1988
十種競技	1912	—
七種競技	—	1984
円盤投げ	1896	1928
やり投げ	1908	1932
ハンマー投げ	1900	2000
砲丸投げ	1896	1948
マラソン	1896	1984
10km競歩	1912—1952*	1992—1996*
20km競歩	1956	2000
50km競歩	1932	—
棒高跳び	1896	2000
走り高跳び	1896	1928
走り幅跳び	1896	1948
三段跳び	1896	1996

＊オリンピック種目として行なわれた最後の年

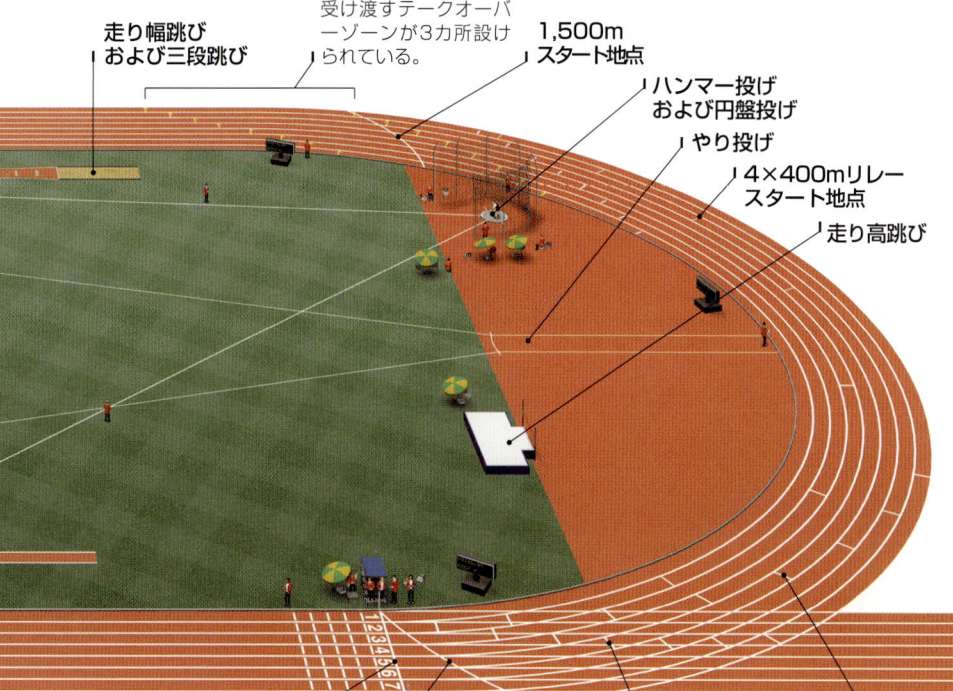

- 走り幅跳びおよび三段跳び
- リレー種目用ゾーン：トラックにはバトンを受け渡すテークオーバーゾーンが3カ所設けられている。
- 1,500mスタート地点
- ハンマー投げおよび円盤投げ
- やり投げ
- 4×400mリレースタート地点
- 走り高跳び
- 全トラック競技フィニッシュ地点
- 10,000mスタート地点
- 800mスタート地点
- 400m、400mハードルおよび4×100mリレースタート地点

風速計

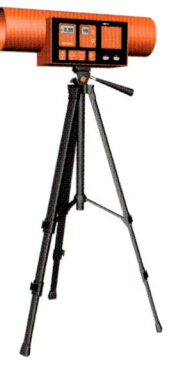

200m以下の短距離走、走り幅跳び、三段跳びで、風速の計測と記録が行なわれる。追い風が2m/秒未満の場合に、競技の記録は公認される。

陸上競技 — 短距離走

🏃 100m走

1896年、アテネで開かれた第1回近代オリンピックで、最初に行なわれた種目は、男子100m走であった。直線距離で純粋にスピードを競うこのレースは、すぐに花形種目になった。優勝者には、「世界で最も速い人」という称号が与えられる。一方、女子のトラック競技がオリンピックで採用されたのは、1928年のアムステルダム大会からである。

1896年、第1回近代オリンピックアテネ大会で行なわれた100m走のスタート。

競技会

予選が数回行なわれ、勝ち残った8人の選手が決勝に臨む。予選のタイム順にレーンが割り当てられ、最高タイムを出した者が中央のレーンを走る。

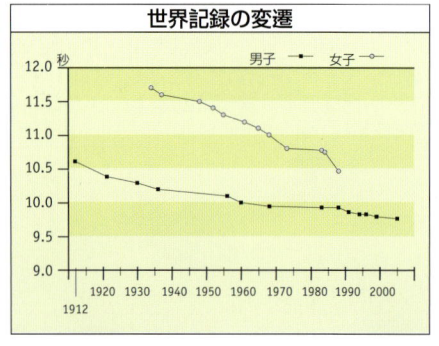

世界記録の変遷

テクニック

1.用意

選手は集中力を高めて息を止め、前方へ勢いよく飛び出せるよう準備する。スタートの合図からスターティングブロックを蹴るまでの時間を反応時間という。ただし、必ずしも反応時間が短くなければ記録に結びつかないということではない。実際、多くのアスリートたちが、スタートで出遅れたときに良い記録を出している。

2.スタート

スターターのピストルの合図で、選手は息を吐き出す。手足を力強く動かしながら、後ろ足をいっぱいに伸ばし、45°の前傾姿勢で飛び出す。フライングを2度犯した選手は失格となる。

3.加速

5〜8歩目で走る体勢に体を起こし、加速を行なう。かかとは地面につけず、つま先だけで走る。

4.最大スピード

最大スピードに達する（一般に60m付近）まで歩数を増やし、加速していく。トップレベルの選手は、12m/秒すなわち40km/時の速度で1秒間に5歩に達する。

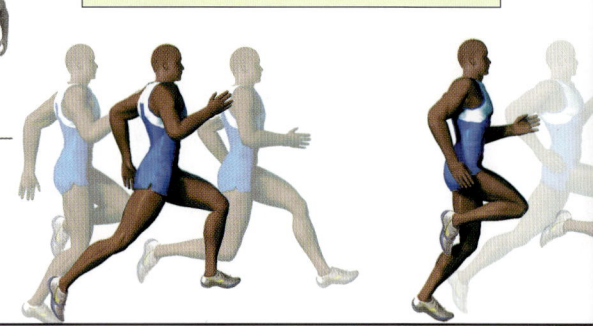

スタートライン

幅: 1.22 m

用具
- ウエア
- ゼッケン
- スパイクピン付きシューズ

選手の特徴

- 1度に300m以上走るトレーニングはほとんどない。長時間、全速力で走ることは、最大スピードやパワーの向上、維持を妨げる恐れがあるからだ。
- レースやトレーニングの前には、1時間半ほどかけてウオーミングアップとストレッチを行なう。
- 足の運びを速くするため、チューブを使って体を前方に引っ張る牽引走、トレッドミルや下り坂を利用したトレーニングを行なう。
- パワーの向上には、ケーブルを用いた負荷走を行なったり、上り坂で走る練習をする。
- レース後は、約2時間で体力を回復し、再び次のレースで力を発揮できるようにしなければならない。

シューズ
かかと部分の厚みと土踏まずを支えるアーチサポートはない。スパイクピンは11本まで、長さは9mm以下。レース中、地面に触れるのはつま先部分だけである。

フローレンス・グリフィス・ジョイナー（アメリカ）
1988年、ソウル大会の100mでは、10.54秒で優勝。オリンピック記録保持者でもある。

カール・ルイス（アメリカ）
17年間、国際舞台で活躍し続けた。オリンピックと世界選手権で19個のメダルを獲得し、そのうち17個が金メダル。

陸上競技——短距離走

歩幅は2.4mにもおよぶ

5. スピード維持
60m付近で歩幅は最大になる。

6. スピード低下
80mからフィニッシュまでの地点では、足をスムーズに運んでピッチを保ち、スピードの低下を最小限に抑える。最後まで最大スピードを維持することは身体的に不可能である。

7. フィニッシュ
選手の胸がフィニッシュラインを越えた瞬間、時計が止められる（1932年から実施されているルール）。追い風が2m/秒を超える場合、記録は公認されず参考記録となる。

歴代男子アスリート（100m走）

1896年のバークから1999年のグリーンまで、103年の間に記録が2.21秒縮まった。距離に直すと、グリーンの12.25m後方にバークが走っていることになる。

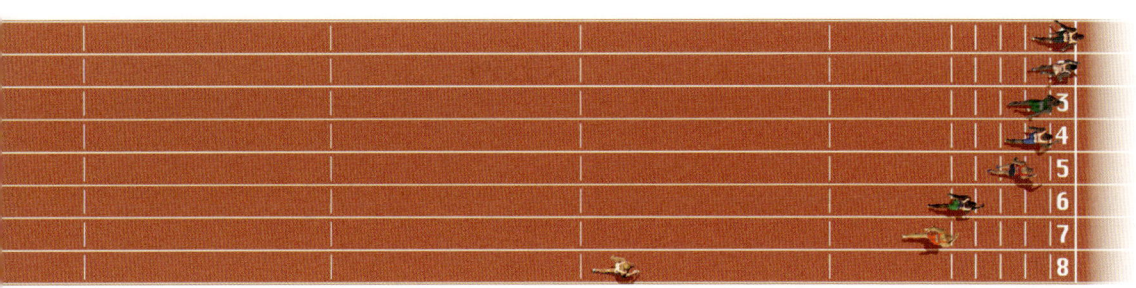

年	記録	選手
2005	9.77	アサファ・パウエル（アメリカ）
1991	9.86	カール・ルイス（アメリカ）
1983	9.93	カルビン・スミス（アメリカ）
1968	9.95	ジム・ハインズ（アメリカ）
1960	10.0	アルミン・ハリー（旧西ドイツ）
1936	10.2	ジェシー・オーエンス（アメリカ）
1930	10.3	パーシー・ウィリアムズ（カナダ）
1896	12.0	トーマス・バーク（アメリカ）

フィニッシュライン

陸上競技 — 短距離走

200m走

全力疾走で200mの距離を競う。ロングスプリントに分類されるこの競技の原型は、古代オリンピックの種目、スタディオン（古代ギリシャの距離の単位）走に見られる。1896年の第1回近代オリンピックアテネ大会で、このレースの距離は正式に200mと制定されたが、レースそのものは行なわれず、実際に男子陸上競技の種目として採用されたのは、4年後のパリ大会であった。また、女子200m走は1948年のロンドン大会で正式種目となった。

20.7秒のタイムでベルリンオリンピック（1936年）の200m走を制したジェシー・オーエンス（アメリカ）。

レース

1. スタート

インレーンを走る選手のカーブでのハンディを考慮し、階段式スタートを採用。選手は、100mと同様、スターティングブロックから勢いよく飛び出す。

2. 曲線路

遠心力で外に投げ出されないよう、体をカーブ内側に傾ける。レースで最も難しい点は曲線路から直線路への入り方である。トップレベルの選手の場合は、最大スピードが約40km/時に達しているため、遠心力に対応できず転倒する危険性が高い。実験によると、インレーン走者はきついカーブの影響で0.012秒減速するため、アウトレーン走者のほうがインレーン走者より平均で約0.08秒有利である。

3. 直線路

最大スピードを最後まで維持することはできない。しかし、静止の状態から走り出さなければならない前半100mに比べれば、後半100mのほうが速く走れる。

選手の特徴

- トップレベルの男子選手の平均身長は1m75cm、体重は75kg。女子は1m67cm、60kg。
- この種目では100m走より、体力と敏捷性が求められる。また、スタートが曲線路で行なわれることや、内傾によるバランスの難しさから、転倒する危険性が高い。
- トレーニングでは、全レーンでの曲線路スタートを繰り返し練習する。何本も走ることにより、短い距離（30～60m）でスピードを、長めの距離（80～200m）で筋力（スタミナ）をつける。

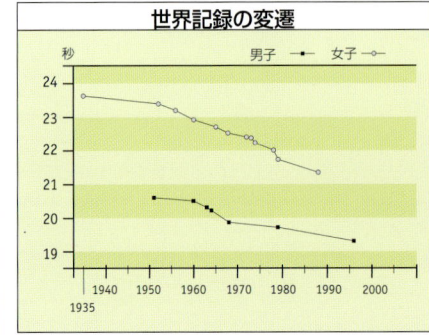

世界記録の変遷

マイケル・ジョンソン（アメリカ）
1996年のアトランタオリンピックで2個の金メダルを獲得。200mでは19.32秒の世界記録を樹立し、400mは43.49秒で優勝。

マリー・ジョゼ・ペレク（フランス）
1992年のバルセロナオリンピックと1996年のアトランタオリンピックの400mで金メダルを獲得。アトランタでは200mも制した。

400m走

400mのタイムを競うロングスプリント。1850年、イギリスのオックスフォード大学エクセター・カレッジで初の陸上競技大会が開催されたとき、4分の1マイル（402m）走という種目が行なわれた。やがてその距離が400mに縮められ、1896年の第1回近代オリンピックで正式種目として採用される。当時はセパレートコースではなかったため、押し合ったりぶつかったりすることが多く、勝負の行方は戦術に負うところが大きかった。しかし、1908年のルール改正により、400m走はセパレートコースで行なわれる種目として最も距離の長いレースとなった。女子の400m走がオリンピックに登場したのは1964年の東京大会。1983年の第1回世界選手権では男女そろって正式種目となった。

1928年、アムステルダムオリンピックで行なわれた400m走のスタート。

陸上競技 — 短距離走

レース

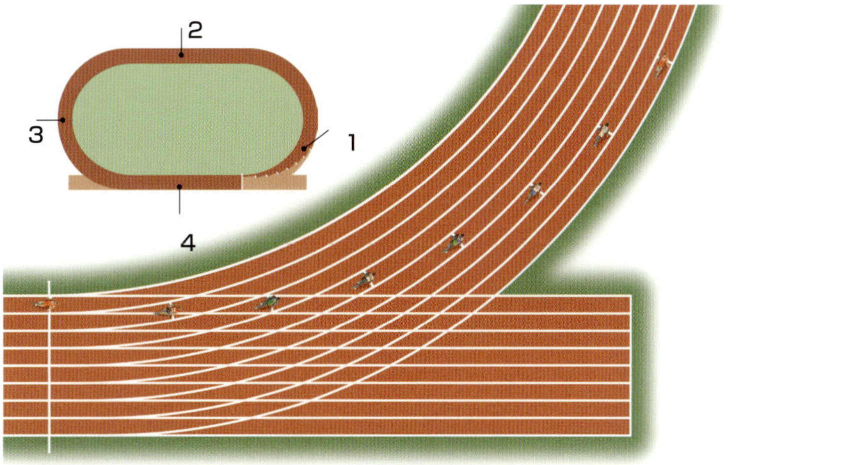

1. スタート
400mでは曲線路が2カ所あるため、各レーンのスタート位置は、200m走より距離の差が大きい。スタートからダッシュをかけ、大きな歩幅で走る。しかし、スタートで飛ばし過ぎるとゴールまでにスタミナが切れてしまうため、最大スピードの90パーセント以下に抑える。

2. 最初の直線路
初めの直線路の後半あたりで、最大スピードに達する。第2曲線路の入り口で疲れを感じ始めたら、カーブを抜ける頃にはさらに疲労が蓄積しているはずである。速度を一定に保ち、スタミナ切れを起こさぬようリラックスすることに集中して走らなければならない。

3. 第2曲線路
200m同様、遠心力に対抗して体をカーブの内側に傾ける。アウトレーンの走者はインレーンの走者に対し、約0.16秒の利がある。

4. 最後の直線路
最初の300mでエネルギーを消耗しているため、最後の直線路では必ずスピードが落ちる。それでも、選手たちは100mを全速力で走ったときとほぼ同じタイム（10〜12秒）で各100mを走り切る。

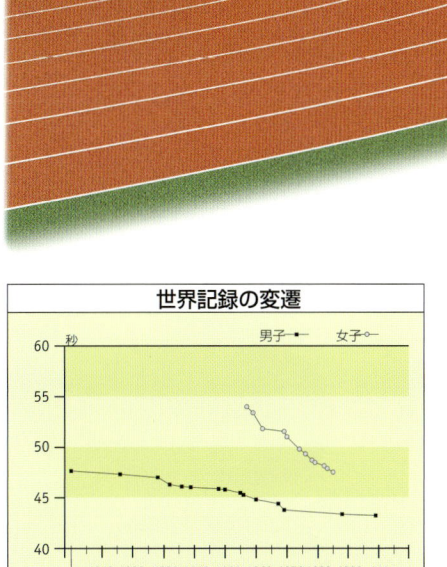

用具

シューズ
200m用、400m用ともに、かかと部分には厚みがない。スパイクピンは11本以内で、長さは9mm以下。

世界記録の変遷

選手の特徴
・7秒以上最大スピードを保つことは不可能なため、強靭な体力と粘り強さが求められる。また、ペース配分をうまく行なわなければならない。

・体格は200mの選手とさほど変わらず、トレーニングもよく似ている。筋力（スタミナ）をつけるため、200〜600mの距離を速いペースで何本も走る。

リレー：4×100m、4×400mリレー

1932年ロサンゼルスオリンピックが開かれたコロシアムスタジアム。

リレー種目は1チーム4人から成り、各チームがスタートからゴールまで迅速にバトンの受け渡しをしながらタイムを競う。古代ギリシャで、俊足を誇る強者たちが町から町へ伝令を伝えたのが始まりと言われているが、古代オリンピックではまだリレー種目は行なわれていなかった。19世紀後半、アメリカの消防士たちが、チームに分かれ300ヤード（約274m）ごとに赤いペナントを渡すという競技を考案。ペンシルバニアのある2人の教授がそのアイデアを取り入れ、1893年、リレー競技が誕生した。この競技はアメリカで人気を博し、やがてさまざまな距離のリレーが国際大会で行なわれるようになる。その結果、男子4×100mリレーと4×400mリレーが1912年のストックホルムオリンピックで正式種目として採用された。女子は、4×100mリレーが1928年のアムステルダム大会、4×400mリレーが1972年のミュンヘン大会で、それぞれオリンピック種目となった。

レース

8チーム（1チーム4人）で決勝を行なう。4×100mリレーでは、バトンは素早く手渡されなければならない。バトンを落としたり、受け渡しに時間がかかれば、トップレベルのチームにとっては致命的なミスになりかねない。走者は、テークオーバーゾーンと呼ばれる、100、200、300mの各スタートラインの10m手前から10m先の間でバトンの受け渡しを行なう。また、20mのテークオーバーゾーンの前には、10mの助走区間が設けられている。走者は他の走者の妨害をしないよう、各レーンから出てはならない。4×400mリレーでは、スピードがやや落ちるため、バトンパスを失敗する危険性は低くなるが、戦術的な要素が重要になる。助走区間はなく、第1走者と第2走者の第1曲線路までがセパレートコース。したがって、第2走者は100mを通過すれば、インレーンに寄ることができる。

4×100mリレー

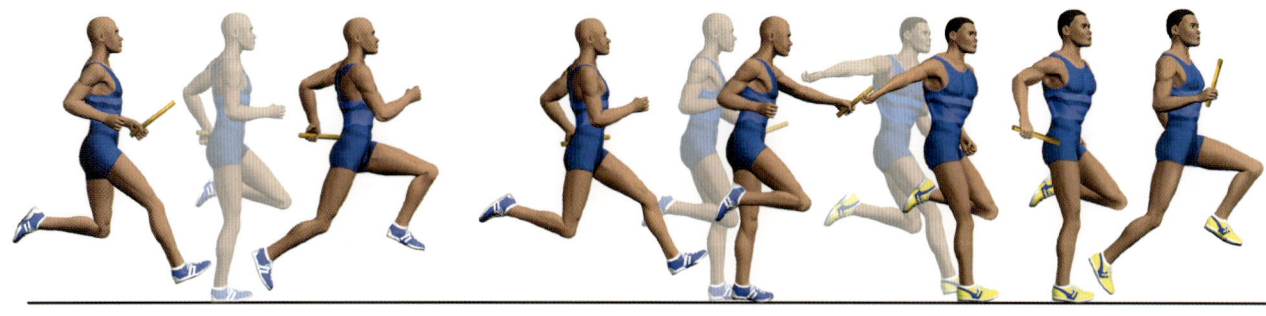

1. 助走

受け手走者は助走区間で6〜8歩走り始める。スタートが早すぎるとバトンを渡す走者が追いつけず、遅すぎると間がつまってタイムロスが生じる。そこで、タイミングを合わせるため、助走区間から6〜9m手前にマーカーを置くことが多い。バトンを持っている走者がマーカーを越えると、次の走者は走り出す。

2. バトンパス

バトンを渡す走者が声で合図をかけると、受け手走者は後方に腕を伸ばす。届く位置であれば、渡し手は受け手の手のひらにバトンを置く。受け手はすぐさまバトンを握り、落とさないようしっかり持つ。上手なバトンパスでは、一定のスピード、かつスピードを落とさずにバトンが渡される。

3. フィニッシュ

受け手走者は、スピードを保ったまま走り続ける。バトンを渡し終わった走者は、他の走者の妨害にならないことが確認できるまで、レーンから出てはならない。

戦術

どちらのリレー種目も、第1走者にはスタートの得意な選手が、最終走者には走力のある勝負強い選手が、それぞれ選ばれる。また、4×100mリレーの第1走者と第3走者には、高いコーナーリング技術が求められる。

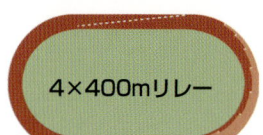

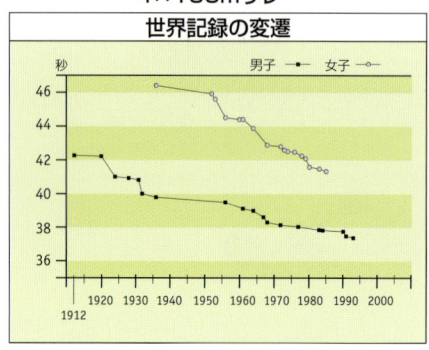

設備

4×100mリレーおよび4×400mリレーのテークオーバーゾーンと助走区間。

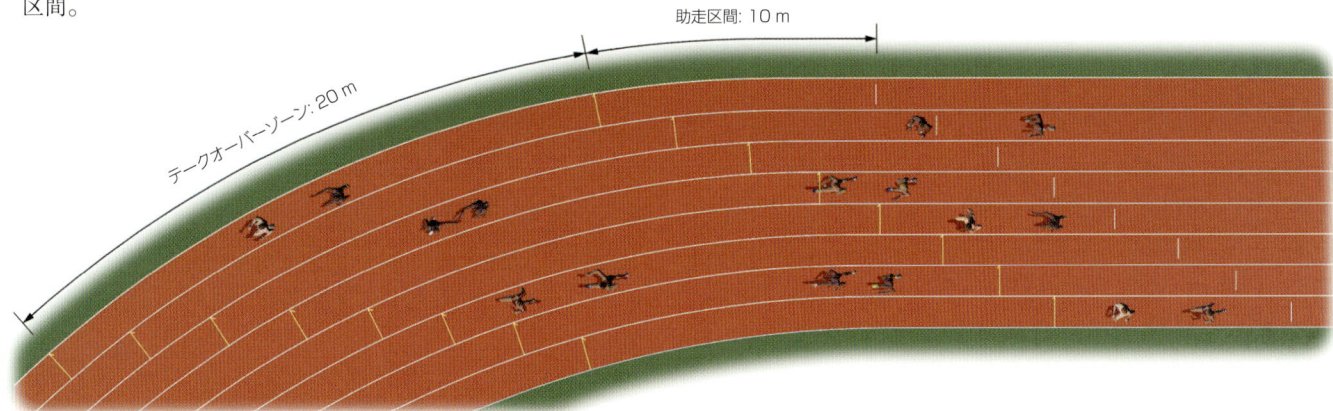

4×400mリレー

4×400mリレーでは、バトンパスの際、渡し手と受け手が互いに目で確認する。渡し手の疲労が、走るスピードに影響することもあるので、受け手走者が後方を見ずにバトンを受けることは大変危険である。

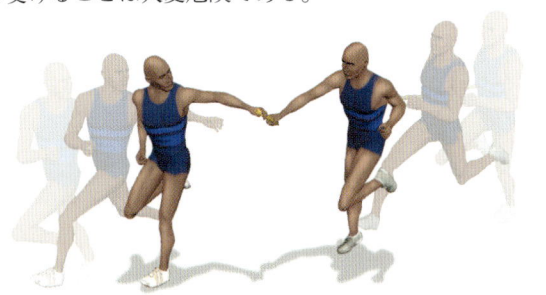

バトンパス

オーバーハンドパス（アメリカングリップ）
渡し手と受け手がほぼ並走した状態で、上から下へ向かってバトンを渡す。この方法は4×400mリレーでよく使われる。

アンダーハンドパス（フレンチグリップ）
渡し手が受け手の開いた手に下から上へ向かってバトンを渡す。この方法は、主に4×100mリレーで使われ、バトンの移動距離を最短に抑えることができる。しかし、2人の呼吸がぴったり合わなければならないため、オーバーハンドパスに比べリスクが高い。

28〜30 cm

バトン
材質は堅く表面が滑らかな筒型のもの。木製または金属製で重さは50g以上。計時の対象はバトンであって走者ではない。バトンを落とした場合は、落とした選手が拾わなければならない。

用具

シューズ
超軽量ナイロン製の短距離用シューズ。スパイクピンは11本以内で、かかと部分の厚みと土踏まずを支えるアーチサポートはない。

1992年、バルセロナオリンピックの4×100mリレーで、世界記録（37.40秒）を出したアメリカ男子チーム。

1988年、ソウルオリンピックの4×400mリレーで、世界記録（3分15秒18）を出した旧ソ連女子チーム。

選手の特徴

- 4×100mリレーでは100m以上スピードを維持できる選手を起用する。一方、4×400mリレーでは、スタミナのある400〜800mのスペシャリストを起用する。両種目の選手とも、強い精神力と高い技術を持つ。
- スピード走、バトンパス（素早くタイミングの良いパス）、並走スプリント（伴走者の歩幅を比較しながら走る）などのトレーニングを集中的に繰り返し行なう。

4×400mリレー 世界記録の変遷

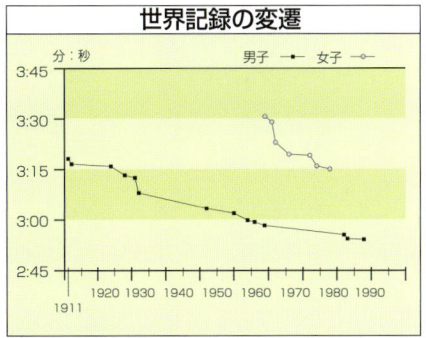

100mハードル、110mハードル

1928年、アムステルダムオリンピックで行なわれた110mハードル。

等間隔に置かれた障害物を跳び越えてスピードを競う。この競技が初めて行なわれたのは、19世紀初頭のイギリスであった。1864年のケンブリッジ大学とオックスフォード大学の陸上競技対抗戦では、120ヤード（約109.7m）ハードルが正式種目となっていた。その後、19世紀末に、フランス人がメートル法に直し、数十センチを付け加えて110mハードルとなり、1896年、第1回近代オリンピックで正式種目として採用された。一方、女子の100mハードルは、1972年のミュンヘンオリンピックから導入されている。110mではなく100mに距離が設定されたのは、女子の歩幅が男子より1mほど狭いという理由からである。しかし、女子の体力とスピードは瞬く間に向上したので、ハードルの間隔が調整され、高さも引き上げられた。

競技会

100mおよび110mハードルはセパレートコースで行なわれ、各レーンに10台のハードルが設置されている。高い技術を要するこの種目では、選手は全力疾走と跳躍の切り替えを繰り返し行なわなければならない。ハードルに触れたり倒したりしてもペナルティにはならないが、ハードルの外側に足を出すような行為は失格となる。

テクニック

1. スタートと踏み切り

短距離選手と同様のスタートをするが、ストライドを伸ばすことよりもスピードを上げることが重要である。最初の4歩でできるだけ加速し、次の4歩で上体を立て、ハードルを越える準備に入る。ハードル及びその前方に目を向け、ハードルの1.9〜2.35m手前で踏み切りを行なう。

2. 跳躍
体を前傾し、次のハードルを見る。

3. 着地
ハードルの約1m先に着地したら、直ちに体勢を整えて次の1歩を力強く踏み出す。前方へ進む動きには足首が重要な役割を果たす。

4. ハードル間の疾走
再び、3歩で加速する。次の踏み切りを行なう直前のストライドはやや狭く脚を高く上げる。ハードル間は最大スピードで走り、ストライドのリズムを乱さないようにする。

5. 最終ハードルとフィニッシュ
最終ハードルを跳んだ後の着地は、最大スピードが出せるよう力強いものでなければならない。一般には、6〜7歩の加速でフィニッシュラインに到達する。

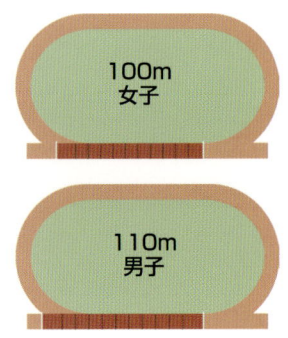

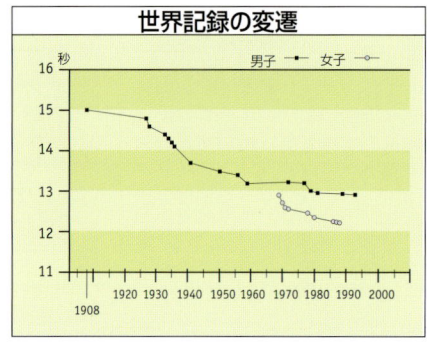

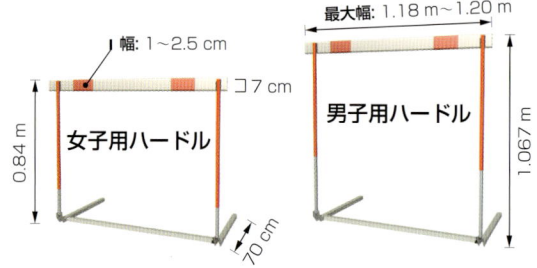

400mハードル

古代ギリシャにはなかったこのハードル競技は、競馬にヒントを得て誕生した。120ヤード（約109.7m）ハードル同様、440ヤード（約402.3m）ハードルも、1864年のケンブリッジ大学対オックスフォード大学の陸上競技対抗戦で、初めて正式種目として行なわれた。19世紀後半、フランス人によってレースの距離がメートル法に換算され、男子400mハードルは、1900年のパリオリンピックで正式種目となった。一方、女子400mハードルがオリンピックで採用されたのは、それから84年後のロサンゼルス大会である。

1932年、ロサンゼルスオリンピックの400mハードルで最後の跳躍をするロバート・ティスドール（アイルランド）。

競技会

競技はセパレートコースで行なわれ、10台のハードルを跳び越える。100mおよび110mハードルと同じように、ハードルに触れたり倒したりしてもペナルティとはならないが、ハードルの外側に足が出るような行為は失格となる。

ハードルの変遷

1864年
固定された2本の支柱に支えられた柵状のハードル。

1895年
逆T字型の支柱で軽い構造。3台倒すと失格になった。

1935年
L字型ハードルの登場。木製と金属製の部分から成る。おもりで倒れないようになっている。

男子：0.914 m
女子：0.762 m

テクニック

1.助走
最初のハードルまで奇数歩（一般には23歩）で走る。曲線路では遠心力がかかるため、左足で踏み切る。100mおよび110mに比べてハードルが低いので、踏み切りはハードルの約2.4m手前で行なう。

用具

シューズ
短距離選手のシューズと似ているが、ハードルを引っかけないよう前部のスパイクピンが短くなっている。かかと部分は着地の際の衝撃を吸収するよう補強されている。

2.跳躍
35mごとにハードルを跳び越えるので、ストライドを調節しながらペース配分をする。ハードルが低い分、跳躍でハードルに触れることも少なく、前傾姿勢もやや浅い。

選手の特徴

- 100m走や400m走の選手と同様のトレーニングを行なう。柔軟性、技術、関節の動き（特に腰部）、スピード力、リズム感、調整力の向上に重点を置く。腹筋と背筋、腰部と脚全体の筋力強化は不可欠。
- 男子選手の平均身長は1m85cm、体重78kg。女子は身長1m65cm、体重57kg。
- トップレベルの選手では、ハードルのない同じ距離のフラットレースとのタイム差が3秒ほどしかない。

エドウィン・モーゼス（アメリカ）
1972～84年に数々のオリンピック記録と世界記録を樹立。史上最高のハードル走者。

ヨルダンカ・ドンコワ（ブルガリア）
1988年、ソウルオリンピックの100mハードルで優勝。12.21秒の世界記録を持つ。

3.ハードル間の疾走
ハードルから約1.2m先に着地し、各ハードル間を13～17歩で走り抜ける。

世界記録の変遷

800m走、1500m走

1928年、アムステルダムオリンピックで行なわれた女子800mのスタート。

中距離走は800mと1500mの距離でそれぞれタイムを競う。今日の形式の800m走が、初めて競技として行なわれたのは1896年のことだが、その原型であるハーフマイル（805m）走は、1871年、イギリスの陸上競技大会ですでに取り入れられていた。1928年のアムステルダムオリンピックでは、初めて女子の800m走が行なわれたが、オリンピックの陸上種目として、正式に採用されたのは1960年のローマ大会であった。一方、1500m走とほぼ同じ距離の1マイル（1,609m）走が初めて行なわれたのも、19世紀後半のイギリスであった。男子1500mは、1896年の第1回アテネ大会からオリンピック種目となっており、しかけ、ラストスパート、競り合いが見どころのレースである。女子の1500mは1972年大会に正式種目となった。

競技会

どちらのレースもスターティングブロックは使わない。800mの決勝では、8人の選手が抽選で決められたレーンからスタートし、第1曲線路までをセパレートコースで走る。1500mの決勝では、最高12人までの選手がスタートラインに並ぶ。ただし、アウトレーン走者とインレーン走者で走る距離に差が出ないよう、スタートラインは曲線になっている。

1500m走スタート

戦術

レースの戦術は主に2つある。1つは終始先頭を走る方法。もう1つは、ラストスパートで先頭に立つ方法である。順位が重要視されるレースでは、ペースを変えて揺さぶりをかけることが多く、記録はあまり期待できない。どんな戦術を取るにしても、肘をうまく使って走り、転倒しないよう気をつけなければならない。レースはオープンコースで行なわれるので、集団の中で自分の位置をしっかりと確保する必要がある。他の選手の背後について走る場合は、風から受ける影響を大幅に軽減することができるため、レース終盤まで体力が温存され、タイムの短縮にもつながる。また、レースによっては、速いペースでレースを引っ張り、選手に記録を出させることを目的とするペースメーカーが使われる。通常、ペースメーカー（ラビット）はオーバーペースで走るため、完走することができない。

1500m走のペースメーカー（ラビット）

オープンコース

1959年から採用されている現行のルールでは、レース序盤の選手同士の衝突を避けるため、800m走は最初の曲線路までをセパレートコースとしている。曲線路を抜けるとオープンコースとなり、選手は内側、すなわち、左側へ寄っていく。

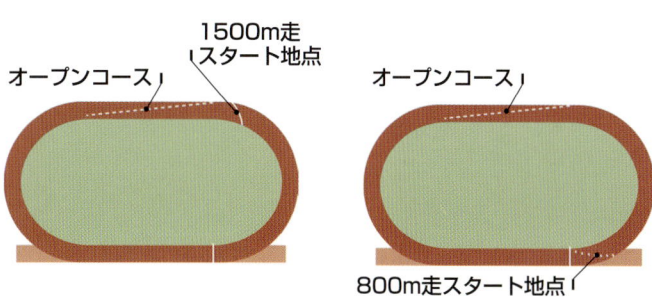

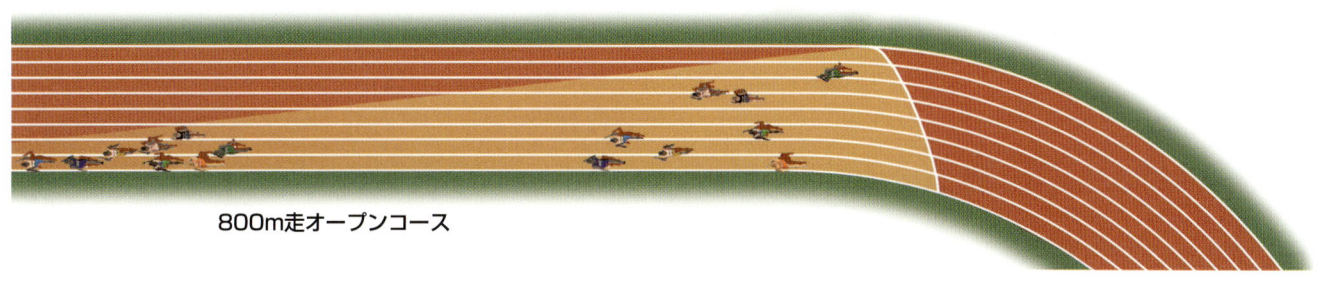

800m走オープンコース

セバスチャン・コー
（イギリス）
1979～97年の800m走の世界記録保持者。オリンピックの1500m走では、2大会連続優勝（1980、84年）を成し遂げた唯一の選手。

タチアナ・カザンキナ
（旧ソ連）
1980年、チューリヒの大会で行なわれた1500mの決勝で3分52秒47の世界記録を樹立。この記録は13年間破られなかった。

用具

シューズ
800m用のシューズのかかと部分には厚みがない。一方、1500m用には厚みがある。どちらも靴底前部のスパイクピンは11本以内で長さは9mm以下。

800m用

1500m用

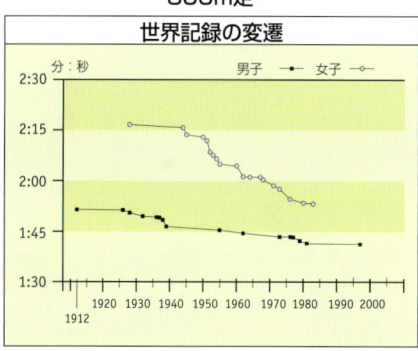

800m走 世界記録の変遷

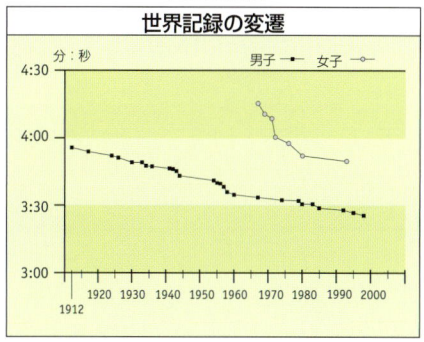

1500m走 世界記録の変遷

選手の特徴

- 800m走および1500m走のトップアスリートの平均身長は、男子1m75cm、女子1m63cm。平均体重は男子68kg、女子55kg。
- 長距離トレーニングではさまざまな路面を適度なペースで走り込み、持久力を上げる。また、トラックで短距離のスピード練習を行ない、有酸素性能力（細胞に酸素を摂り入れてエネルギーを生み出す力）を高める。
- トラックのトレーニングでは、中距離走に不可欠なペースの変化に重点が置かれる。選手は、ペースを変えることで、集団の中でも容易に有利な位置を確保することができる。

陸上競技―長距離走

3000m障害物競走

1932年のロサンゼルスオリンピック。

障害物競走（steeplechase）の原形は乗馬による障害物競走であり、18世紀のアイルランドで教会の尖塔（steeple）を目指して行なわれていたキツネ狩りから始まった。この乗馬の訓練をヒントに、1850年、オックスフォード大学の学生たちが、3,000m障害物競走を考え出した。最初のレースは野原で行なわれ、自然の障害物や小川を越える2マイル（3,218m）のコースだった。その後、1879年にイギリスの陸上競技選手権で、男子種目として取り入れられる。1882年には、パリレーシングクラブが障害物競走を競技として確立し、1900年のパリオリンピックで、2,500mと4,000mのレースが行なわれた。1954年にはルールが統一され、最初の世界記録が登録された。今日でも障害物競走は男子のみの種目である。

レース

3000m障害物競走は、トラックの中に障害物が置かれ、レーンの外側を利用して行なわれる。決勝では、8～12人の選手が曲線のスタートラインに立つ。最初の200mには障害物はなく、3台目と4台目のハードルはレースが始まってから設置される。

レースは7周を走り、1周につき5度の跳躍を行なうが、4度目の跳躍は水濠である。選手は、合計でハードルを28回、水濠を7回越える。この跳躍の瞬間がレースの醍醐味である。障害物を越えるときは手を使ってもよい。また、ハードルを踏み越えても、水の中に着地をしても、反則とはならない。

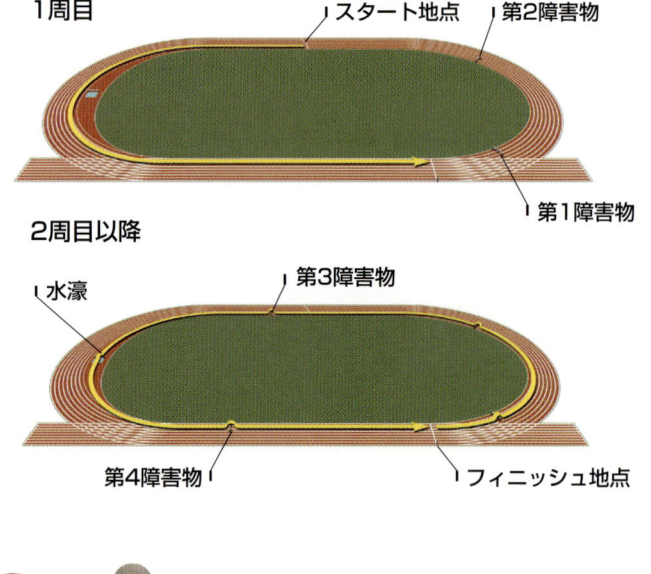

ハードルを越えるテクニック

1.ハードルまでの助走
技術的には400m走と変わらず、リラックスした滑らかなフォームで走る。集団の中、速いペースで走らなければならないため、無理のないストライドでリズムを刻む。転倒に気をつけながら、ハードルを越えるテンポとスピードを一定に保つよう心がける。また、跳躍前のストライドは余らないように歩を合わせる。ハードルを跳び越えるときは、衝突を避けペースを乱さないよう、他の選手と距離を保つことも大切である。

2.跳躍
リズムを崩さないために、左右どちらの足でもひとまたぎでハードルを越える。重心が浮き上がらないよう、前傾姿勢で腕を使ってバランスを保つ。跳躍後はスムーズに足を前に出す。トップレベルの選手では、ハードルを越えるときのタイムロスは0.4～0.7秒である。

選手の特徴

- 障害物競走のスペシャリストは、中距離選手（速くてスタミナがある）とハードル選手（敏捷性がありパワフル）の要素を兼ね備えていなければならない。また、しなやかな筋肉、柔軟性、リズム感、調整力も必要とされる。
- 専門的なウエイトトレーニングを行なったり、ハードルの跳び方やさまざまな跳躍を練習し、筋肉と関節を強化する。
- 心臓循環系機能を高めるため、短距離と長距離の走り込み、ペース変化の練習、さまざまな路面を異なるスピードで走るトレーニングを行なう。最大酸素摂取量は、運動をしない同年齢の人と比べると約2倍で、持久力に優れていることを示している。

陸上競技―長距離走

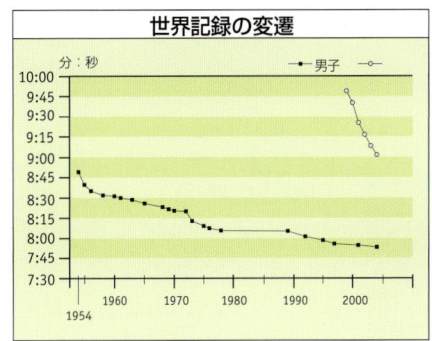

3,000m障害物競走では、1970年代以降、ケニア勢が圧倒的な強さを見せている。

モーゼス・キプタヌイ（ケニア）
1991、93、95年の世界チャンピオン。24歳のときには（1995年）、3,000m障害物競走で初めて8分を切る前人未到の記録を達成した。

水濠を越えるテクニック

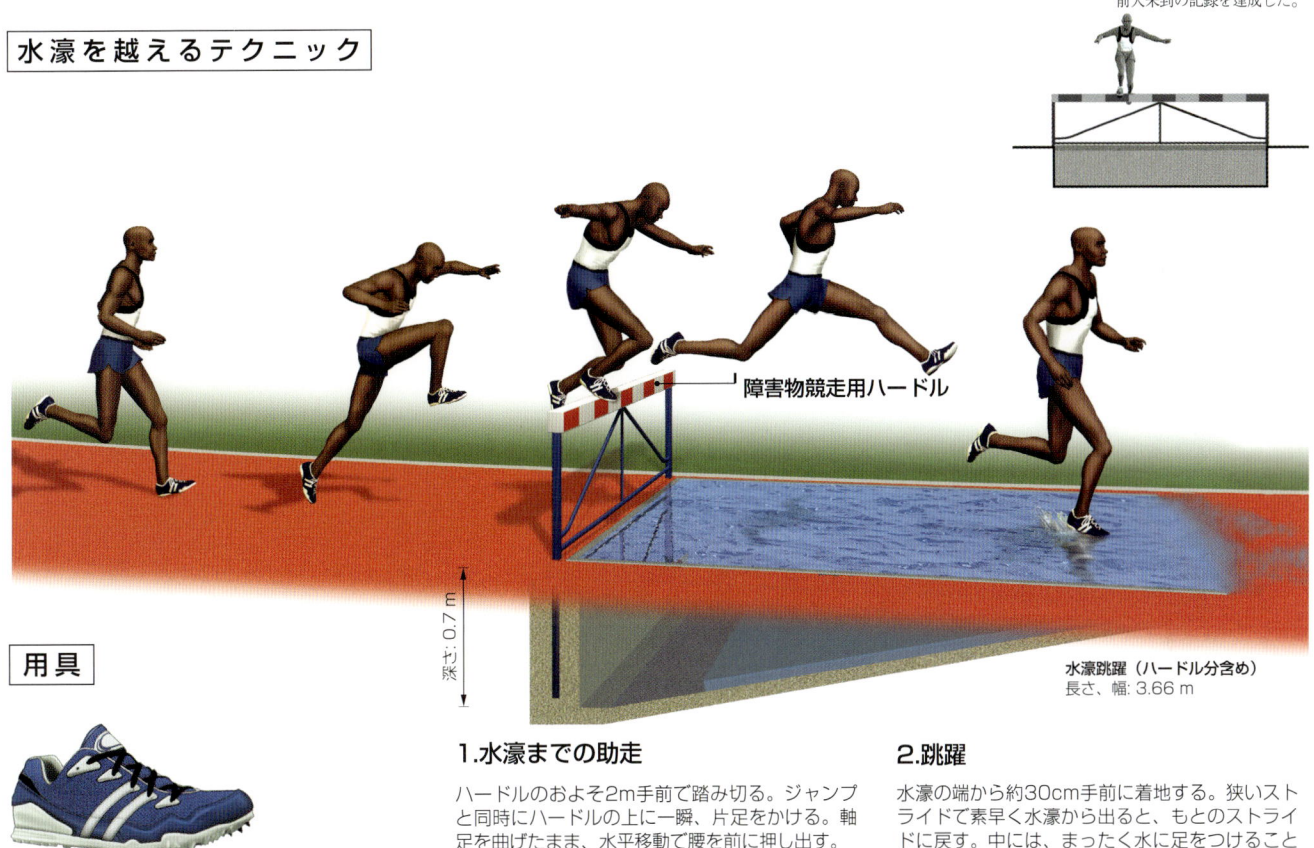

障害物競走用ハードル

深さ 0.7 m

水濠跳躍（ハードル分含め）
長さ、幅：3.66 m

用具

シューズ
濡れても履き心地の良い丈夫なナイロン製シューズ。スパイクピンは11本以内。

1.水濠までの助走
ハードルのおよそ2m手前で踏み切る。ジャンプと同時にハードルの上に一瞬、片足をかける。軸足を曲げたまま、水平移動で腰を前に押し出す。

2.跳躍
水濠の端から約30cm手前に着地する。狭いストライドで素早く水濠から出ると、もとのストライドに戻す。中には、まったく水に足をつけることなく水濠を一気に跳び越える選手がいるが、力強い踏み込みを要するため、多くのエネルギーが消耗される。

設備

障害物競走用ハードル

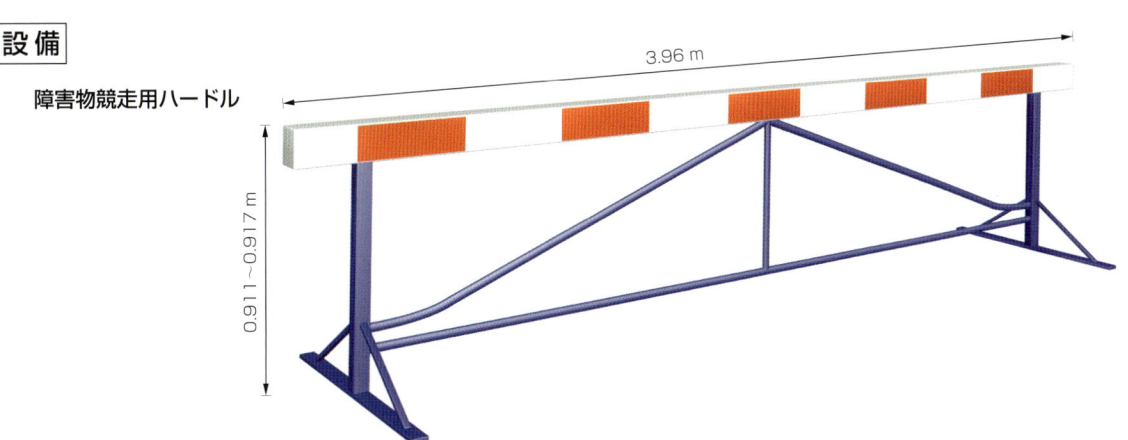

3.96 m
0.911〜0.917 m

競歩

1924年、パリオリンピックの競歩10kmで金メダルに輝いたウーゴ・フリジェリオ（イタリア）。タイムは47分49秒。

競歩は、走らずに速く前へ進まなければならないため、高度な技術を要する競技である。12〜13世紀のイギリスで、使用人が主人の馬車の後を歩いたり走ったりしながら追いかけていたのが始まりで、18世紀にスポーツ競技へと発展した。1866年、イギリスの大会に7マイル（約11,265m）競歩が登場すると、1908年のロンドンオリンピックでは、3,500mと10マイル（約16,093m）の距離で男子の競歩が行なわれた。そして、1912年のストックホルム大会では男子10kmが、1956年のメルボルン大会では20kmがそれぞれ採用された。また、50km競歩は1932年ロサンゼルス大会から正式種目となっている。一方、女子10kmは1992年のバルセロナ大会、20kmは2000年のシドニー大会で採用された。しかし、今日、女子10kmは国際大会のみで行なわれ、オリンピック種目にはない。オリンピックと世界選手権では、20kmレースが男女ともに行なわれているが、ゴールまでに4時間近くかかる50kmレースは男子のみの種目となっている。

競技会

レースはトラックまたは道路で行なわれる。審判員は競技者に歩型違反がないか監視する。着地の時点で脚がまっすぐ伸びていなかったり、両足が地面から離れている瞬間があれば反則となり、2回以上繰り返すと失格の対象になる。審判員は反則に対し注意を与える。再び反則が確認された場合は、コースに設置されている掲示板に失格の警告が表示される。3人の審判員から警告が出されると、その選手は失格となる。

テクニック

上り坂と下り坂でテクニックは多少異なる。上り坂では、体を前傾し、ストライドを狭くする。腕はやや大きく曲げ、あまり振らず、体力の消耗とスピードを抑える。下り坂では、後ろに体重をかけ、ストライドを伸ばす。前腕を低い位置でしっかり振り、いずれかの足が常に地面から離れないようにする。

1.リラックス
上体をまっすぐに伸ばした姿勢は、緊張しているように見えるかもしれないが、実際には、歩行中のバランスを取るためにこの姿勢を維持し、できるだけリラックスしようとしている。

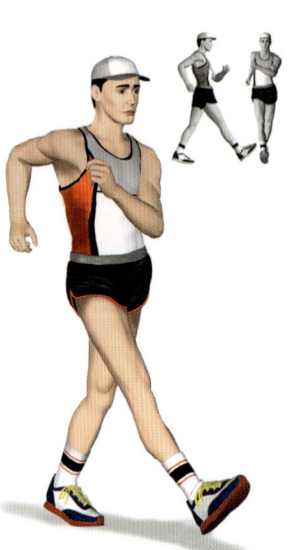

2.推進力
後ろ脚を踏み込み、腰の動きを使ってもう一方の脚を前に出す。競歩では、腰の回転が重要なポイントとなる。また、重心移動の際、腕の振りで体のバランスを取っているため、力強く腕を振るとストライドが大きく伸びる。

3.足の接地
後ろ足が地面から離れる前に、前足は地面についていなければならない。両足は一直線上に着地していく。

4.引き上げ
大腿部の筋肉と重心移動を利用して体を前に運んでいく。トップレベルの選手のスピードは15km/時以上になる。

設備

- フィニッシュライン
- スタートライン
- 飲食物供給所
  2～3カ所設置されており、飲料水、スポンジを取ることができる。
- 審判員
  コースに沿って6～9人の審判員が配置される。
- 主任審判員
  競技が円滑に行なわれていることを確認。また、他の審判員に指示を出したり、各審判員からの要望に対処する。
- 飲食物供給所
- コース
  トラックを2～3周した後、競技場を出て、規定の距離に達するまで周回コースを回る。10kmレースでは周回コースの1周は1.5km以内、20kmおよび50kmレースでは2.5km以内。最後は競技場でトラックを1周してからゴールする。

用具

- シューズ
  軽量のシューズ。靴底は薄く、地面との摩擦が軽減されている。

選手の特徴

- 体重は軽くやせ型。複雑なテクニックを習得し、柔軟性と持久力を兼ね備えていなければならない。2,000～5,000mの競歩、スプリント、大腿部の筋肉、腹筋、背筋の強化のトレーニングを行なう。

陸上競技 — 競歩

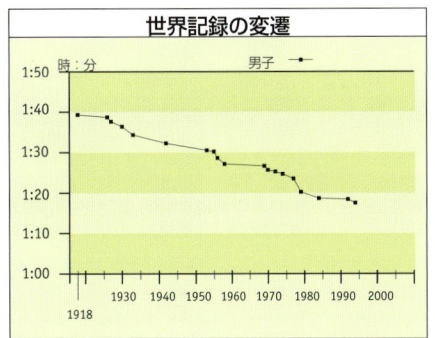

20km（トラック）世界記録の変遷

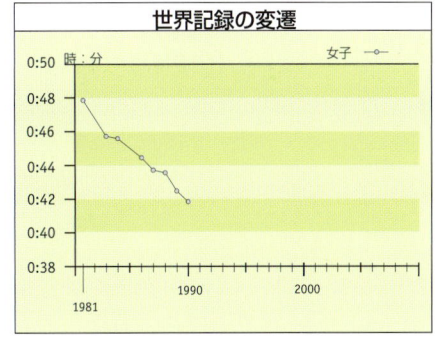

10km（トラック）世界記録の変遷

マウリツィオ・ダミラノ（イタリア）
1987、91年に競歩20kmで世界チャンピオンに輝いた。1980年、モスクワオリンピックの金メダリストでもある。

5,000m走、10,000m走

陸上競技──長距離走

1928年、アムステルダムオリンピックで行なわれた5000mのスタート。

古代オリンピックでは、約5000mの距離を全速力で競うドリコス走と呼ばれる長距離走が行なわれていた。19世紀のイギリスでは3マイル（4828m）走と6マイル（9,656m）走が行なわれていたが、それがメートル法に換算され、現在の5,000m走と10,000m走になった。男子の長距離走は、1912年のストックホルムオリンピックで初めて採用された。一方、女子の10,000mは、1987年のローマ世界選手権と1988年のソウルオリンピックで導入された。また、女子の5,000mは、1996年のアトランタオリンピックで採用され、それまでの大会で行なわれていた3,000mに代わって正式種目となった。

競技会

5000m走の決勝では、12人の選手が200mとトラック12周を走る。10000mでは、走者は20人以下で、トラック1周を63〜68秒のペースで25周する。最終周は60秒を切ることもある。

5,000mスタート地点／10,000mスタート地点

戦術

他の選手より長い距離を走るのを避けるため、カーブでは第2レーンより外側を走らないようにする。各カーブで0.5m外側を走ると、5,000m走では50m余分に走る結果になる。

長距離走では、スタートやラストだけが得意でも勝つことはできない。状況、コンディション、レース展開により、いろいろな局面でスピードの変化が要求される。勝つためには、他の選手のリズムを崩し、振り切るだけの術を熟知していなければならない。

選手の特徴

- 世界レベルの選手では、男子の平均身長は1m68cm、体重60kg。女子は身長1m63cm、体重50kg。長時間にわたり力を存分に発揮できる強い精神力を持ち合わせていなければならない。
- さまざまな路面で1000〜10000mのコースをゆっくり走り、主に持久力をつけるトレーニングを行なう。また、速いペースで400〜1000mのトラック練習をすることにより、有酸素性能力（細胞に酸素を摂り入れてエネルギーを生み出す力）を養う。
- 両種目ともトップレベルの選手は1日に10〜30kmを走る。17km/時以上の平均速度で走り込むこともある。

5,000m走 世界記録の変遷

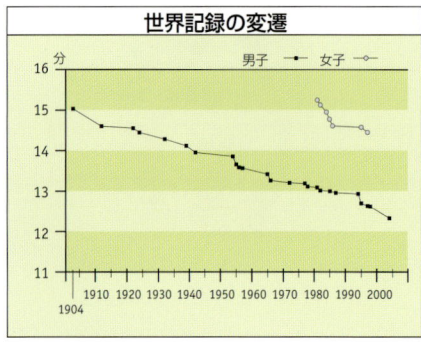

10,000m走 世界記録の変遷

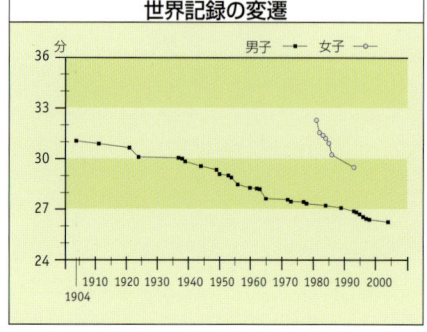

王軍霞（中国）
1993年、女子10,000mで初めて30分の壁を破る記録を出し、世界の頂点に立った。

エミール・ザトペック（旧チェコスロバキア）
「チェコスロバキアの人間機関車」の異名を取る。1948〜54年まで10000mでは負け知らず。世界記録を18回塗り替え、オリンピックでは4回優勝を果たした。

クロスカントリー

陸上競技 — 長距離走

クロスカントリーは、自然の地形を利用したコースで行なわれる過酷な長距離レースである。最初のクロスカントリー選手権は、1876年、イギリスの原野で行なわれたが、全員が道に迷ってしまい失敗に終わった。1898年、フランスとイギリスの間で初めて国際大会が行なわれ、1903年には現在の世界選手権の前身に当たるCross des Nationsが開催された。現在、クロスカントリー競走はオリンピック種目ではないが、1912～24年の大会では個人戦と団体戦で競技が行なわれていた。また、女子の初の国際大会は、1967年に開かれている。1998年の世界選手権では、12kmレース（男子）と8kmレース（女子）に、4kmレース（男女）が新たに加わった。クロスカントリーはコースが変化に富んでいるため見ごたえがあり、大変人気のある競技である。世界中で厳しいコースのレースが行なわれており、ヨーロッパでは特に関心が高い。

ウラジミール・クーツ（旧ソ連）。1957年、ヴァンセンヌで開催されたクロスカントリーの国際大会で優勝。

競技会

参加選手の数は100人から3万5000人以上にもおよぶ。競技が終わると、個人戦と団体戦の最終順位が確定する。団体戦では、チームメート（通常4人）の順位が加算され、合計の最も少ないチームが1位となる。

設備の変遷

競技コースは一般に3～12km。周回コースで行なわれ、スタート地点とフィニッシュ地点は通常同じ場所に設けられる。経済的および実践的な理由から、クロスカントリーの公式機関では自然を利用した野外コースの代わりに、スタジアムにコースを設営して競技を行なっている。したがって、コースは以前ほど難しくはなく、約12kmの距離を40分ほどで完走できるように設計されている。

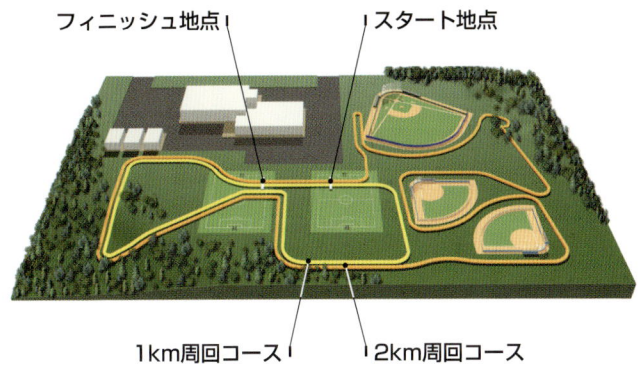

フィニッシュ地点／スタート地点／1km周回コース／2km周回コース

自然の障害物を克服しながら丘状の地形を走り抜ける。選手は天候とも闘わなければならない。

用具

シューズ
ナイロン製で、ラバースタッドは11本以内。

選手の特徴

- コースには起伏が多く、一定のリズムで走ることができないため、真のタフさが試される。体力があり、力を最大限に発揮することを楽しめる選手でなければならない。
- 中距離走トレーニングの延長とも言えるクロスカントリーは、選手の関節や筋肉を強化し、バランス感覚を養う。また、呼吸循環機能と持久力の向上にも役立つ。

1986年以降、クロスカントリーの世界選手権では男女ともにケニア勢が優勝している。上記は1998年の男子優勝チーム。

マラソン

マラソンは、持久力の限界を試す競技である。紀元前490年、ギリシャ軍がペルシャ軍に勝利を収めたとき、フィディピデスという兵士がその知らせを伝えるためマラトンからアテネまで走った。40kmもの距離を走り続けたアテネの兵士は、任務を終えると息絶えた。この偉業をたたえ、近代オリンピックでは1896年の第1回アテネ大会からマラソンが行なわれるようになった。最初に42.195km（26マイル386ヤード）の距離でレースを行なったのは1908年のロンドンオリンピック、また、これを正式な距離として採用したのは、1924年のパリオリンピックであった。当初、マラソンは男子の競技と考えられていたが、1960年代になると、アメリカ人をはじめとする多くの女性たちがマラソンへの参加を繰り返し訴えた。しかし、ニューヨークマラソンやボストンマラソンに女子の参加が正式に認められたのは、それから約10年後のことであった。オリンピックでの女子マラソン採用も1984年のロサンゼルス大会からである。純粋に持久力を競うマラソンは、今日、男女混合でレースを行なうことのできる数少ない競技の1つとなっている。

1936年、ベルリンオリンピックで競技場を後にするマラソン選手たち。

競技会

レースによっては、参加者は3万人を超える。アマチュア選手もトップアスリートも一緒に走り、全走者に同じ競技ルールが適用される。オリンピックや世界選手権では、スタートとゴールが競技場の400mトラックに設けられている。選手は道路を走るため、暑さ、大気汚染、坂のアップダウンなどさまざまなレース条件を克服しなければならない。

戦術

自分の力を十分に発揮できるよう、選手は常にペース配分を意識しながら走る。また、マラソン選手が陥りやすい脱水症とスタミナ切れにも気をつけなければならない。よく鍛錬されている選手は、レースの前半でペースを調整し、後半やラストスパートのためにスタミナを温存する。レース序盤は集団が形成されていることが多いが、誰かが揺さぶりをかけたり、疲労が蓄積してくると、集団は乱れ始める。最後まで余力を蓄え、身体的および精神的疲労を克服した者が勝利を手にする。

ボストンマラソン

ボストンマラソンの第1回大会は1897年4月19日に行なわれた。第1次世界大戦後、国際的な大会へと発展し、今日では、世界有数の由緒あるレースとなっている。

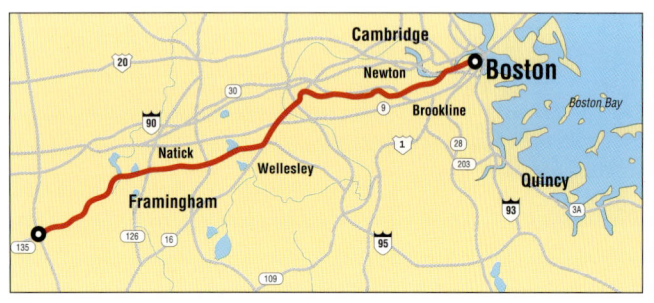

マラソン選手

短距離選手

持久力勝負のマラソンでは、小さなストライドが効率的である。短距離選手とは違い、マラソン選手にとってはストライドを伸ばすより、ピッチを上げることが重要になる。

用具

シューズ
軽量（1足280g未満）で安定性があり、衝撃吸収に優れている。

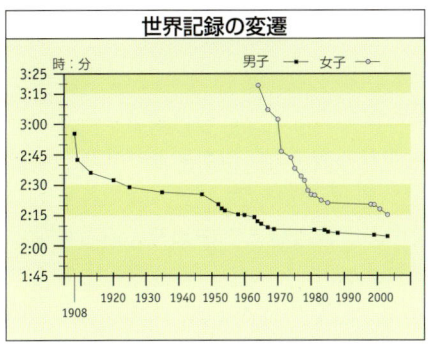
世界記録の変遷

選手の特徴

- 細身の体格で、心機能が強いことが不可欠な要素。主に使われる脚の筋肉は、双子筋、大腿四頭筋、前脛骨筋である。
- 筋肉は、速いスピードで長距離を走り切るだけのエネルギーを長い間蓄えておくことができない。したがって、マラソン選手の多くは、レース前の数日間、特別な食事療法を行なう。まず、筋肉に蓄積されたエネルギーを減らすため、最後の徹底的な走り込みをする。そして、1〜3日間は炭水化物（あらゆる糖分）をできるだけ摂らないようにする。パスタ、シリアル、パン、ポテトなどの食物は避ける。レースの3日前になると、今度は炭水化物をできる限りたくさん摂取する。コースに設置されている飲食物供給所で、レース中に栄養を補給することも結果を左右する重要な要因となる。
- 持久力と有酸素能力（細胞に酸素を摂り入れてエネルギーを生み出す力）の向上に重点を置く。トレーニングは多種多様で、短い距離（400〜1000m）でのスピードトレーニング、中距離（1000〜5000m）走、10〜40km走を組み合わせて行なう。

ゼッケンナンバー

ジョーン・ベノイト（アメリカ）
1983年のボストンマラソンで、世界最高タイムを出した。オリンピックで初めて女子マラソンが行なわれた1984年大会でも2時間24分52秒で優勝。

アベベ・ビキラ（エチオピア）
1960年のローマオリンピックで、エミール・ザトペックのオリンピック最高記録（2時間23分03秒2）を破り優勝。裸足で2時間15分16秒2のタイムを出し、世界を驚かせた。

鍛錬期における週間鍛錬期における週間トレーニングメニュー（世界のトップランナーの一例）

	第1部	第2部
月曜日	10〜12km走（40〜50分）	・合い間に10〜15秒のスピードアップを入れながら、森、坂、平坦な道を適度なペースで走る（1時間30分）。
火曜日	10〜12km走（40〜50分）	・ウオーミングアップ（20分）。 ・400mトラックを5〜6周走るトレーニングを3セット繰り返す。各周ごとに1周の緩走、各セットごとに2〜3周の緩走を入れる。（1時間40分） ・クーリングダウン（15分）。
水曜日	10〜12km走（40〜50分）	・適度なペースでロードを走る（2時間〜2時間15分）。最後は50〜80mの距離で加速走を5本で行なう。
木曜日	10〜12km走（40〜50分）	・ウオーミングアップ（20分）。 ・次レースでの目標ペースで8本走る（3×2km、2×3km、1×4km、1×3km、1×2km）。各セットの間に約2分間の休憩を入れる。 ・クーリングダウン（15分）。
金曜日	10〜12km走（40〜50分）	・1〜2分の加速走を入れながら、傾斜のある道を走る（1時間45分〜2時間）。
土曜日	10〜12km走（40〜50分）	・適度なペースで走る（1時間30分）。
日曜日	35〜40km走、最後の1時間は1kmを3分10〜20秒のペースで走る。	

飲食物供給所

暑い天候では、発汗により1時間で3リットルもの水分を失う。飲食物供給所では、水や炭水化物を含む飲料水を取ることができる。しかし、たとえコンディションが良くても、体は1時間に1リットルしか水分を吸収することができないので、脱水症の危険性がまったくなくなるわけではない。

陸上競技——長距離走

やり投げ

やりをどれだけ遠くへ投げることができるかを競う競技。本来、やりは狩猟や戦闘に使われていたが、紀元前708年にやり投げの原形となる競技が行なわれた。当時、やりはオリーブの木で作られており、競技の内容も、投げひもを用いて距離を競ったり、標的を狙ったりするものだった。それ以来、やりは競技用の道具としても使われるようになった。近代スポーツとしてのやり投げは、19世紀の北欧で始まったが、初めて競技種目として行なわれたのは、1906年のイギリスの陸上選手権であった。近代オリンピックに登場したのは男子やり投げが1908年のロンドン大会、女子のやり投げが1932年のロサンゼルス大会である。

1920年、スイスのオリンピック（アントワープ大会）参加を呼びかけるポストカードが作られた。古代ギリシャ人のやり投げが描かれている。

競技会

競技者が8人以下の場合は、それぞれ6回ずつ試技を行なう。8人を超える場合は、3回ずつの試技の後、上位8人がさらに3回ずつ試技を行なう。やりの穂先が最初に地面に着くと有効試技とみなされる。その際、やりは地面につき刺さっていなくても構わない。1回の試技時間が1分30秒を超えたり、やりが着地する前に選手が助走路から出ると失格になる。

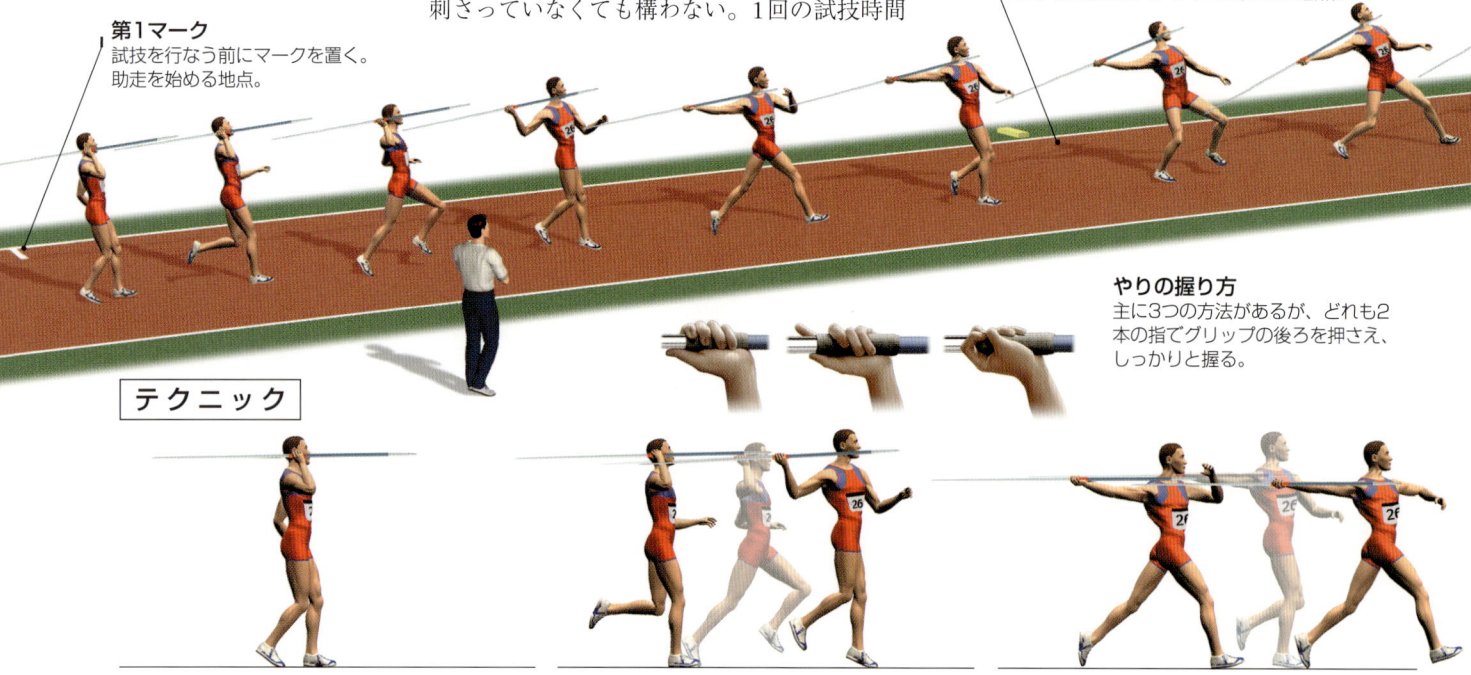

第1マーク
試技を行なう前にマークを置く。助走を始める地点。

第2マーク
試技を行なう前にマークを置く。投げに移行するためのステップを始める地点。

やりの握り方
主に3つの方法があるが、どれも2本の指でグリップの後ろを押さえ、しっかりと握る。

テクニック

1. スタート
これから行なう一連の動作を思い浮かべる。やりを持つ方の腕と肩をリラックスさせ、胸の筋肉を伸ばす。

2. 助走
10〜12歩の間に、約7m/秒までスピードを上げる。加速によって得た力をため込み、まっすぐ前方を見る。

3. 投げへの移行
1歩目を強く踏み込み、次に、体を横に向けて脚を交差させる。このステップ（5歩以上）を行なうことにより、投てき距離を最大に伸ばすことができる。

用具

やり
1950年代、フランク・ヘルドが新型の太いやりを開発したことにより、投てき距離が3〜6mも伸びた。材質は金属製または木製。投げやすくするために重心の位置が調節できるような可動装置を付けることは禁止されている。

柄　　　男子用: 2.60〜2.70 m/800 g　　ひもを巻いたグリップ　　　穂先
　　　　女子用: 2.20〜2.30 m/600 g

陸上競技―投てき

世界記録の変遷

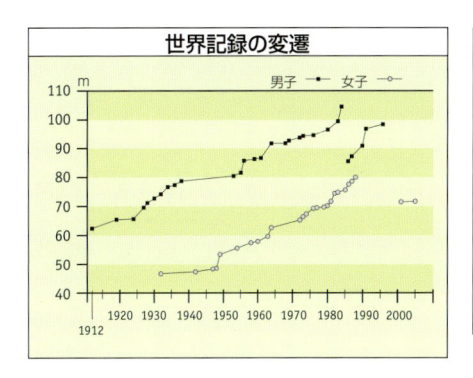

選手の特徴
- 他の投てき種目の選手に比べて細身の体格（男子の平均身長は1m88cm、体重95kg、女子の平均身長は1m70cm、体重70kg）。世界レベルの選手は、優れた走力と強い筋力を兼ね備えていなければならない。
- いろいろなボール投げやチューブを使った負荷トレーニングにより、調整力、柔軟性、バランスを高める。
- 利き腕の肘、肩、脚の付け根、坐骨、内転筋、腰椎の柔軟体操は念入りに行なう。また、筋力アップやジャンプのトレーニングも必要。

ヤン・ゼレズニー（チェコ）
1992年のバルセロナオリンピック（89.66m）と1996年アトランタオリンピック（88.16m）で金メダルを獲得。1996年には98.48mの世界記録を樹立。

設備
助走路は、白く塗られた木板または金属板が円弧状に埋め込まれているスターティングラインまで。投てき物の落下点からスターティングラインの内側までの距離で計測が行なわれる。

スターティングライン

審判員
2人以上の審判員が試技を記録し、投てきが一巡するごとに結果を確認する。白旗は有効試技、赤旗は無効試技を示す。

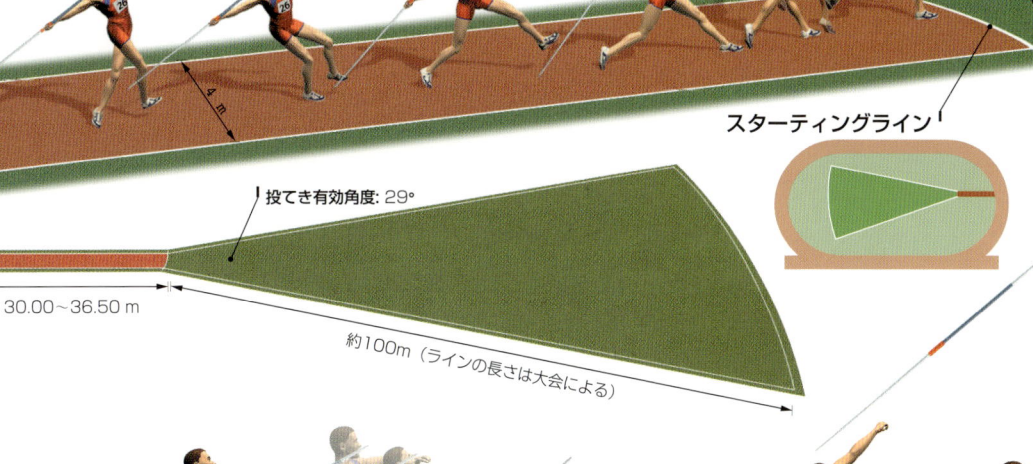

投てき有効角度: 29°
30.00〜36.50 m
約100m（ラインの長さは大会による）
4 m

4.投げ
最後の2歩はほとんど同時に着地する。やりはできるだけ長く肩の後ろに引いておく。体は0.04〜0.06秒ほど緊張状態になるが、筋肉をリラックスさせ、力強い投てきに意識を集中させる。

5.リリース
脚をブロックさせると、肩と腕の筋肉から爆発的なパワーが生まれ、やりは勢いよく飛んでいく。投てきには正確性が要求されるので、腕の柔軟性が不可欠である。最適投射角は25〜40°。飛距離は約100m、投てきスピードは31m/秒、すなわち、112km/時に達する。

ルート・フックス（旧西ドイツ）
模範的なフォームは称賛を浴び、1972年、ミュンヘンオリンピック（記録63.88m）と1976年、モントリオールオリンピック（記録65.94m）で金メダルを獲得。世界記録も6度更新。

シューズ
軽量の革またはナイロン製。スパイクピンは11本以内で、直径は4mm、長さは12mm以下。

円盤投げ

円盤をどれだけ遠くへ飛ばすことができるかを競う競技。投てき種目の中で最も古い歴史を持つ円盤投げは、古代の兵士が川を渡る際、重量を減らすために楯を対岸に投げたのが始まりである。紀元前708年の古代オリンピックでは、円盤投げはすでに五種競技の1つであった。ホメロスの『オデュッセイア』でも、ユリシーズの円盤投げの様子が生き生きと描かれている。また、ケルト族、サクソン族、スコット族、イングランド人の伝統的な競技会では、何世紀にもわたり、円盤投げが行なわれていた。そして、19世紀初めには、スイス各地で木製の円盤が用いられるようになった。オリンピックでの男子円盤投げの採用は、1896年のアテネ大会からであったが、女子に門戸が開かれたのはそれから32年後、1928年のアムステルダム大会のことである。世界陸上選手権では、男女とも1983年の第1回大会から正式種目となっている。

ミュロン作『円盤を投げる人』。紀元前2世紀、ローマ人による複製像（ローマ国立博物館、イタリア）。

競技会

各試技は1分30秒以内。それぞれ3回ずつの試技の後、上位8人がさらに3回ずつ試技を行なう。競技者が8人以下の場合は、6回ずつ試技を行なう。飛距離によって順位が決まるが、円盤が地面に着下する前にサークルから出てはならない。

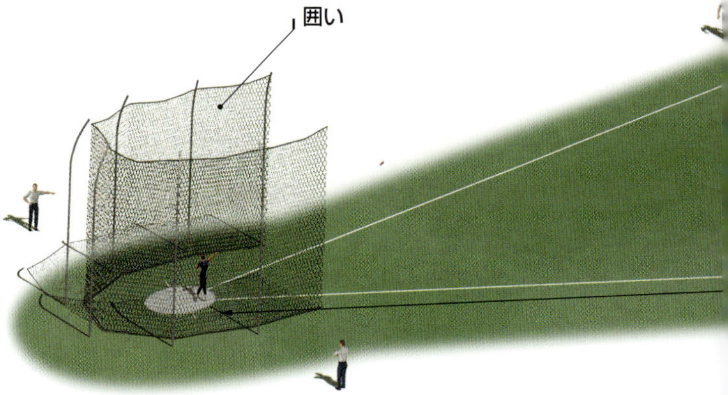

囲い

円盤の持ち方

円盤にぴったりと手を合わせて持つ。指先を少し開き、親指でバランスをとる。投てきを行なうときは、ターンのスピードにより、円盤が手に密着する。

テクニック

1. 予備スイング
ターンのときに描く円弧の軌道に合わせて、リズミカルに円盤を前後にスイングさせる。腕と肩をリラックスさせ、集中力を高める。

2. ターン
1回転半ターンする間に、体にできるだけエネルギーをためこむ。右利きの場合は、左足を強く踏み込み、肩の軸の動きに合わせて左腕を動かしバランスをとる。ほんの一瞬だけ両足が浮き上がる。

3. 振り切り
最後の瞬間まで、下半身の動きに遅れて上半身が動き出すようにする。この短いが複雑な動作の間は一点を見つめてバランスを維持する。

4. リリース
右脚を押し上げ、素早く上体を起こす。腕の投げ出しとともに、勢いよく円盤が飛んでいく。

陸上競技 — 投てき

選手の特徴

- テクニックの習得が不可欠。パワー、集中力、リラックスできる精神力も大切な要素である。
- 1週間に数百本投げる練習をする。ウエイトやバーベルを使った筋力アップにも時間を割く。
- 世界レベルの選手では、男子の平均身長は1m93cm、体重115kg。女子の平均身長は1m75cm、体重93kg。

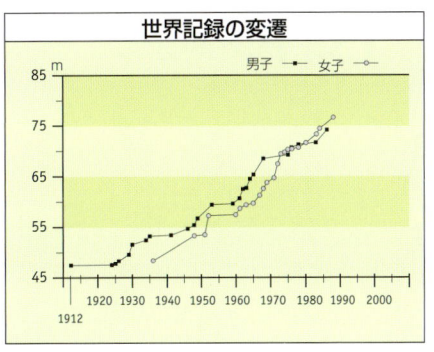

世界記録の変遷

男子 — 女子

アルフレッド・オーター（アメリカ）
オリンピックで4連覇（1956、60、64、68年）を成し遂げた。

マルティナ・ヘルマン（旧東ドイツ）
1983、87年に世界チャンピオンとなる。1988年のソウルオリンピックでは72.30mの記録で金メダルを獲得。

投てき有効角度

80〜100m（ラインの長さは大会による）

審判員
国際大会では、2人以上の審判員が試技を記録し、投てきが一巡するごとに結果を確認する。有効試技は白旗で、無効試技は赤旗で示される。サークルの縁に足が触れたり、円盤が地面に落下する前にサークルを出たり、円盤が有効角度の外に落下した場合には無効試技となる。

投てきサークル

サークルには保護用の囲いがある。囲いは、天然または合成繊維で作られたひも、あるいは、鋼製ワイヤーでできている。パワフルな投てきから安全を確保するため、1958年、有効角度が90°から60°に狭められた。さらに、1970年には40°に変更され、選手はますます高度なテクニックを求められるようになった。

投てきサークル
2.5 m
投てき有効角度：34.92°
縁
競技者は白線の後ろから投てきサークルを出なければならない。

用具

シューズ
スエードまたは革製。靴底は柔らかくスパイクピンはない。セメント仕様のサークルとの接地面が最大になるように作られている。

円盤
木製またはその他の適した材質でできている。縁枠は鉄で、両面の中心に円形の金属板がはめ込まれている。大きな国際大会では、主催者側が準備した円盤を使用しなければならない。

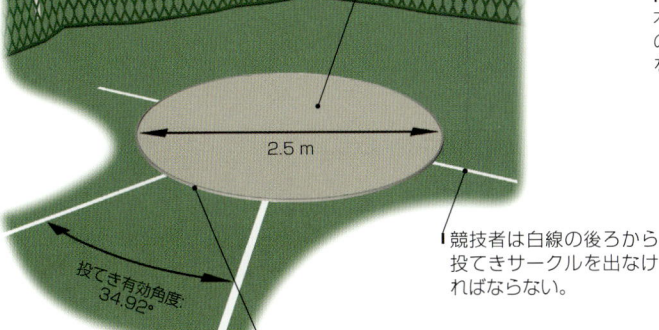

男子用 重さ：2kg
219〜221mm
厚さ：44〜46mm

女子用 重さ：1kg
180〜182mm
厚さ：37〜39mm

陸上競技―投てき

ハンマー投げ

ハンマーをどれだけ遠くへ投げることができるかを競う競技。古代アイルランドの時代に行なわれたティルティンのゲームの種目の中に、ロスクレアスと呼ばれる、車軸に取っ手がついた車輪投げの競技があった。まもなくすると、車輪の代わりに柄のついた石が用いられ、14世紀には鍛冶屋のハンマーが使われるようになった。1866年のオックスフォード大学とケンブリッジ大学の競技会では、ハンマー投げが競技として行なわれ、イギリスの陸上選手権でも1875年に導入された。また、オリンピックでは、1900年のパリ大会で初めて採用され、今日と同様の球形ハンマーが使用されるようになった。一方、女子のハンマー投げは、世界陸上選手権では1999年のセビリア大会で、オリンピックでは2000年のシドニー大会でそれぞれ正式種目に認められた。

マシュー・マクグラス（アメリカ）。1912年オリンピックス、ストックホルム大会で金メダルを獲得。

競技会

各試技は1分30秒以内。それぞれ3回ずつの試技の後、上位8人がさらに3回ずつ試技を行なう。順位は飛距離による。同記録の場合は、2番目に良い記録で順位が決定される。

テクニック

ハンマーの握り方
指の部分が分厚くなった革の手袋をはめ、しっかり握る。

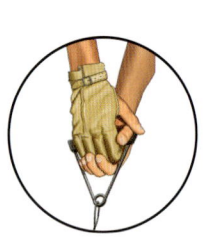

1. 始動動作
投てき方向に背中を向け、振り子の動作でハンマーを振る。集中力を高め、筋肉をリラックスさせる。

2. 連続スイング
腕と上体を使ってハンマーを2～3回転させる。肩の筋肉はリラックス状態。このスイングでバランスを整え、ハンマーのスピードを投てき時の55～65%まで上げる。

3. ターン
両脚を使って最初のターンに入る。2周目と3周目で体とハンマーのスピードを加速する。ターンのスピードが上がると、体重の3倍以上の遠心力が体に加わる。スイングから投てきまでのハンマーの移動距離は80mを超える。

4. リリース
3周目または4周目のターンの後、両脚と背筋をまっすぐ伸ばし、腕を力いっぱい上方に投げ出す。グリップから指を放し、ハンマーを投げる。角度は約45°、スピードは30m/秒（112km/時）に達する。

陸上競技 — 投てき

ジョン・フラナガン（アメリカ）
ハンマー投げでオリンピックの金メダルを3回獲得した唯一の選手（1900、04、08年）。

ユーリー・セディフ（旧ソ連）
1980年以降、世界記録を何回も更新した。オリンピックでは1976、80年に優勝。

選手の特徴
- 集中力、リラックスできる精神力、柔軟性に加え、パワー、敏捷性、調整力、優れたバランス感覚が不可欠。
- 毎週数百本もの投てき練習を行なう。ウエイトとバーベルを使った筋力アップトレーニング、ダッシュ、ハードル走、柔軟体操にも時間を費やす。
- トップレベルの選手では、男子の平均身長は1m85cm、体重110kg。女子の平均身長は1m70cm、体重80kg。

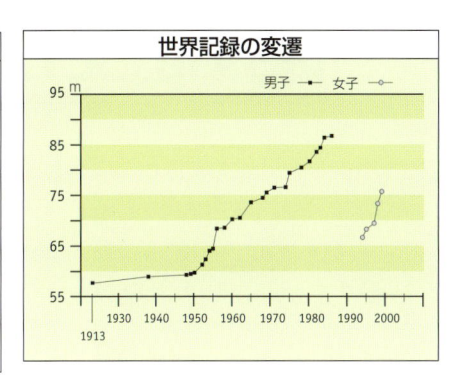

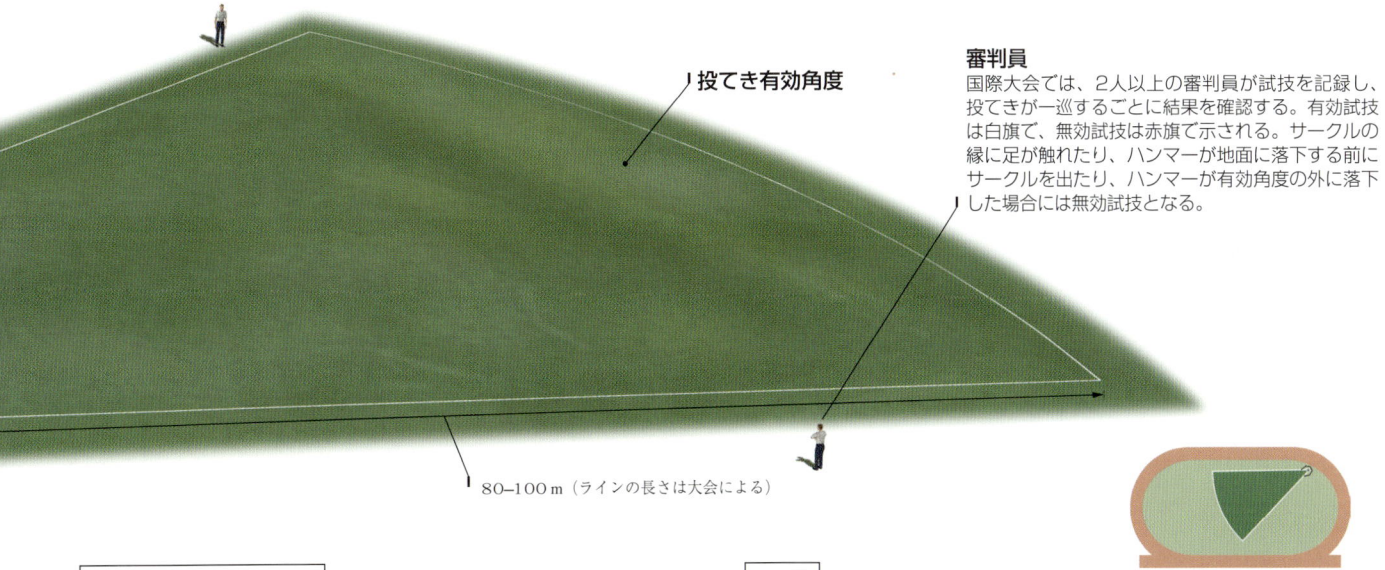

世界記録の変遷

投てき有効角度

80–100 m（ラインの長さは大会による）

審判員
国際大会では、2人以上の審判員が試技を記録し、投てきが一巡するごとに結果を確認する。有効試技は白旗で、無効試技は赤旗で示される。サークルの縁に足が触れたり、ハンマーが地面に落下する前にサークルを出たり、ハンマーが有効角度の外に落下した場合には無効試技となる。

投てきサークル
サークルはコンクリート仕様で、周りに保護用の囲いが設けられている。囲いは合成繊維で作られたひも、あるいは、鋼製ワイヤーでできており、投てきから役員と観客の安全を守る。記録の伸びに伴い、投てき有効角度は1958年に90°から60°に狭められた。さらに、1965年には45°、そして1970年には、40°に変更され、選手はますます高度なテクニックを求められるようになった。

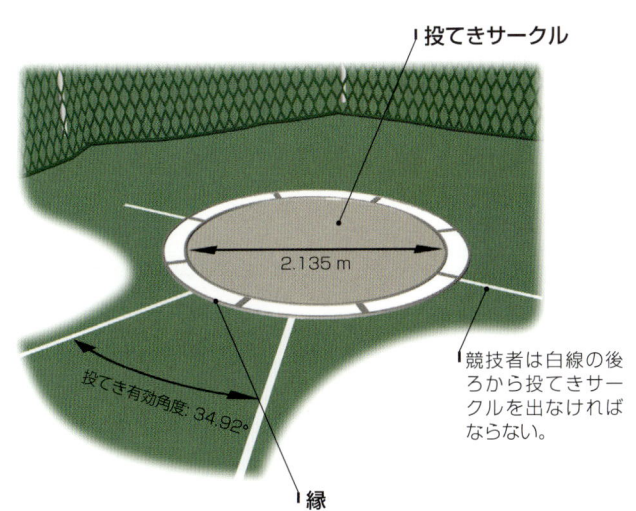

投てきサークル
2.135 m

競技者は白線の後ろから投てきサークルを出なければならない。

投てき有効角度: 34.92°

縁

用具

ハンマー
頭部とハンドルは鋼線で接続されている。頭部は真ちゅう、または、その他の堅くて高密度な材質でできており、表面が薄い金属で覆われている。

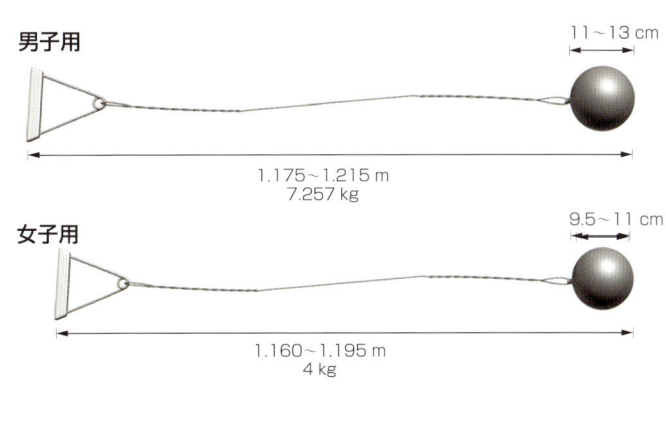

男子用
11〜13 cm
1.175〜1.215 m
7.257 kg

女子用
9.5〜11 cm
1.160〜1.195 m
4 kg

シューズ
接地面を最大にするため、靴底にスパイクピンはない。ターンがしやすいように縁に丸みがある。

砲丸投げ

いつの時代も、投てき者の目的は何かをできるだけ遠くへ投げることである。砲丸投げの始まりは、重い石を投げる古代の戦術に見られる。14世紀に大砲が発明された後は、石の代わりに鋳鉄の砲丸が使われるようになり、1850年頃、イギリスの大学で行なわれた陸上競技大会でも同様の砲丸が用いられていた。オリンピックの正式種目となったのは、男子砲丸投げが1896年のアテネ大会、女子が1948年のロンドン大会である。

1908年、ロンドンオリンピックの砲丸投げで優勝したラルフ・ローズ（アメリカ）。

競技会

3回ずつ試技を行ない、上位8人がさらに3回ずつ試技を行なう。競技者が8人以下の場合は、6回ずつ試技を行なう。国際大会では、2人以上の審判員が試技を記録し、投てきが一巡するごとに結果を確認する。有効試技は白旗で、無効試技は赤旗で示される（足留材の上部に足が触れたり、砲丸が地面に落下する前にサークルを出たり、砲丸が有効角度の外に落下した場合は無効試技となる）。

投てき有効角度

投てき有効角度
1969年、45°から40°に変更された。

約30m（ラインの長さは大会による）

オブライエン投法

1952年、アメリカのパリー・オブライエンが始めた投法。投てき方向に背を向けた構えから投げるため、従来の方法より1/4回転ターンが増えた。結果として、推進力が大きくなり、飛距離が約1m伸びた。

砲丸の持ち方

手のひらの曲げた指の付け根に載せる。指先はやや広げる。投てき動作では、肩を結ぶ線より砲丸を後方に持っていってはならない。最適投射角は40°よりやや大きめ。

1.スタートの構え
リラックスしながら集中力を高める。全体重を支持脚に載せ、安定した姿勢で構える。試技は1分30秒以内に行なわなければならない。

2.沈み込み
体を前かがみにする。足首は柔らかくしたまま、次の力強い動作に備える。

3.グライド
支持脚で地面を押し、もう一方の脚を後ろへ伸ばす。水平方向に素早く移動（グライド）して、腰と胴体をひねる。ただし、顔はサークルの後方に残しておく。

4.突き出し
両足で突っ張り、胸と肩の筋肉を使って力強い伸展動作を行なう。腕をいっぱいに伸ばして突き出すと、砲丸は勢いよく飛んでいく。トップレベルの選手の場合、そのスピードは14m/秒（50km/時）にもなる。

世界記録の変遷

男子 ― 女子 ―

選手の特徴

- トップレベルの選手では、男子の平均身長は1m88cm、体重126kg、女子の平均身長は1m75cm、体重90kgである。腹部、腰部、背中の筋肉が強くなければならない。
- パワー、敏捷性、柔軟性に加え、調整力、バランス感覚、テクニックを兼ね備えていることが必要である。
- 砲丸だけでなくさまざまなボールを週に数百回投げる。ウエイトやバーベルを使ったトレーニング、ジャンプ、ランニングなどで筋力アップに努める。

用具

砲丸
表面は滑らかで、青銅、銅、あるいは同様の金属でできている。または、その他の材質で作られ、表面が薄い金属で覆われている場合もある。

規定の最小重量

男子用 7.257 kg　11〜13 cm

女子用 4 kg　9.5〜11 cm

シューズ
革またはスエード製で体重に耐えられるように作られている。サークル面がセメントのため、スパイクピンはない。靴底は平坦で安定性が高い。

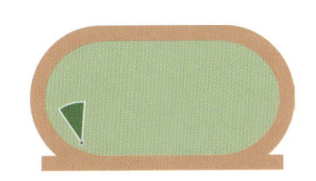

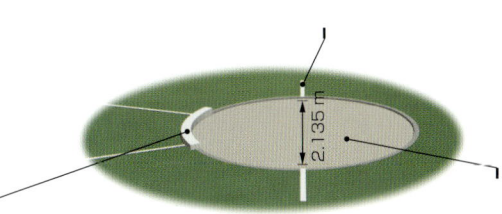

競技者は白線の後ろから投てきサークルを出なければならない。

2.135 m

投てきサークル
1908年、サークルは正方形から円形へと変わり、その翌年、足を止めるための足留材が作られた。

足留材
長さ: 1.14–1.16 m
幅: 11.2–30 cm
高さ: サークルの内側より10cm以上高くなければならない。

回転投法

1972年、アレクサンダー・バリシニコフ（旧ソ連）が編み出した投法で、円盤投げのようにターンを使って投げる。ターンが生み出す力を利用して、速いスピードで砲丸を押し出すことができる。今日、最もよく使われている投法。

1. 踏み込み
上体の姿勢と砲丸の持ち方はオブライエン投法と同じである。両脚は円盤投げのように構える。

2. ターン
勢いよくターンしながら、体のひねりを正確に調節し、脚、腕、突き出す手の筋肉を最適な状態に緊張させる。

3. 突き出し
バランスが崩れると、ターンによる力に押されて体がサークルから出たり、投てき方向がずれたりする。足留材の上部に触れた場合や砲丸が着地する前にサークルを出た場合は無効試技となる。

パリー・オブライエン（アメリカ）
オリンピックの1952年ヘルシンキ大会と1956年メルボルン大会の金メダリスト。

タマラ・プレス（旧ソ連）
世界記録を12回更新。1964年の東京オリンピックで2つの金メダル（砲丸投げ、円盤投げ）を獲得した。

陸上競技 ― 投てき

走り高跳び

走り高跳びは、体の力だけを使って、水平に置かれたバーを落とさずに跳び越える競技である。ケルト族は、数百年も前に走り高跳びの大会を行なっていた。1840年、イギリスで正式な競技として認められると、1865年にはルールが制定され、1896年、オリンピックアテネ大会で正式種目となった。女子の走り高跳びは、1895年、アメリカで初めて行なわれ、オリンピックでは1928年のアムステルダム大会から採用となった。

1932年、ロサンゼルスオリンピックで行なわれた走り高跳びの会場。

競技会

試技の順番は抽選によって決められる。審判員は1度に5cmずつバーを上げるが、途中から上げ幅は最低2cm単位に引き下げられる。競技者は、大会主催者が設定した予選通過の高さを3回以内に成功させなければならない。各試技は1分30秒以内。作戦上、予選通過ラインの高さをパスし、それ以上の高さから試技を始めることもできる。初めに跳ぶ高さの試技が成功すれば、次はどの高さを跳んでもよい。踏み切りは片足で行なう。3回連続で失敗すると試技を続けることはできない。

助走路 距離：最短15m

1.スタート
選手は試技を行なう前に、走り出し、曲線助走の開始、踏み切りの地点を示すマークを置くことができる。スタートからバーまでの助走距離は平均で12m。

2.助走
大きなストライドで7歩前後走り、8m/秒まで加速する。次の3～5歩では曲線に入るため、体を内傾させてスピードの低下を抑える。さらにピッチを上げる。

3.助走から踏み切り
最後の1～2歩で、曲線の外側の脚を曲げ、もう一方の脚、すなわち、踏み切り脚をいっぱいに伸展させる。

用具

シューズ
靴底の厚みは13mm以内。足の母子球（親指の付け根）の下とかかと部分にはスパイクピンがある。片方の足にランニングシューズを履く場合もある。

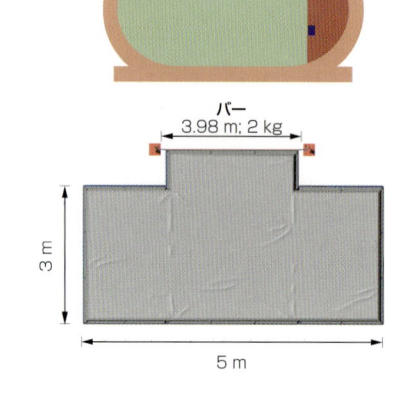

バー 3.98 m；2 kg
3 m
5 m

ハビエル・ソトマヨル（キューバ）
1993年に、2.45mの世界新記録を出した。自身の身長1m96cmを49cmも上回るジャンプ。

ステフカ・コスタディノワ（ブルガリア）
1995年、世界選手権で優勝。1987年に出した2.09mは現在も世界記録。

陸上競技―跳躍

跳躍スタイルの変遷

1968年のメキシコオリンピックで、アメリカ人のディック・フォスベリーが、背面跳びと呼ばれる新しい跳躍法で金メダルを獲得した。これを機に走り高跳びは大きな転換期を迎える。また、背面跳びの導入により、マットが使用されるようになった。

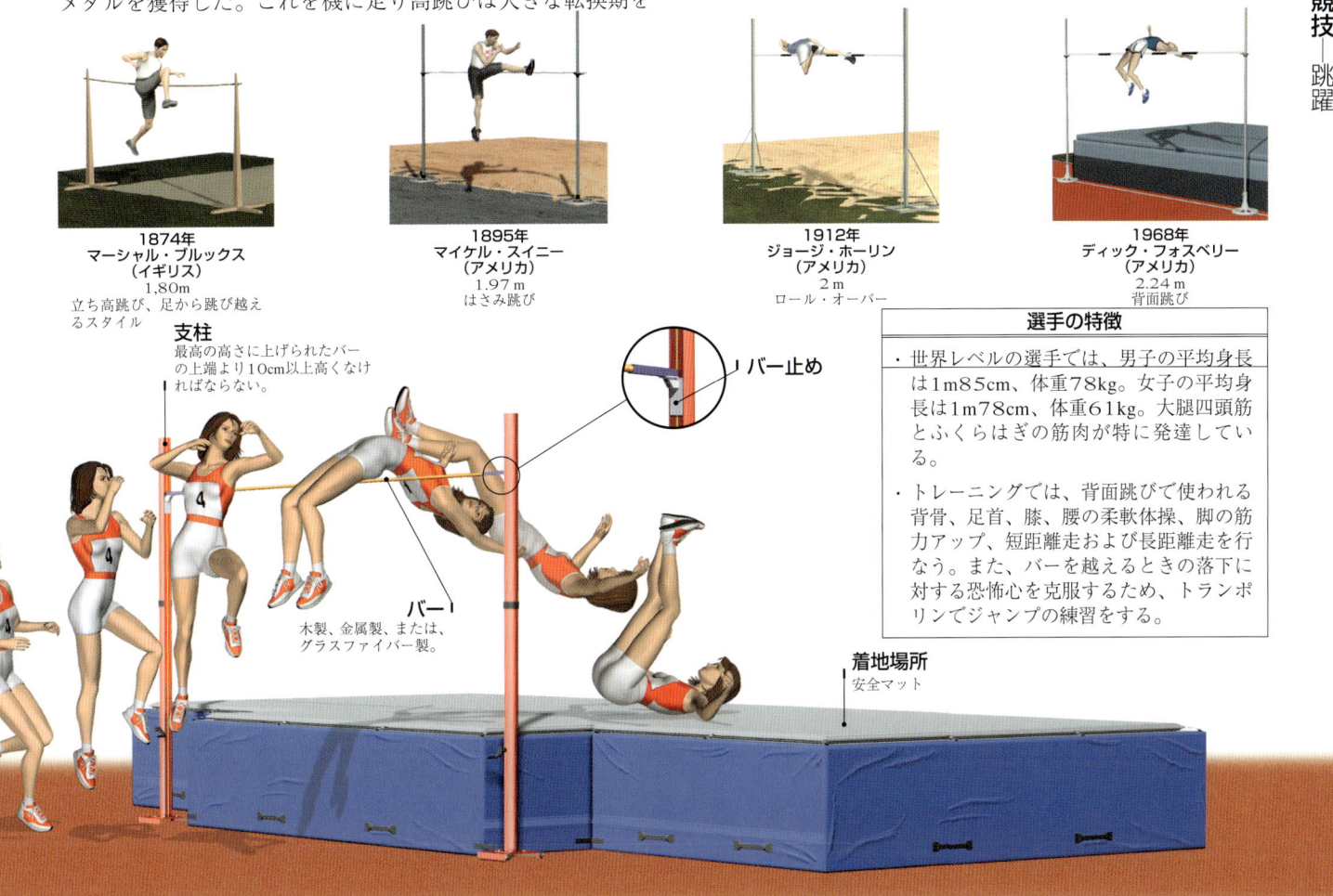

1874年
マーシャル・ブルックス
（イギリス）
1.80m
立ち高跳び、足から跳び越えるスタイル

1895年
マイケル・スイニー
（アメリカ）
1.97m
はさみ跳び

1912年
ジョージ・ホーリン
（アメリカ）
2m
ロール・オーバー

1968年
ディック・フォスベリー
（アメリカ）
2.24m
背面跳び

陸上競技　跳躍

支柱
最高の高さに上げられたバーの上端より10cm以上高くなければならない。

バー止め

バー
木製、金属製、または、グラスファイバー製。

着地場所
安全マット

選手の特徴

- 世界レベルの選手では、男子の平均身長は1m85cm、体重78kg。女子の平均身長は1m78cm、体重61kg。大腿四頭筋とふくらはぎの筋肉が特に発達している。
- トレーニングでは、背面跳びで使われる背骨、足首、膝、腰の柔軟体操、脚の筋力アップ、短距離走および長距離走を行なう。また、バーを越えるときの落下に対する恐怖心を克服するため、トランポリンでジャンプの練習をする。

4.踏み切り
強い踏み切りを行なう。このときの押し上げが、脚、腰、肩による回転の原動力となる。

5.回転
踏み切りの延長動作で回転を行なう。体をリラックスさせ、姿勢に意識を集中する。振り上げた脚と踏み切り脚を同じ高さにして回転を続けると、バーに対し背中を水平にすることができる。

6.アーチ
肩を後ろに倒し、かかとをももの下に移動させ、アーチ形に体を反らすと腰がバーを越えていく。このとき、体の重心がバーの真下に来ることもある。

7.着地
バーを越えたとき、腰を深く曲げると胸と脚が上がる。この体勢を作ることができれば、バーに触れず、肩から着地できる。

陸上競技 — 跳躍

棒高跳び

ポールのしなりを利用してバーを跳び越え、その高さを競う。棒高跳びは、跳躍種目の中で唯一用具を使う。歴史的にみると、競技の起源は古代にまでさかのぼる。棒高跳びが初めて正式種目として行なわれたのは、1812年のイギリスの陸上競技大会で、1857年には、ケンブリッジ大学の大会でも採用された。女子の棒高跳びはそれから数年後に導入され、現在、世界陸上選手権や、コモンウェルス・ゲーム、ユニバーシアード世界大会でも正式種目になっている。ただし、オリンピックへの参加は2000年のシドニー大会からである。

1920年のアントワープオリンピックで、4.09mを跳んだフランク・フォス（アメリカ）。

競技会

担当審判員は、初めのバーの高さとラウンドごとに上げられるバーの高さを前もって決定し、発表する。試技順は抽選によって決められる。跳び始めの高さ、および、以降の試技の高さは、選手が選択する。高さにかかわらず、3回連続で失敗すると試技を続けることはできない（ただし、同成績の選手で1位を決定する場合を除く）。

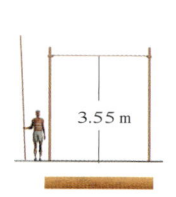

記録の変遷

すべての陸上競技の中でも、特に棒高跳びは、用具の材質が記録更新に大きな役割を果たしてきた。

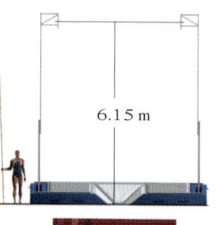

3.55 m 木製、1911年まで
4.77 m 竹製、1912〜45年
4.80 m アルミ製、1946〜60年
6.15 m グラスファイバー製、1961年以降

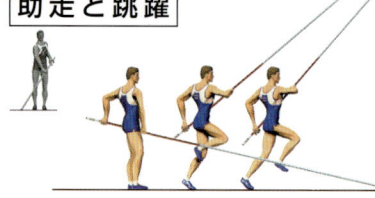

助走と跳躍

1. スタート
ポールのグリップ位置は、ポール先端から4.9〜5.1m。適度な角度でポールを保持し、バランスをとりながら助走を始める。

2. 加速
大きなストライドでピッチを上げ、トップスピード（32〜34km/時）まで加速する。助走が速いほど、高い跳躍ができる。

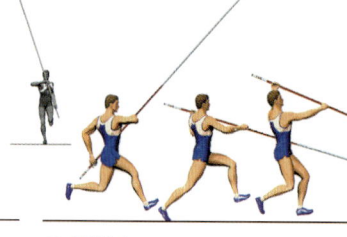

3. 推進力
徐々にポールを下げ、ボックスにポールを突っ込む準備動作に入る。ポールが水平になると、バランスが崩れ、助走スピードも約28km/時まで減速する。

ポール

ポールは表面が滑らかであれば、どんな材質でも構わない。長さや太さに関する規定もない。カーボンファイバー製やグラスファイバー製のポールが主流。アルミ製より重いが、反発力が強く、振動吸収力も優れているため、よりよい推進力が得られる。選手の体格、体重、身長、スピードに応じてポールを選ぶ。破損した場合を考慮し、通常、競技会にはポールを3本持ち込む。

粘着テープは2重まで巻いてよい。　　　　　長さは任意

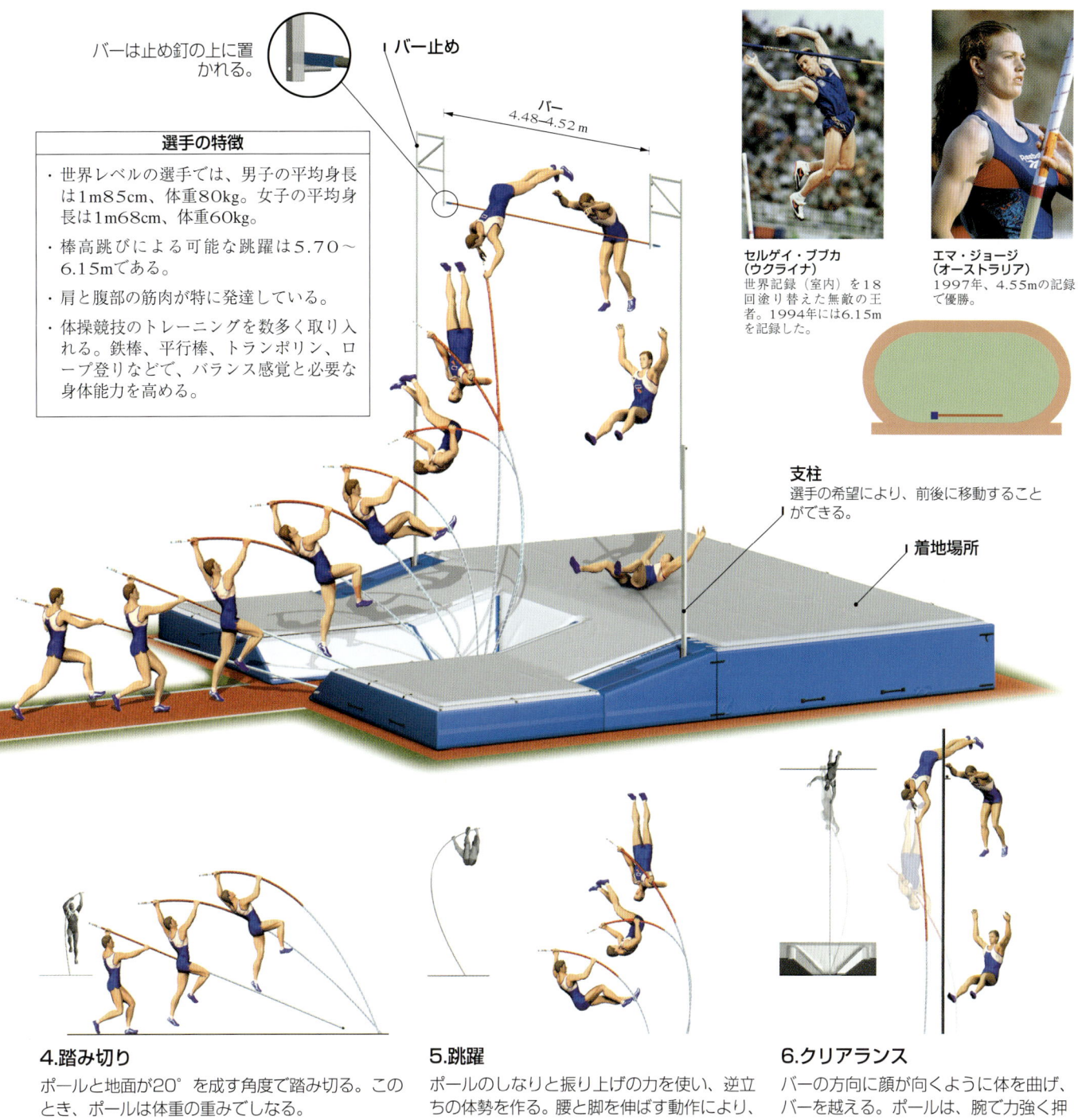

陸上競技 — 跳躍

バーは止め釘の上に置かれる。

バー止め

バー 4.48–4.52 m

選手の特徴
- 世界レベルの選手では、男子の平均身長は1m85cm、体重80kg。女子の平均身長は1m68cm、体重60kg。
- 棒高跳びによる可能な跳躍は5.70～6.15mである。
- 肩と腹部の筋肉が特に発達している。
- 体操競技のトレーニングを数多く取り入れる。鉄棒、平行棒、トランポリン、ロープ登りなどで、バランス感覚と必要な身体能力を高める。

セルゲイ・ブブカ（ウクライナ）
世界記録（室内）を18回塗り替えた無敵の王者。1994年には6.15mを記録した。

エマ・ジョージ（オーストラリア）
1997年、4.55mの記録で優勝。

支柱
選手の希望により、前後に移動することができる。

着地場所

4.踏み切り
ポールと地面が20°を成す角度で踏み切る。このとき、ポールは体重の重みでしなる。

5.跳躍
ポールのしなりと振り上げの力を使い、逆立ちの体勢を作る。腰と脚を伸ばす動作により、さらに体を上方へ引き上げる。

6.クリアランス
バーの方向に顔が向くように体を曲げ、バーを越える。ポールは、腕で力強く押してから放す。

競技場所
助走路の外側に限り、マークを置くことができる。

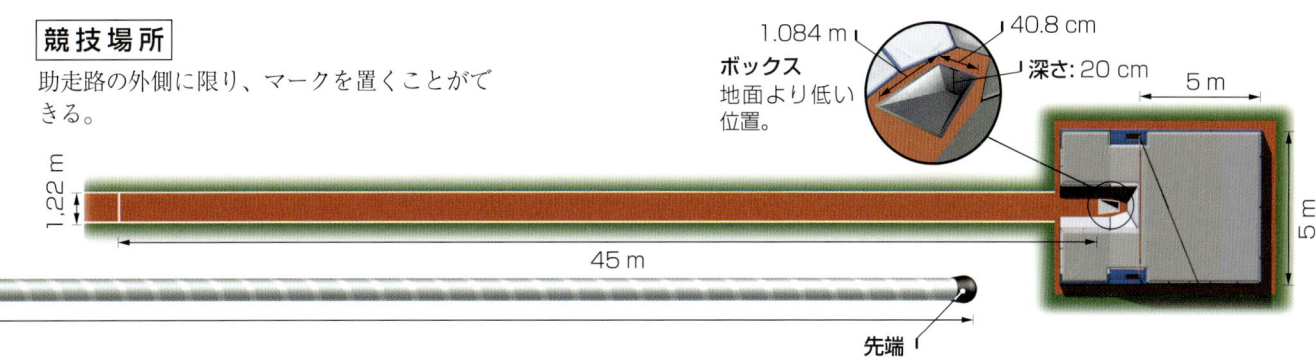

1.22 m
1.084 m
40.8 cm
ボックス 地面より低い位置。
深さ: 20 cm
5 m
45 m
5 m

先端

走り幅跳び

走で勢いをつけて跳躍を行ない、その距離を競う。走り幅跳びは、紀元前2000年頃、ケルト族の競技会ですでに行なわれていた。最古の記録は、紀元前656年の古代オリンピックで、スパルタの競技者、キオニスが跳んだ6.92mである。1850年、オックスフォード大学エクセター・カレッジの第1回陸上競技会で採用され、近代オリンピックでは1896年のアテネ大会から正式種目となっている。女子の走り幅跳びは、1948年のロンドンオリンピックで採用された。

1968年、ボブ・ビーモン（アメリカ）は、8.90mを跳び、世界記録を55cm更新した。この記録は、その後約23年間破られなかった。

競技会

予選通過者は抽選で決められた順に3回ずつ試技を行なう。1回の試技は1分30秒以内。上位8人がさらに3回ずつ試技を行ない、各競技者の最高記録により順位が決定する。

踏み切り板
砂場側に粘土板が置かれる。審判員は粘土板に足跡がついていないか確認する。

テクニック

1. 助走
体をリラックスさせ、大きなストライドで加速する。

2. 助走から踏み切り
ピッチが上がるにつれ、膝を引き上げ、上体を起こす。踏み切り前の2歩で最大スピードに達する。

3. 踏み切り
最後の1〜2歩でストライドを伸ばして、さらに加速を行ない、踏み切り板で片足を強く踏み込む。肩の引き上げを使って跳び上がるが、腕は助走のときと同じ位置に保つ。トップレベルの選手では、水平速度が10.7m/秒に達する。

陸上競技 — 跳躍

選手の特徴

- 100m走や200m走でも優れた能力を発揮する。世界レベルの選手では、男子の平均身長は1m85cm、体重78kg。女子の平均身長は1m73cm、体重59kg。
- トレーニングでは、トラックで20m、40m、もしくは、それ以上の距離をピッチやストライドを変えながら全速力で走る。その他、ジャンプ、スキップ、メディシンボール（トレーニング用のおもりの入ったボール）投げ、脚のストレッチや筋力アップも行なう。

世界記録の変遷

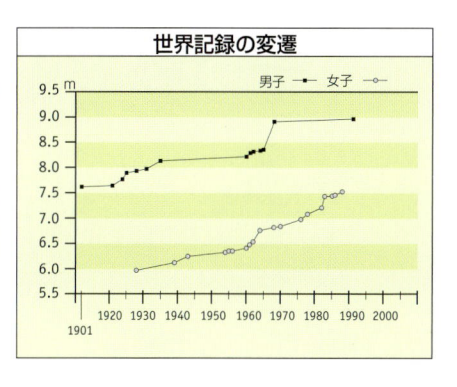

設備

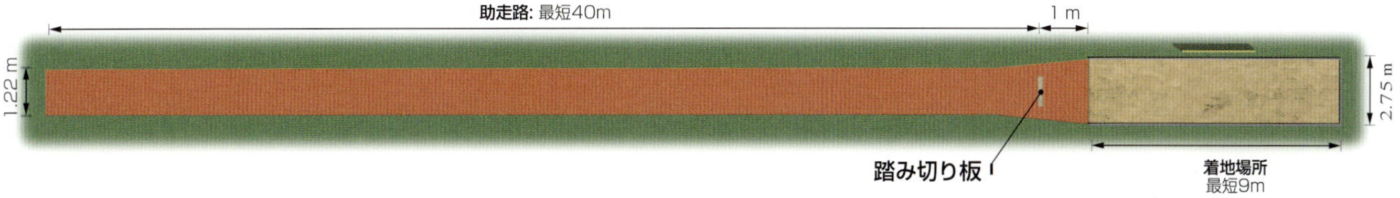

助走路：最短40m　　1m
1.22m　　踏み切り板　　着地場所 最短9m　　2.75m

用具

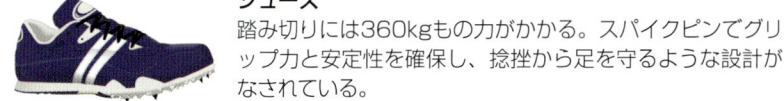

シューズ
踏み切りには360kgもの力がかかる。スパイクピンでグリップ力と安定性を確保し、捻挫から足を守るような設計がなされている。

マリオン・ジョーンズ（アメリカ）
1997年に始まったプロによる陸上競技大会で、3種目（100m、200m、走幅跳び）を制した初のアメリカ人女性。ジェシー・オーエンス賞（毎年活躍したアスリートに送られる賞）を受賞。

カール・ルイス（アメリカ）
オリンピックで4大会（1984、88、92、96年）連続の金メダリスト。

着地場所
1回跳躍が終わるごとに、助走路と同じ高さになるよう砂場をならして平らにする。跳躍距離は、踏み切り板の先端から、踏み切り板に一番近い砂場の着地跡までを測定する。

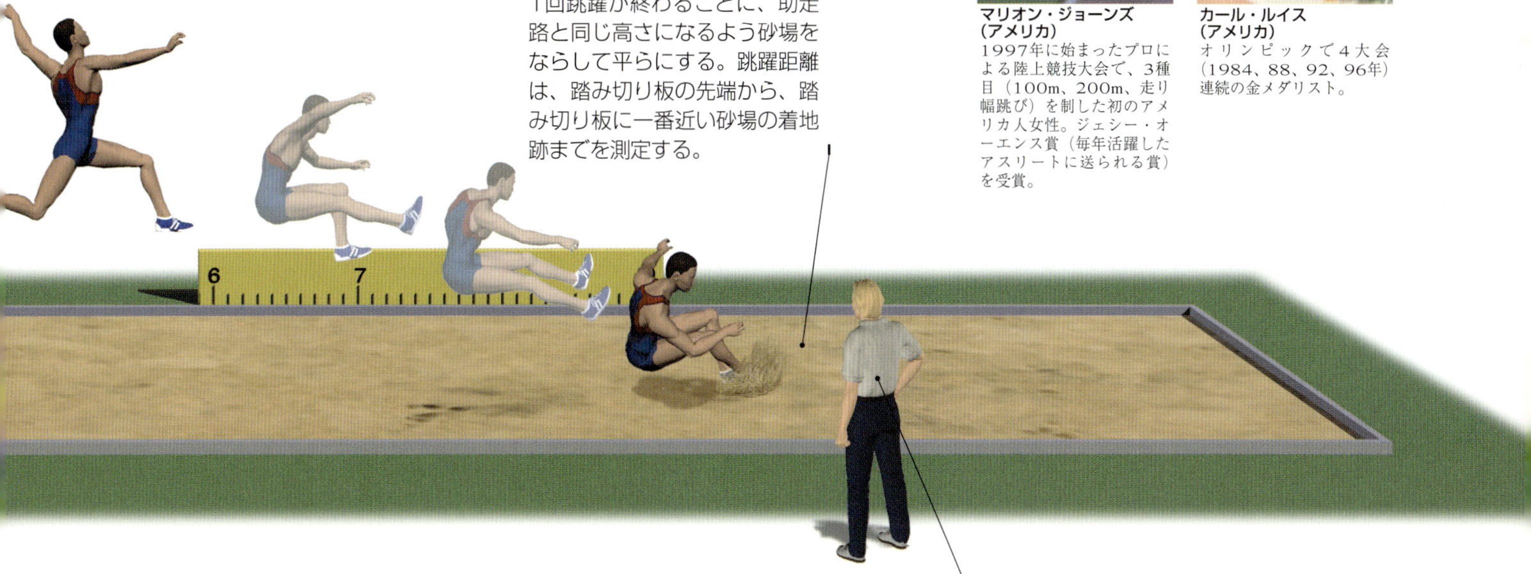

4.跳躍
空中動作では軌道を変えることはできないが、上体が前のめりにならないようにする。空中で両脚を交差させるはさみ跳び（上図参照）や体を伸ばす反り跳びでバランスを保ちながら、距離を縮めないような有効な着地を行なう。

5.着地
脚と腕を前方へ投げ出し、踏み切り板からできるだけ遠くへ着地する。トップレベルの選手の跳躍距離は9mにも達する。

審判員
国際大会では、2人以上の審判員が試技を記録し、跳躍が一巡するごとに結果を確認する。各試技の後、有効試技は白旗で、無効試技は赤旗で示される。踏み切り板を踏み越したとき、踏み切り板の両端より外側で踏み切ったとき、跳躍後、砂場を後戻りしたとき、また、跳躍中に宙返りのようなフォームを使ったときは無効試技とされる。

三段跳び

三段跳びは、ホップ、ステップから走り幅跳びに移行する跳躍である。この競技は、古代競技を誤って解釈した結果、生まれたのではないかと考えられている。走り幅跳び3回分の記録を合計した古代ギリシャ人の記述が、三段跳びの記録として解釈されたというのである。19世紀にアイルランドで行なわれていた三段跳びは、助走またはスタンディング・スタートから、ホップ、ステップ、ジャンプをして、両足で着地するスタイルだった。1860年、イギリスとアメリカで、助走を行なう三段跳びが正式競技として確立されると、イギリスの競技会では1875年に採用されるようになった。近代オリンピックでは1896年の第1回大会より正式種目になっている。また、女子の三段跳びは世界選手権では1993年、オリンピックでは1996年から行なわれている。

1932年、ロサンゼルスオリンピックで金メダルを獲得した南部忠平（日本）。記録は15.72m。

競技会

予選では3回試技を行なう。上位8人が決勝に進み、さらに3回ずつ試技を行なう。有効試技は白旗で、無効試技は赤旗で示される。試技を行なう前に、競技者は助走路の外側に2つまでマークを置くことができる。試技は1分30秒以内。踏み切り板を踏み越したとき、着地が砂場まで届かなかったときは無効試技となる。跳躍距離は、踏み切り板の先端から、踏み切り板に一番近い砂場の着地跡までを測定する。各競技者の最高記録により順位が決定する。

テクニック

各跳躍が、次の跳躍および結果に影響するため、力を3等分しなければならない。3つの跳躍距離の比率は、平均でそれぞれ37、30、33％である。

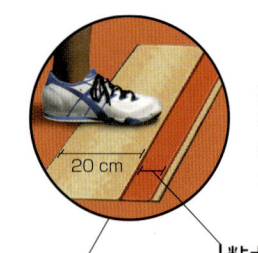

踏み切り板
砂場側に粘土板が置かれる。審判員は粘土板に足跡がついていないか確認する。

粘土板: 10 cm

1.助走
助走の距離はどれだけ取ってもよいが、通常は40m前後である。6〜7歩走った後、次の10数歩で抑え気味に加速する。スピードを上げすぎると、跳躍を始めるときにバランスを失う。

2.ホップ
踏み切り板を見ると助走のスピードが落ちるため、足元を見ずに踏み切りを行なう。上方ではなく、水平方向に跳ぶ。空中では、腕を使ってバランスを保ちながら、踏み切り脚を後ろから前へ移動させる。

3.ステップ
着地した脚が地面を蹴った直後、逆の脚を前に運びながら、膝を伸ばし、できるだけ遠くへ跳ぶ。

選手の特徴

- スピード、パワー、調整力、リラックスできる精神力、柔軟性を備えていなければならない。男子の平均身長は1m83cm、体重75kg。女子の平均身長は1m73cm、体重61kg。
- 三段跳びには、短距離走と走り幅跳びの要素が含まれているため、100m走、柔軟性とバランスを高める運動、ボール投げなどのトレーニングを行なう。また、筋力アップで脚力の強化を図る。

アデマール・フェレイラ・ダ・シルバ（ブラジル）
1952年のヘルシンキオリンピックと1956年のメルボルンオリンピックで優勝。

ビクトル・サネーエフ（旧ソ連）
オリンピック3大会（1968年メキシコ、1972年ミュンヘン、1976年モントリオール）で金メダル獲得。1972年には世界記録も樹立。

陸上競技 — 跳躍

世界記録の変遷

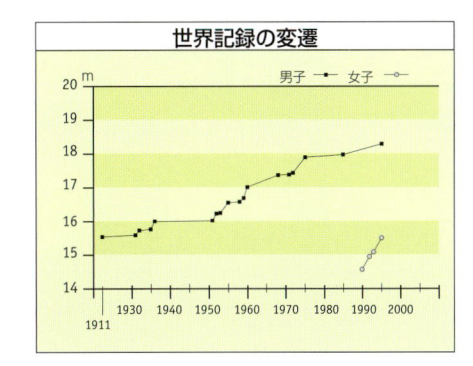

用具

シューズ
スパイクピンは長さ9mm、11本以内。安定性があり着地の衝撃から足を守る。

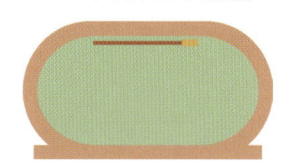

設備

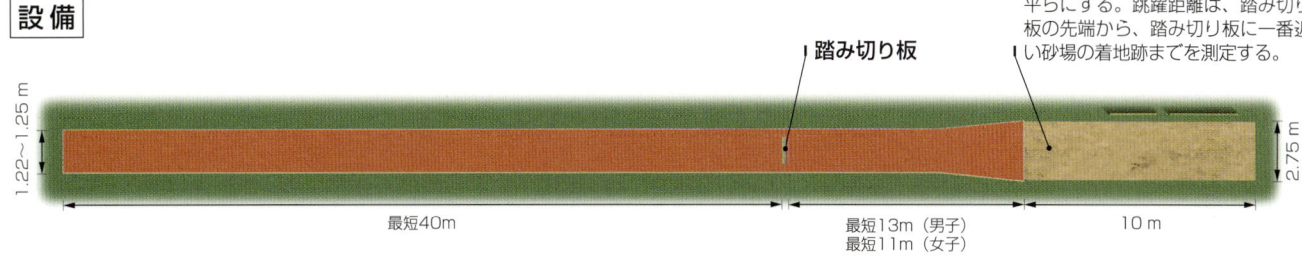

踏み切り板

着地場所
1回跳躍が終わるごとに、助走路と同じ高さになるよう砂場をならして平らにする。跳躍距離は、踏み切り板の先端から、踏み切り板に一番近い砂場の着地跡までを測定する。

1.22〜1.25 m ／ 最短40m ／ 最短13m（男子）最短11m（女子）／ 10 m ／ 2.75 m

4. ジャンプ
片足でジャンプを行なう。走り幅跳びと同じテクニックを使うが、スピードはやや遅い。

5. 着地
空中で脚を交差させるはさみ跳び、あるいは、体を伸ばす反り跳びを行ない、両脚を前方に投げ出す。トップレベルの選手では、踏み切り板から着地までの跳躍距離は18mにもなる。

審判員
国際大会では、2人以上の審判員が試技を記録し、跳躍が一巡するごとに結果を確認する。

七種競技、十種競技

紀元前708年、ギリシャ人は、すべての運動能力に秀でた競技者を決めるため、混成競技を考え出す。古代オリンピックで初めて行なわれた五種競技の種目は、走り幅跳び、競走、円盤投げ、やり投げ、レスリングであった。18世紀には、2～7種目を組み合わせた競技が、スウェーデン、イギリス、オランダで行なわれた。それから1世紀後の1884年、全米アマチュア競技連合の選手権大会では11種目の混成競技が採用された。2日間にわたり競技が行なわれる現在の十種競技（＝decathlon、「deca」はギリシャ語で10を意味する）が近代オリンピックに登場したのは、1912年のストックホルム大会であった。また、男子の十種競技にあたる、女子の七種競技（＝heptathlon、「hepta」はギリシャ語で7を意味する）の採用は、1984年のロサンゼルス大会からである。

1912年、ストックホルムオリンピックで金メダルを獲得したジム・ソープ（アメリカ）。

競技会

各種目の競技ルールが、十種競技、七種競技にも適用される。ただし、投てき種目と走り幅跳びでは、試技は3回ずつ行ない、トラック種目では3回フライングをすると失格となる。種目と競技順は1912年に決定された。選手は種目と種目の間に体力を回復しながら競技を行なう。長距離走が最後に行なわれるのは、2つの理由がある。1つは、最も疲労を伴う種目であるということ。もう1つは、短距離走より見ごたえがあるため、選手が高いモチベーションで臨めるからである。競技時間は通常1日8～10時間におよぶ。

各種目の記録は、国際陸上競技連盟によって定められた得点表にもとづき、得点化される。七種競技の最高得点は9971点、十種競技の最高得点は13471点。総合得点で順位が決まる。

種目

七種競技

1日目

1. 100mハードル
最高得点1361点

2. 走り高跳び
最高得点1498点

3. 砲丸投げ
最高得点1500点

4. 200m走
最高得点1342点

2日目

5. 走り幅跳び
最高得点1520点

6. やり投げ
最高得点1500点

7. 800m走
最高得点1250点

十種競技

1日目

1. 100m走
最高得点1223点

2. 走り幅跳び
最高得点1461点

3. 砲丸投げ
最高得点1350点

4. 走り高跳び
最高得点1392点

5. 400m走
最高得点1250点

2日目

6. 110mハードル
最高得点1249点

7. 円盤投げ
最高得点1500点

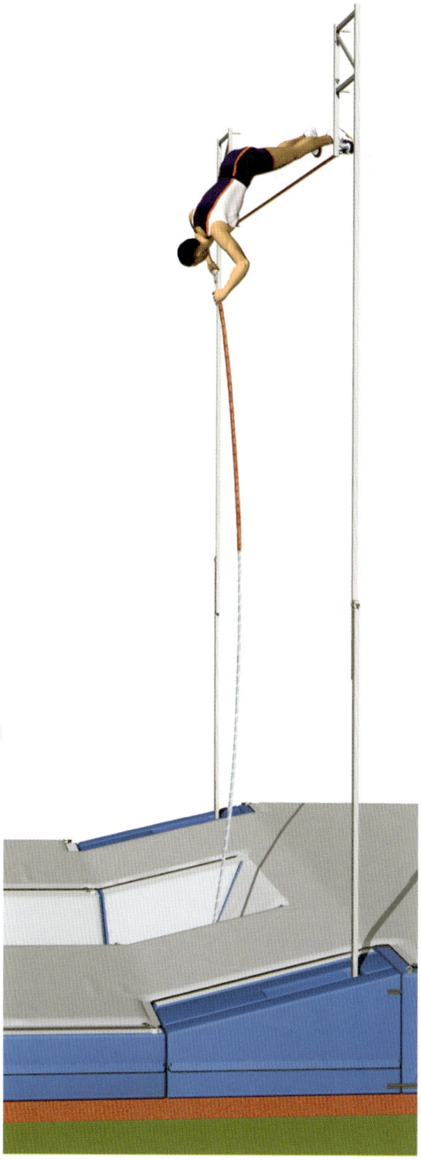

8. 棒高跳び
最高得点1396点

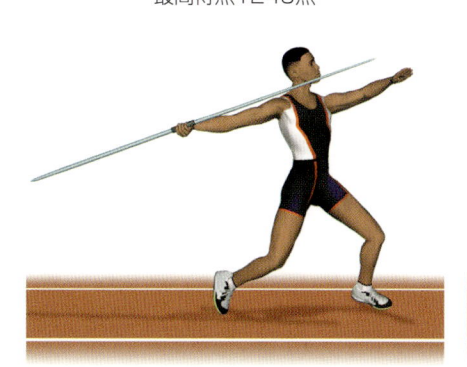

9. やり投げ
最高得点1400点

10. 1500m走
最高得点1250点

陸上競技―複合

記録

1970年代以降、十種競技および七種競技の記録は、各種目のスペシャリストの記録に徐々に近づいてきている。それでもその差にまだ15％ほどの開きがあるのは、競技者が1種目だけを専門とする傾向が進む一方で、混成競技の選手は、最高得点を得ようと総合的な運動能力の向上を目指しているからである。

記録の差が最も大きいのは投てき競技で、30％の違いがある。たとえば、1993年の十種競技でのやり投げの世界記録が69.98mであったのに対し、1992年のやり投げを専門とする選手の世界記録は91.46mであった。

選手の特徴

- スピードと持久力、タフさと安定性、強靭な筋力と身軽さ、パワーとリラックスできる精神力を兼ね備えていなければならない。
- 1つの種目に何年ものトレーニングを要するため、すべての種目を習得するにはさらに時間がかかる。したがって、選手としてのピークは一般に25～28歳である。
- 他の競技選手と体格を比較すると、短距離選手より体が大きく体重が重いが、跳躍選手よりは背が低い。また、中距離選手より体重は重いが、投てき選手よりは軽い。男子の平均身長は1m85cm、体重85kg。女子の平均身長は1m70cm、体重68kg。
- トレーニングプログラムは、主に、ランニング、筋力アップ、跳躍、投てきの4つに分けられる。
- ランニングは、休憩を入れながら、さまざまな距離（30～400m）で集中練習をする。ビルドアップ走（徐々にスピードを高めて走る）、スピード走、長距離走を取り入れる。
- 筋力強化では、脚と足首の関節近くの伸筋、または、4種目に共通して必要な腕と手の伸筋と屈筋を鍛える。

ジャッキー・ジョイナー・カーシー（アメリカ）
1984年、ロサンゼルスオリンピックの銀メダリスト。その4年後、総合得点7291点の世界記録を樹立。1992年のバルセロナオリンピックでは金メダルを獲得。

ダン・オブライエン（アメリカ）
1990年代最高の十種競技選手。1991、93、95年に世界王者に輝き、1992年には8891点の世界記録を出した。1996年のアトランタオリンピックでも優勝。

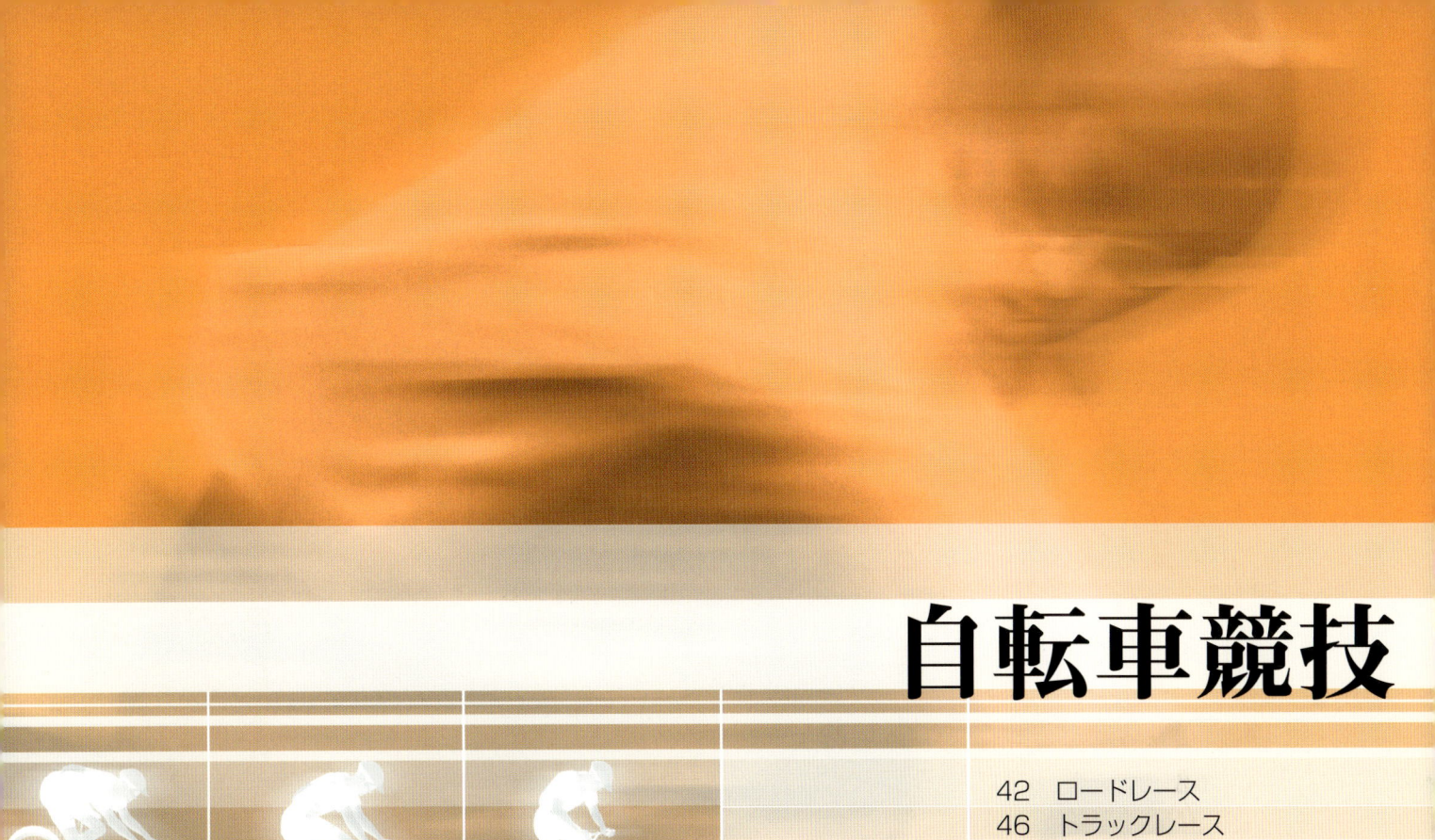

自転車競技

42 ロードレース
46 トラックレース
49 バイシクルモトクロス
52 マウンテンバイク

自転車競技

ロードレース

1912年のストックホルムオリンピックでメーラレン湖畔を走る320kmの個人ロードレース。

最も古い自転車のスケッチは、15世紀後半、イタリアのレオナルド・ダ・ヴィンチによるものとされている。その絵には、スポーク付きの2つの車輪、ペダル、チェーン機構を備えた自転車が描かれている。しかし、当時の技術では、自転車を作ることは実現しなかった。1817年になると、カール・フォン・ドライスが前輪に軸を取り付けた自転車を考案する。これはドライジーネと呼ばれ、足で地面を蹴って進む仕組みであった。最初のペダル付き自転車は1839年に作られ、1861年には、前輪にクランクが装着された。その後、金属製スポークの車輪、ソリッドゴムタイヤ、ブレーキ、変速ギアなど、さまざまな改良が加えられていった。1885年には、後輪駆動方式が取り入れられ、その3年後、アイルランド人のJ.B.ダンロップにより、チューブ付きの空気タイヤが開発された。1869年、初めてのロードレースがフランスのパリ～ルーアン間で行なわれ、1881年2月、フランス・ペロシペード連合が設立された。そして、1895年、速度競走の世界選手権が初めて開催され、1927年にはロードレースの種目が加わった。1896年の第1回近代オリンピックでは、6種目の自転車競技が行なわれ、そのうち3種目が、男子10km、100km、12時間耐久のロードレースであった。女子種目は、世界選手権では1958年、オリンピックでは1984年のロサンゼルス大会でそれぞれ採用されるようになった。

レース

決められた距離で速さを競う自転車レース。1着でゴールすることを目指す。成績は個々に記録されるが、6～10人でチームを組み、チームワークを重視する。チームのエースを勝たせるため、仲間の選手が手助けをして良いポジションを取らせたり、他チームの選手によるブレークアウェー（突然集団から抜け出すこと）を阻止する。

チームカー
各チームカーには、監督、メカニック、トレーナーが乗っている。レースの間、チーム選手の近くを走り、食べ物を渡したり、指示を与えたりする。

集団
レースによっては150人もの選手が集団となる。誰かがブレークアウェーをしかければ、他チームの選手は集団を率いて追走する。

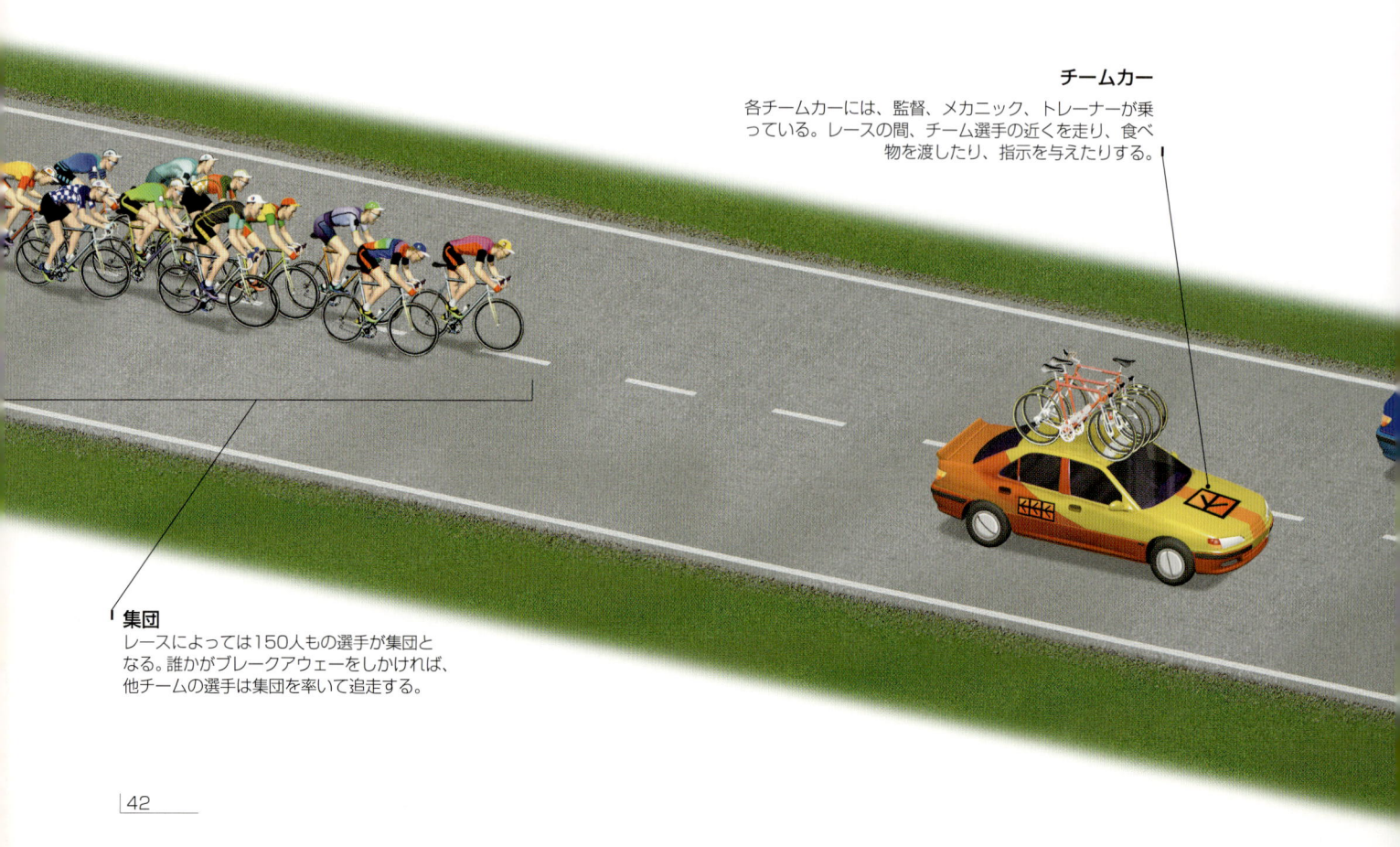

ワールドカップと世界選手権

ロードレースは、開催日数や形式により4つに分けられる。男子のワールドカップ（1989年から開催）は、1シーズンに行なわれる10レースのポイント合計で年間順位が決まる。これは「クラシック」と呼ばれるレースで、ツアーレースや世界選手権は含まれない。各レースの最終順位に応じて、1～100ポイントが与えられる。女子のワールドカップ（1998年から開催）は、9つのクラシックレースで獲得したポイント合計により年間順位が決まる。各レースの最終順位に応じて1～75ポイントが与えられる。

1. サーキットレース

あらかじめ決められたロードの周回コースを走る。コースにはさまざまな難関（上り坂など）がある。1日だけのレースで、全員が一斉にスタートする。主な男子のサーキットレースは、1927年から開催されている世界選手権で、毎年異なるコースが選ばれる。世界選手権では国別のチームで行なわれるのが特徴である。女子の世界選手権は、1958年以降、毎年行なわれている。

2. クラシックレース

通常2つの町を結ぶコースを走る。1日だけのレースで、全員が一斉にスタートする。20世紀の初めから根強い人気があり、レースはそれぞれ年に1回開催されている。各レースとも石畳や厳しい坂などの特徴がある。主なクラシックレースには以下のものがある。パリ～ルーベ（1896年から開催、270kmを超えるコース。石畳が50km続き、世界でも有数の見ごたえあるレース）、ミラノ～サンレモ（1907年から開催、294kmのコース）、ツール・ド・フランドル（1913年から開催、約270kmのコース。15の上り坂がある）、フレッシュ～ワロンヌ（1936年から開催、200kmのコース。ゴールとなる「ユイの壁」を含む10の上り坂がある）、リエージュ～バストーニュ～リエージュ（1892年から開催、約265kmのコース）。

3. タイムトライアル

一定間隔（1～2分）をおいて1人ずつスタートを行ない、オープンまたは周回コースでタイムを競う。距離はコースにより異なる。タイムトライアルは、休むことなく常に力を最大限に発揮しなければならず、あらゆるレース形式の中で最も厳しい種目と言われる。平均速度は、50km/時を超えることもある。また、この競技のおかげで自転車にさまざまな改良がもたらされ、空気抵抗を減少することに成功した。最も大きな大会は、Grand Prix des Nationsで、1932年以降、毎年開催されている。ほとんどのステージレースには個人またはチームのタイムトライアルが組み込まれている。ただし、チームのタイムトライアルはツアーレースでのみ行なわれる。一般に4～9人から成るチームが4分ごとに出発し、3番目以降にゴールした選手のタイムが記録となる。

4. ステージレース

あらかじめ設定されたコースを何日間か（2～22日）かけて走る。各ステージは1日のレースで、距離は260km以内。ステージごとのタイムが累計され、選手の順位が決まる。全ステージ終了時点で合計タイムの最も少なかった者が勝者となる（総合優勝）。他にも賞（山岳賞、スプリントポイント賞）があり、各分野に秀でた選手に栄誉が贈られる。また、ステージにはそれぞれ異なる特徴がある（平坦ステージ、山岳ステージ、個人タイムトライアル、チームタイムトライアル）。最も有名なステージレースは、1903年以降、毎年行なわれている、ツール・ド・フランス（22ステージ、最長4000km）である。ジロ・デ・イタリア（1909年から開催、22ステージ、最長4000km）とヴェルタ・ア・エスパーニャ（1935年から開催、最長4000km）も同じく主要な大会である。

ゴールスプリント
誰一人集団から完全に抜け出すことができなかったとき、ゴール前で全員が猛ダッシュをかける。各チームのエースは、ラスト5kmのあたりで集団の先頭に立つ。最後の直線コースのスプリント勝負まで、ペースアップや戦術的な駆け引きが繰り広げられる。

レース・ディレクター
大会運営の責任者。車に乗ってレースを間近で見守る。

バイク
レースの模様を放映するカメラマンを乗せている。

先導バイク
トップを走る選手を先導する。選手の通過を知らせ、コースに障害物がないかを確認する。

自転車競技

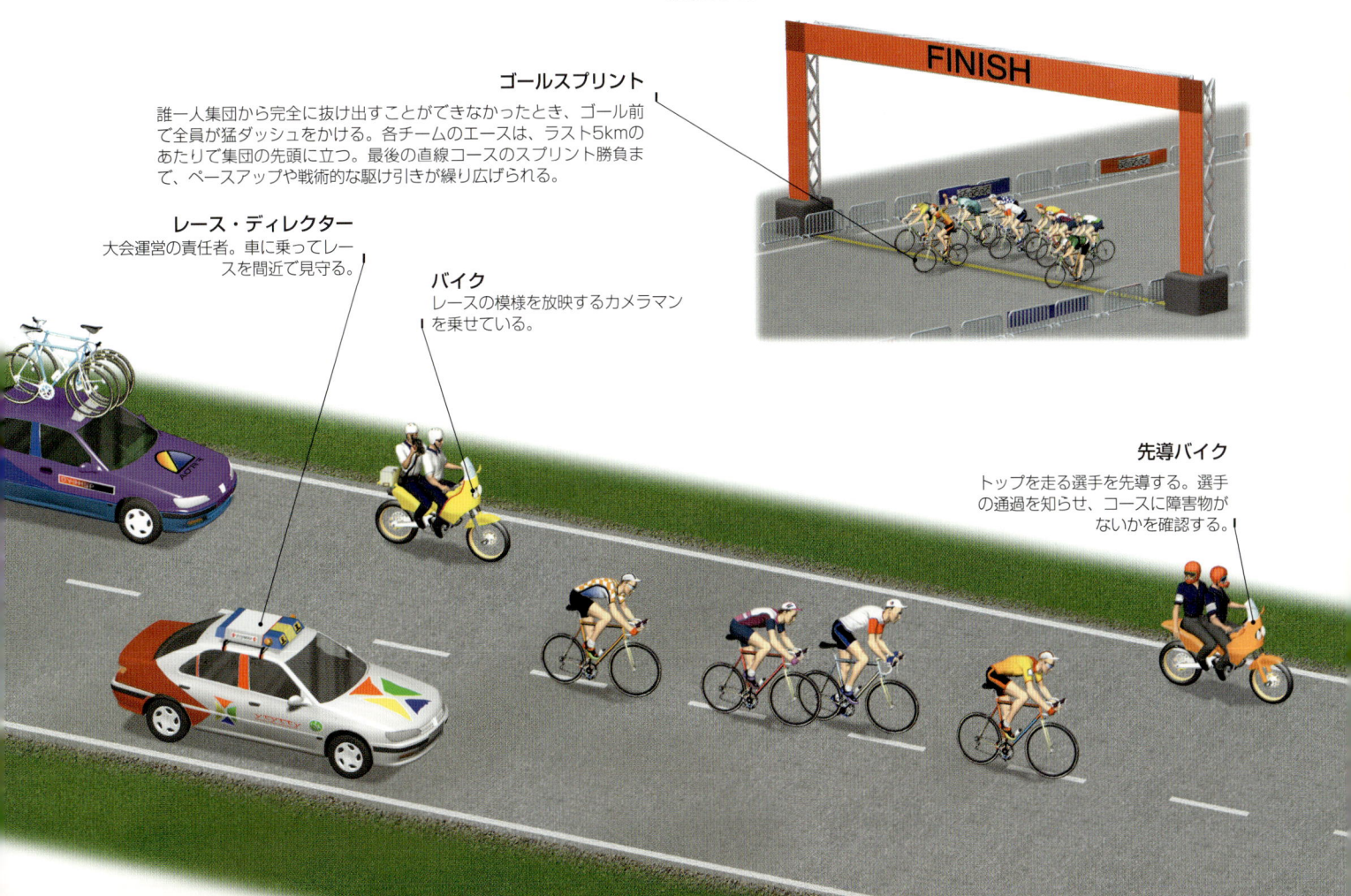

レーステクニック

ブレークアウェー
1人または複数の選手が突然加速を行ない、他の選手や集団を引き離すこと。1人の選手が飛び出す場合には、スパートを持続するだけのパワーが必要になる。複数の選手で行なう場合は、協力し合わなければならない。

空気抵抗を避けるフォーメーション
集団で走行するときに最もよく使われるテクニック。風の抵抗を少なくするために、他の選手の後ろについて走る。先頭の選手には風よけがないのでかなりの負担がかかる。疲れたら、他の選手を先に行かせて、最後尾につく。次に先頭に立った選手も同じことを繰り返す。また、このフォーメーションではロードが見やすいという利点がある。

上り
坂の傾斜によって、選手は座ったまま、または、立ちこぎで、できるだけ力強くペダルを踏み込んで自転車を左右に振りながら上る。

下り
体を水平にして低い姿勢を保つ。手はハンドルバーの湾曲部分に置き、大腿部を体に近づけ、クランクを地面と平行にする。スピードは90km/時に達することもある。

フランチェスコ・モゼール（イタリア）
初めて時速50kmの壁を破った自転車選手。世界選手権では、1976年の追い抜き、1977年のロードレースで優勝。1984年、ジロ・デ・イタリアで栄冠を手にした他、1978年のミラノ～サンレモ、1978～80年のパリ～ルーベなど、多くのクラシックレースも制覇。1973～88年の間には、イタリア選手権のタイトルを3回獲得した。

ファウスト・コッピ（イタリア）
1940、47、49、52、53年のジロ・デ・イタリア、1949、52年のツール・ド・フランス、1946、48、49年のミラノ～サンレモ、1946、47年の Grand Prix des Nations、1950年のパリ～ルーベで優勝。ジロ・デ・ロンバルディアでも5勝。世界選手権では、1947、49年の追い抜き、1953年のロードレースでタイトルを手にしている。

選手の特徴
- 自転車競技には、身体能力の高さが必要である。レースは長く過酷であり、優れた呼吸器系および心循環器系機能が求められる。
- 栄養のバランスは特に重要である。炭水化物が多く含まれている食物（パスタ、シリアル、フルーツ）は不可欠。
- 常に大腿部の筋肉を使う。ペダリングは大腿四頭筋と坐骨周辺の筋肉によって行なわれている。踏み込むときには大腿四頭筋が使われ、脚を戻すときには坐骨周辺の筋肉が収縮する。

用具

タイムトライアル用自転車
タイムトライアルレースが重要視されるようになり（ツール・ド・フランスでも勝つほどの好タイムが出ているため）、空気抵抗の少ない高性能自転車の研究や開発が進んだ。

シートチューブ
後方に傾斜しているため、効率よくペダルに力を伝え、空気抵抗の少ない姿勢をとることができる。

リアホイール
空気抵抗を少なくするためディスクホイールを使う。一般にディスクホイールが後ろに取り付けられるのは、選手の脚と自転車のフレームが風を遮るからである。前に取り付けると横風を受けてふらついてしまう。

スプロケット

チェーンリング

クランク

ギア比
チェーンホイールとスプロケットの歯数比。ペダル1回転で進む距離が決まる。コースの難易度とスピードにより、前後のディレーラー（多段変速機）でギア比を選ぶ。

チューブレスタイヤ
クラッシックレース用に比べ、軽量で幅も狭い。風圧抵抗も路面抵抗も少ない。軽い気体のヘリウムガスを入れる選手もいる。空気圧は9バール（他のレースでは7バール）にもおよぶことがある。

クリップレスペダル
通常のペダルより流線型になっている（ペダルに金具が付いており、ビンディング機能でシューズを固定する）。

ロードレーサー
スピードを出すことを目的に設計されており、空気抵抗の少ない姿勢で走る構造になっている。選手は肘をたたんで衝撃を吸収し、胸をリラックスさせて呼吸する。一般的には、2枚のチェーンホイールと9枚のスプロケットが装着されており、ギアは18段まで可能。

ヘルメット
軽量で風の抵抗が最小限になるように作られており、後ろに行くほど幅が狭い。国によっては競技中のヘルメット着用が義務づけられている。

革製グローブ
衝撃や振動を吸収する。落車の際、怪我から守る。

ブレーキレバー、ディレーラーレバー

ブレーキ

ホーク
ヘッドチューブとつながっている。頑強な作りで、フロントホイールが受ける路面からの衝撃を吸収する。

フレーム
選手の体重を支え、ペダルを踏む力を水平方向への動力に変える。アルミ製とカーボンファイバー製のフレームが主流。スチール製より堅くて頑丈な上、軽量である。

シューズ
足にフィットし、型崩れしにくいもの。靴底に突起があり、ペダルから足が離れないようトウクリップ（つま先部分を留める金具）で固定する。

ジャージー
スパンデックス製で、フィットタイプのシャツ（風が入って膨らむだけで、タイムトライアルやトラックレースでは致命的なタイムロスとなる）。汗を吸収し、皮膚呼吸を妨げない。

ショーツ
長めのフィットタイプのもので、サドルと腿の摩擦を軽減。ナイロンやスパンデックスなど空気抵抗の少ない生地を使っている。伸縮性があり、まくれ上がることもない。

タイヤ
従来のチューブレスタイヤに代わり、クリンチャータイヤが主流になっている。幅は20～22mm。

ディレーラー

リム

チェーンリング

ペダル
足の最も広い部分をペダル軸の真上に置き、最大限に力を伝え、効率よく駆動力を生み出す。

ホイール
レースの勝敗を左右する大切な部品。重量と形状が選手の走りに大きく影響する。スポークホイールは軽いが、風の抵抗を受けやすい。マグホイール（断面がだ円形の幅の広いスポークが3～5本付いている、カーボンファイバー製）は、重くて加速に大きな力を要するが、風圧抵抗が少ない。リム幅の広いホイールはより空気抵抗を減少する効果が高い。

エディ・メルクス（ベルギー）
1967、71、74年にプロ世界選手権で優勝、ツール・ド・フランスで5勝（1969～72、74年）、ジロ・デ・イタリアで5勝（1968、70、72～74年）など500勝以上を挙げた。また、1972年にはアワーレコード（1時間で走れる距離を競うレース）で49.431kmの世界記録を樹立。

ジャニー・ロンゴ（フランス）
1978～98年に、ロードレース、トラックなど数々の大会で20以上のメダルを獲得した。女性で最も多くのタイトルを手にしている。1996年のオリンピックはロードレースで優勝。世界選手権で13勝、女子のツール・ド・フランスで3勝（1987～89年）を挙げ、トラックでは11の世界記録を持っている。

自転車競技

自転車競技

トラックレース

1937年、イギリスのウェンブリートラックで行なわれた国際大会。6日間レースを走り終えた選手たち。

自転車は19世紀末に技術的改良が進み、人々の間にブームを巻き起こした。この風潮は、観客にもっと近くで自転車競技を見てもらいたいと考えていた興行者たちに大いに歓迎された。そして1868年、選手を集めてトラックでレースを行なうという構想が、フランスのサンクルーで実現したのである。すると、初の木造トラックが、フランスのパリ、ドイツのケルン、アメリカに登場するようになる。当初は1、5、10kmのレースだけが行なわれていたが、やがて12時間または24時間連続で走る耐久レースも採用されるようになった。1878年、イギリスで新しい試みが行なわれる。短時間の休憩だけをはさみ、6日間ペダルをこぎ続ける6日間レースの導入である。同じ頃、トラックレースには、スプリント種目と中・長距離種目が取り入れられた。そのうちスプリントと1kmのタイムトライアルは、1896年のオリンピックで正式種目となり、後にポイントレースや追い抜き種目が加わるようになった。日本では、トラックレースが圧倒的な人気を誇り、お家芸の競輪は公営のギャンブル競技になっている。女子のトラックレースは1988年のオリンピックで参加が認められた。

挑戦

レースの目的は、相手に追いつく、ポイントを挙げる、など種目ごとに違うが、選手の目指すところは同じである。つまり、所定の距離を相手より速く走ることだ。種目によって、スプリント力（できるだけ速く最高スピードに到達し、できるだけ長くスピードを維持する能力）または持久力（一定距離の間、安定したリズムを長く維持する能力）に重点が置かれる。トラックレースでは、2人ずつての対戦が多く、戦術とテクニックが大きな鍵を握る。タイムを競うレースでは、自転車の先端部がフィニッシュラインを越えたときのタイムが記録となる。

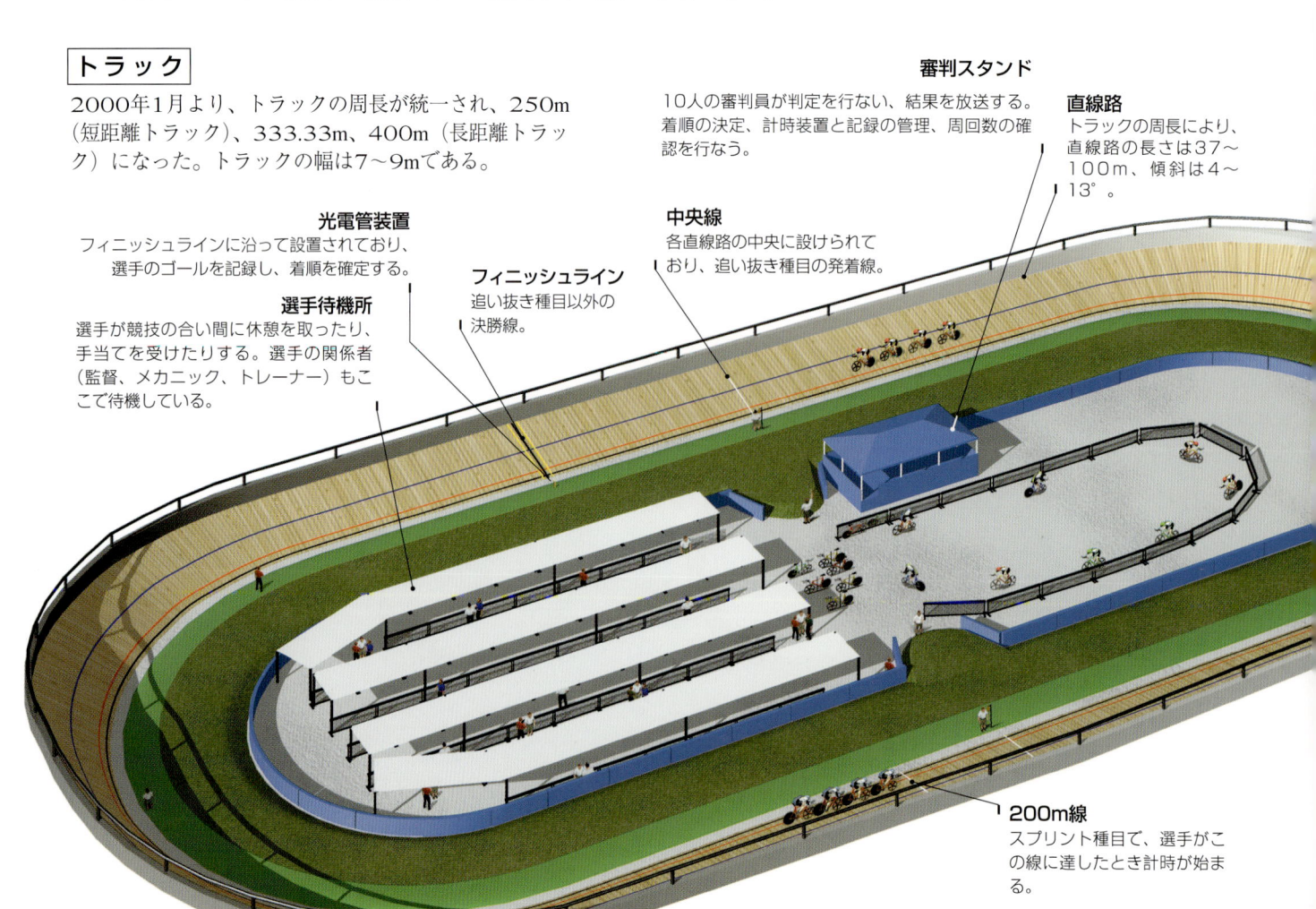

トラック

2000年1月より、トラックの周長が統一され、250m（短距離トラック）、333.33m、400m（長距離トラック）になった。トラックの幅は7〜9mである。

光電管装置
フィニッシュラインに沿って設置されており、選手のゴールを記録し、着順を確定する。

選手待機所
選手が競技の合い間に休憩を取ったり、手当てを受けたりする。選手の関係者（監督、メカニック、トレーナー）もここで待機している。

フィニッシュライン
追い抜き種目以外の決勝線。

中央線
各直線路の中央に設けられており、追い抜き種目の発着線。

審判スタンド
10人の審判員が判定を行ない、結果を放送する。着順の決定、計時装置と記録の管理、周回数の確認を行なう。

直線路
トラックの周長により、直線路の長さは37〜100m、傾斜は4〜13°。

200m線
スプリント種目で、選手がこの線に達したとき計時が始まる。

オリンピック種目

トラックレースはスプリント種目と中・長距離種目に分けられる。スプリント種目の距離は500m～2km、中・長距離種目の距離は3～60km。世界選手権では、オリンピック種目以外の他のトラックレースも行なわれている。

中・長距離種目

個人追い抜き競走
2つの直線路の中央から2人の選手が同時にスタートし、男子は4km、女子は3kmの距離で競う。相手に追いつくか、または、完走タイムの早い方が勝者となる。タイミング、スムーズで安定したペダリング、リズムを維持する高い集中力が勝負の決め手。男子の世界選手権では1939年から、女子の世界選手権では1958年から正式種目となっている。

団体追い抜き競走
男子のみの種目でルールは個人追い抜きと同じである。ただし、1チーム4人で構成され、2チームで競い合う。4kmの距離で早くゴールしたチームが勝者となるが、チームの3番目を走る選手が決勝線を越えたときのタイムが計測される。1962年から世界選手権で採用されている。

オリンピックスプリント
比較的新しいが見ごたえのある種目。1チーム3人で構成され、2チームで3周のタイムを競う。両チームはそれぞれ2カ所の中央線から同時にスタート。各選手は1周ずつチームの先頭を走る。3番目の選手が3周目を終えてゴールした時点が最終タイムとなる。最初に先頭を走る選手は、一般にスプリンタータイプで、スタート後すぐに最高スピードに達することが求められる。ただし、スピードを長く持ちこたえる必要はない。最終周を走るのは、1kmの距離で強さを発揮する選手である。つまり、スピードも持久力もあり、最後までペースを落とさずに走れる選手でなくてはならない。

ポイントレース
1980年から世界選手権で採用されている個人種目で、距離は男子40km、女子24km。複数の選手が同時にレースを行なう。250mトラックでは2kmごとに、それより長いトラックでは10周ごとにポイントが与えられる。最終スプリントではポイントが2倍になる。完走周の多い者が勝者となるが、周回数が同じ場合は、ポイントの合計で順位が決まる。

マディソンレース
ニューヨークのマディソンスクエアガーデンで初めて行なわれたことから、マディソンレースと呼ばれる。2人1組で交代しながら20～60kmの距離を走る。333m以下のトラックでは最高18チームが、それ以上の距離のトラックでは最高20チームが一斉にスタートする。チームの1人が走っている間、もう1人は速度を落とし、ゆっくり走りながら休んでいる。レースを行なっている選手は、休憩しているチームメートに追いつくまで（通常1周半）交代できない。自分の区間を走り終えると、チームメートが走路に下りてきてレースを引き継ぐ。所定時間内に完走した周回数で勝敗が決まるが、周回数が同じ場合にはポイントの合計で順位が決まる。ポイントは、中間スプリントが展開されるポイント地点で与えられ、最終スプリントでのポイントは2倍になる。世界選手権では1995年から正式種目となっている。

短距離種目

タイムトライアル
単独で走る種目で、スタートラインの後ろで待つ。スタートの合図とともにペダルをこぎ始め、タイムを競う。純粋なスプリント種目で特別な戦術はない。男子タイムトライアルは1000m、女子タイムトライアルは500mで行なわれる。世界選手権では、男子が1966年、女子が1995年から正式種目となっている。

マッチスプリント
3周で行なわれる距離の短い種目で、ラスト200mのみタイムを計る。計時を始める目安として、フィニッシュラインから200m手前の地点にラインが引かれている。2人の選手が同じ地点からスタートを行なう。コイントスに負けた方が、1周目の先頭を走らなければならない。2週目では、選手は互いに牽制し合い、ゆっくり走ったり、止まってバランスを取ったりしながら、相手を先行させようとする。最終スプリントでは、後ろの選手が相手を利用して空気抵抗を避けることができる。前を行く選手は相手が横に来るまで見えないため不利である。3戦のうち2勝した方が勝者となる。世界選手権では開催年の1895年からの正式種目となっており、女子の種目は1958年からの採用。

競輪
1948年、日本で生まれた男子のみの種目。9人の選手で2kmを競う。合図とともに各レーンからスタートし、前を走る軽量のエンジン付き自転車を追走する。エンジン付き自転車はペースメーカーとなり、3～5周を走る。ラスト2周になったところで、ペースメーカーはトラックを離れ、選手はゴールに向かってスパートをかける。強さ、勇気、積極性を要する最後のスプリントは、肘で相手を突くこともためらわないほどの勢いがある。レースは混戦になりやすくスピードもある（60km/時以上）ため、大きな事故につながりやすい。世界選手権では、より厳しい規定（肘で突いたり進路を妨害することは禁止）が取り入れられた形式の競輪が、1980年に正式種目となった。

ポールライン（内圏線）
この線を基準に選手の走る公式距離を測定。トラックの最も内側の線。

スプリンターライン（外帯線）
スプリント種目で、2人の選手がこの線を挟んで走る。

曲線路の傾斜（カント）
トラックの距離が長いほど、傾斜（カント）はゆるくなる。長距離用トラックでは22°、短距離用トラックでは42°。

ブルーバンド（退避路）
トラックの内側に設けられており、斜面を上る前に走る乗車帯。また、スプリント種目の1週目や、マディソンレースでスピードを落として走るウオーミングダウンにも使われる。

リレーテクニック

6日間レースやマディソンレースでは、同じチームの選手が交代でレースに臨む。交代する方法は巧みで、テクニック習得にはかなりの練習が必要となる。レースを引き継ぐ選手はチームメートが近づくと加速する。横に並ぶと、走路を出て行く選手は手を使ってチームメートをレースに送り込む。つまり、走路から出る選手が、チームメートの自転車の一部をつかみ、はずみをつけて前方へと押し出す。または、チームメートの手をつかみ、勢いよく前方へ投げ出すような方法で交代を行なう。

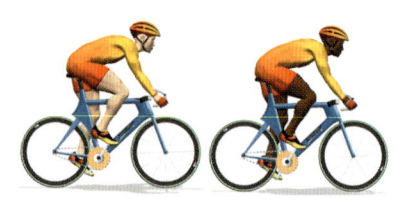

ドラフティング

トラックおよびロードのレースにおいて、重要な戦術はドラフティング、つまり、前の選手によって生み出されたスリップストリーム（空気抵抗を避ける）効果を後ろの選手が利用する走法である。ドラフティングでは、後ろの選手が前の選手の後輪から数cm離れて走る。前の選手が作り出した風圧抵抗の少ない道筋のおかげで、後ろの選手は速く走ることができる。この走法を用いて、数人の選手たちが集団でペースライン（一直線上を走る路上の仮想線）を形成することもある。かなりの走力を要するが、各選手が交代で先頭に立ち、集団を引っ張ることによって、後ろの選手を休ませる。このペースラインテクニックでは、人数が少ないときでも大きな集団に対してリードを保つことができる。

用具

ロードレーサーと比べると、トラックレーサーは非常にシンプルな構造で、ブレーキも変速機も装着されていない（ギアは1枚のみ）。種目により装備は異なる。

トラックレーサー
この自転車にはリアディスクホイールは装着されていない。リレー種目に使われる。

個人追い抜き競走用自転車

サドル

シートチューブ
平坦で滑りの良いトラックをより早いスピードで走らなければならないため、チューブの角度はやや大きめ。

リアハブ
ハブにギアが固定されており、フリーホイールの装着はない。走っている間はペダルをこぎ続けなければならない。

ヘルメット
着用が義務づけられている。スプリントで空気抵抗の減少効果を発揮する流線型。

グローブ
パンクの原因となる金属などの破片をタイヤから取り払う。

エアロバー
前方に長く伸びており、空気抵抗を避ける姿勢で走ることができる。

ブルホーン
立ちこぎでスタートができるよう、低い位置に取り付けられている。

リアディスクホイール
空気抵抗が少なく、同じ動力でもより速いスピードが得られる設計になっている。

中野浩一（日本）
史上最高のスプリント選手。世界選手権のスプリント種目で10連覇（1977～86年）を果たした。

エリカ・サリュマエ（エストニア）
1988、92年のオリンピックのスプリント種目で金メダルを獲得。1987、89年には、世界選手権スプリント種目優勝。200mで6回、500mで1回、世界記録を塗り替えている。

バイシクルモトクロス

　自転車のモトクロスとしてバイシクルモトクロスは誕生した。さまざまな種目があるが、どの種目も競技者の身体能力と難易度の高いアクロバティックな技を、いかに組み合わせて完成させるかが見どころである。1960年代後半にアメリカで始まったBMX（バイシクルモトクロス）は、すぐに人気のスポーツとなった。1979年以降、3つの連盟（NBA、NBL、ABA）がアメリカ国内の大会（プロも参加）を運営するようになり、BMXは、フランス、ベルギー、オランダをはじめとするヨーロッパ各国へも普及していく。1981年、国際BMX連盟（IBMXF）が設立され、ミシガン州ポンティアックで、レース競技の初の世界大会を開催した。そして、1993年には、国際自転車競技連合（UCI）による大会が世界規模で行なわれるようになる。一方、アクロバティックな技を競うフリースタイル競技は、1983年、第1回ヨーロッパ選手権で正式種目となった。アメリカで行なわれているXゲームのような普及活動を兼ねた大会のおかげで、1995年以降に人気が高まり、多くの観客を魅了している。

「コンドル」の異名を取るマット・ホフマン（アメリカ）は、1987～94年のBMX世界チャンピオン。1995、96年にはXゲームで金メダルを獲得。

レース競技

土で造られた障害物が設けられている300～400mのコースで速さを競う。予選は8人ずつ行なう。各予選で4人ずつが敗退し、決勝へは上位8人が進出。国際大会では、カテゴリーごとに分けられ、19歳以上がエリート、17～18歳がジュニア。その他の大会では、男女5～16歳のチャレンジレベルもある。

戦術

所要時間は30～45秒。最初のカーブでトップに立つ選手が、最も優位なコース取りをし、ペースをコントロールすることができる。最も早い選手はスピードを失わないようにペダルをこぎ続け、障害物を越えるときもできるだけ路面から離れないようにする。

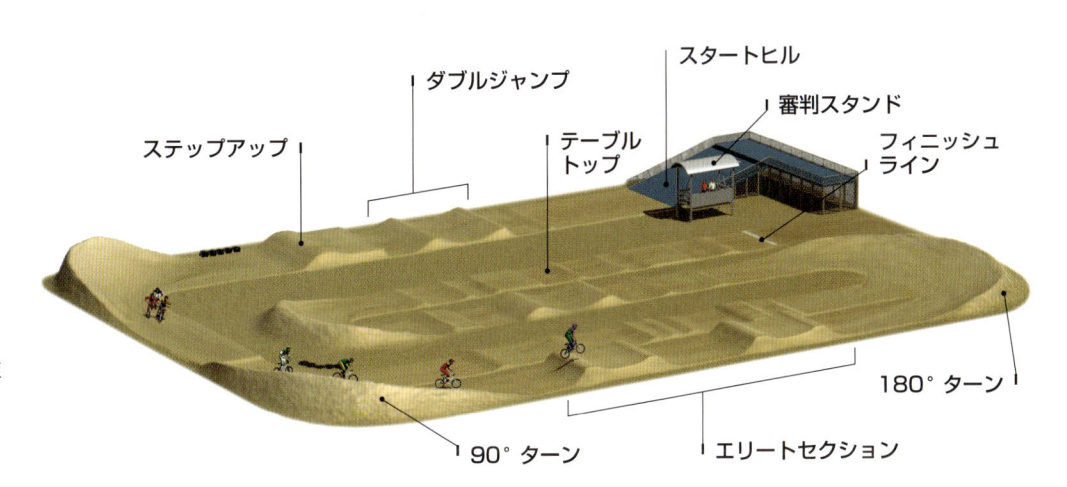

ステップアップ　ダブルジャンプ　スタートヒル　審判スタンド　テーブルトップ　フィニッシュライン　180°ターン　エリートセクション　90°ターン

ダートジャンプ競技

予選、決勝ともに3回ずつ試技を行なう。土のコースで、1つまたは複数のこぶがある。こぶの斜面でスピードを上げてジャンプし、空中技に臨む。技の種類は20以上ある。4人の審判が、技の難易度と完成度を基準に評価を行なう。採点は100点満点の総合評価。決勝の3回の試技で最高点を挙げた者が優勝となる。

テイルウィップ

1.スピードを上げて、大きなジャンプをする。2.右足で後輪を蹴り、フレームを360°回転させる。1回転したら左足をペダルに載せる。3.右足で自転車の回転を止める。4.技を行なっている間は、着地に備えて前方を見る。

自転車競技

フリースタイル競技

フリースタイルには、フラットランド、ストリート、ハーフパイプの3種目がある。

フラットランド

かなり高度なテクニックを要し、常にトレーニングを積まなければならない。平坦な場所で、音楽をバックに数々の技を披露する。地面に足がつくと減点される。演技時間は通常2分30秒で、予選では演技を2回行なう。上位20人が決勝へ進む。4人の審判が、100点満点の総合評価で演技を採点。難易度、構成、技と技をつなぎ合わせる独創性が評価の対象となる。

ディケード
1.後ろのペグに両足を載せ、後ろブレーキを強く引いて前輪を持ち上げる。2.フレームに右足を置き、ハンドルを中心に回り始める。3.ハンドルに全体重をかけて、腰を曲げた状態で360°回転する。4.1回転したら左足をフレームに置いて、前輪を下ろす。5.右足をペダルに戻して完了。

ストリート

名前の由来通り、街の中(=ストリート)にあるあらゆる障害物(階段、ベンチ、壁)を利用して技を行なう。競技会では、制限時間内にさまざまなセクション(人工の障害物)で技を披露しなければならない。予選では2回演技を行ない、上位20人が決勝へ進む。決勝では、通常1分30秒の演技を3回行なう。4人の審判が100点満点の総合評価で採点。テクニックの難易度と技の独創性が重要視される。技にはジャンプとグラインドの2種類がある。グラインドは、ステアケース(階段)やセクションに取り付けられたコーピング(パイプ)にペグを載せて自転車を滑らせる技である。

バックフリップ
1.十分にスピードを上げて、ファンボックスに近づく。2.ペダルの上に立ち、斜面から離れるときにハンドルを引き上げる。3.背中を反らし、頭を後ろに投げ出す。後方に回転をしている間、視線は地面に向けておく。4.着地場所をしっかりと見る。5.衝撃を吸収するために両脚をほぼまっすぐに伸ばし、前輪から着地を行なう。

ハーフパイプ

上部が垂直に立ち上がったハーフパイプで、音楽をバックに空中技を繰り広げる。時間は1分30秒。リップ技はコーピングの上で行なわれ、空中技はハーフパイプより上方へ飛び出す。2回ずつ演技のチャンスが与えられ、20人が決勝へ進む。決勝では1分30秒の演技を3回行ない、最も高い合計得点を挙げた者が勝者となる。4人の審判が、高さ、技の難易度、完成度を基準に、100点満点の総合評価で採点する。

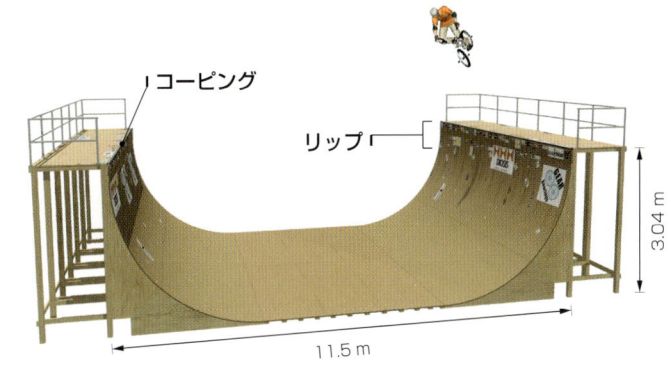

コーピング
リップ
3.04 m
11.5 m

用具

フルフェイスヘルメット
レース競技では着用が義務づけられている。ダートジャンプ、ハーフパイプでも使用される。

膝用パッド

肘用パッド

すね当て

選手の特徴

- 柔軟性を維持しつつ、全身の筋力アップとストレッチのトレーニングを行なう。
- レース競技では、集中力の高め方とコースの読み方を訓練することが重要。ランニングや、自転車で坂を上るトレーニングで、スピードを持続したままペダルをこぎ続ける力をつける。
- フリースタイルの技は、固い路面で行なう前に、柔らかい着地マットの上、または、プールで練習する。

ステム

タイヤ
フリースタイル用は、表面が比較的滑らかでグリップ性が高い。レース用とダートジャンプ用は、凹凸が多い。

ヘルメット

ハンドルバー
ハンドルバーの軸を中心に回転。ブレーキワイヤーがハンドルバーと一緒に動くようになっているため、自由に360°回転させることができる。

フロントブレーキ

グローブ

リアーブレーキ

ペグ

ホイール
直径508mm。48本のスポークで強度を高めている。

ペグ
フリースタイル競技で使用される。フラットランドでは足を置く。ストリートやハーフパイプでは、リップ技やステアケースのグラインド技に使用する。

ペダル
幅が広く足をしっかり載せることができる。

シングルチェーンホイール

シングルスプロケット
変速ギアは不要。

ジェイ・ミロン（カナダ）
「カナディアンビースト（カナダの野獣）」のニックネームで知られる。1995年のXゲームではダートジャンプで優勝。1996、98年にはストリートで銀メダルを獲得。

自転車競技

自転車競技

マウンテンバイク

　自然や人工の障害物を克服するテクニックと高い持久力を必要とする競技。スピードを競い、トップでゴールすることを目指す。この競技は、1970年代、カリフォルニア州の丘陵地帯で誕生した。ジョー・ブリーズやゲーリー・フィッシャーが生みの親と思われがちだが、多くの人たちのアイデアが競技の発展に貢献してきた。技術的な進歩と自然とのふれあいを融合させたマウンテンバイクは、20世紀に、商業面で飛躍的な成功を収めた。1976年、カリフォルニア州のタマルパイアス山で行なわれた初めての大会では、ボブ・バロウズが優勝した。そして、1987年には、ヴィラール・ド・ランス（フランス）で世界大会が開催される。国際自転車競技連合（UCI）は、1990年のコロラド州、パーガトリーの世界選手権からマウンテンバイクを競技として承認した。1989年、ヨーロッパでワールドカップが始まり、オリンピックでは、1996年のアトランタ大会からクロスカントリー種目が採用されている。ダウンヒル種目は、1993年の国際サーキットで導入された。

1996年のアトランタオリンピック。マウンテンバイク競技の初めての表彰式。オランダのバルト・ヤン・ブレンティエンスが金メダルを獲得した。

クロスカントリー競技

　自然の地形を走る1日の競技で、持久力が試される。集団でスタートし、1位でゴールすることを目指す。コースの距離は25〜40kmで、レースの最適な競技時間（男子は約2時間15分、女子は2時間）をもとに定められている。ワールドカップなどの大会では、6〜8kmの周回コースで行なわれる。レース中、援助を受けることは禁止されており、故障、天候、パンクにかかわらず、自力で完走しなければならない。コースの途中には飲食物を取る供給所が設けられている。

テクニック

　どのテクニックを使って、自然または人工の障害物を越えればよいかを的確に判断する予測力が必要である。

ギャップ越え

　座った姿勢のまま障害物に近づく。ペダルはこぎ続け、スピードを維持する。前輪が障害物に触れる直前にハンドルバーを引き上げ、強くペダルを踏み込む。前輪が障害物を越えたら、前に体重をかけて後輪を浮かせる。

世界選手権およびワールドカップにおけるカテゴリー
男女マスターズ（30歳以上）
男子エリート（19歳以上）
女子エリート（19歳以上）
男子ジュニア（17〜18歳）
女子ジュニア（17〜18歳）

オリンピックカテゴリー
男子エリート（19歳以上）
女子エリート（19歳以上）

ヒルクライム（パワークライム）

短い上り坂は、立ちこぎでスピードを落とさずに上る。立ちこぎは体重が前方にかかり、後輪がスリップしやすいので、坂に近づいたら地面が滑らないか確認する。前もって通る道筋を決めておくと、勢いを持続したまま上ることができる。長いまたは急な坂を上るときは、座った姿勢のまま、後輪がしっかりと地面をつかんでいることを確かめる。上腕を地面と平行に保ち、ハンドルの真上に鼻が来るよう前傾する。重心を前方にかけると、前輪をコントロールしやすくなる。

用具

アルミ、クロモリ（クロムモリブデン鋼）、チタン、カーボンといった材質のフレームを使うことにより、軽量化と耐久性の両方を実現することが可能になった。ホイールはアルミ合金でできているものが多い。3枚のチェーンリングと複数のスプロケットで、18〜27段変速が可能。ダブルサスペンション装備のクロスカントリー用マウンテンバイクの重量は、一般に9.5〜10.8kg。選手は、サドルの下、または、ジャージーの中に修理用の工具一式を携行する。レンチ、インナーチューブ、タイヤをリムから取り外すためのタイヤレバー、パンクしたタイヤに空気を充填するCO_2インフレーターなどが必要。

- **ヘルメット** 着用が義務づけられている。
- **ゴーグル** 泥、小石、虫が目に入るのを防ぐ。
- **半袖ジャージー**
- **シフトレバー** ギアを変える。
- **グローブ**
- **フロントホーク** エアー式またはエラストマー（合成ゴム）サスペンションにより、厳しい地形でも正確な走りができる。
- **フロントブレーキ** フォークの可動部分に取り付けられている。
- **ショーツ**
- **リアブレーキ**
- **チェーンリング**
- **シューズ** 頑丈で凹凸の多い靴底。路面がぬかるんでいるときは、取り外し可能なスパイクピンをねじで留める。
- **リアサスペンション** 地面に対するグリップ力を高め、バイクを安定させる。
- **タイヤ** 地形に応じて、豊富な種類の中からタイヤを選ぶ。幅は48〜53mm、空気圧は2〜3バール。
- **リアディレーラー**
- **クリップレスペダル** 足からペダルを簡単に取り外すことができる安全装備。

自転車競技

自転車競技

ダウンヒル競技

男女ともに行なわれている下りのみの競技で、障害物を越えながら険しいオフロードを下りていく。2回のレースタイムを計り、両方のレースで最も早いタイムを出した者が勝者となる。30秒～3分間隔で順にスタートする。コースは2～5kmで、高低差は少なくとも400m。競技者が140人以上の場合は予選が行なわれる。ただし、世界ランクが50位（男子）または25位（女子）以内の選手は予選が免除され、自動的に準決勝へ進む。準決勝では、前のレースの順位に応じてスタートする順番が決まる。上位70人（男子）および25人（女子）がさらに決勝へ進み、準決勝で最もタイムの遅かった選手から順番にスタートする。

高速ターン

コースから外れないようにするために、カーブ内側の脚を動かしながら自転車を内傾し、重心を低くして安定性を得る。滑ったときは足で支えて踏ん張る。

テクニック

ダウンヒル競技はスピードを競うため、難所を予測する能力がポイントとなる。レース時間は約4分で、平均スピードは40～50km/時、地点によっては90km/時にもなる。特に険しい斜面では、衝撃を吸収するために、脚を曲げてペダルクランクを地面と平行にする。ブレーキレバーに指をかけ、いつでもスピードをコントロールできるようにしておく。また、前方に転倒しないように、腕をわずかに曲げ、後方に体重をかける。レース前にコーチとともにコースの下見を行なっておく。

用具

転倒の危険性があるため、背中、肩、胸、膝、肘用のプロテクター、フルフェイスヘルメット、グローブ、長袖シャツの着用が義務づけられている。自転車には強度が求められ、重量（11～13kg）はそれほど重要ではない。効きの良いブレーキ、ジャンプや障害越えの衝撃を吸収してくれる高性能のサスペンションシステムが必要である。変速ギアは通常8段。

- ゴーグル
- アップバー
- フロントホーク
- 幅広ペダル
- ペダルクランク
- チェーンガイド付きシングルチェーンリング
- 油圧式ディスクブレーキ
- タイヤ　幅63～76mm。空気圧は地形に応じて1～3バールの間で調整する。

ミッシー・ジョーヴィー（アメリカ）
ダウンヒル競技のスペシャリストで、1994年の世界チャンピオン。ワールドカップでも1996、97年に優勝。

アリソン・サイダー（カナダ）
1994～96年の世界チャンピオン。1996年はワールドカップも制覇。

ニコラ・ブイヨズ（フランス）
1995～99年、ダウンヒル競技の世界チャンピオン。ワールドカップでも1995、96年に優勝。

選手の特徴

- クロスカントリーでは厳しい練習を何年も積まなければならないため、トップレベルに達するのは25～28歳頃である。一方、テクニックの習得にそれほど時間のかからないダウンヒル競技では、19～25歳にピークを迎える。
- クロスカントリー競技は、体に大きな負担がかかるため、心循環系機能を高めなければならない。シーズン中は、1日3～4時間かけて、持久力の向上や筋力アップのトレーニングに励む。
- クロスカントリー競技のレース中は、脱水症にならないよう15分ごとに水分を摂る。
- 正しい転び方を習得し、大怪我を防ぐ。また、脚の毛を剃っておくと、マッサージがしやすく、怪我を負ったときも傷口を清潔に保つことができる。

体操競技

56 機械体操
62 新体操
64 競技エアロビック
66 トランポリン

機械体操

いかに難しい演技であっても、選手は自信を持って、1つ1つの動作を軽やかに、しかも完璧に行なわなければならない。古代ギリシャ・ローマ時代、体操は幼児教育の一環であった。18世紀、ドイツでその重要性が見直されると、数々の体操器具が発明されるようになった。当初は、柔軟体操として消防士や兵士のトレーニングに取り入れられたにすぎなかったが、1881年に国際体操連盟（FIG）が設立され、1894年、初めての競技会がドイツで行なわれた。2年後のアテネオリンピックで正式種目となったが、女子のオリンピック参加は、1928年のアムステルダム大会からである。当時の体操の競技会には、60m走、走り幅跳び、やり投げといった種目が含まれていたが、1954年にローマで行なわれた世界選手権から今日の形式になった。

1912年のストックホルムオリンピック。レベルの高い体操のデモンストレーション競技に参加する女性たち。

競技会

男子は、ゆか、あん馬、つり輪、跳馬、平行棒、鉄棒の6種目、女子は跳馬、段違い平行棒、平均台、ゆか（音楽に合わせた演技）の4種目を行なう（オリンピックでの演技順）。一般に、競技は男女同時に進行する。器具とマットは、1段高くなった演技台の上に準備される。演技中の選手の妨げにならないよう、他の選手、コーチ、役員は演技台の下で待機する。

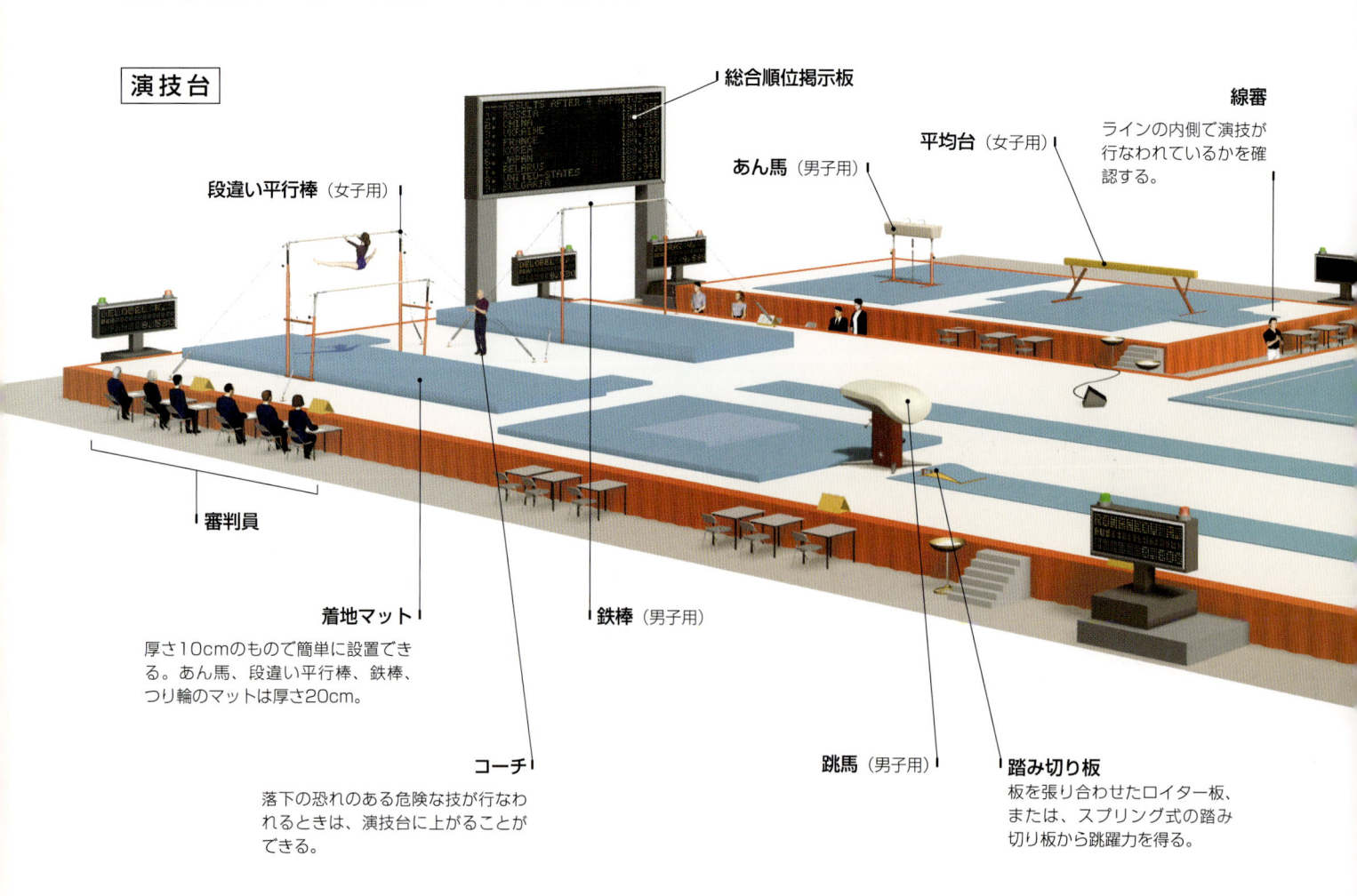

演技台

総合順位掲示板

線審　ラインの内側で演技が行なわれているかを確認する。

平均台（女子用）

あん馬（男子用）

段違い平行棒（女子用）

審判員

着地マット　厚さ10cmのもので簡単に設置できる。あん馬、段違い平行棒、鉄棒、つり輪のマットは厚さ20cm。

鉄棒（男子用）

コーチ　落下の恐れのある危険な技が行なわれるときは、演技台に上がることができる。

跳馬（男子用）

踏み切り板　板を張り合わせたロイター板、または、スプリング式の踏み切り板から跳躍力を得る。

体操競技

種目

団体戦（1チーム4～7人）では、各種目の上位者数人の得点を合計して順位が決まる。

その結果、
・上位36人が個人総合に進み、個人の各種目の得点を合計して順位を決定。
・団体戦の各種目上位8人が種目別決勝に進み、種目ごとに順位を争う。

自由演技のみが行なわれる。男子ゆかの演技時間は50～70秒。女子のゆかと平均台の演技時間は70～90秒。

採点

採点は演技の難易度が基準となる。選手は前もって演技のプログラム構成を審判員に提出する。まず、6人の国際審判員のうち2人が、演技価値点、すなわち、特定の技に与えられる加点を含んだ獲得可能な最高点を算出する。次に、4人の審判員が、演技中のミスに対して、演技価値点から減点を行なう。採点規則はFIGによって4年に1度見直されるが、現在のところ、演技価値点の最高得点は10点である。

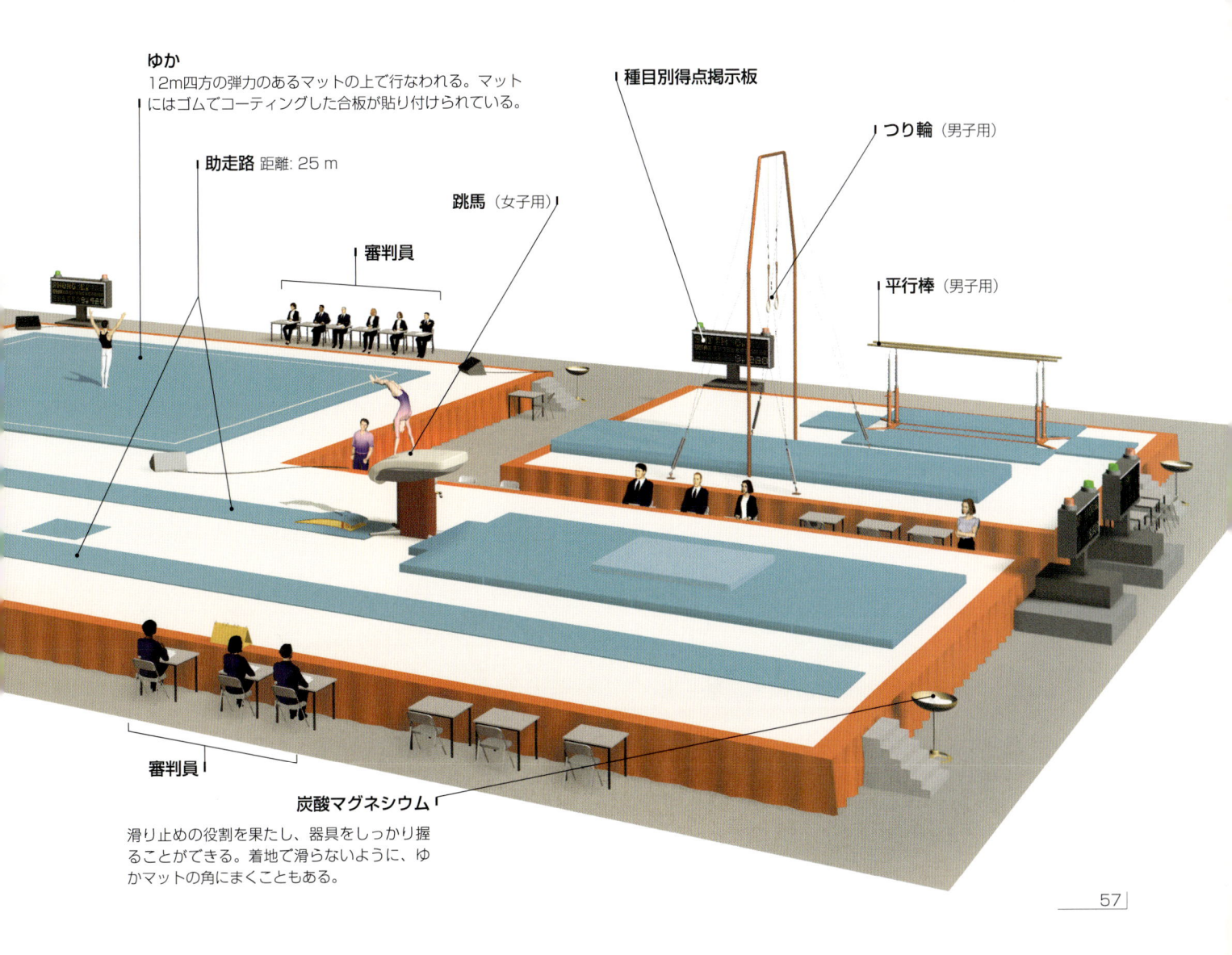

選手名
国名
得点

ゆか
12m四方の弾力のあるマットの上で行なわれる。マットにはゴムでコーティングした合板が貼り付けられている。

助走路　距離: 25 m

跳馬（女子用）

審判員

種目別得点掲示板

つり輪（男子用）

平行棒（男子用）

審判員

炭酸マグネシウム
滑り止めの役割を果たし、器具をしっかり握ることができる。着地で滑らないように、ゆかマットの角にまくこともある。

テクニック

FIGの採点規則では、各種目につき、最低10要素を含む演技構成が望ましいとされている。それより多くの要素を入れて演技してもよいが、ミスをすればその分減点されることになる。各種目に特有のテクニックを使う技がある。複雑で見栄えのするアクロバット系の技をフィニッシュに入れると、強い印象を与えて演技を締めくくることができる。

ゆか（男子）
芸術性、調整力、敏捷性、持久力をアピールする。演技プログラムはマットをいっぱいに使う構成でなければならない。ひねりを入れた回転系の技は高得点に結びつく。

後方かかえ込み2回宙返り
後転とびで勢いをつけ、2回宙返りを行なう。始める直前は遠くを見つめ、空中では床から目を離さないようにする。

ゆか（女子）
芸術性、調整力、敏捷性、持久力をアピールする。演技プログラムは、独創性のあるジャンプと宙返りを組み合わせた構成にしなければならない。

後方屈身2回宙返り
女子の演技には、屈身の姿勢がよく使われる。

シュシュノワ
女子の演技に必須の芸術的要素が含まれており、連続技の最後に使われることが多い。

平均台
演技プログラムは、ジャンプに体操系とアクロバット系の要素を組み合わせた構成でなければならない。平均台の長さをいっぱいに活用し、優雅さ、柔軟性、バランス、自制心をアピールする。連続技で勢いをつけ、難易度の高いアクロバット系の技でフィニッシュする。

ラルホワ
十分に勢いをつけて後ろとびに入ることが大きなポイント。空中ではできるだけ早く平均台の位置を確認する。

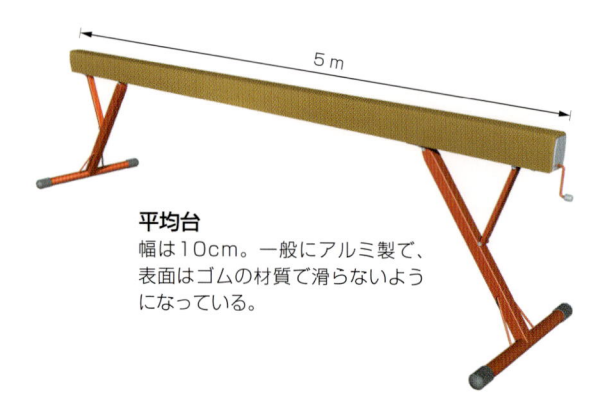

平均台
幅は10cm。一般にアルミ製で、表面はゴムの材質で滑らないようになっている。

跳馬（男子）

パワー、スピード、アクロバット系の技が不可欠。回転の回数を増やすためには、十分な距離と高さのあるジャンプが必要。着地は完全に静止しなければならない。難易度にかかわらず、バランスを失うと減点の対象になる。

伸身ツカハラとび1回ひねり
大きなジャンプを行なうために力強い助走をしなければならない。ただし、水平速度が上がるにつれ、着地の静止は難しくなる。

跳馬
手をついたときの衝撃で怪我をしないように、中にばねが組み込まれている。表面は革または合成素材。男子の競技では縦方向に使用する。

1.35 m

跳馬（女子）

回転をいくつも取り入れた連続技を成功させるには、十分な高さのジャンプが必要である。アクロバット系の技とスピードが要求される。また、着地は完全に静止しなければならない。

ユルチェンコ
踏み切り板での跳躍の前に行なう側転では、跳馬を見ることができないが、後方宙返りにスムーズに移れるよう十分に勢いをつけなければならない。

跳馬
大きさ以外は男子の跳馬と同じ。女子の競技では横方向に使用する。

1.25 m

あん馬

停止することなく振動運動を行なう。調整力、敏捷性、力強さが求められる。演技構成には、あん馬の長さをいっぱいに使う振動系の技、脚の交差、脚の旋回に加えて、片方だけの把手を使う技も入れなければならない。

トーマス旋回
あん馬の後ろに脚が来るときのみ、把手を見ることができる。できるだけ大きな開脚を行なう。

あん馬
木製またはスチール製で、表面に革や合成素材が張られている。把手は木製かプラスチック製。

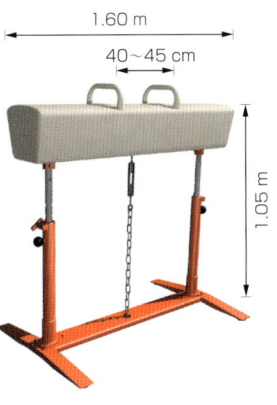

1.60 m
40〜45 cm
1.05 m

体操競技

体操競技

段違い平行棒
アクロバット系の技と力強さが求められる。回転したり持ち手を変えたりしながら、バーの上下でバランスの取れた演技を連続して行なわなければならない。アクロバット系のフィニッシュは、一般に複雑でスピードが速く、見ごたえがある。

開脚トカチェフ
高棒をしっかり握るためには、完璧な姿勢から始めなければならない。少しでも重心のバランスが崩れるとバーをつかみ損ねる。

段違い平行棒
グラスファイバー、または、スチールで補強された木製のバー。支柱はスチール製。

平行棒
アクロバット系の技と力強さをアピールする演技を行ない、バーの幅をいっぱいに活用する。バーの間での回転技、とび技、1本あるいは2本のバーでの静止技は特に重視される。アクロバット系のフィニッシュで演技を締めくくる。

ディアミドフ
片腕で1回転した後は、しっかりバランスを取らなければならない。腕を十分に伸ばし、弾力のあるバーと肩の力で勢いをつける。

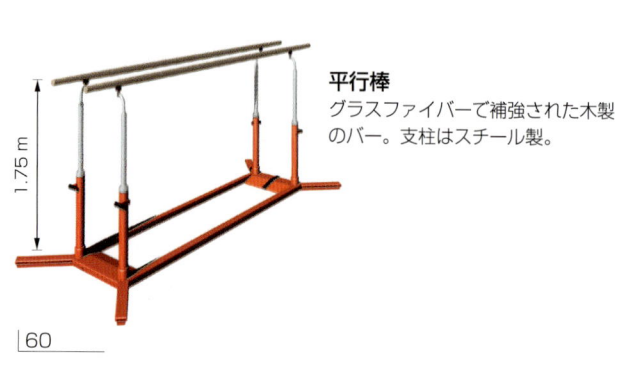

平行棒
グラスファイバーで補強された木製のバー。支柱はスチール製。

鉄棒
動きを止めずにスムーズに演技を行なう。演技には、バーの握り方を変える、バーを一度離して再度握る、前方または後方へ回転する技などを入れなければならない。とび越し技や支持と回転を組み合わせた技は不可欠な要素。アクロバット系のフィニッシュは圧巻である。

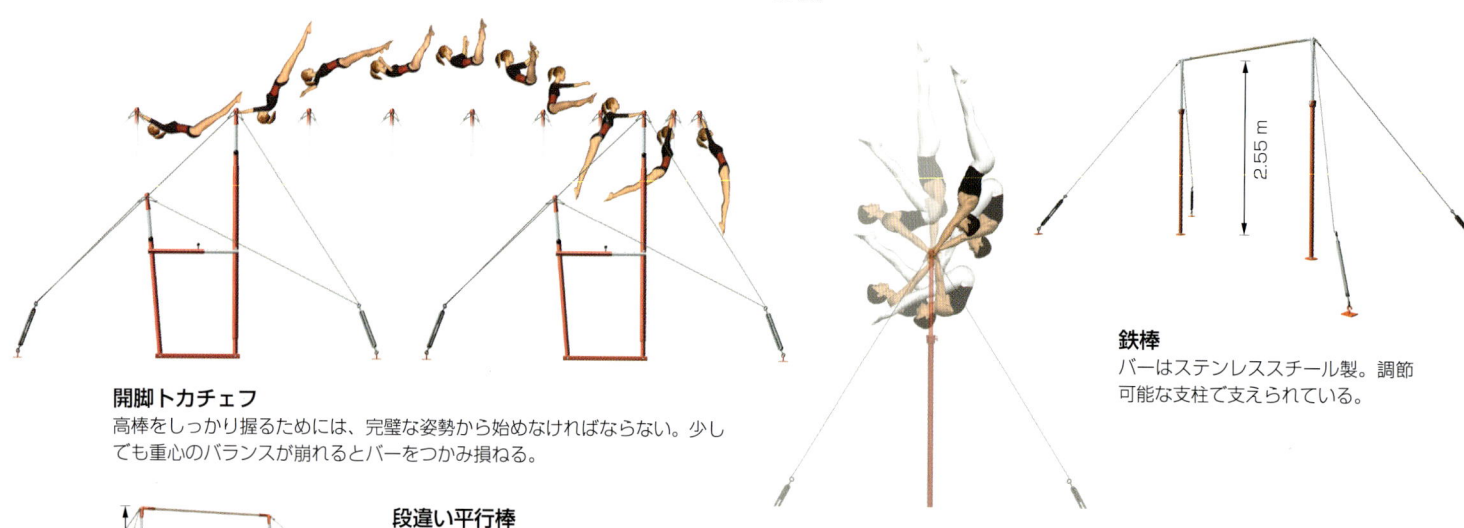

鉄棒
バーはステンレススチール製。調節可能な支柱で支えられている。

転位
まっすぐに伸ばした脚を両腕の間に入れ、上体を伸ばす。肩を軸にして回転し、後方への振りで技を締めくくる。

つり輪
演技を開始するときは、コーチに体を持ち上げてもらい、つり輪を持つ。振動系の技から入る場合でも、別の技から入る場合でも、静止姿勢での筋力の強さとバランスが求められる。フィニッシュにはアクロバット系の技を入れる。

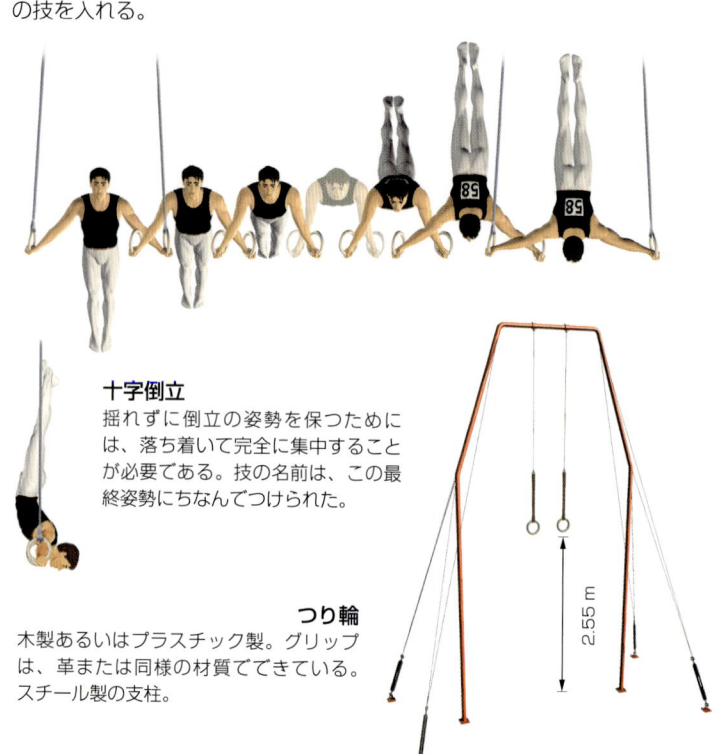

十字倒立
揺れずに倒立の姿勢を保つためには、落ち着いて完全に集中することが必要である。技の名前は、この最終姿勢にちなんでつけられた。

つり輪
木製あるいはプラスチック製。グリップは、革または同様の材質でできている。スチール製の支柱。

用具

新しい素材の使用とともに、体操器具にはさまざまな改良が施されてきた。踏み切り板の弾力性、器具の柔軟性、着地時の衝撃吸収力などの向上に伴い、演技の質も進歩している。

レオタード
女子のみ着用。

男子はかかとにストラップのついたロングパンツとソックスを着用しなければならない。跳馬とゆかでは、ショートパンツや素足で演技を行なってもよい。

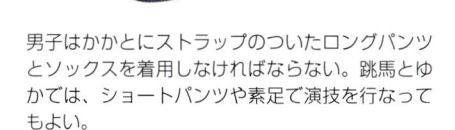

ハンドプロテクター
グリップ力を強化。重なり部分の工夫により、小さな力でしっかり握ることができる。

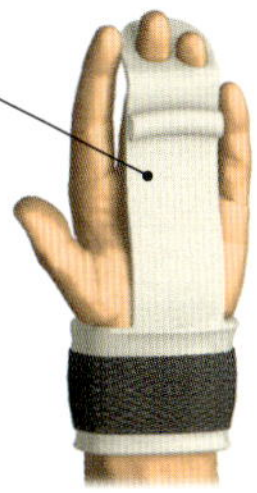

ショートパンツ
男子用。ゆかと跳馬ではショートパンツを着用することが多い。

シューズ
シューズを着用してもよいが、素足で演技を行なってもよい。

選手の特徴

- 一般に、小柄で体重も軽いが、徹底的なトレーニングにより、体格のバランスが取れている。柔軟性、敏捷性、強い筋力は不可欠な要素で、1日最低4時間の練習と反復トレーニングで強化を行なう。

- 集中力を高め、緊張感に慣れることが必要である。精神的な強さが重要なのは、どれだけ長く練習を積み重ねようとも、大会ではほんの数十秒の間に審判の前で最高の演技をしなければならないからだ。体操競技では、大変若いうちに国際舞台を経験することが多い。コーチと選手が良い関係を築き、互いに全幅の信頼を寄せることが成功への鍵となる。

塚原光男（日本）
世界選手権では、1970年に跳馬で優勝、1966〜74年まで団体戦を制した。オリンピックでは、1972、76年の鉄棒で金メダリスト、1968〜76年の団体で3連覇。

リリア・ポドコパエワ（ウクライナ）
オリンピックでは、1996年大会の個人総合とゆかで優勝。1995年の世界選手権でも個人総合と跳馬で金メダル、平均台と段違い平行棒で銀メダルを獲得。

ビタリー・シェルボ（ベラルーシ）
世界選手権で10回、ヨーロッパ選手権で6回の優勝を果たす。1992年のオリンピックで6個の金メダルを獲得した翌年、世界選手権で個人総合のタイトルを手にした。

ナディア・コマネチ（ルーマニア）
1976年のモントリオールオリンピックで、女子の体操史上初の満点を記録。合計7つの満点を獲得し、伝説に残る選手となった。この記録に肩を並べる者はまだいない。

体操競技

新体操

体操とダンスを組み合わせた女子のみの競技。自然で流れるような動きを追求した新体操は20世紀初頭、ドイツとスウェーデンを中心に誕生した。1948年、初めての競技会が旧ソ連で開催されたが、1956年までは体操競技の陰に隠れ、注目されることはなかった。芸術的な側面が東ヨーロッパで高く評価されると、1962年、国際体操連盟（FIG）は新体操を1つの独立したスポーツ競技として認定した。1963年、ブダペストで第1回世界選手権が行なわれたが、FIGが最初に新体操の採点規則を作成したのは、1970年のことだった。1975年、新体操は、英語で「sports rhythmic gymnastics」と呼ばれるようになったが、今日では、以前使用されていた「rhythmic gymnastics」に名称を変更している。オリンピックでは、1984年の大会で正式種目に採用された。

1979年、ウェンブリー・アリーナ（イギリス）で行なわれた第9回世界選手権。決勝で演技を行なうロレイン・ホワイトコーム（オーストラリア）。

競技会

5種類の手具（ロープ、ボール、フープ、リボン、クラブ）を使って競技を行なう。ただし、国際大会ではFIGが2年に1度指定する4種類の手具を使用する。（オリンピックでは、クラブの演技はまだ採用されていない）。個人競技と団体競技があり、審判員の前で順に演技を行なう。団体競技は1チーム5人で、得点合計で順位が決まる。個人競技には優秀な選手30人が参加し、総合得点の最も高い選手が優勝。各種目の上位8人が種目別の決勝に進み、種目ごとの総合得点により順位が決定される。団体競技には、5人が同一の手具を使って行なう種目と、2種類の手具を組み合わせて行なう種目とがある。一般の競技会では、決勝は上位8チームで戦い、総合得点で優勝チームが決まる。

個人競技の演技時間は75〜90秒で、伴奏音楽は自由に選ぶことができる。演技中は、各手具の特徴を活かした動作を入れながら、左右の手で常に手具を動かさなければならない。演技面全体を使って演技を行なう。

演技面

手具を支障なく十分な高さまで投げられるよう、天井の高さは8m以上なければならない。

審判団

難易度審判員（2〜4人）
演技の難易度を10点満点で採点。演技の構成、数、質を評価する。

得点審判員
選手が演技場を離れる際に、得点を計算する。

主任審判員
審判員長と二人のアシスタント審判員から成る。競技の監視と各審判員の調整を行う。

実施審判員（4人）
演技の質を10点満点で採点。主に技術的なミスから評価する。

芸術的価値審判員（4人）
演技構成を10点満点で採点。リズム感、連続性、動きと音楽との連動性を評価する。

安全地帯：1m
12m × 12m

髪
演技の妨げにならないよう、常にアップにしておく。

レオタード
動きやすいものを着用。

基本動作

全種目の演技構成に、基本的な動作を取り入れなければならない。特にロープやボールを用いてのジャンプ、クラブを用いての柔軟性、リボンを用いてのバランス、フープを用いてのピボットは必要とされる。

ジャンプ 　　ピボット 　　柔軟 　　バランス

用具

新体操には表現力が不可欠な要素である。どの種目も採点基準は同じで、選手は各手具の特徴を活かして演技を行なう。以前は、天然素材（木、ゴム、麻）の手具が使われていたが、現在は合成素材のものが主流である。

幅: 4～6 cm
長さ: 6m以下
スティックの長さ: 50～60 cm
直径: 1 cm

40～50 cm
150 g

400 g
18～20 cm

リボン
常に動かし続ける。特定の動きの中では床につけてはならない。グリップはプラスチック製、リボンはサテン製である。

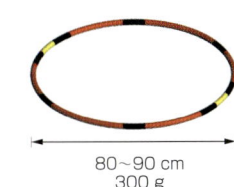

クラブ
回す、投げる、2本のクラブを別々に動かすなどの動作を入れ、リズム感と演技構成をアピールする。木製またはプラスチック製。

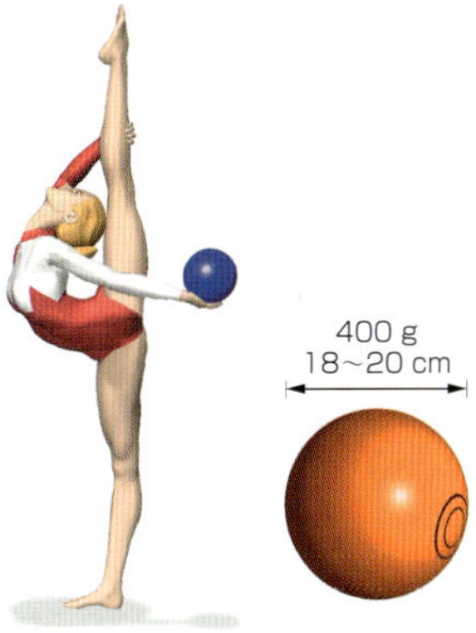

ボール
柔軟性と体を使った表現力、滑らかな転がし方、力強く投げて優しく受ける対照的な動きを見せ場とする。

選手の身長に合った長さのロープを選ぶ。

80～90 cm
300 g

フープ
回す、投げる、転がす、くぐり抜けるなどさまざまな操作を行なう。木製またはプラスチック製。

ハーフシューズ
かかとの部分がない。ピボットやジャンプの着地では大きな役割を果たす。

結び目があり持ちやすい。

ロープ
最も身体能力を要する種目。主な動作はジャンプとステップである。リネン製または合成素材である。

エカテリーナ・セレブリアンスカヤ（ウクライナ）
1996年のアトランタオリンピックの個人総合で優勝。世界選手権およびヨーロッパ選手権でも数多くの金メダルを獲得している。

マリア・ペトロバ（ブルガリア）
ヨーロッパ選手権では、1992年のシュツットガルト大会（ドイツ）と1994年のテッサロニキ大会（ギリシャ）で優勝。世界選手権では、1993年のアリカンテ大会（スペイン）、1994年のパリ大会（フランス）、1995年のウィーン大会（オーストリア）で女王の座に就く。

選手の特徴

- 競技会に出場できるレベルに到達するには、少なくとも7年はかかる。
- 柔軟性に優れ、バレエやモダンダンスの経験を持ち、筋組織のバランスが取れている。筋肉をうまく使って緊張をほぐし、動きの幅を広げ、滑らかな演技を行なう。
- スポーツとしての要素（手具操作、音楽との調和、体の使い方）は1つずつ取り組むことができるが、総合的な表現力を身につけるにはかなりの練習量が必要である。

体操競技

体操競技

競技エアロビック

国際体操連盟（FIG）によると、競技エアロビックとは音楽に合わせて演技を行なう競技と定義されている。このスポーツは、体内組織に酸素を送り込み、体力を向上させる運動処方から考え出された。エアロビック運動の生みの親であるアメリカ人軍医、ケネス・クーパーは、軍人に必要なのは筋力強化ではなく、心循環系機能の向上であると考えた。1968年、クーパーの理論は高い評価を得るようになるが、エアロビックが男女ともに参加できる競技スポーツとして世界的に認められるようになったのは、1980年代後半のことだった。ヨーロッパ諸国やブラジルでは大変人気が高く、シングル、ペア、トリオ（3人1組のチーム）の各部門で、優秀な選手を数多く輩出している。また、ルーマニアとブルガリアの選手は技術レベルが高いことで知られている。1995年、FIGの支援を受けパリで開催された第1回世界選手権には、34カ国が参加した。それ以降、世界選手権と国際大会は定期的に行なわれている。

1940年、イギリスのケント州で、エアロビックトレーニングに励む女性の陸軍補助部隊。

競技会

選手が選曲したテンポの良い音楽に合わせて、1分45秒の演技を行なう。演技構成には、パワー、持久力、柔軟性、調整力の要素が求められ、12のエレメント（難度の高い技）を入れなければならない。各エレメントファミリー（エレメントを種類別に分類しているグループ）から最低でも1つのエレメントが必要。演技は音楽と同時に始め、音楽と同時に終わらなければならない。選手は、リズムに合わせて競技エリア全体を動き回り、表現力や独創性に富んだ質の高い演技で観客を楽しませる。競技会に参加できる年齢は18歳以上で、シングル（男女）、ペア、トリオ（3人1組）の各部門に分かれている。将来的には、6人で行なうチーム種目も加わる予定である。競技には2つの審判団があり、Aグループではシングル部門、Bグループではペアおよびトリオ部門の採点を行なう。

演技台

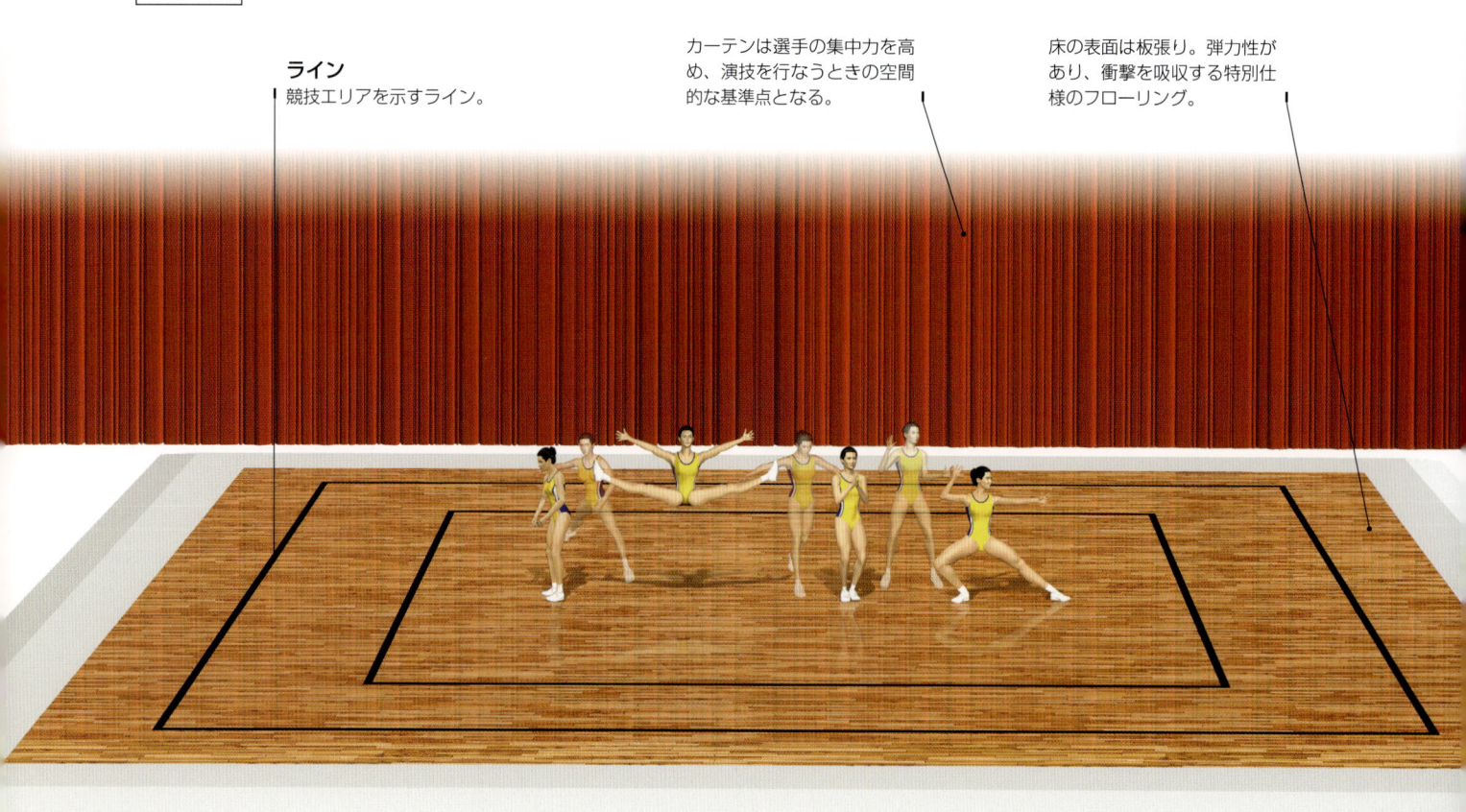

ライン
競技エリアを示すライン。

カーテンは選手の集中力を高め、演技を行なうときの空間的な基準点となる。

床の表面は板張り。弾力性があり、衝撃を吸収する特別仕様のフローリング。

審判団

シングル部門
芸術性、技術、難度を担当する各審判が採点を行なう。3つの点数が規定の方法で合計され、得点が算出される。

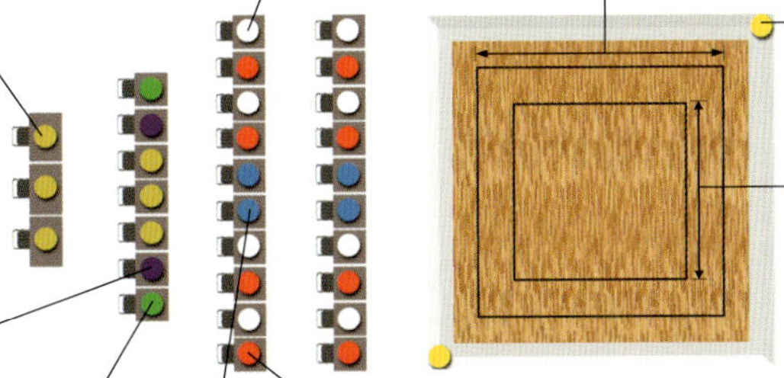

芸術審判員（4人）
構成の独創性と演技内容を評価する。音楽の選曲は重要なポイントになる。

調整審判団と上訴審判団
各審判団は、エアロビック競技委員会から選ばれた2人のメンバーと1人の審判長から成り、競技会を監督する。

ライン審判員（2人）
ラインの内側で演技が行なわれているかを確認する。

10m（6人制用）
7m（1〜3人制用）

主任審判員（2人）
減点を担当する。

難度審判員（2人）
難度の高さとエレメントの正確性を評価する。

タイム審判員（2人）
演技時間を計る。

実行審判員（4人）
調整力、テクニック、同調性、演技構成の質を評価する。

伊藤由里子（日本）
1994、97年の国内選手権で優勝。1998年のカターニャ（イタリア）、1999年のハノーバー（ドイツ）で開催された世界選手権でも、シングル部門で金メダルを獲得。

テクニック

演技には基本的なエアロビックステップと難度が設定されているエレメントを入れなければならない。ステップには、ウィップキック、ランジ、ウォーキング、ランニング、ニーリフト、ハイキック、ジャンピングジャックなどがある。また、エレメントには、各ファミリーに分類された以下のような技がある。

ダイナミックストレングス
腕や足のダイナミックな動作であるプッシュアップ、フリーフォール、サークル、Aフレーム、ウエンソンなど。

スタティックストレングス
主に手で支えるリフト。

選手の特徴
一般に、手足が長くたくましい。柔軟性と持久力があり、優れたリズム感と高い調整力を持ち合わせている。心循環系機能を高める運動が一般のトレーニングの基本となっている。全身の筋肉が常に使われるので、筋力強化のトレーニングも必要。

ジャンプ
ストラドルジャンプ、シザースジャンプ、スプリットジャンプ、宙返り。これらは最も頻繁に行われる動作である

キック、スプリット
開脚角度の大きいスプリットやエレメント。大きな動きと正確さが要求される。

用具

服装
厳しい規定が定められており、女子はストレッチ素材のワンピース型レオタードと肌色のタイツを着用。男子はストレッチ素材のユニタードまたはシャツとパンツを着用。

シューズ
安定性があり、衝撃吸収力の高い、柔らかい素材のもの。色の指定はないが、白のシューズを着用することが多い。

体操競技

トランポリン

1936年、アメリカ人の体育教師、ジョージ・ニッセンによって考案された競技。イタリアの2人組の曲芸師、ドゥエ・トランポリーネが空中ブランコの演技中、安全ネットに落ちて跳ね返ったというエピソードからトランポリンと名づけられた。第2次世界大戦中はアメリカ軍の訓練の一部だったが、1948年にアメリカで初の競技会が開催されると、トランポリンはスポーツとして認められるようになった。1964年、国際トランポリン連盟（FIT）が設立され、第1回世界選手権大会（男女の個人種目とシンクロナイズド種目）がロンドンで行なわれた。そして、1976年には、タンブリング競技とダブルミニトランポリン競技も導入される。競技会では見ごたえのある演技が、多くの観客を魅了している。1999年、国際体操連盟（FIG）の承認を受けたトランポリン競技は、2000年のシドニー大会からオリンピックの正式種目となった。

1955年、ジャンプスビル屋外トランポリンセンター（イーストメドウ、ニューヨーク）。

競技会

選手は、跳ね返りの方向を確実にコントロールしながら空中技を行なう。トランポリン競技の個人種目とシンクロナイズド種目では、10本の技を入れた演技を3回行なう。シンクロナイズドでは、2人の選手が同じ技を同時に行ない、同調性を競う。1回の演技の中に同じ技を2回入れてはならない。成績の上位10人が決勝へ進出する。全競技（トランポリン、タンブリング、ミニトランポリン）ともに、7人の審判員と1人の主任審判員が演技の質と難易度を基準に10点満点で採点を行なう。ほとんどの選手は1つの種目を専門に競技する。

ルドルフ
1回宙返り1回半ひねりの技。複雑な技は順を追って正確に覚え込まなければならない。

技の進歩

近年、科学的な技術が導入され、演技の質が大きく変わってきている。ビデオやバイオメカニクスによる分析から、空中での体の動きについて飛躍的に解明が進んできた。また、神経学の観点からは、跳躍中は、視覚による基準点に反応して体が動いていることがわかってきた。このような技術の進歩のおかげで、より難度の高い技が競技会で見られるようになっている。

前方宙返りえび型

トランポリン

ベッド

安全帯

補助者（4人）
選手がコントロールを失ったとき、落下の勢いを和らげ、怪我を予防する。

スプリング
ベッドは120本のスプリングで吊られている。

トレーナー
必要があれば、着地マットを持ち込んでもよい。演技中に選手と話をすることは、ペナルティの対象となり、禁じられている。

フレーム

1.155 m

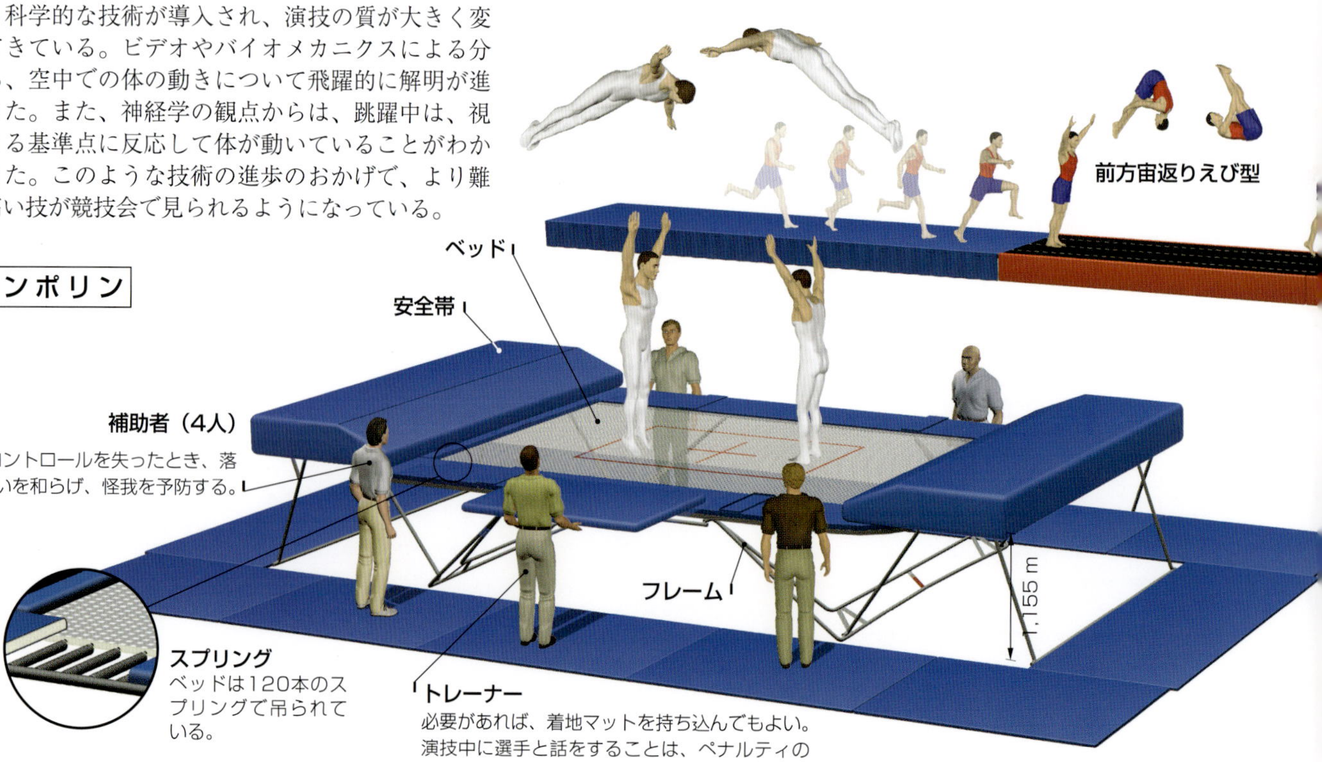

ダブルミニトランポリン

ダブルミニトランポリンは、体操選手がトレーニングに使うミニトランポリンから考案され、トランポリン、タンブリングとともに国際大会の競技種目となっている。助走をつけ、ミニトランポリンの2カ所の台上でジャンプをした後、空中技を2種類行ない、着地で静止する。2種類の技を入れた演技を2回ずつ実施し、10人が決勝へ進む。決勝では、予選とは異なる演技をさらに2回ずつ行なう。

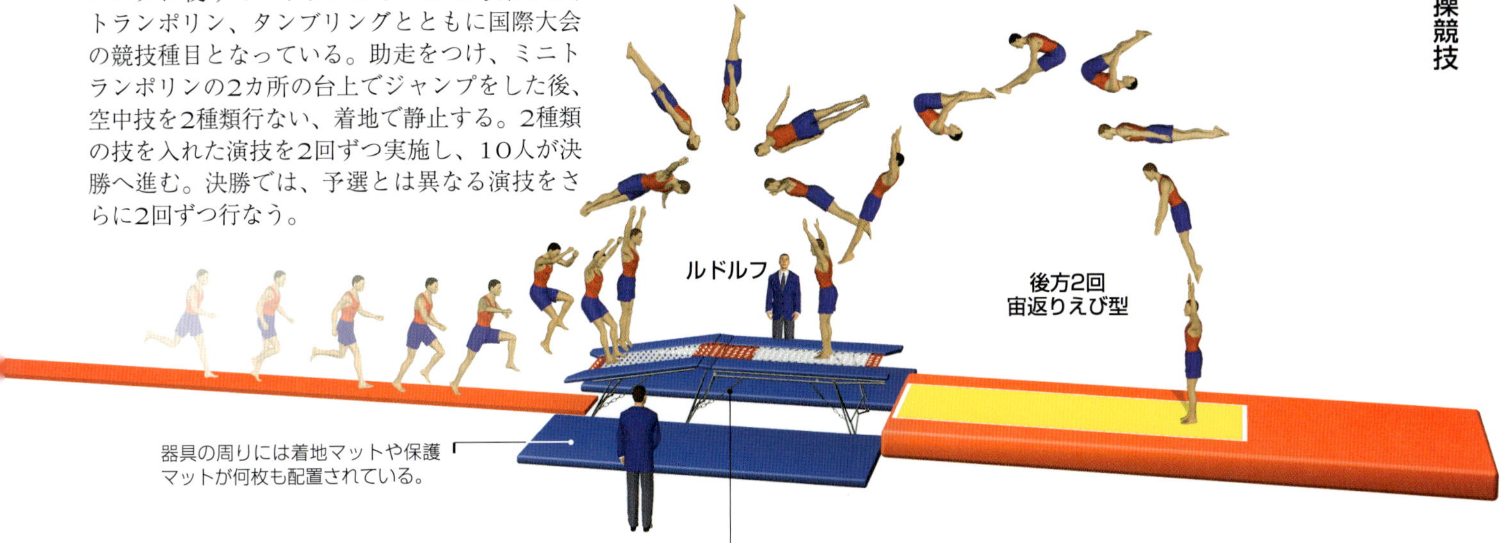

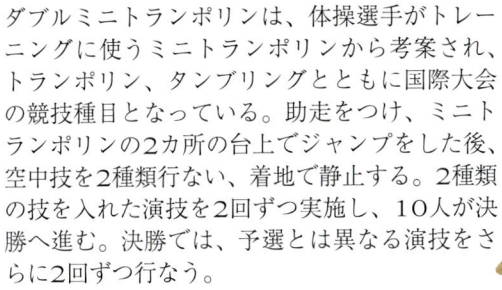

ルドルフ

後方2回宙返りえび型

器具の周りには着地マットや保護マットが何枚も配置されている。

ペナルティゾーン
演技中、踏んではならない場所。

タンブリング

タンブリングは、体操競技のゆかとトランポリンの要素が組み合わされている。選手は、弾力性のあるトラックでアクロバティックな連続技を素早く行なわなければならない。1930年代にはすでに競技会が行なわれていたが、国際大会の開催は1976年になってからである。1999年に、タンブリング競技はFIGの承認を受けた。

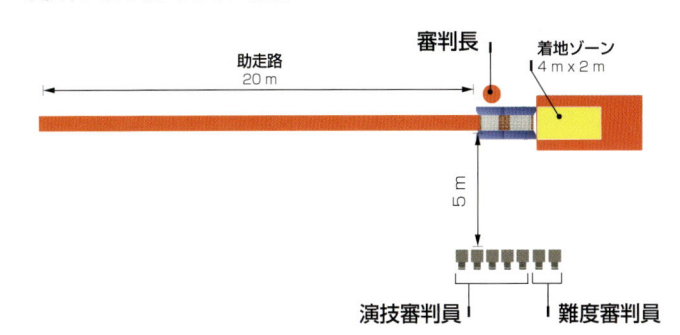

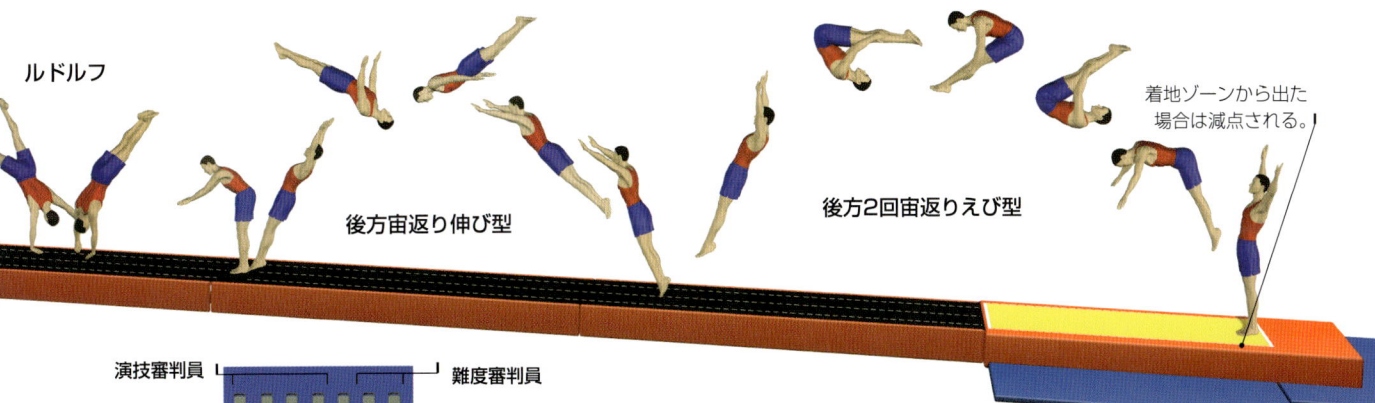

助走路 20m　審判長　着地ゾーン 4m×2m
5m
演技審判員　難度審判員

ルドルフ　後方宙返り伸び型　後方2回宙返りえび型

着地ゾーンから出た場合は減点される。

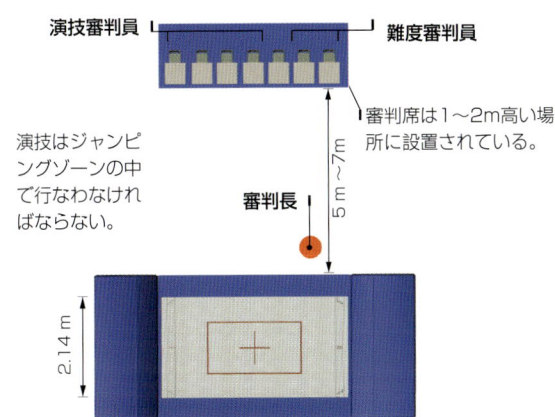

演技審判員　難度審判員
審判席は1〜2m高い場所に設置されている。
5m〜7m
審判長

演技はジャンピングゾーンの中で行なわなければならない。

2.14m
4.28m

タンブリング台
以前に比べて弾力性が増し、技の難度が上がった。トップレベルの選手がトラックを走る速度は20km/時。

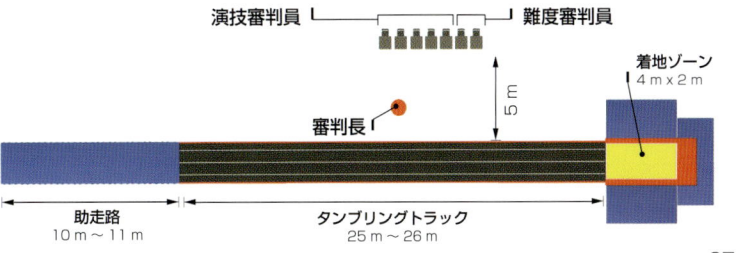

演技審判員　難度審判員
5m
審判長　着地ゾーン 4m×2m
助走路 10m〜11m　タンブリングトラック 25m〜26m

体操競技

技

前後方の宙返りとひねりを組み合わせる。宙返りを行なうときは、体の重心を変えて勢いをつける。ひねり技は空中で入れる場合とゆかやベッドで弾みをつけてから行なう場合がある。空中では腕の曲げ伸ばしだけで、バランスが変わり、横方向に回転することができる。今日、最も難しいと言われている技の1つが「フルフルフル」と呼ばれる3回宙返りで、1回転ごとにひねりが加えられる。

各技は、3種類の姿勢（伸び型、えび型、抱え型）で行なわれる。腕はぴったりと体につける。伸び型とえび型で行なう技は難度が高く、高得点を獲得することができる。

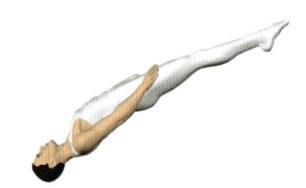

伸び型
腰の軸からまっすぐに脚を伸ばす。

えび型
上体と頭が一直線になるように伸ばし、足は胸の近くに引きつけられてなければならない。

抱え型
足とつま先は伸ばし、体はできるだけ小さくなるようにする。

踏み切りと着地では、両足が同時にベッドに着かなければならない。

後方宙返り伸び型
ジャンプするときも下りてくるときも、トランポリンのフレームから目を離さず、軌道を修正するよう心がける。

審判員

全競技とも不可欠な2つの観点、すなわち、申告した難度の技の実施と演技の完成度を基準に評価が行なわれる。

審判長
競技会全体（演技進行、採点の算出）を監督し、抗議があった場合には、最終決定を下す。

演技審判員
5人の審判が、ベッド中央での演技の実施、跳躍の高さの均一性、フォーム全体の評価を行なう。

難度審判員（トランポリン）
2人の審判が、宙返りやひねりの回数を数え、申告通りの姿勢（抱え型、えび型、伸び型）で演技が実施されているか確認する。

- 1/4回転の宙返りは0.1点の加点。
- 1/2ひねりは0.1点の加点。
- えび型と伸び型の姿勢で行なわれる宙返りは0.1点の加点。

材質の進歩

ベッドには合成繊維、スプリングとフレームには合金が使われるようになったおかげで、トランポリンでもタンブリングでも高さのある技に磨きがかかった。トランポリンの選手は8m、タンブリングの選手は2.5mの高さまでジャンプできるようになった。したがって、空中で時間的余裕が生まれ、以前より複雑な技が行なえるようになっている。

選手の特徴
・機敏な動作、アクロバティックな技の習得、空中での優れた方向感覚が不可欠。
・複雑な動きを少しずつに分けて、部分的に技の練習を行なうトレーニング方法が主流になっている。動作の基準点がわかってくると、ひねりや宙返りを組み合わせた連続技を行なうことができるようになる。
・タンブリング競技では、筋力強化のトレーニングを積んだ元体操選手が多い。彼らは、大きな推進力を生み出すパワーを備え、十分な水平速度を得ることができる。

重量挙げ

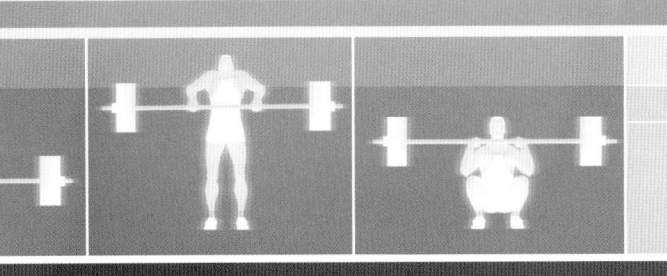

70 ウエイトリフティング
72 パワーリフティング

ウエイトリフティング

力とスピードを組み合わせ、伸ばした両腕で頭上に持ち上げた重量を競う競技。ウエイトリフティングは1896年の第1回近代オリンピックアテネ大会から行なわれていたが、正式種目として認められたのは、1920年のアントワープ大会である。その後、国際連盟により、5つの重量種目が定められ、体重別の5階級で競技が行なわれるようになった。しかし、1928年には3種目になり、1972年にはプレス種目が廃止されて2種目になった。1920年以降、体重による階級分けは何度も改正され、今日では男子8階級、女子7階級で競技が行なわれている。女子種目の参加は、世界選手権では1987年、オリンピックでは2000年のシドニー大会からである。女子の世界記録はほとんど中国勢が独占している。

片手によるリフティング種目は1928年まで行なわれていた。

競技会

スナッチとプル＆ジャークの2種目があり、体重別の階級ごとに競技を行なう。最初に挙げる重量を申告し、3回ずつ試技を行なう。各試技ごとに重量を選択し申告する。試技が成功した後は、2.5kg刻みで増量しなければならない。選手は名前が呼ばれてから1分以内に試技を始める。合計で最高の重量を挙げた選手が優勝。総重量が同じになった場合、最も体重の軽い選手が優勝となる。

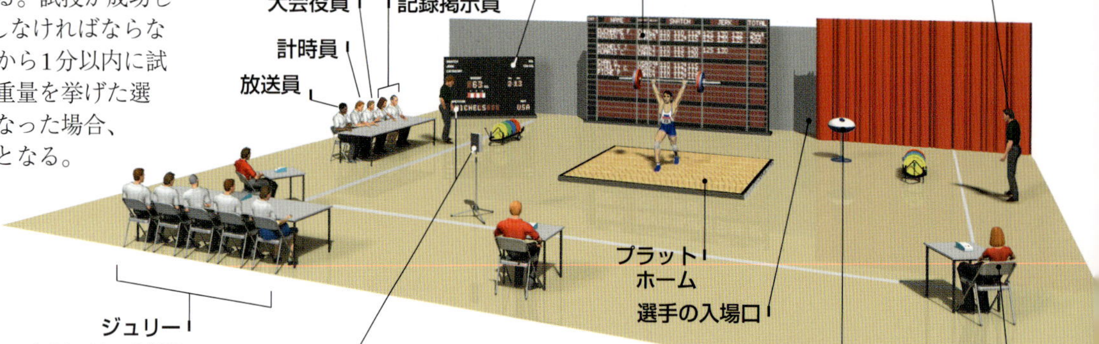

記録掲示板
総合記録掲示板
器具係員 2人でバーベルの重量を調節。
大会役員
記録掲示員
計時員
放送員
ジュリー レフェリーの判定を監視。
判定器 各レフェリーが2色のライトで個々に判定を示す。試技が成功の場合は白のライト、失敗の場合は赤のライト。2つ以上点灯したライトの色で判定結果が決まる。選手は、目の前に設置された判定器のライトと音の合図でバーベルを下ろす。
プラットホーム
選手の入場口
炭酸マグネシウム
レフェリー 3人のレフェリーが試技の判定を行なう。技術的な反則動作（ひざが床に触れる、最終姿勢が不完全など）が認められた場合は失敗と判定される。

テクニック

スナッチとクリーン＆ジャークのテクニックは異なるが、筋肉の動きはよく似ている。スナッチでは、一度の動作でバーベルを一気に持ち上げなければならないため、より高度なテクニックを要する。

スナッチ

1. スタート
全身の力をこめてバーベルを引き始める。

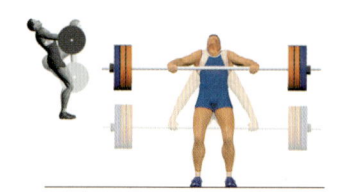

2. 引き
バーの下に潜り込めるよう、バーベルを上方へ引き上げる。

3. 潜り・受け
潜り込むと同時にバーベルを頭上に受ける。

4. 最終姿勢
腕の関節を固定し、頭上でバーベルを静止させる。

用具

メタルディスク
0.25～25kgのディスクがあり、重さによって色が異なる。

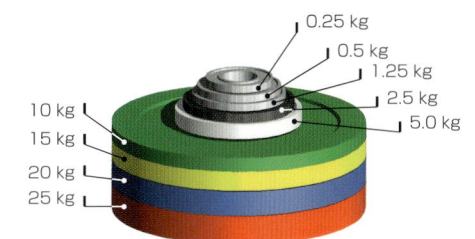

- 0.25 kg
- 0.5 kg
- 1.25 kg
- 2.5 kg
- 5.0 kg
- 10 kg
- 15 kg
- 20 kg
- 25 kg

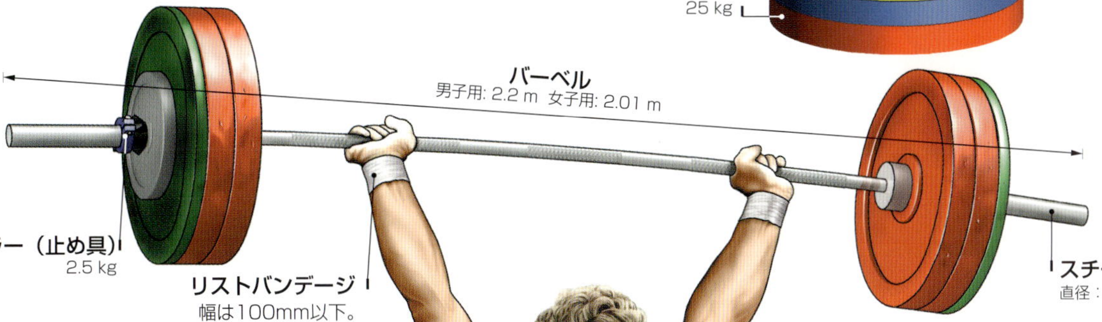

バーベル
男子用: 2.2 m　女子用: 2.01 m

カラー（止め具）
2.5 kg

リストバンデージ
幅は100mm以下。

スチール製バー
直径：男子用28mm
　　　女子用25mm
重さ：男子用20kg
　　　女子用15kg

服装
つなぎのリフティングスーツで、膝と肘が露出するもの。

リフティングベルト
腹部と腰部を固定。幅は120mm以下で、外側に着用する。

膝用バンデージ
幅は300mm以下。

シューズ
リフティングに必要な安定性を得るため、底の部分が高くなっている。

選手の特徴

- ・最もよく使われる大腿四頭筋、小菱形筋（肩甲骨を動かす筋肉）、腰部の筋肉が特に発達している。大腿部ががっしりしているが、ふくらはぎはそれほどでもない。リフティングにあまり必要のない二や胸筋の強化トレーニングは行なわない。
- ・爆発的なパワーを発揮するため、選手の心拍数は190回/分まで上がることがある。
- ・世界のトップレベルの選手では、1回のトレーニングで合計25t以上もの重量を挙げる。

ヴァシリ・アレクセイエフ（旧ソ連）
「世界最強の男」の異名を取る。1972年、3種目でトータル640kgを挙げ、オリンピック記録を樹立。

ピロス・ディマス（ギリシャ）
バルセロナ、アトランタオリンピックで連覇し、3度目の2000年シドニー大会においても金メダルを獲得（85kg級）し、3連覇を達成。

クリーン＆ジャーク

1. スタート
力の入れ方はスナッチと同じだが、グリップを握る幅はやや狭い。

2. 引き
大腿部と背中の筋肉で、引き上げ動作を行なう。

3. 潜り・受け
ジャーク（突き上げ動作）に入る前に、バーベルをしっかりと支える。

4. 最終姿勢
両脚で踏ん張りながら上体を伸ばし、両腕が伸びきるまで一気にバーベルを突き上げる。肩を固定してバーベルを安定させ、足をそろえてバランスを取る。

重量挙げ

パワーリフティング

男女ともに行なわれている純粋な力比べの競技。3種目の試技の合計重量で勝敗が決まる。1960年代初期にアメリカで生まれたパワーリフティングは、ボディビルのジムトレーニングをもとにした3つのリフティング種目から成る。1970年、国際パワーリフティング連盟（IPF）は初の世界選手権をアメリカで開催したが、当時はほんの数カ国が参加したに過ぎなかった。しかし、1980年代に入って、旧ソ連から強い選手が登場したり、年齢別の区分に40歳以上のカテゴリーができたおかげで、競技は次第に普及していくようになった。パワーリフティングは、今日、オリンピック種目ではないが、4年に1度行なわれるワールドゲームズでは正式種目となっている。現在、100カ国以上の団体がIPFに加盟している。毎年世界各地のの優秀な選手が集まり、IPF主催の6つの世界選手権が行われている。

ブラッド・ギリガム（アメリカ）。2000年、2001年のIPFワールドチャンピオン。

競技会

スクワット、ベンチプレス、デッドリフトの3種目で試技は3回ずつ。3人の審判が判定を行ない、最も良い記録が最終記録となる。バーベルをコントロールできなかった試技は失敗とみなされる。審判による多数決で判定が決まり、3回失敗すると失格となる。重量は、最初に挙げる重さを含め、選手自身が選択する。最終の合計重量が同一の場合、試技前の検量で体重の軽かった方が上位となる。体重も同じ場合は、競技終了後に再度検量を行ない順位を決定する。

バンデージ
手首のバンデージの幅は10cm以下。

服装
大腿部と背中を強く締めつけるリフティングスーツ。ベンチプレスでは、アンダーシャツを着用しなければならない。

リフティング用シューズ

スクワット
ラックからバーベルを外し、後ろに下がって静止する。審判の「スクワット」の合図で、肩にバーをかついだまましゃがむ。このとき、股関節は膝より低い位置になければならない。1回の連続動作で立ち上がってスタート姿勢に戻り、審判の「ラック」という合図でラックにバーベルを戻す。この種目に時間制限はない。

ベンチシャツ
合成繊維製。胸と肩を締めつけ、最も重い重量を上げる時など、選手の安全性を確保する。

ベルト

ベンチプレス
審判の「スタート」の合図とともに、腕を伸ばし肩を固定した状態から、胸に触れる位置までバーを下ろす。一度静止してから、バーベルを元の位置に持ち上げ、審判の合図でラックに戻す。頭部、肩、大腿部は常にベンチ台と接触していなければならない。両足は床面にぴったりとつける。審判は二方向から違反がないか確認する。補助員は試技者の安全を見守り、選手がバーベルをラックに戻すときには手助けをしても良い。

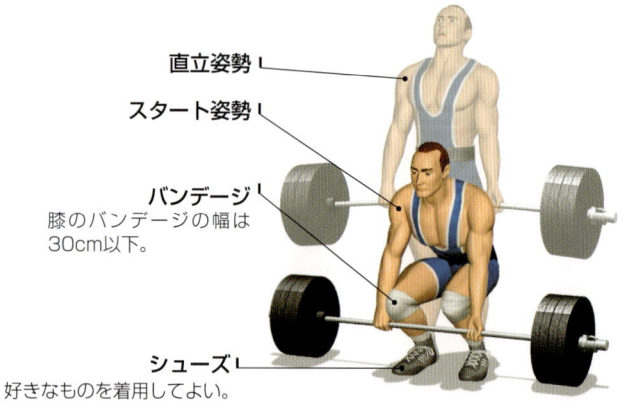

直立姿勢

スタート姿勢

バンデージ
膝のバンデージの幅は30cm以下。

シューズ
好きなものを着用してよい。

デッドリフト
バーベルを直立の姿勢まで持ち上げ、元の位置に戻す。試技の構えには、相撲のように脚を大きく開くスタイルと足幅の狭いスタイルがある。バーベルを持ち上げると、膝をまっすぐに伸ばして固定し、肩を臀部後方に返す。審判の「ダウン」の合図で、バーベルを床に戻すが、このときバーベルを落としてはならない。バーはリバースグリップ（右手と左手が逆方向）でしっかり握る。

選手の特徴
- 体重別階級は男子が11階級（52～125kg超級）、女子が10階級（44～90kg超級）。年齢別の区分は14歳～50歳以上までで4つのカテゴリーに分かれている。
- 大会の8～10週間前になると、短時間でより重い重量を挙げる筋力トレーニングに徐々に移行していき、蓄積されたエネルギーの消費を抑えながら、パワーの強化を図る。筋力は、大腿部、胸部、三角筋、三頭筋、背筋が特に発達している。

水中・水上の競技

74 水泳
80 シンクロナイズドスイミング
84 水球
88 フリーダイビング
90 飛び込み

水泳

水中・水上の競技

古代ギリシャ・ローマ時代に水泳の競技会が行なわれていたという記述が数多く残されている。日本で初めての大会は1603年に開催された。1837年、スポーツ協会による大会がロンドンで行なわれると、1846年、402m(440yd)の距離を競う大会がシドニーで開かれる。そして、1869年にメトロポリタン水泳クラブ協会が設立され、水泳の競技ルールが制定された。第1回近代オリンピックでは100、500、1200mの3つの距離を競う男子種目のみが採用されたが、競技は海で行なわれ、会場がプールに移されたのは1924年のことである。1908年、10カ国による国際水泳連盟（FINA）が発足すると、同年のオリンピックでは、初めて泳法別（背泳ぎ、平泳ぎ、自由形）に競技が行なわれた。ただし、女子種目の採用は1912年からである。現在では、オリンピックと世界選手権が最大規模の競技会となっている。1973年から行なわれている世界選手権は、隔年（奇数年）に開催。また、1993年に始まった25mプールでの短水路世界選手権も隔年の開催で、今日では偶数年に行なわれている。

1920年、アントワープオリンピック（ベルギー）で行なわれた水泳競技の模様。

競技会

25mまたは50mプールで、決められた距離を泳ぐ。レースは他の選手およびタイムとの競争である。競技は男女とも平泳ぎ、背泳ぎ、バタフライ、自由形の4種目。大会によっては、4つの泳法を合わせたメドレー種目もある。出発合図員の最初の合図により、選手は各レーンのスタート台（背泳ぎの場合はスターティンググリップ）の位置につき、次の合図（ピストルまたは電子音）で、プールに飛び込む。不正なスタートをした場合は失格。また、レース中は各レーンから出てはならない。

オリンピック大会用プール

審判長
競技会の責任者。審判員の判定を監督し、抗議があった場合には最終裁定を下す。

出発合図員
審判長がスタートの準備を促してからレースが始まるまで、選手を完全に統轄する。

泳法審判員(4人)
各選手の泳法に違反がないか監視する。

泳法審判員
15mラインを超えたとき、選手の頭が水面上に出ているかを確認する。

フライングロープ
スタートの壁面から15mの位置にある。フライングが認められた場合は、やり直しの合図と同時にロープが水の中に落とされ、選手はスタート台に戻らなければならない。

計時員

計時主任
計時員に確認の上、電子測定によるタイムを確定する。

着順審判員
選手の着順を判定し報告する。

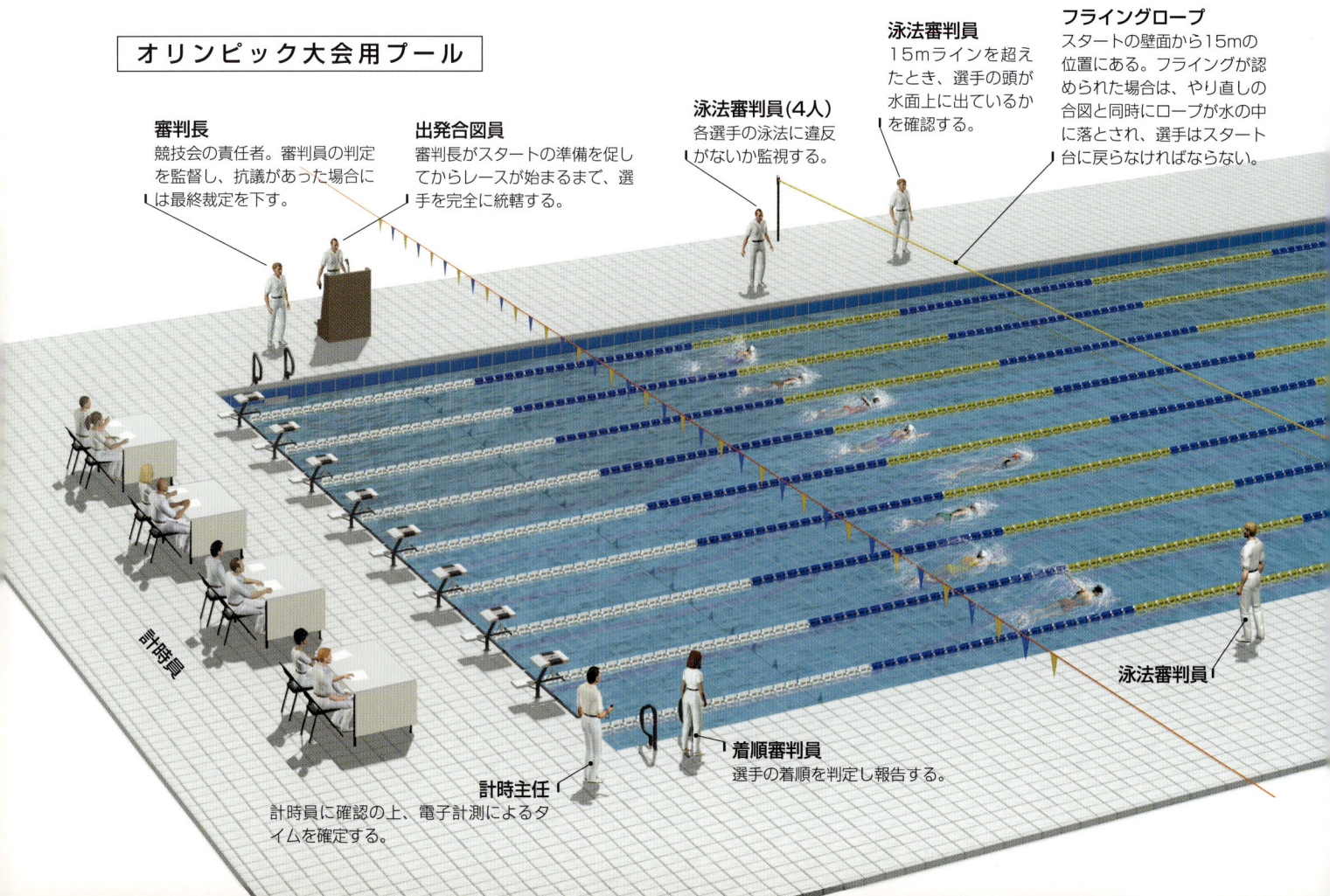

泳法審判員

50 m

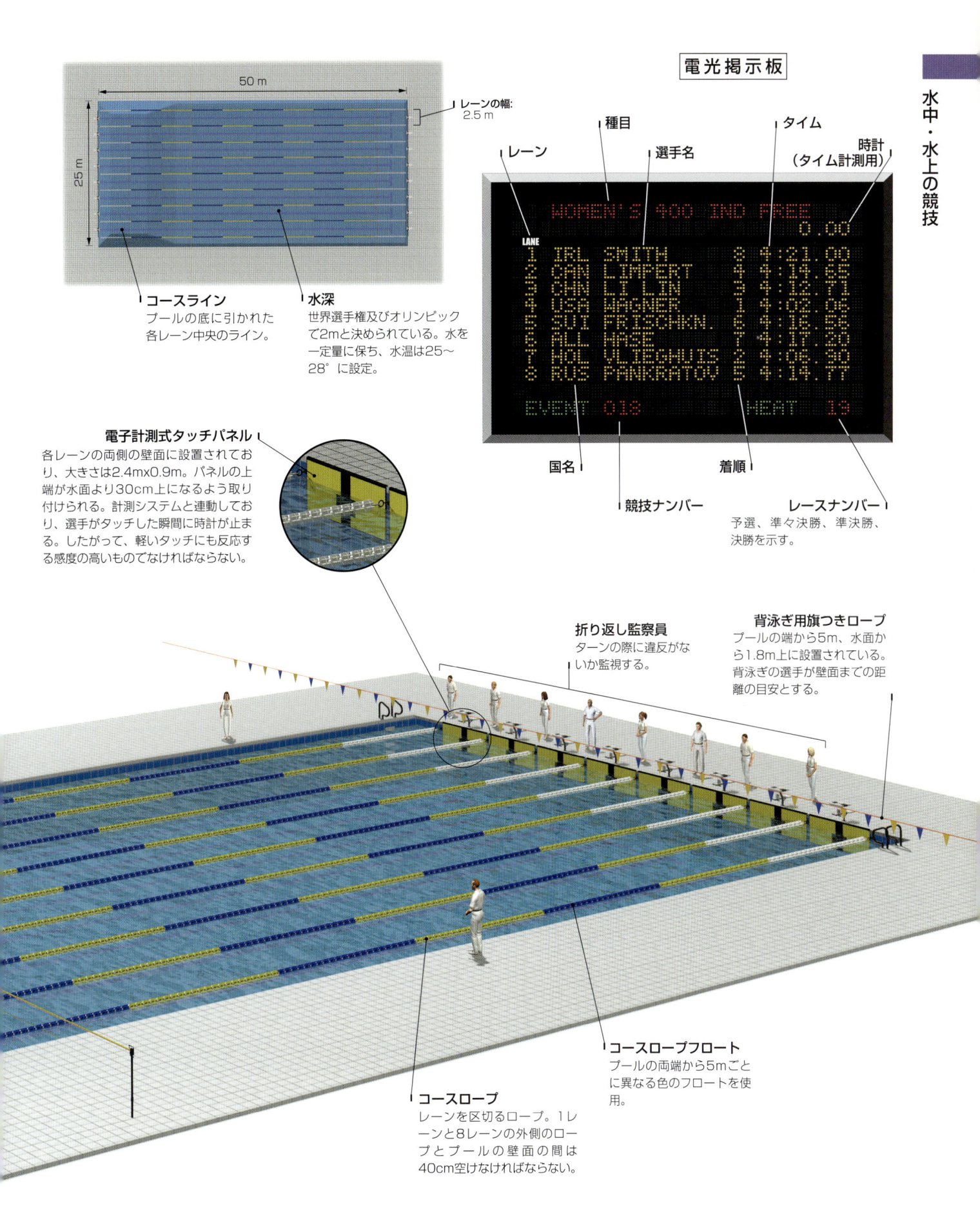

25 m

レーンの幅: 2.5 m

コースライン
プールの底に引かれた各レーン中央のライン。

水深
世界選手権及びオリンピックで2mと決められている。水を一定量に保ち、水温は25〜28°に設定。

電光掲示板

- レーン
- 種目
- 選手名
- タイム
- 時計（タイム計測用）

```
         WOMEN'S 400 IND FREE
                                  0.00
LANE
 1  IRL  SMITH         8  4:21.00
 2  CAN  LIMPERT       4  4:14.65
 3  CHN  LI LIN        3  4:12.71
 4  USA  WARNER        1  4:02.06
 5  SUI  FRISCHKN.     6  4:15.56
 6  ALL  HASE          7  4:17.20
 7  HOL  VLIEGHUIS     2  4:08.90
 8  RUS  PANKRATOV     5  4:14.77

EVENT 018              HEAT   19
```

- 国名
- 着順
- 競技ナンバー
- レースナンバー
  予選、準々決勝、準決勝、決勝を示す。

電子計測式タッチパネル
各レーンの両側の壁面に設置されており、大きさは2.4m×0.9m。パネルの上端が水面より30cm上になるよう取り付けられる。計測システムと連動しており、選手がタッチした瞬間に時計が止まる。したがって、軽いタッチにも反応する感度の高いものでなければならない。

折り返し監察員
ターンの際に違反がないか監視する。

背泳ぎ用旗つきロープ
プールの端から5m、水面から1.8m上に設置されている。背泳ぎの選手が壁面までの距離の目安とする。

コースローブフロート
プールの両端から5mごとに異なる色のフロートを使用。

コースロープ
レーンを区切るロープ。1レーンと8レーンの外側のロープとプールの壁面の間は40cm空けなければならない。

水中・水上の競技

水中・水上の競技

クロール

1893年、ハワイで考え出された泳ぎ方で、競技会に登場したのは1912年のオリンピック。短距離に適しており、泳法に規定のない自由形のレース（ただし、メドレー種目を除く）で最もよく使われる最速の泳法。

前向きのスタート
スタートの合図まで、息を止めて集中力を高める。両脚を強く蹴り、体を十分に伸ばして飛び込む。

泳ぎ始め
入水後、力強いバタ足のキックで水面に上がる。

背泳ぎ

1900年にオリンピック種目となった背泳ぎは、19世紀後半、新しいスタイルのクロール（クロールそのものも、当時、考案されたばかりであった）として誕生した。進行方向に顔を向けずに泳がなければならないため、あまり人気のない泳法である。20世紀半ばに、水中で腕を曲げる（従来は、腕をまっすぐ伸ばした状態でひとかきしていた）と速く進むということが認識されてから、背泳ぎの泳法は大きく変わった。

後ろ向きのスタート
スターティンググリップを握り、足を水中の壁面で支える。スタートの合図で、グリップを放し、脚全体で壁面を押す。

泳ぎ始め
入水後、ドルフィンキック（両足をそろえて上下に振るキック）またはバタ足をする。15m地点までに浮き上がらなければならない。

平泳ぎ

1908年からオリンピック種目となっている平泳ぎは、高度な技術を要する泳法である。エネルギーの消耗が激しい上、同時に行なう腕と脚の動作が完全に一致しなければならない。この動きがずれると平泳ぎと見なされず、失格となる。

前向きのスタート
クロールと同様、スタートの合図まで息を止める。両脚を強く蹴り、体を十分に伸ばす。

泳ぎ始め
体を伸ばしたまま、うつ伏せの姿勢を保つ。脚でキックを打つ前に腕でひとかきする。スタートおよび折り返し直後のひとかきは、水面下で行なってもよい。

競技会
オリンピックの正式種目：
- 男子：50、100、200、400、1500mの個人種目、4×100m、4×200mのリレー種目
- 女子：50、100、200、400、800mの個人種目、4×100m、4×200mのリレー種目

同様の距離が世界選手権にも適用されている（その他男子800m、女子1500m種目もある）。プールや湖また海で行われるオープンウオーター世界選手権では、男女ともに5km、10km、25kmの遠泳種目がある。

テクニック
水面下でバタ足を行ない、腕を左右交互に前方へ運び、水をかく。頭を水中に残したまま息つぎをする。

クイックターン
体を曲げ、プールの底に向かって少し潜り、回転する。体のどの部分で壁面にタッチしてもよいが、実際には両足を使う。足で壁面を押し、勢いをつけて体を伸ばす。

競技会
オリンピックの正式種目：
- 男子：100、200mの個人種目
- 女子：100、200mの個人種目

同様の距離が世界選手権にも適用されている（その他男女個人50m種目もある）。

テクニック
腕を左右交互に前方へ運ぶ。水面下45～60cmのところで水をかき、バタ足で推進力を得る。

クイックターン
体を下向きにしてから回転する。クロールと同様、タッチは体のどの部分で行なってもよいが、一般には両足で壁を蹴る。足が壁面から離れる前に仰向けの姿勢に戻さなければならない。

競技会
オリンピックの正式種目：
- 男子：100、200mの個人種目
- 女子：100、200mの個人種目

同様の距離が世界選手権にも適用されている（その他男女個人50m種目もある）。

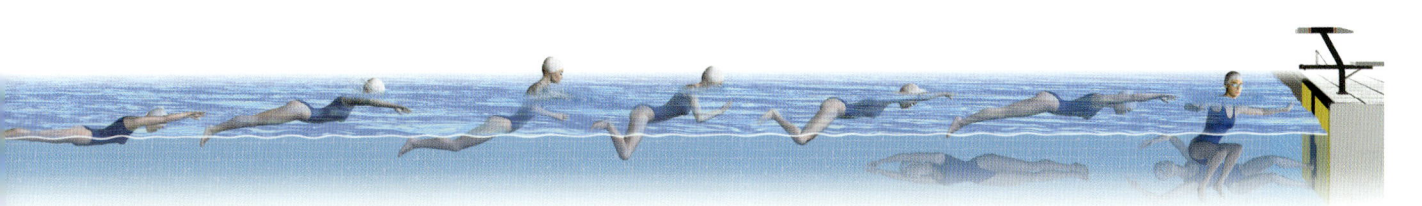

テクニック
腕は横方向に3段階で動かす。「外へのかき」（体から離す）、「下へのかき」（プールの底に向かう）、「内へのかき」（体に近づける）の順に動作を行なう。推進力を得るために脚を曲げてから蹴り出し、もとの位置に戻す。キックによる推進力は、他の泳法では全体の5-10％にすぎないが、平泳ぎでは約70％を占める。

水平ターン
折り返しのタッチは水面の上下どちらでもよいが、両手を同時に壁につけなければならない。体の向きを変えて両足で壁面を蹴り、壁から足が離れる前に水平姿勢に戻す。

水中・水上の競技

バタフライ

以前は、バタフライ式平泳ぎという泳法で知られていたが、1952年のヘルシンキオリンピックから現在のスタイルになった。

前向きのスタート
スタートの合図まで息を止める。両脚を強く蹴り、体を十分に伸ばす。

泳ぎ始め
水中でキックを行なってもよいが、15m地点までに浮き上がらなければならない。

メドレー

各泳法を使って50m（プールの折り返しまでの距離）以上ずつを泳ぐ。メドレー種目には、テクニック、スピード、持久力が求められる。泳法は、平泳ぎ、背泳ぎ、バタフライと自由形。

メドレーリレー

各泳法のスペシャリストでチームを組む。自由形の泳法はクロール。泳法の順序は以下の通りに決められており、個人メドレーの順序とは異なる。

個人メドレー：1.バタフライ-2.背泳ぎ-3.平泳ぎ-4.自由形

メドレーリレー：1.背泳ぎ-2.平泳ぎ-3.バタフライ-4.自由形

メドレーリレーの第1泳者は背泳ぎのスタート姿勢から入水し、他の泳者はスタート台から飛び込む。

選手の特徴

- 強靭な体力と持久力が要求されるため、厳しいトレーニングを積まなければならない。
- スピードのある強度の高い練習（短距離を繰り返し泳ぐ）を行なう。また、ウエイトトレーニングや筋力トレーニングで、腕や脚の筋肉を強化する。試合前は、徐々に練習量を減らすが、スピードトレーニングは続ける。トレーニングのレベルを下げるのではなく、練習に伴う疲労を少なくすることが重要である。
- 一般には、三角筋、小菱形筋（肩甲骨を動かす筋肉）、大腿部の後ろ側の筋肉が、特に発達している。腰は細く水の抵抗が少ない。また、長身の選手は手足が長く有利である。

競技会

オリンピックおよび世界選手権の正式種目：
- 男子：200、400mの個人種目、4×100mのリレー種目
- 女子：200、400mの個人種目、4×100mのリレー種目

アレクサンドル"サーシャ"・ポポフ（ロシア）
1991年から世界に君臨し続けるトップレベルの選手。オリンピックで4回優勝を果たした。1994年の世界選手権では50m自由形で優勝。

マーク・スピッツ（アメリカ）
オリンピックの1968年大会で金メダルを獲得し、1972年大会では一躍脚光を浴びる。1967～72年の間に個人種目の世界記録を26回破り、35の国内記録を樹立。

楽靖宜（中国）
女子50m自由形で初めて25秒を切った選手。オリンピックで金メダルを獲得し、世界選手権でも4回優勝。

クリスティナ・エゲルセギ（ハンガリー）
背泳ぎの第一人者と言われた選手。オリンピックと世界選手権でタイトルを獲得し、200m背泳ぎの世界記録保持者。

競技会

オリンピックの正式種目：
・男子：100、200mの個人種目
・女子：100、200mの個人種目
同様の距離が世界選手権にも適用されている（その他男女個人50m種目もある）。

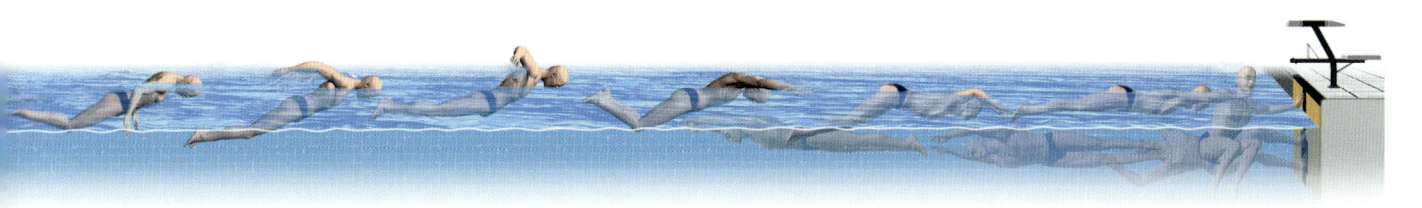

テクニック
両腕を同時に前方へ運び、後方に水を押して、推進力を得る。両肩は水平にし、水面に対して平行に保たなければならない。腕のかきに続いて、両脚を同時に動かすドルフィンキックを行ない、一連のうねりの動作が完了する。腕のかき終わりに息つぎをして、頭の上に腕を戻す。

水平ターン
両手でタッチをして折り返し、両足で壁を蹴る。足が壁面から離れる前にうつ伏せの姿勢に戻さなければならない。浮き上がるまでドルフィンキックを打ってもよい。

世界記録の変遷

1991年以降、25mプールでのレースも記録されるようになった（以前は50mプールでのレースのみを記録）。

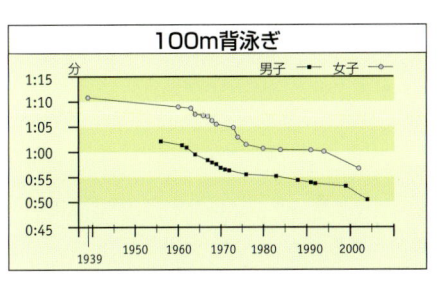

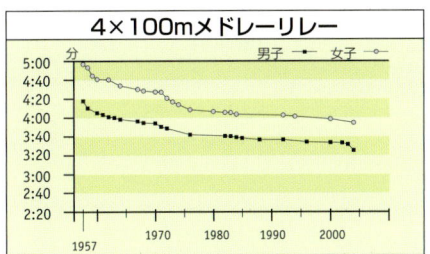

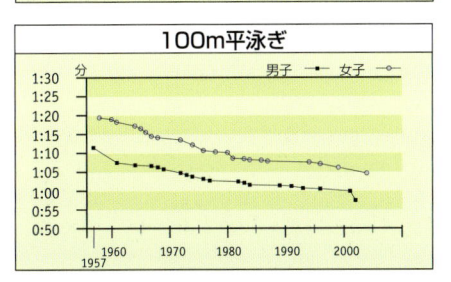

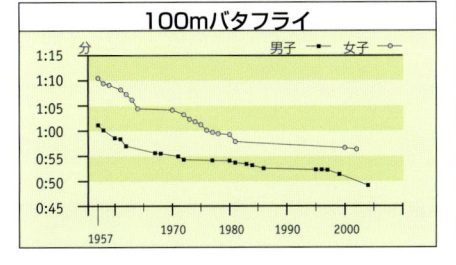

- 100m背泳ぎ
- 4×100mメドレーリレー
- 100m平泳ぎ
- 100mバタフライ
- 100m自由形

用具

着用が認められているのは、水着、キャップ、ゴーグルのみである。数年前からは、スピード向上のため全身を覆うスーツタイプが登場した。その影響は選手の体型や泳法により様々である。

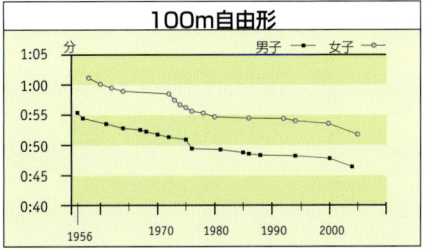

水着

スタート台
大きさは50cm四方以上で水面から50～75cmの高さに設置。表面には滑り止めの素材が使われている。

大きな大会の前には体毛を剃る。水中での抵抗が少なくなり、タイムの短縮につながる。

背泳ぎ用スターティンググリップ
水面から30～60cmのところに取り付けられている。

ゴーグル
各選手の顔の骨格に合ったものを着用。フィット感に優れ、水が入らないようになっている。水の抵抗も少ない。

水中・水上の競技

シンクロナイズドスイミング

水中・水上の競技

1935年、イギリスのアーブル・デ・バブールで、練習を行なうジャージースイミングクラブのドルフィンズチーム。

競技発祥の地は、1900年代初期のカナダ、または、オーストラリアとも言われている。シンクロナイズドスイミングは、水泳、ダンス、体操の要素を組み合わせた、女性のみの競技である。現在の名称で呼ばれるようになったのは1934年のことで、オリンピックでは1952年のヘルシンキ大会で初めてデモンストレーション競技として紹介された。同年、シンクロナイズドスイミングは国際水泳連盟（FINA）に水泳競技の公式種目として公認される。そして、第1回世界選手権が開催されると、芸術性より、技術面に重点が置かれるようになっていく。オリンピック正式種目となった1984年のロサンゼルス大会では、ソロとデュエットが行なわれた。1996年はチーム種目のみとなったが、2000年の大会ではデュエット種目が復活した。オリンピック以外の主要な大会は、世界選手権で、1973年以降、3～4年に1度開催されており、ソロ、デュエット、チームの3種目が行なわれている。

競技会

2つのルーティン（演技）による採点競技。最初にテクニカルルーティン、次にフリールーティンを行なう。テクニカルルーティンは、決められた順に規定要素（ソロ6要素、デュエット7要素、チーム8要素）を入れなければならない。一方、フリールーティンの演技構成では、技術要素を自由に選ぶことができ、芸術性をアピールする。各ルーティンは、技術点と芸術点で評価され、0.1点刻みの10点満点で採点される。3種目（ソロ、デュエット、8人から成るチーム）とも、さまざまな要素を入れながら、音楽に合わせて水中で演技を行なう。デュエットとチームでは、音楽との同調性と泳者相互の同調性が求められる。技術および身体能力（完遂度、正確性、難易度）と、芸術性（表現力、演技の流れ、曲想解釈、創造性）が評価の対象となる。

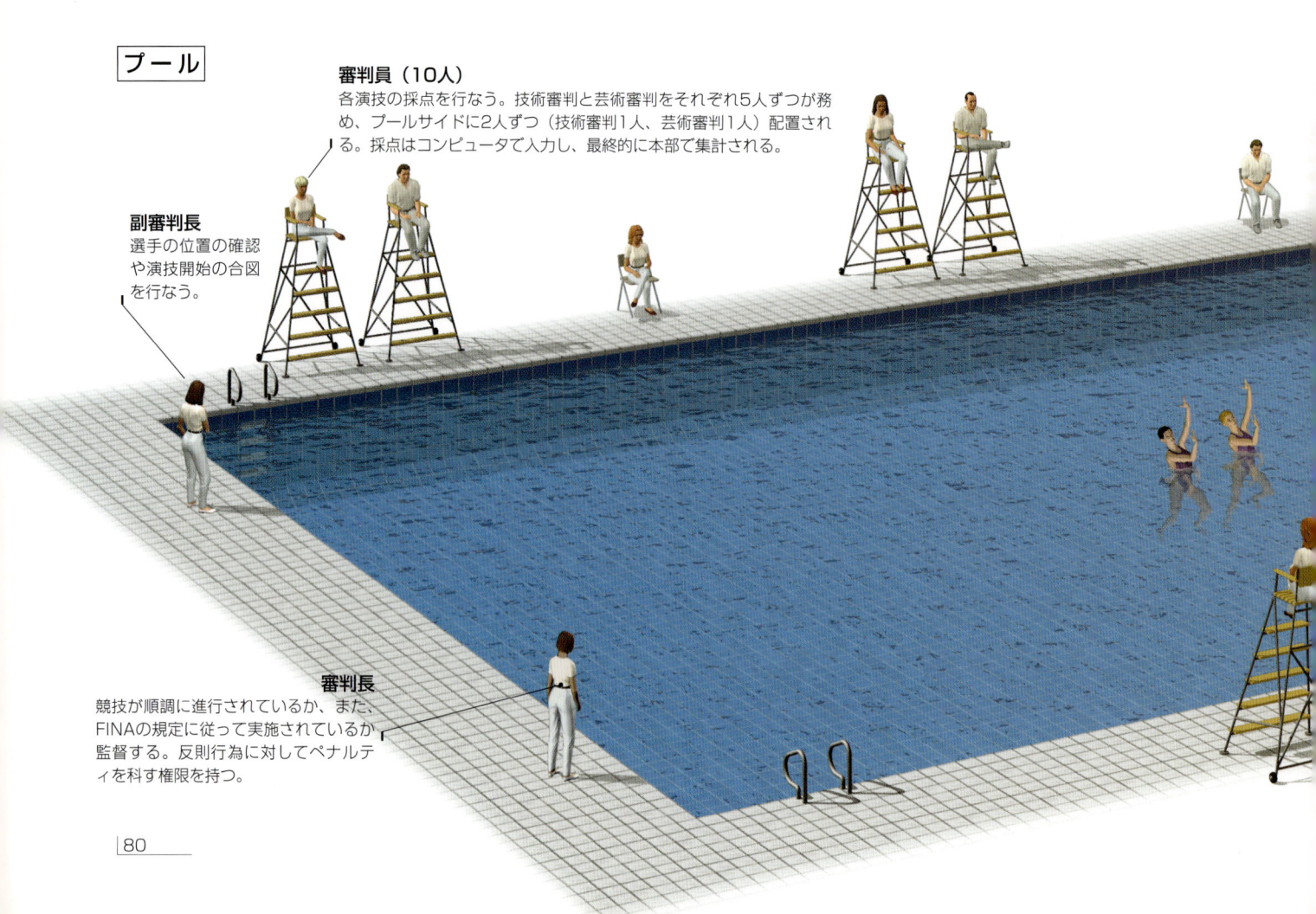

プール

審判員（10人）
各演技の採点を行なう。技術審判と芸術審判をそれぞれ5人ずつが務め、プールサイドに2人ずつ（技術審判1人、芸術審判1人）配置される。採点はコンピュータで入力し、最終的に本部で集計される。

副審判長
選手の位置の確認や演技開始の合図を行なう。

審判長
競技が順調に進行されているか、また、FINAの規定に従って実施されているか監督する。反則行為に対してペナルティを科す権限を持つ。

採点方法

テクニカルルーティン
演技時間は、ソロ2分、デュエット2分20秒、チーム2分50秒。得点は、技術点、芸術点が50%ずつの配分で算出される。

フリールーティン
演技時間は、ソロ3分、デュエット3.30秒分、チーム4分。陸上動作（プールデッキでの動作）は、10秒を超えてはならない。得点は、芸術点、技術点が50%ずつの配分で算出される。最終的な採点は二つのルーティンの平均得点で決定される。テクニカルルーティンで、指定された順に規定要素を実施しなかったり、演技中にプールの底や縁で体を支えるような行為をした場合は反則とみなされ、2点の減点となる。

用具

水着
装飾が施されていないものに限る。

髪はひとつに束ねる、または、後ろで留める。演技の妨げにならないようゼラチンで固められている。

ノーズクリップ
プラスチック製で表面は金属加工。鼻に水が入るのを防ぐ。最近では、鼻腔と同じ形をしたゼラチン製の鼻栓を使用する選手が増えている。

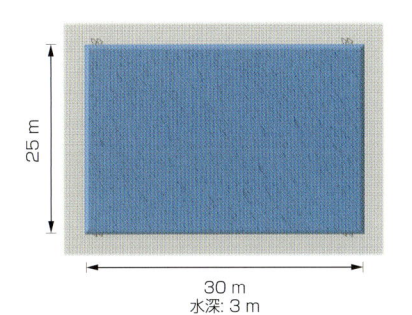

25 m
30 m
水深：3 m

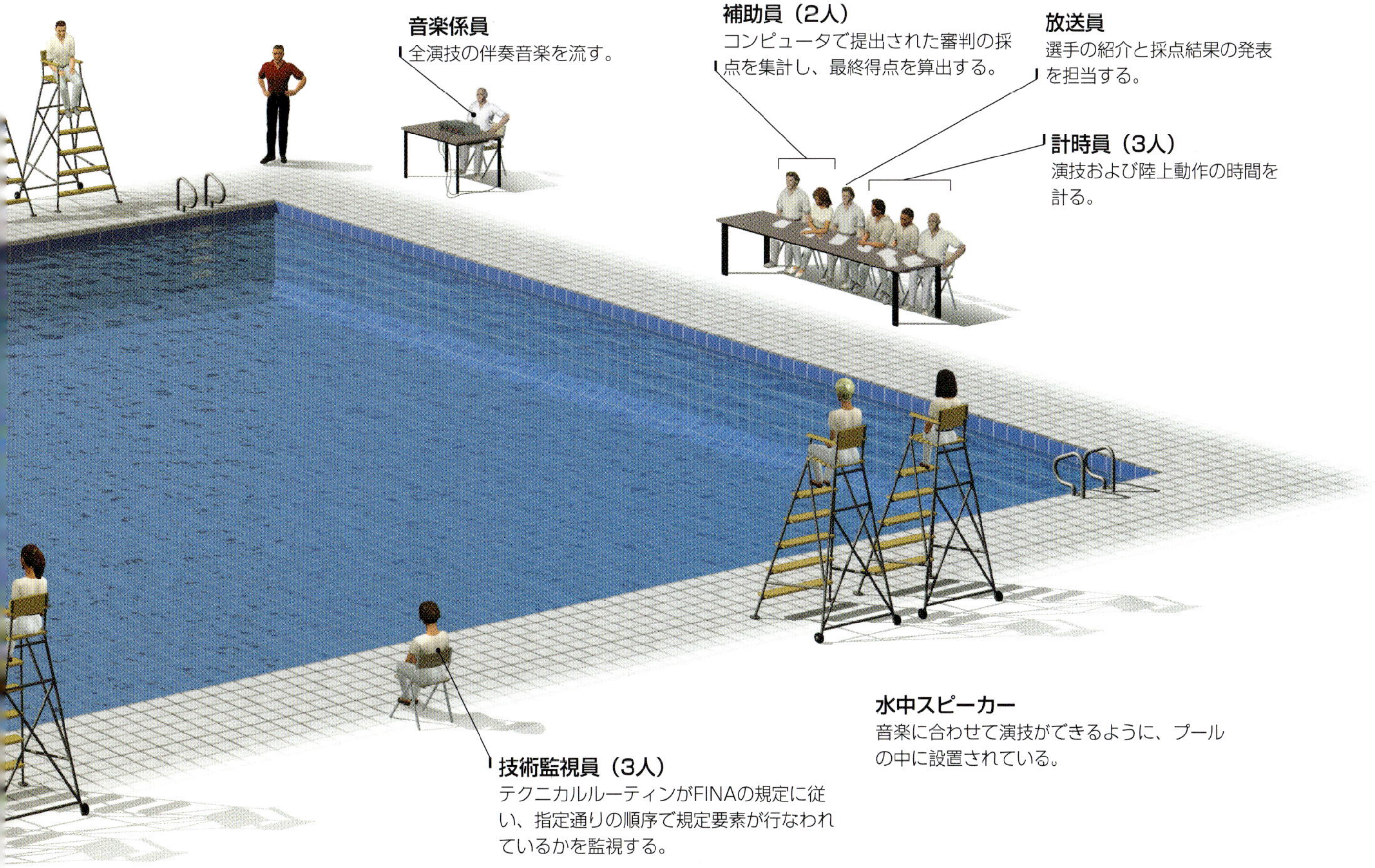

音楽係員
全演技の伴奏音楽を流す。

補助員（2人）
コンピュータで提出された審判の採点を集計し、最終得点を算出する。

放送員
選手の紹介と採点結果の発表を担当する。

計時員（3人）
演技および陸上動作の時間を計る。

技術監視員（3人）
テクニカルルーティンがFINAの規定に従い、指定通りの順序で規定要素が行なわれているかを監視する。

水中スピーカー
音楽に合わせて演技ができるように、プールの中に設置されている。

水中・水上の競技

基本姿勢とフィギュア（基本技）

ルーティンを構成する動作とフィギュアは、約20の基本姿勢から成っている。ルーティンは、水の中を進んだり息つぎをするためのつなぎの動作を入れた、連続技の組み合わせであり、独特の演技構成が求められる。

バラクーダ

垂直姿勢
水面に対し垂直の状態で体を伸ばす。両脚をそろえ頭を下げる。頭、臀部、足首を一直線に保つ。

バレットレッグ

バレットレッグ
水面に対し体と片足を平行にする。もう片方の足は、水面に平行にしている足に沿うようにして引き寄せ、上方へとまっすぐ延ばす。

ウォークオーバー・バック

スプリット姿勢
体を軸に、両脚が水平になるまで前後に開く。両脚を水面に出したまま、上体を垂直に保つ。

フロントパイク姿勢
体を90°に曲げ、両脚と臀部は水面に対して水平を保つ。体（胴、背中、頭は一直線上にある）は、水面に対して垂直になっている。

ルーティン

フィギュアとフィギュアの間にさまざまな基本姿勢を取り入れて、演技を構成しなければならない。テクニカルルーティンでは、FINAのルールに定められた通りの規定要素を行なうことが求められる。一方、フリールーティンでは、規定要素を入れる必要はなく、フィギュアを自由に組み合わせて演技を行なう。

バラクーダのフィギュア（魚のバラクーダに似せた形）から始める。まず、上向き水平姿勢から両脚を垂直に上げる。次に、体を沈めてバックパイク姿勢を取る。垂直姿勢で上昇し、体を押し上げる。

タック姿勢の後、水面へ移動する。

つなぎ動作に腕の振りを付け、演技に独創的な要素を加える。引き続き、つなぎ動作を入れて水中を進む。

チーム種目

泳者全員の演技が音楽と完全に同調していなければならない。ただし、フリールーティンでは、全員が同じフィギュアを同時に行なう必要はない。トレーニングでは、難易度の高い技やつなぎの動作を重点的に練習する。

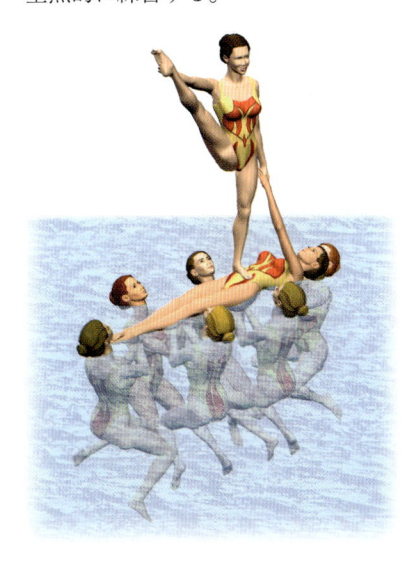

選手の特徴

- トレーニングは、さまざまな練習に分けて、1日7〜9時間、1週間に6日間行なわれる。
- 体力、技術、芸術性、精神力が求められる。
  体力：筋力アップ（腹筋、首の筋肉、僧帽筋、背筋、腕と脚の筋肉）、心循環系機能の向上（ランニング、負荷をかけた長距離スイミング）、柔軟性の強化を目指す。
  技術：基本技、ルーティン、身のこなし、難度の高い技（プラットフォーム、リフト）の習得と水中トレーニングの実施。
  芸術性：ダンス（ジャズ、バレエ）、体操、振り付けのトレーニング。また、音楽に合わせて演技を行なうリズム感を養う。
  精神力：イメージトレーニング、リラックス、モチベーション維持、ランドリル（水中のルーティン動作を陸上で練習）を行なう。
- 15〜16歳でトップレベルに達するが、28〜29歳を超えると、高いレベルを維持することは難しい。

シルビー・フレシェット（カナダ）
1991年、ワールドカップのソロで優勝。1992年にもオリンピックのソロで金メダルを獲得。

プラットフォーム

プールの底に足をつけずに水中で集まり、「プラットフォーム」となる土台を作る。この準備が早いほど高得点が得られる。最後にプラットフォームが沈み、一番上にいる選手が飛び込む。大変見ごたえのあるフィギュアの1つである。

オルガ・セダコワ（ロシア）
1998年の世界選手権では、ソロ、デュエット、チームで3冠を達成。ヨーロッパ選手権では、1991年にソロ、デュエット、1993年にソロ、デュエット、チーム、1995、97年にソロ、チームで優勝を果たした。

デュエット種目

2人の泳者の動きが音楽と完全に同調していることが要求される。フリールーティンでは、演技構成に統一性があり、芸術性の高いものであれば、必ずしも同じフィギュアを同時に行なう必要はない。

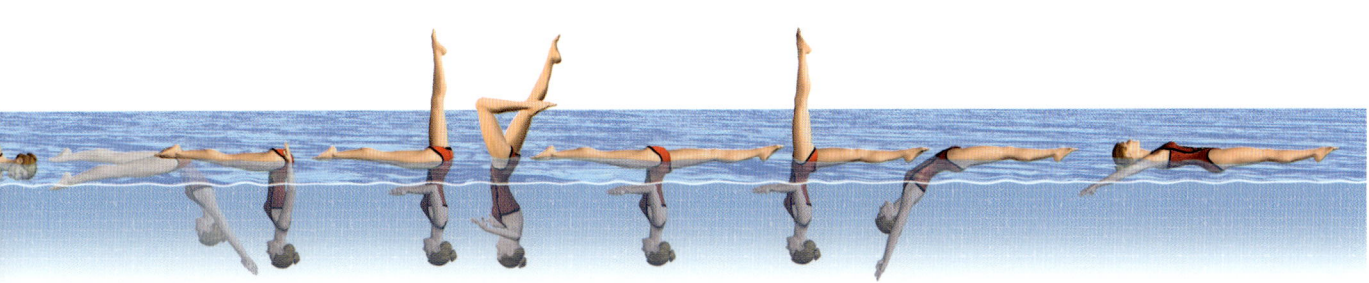

一連のつなぎ動作を終えると、アイフェルウォークに入る。

フィギュアの途中に、オリジナルの技を入れて多様性をアピール（たとえば、スプリット姿勢に入る前に片脚を曲げる）してもよい。

ウォークアウト・フロントに移行し、つなぎの動作を入れて演技を続ける。

水球

2チームで勝敗を競う水中の球技で、スピード、持久力、正確性、チームワークを要する。水中でボールを扱う競技が初めて行なわれたのは1840年頃で、当時のレースは、樽にまたがり、ゴールに向かって櫂でボールを押していくというものであった。馬上で行なうポロに似ていたことから、ウォーターポロ（＝水球）と名づけられ、1870年頃に最初の競技ルールが制定された。そして、1880〜88年、現在行なわれている水球の原形が確立される。1908年の国際水泳連盟（FINA）の設立を機にルールの統一化が図られ、1950年に改正が行なわれた。水球には、スピード、泳ぎのテクニック、チームワークが求められ、体力面だけでなく技術的な要素も重視されるようになってきた。また、1976年のモントリオールオリンピックからは、2人のレフェリーによる審判制度が導入されている。オリンピックと平行して、FINAは世界選手権を4年に1度、ワールドカップを2年に1度、開催している。女子種目の採用は、1979年のワールドカップと1986年の世界選手権からである。男子水球は、オリンピック史上、最も古い歴史を持つチーム競技で、1900年のパリ大会から採用されているが、女子種目の参加は2000年のシドニー大会が最初である。

1936年のベルリンオリンピックで、金メダルを獲得したハンガリーチーム。以来、ハンガリーは、オリンピックや世界選手権で数々のタイトルを手にしている。

試合

1チームの登録選手は13人。実際に試合を行なうのは7人で、6人が交代選手。一定の時間内（1ピリオドは正味7分間で合計4ピリオド）に相手チームより、多くのゴールを決めたチームが勝者となる。ゴールキーパー以外のプレーヤーは、水底に足をつけたり、体を支えるような行為をしてはならない。試合開始時と各ピリオド開始時は、両チームとも自陣のゴールラインに並ぶ。レフェリーがプールの中央に投げ込んだボールをプレーヤーが取りに行き、試合が始まる。ゴールが決まると両チームは一度自陣に戻り、得点されたチームのボールパスから試合が再開される。ゴールキーパー以外のプレーヤーが、両手でボールを持ったり、こぶしでボールを打つことは禁じられている。攻撃を行なうチームは、ボールを持ってから35秒以内にシュートを打たなくてはならない。試合終了時に同点の場合は、延長戦（1ピリオド2〜3分）が行なわれる。

タイマー（2人）
1人は、競技時間と退水時間を計る。もう1人は、攻撃中のチームのボール保有時間（35秒）を計る。

セクレタリー（2人）
1人は、ゴール、ファウル、退水（一時退水、永久退水）の回数を記録する。もう1人は、一時退水者に、退水時間経過後、プレーに戻ってよいことを知らせる。

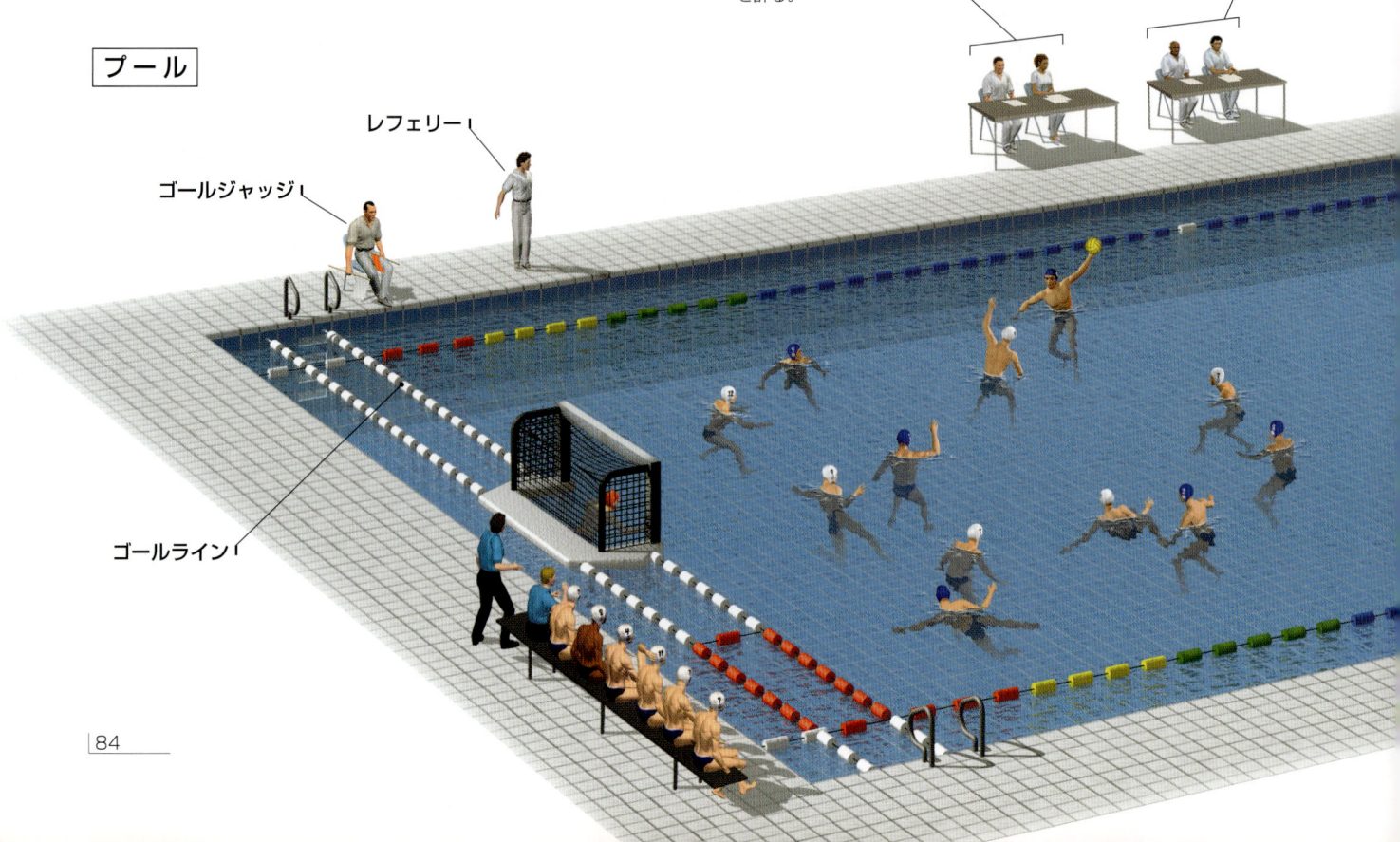

プール

レフェリー
ゴールジャッジ
ゴールライン

プレーヤーのポジション

右ウイング
良いポジションにいるプレーヤー（センターフォワード、または、センターバック）にパスを送り、シュートを打たせる、または、自らシュートを打つ。守備では、相手チームの左バックをブロックする。

右バック
相手チームの左ウイングをブロックし、味方の攻撃をサポートする。

ゴールキーパー
相手チームのシュートを防ぎ、攻撃に転じる起点となる。

センターバック
相手チームのセンターフォワードをブロックし、攻撃の指示を出す。

左ウイング
スピードのあるプレーヤーで、センターフォワードに正確なパスを送る。自らシュートを打つことも多い。守備では、相手チームの右バックをブロックする。

センターフォワード
相手ゴールの前にポジションを取り、自らシュートを打つ、または、相手を引き寄せてスペースを作り、味方にシュートを打たせる。守備では、相手チームのセンターバックをブロックする。

左バック
相手チームの右ウイングをブロックし、味方の攻撃をサポートする。

ゴールジャッジ（2人）
ゴール（ボールが完全にゴールラインを超えなければならない）と、ゴールラインを割ったボール（ゴールスロー、コーナースロー）の判定を行なう。

ゴール
グラスファイバー製、または、プラスチック製。水中に設置されており、プールの側壁、あるいは、プールサイドの壁（小さなプールの場合）にワイヤーケーブルで取り付けられている。ゴールラインとプールの壁の間は30cm以上離さなければならない。

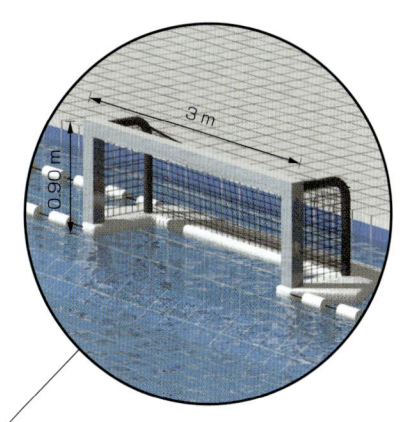

交代選手

監督

退水/交替エリア
ファウルを侵した選手は20秒間退水しなければならない。また交代選手はここから入水する。

2mライン
4mライン
7mライン
プールの両側に色分けされたコースロープがあり、各プレーエリアを示す。

ハーフライン

レフェリー（2人）
プールの両側に1人ずつ配置され、各レフェリーがそれぞれプール右半分の判定を担当する。反則が認められた場合には、笛を吹いてプレーを止める。一方の手で、プレーを再開するボールの位置を示し、もう一方の手で、攻撃方向を示す。青と白の旗（両チームは色分けされている）で、退水者に再入水の合図を出す。

テクニックと戦術

フリースロー

ファウルを受けたチームにフリースローが与えられる。スローはボールが手から離れるのが全プレーヤーに見えるようにして行なわなければならない。フリースローの場所が7mエリアより遠い場合は、直接ゴールを狙ってもよい。7mエリアより近い場合は、シュートを打つまでに、2人以上のプレーヤーを介さなければならない。また、スローを行なったプレーヤー自身がドリブルでボールを運んで行ってもよい。

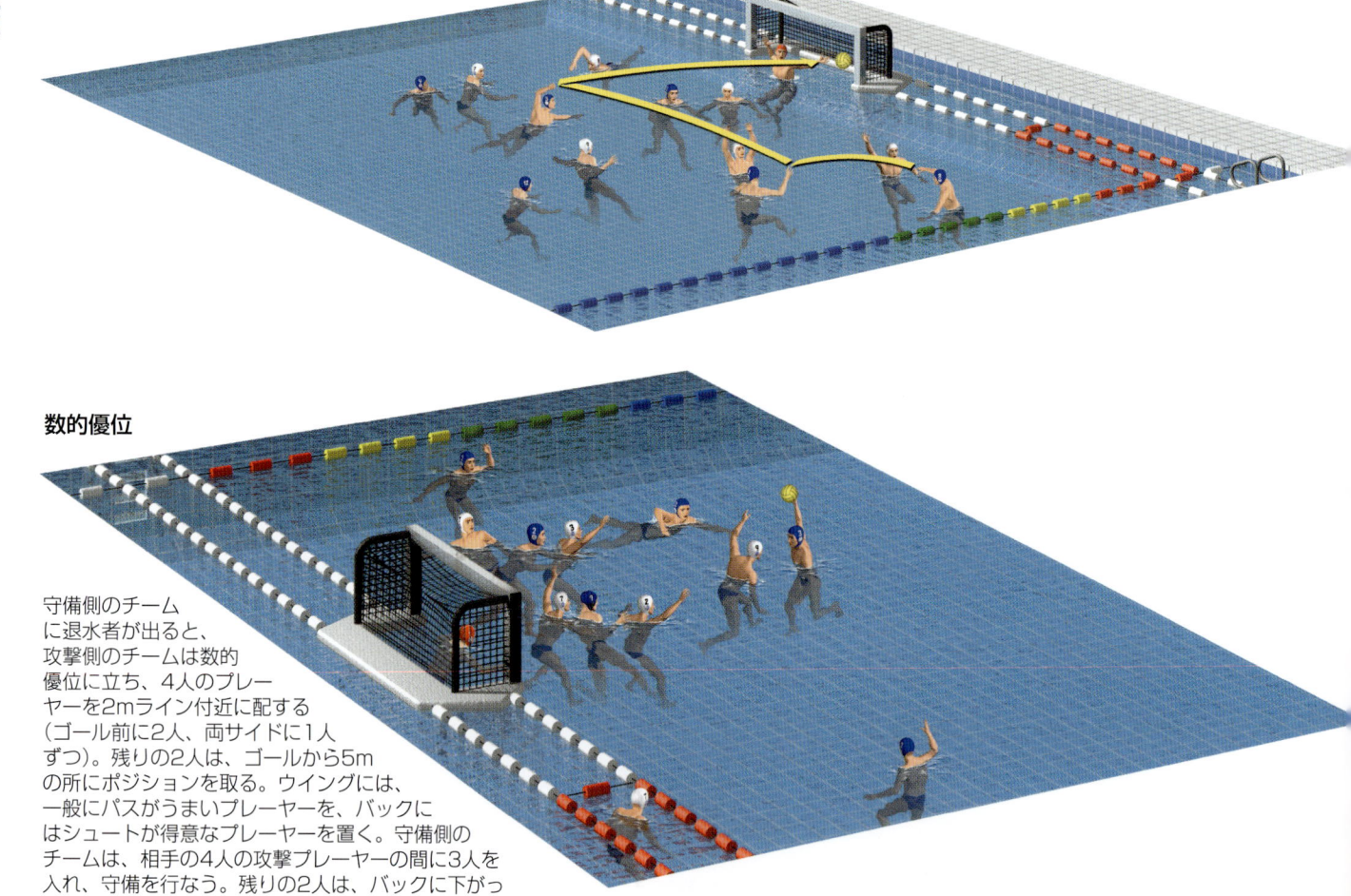

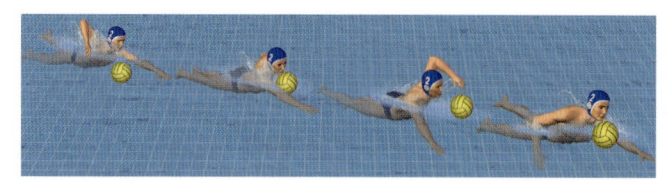

数的優位

守備側のチームに退水者が出ると、攻撃側のチームは数的優位に立ち、4人のプレーヤーを2mライン付近に配する（ゴール前に2人、両サイドに1人ずつ）。残りの2人は、ゴールから5mの所にポジションを取る。ウイングには、一般にパスがうまいプレーヤーを、バックにはシュートが得意なプレーヤーを置く。守備側のチームは、相手の4人の攻撃プレーヤーの間に3人を入れ、守備を行なう。残りの2人は、バックに下がっている2人のプレーヤーのシュートを阻止する。

ドリブル

相手のプレーヤーにボールを奪われないように、腕を広げてボールを前に押し運んで行く方法。ボールを持っているプレーヤーは、ボールと相手のプレーヤーとの間に体を入れてボールが見えないようにしてもよい。ただし、故意に相手を押しのけるような行為をしてはならない。

ペナルティスロー

守備側のプレーヤーが4mエリアでメジャーファウルを犯した場合、相手チームにペナルティスローが与えられる。スローを行なう攻撃側のプレーヤーは、ゴールキーパー以外であれば誰でもよい。レフェリーの笛の合図で、プレーヤーはすぐにゴールに向かってワンモーション（フェイントをかけたりボールを落としてはならない）でシュートを打つ。ボールがゴールキーパーやゴールポストに当たって跳ね返った場合は、そのままプレーが続行される。

ゴールキーパーのテクニック

水面近くで体を前傾にして構える。この姿勢から、上体を起こして素早く水中から飛び上がり、手を伸ばしてボールをキャッチする。脚の筋肉と腹筋が常に使われている。シュートを直接打たれたときは、腕を前方に出して阻止する、あるいは、手に当ててシュートの勢いを止める。ボールが前にこぼれたら、すぐにつかんで、チームの攻撃につなげる。

用具

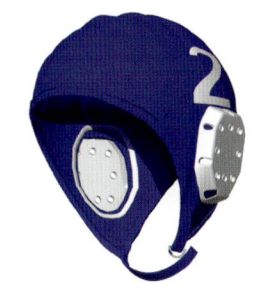

帽子
チームごとに青と白の帽子を着用する。ただし、ゴールキーパーは、識別しやすいように赤の帽子をかぶる。帽子の両側に番号が書かれており、ゴールキーパーは1番、他のプレーヤーは2〜13番。耳の部分には柔らかいプロテクターが付けられている。

ボール
防水性で、油性の物質を塗布してはならない。

円周（男子用）：68–71 cm
円周（女子用）：65–67 cm
重さ：400–450 g

ファウル

オーディナリーファウルとメジャーファウルの2つがあり、それぞれペナルティが科せられる。

オーディナリーファウル
エリアラインを守らない、ボールを長く持ちすぎるなど、ルールに反するファウル。これらの反則に対しては、笛が吹かれ、相手チームのフリースローとなる。フリースローは、ファウルを受けた場所から行なう（ただし、2mエリアの中でファウルを受けた場合は、最も近い2mライン上からフリースローを行なう）。

メジャーファウル
相手チームのプレーヤーや審判に対する暴力行為、不正行為、反スポーツ的行為を指す。ファウルが生じた場所によって、フリースローまたはペナルティスローが相手チームに与えられる。メジャーファウルを犯したプレーヤーは、パーソナルファウルが科せられ、20秒間退水しなければならない。パーソナルファウルを3回犯したプレーヤーは、その試合から永久退水となるが、20秒が経過すれば他の選手を入れることができる（20秒の間に相手チームがゴールした場合は、すぐに交代選手を入れることができる）。

選手の特徴

- 持久力が高く、泳力に優れている。また、心肺機能も発達している。ボールを扱う上半身（胴、腹部、肩）の筋肉と常に立ち泳ぎを行なっている脚の筋肉が最も発達している。
- 3種類のトレーニングを行なう。陸上での筋肉の準備運動（ふくらはぎ、大腿部、胴、腹部、腕、肩）、泳力を養う練習（ボールを持ちながら、または、持たずにクロールと背泳ぎで長距離を泳ぐ）、ボールを使った練習（パスやスロー）。また、ジムトレーニング、ランニング、メディシンボール（トレーニング用のおもりの入ったボール）を使った運動を行ない、持久力と筋力を強化する。

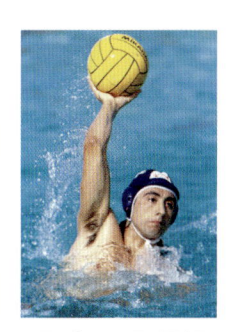

マヌエル・エスティアルテ（スペイン）
オリンピックで1996年に金メダル、1992年に銀メダルを獲得。また、1998年の世界選手権でも優勝を果たす。水球史上有数の名選手。

プレーヤー

泳ぐ、または、立ち泳ぎ（脚を動かして浮く）をして、常に水中で動いていなければならない。ボールを持っているときは、相手チームのプレーヤーにボールを取られないよう、腕を後方に伸ばし、胴と肩の向きを変える。ボールをパスするときは、上半身全体を使う。

フランチェスコ・アットーリコ（イタリア）
オリンピックで1992年に金メダル、1996年に銅メダルに輝いたゴールキーパー。1994年の世界選手権と1993、95年のヨーロッパ選手権でもタイトルを獲得。

フリーダイビング

水中・水上の競技

一時的に呼吸を止める（apnea＝アプネア）、つまり、息をこらえて行なうダイビング競技。フリーダイビングの起源は、先史時代にまでさかのぼる。遺跡調査で一定の水深から貝殻が発掘され、人類は何万年も前から潜水していたという事実が明らかになっている。紀元前9世紀の書物では、ホメロスが潜水についての記述を残しており、古代の軍事歴史家も、船から海へ飛び込んだダイバー達が、潜水して水中を進み、敵の船を攻撃したという偉業について書き著している。この軍事目的の潜水は近代まで続いた。しかし、東地中海、ペルシャ湾、黄海の3つの地域では、魚、真珠、海綿、サンゴを採るために素潜りが行なわれていた平和な時代もあった。今日のフリーダイビングは男女とも参加できる競技であり、1992年に設立されたアプネア国際振興協会（AIDA）が、世界選手権を開催している。

伝説のダイバー、ジャック・マイヨール（フランス）は、30歳でフリーダイビングを始めた。49歳のとき、水深100mを超える前人未到の記録を作る。7年後の1983年には、自らの記録を破り、水深105mに達した。1988年に公開された映画『グラン・ブルー』は、ダイビングに捧げた彼の生涯を描いた作品。

ダイビング競技とその危険性

ダイバーは、潜水の前に、ハイパーベンチレーションと呼ばれる呼吸法（速いピッチで繰り返される深呼吸）を行ない、最大限まで息を吸い込む。息をこらえることは常に危険と隣り合わせであり、時には意識を失ったり、気圧障害を起こすこともある。また、浮上する際は、完全にリラックスした状態でなければならない。

AIDAが公認する競技種目は、コンスタントバラスト（フィンありとなし、深さを競う）、バリアブルバラスト（潜水用そりを持って潜り、ロープを使用し浮上）スタティックアプネア、ダイナミックアプネア（フィンありとなし、水平潜水）、フリーイマージョン（フィンは使わずロープを使用）ノーリミッツ（潜水用そりで潜り、バルーンで浮上）の8つである。記録の認定は男女とも種目別に行なわれている。

コンスタントバラスト

フィンだけを使い、ガイドロープに沿って頭から潜降し、浮上する際も、ロープをつかむことはできない。また、競技中にバラスト（ウエイトベルト）の重さを調整してはならない。身体能力を要する競技である。

水面セーフティフリーダイバー
最大深度から浮上してくるダイバーを監視する。

ブイ
ガイドロープを固定する浮標。

セーフティスキューバダイバー
潜降の途中に配置され、ダイバーの安全を確保する。

ウエイト
セメントまたは鉛製。重さは30〜80kgで、ダイビング種目により異なる。ダイバーは、上部に取り付けられたプレートからタグ（深度を証明するためのタグ）を取って浮上する。

審判
ダイバーが目標水深に達し、ロープをつかまずに浮上するか確認する。

水中・水上の競技

ノーリミッツ

スレッドと呼ばれる器械（ウエイト）につかまってできるだけ深くまで潜降し、浮力ブイを使って浮上する。フランス人、ジャック・マイヨールが、水深100mを超える記録を作ったときの潜水方法である。しかし、ただひたすら垂直に潜降していくこの種のダイビングは、競技というより一種の人体実験であるとの見方が強い。

スタティックアプネアとダイナミックアプネア

スタティックアプネアは、浅い水面下でどれだけ息を止めていられるかを競う。一方、ダイナミックアプネアは、フィンを使う競技と使わない競技があり、比較的浅い所で、どれだけ水平距離を泳ぐことができるかを競う。

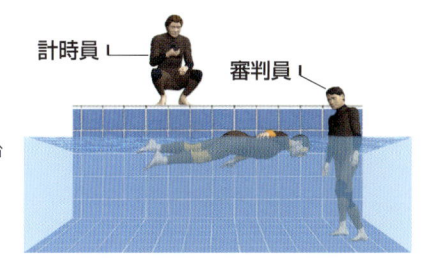

- 計時員
- 審判員

スタティックアプネアでは、男子で8分台、女子で6分台の壁を破る記録が作られた。

- 医師
- 審判員
- ウィンチ

記録

1949年、イタリア人のレイモンド・ブッカーがスレッドを使って水深30mに到達したのが、フリーダイビングの最初の記録である。当時は、水深50mを越えると、水圧で胸郭が潰れてしまうと考えられていた。しかし、1976年11月、ジャック・マイヨールが、リラックス法とヨガにもとづいたトレーニングを導入し、水深100mという驚くべき記録を樹立した。1999年にはイタリア人ダイバー、ウンベルト・ペリッツァーリが150mという偉大な記録を打ち立てた。女性ダイバーでは、アメリカ人のタニヤ・ストリーターがバリアブルバラストで水深122mの記録を作り、ノーリミッツでも160mの記録を樹立した。

用具

スレッド
重さは約30kg。

浮力ブイ
エアを入れて浮上する。

ハンドル

ブレーキレバー

エアボンベ
浮上のときに、浮力ブイを膨らます。

45°の角度でフィンをくぼみに入れて潜降する。

マスク
空気が入らないように、内容積の小さいものが良い。

ノーズクリップ

フィン
カーボン製。ダイバーのテクニックや筋力に合わせて選ぶ。

ウエイトベルト

ダイバーの特徴

- リラックスしつつ集中力を高めなければならないため、心身ともに鍛えるトレーニングが不可欠である。また、ダイバーは、横隔膜を自由に収縮させる呼吸法を習得しなければならない。したがって、目標を達成するには、体力やパワーに頼るより、ヨガなどのテクニックを取り入れることが重要である。女性ダイバーが男性に近い記録を出し、フリーダイビングで優れた能力を発揮するのは、こういった理由による。
- 持久力、パワー、苦痛閾（苦しみに耐えられる限界）の向上を目指し、自転車こぎ、ランニング、水泳、柔軟体操、筋力アップなどのトレーニングを行なう。

飛び込み

飛び込み台から水中へ向かってダイブするこの競技の起源は、紀元前4世紀にさかのぼる。また、8世紀頃にはバイキングが、18世紀頃にはメキシコ・インディアンが飛び込みを行なっていたことが知られている。1800〜40年には、ドイツとスウェーデンで体操のトレーニングに飛び込みが取り入れられた。そして、19世紀末に、ようやくルールの制定や統一化を図ろうとする動きが見られるようになる。飛び込みは、イギリスとオーストラリアで初めて競技として発展し、やがてアメリカやヨーロッパ各国へと普及していく。オリンピックの正式種目となった1904年のセントルイス大会では、男子の10m高飛び込みが行なわれた。1908年には、3m板飛び込みも採用され、同年には、難易率を設定した演技種目の一覧表が作成された。一方、女子種目は、オリンピックでは1912年に高飛び込み、1920年に板飛び込みがそれぞれ採用され、世界選手権でも1973年の第1回大会から導入されている。1991年以降、世界選手権では、従来のオリンピック種目に加えて、男女の1m板飛び込みが行なわれている。1995年には3mと10mのシンクロナイズドダイビングが新たに加わり、オリンピックでは2000年の大会から採用種目となる。飛び込み競技の規定は、国際水泳連盟（FINA）によって定められている。

1903年、ハイゲート（ロンドンの北）の飛び込み台で、キングスカップの大会が行なわれた。

競技会

飛び込みには、高い身体能力と技術が求められる。選手は、飛び込み台、または、飛び板で踏み切り、限りなく完璧な演技を行なって入水する。審判は、演技の優雅さと正確性を基準に採点する。水しぶきを上げずに入水することが重要なポイントである。選手は、演技を行なう数時間前までに、演技種目と実施する順序を申請用紙に記入し、提出しなければならない。試技の開始は、審判の合図に従う。

オリンピック種目（男女）：10m高飛び込み（個人、シンクロナイズド）、3m板飛び込み（個人、シンクロナイズド）。

世界選手権種目：オリンピック種目および1m板飛び込み（個人）。

他の大会では、5mおよび7.5mの台を使う飛び込みが行なわれている。

演技種目の数は下記の通りに定められている。

- 高飛び込み：10演技（男子）、9演技（女子）
- 板飛び込み：11演技（男子）、10演技（女子）

オリンピックでは、3段階で競技が行なわれる。

・予選（全選手）：10m高飛び込み、および、3m板飛び込みでは、男子が6演技、女子が5演技行なう。難易率の制限は一切ない。上位18人が準決勝に進む。

・準決勝：男女ともに10m高飛び込みでは4演技ずつ、3m板飛び込みでは5演技ずつを行なう。全演技種目の難易率の合計に上限が設けられている。予選の得点を持ち点とし、準決勝の得点が加算される。上位12人が決勝に進む。

・決勝：予選の得点は持ち越されない。演技数は予選と同じで、難易率の制限はない。準決勝の得点に決勝の得点が加算され、総得点が算出される。各群（種類別に技を分類したグループ）から1つずつ演技種目を選択しなければならない。

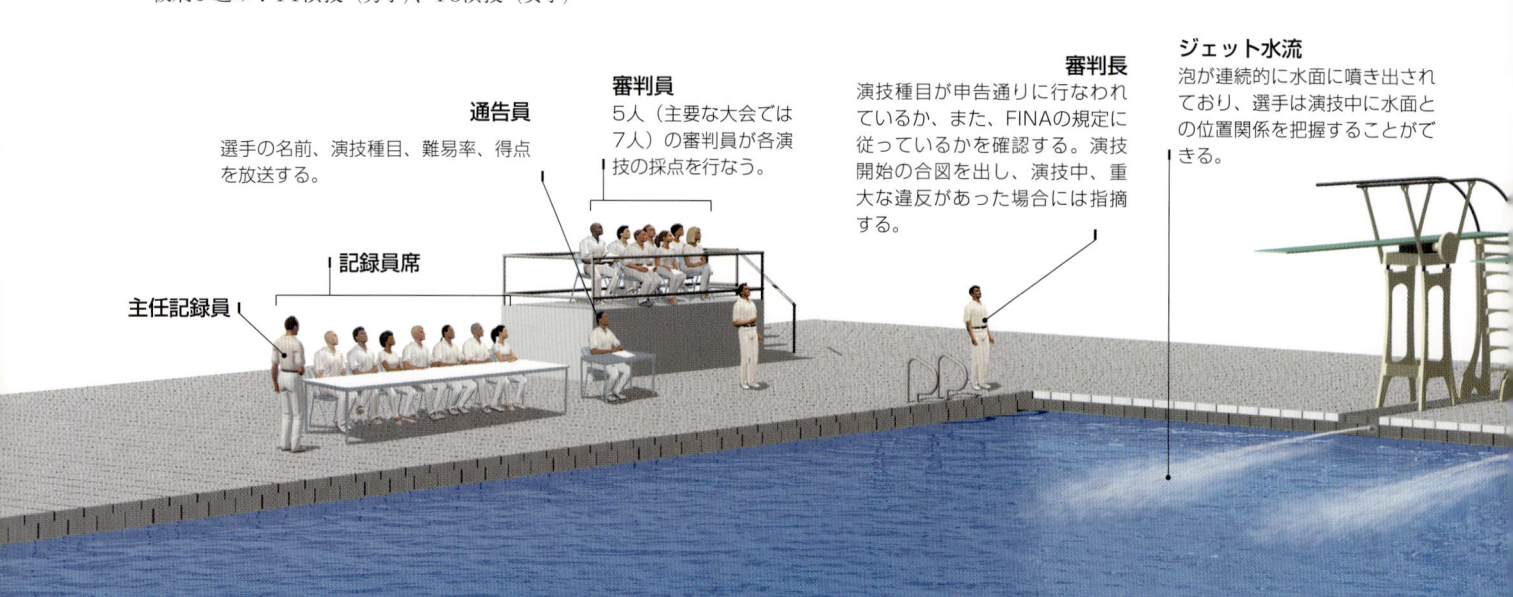

通告員
選手の名前、演技種目、難易率、得点を放送する。

審判員
5人（主要な大会では7人）の審判員が各演技の採点を行なう。

審判長
演技種目が申告通りに行なわれているか、また、FINAの規定に従っているかを確認する。演技開始の合図を出し、演技中、重大な違反があった場合には指摘する。

ジェット水流
泡が連続的に水面に噴き出されており、選手は演技中に水面との位置関係を把握することができる。

記録員席

主任記録員

採点

審判員の採点のうち、最高点と最低点を1つずつ削除する。残りの採点を合計し、難易率をかける。審判員が7人の場合は、残りの5採点の合計を5で割って3をかける。これは、5人の審判員で採点を行なったときとの整合性を保つためである。計算はコンピュータによって処理されるが、問題が生じたときは、記録員が、再度、手動計算を行なう。

選手の番号

選手名

種目

最高得点
満点が出た場合の得点

FINAの規格で設定されたダイブナンバー。

競技の段階

飛び込み台

難易率
各演技には、0.1点刻みで1.2～3.7点までの難易率が定められている。予選と決勝では、難易率に制限はないが、準決勝では上限が設定されている（難易率の合計は、高飛び込み7.6点以下、板飛び込み9.5点以下）。

平均点
3位になるために必要な平均得点

得点
3位になるために必要な合計点

支点
前後に動かして、飛び板のしなりを調整することができる。

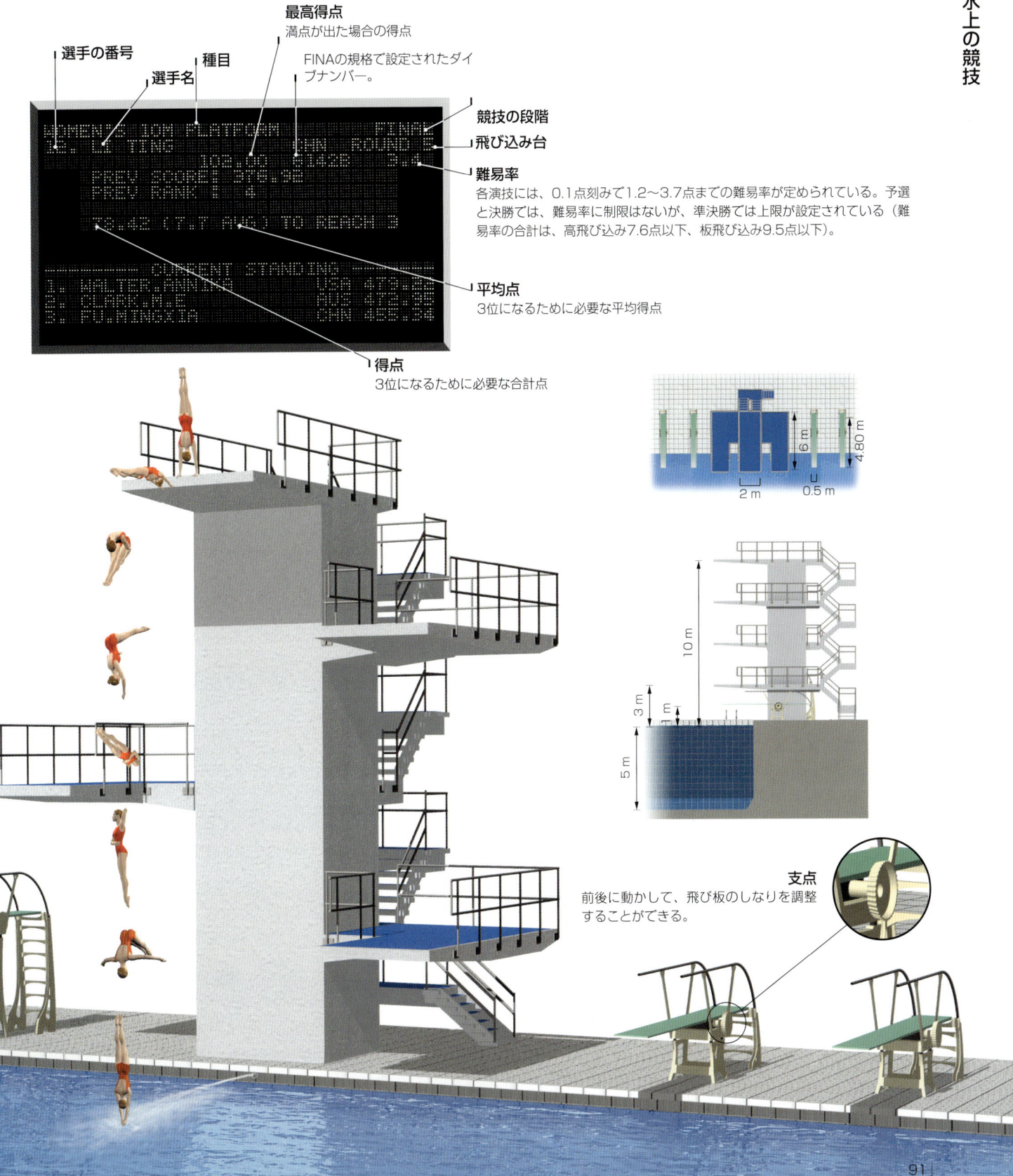

水中・水上の競技

テクニック

FINAの規定には、91種類の高飛び込みと70種類の3m板飛び込みの演技種目が定められている。選手は、大会で行なう演技を一覧表の中から選択する。技は、高飛び込み、板飛び込みともに5つの群に分類されるが、高飛び込みには、逆立ちから行なう技もあり、実際は6群に分けられている。各群の技に、型（伸び型、えび型、抱え型、自由型）、回転数（宙返り等の回数）、入水の仕方（頭からの入水と足からの入水）を組み合わせて演技を構成する。

回転（360°回転）、半回転（180°回転）を取り入れる演技もあり、各演技種目によって、回転やひねりの回数（半回、1回、1回半、2回、2回半など）が異なる。

群

1. 前飛び込み
2. 後ろ飛び込み
3. 前逆飛び込み
4. 後ろ踏み切り前飛び込み
5. ひねり飛び込み
6. 逆立ち飛び込み
   逆立ちの体勢は5秒以上保たなければならない。

姿勢の型

演技の種類にかかわらず、しなやかな美しい姿勢で演技を行なうことが求められる。また、選手は、すべての型を完全に習得していなければならない。姿勢の型は、FINAが定める3つの型から選択する。ただし、ひねりを伴う種目では自由型が定められており、3つの型から自由に組み合わせを選んでよい。

助走

前飛び込みと前逆飛び込みを行なう場合は、助走をつける。板飛び込み（3mおよび1m）では、両足で同時に飛び板を押して、踏み切りを行なわなければならない。一方、高飛び込みでは、片足で踏み切ってもよい。

えび型
腰で体を二つ折りにし、膝を曲げずに両脚をまっすぐにする。両足首をそろえ、つま先まで伸ばす。両腕は、足先、または、体の外側に向けて伸ばす。大腿部やふくらはぎの下側を抱えるようにしてもよい。

伸び型
腕の位置は自由である（頭上、または、体の線に沿って伸ばす）。膝や腰が曲がらないように、足首まで脚をそろえて、つま先を伸ばす。

抱え型
体を丸めた姿勢をとる。腰と膝を曲げ、膝と足首をそろえて体の下側にしっかりと抱え込む。両手を脚の上に置き、つま先を伸ばす。

水中・水上の競技

1回半宙返り2回半ひねり自由型
飛び込み台から勢い良く飛び上がり、競技に入る。腕の動作で勢いをつけ、体を伸ばし後方に回転する。更に、体を湾曲させ回転し入水姿勢に入る。

前2回半宙返り2回ひねりえび型
飛び込み台から勢い良く飛び上がり、その後各技に入る。体を屈曲させつつもバランスを安定させているので、姿勢を整えて頭から着水できる。

前宙返り3回半抱え型
完璧な演技を行なうためには、踏み切りで十分な高さを得なければならない。空中で体をコントロールし、まっすぐな姿勢で入水する。

入水姿勢

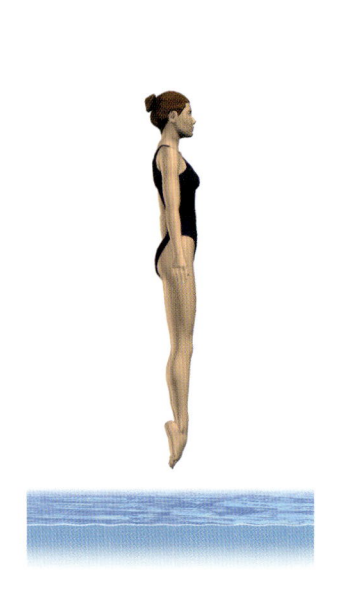

足からの入水
体を完全に伸ばす。特に、足首、膝、腰、肩が一直線になるようにする。

頭からの入水
両手を組み合わせ、しっかりと押し合う。入水した瞬間に、手、手首、腕を素早く動かし、体が通り抜ける空間を作る。また、この動作により、水しぶきが小さくなる効果もある。

選手の特徴

- 採点では、技術面（優雅さ、完成度、軽快さ）に重点が置かれている。美を追求した優雅な演技を行なうことが基本である。
- 筋力トレーニングでは、筋肉のパワーと伸縮性の向上を目指す。体操の練習を取り入れ、柔軟性と推進力を高めるだけでなく、関節（足首、膝、肩、手首）をはじめ、脚、腕、背中の強化も図る。また、トランポリンや陸上板を使って練習を行ない（補助器具を着けたトレーニング）、空中での体の使い方や新しい技を習得する。
- 練習中は、入水時の衝撃を和らげるために、ポンプを使ってプールの底に気泡のマットを作る。入水とともに上昇する気泡のおかげで、選手は自信を持って練習に取り組むことができる。
- 一般に、トップレベルの選手として活躍できるようになる年齢は、14〜16歳である。21〜22歳頃にピークを迎え、26歳以降は下降線をたどるようになる（女子選手は1〜2年遅い）。

伏明霞（中国）
オリンピックでは、高飛び込みで2回、板飛び込みで1回（1996年）優勝。

グレッグ・ルガニス（アメリカ）
1984、88年のオリンピックで、高飛び込みと板飛び込みの2種目を制した。1978、82、86年には高飛び込みで、1982、86年には板飛び込みで、世界チャンピオンになった。高飛び込みで、初めて7人の審判全員から10点満点を獲得した選手。

シンクロナイズドダイビング

現時点では、10m高飛び込みと3m板飛び込みでシンクロナイズドダイビングが行なわれている。2人1組で同時に飛び込むこの種目では、美しい動作と同調性を競う。個人種目と同じ技を行なうため、2人の選手が一糸乱れぬ演技をすることは容易ではない。シンクロナイズド高飛び込みでは、お互いの距離を1m以上離して同じ飛び込み台から踏み切りを行なう。一方、シンクロナイズド板飛び込みでは、隣に並べた2枚の飛び板から同時に飛び込む。演技の完成度と同調性の観点から、9人の審判員が採点する。第1審判団は、各選手の演技のみを評価し、第2審判団は、2人の同調性のみを評価する。

舟・船の競技

96　ボート	110　ウインドサーフィン
100　カヌー：フラットウォーターレーシング	112　サーフィン
102　カヌー：スラローム	114　水上スキー
104　ヨット	

舟・船の競技

ボート

レース用ボートを1人または複数のクルーでこぎ、水上でスピードを競う競技。古代には、フェニキア人、ギリシャ人、エジプト人が、運河でガレー船をこいで競争するレースがあった。ローマでも、コロセウム（大競技場）の中にレース専用の湖を造り、競技が行なわれていた。近代的なボートレースは、18世紀のイギリスで誕生したが、スポーツとしての競技会の始まりは、1829年のオックスフォード対ケンブリッジの大学対抗戦であった。そして、1839年には、イギリスの有名なボートレース、ヘンリー・ロイヤル・レガッタが開催された。同じ頃、ボートの人気はフランスへと広まっていく。また、アメリカでも1852年、イギリス同様にハーバード大学とエール大学による対抗戦が行なわれた。ボート競技はヨーロッパ各地で普及し続け、1892年、国際ボート連盟（FISA）が設立される。近代オリンピックでは、1896年の第1回大会からボート競技は行なわれているが、女子種目はかじ付きペアとかじ無しフォアを除き1976年に採用された。男子種目による初の世界選手権は1962年に行なわれ、女子の参加は1974年からである。国際大会は、FISAの管轄の下に開催されている。

1870年に行なわれたオックスフォード大学対ケンブリッジ大学の由緒ある対抗戦。

レース

直線のコースで、レーンは6〜8つに分かれている。天然の河川を使用する場合もあり、コースの水域は4〜6kmの範囲に及ぶ。出場選手の数にもよるが、予選、準々決勝、準決勝を経て決勝が行なわれる。決勝では、準決勝で最高タイムを記録したクルーに、他のボートの状況が見渡せる中央のレーンが与えられる。オリンピックでは、男子8種目、女子6種目が採用されている。

ウオーターマン（6人）
発艇台から体を伸ばし、ボートを所定の位置にそろえ固定する。

発艇区域（100m）
この区域内で、オールが折れたなどの問題が生じた場合は、レースを中止することがある。

救助員
選手の安全を確保するため、コースに沿って配置される。救助に必要なボートや潜水器具を装備している。

線審
すべてのボートが発艇線上に正しく並んでいるかを確認する。

発艇員
選手に集合をかけ、スタートを合図する。フライングの判定も行なう。

主審
主審艇に乗り、背後からレースを見守る。レーンを外れたボートは失格となり、赤旗を振って知らせる。競技が順調に進行している場合は、白旗を上げる。

スタートブイ
発艇線から250m地点までは黄またはオレンジ色のブイが使われる。

発艇台（6台）

コースブイ
発艇線から250m地点以降、決勝線の手前250m地点までの間は、白のブイでレーンが区切られている。

ストロークのテクニック

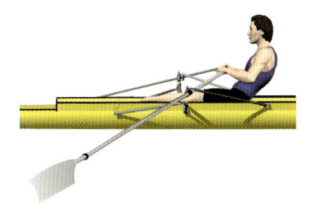

1. キャッチ
膝を曲げ、腕を伸ばし切った状態で、体を前傾させる。オールのブレードを水中に入れて引き始めると、ボートが進み出す。

2. ドライブ
こぎ始めは上体を動かさず、脚だけを使う。両脚でストレッチャーを押し始めると同時に、腕と上体をまっすぐ伸ばしたまま、後方にシートをスライドさせる。手が膝のあたりを通過したら、腕を胴に向かって素早く引き、ボートにスピードを与える。

3. フェザリング
オールのグリップを下げ、水中からブレードを抜く。ブレードが水から出たら、水面と水平になるようにグリップを操作する。

4. リカバリー
ブレードを水面から出したまま、手を膝の位置より前方へ伸ばし、最初の姿勢に戻り始める。手の動きに体を連動させながら、前方へシートをスライドさせ、次のストロークの準備に入る。2000mのレースでは、平均32〜40回/分のストロークを行なう。練習では、18〜20回/分のペースでこぐのが一般的である。

コース

風を受けず、波の立たないコースが理想的である。レースが波の影響を受けることがあるため、コースの両側は、波を押し返さずに吸収する構造でなければならない。

レーン
コースの外側より5m入った地点から6つのレーンが設けられている。

水深
最低3mで、発艇線と決勝線の深さは同一でなければならない。

外境ブイ
コースの外境に、500m間隔で白いブイが設けられている。

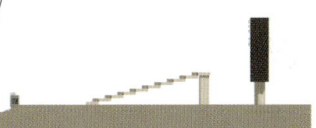

レーンの幅：12.5〜15m
2,150 m
135 m

フィニッシュブイ
決勝線から250m地点までは黄またはオレンジ色のブイが使われる。

浮きドック
表彰式が行なわれる。

写真判定審判員（2人）
ボートの着順がはっきり特定できない場合は、写真判定を行なう。

審判員
レース前にボートの点検を行なう。ストレッチャーにシューズが正しく取り付けられているか、コックス舵手の体重が規定重量に達しているか、あるいは、ボートの推進力を上げるような不正な器具が使われていないかを確認する。また、ドック周辺の安全を確保する。

観客スタンド
一般の観客、および、メディア用。

決勝審判員
浮きドックで、補助員とともに競技の進行を監視する。

決勝線
レーン両端の外側5mの位置に設置された、赤旗付きの2つのブイが決勝線を示している。ボートの艇首が決勝線を越えたとき、レースは終了する。

フィニッシュゾーン
最後のスパートが繰り広げられるラスト250mの区域。

決勝線

スコアボード
レース結果を表示する。

浮きドック（4カ所）
ボートの上げ下ろしを行なう。

舟・船の競技

ボートの種類

スウィープ種目では1人が1本ずつ、スカル種目では2本ずつオールを持つ。1人でこぐシングルスカルを除いて、ボートには2〜8人のこぎ手がおり、かじ付きとかじ無しの種目がある。木製のボートもあるが、現在の主流はカーボンファイバー製。

スカル艇

艇種	人数	長さ	重さ
シングルスカル	1	8.2 m	14 kg（男女）
ダブルスカル	2	10.4 m	27 kg（男女）
クオドルプル	4	13.4 m	52 kg（男女）

スウィープ艇

艇種	人数	長さ	重さ
ペア（コックスなし）	2	10.4 m	27 kg（男女）
ペア（コックス付き）	2	10.4 m	32 kg（男女）
フォア（コックスなし）	4	13.4 m	50 kg（男）
フォア（コックス付き）	4	13.7 m	51 kg（男）
エイト（コックス付き）	8	19.9 m	96 kg（男女）

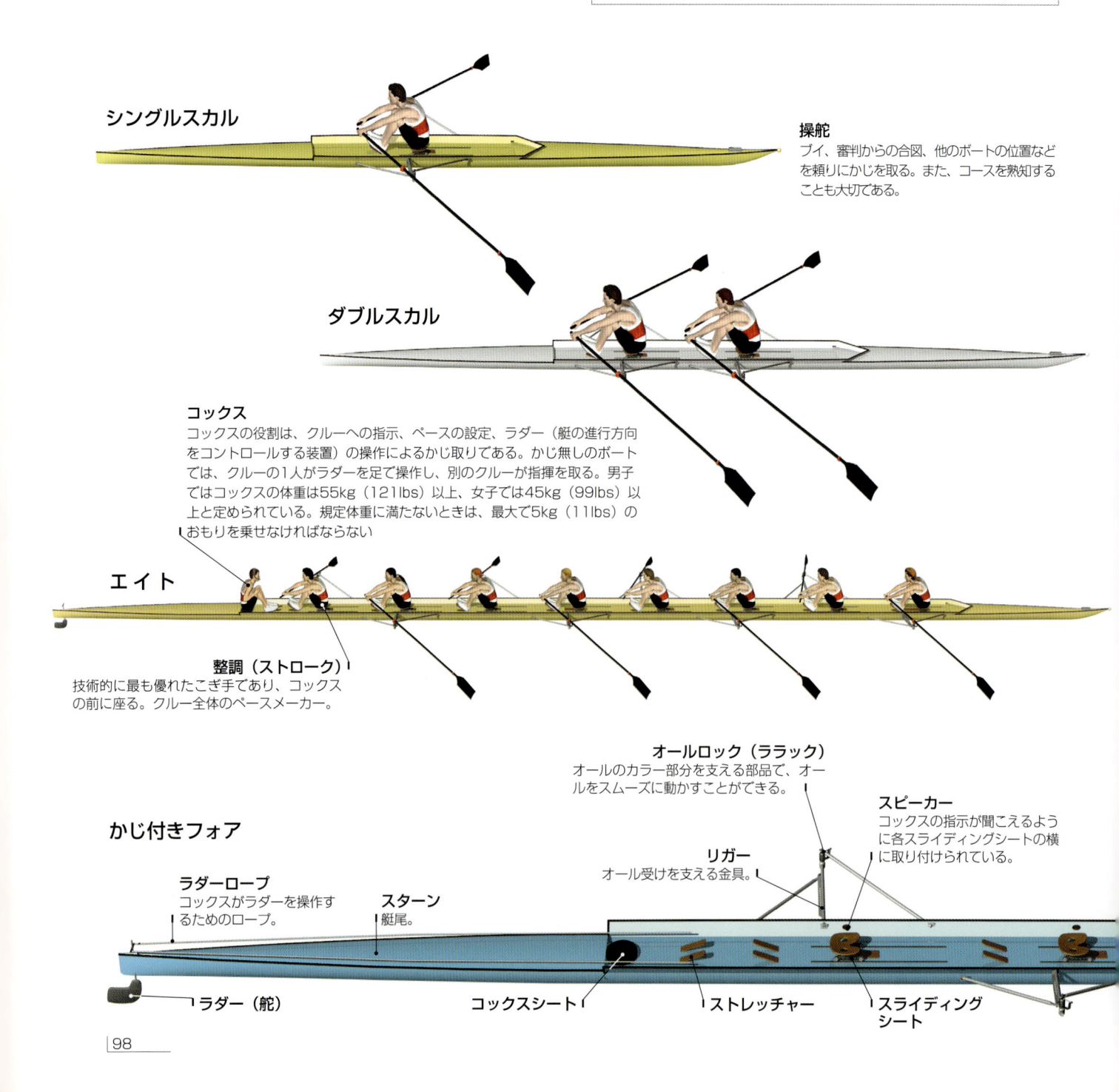

シングルスカル

操舵
ブイ、審判からの合図、他のボートの位置などを頼りにかじを取る。また、コースを熟知することも大切である。

ダブルスカル

コックス
コックスの役割は、クルーへの指示、ペースの設定、ラダー（艇の進行方向をコントロールする装置）の操作によるかじ取りである。かじ無しのボートでは、クルーの1人がラダーを足で操作し、別のクルーが指揮を取る。男子ではコックスの体重は55kg（121lbs）以上、女子では45kg（99lbs）以上と定められている。規定体重に満たないときは、最大で5kg（11lbs）のおもりを乗せなければならない

エイト

整調（ストローク）
技術的に最も優れたこぎ手であり、コックスの前に座る。クルー全体のペースメーカー。

オールロック（ララック）
オールのカラー部分を支える部品で、オールをスムーズに動かすことができる。

スピーカー
コックスの指示が聞こえるように各スライディングシートの横に取り付けられている。

リガー
オール受けを支える金具。

かじ付きフォア

ラダーロープ
コックスがラダーを操作するためのロープ。

スターン
艇尾。

ラダー（舵）

コックスシート

ストレッチャー

スライディングシート

用具

ストレッチャー
ボートの底に取り付けられており、選手の足を固定する。通常は、ストレッチャーにシューズが金具で留められている。

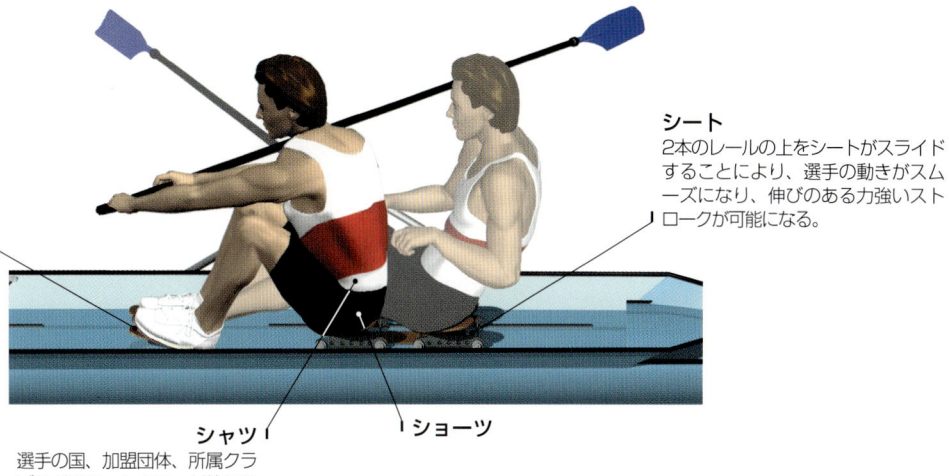

シート
2本のレールの上をシートがスライドすることにより、選手の動きがスムーズになり、伸びのある力強いストロークが可能になる。

シャツ
選手の国、加盟団体、所属クラブなどのチームカラーが使われている。

ショーツ

オール
従来は、ブレードの左右が対称で木製のオールが使われていたが、現在は、カーボンファイバー製のものが主流。ブレードの形状も左右が非対称的になり、効率よくキャッチが行なわれるようになった。スウィープオールは両腕の力で1本のオールをこぐため、スカルオールより長くブレードの幅も広い。

1996年

スウィープオール
ラバーグリップ　カラー　スリーブ

ブレード
国旗やチームの色に塗ってもよい。

3.8 m

スカルオール
2.98 m

選手の特徴
- ボートの選手には、クロスカントリースキーや長距離トラックを滑るスピードスケートの選手と同じ体力が求められる。2000mのコースを約6分間で競うレースには、並外れた有酸素性能力が必要である。
- 特に、脚、背中、肩の筋肉を使う。
- ボートは主にチームスポーツであるため、個々においても、チーム全体としても、タイミング、バランス、技術、体力、コンディション維持といった要素が不可欠である。
- 集中力、モチベーション、積極性も重要である。

マーニー・マクビーン（カナダ）
キャスリーン・ヘドル（写真左）と共にオリンピックで3回優勝（1992年のかじ無しペア、エイト、1996年のダブルスカル）。また、1996年に、4人スカルで銅メダルを獲得した他、世界選手権でも活躍。

スティーブ・レッドグレイブ（イギリス）
オリンピック4大会連続制覇（1984～96年）を果たした唯一のボート選手。世界選手権でも7回優勝（1986、87、91、93、94、95、97年）。

スプラッシュガード（波よけ）
水の浸入を防ぐ。先端は木製またはカーボンファイバー製。

バウ
艇首。

トップボール
プラスチック製またはゴム製の白いボール。着順を写真判定する際の基準となる。また、ぶつかったときには衝撃吸収の役割を果たす。

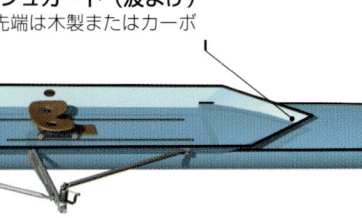

舟・船の競技

カヌー：フラットウオーターレーシング

カナディアンカヌーおよびカヤックの起源は6,000年以上も前にさかのぼり、カナダとグリーンランドの原住民が広大な土地を行き来するのに使っていた。19世紀になると、静かな水面でカナディアンカヌーやカヤックに乗ってスピードを競う、フラットウオーターレーシングというスポーツ競技が始まり、1865年、最初のカヌークラブがロンドンで誕生した。そして、1924年には、国際カヌー・スポーツ連盟（IRK）がコペンハーゲンで設立される。同年のオリンピックパリ大会では、セーヌ川でフラットウオーターレーシングのデモンストレーション競技が行なわれ、1936年のベルリン大会からは正式種目として採用された。フラットウオーターレーシングは、カヌー競技の中で最も歴史の古い種目である。1946年、新たに国際カヌー連盟（ICF）がコペンハーゲンで組織され、IRKの任務を引き継いだ。競技は男女ともに行なわれている。最初の女子カヤック競技は1948年のロンドンオリンピックにて行われた。最も重要な国際大会はオロンピックであり、世界選手権、ワールドカップといった大会が1年を通して行われている。

モスクワオリンピック（1980年）のカヤックペア500、1000mで金メダルを獲得したセルゲイ・チュヒライ、ウラジミル・パルフェノビッチ組（旧ソ連）。

競技会

フラットウオーターレーシングは穏やかな水面でスピードを競う競技である。艇にはカヤックとカヌーの2種がある。オリンピックでは、500m競技と1,000m競技があり、それぞれカテゴリーがある（K1、K2、K4、C1、C2）。準決勝、決勝のレーンは、予選での結果により決定する。フィニッシュはクルー全員が艇に揃っており、艇首がフィニッシュラインに到達したときとされている。

戦術

500、1000mのレースでは、スタートでの素早い飛び出しがポイントとなる。また、リズムの維持とスパート力も重要である。

コース

コースの設備は、その距離や開催国の意向により設定される。9つのレーンは白いブイにより区切られている（最後の200mは赤いブイが設置される）。各ブイの間隔は25m以下にしなければならない。

選手の特徴

- フラットウオーターレーシングでは、優れた有酸素性能力と筋持久力が求められる。
- 特に、腕、肩、背中の筋肉を使う。
- パワー、敏捷性、調整力、モチベーション、競争心が不可欠な要素である。
- 国際大会で活躍するには、最低でも10年のトレーニングが必要である。

キャロライン・ブルネット（カナダ）
1996年、アトランタオリンピックの銀メダリスト。1997年の世界選手権で、カヤックシングル200、500、1000mの3種目を制覇。1998年の世界選手権では、金メダルと銀メダルを1つずつ、1999年は金メダル3つと銀メダル1つを獲得。

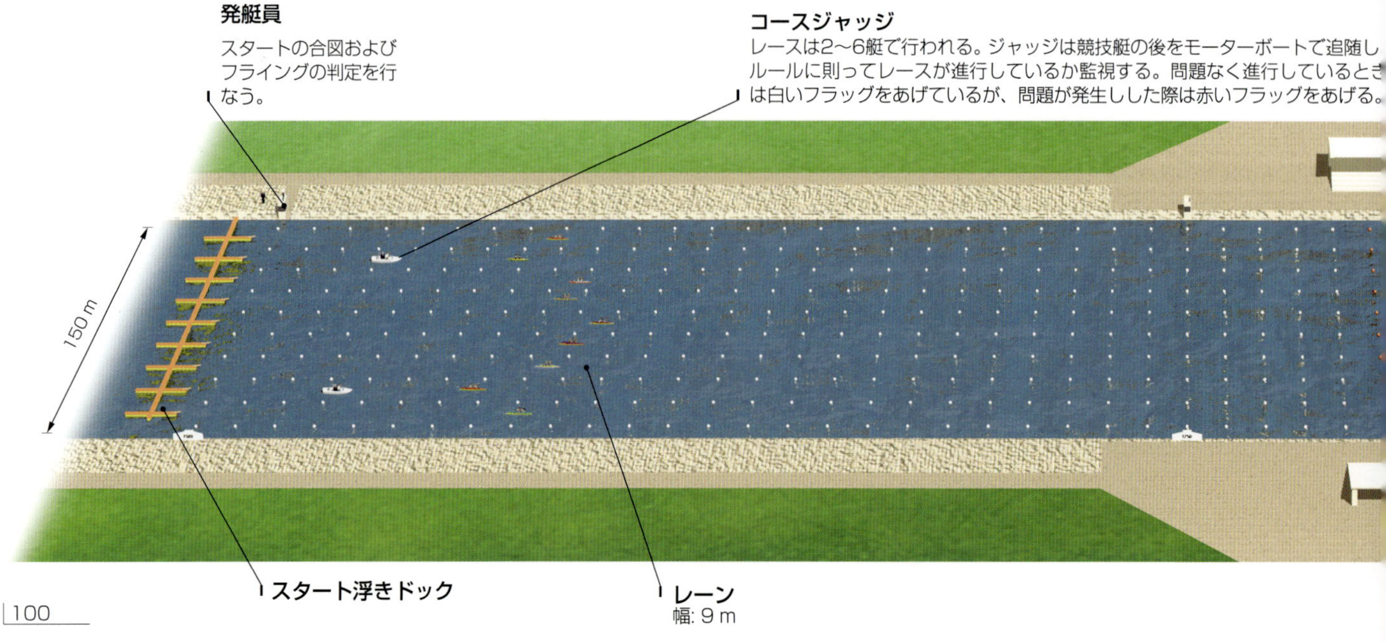

発艇員
スタートの合図およびフライングの判定を行なう。

コースジャッジ
レースは2～6艇で行われる。ジャッジは競技艇の後をモーターボートで追随しルールに則ってレースが進行しているか監視する。問題なく進行しているときは白いフラッグをあげているが、問題が発生しした際は赤いフラッグをあげる。

150m

スタート浮きドック

レーン 幅：9m

用具

カヌー、カヤックには様々なタイプがあり、艇員の人数によりどの艇を選ぶが決められる。例えばK2はペアカヤックであり、C1はシングルカヌーとなる。オリンピックでは、女子はカヤック競技のみあり、男子は両方とも行われている。

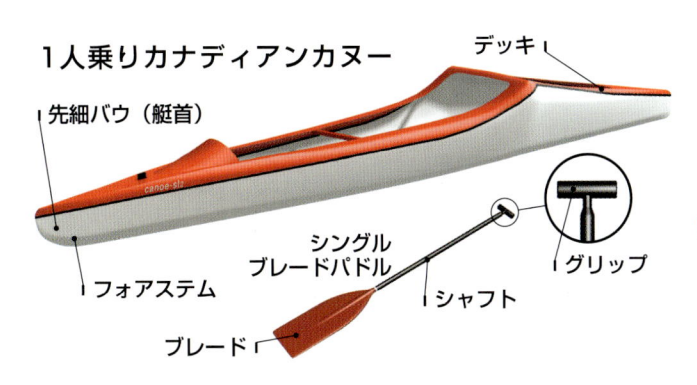

1人乗りカナディアンカヌー

- デッキ
- 先細バウ（艇首）
- フォアステム
- ブレード
- シングルブレードパドル
- シャフト
- グリップ

1人乗りカヤック

- シート
- コックピット
- ラダー（かじ）
- 先細バウ
- ダブルブレードパドル
- パワーフェイス
- グリップ
- バックフェイス

フラットウオーターレーシング用カナディアンカヌーの規格

艇種	最大長	最小重量
C1	5.2 m	16 kg
C2	6.5 m	20 kg

フラットウオーターレーシング用カヤックの規格

艇種	最大長	最小幅
K1	5.2 m	12 kg
K2	6.5 m	18 kg
K4	11 m	30 kg

カナディアンカヌーのパドリングテクニック

1. キャッチ
両腕を伸ばし、パドルを水につけずに構え、キャッチ（水にブレードを入れる）の準備をする。

2. ブレイス
水面に対し垂直にブレードを入れ、体の方へ引き寄せる。

3. リカバリー
パドルを引き終えたら、背中を伸ばし、水からパドルを抜く。

4. キャッチへの移行
次のストロークの準備に入る。

観客スタンド（2カ所）
コースの両側に設置されている。

放送員
審判塔に待機し、参加国の紹介、着順の発表、競技委員長からの連絡事項を放送する。

競技委員長
審判塔からレースを監視し、失格に関する最終決定を行なう。

フィニッシュラインとジャッジ
1～3人のジャッジが配置され、タイムを手動で測定する。測定結果は電子測定、判定用写真とともにフィニッシュの判断材料とされる。

着艇場所

スコアボード
9人の選手名、レーン、国名、タイム、順位を掲示する。

舟・船の競技

カヌー：スラローム

舟・船の競技

百年前のカナダ原住民は、移動や輸送にカヌーを使い、急流を下っていた。今日、激流で行なわれているカヌー・スラロームは、スピードと正確性を競い、時には流れに逆らいながらいくつものゲートを通り抜ける競技である。スラロームの歴史は比較的新しく、1972年のミュンヘンオリンピックで正式種目となった。しかし、その後20年間オリンピックでは行なわれず、1992年のバルセロナ大会で復活を遂げた。1996年のアトランタ大会および2000年のシドニー大会でも、男子カナディアンシングル、カナディアンペア、カヤックシングル、女子カヤックシングルの種目が引き続き行なわれている。

バルセロナオリンピックのカヌー・スラロームで金メダルを獲得したスコット・ストラスボー、ジョー・ジャコビ組（アメリカ）。

競技会

スラローム競技には、男子カヤックシングル、カナディアンシングル、カナディアンペア、女子カヤックシングルの個人種目およびチーム種目がある。選手は、決められた順序通りに正しい方向からすべてのゲートを通り抜けるが、その際、パドルのブレード、ボート、身体がゲートに触れてはならない。ゲートには、ダウンストリーム（上流から下流へ向かって通る）とアップストリーム（下流から上流へ向かって通る）がある。一般に、レースは2回行ない、合計得点で最終順位が決まる。ゲートに触れると、2秒（1秒＝1点）の罰点が科せられる。また、ゲートを通過しなかったり、逆の方向からゲートを通過した場合は、50秒の減点となる。抽選により試技順が決められ、各選手は約1分間隔でスタートする。

コース

自然または人工のコースに、20～25のゲートが設置されており、各ゲートには通過順を示すナンバーが付けられている。アップストリームゲートは6カ所以上設けられる。

コース 250～400 m

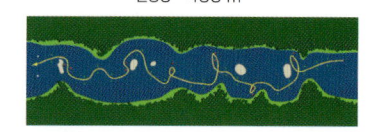

救助員 7～8人の救助隊が、岸またはカヤックで待機し、選手の安全を監視する。どんな緊急事態にも対応できるように、レスキューロープ、安全ベルト、ライフジャケットを装着している。

ゲート審判 各ゲートに審判が1人ずつ配され、ゲートの通過が正しく行なわれているかを確認する。

安全役員

アップストリームゲート 赤いポールが設けられている。

競技委員長 最終決定を行なう権限を持ち、他の役員を統轄する。

コースゲート コースに張り巡らしたワイヤーから吊り下げられている。ゲートの下端が水面より15cm上になるよう設置されている。

ダウンストリームゲート 緑のポールが設けられている。

ゲートナンバー 黄または白の数字で通過する順番と方向を示す。赤の斜線は、方向が逆であることを意味する。

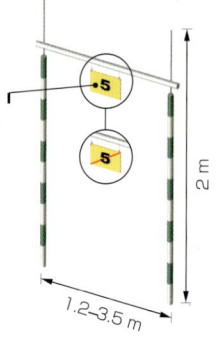

2 m / 1.2-3.5 m

他の競技役員

発艇員は、選手が位置についたことを確認し、電子機器でスタートを合図する。検艇員は、スタートライン付近に配され、ボートの安全性と規格違反の有無を確認する。重量、寸法、ライフジャケットのチェックを行なった後、検艇済みのステッカーをボートに貼る。また、各選手のタイムは計時員が測定する。

テクニックと戦術

レース前に川岸からコースの下見を行ない、各ゲートでの戦術を立てる。他の選手が使うテクニックを見ることも役に立つ。最終的には、ボートを操る技術がスピードのコントロールを左右することになる。

カヤックのパドリングテクニック

1.キャッチ
パドルを水中に入れる準備をする。

2.ブレイス
ブレイス（水を押す）の質によってストロークの質が決まる。

3.ストローク
パドルをほぼ垂直にして、ボートの推進力を生み出す。

4.移行
ブレードを素早く水から抜き、反対側のブレードのキャッチに入る。

用具

カナディアンカヌーは、膝をつきシングルブレードパドルでこぐ。一方、カヤックは、座ったままダブルブレードパドルを使ってこぐ。

スラローム用ボートの規格

艇種	最大長	最小幅	最大重量
K1	4 m	60 cm	9 kg
C1	4 m	70 cm	10 kg
C2	4.6 m	80 cm	15 kg

カナディアンカヌー
- スプレースカート
- ニーレスト
- ブレード
- グリップ
- シングルブレードパドル
- グラブループ：万が一の場合、ボートが流されないよう両端に安全ロープが取り付けられている。

カヤック
- スプレースカート
- シート
- コックピットまたは幅広ウオッシュボード
- グリップ
- ダブルブレードパドル

選手の特徴

- 技術的な知識に加え、体力、パワー、敏捷性を持ち合わせていなければならない。
- 陸上では、ランニングやウエイトトレーニングを行ない、心循環系機能と筋力の向上に努める。水上でのトレーニングは、長距離で筋持久力を鍛え、中距離でスピードとパドリングのリズムを身につける。また、短距離では、全力でパドリングを繰り返すトレーニングを行なう。

リチャード・フォックス（イギリス）
カヤックシングルで世界チャンピオンに5回（1981、83、85、89、93年）輝いたスラロームのスペシャリスト。

ヘルメット
着用が義務づけられている。プラスチック、グラスファイバー、または、カーボン製。岩やゲートとの衝突から頭部を守る。水が簡単に抜ける構造になっている。

ライフジャケット
動きやすいものを着用。

スプレースカート
選手の胴回りにしっかりフィットさせ、ボートに取り付ける。スラロームには不可欠な、水の侵入を防ぐためのアイテム。ネオプレン製のものが主流で、防水性と耐久性に優れている。サイズ調整も可能。カディアンカヌー用は円形で、カヤック用はだ円形。

舟・船の競技

舟・船の競技

ヨット

ヨットには、さまざまな競技がある。艇のクラスによって種目が分けられており、天候に関係なく世界中の海で大会が行なわれている。紀元前4世紀、エジプト人は、風力を利用してパピルスのいかだでナイル川を下り、ポリネシア人は、速く走るためにアウトリガー（舷外浮材）を使った丸木舟にセールを張った（現在のマルチハルの原型）。古代のローマ人、フェニキア人、ギリシャ人、中国人は、帆船の性能を高めようと改良を行なった。後のスペイン人、ポルトガル人、イギリス人も同様にヨットの改良を試みた。1660年、ヨーク公とイギリス国王チャールズ2世によって、初めてのヨットレースが行なわれた。また、1749年には、イギリス皇太子がテムズ川河口のレースのためにトロフィーを提供した。そして、1851年に行なわれた100ギニーカップでは、アメリカのヨットが勝利を収めたことから、有名なアメリカズカップが誕生した。20世紀初期には、スローカム、チチェスター、モワティシエ、タバルリーといった航海者が次々と偉業を達成し、ヨットの人気は衰えることがなかった。今日、ヨットは娯楽としても、また、高度な技術を要するスポーツとしても楽しまれており、オリンピックでは、1896年の第1回大会から採用種目となっている。また、各競技会の開催は、国際セーリング連盟（ISAF）の管轄の下に行なわれている。

ヨット界の英雄、エリック・タバルリー（フランス）。1964、76年には大西洋横断レースで、1967年にはファストネットレースで優勝。1980年、大西洋横断レースで10日間5時間14分20秒の世界記録を樹立。1997年には、コーヒールートで優勝したが、1998年、アイルランドの海で帰らぬ人となった。

競技会

ヨット競技は、主に3つに分けられ、オリンピック形式のコースで行なわれるヨットレース、外洋レース、1対1のマッチレースがある。ヨットの種類やコースが異なっても、すべての競技の目的は最初にゴールすることである。オリンピックでは、特定の種目を除き、男女とも競技に参加することができる。また、外洋レースでは、一般の競技ルールに加え、衝突を避けるための国際ルールも守らなくてはならない。オリンピック種目は、艇種により9つに分類されており、三角形のコースで行なわれる。距離は、使用される水域、卓越風方向、天候、ヨットの参加数によって決定される。コースに設けられているマークブイを、特定の順序で通過しなければならないため、クローズ・ホールド（風上に向かって帆走）、リーチング（風をほぼ横から受けて帆走）、ランニング（風下に向かって帆走）を使い分けて艇を進ませる。マークブイの間隔は、種目によって異なる。一般に、チームは、かじを取るヘルムスマンともう1人のクルーから構成されている。

イングリング級
2004年からオリンピック種目に採用。
全長: 6.30 m
重量: 645 kg
全幅: 1.73 m
メインセール面積: 14.00m²
乗員: 女子3人
総重量（乗員含め）: 200～230 kg

スター級
1932年からオリンピック種目となっているキールボート。
全長: 6.90 m
メインセール面積: 26.10m²
乗員: 男子2人

トルネード級
オリンピック競技のヨットでは最速。1976年からオリンピック種目に採用されているカタマラン。
全長: 6.10 m
全幅: 3 m
メインセール面積: 20.70 m²
乗員: 男子2人、女子2人、または男女混合

49er級
2000年のオリンピックで正式種目となったセンターボードボート。
全長: 4.99 m
全幅: 2.90 m
メインセール面積: 59.20 m²
乗員: 男子2人、女子2人、または男女混合
総重量（乗員含め）: 145～165 kg

舟・船の競技

フィン級
1952年からオリンピック種目となっているセンターボードボート。
全長：4.51 m
全幅：1.50 m
メインセール面積：10.20 m²
乗員：男子1人

レーザーラジアル級
外形はレーザー級と似ているが、セールがやや小さい。2008年北京オリンピックから、1992年以来のヨーロッパ級に代わり、採用される。
全長：4.23 m
全幅：1.37 m
メインセイル面積：5.76 m²
乗員：女子1人
乗員体重：55～70kg

レーザー級
世界で人気の高い高速のセンターボードボート。1996年からオリンピック種目に採用されている
全長：4.23 m
全幅：1.37 m
メインセール面積：7.06 m²
乗員 男子1人または女子1人

RS:X セールボード
男女種目として、1984年からオリンピック正式種目。
全長：2.86 m
全幅：0.93m
メインセール面積：8.50m²
乗員：男子1人、女子1人

470級
全長が4.70mであることから名前がつけられたセンターボードボート。1988年のオリンピック大会で女子種目が追加された。
全長：4.70 m
全幅：1.70 m
メインセール面積：12.70 m²
乗員：男子2人、または、女子2人
乗員総重量：110～145 kg

ハリヤード　セールを上げるためのロープまたはワイヤー。ジブハリヤードなど、上げるセールによって呼称が変わる。

フルバテン　セール上部の形状を保つ。

リーチ　セールの外側。

マスト　セールを固定する金属製または合成素材の円材。

マストリギン　マストに取り付けられたステーとシュラウドを固定する。

ラフ　マストに張ったセールの前辺。

スタンディングリギン　マストを固定するステーとシュラウド。

シュラウド　横からマストを固定するワイヤー。

ステー　前方からマストを固定するワイヤー。

トラピーズ　クルーが艇外に身を乗り出すときに用いるロープ。

メインセール　マストに沿って張る主帆。

スプレッダー　マストに取り付けられた、シュラウドを張り出すための支柱。

ジブセール　前方の三角形のセール。

フット　ブームに沿ったセールの下辺。

ブーム　セールのフット部分を固定する金属製の円材。

ポート　艇の左舷。

ウインドー　セールの向こう側を見ることができる。

バウ　艇首。

ランニングリギン　セールを調節するためのシート（ロープ）とテークル（滑車装置）。

シートカー　シートを導く滑車で、レール上をスライドする。

センターボードコントロール　センターボードの上げ下ろしを行なう。

スターボード　艇の右舷。

スターン　艇尾。

センターボード　帆走中の艇の横流れを防ぐ。

ラダー　かじ。

舟・船の競技

オリンピックコース

あらゆるクラスのヨットレースで最もよく使われるコース。各マークブイの間隔は、艇のクラスによって異なる。コースの長さは、艇種、ヨットの参加数、水域、気象条件に応じて決められる。コースの指標となるブイを正しい順序で回らなければならないため、クローズ・ホールド、リーチング、ランニングを使い分けて艇を進ませる。レースの所要時間は45分〜1時間30分。

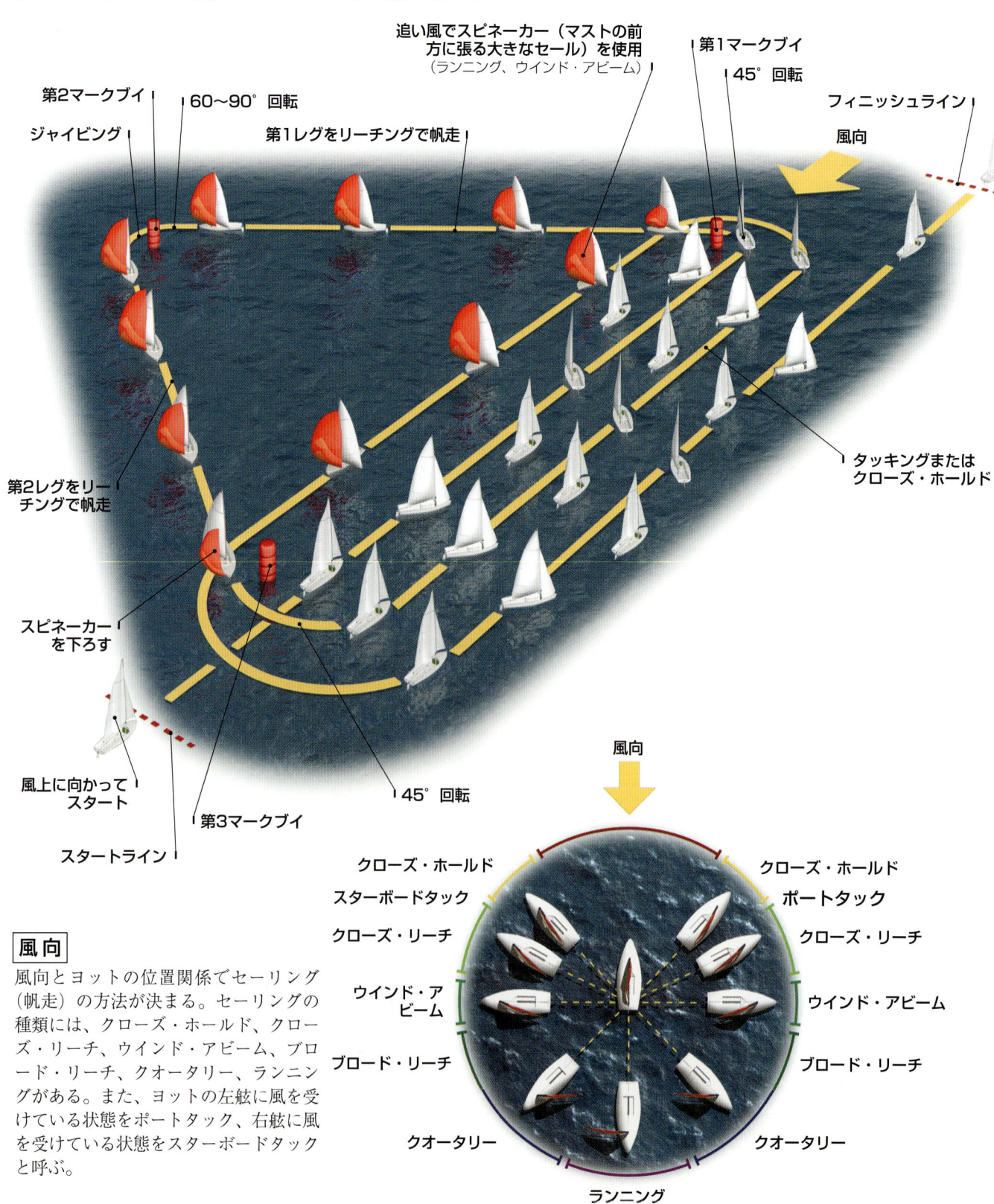

- 追い風でスピネーカー（マストの前方に張る大きなセール）を使用（ランニング、ウインド・アビーム）
- 第1マークブイ
- 45°回転
- フィニッシュライン
- 風向
- 第2マークブイ
- 60〜90°回転
- ジャイビング
- 第1レグをリーチングで帆走
- タッキングまたはクローズ・ホールド
- 第2レグをリーチングで帆走
- スピネーカーを下ろす
- 風上に向かってスタート
- 45°回転
- 第3マークブイ
- スタートライン

風向

風向とヨットの位置関係でセーリング（帆走）の方法が決まる。セーリングの種類には、クローズ・ホールド、クローズ・リーチ、ウインド・アビーム、ブロード・リーチ、クオータリー、ランニングがある。また、ヨットの左舷に風を受けている状態をポートタック、右舷に風を受けている状態をスターボードタックと呼ぶ。

- 風向
- クローズ・ホールド　スターボードタック
- クローズ・ホールド　ポートタック
- クローズ・リーチ
- クローズ・リーチ
- ウインド・アビーム
- ウインド・アビーム
- ブロード・リーチ
- ブロード・リーチ
- クオータリー
- クオータリー
- ランニング

船体の種類

カタマラン（双胴艇）、トライマラン（三胴艇）などのマルチハル（多胴艇）は、モノハル（単胴艇）より速く走ることができる。しかし、操作が難しい上、転覆しやすく、艇を立て直すことも容易ではない。

モノハル　　カタマラン　　トライマラン

センターボードとキール

両方とも艇の横流れを防止する。キールは固定されており、おもりを兼ねている。一方、センターボードは自由に上げ下ろしができ、クルーの体重がおもりの役目を果たす。

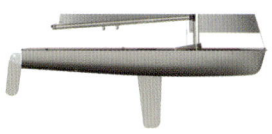

キールボート　　センターボードボート

セーリングのテクニック

セーリングでは、タッキング、ジャイビング、ハイキングアウトなどのテクニックを習得しなければならない。タッキングは、ヨットが前方から風を受けているときに、セールを反対舷に移しながらジグザグに走る方法であり、ジャイビングは、後ろから風を受けているときに行なう方向転換である。ジャイビングでは、セールを約160°反対舷に回転させなければならないため、高度なテクニックが必要とされる。

タッキング

1.ヨットは、ポートタックのクローズ・ホールドで走っており、乗員はメインセールに向かって座っている。方向転換の準備に入る。2.ヘルムスマンがティラー（ラダーを動かす棒）を風下に向かって押すと、ボートの舳先が風軸に向かう。3.クルーは右舷の風下方向にシートを外す。メインセールとジブセールがはためき始める。4.ヨットが風軸を越え、ブームが反対側に移動する。5.ティラーを中央に戻し、ジブセールとメインセールを風向に合わせて調整すると、ヨットはスターボードタックのクローズ・ホールドで走り始める。

ジャイビング

1.ヨットは、ポートタックのランニングで走っており、乗員はメインセールに向かって座っている。方向転換の準備に入る。2.ヘルムスマンは、メインセールシートを操作し、手早く調整を行ないながら中央へ移動する。ヨットは風軸へ向かい始める。3.ヘルムスマンがブームを返す準備に入ると、クルーは中央へ移動する。ジブセールがはためき、メインセールが素早くヨットの反対側へ返る。4.ブームが返り、ヘルムスマンがティラーを中央へ戻す間、クルーはヨットのバランスを取る。5.ヘルムスマンとクルーが風上側に座り、ジャイビングが完了する。ヨットはスターボードタックで走り始める。

ハイキングアウト

強風でヨットが傾く（転覆する）のを防ぐために、クルーがヨットの外側に体を乗り出すテクニック。ハイキングアウトとトラピーズの2つの姿勢があるが、トラピーズでは、クルーの体をハーネス（安全ベルト）のフックで吊り下げる。

ハイキングアウト 
艇の外側に半分身を乗り出して座り、ヨットのバランスを取る。

トラピーズ 
1.ハイキングアウトの姿勢から上体を後ろに反らし、片足をガンネル（舷縁）にかける。体をまっすぐに伸ばして、さらに外側に身を乗り出す。 
2.両足をガンネルにかけたら、ハンドルから手を離し、姿勢を保ったままできるだけ遠くへ身を乗り出す。

外洋レース

シングルハンド（1人乗り）

ヨーロッパ1スター
かつてはOSTAR（Observer Singlehanded Transatlantic Race＝オブザーバー・シングルハンド大西洋横断レース）と呼ばれた、最も古くから行なわれているシングルハンドの大西洋横断レース。イギリスのプリマスからアメリカのロードアイランド州、ニューポートまでの3,000海里（5,555km）をコースとし、1960年から4年に1度開催されている。

ルート・デュ・ルム
フランスのサンマロからグアドループ島のポアンタピートルまでのコース。モノハル艇、マルチハル艇とも参加が認められている。距離は3,700海里（6,852km）で、1978年から4年に1度開催されている。

ルート・デュ・ルム

ダブルハンド（2人乗り）

ミニトランサット
1977年から2年に1度行なわれている寄港地を経由するレース。フランス、コンカルノーからカナリア諸島のテネリフェ島までの1370海里（2,537km）とテネリフェ島からマルティニク島のフォールドフランスまでの2,700海里（5,000km）で競う。このレースの特徴は、艇に規格（全長6.5m、全幅3m、マストの高さ14m、喫水2m）が定められている点である。また、高度なテクニックだけでなく、果敢に挑戦する勇気が求められるレースでもある。

ケベック・サンマロトランサット
1984年から4年に1度開催されている。カナダのケベックからフランスのサンマロまでのコースで、距離は2,900海里（5,370km）。セントローレンスリバーを下り、セントローレンス湾を通って、大西洋に出なければならない。大西洋横断レースでは、唯一、東回りのコース。艇の規格制限はなく、モノハル艇、マルチハル艇ともに参加が認められている。

ジャクー・バーブルトランサット
ゴール地点がコロンビアであることから、以前はコーヒールートとして知られていた。1993年から4年に1度開催されており、フランス、ルアーブルからコロンビア、カルタヘナまでのコース。艇の規格は、全長13.72～18.29mのモノハル艇、または、マルチハル艇。航行距離は、モノハル艇の場合は4,420海里（8,185km）、マルチハル艇の場合は5,520海里（10,222km）。

ヨットレース

通常は、沿岸付近に3つのマークブイを設置したコースで行なわれる。スタートは大変見ごたえがあり、スタートブイを最初に通過したヨットがレースの主導権を握る。

アメリカズカップ
最も有名なヨットレースで、各ヨットのクルーは16人。前回の覇者に挑戦するヨットを決めるため、参加国の間で予選が行なわれる。勝ち上がった挑戦艇と防衛艇は最低7レースを戦い、4レースを制した方が勝者となる。レースは防衛艇の国で開催される。

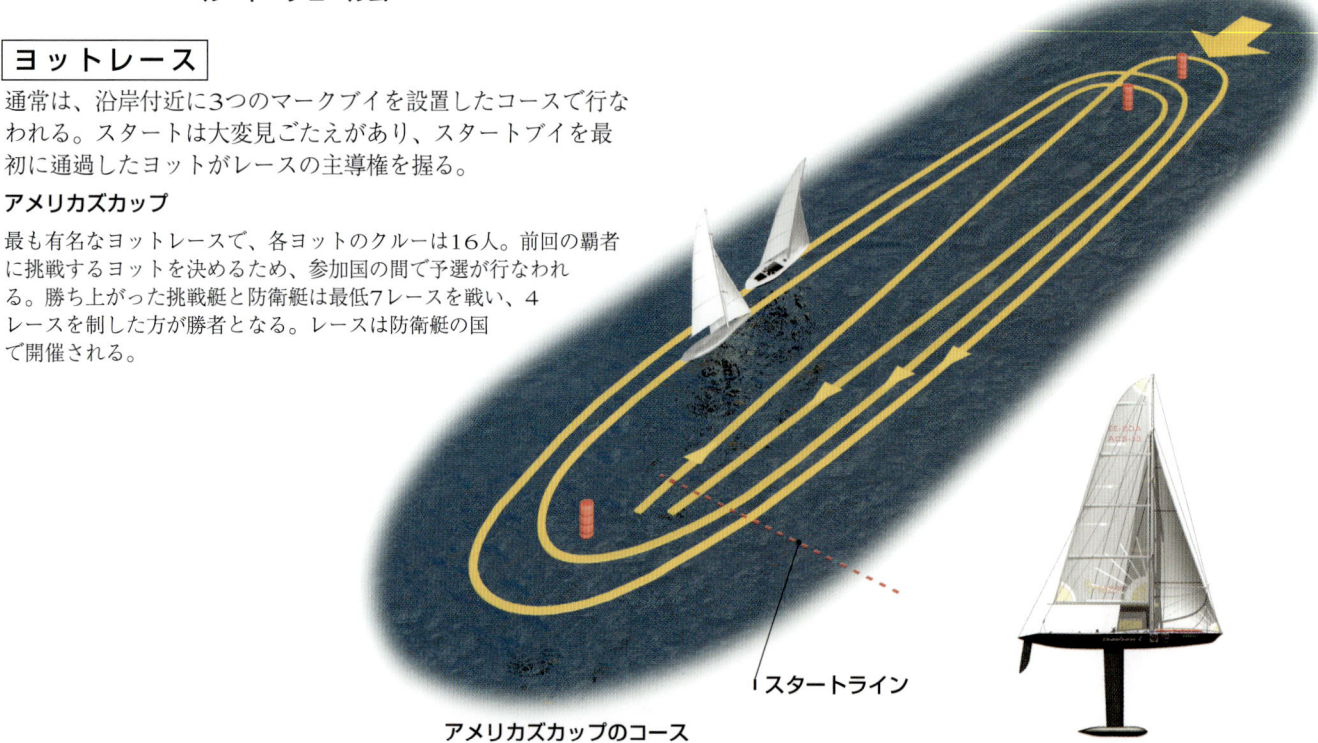

スタートライン

アメリカズカップのコース
18.55海里（34km）のコースで、タッキングレグとランニングレグが3つずつある。直線コースは最長で3海里。

このレースにより、インターナショナル・アメリカズ・カップ・クラス、すなわち、クラスアメリカと呼ばれる、新しいクラスのヨット（全長約22mのスループ型帆船）が生まれた。

世界一周レース

ボルボ・オーシャンレース（旧ウィットブレッドレース）

1973年から行なわれている、歴史あるフルクルー（複数のクルーでチームを結成）の世界一周レース。コースは31600海里（58523km）で、9つのレグ（区間）に分割されている。艇は、このレースのために特別に設計されたW60クラスで、全長18.3m以上、全幅5.25m、追い風のセール面積500m²。イギリスのサザンプトンをスタートし、フランスのラロシェルがゴールとなる。

ヴァンデ・グローブ

フランスのサーブルドロンヌをスタートおよびゴール地点とする単独レース。南極大陸を回り、ケープ岬を通る25,000海里（46,300km）のコースを最大全長18mのモノハル艇で帆走する。航行中に援助を受けることのできない無寄港レース。

アドミラルズカップ

アイリッシュ海、イギリス海峡、イギリス南西沖で行なわれる、オリンピックコースのレース（2）、沿岸レース（2）、外洋レース（2）の合計6レースで構成されている。このうち、アイルランド沖を走るファストネットレースは、天候が厳しく、最難関のレースと言われている。アドミラルズカップは、ロイヤル・オーシャン・レーシング・クラブ（RORC）による主催で1957年から2年に1度行なわれており、数多くの国がレースに参加している。

ヨットレーサーの特徴

- 直観的に行動し、自然の力に対処することのできる勇敢な冒険家でなければならない。
- 万全な体調および健康状態を維持することが不可欠である。気温の変化に耐え、高度な技術を要する操作をこなし、大西洋横断時には短い睡眠時間でレースに臨まなければならない。また、冷たい水、日差し、風にさらされる過酷な状況とも常に戦う必要がある。

ヴァンデ・グローブ

フローレンス・アルトー（フランス）
優秀な女性航海者の1人。1990年、シングルハンドによる大西洋横断レースで、9日間21時間42分の新記録を樹立。同年、ルート・デュ・ルムで優勝を果たした。

デニス・コナー（アメリカ）
1980、87、88年のアメリカズカップで優勝。1976年のオリンピックでは銅メダルを獲得した。

用具

安全装備

安全備品は、あらゆる艇に装備しておかなければならない。異なる色の発煙信号、人工衛星が感知できる合図を出す遭難信号発信機、浮き輪、ライフジャケット、場合によっては、救命いかだも準備しておく必要がある。

- ライフジャケット
- セーフティハーネス（安全ベルト）
- グローブ
- トラピーズ
- 防水加工を施した保温効果のあるパンツ
- 滑らないブーツ

GPS（全地球測位システム）
世界中のどの地点においても、人工衛星の情報によって、緯度と経度から艇の位置を特定することができるシステム。

舟・船の競技

舟・船の競技

ウインドサーフィン

ヨットとサーフィンの要素を組み合わせたウインドサーフィンは、あらゆるスピードに乗ってアクロバティックな技を行なう。このスポーツは天候に大きく左右されるため、風の変化や波の動きを見極めることが大切である。ウインドサーフィンの歴史は比較的新しく、考案者と名乗り出る人は多いが、1968年、2人のアメリカ人、ホイル・シュワイツァーとジェイムズ・ドレイクが発明の特許権を取得している。1980年代に入り用具の開発が進むと、小型で操作の易しいファンボードが登場し、ウインドサーフィンはより身近なスポーツとなった。最初の競技会は1970年代に開催され、ファンボードを使用した世界選手権は1986年に始まった。現在、世界の競技人口は1500万人にも上っている。オリンピックでは、1984年のロサンゼルス大会で男子種目が、1992年のバルセロナ大会で女子種目が採用された。

カリフォルニア生まれのロビー・ナッシュ。1976年、弱冠13歳で世界選手権に参加し、優勝を果たした。

競技会

競技は主に3種目に分けられる。あらゆるタイプのセールボードで競技が行なわれている、マークブイを回るコースレース(ロングディスタンス、スラローム、その他のコースレース)、ウエーブ・パフォーマンスまたはフリースタイル、そして、セールボードの規格が定められているオリンピックレースである。また、これ以外に、あまり普及はしていないが、スピードトライアル種目もある。

ロングディスタンスレース
レースは片道コース、あるいは、往復のコースで行ない、所要時間は2～4時間。最適な風速は15ノット以上とされる。最初にゴールした者が勝者となる。

スラローム、その他のコースレース
ビーチまたは水上からスタートを行なう。予選を勝ち抜いた者が決勝へ進み、決勝で最初にゴールした者が優勝。スラロームでは、ジャイビング(風下への方向転換)を使い、できるだけ早くマークブイを回る。他のレースでは、ジャイビング、または、タッキング(風上への方向転換)を行ないながらマークブイを回る。また、スラロームでは、ブロードリーチ(斜め後ろから風を受けて走る)のみで走行するが、他のレースでは、風上方向へ進まなければならないものもある。レグ(マークから次のマークまでの区間)とマークブイの数は、大会によって異なる。所要時間はスラロームで5～10分、他のレースで20～30分。

ウエーブ・パフォーマンス、フリースタイル
ウエーブ・パフォーマンスは、白波の立つ海上でのみ行なわれる。所要時間は10～15分で、波の高さ2m以上、風速14ノットが理想的な気象条件である。ライディングテクニック、技を伴う方向転換(トランジション)、ジャンプを入れた演技で競い合う。一方、フリースタイル種目は、湖、海、人工水域で、できるだけ多くのトランジション、テクニック、トリックを入れ、10～15分間続けて演技を行なう。3～5人の審判が芸術面と技術の完成度を基準に、0～10点で採点する。

オリンピックコース
コースの両端に、2～4つのマークブイが設けられており、集団でスタートする。合計3～12レースを行ない、最も良い総合成績を収めた者が勝者となる。選手は、ミストラルワンデザインという、同じ型のセールボードを使用しなければならない。レースには、最低6ノットの風速が必要。各レースは風速により、20～60分間行なわれる。風が弱いときには、セールを動かすパンピングテクニックを使って、ボードのスピードを上げなければならない。

スピードトライアル
スタートの合図はない。500m以上の距離で平均速度を測定し、最も速い平均速度を記録した者が勝者となる。

SX (スーパークロス)
スラロームコースにおいて自由なパフォーマンスを披露する。

テクニック

ジャイビング
スピードを落とさずに、素早く方向を変えるテクニック。曲がる方向に体を傾け、両膝を曲げて、後方の脚でレールを押す。セールが返ったら、即座にセールをつかみスピードを維持する。同時に、後ろの足が前に、前の足が後ろになるよう、足の位置を入れ換える。

舟・船の競技

スピードループ（フリースタイル）
最大速度に達したら、ウィッシュボーンブームを強く引いて、セールを回し始める。同時に、重心を前方に移動させ、フットストラップで固定されている後方の脚で、腰の高さまで一気にボードを持ち上げる。体は前かがみにして回転をスムーズに行なう。最後は肩越しに振り返り、回転動作を完了する。

セールボードの種類

55～75 cm　2.65～3 m　5～12.5 m²

スラローム用
スピードを追求したボードで、プレーニング（ボードがある速度に達し、ボトムと水面との間に薄い空気の層ができた状態で滑走すること）が可能。

63.5 cm　3.72 m　7.4 m²

オリンピック用
厚みのあるロングボード。風の変化に幅広く対応できる。

51～61 cm　2.35～2.50 m　3.5～6 m²

ウエーブ用
頑丈かつ軽量で取り扱いが簡単。操作が易しく、強風でもコントロールできるショートボード。

- マストヘッド
- マスト
- バテン
- セール
- ウィッシュボーンブーム：セールをコントロールし、選手のバランスを保つ。
- アップホールライン：ウィッシュボーンブームをリグ（セール、マスト、ブームを含む、ジョイントより上部の総称）に取り付けているロープ。水面に倒れたリグを引き上げるときに使われる。
- フットストラップ
- レール
- ユニバーサルジョイント（マストステップ）
- スケグ
- ボード

選手の特徴
・強靭な筋力は必要ないが、腕力と脚力はある程度強くなければならない。また、体重が軽く長身の選手は、ボードの外に重心をかけることができ、セールコントロールも容易に行なえる。
・腕と脚の柔軟性および筋力の強化には計画的なトレーニングが不可欠である。

ビヨン・ダンカーベック（デンマーク）
1999年、世界選手権で12回目のタイトルを獲得した無敵のチャンピオン。

サーフィン

1778年、ハワイに到着したキャプテン・クックは、現地の人々が海へ飛び込み、厚板で波に乗り岸まで戻ってきた様子を書き残している。しかし、この古くから楽しまれていたサーフィンは、キリスト教宣教師の教えにふさわしくない快楽的な行ないとして19世紀に禁止されてしまった。その後、ハワイのビーチでサーフィンが再び行なわれるようになるのは20世紀初めのことである。サーフィンの復活に力を注いだのは、1907年にハワイ島のワイキキで設立されたアウトリガー・カヌー・クラブであった。そして、1950～60年代にかけて、新素材の軽量ボードが作られると、サーフィンはカリフォルニアへと伝わり、近代サーフィンが誕生する。1964年には、オーストラリアでの第1回世界選手権開催中に、国際サーフィン連盟（ISF）が設立され、1970年、プロサーファーによる初の世界選手権が行なわれた。1976年、ISFは国際サーフィン協会（ISA）に名称を変更する。ISAが1980年から隔年に開催しているワールドサーフィンゲームスと、プロサーフィン協会（ASP）主催のワールドクオリファイシリーズ、および、ワールドチャンピオンシップツアーには、世界中からトップクラスのサーファーが男女を問わず集まってくる。

1912、20年に、オリンピックの水泳100m自由形で優勝した、ハワイ出身のデューク・カハナモク。サーフィンを世界に紹介した人物でもあり、1910年にハワイ、1915年にオーストラリアで普及活動を開始した。

カップ戦と選手権大会

ISAが主催するワールドサーフィンゲームスは、1998年からプロサーファーの参加も認められている大会である。国別のチーム競技と個人競技があり、ロングボード、ショートボード、ボディーボード、ニーボードの4種目に分かれている。ビッグウエーブワールドチャンピオンシップは、9～18mの波で行なわれるショートボードのみの大会である。ASP主催のサーフィンサーキットツアーには、ショートボード個人戦のみのワールドコンペティションツアー（WCT）とワールドクオリファイシリーズ（WQS）がある。WCTでは上位44人がランクづけされているが、毎年WQSの年間成績上位16人が、WCTの下位16人と入れ替わるシステムになっている。サーキットツアーは、約50の大会が5大陸で開催されている。各大会は1～5スターのランクに分けられており、スターの数によって500～2500ポイントに換算され、年間順位に反映される。総合年間順位は、1年間のツアーの最後に、各選手のベスト8の成績にもとづいて決定されるため、5スターの大会で優勝することが重要視される。

競技会

サーファーたちは、できるだけ長い間波に乗って技を行ない、実力をアピールしようとする。WQSの予選はトーナメント方式で、1度に4人のサーファー（WCTでは2人ずつ）が20分間の演技を行なう。大会ディレクターと4～5人のジャッジが、ベスト3ライドまたはベスト5ライドを採点する。技の完成度、波のライディングポジション、つかんだ波の難易度、波に乗っている時間、の4点が採点基準となる。演技時間が残り5分になると黄色の旗で合図が送られる。各対戦で上位2人ずつが勝ち上がり、下位2人は競技終了となる。決勝戦は、波の状態により20～30分間行なわれる。

テイクオフ
ボードにうつ伏せになり、肩の位置でボードをつかむ。腕の力を使い、ボードの中心に沿って体の下に両脚を引き寄せる。ボードから手を放して立ち上がると、脚をわずかに曲げ、膝を外側に向ける。滑り出したら、ボトムターン（波の底で行なうターン）で十分にスピードを得て、次の技に移る。

フローター
素早く波に乗り、後方に体重をかけると、ボードの先端が向きを変える。方向転換を終えたら、重心を後ろの足に移動させてボードの下に波を滑らせる。

カットバック
波のトップで体重をかかとにかけ、体を後方に傾けつつ、上体はやや回転方向に構える。回転し終わったら、泡の上を戻り再度波に乗る。波に向かって、または、波に背を向けて行なうテクニック。

用具

ボード
20世紀初めのボードは、木製で50～70kgの重さがあった。1960年代に合成素材（ポリスチレン、グラスファイバー、エポキシ系素材）が発明されると、重量は1kg未満になり扱いやすくなった。形状によって、ライディング時のボードの動きが変わるため、波の大きさや形、サーファーのスタイルに合わせてボードが作られている。

ロングボード
ショートボードと比較すると、かなり長くて重い。安定性はあるが、方向転換は難しい。今日では、主に初心者に使用されているが、ISA主催の世界選手権では、現在もロングボード種目が行なわれている。

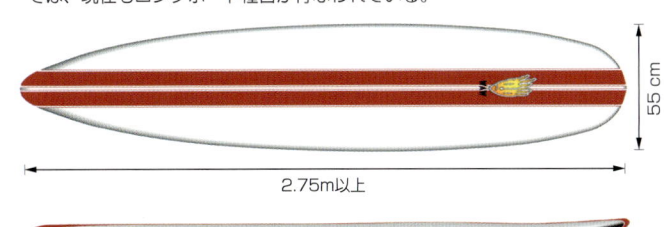

2.75m以上 / 55 cm

ショートボード
国際大会レベルのサーファーが使用する。スピードを要するテクニックや素早い方向転換が行なえる軽量で流線形のボード。「ガン」と呼ばれるビッグウエーブ用のやや長いボードは、スピードを要するボトムターンなどで、特に安定性を発揮する。

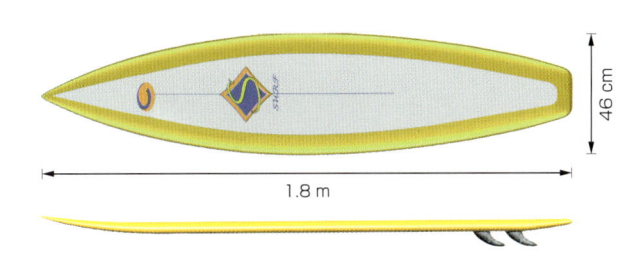

1.8 m / 46 cm

ウエットスーツ
ネオプレン製が主流。隙間から入り込んだ薄い水の膜が体を覆い、保温効果が生まれる。つなぎタイプのものもある。サマースーツは、フィット感に優れたショーツとそで付き、または、そで無しのトップスが一般的なスタイル。水が冷たいときには、ネオプレン製のブーツを着用する。サンゴ礁や切り立った岩による怪我の防止にもなる。

リーシュコード
転倒したときにボードが離れないように、マジックテープのストラップをサーファーの足首に巻き、コードの反対側をボードに取り付ける。長さは波の種類に合わせて調節する。

ブーツ

ワックス
ボードの表面に塗る滑り止め。定期的に塗り直さなければならない。ワックスの代わりに滑り止めのデッキパッドをボードに貼るサーファーもいる。

ボディーボード
本来は、サーフィンの練習用ボードであった。しかし、ボディーボードにも、特有のライディングテクニックが編み出されるようになり、今ではISAやボディーボードの団体（世界ボディーボード協会）が主催する国際大会も行なわれている。硬質の発砲素材でできたボードにうつぶせになり、フィンを使用して波に乗る。

約1.15m / 約46cm

サマースーツ
標準的な形は特にない。ショーツとスパンデックス製の軽いトップスを着用し、ボードとの摩擦や日差しから肌を守る。

サーファーの特徴
- 大会で最高のライディングをするには、海や波に関する知識を深めておかなければならない。また、沖へ流されたり、大きな波に飲み込まれ危険な状況に陥ることもあるため、体調管理や優れた泳力が不可欠である。
- 試合会場で波の状態を見極める観察力、サーフィンに適さない波をうまく切り抜ける堅実なテクニック、緊急事態での的確な判断力が必要とされる。

ケリー・スレーター（アメリカ）
1992、94～98年の世界チャンピオンで、フロリダ、ココビーチ出身のサーファー。20歳のとき、オーストラリア人、マーク・リチャーズから王座を奪い、サーフィン史上最年少のチャンピオンに輝いた。

舟・船の競技

水上スキー

モノスキー（1本のスキー板）、または、2本のスキー板に乗り、ボートに引かれて水上を滑走するスポーツ。サーフィンとスキーの要素を兼ね備えた水上スキーには、ショー、レクリエーション、高度な技術を要するスポーツ競技としての側面があり、調整力、予測する力、バランス感覚が不可欠である。競技を考案したのは、アメリカ人のフレド・ウォーラーで、1925年に発明特許を申請している。1947年、フランス水上スキー連盟により、最初のヨーロッパ選手権が開催され、1949年には第1回世界選手権がフランスのジュアン・レ・パンで行なわれた。現在、国際大会では、男女とも、ジャンプ、スラローム、トリック、ウエークボードの4種目が行なわれており、世界選手権は隔年に開催されている。

1950年代、世界選手権で5回の優勝を果たしたアルフレッド・メンドーサ（メキシコ）。ジャンプと複合で2回ずつ、スラロームで1回、タイトルを獲得。

競技会

参加登録者の人数によって、予選が行なわれる。一般に、天候が良ければ、大会はスラロームから始まり、その後、トリック、ジャンプの順に競技が進行される。前回の成績にもとづき、試技順が決まるため、1位にランクされている選手は最後に演技を行なう。どの大会においても、コースは標準化されており、前もって下見をする必要はほとんどない。また、ウエークボードの大会は、単独で開催される。

ジャンプ

ボートに曳航されてジャンプ台に達したら、できるだけ遠くまで飛ぶ。ジャンプは3回ずつ行なうことができ、ボートの速度は、男子57km/時、女子51km/時以下と定められている。ジャンプの飛距離だけではなく、ジャンプ台に達したときのスピード、空中姿勢、着水もパフォーマンスの基準要素となる。着水後、100m滑走すれば、ジャンプは成功とみなされる。飛距離は、男子で約65m以上、女子で約45m以上になる。

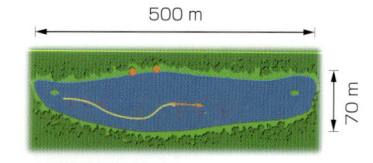

コース
波のない静水面で、風の影響を受けないコースを設定する。

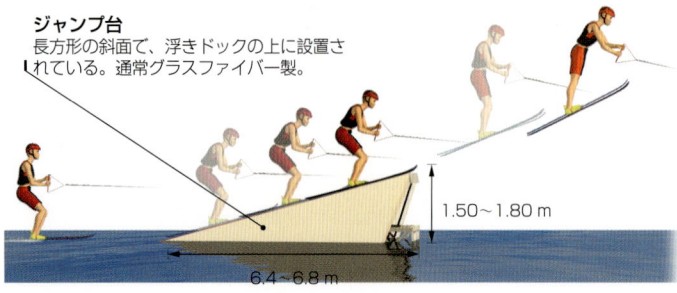

ジャンプ台
長方形の斜面で、浮きドックの上に設置されている。通常グラスファイバー製。

1.50〜1.80 m
6.4〜6.8 m

競技役員
岸に配されたチーフジャッジ1人とジャッジ2人が競技を監視する。ジャンプした距離の測定にはコンピュータ制御のビデオが使用される。

スキーヤーは、ジャンプ台に乗る前にボートと異なる方向へ肩を向け、十分に加速を行なう。斜面で受ける摩擦抵抗を最小限に抑えるために、膝を曲げる。そして、ジャンプする瞬間に、スキーの先端方向へ腰を前傾する。ロープのハンドルを握り、視線を水平線上に向け、手は水面方向に保ったままバランスを維持する。最後は、膝を曲げ、体とスキーを後方へ傾けた状態で着水を行なう。

スラローム

ジャンプ種目と同じコースで行なわれる。1本のスキーに乗り、高速ターンを連続で行ないながら、6つのターンブイを回る。失敗せずにコースを完走したら、ボートの速度を3km/時上げて逆方向からコースを滑走する。これを繰り返し、男子58km/時、女子55km/時の最大速度に達した場合は、ロープの長さを縮めることによって難度を上げていく。したがって、スキーヤーは短い間隔で、素早く反応することが求められる。

競技開始時のボートスピードは指定できるが、ロープの長さは18.25mと定められている。予選、決勝ともに、旋回したブイの数によってポイントが与えられる。各スピードをクリアし、最短ロープを使って、最多数のブイを回った選手が勝者となる。

競技役員
4人のジャッジが水面から3mの高さにある審判台に配される。チーフジャッジは競技の進行を見守り、別のジャッジはボートから監視を行なう。

ターン
ターンする方向へ体を傾け、ボートの勢いに逆らうようにハンドルを引っ張り、加速する。ボートの引き波を横切ったら、体重移動を行なってブイを回る。完全にターンを終えると、進行方向に対して体の軸を立てる。

ブイ（6個）
蛍光色の丸型のブイ。柔らかい素材でできている。

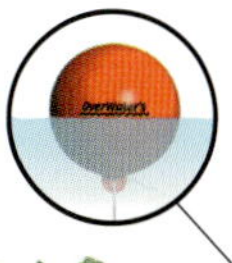

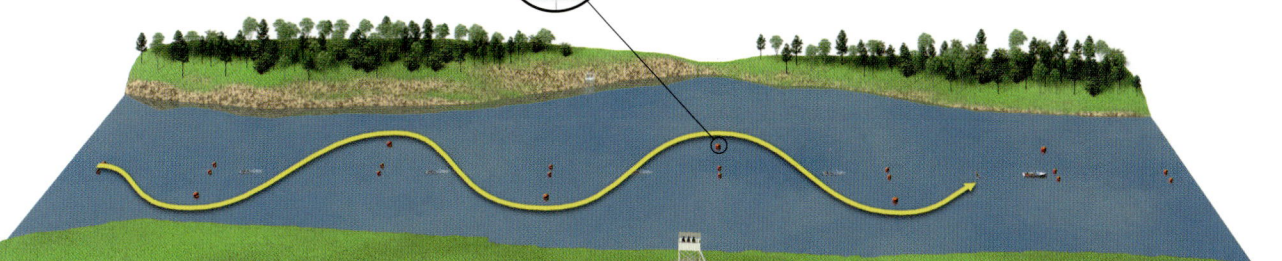

トリック

できるだけ数多くの技および組み合わせ技を入れ、20秒間の試技を2回行なう。同じ演技を繰り返すことはできない。選手は、競技の前に技の種類と順番をトリックリストに記入し、ジャッジに提出しなければならない。ボートスピードとロープの長さは指定することができる。演技の美しさよりも、技の完成度に重点を置いて採点が行なわれる。

競技役員
5人のジャッジが水面から3mの高さにある審判台に配される。チーフジャッジは競技の進行を見守り採点を行なう。

ウエークボード

5つの技を組み合わせ、25秒間の試技を2回行なう。基本のジャンプは回転で、ひねりを入れたものと入れないものがある。最後に技を追加することもできるが、失敗しても減点はなく、成功した場合は、ジャッジの評価に加味される可能性がある。芸術性、スタイル、流動性、技の難易度を基準に採点され、合計得点で順位が決まる。

バックロール
十分なスピードに達していることを確認し、ボートの引き波から適度な距離を取って回転に備える。波の頂上に来たら、体とボードを上方へ引き上げ、回転を開始する。着水したらボートの方を向いて回転を終え、バランスをコントロールする。

舟・船の競技

舟・船の競技

用具

ロープ
ポリプロピレン製が主流で、直径は6mm。ロープの長さは競技によって異なり、それぞれ最長でスラローム用18.25m、ジャンプ用23m、トリック用15m、ウエークボード用18mである。

ボート
艇長5～6.4m、艇幅1.85～2.5m。大きなバックミラーとスピードメーターが装備されている。曳航ロープ用の支柱は水面から65cm～1.20mの位置に取り付けなければならない。

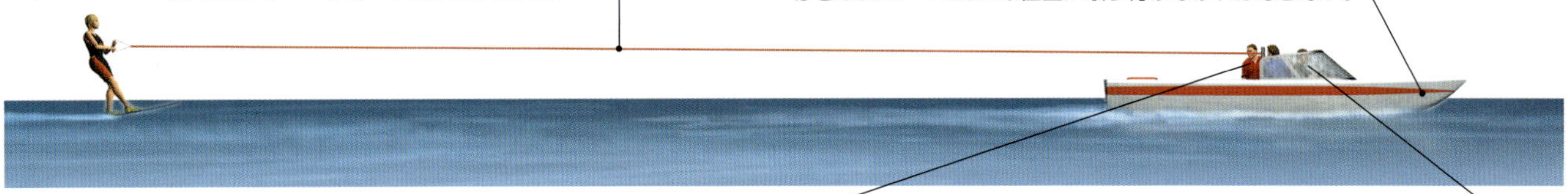

ジャッジ
計時員とともにボートに乗る。ボートのスピードや進路が規則に準じていない場合は、ジャッジが再走を要請する。

ボートドライバー
大会主催者またはディレクターが選手と関わりのないドライバーを指名する。ドライバーは、全選手の滑走を曳航する。正確に操縦し、スピードを遵守することが義務づけられている。操縦方法は各競技に応じて異なる。

スキーの種類

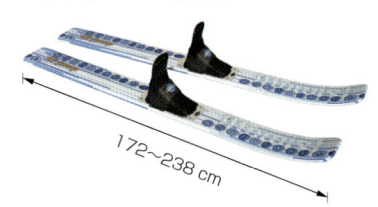

ジャンプスキー 172～238 cm
材質には、グラスファイバー、カーボン、ケブラー、くぼみ形状のアルミニウムを使用。

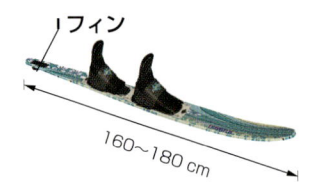

スラロームスキー 160～180 cm
フィン
エッジは鋭く、定形フィンが付いている。後部は細く絞り込まれており、丸みを帯びている。

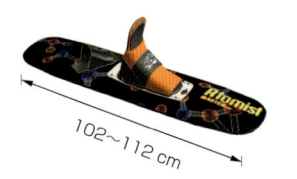

トリックスキー 102～112 cm
エッジが斜めにカットされており、滑走面は滑らかである。

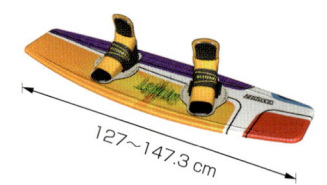

ウエークボード 127～147.3 cm
薄いエッジと滑走面の溝のおかげで、ボード操作が容易になった。水上での安定性を得るため、ボード滑走面の両端に1枚または複数のフィンが取り付けられている。

ジャンプ用ヘルメット

ハンドルの種類
種目によってハンドルの形状が異なる。ハンドルの表面は滑らないようにゴム加工されている。

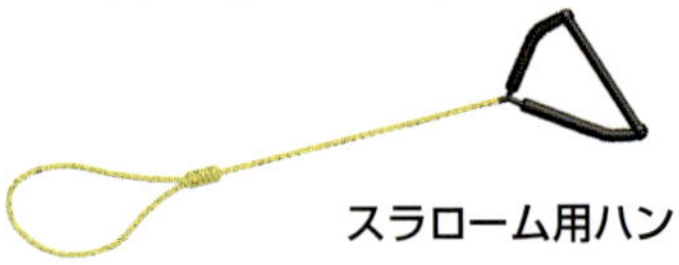

スラローム用ハンドル

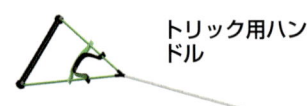

トリック用ハンドル

グローブ
ハンドルのグリップ力を強化する。

ライフジャケット

ネオプレン製スーツ

ビンディング
ゴム製。足を固定するが、落水の際は簡単に外れるようになっている。

エッジ
スキー板の縁部。

選手の特徴
- トップレベルの選手になるには5歳からトレーニングを始めなければならない。主に、動きの調整力、体力強化、筋力アップに重点を置く。トランポリンでのジャンプ練習やウエイトトレーニングは不可欠。特によく使われる筋肉は、上腕二頭筋、背筋、僧帽筋、大腿四頭筋である。

ジャレット・レウェリン（カナダ）
世界選手権のジャンプ種目で、1997年（65.4m）、99年（66.6m）に優勝。

パトリス・マルタン（フランス）
1978年、14歳でトリックスキーのヨーロッパチャンピオンになる。世界選手権では1979、85、87、91年のトリックと1989、91、93、95、97、99年の複合で合計10個のタイトルを獲得。アメリカンマスターズ選手権では、最多優勝記録（5回）を樹立。

馬術競技

118 概要	128 競馬
120 馬場馬術	130 繋駕競走：斜対歩と側対歩
123 障害飛越	132 ポロ
126 総合馬術競技	

馬術競技

最初の騎馬民族は、紀元前3500～4000年にアジアの大草原地帯で暮らしていた遊牧民だと言われている。何世紀にもわたって、馬は、戦争、移動、狩猟など、人間の活動に利用されてきた。ヨーロッパやアジアでは、鞍、馬勒、銜、蹄鉄などの馬具の登場により、巧妙な戦術が次々と編み出されていった。14世紀になると、ヨーロッパ各国で、馬術の学問的および軍事的側面に興味が見いだされたが、イギリスでは、競馬や狩猟といった馬のスポーツに関心が向けられた。1500年、スペイン人征服者によって、アメリカ大陸に持ち込まれた馬は、入植者や先住民のパートナーとして、たちまち大陸中で重宝されるようになった。しかし、19世紀にエンジンが発明されると、労働力や交通手段としての馬の役割は失われ、当時、軍事訓練として行なわれていた馬術が、スポーツとして注目を浴びるようになった。今日、馬の品種改良が経済的に支えられ、多様な馬種が保存されているのは、競馬や馬術競技の人気によるところが大きい。

紀元前400年に、初の馬術書『馬術について』を著したクセノポーン。彼の教えの多くは現在も応用することができる。

馬

競技の結果をもとに、最高の雄馬と雌馬が繁殖用として選ばれ、目的に応じた馬が作られる。この方法は、17世紀にイギリス王チャールズ2世がレース用にサラブレッド品種を生み出したのが始まりである。それ以来、気質や身体的特徴に基づいて、約200もの品種が作り出され、血統台帳（系統記録文書）に登録されている。障害飛び越えや馬場馬術に傑出した能力を持つセル・フランセ、イングリッシュ・ハンター、ジャーマン・ハノーバーは、アラブ種、サラブレッド種、在来種を交配して作られた品種である。また、繋駕競走に使われるフレンチ・トロッター、アメリカン・スタンダードブレッド、オルロフ・トロッターは、サラブレッド種とアラブ種の混血である。

アラブ種
最も起源の古い馬種。アラブという名前が付いているが、原産地はアジアと考えられる。一般に、速力と持久力に優れ、美しい外観を持っていることから、他品種の改良に使われることが多い。

サラブレッド種
イギリス産の雌馬に3つのアラブ種（ゴドルフィン・アラビアン、ダーレーアラビアン、バイアリー・ターク）の雄馬を交配した馬で、速力に秀でている。今日では、ほとんどの他品種にサラブレッドの血が混じっている。

歩法

自然な歩法は、すべての馬に生来備わっている。競技で最もよく使われる3つの歩法は、並足、速足、駆足である。側対歩など特定の歩法は、調教によって教え込まれる。

並足
ゆっくりとした4ビートの歩法。4本の肢が1歩ずつ順番に運ばれる。

速足
中間のスピードで、対角線上にある肢が同時に運ばれる2ビート。歩と歩の間には、4本の肢すべてが地面から離れる瞬間（空間期）がある。右前肢と左後ろ肢、左前肢と右後ろ肢を、それぞれペアで動かす。速足競走では、通常の速足より、歩幅がかなり大きくなる。

駆足
スピードのある歩法。肢の運びは対称的ではなく、空間期を挟む3ビート。この歩法が解析されたのは、写真の技術が発明されてからである。

競走における速度

歩法	平均速度
駆足	60km/時
側対歩	52km/時
速足	50km/時

テクニックと用具

騎手が馬を制御し、誘導する方法として、声を使う他に2種類の「扶助（騎手から馬への意思伝達の手段）」がある。たとえば、発進を促すために両足で馬のわき腹を押す方法、または、馬の歩調を緩めたり、方向を変えるために、銜とつながっている手綱を使う方法である。

馬具

馬に乗るための用具。勒、面繋、手綱、銜と鞍は不可欠である。競技にはさまざまな馬術スタイルがあり、馬具も各競技に合わせて作られ（……）軽量の鞍。短（……）り、馬が自由（……）騎手は、手綱（……）り制御する。

（……）設計。騎座（……）り、幅の広（……）する。騎手（……）、ジャンプ（……）せるよう手

（……）っすぐ垂れ下が（……）かく、わずかな（……）るようになって（……）勒銜を組み合（……）まな要求指示を

蹄鉄

中世に普及した蹄鉄は、今では、馬場や用途に合わせて作られている。馬術では、装蹄が勝負の行方を左右することもあり、蹄鉄師の果たす役割は大きい。

障害用蹄鉄
馬場によって、滑り止めの突起、または、取り外し可能なゴムのパッドが装着されている。

競走用蹄鉄
通常はアルミニウム製で軽量。溝が掘られている。

馬場馬術用水勒

- 額革
- 項革
- 小勒頬革
- 大勒頬革
- 鼻革
- 咽革（のどがわ）
- 大勒銜（たいろくはみ）
- 水勒手綱（すいろくたづな）
- 小勒銜（しょうろくはみ）
- 大勒手綱（たいろくたづな）

大勒銜：舌と顎の上で動かし、鼻を下げる。
小勒銜：口角で動かし、頭を上げる。

ボルティング競技

コサック人の乗馬の名手によるアクロバット、または、サーカス曲馬師の技に、その起源をたどることができる。1人または2人の競技者が、3種類の歩法を行なっている馬の背中で演技をする。馬の動きに合わせてバランス、および、調和を取ることが競技の主な目的である。

エンデュランス競技

1頭の馬が定められた速度（12～17km/時）で、20～160kmの距離を走る。スタート前からゴール後まで獣医によって馬体検査が行なわれ、馬が良い体調を維持していることを確認しながらレースが進められる。難所では騎手が馬を下り、横について伴走する。

馬場馬術

騎手の要求指示に対する馬の従順さと演技の正確性を競う競技。紀元前400年にクセノポーンが著した世界最古の馬術書の中でも、この2点は重要視されている。彼の著書は、戦場での馬上の身のこなしが命取りになるギリシャ騎兵に向けて書かれた。中世に入ると、重い甲冑を身にまとった騎士たちは、繊細な馬術の教えを必要としなくなる。しかし、火器の発明とともに、騎兵隊は再び俊敏かつ激しい戦いを強いられ、乗馬技術の機敏性が見直されるようになった。そして、馬術は18世紀に飛躍的な発展を遂げ、今日では欠かすことのできないものとなっている。自動車が馬に取って代わるようになり、ようやく馬場馬術は軍隊馬術と一線を画した。1912年、馬場馬術はオリンピック種目となり、以来スポーツとして進化を続けている。国際馬術連盟（FEI）は、数多くの国際大会を主催しており、世界中の馬愛好家を魅了している。

「フランス馬術の父」と呼ばれたフランシス・ロビション・ド・ラ・ゲリニエール（1688〜1751年）は乗馬術に革命をもたらした。ルイ15世の馬術教師でもあった彼の教えは、ウィーンにあるスペイン乗馬学校で今日も受け継がれている。

競技会

競技は男女混合で行なわれる。団体戦は1カ国4人でチームを組み、試技順は抽選で決まる。各騎手がグランプリ競技で得点を競い、各チーム上位3人の成績で順位が決定される。個人戦も試技順は抽選による。グランプリ、グランプリスペシャル、自由演技グランプリ（音楽に合わせて演技を行なうキュア）の順で競技が行なわれ、算出された総合得点の最も高い者が優勝となる。

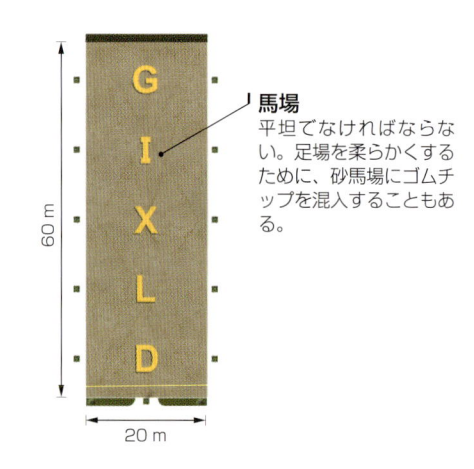

採点

審判長を含む5人の審判員が、各運動課目を10点満点で採点する。運動は、並足、速足、駆足の3つの歩法で行なわれる。騎手はさりげなく馬に合図を出し、馬は騎手の扶助に対し敏感に反応しなければならない。採点では、律動的な歩行と正確な動作が重要な要素となる。

馬場
平坦でなければならない。足場を柔らかくするために、砂馬場にゴムチップを混入することもある。

馬場

大会役員 競技が順調に行なわれているか、また、ルールが遵守されているか監視する。

8の字乗り 自由演技でよく使われる運動。駆足での踏肢変換は高度な技術を要する。

英字マーク（標記） 運動を行なう地点の目印として、一定の間隔でマークが設置されている。ただし、実際は、馬場中央の印はない。英字の配置が示す意味は、現在では失われている。

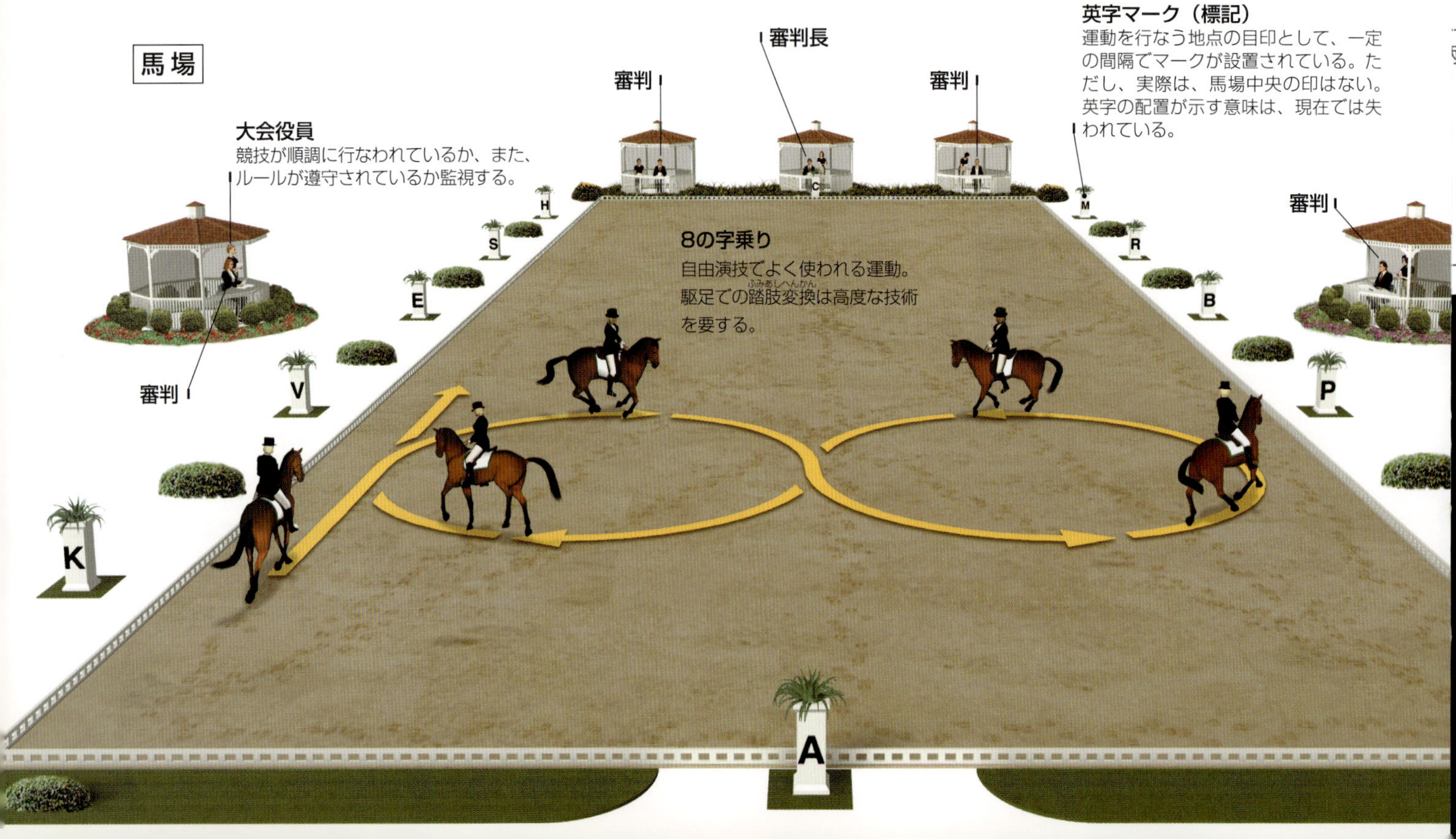

テクニック

収縮

理想的な姿勢を追及した末に生み出されたのが収縮姿勢である。馬は後ろ肢を前肢に近づけ、歩幅を狭めなければならない。収縮は、競技で求められる躍動的で軽快な動きの基本であると同時に、騎手がどのような馬乗体勢にあっても安定した運歩を行なえる理想の姿勢でもある。

収縮状態にない馬
後ろ肢が馬体の後方に流れ、重心のほとんどが前肢にかけられている。

収縮状態にある馬
後ろ肢が馬体の下に入っており、理想的なバランスが取れている。

上級運動

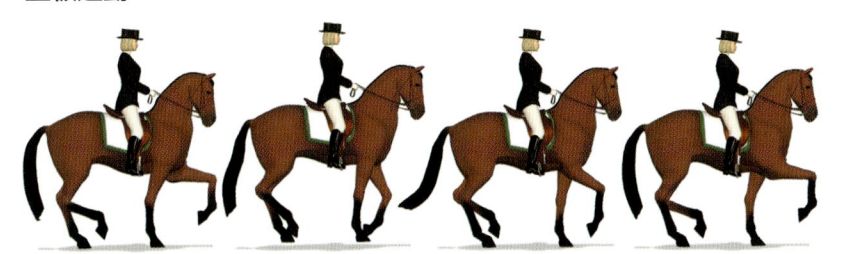

ピアッフェ
馬はその場で速足を行なっているように見える。かなりゆっくりとしたリズムで動き、前肢を高く上げる。

ハーフパス
肢を交差させながら、前方および側方への運動を同時に行なう。

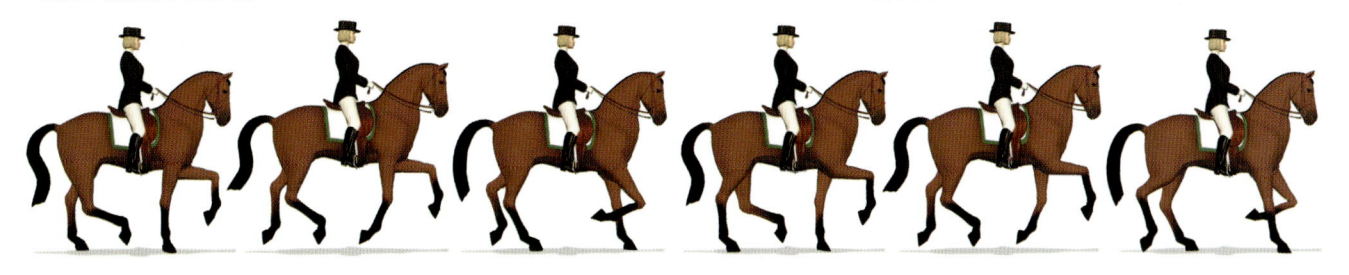

パッサージュ
速足で行なわれ、肢は空中に長くとどまり、地面に接地している時間が短い。馬は完全な収縮状態に置かれ、肢が高く上げられる。

競技課目

FEIは、20段階の競技課目を制定しており、各競技は最高35種類の運動で構成されている。運動課目はすべて暗記し、5～7分半の間に行なわなければならない。競技課目の内容は、FEIによって定期的に変更される。運動課目（ハーフパス、ピアッフェ、パッサージュ、ピルーエット、歩毎の踏歩変換、2歩毎の踏歩変換）は、数が指定されており、馬場内の特定の地点で、決められた順序通りに行なわなければならない。

競技課目	運動課目	音楽
グランプリ	規定演技	なし
グランプリスペシャル	グランプリより難易度の高い規定演技	なし
自由演技グランプリ	規定要素を含む自由演技	あり

国際大会レベルの運動課目

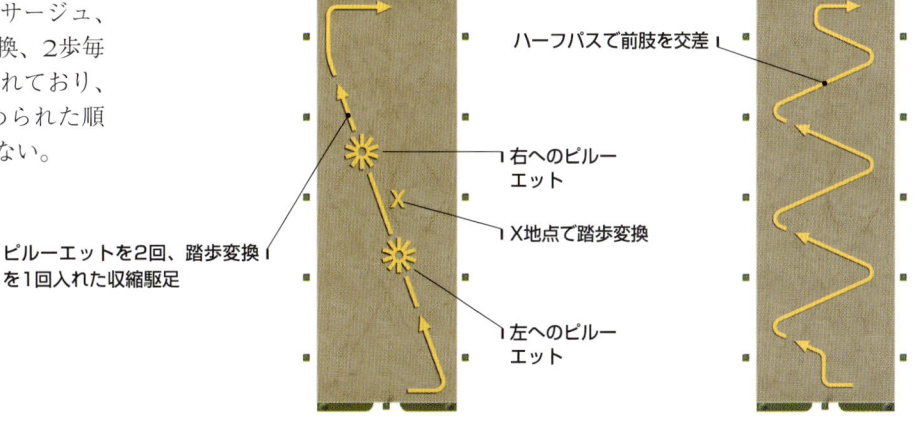

- ハーフパスで前肢を交差
- 右へのピルーエット
- X地点で踏歩変換
- 左へのピルーエット
- ピルーエットを2回、踏歩変換を1回入れた収縮駆足

馬術競技

乗馬学校

騎兵隊将校たちは、馬術の専門学校で訓練を受けた。16世紀のナポリのピニャテリや1730年のベルサイユのド・ラ・ゲリニエールといった馬術の大家が経営する学校は、多大な影響力があり、ヨーロッパ各国から生徒が集まった。1920年頃まで、乗馬学校は軍の権威と密接に結びついていた。今日もなお現存している、ウィーンのスペイン乗馬学校やカードル・ノワール・ド・ソーミュールの乗馬学校は、伝統的な馬術を受け継いでおり、世界中でパフォーマンスを行なっている。

用具

騎手の服装と馬具には厳しい規定がある。鞭や馬の肢を保護する肢巻の使用は禁止されている。

- シルクハット、または、制帽
- 白のシャツとストックタイ
- グローブ
- 黒、紺のジャケット、または、軍服
- 馬場鞍：騎手の脚と馬のわき腹のコンタクトを容易にする。
- 黒のブーツ、または、軍用ブーツ
- 小勒銜：馬の頭を上げる。
- 大勒銜：馬の鼻を下げる。
- 小勒手綱
- 大勒手綱：小勒手綱と大勒手綱を組み合わせて使うことにより、騎手は、正確かつ緻密な要求指示を馬に与えることができる。

騎手および馬の特徴

- 騎手の要求に馬を強制的に従わせるのではなく、馬が自ら従うように調教しなければならない。忍耐力、威厳、集中力、馬を理解する能力が極めて重要である。一般に、各騎手が独自のトレーニングプランを立てる。コーチは、客観的な視点から運動の誘導を援助する。年齢とともに貴重な経験が培われていく。

- トップレベルに到達するには、身体能力に優れ、精神的に安定した馬が不可欠である。上級トレーニングは5歳頃に始めるが、それまでに基本の調教は終えていなければならない。毎日、ストレッチや馬上体操を続けることで、徐々に収縮や運動の誘導ができるようになる。

- 比較的気性の穏やかなドイツの混血種とかけ合わせたサラブレッドは、馬術に最適な馬種である。一般に、ヨーロッパで育成された馬は、馬場馬術競技で圧倒的な力を発揮する。

ライナー・クリムケ（ドイツ）
キャリアの長い選手で、1964〜80年代にかけてオリンピックに出場した。1974、82年の世界選手権で優勝（個人）。

ニコル・ウプホフ（ドイツ）
1988、92年のオリンピックの馬場馬術で4回優勝（個人、団体）。世界選手権では、1990年に個人と団体、1994年に団体でタイトルを獲得している。また、1989〜95年の間には、ヨーロッパチャンピオンに4回輝いた。すべてレンブラントという馬で優勝を果たしている。

障害飛越（ひえつ）

馬術競技

障害飛越の目的は、素早く、落下させることなく障害を飛び越えることで、馬の筋力に加えて騎手のテクニックが必要とされる。この乗馬スポーツの起源は19世紀中ごろにさかのぼる。当時、イギリスの郊外は自然の障害（低木の茂み、溝、障壁）が豊富で、騎馬による狩猟が行われていた。イギリス騎兵隊の将校たちが障害飛越を恰好な訓練だと考えて取り入れ、ヨーロッパのほかの騎兵隊もそれに習った。最初の国際大会は1900年にパリで開催されたオリンピックであり、正式種目として採用されている。障害飛越は、1945年を過ぎるまで軍隊の影響を大きく受けていた。軍に属する騎手にのみ参加が許された競技会もあったほどである。1953年に行なわれた最初の世界選手権大会では、選手は馬を交換して競技を行っていた。その大会以降、国際馬術連盟（FEI）がこのスポーツの運営団体となり、1974年には男女が区別なく競技に参加できるようになった。競技会の中でも、オリンピック・グランプリがもっとも人気が高い。ワールドカップや世界選手権大会、ネイションズ・カップなどの一流競技会への出場者は、ナショナル・グランプリのトーナメントの成績で決定する。

アルベルト・バルデス。1948年にウェンブリー・スタジアム（イギリス）で開催された一流の競技会、ネイションズ・カップで優勝したメキシコチームのメンバー。

競技会

最低速度は350～400m/分に設定されている。現在使用されるコースは、専門のコースデザイナーによって作られ、その距離は700～1,000m。コースには12～15の障害が設けてあり、そのうち少なくとも3つの障害がコンビネーションである。騎手は競技会の前に一度歩いてコースを下見できる。国際競技会は表A、Cにのっとって判定される。

- **表A:** 設定された時間内にコースを完走しなければならない。過失（障害の落下、不従順または逃避、落馬や馬の転倒）が減点対象になる。規定時間から1秒遅れるごとに0.25点の減点があるとなる。
- **表C:** 一般に、スピード・アンド・ハンディネスの競技で使われる。ゴールまでの走行タイムが測定され、時間制限はない。過失をタイム（秒）に換算し、走行タイムに加算する。

胸がい
鞍が後ろへすべるのを防ぐ

ベリーパッド
この幅の広いパッドは、飛越時に蹴り上げる前足から腹部を守る

パッドつきジャンピングブーツ
馬の脚を支える

プラスチック製ベルブーツ
蹄を保護する

カップ
横木を支えるもので、さまざまな形からなる。コースの下見をする際、騎手は平らなカップ（より簡単に落ちる）をテストする。

スタンダード

ウィング（そで障害）

馬術競技

飛越のテクニック

かつて騎手は鞍の後方に座り、体を後ろへ傾けていた。この体勢は騎手にとって困難なばかりでなく、馬の動きを大きく阻害するものだった。1904年、イタリアの兵士、フェデリコ・カプリッリが「自然な騎座（前方騎座）」を編み出した。この方法では、難しいポイントで馬がバランスよく飛越を行なえるよう、騎手はあぶみで自らを支えて馬首の上に前かがみになる。この新しい手法は、当時の伝統的な馬術の原則と完全に相反するものだった。しかし、非常に効果的な騎乗方法だとわかると他の騎手も採用するようになり、今日に至っている。

1．アプローチをコントロールする
馬の能力を最大限に引き出すため、騎手は馬のストライドを調節して、踏み切りポイントに正確に到達できるようにする。

2．バランスをコントロールする
騎手の体重は馬のバランスに大きく影響する。体の位置を変えることで、馬の跳躍や飛形（跳ね構え）を妨げないようにする。

3．静かに着地する
コース内での飛越は駆け足で行われるため、馬が興奮することがある。飛越時に馬が慌てないよう、騎手は常に馬をコントロールする。

コース

スタート、ゴール、障害飛越の場所には赤と白の旗が立っている。白旗は常に左側、赤旗は右側となる。旗は、飛越の方向と障害の端を示す。障害は飛越するべき順に番号がつけられ、1〜3つの障害を組み合わせることができる。

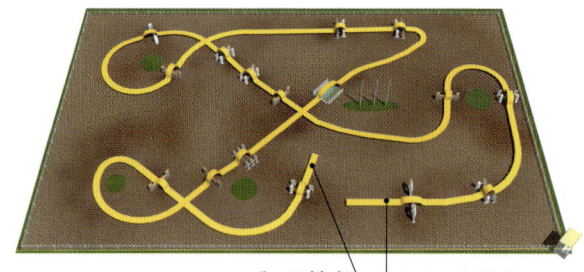

ゴール地点　スタート地点

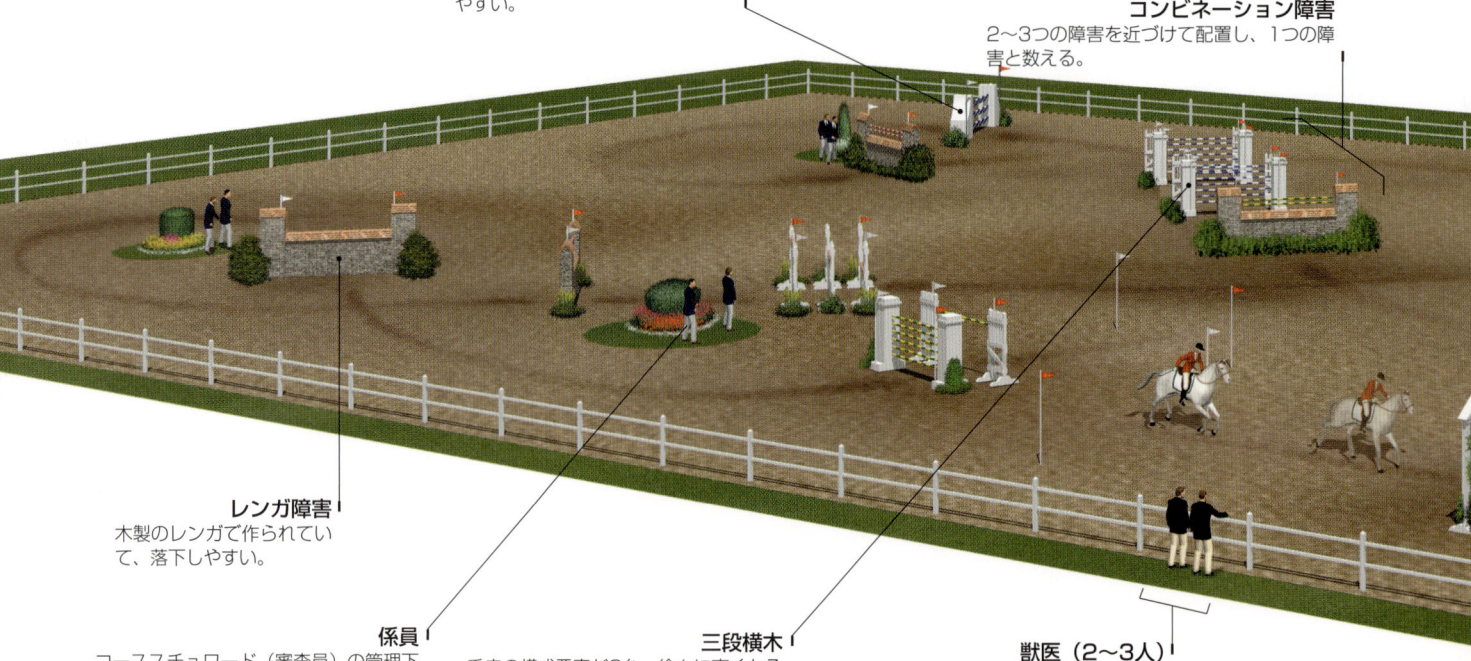

プランク（厚板）
横木より安定が悪い。平らなカップの上に乗っているため、落下しやすい。

コンビネーション障害
2〜3つの障害を近づけて配置し、1つの障害と数える。

レンガ障害
木製のレンガで作られていて、落下しやすい。

係員
コーススチュワード（審査員）の管理下にあり、落下した障害を組みなおす。10人の係員は、競技者の邪魔にならないよう障害の影に隠れる。

三段横木
垂直の構成要素が3台、徐々に高くなるように並べられた障害。

獣医（2〜3人）
競技前日の夕方と当日の朝、馬の身元を正式なパスポートと照合し、脚の状態を確認する。競技中、特に入場前に脚の状態が悪い場合は、直ちに介入する。

馬術競技

騎手と馬の特徴

- 競技結果の70％は馬の力によると言う人もいるが、飛越に関しては騎手の影響が大きい。馬が能力を出し切るには、自信を持ち、騎手が何を求めているかを明確に理解する必要がある。ただし、この絶妙なパートナーシップは永遠に保たれるわけではなく、日々のさまざまな訓練の中で確認され維持されるものである。
- 馬は自然に飛越を行なうが、競技に出るにはは4年以上の訓練で培う確かな経験が必要となる。馬は9～15歳でベストの状態に達する。訓練の初期では、経験のある馬がまず跳び、怖じ気づいている馬を跳ぶように促すことが多い。競技会シーズンが始まる前には、馬の肺機能や筋力がコースで最大限に発揮されるよう、駆け足（呼吸器系）や長距離の速歩（推進のための筋力）で力をつける。

ゲイル・グレナフ（カナダ）
愛馬ミスター・Tと共に1986年の世界選手権で優勝。女性初の優勝者。

ハンス・ギュンター・ウィンクラー（ドイツ）
1956～76年の間、ハラ、トロフィーの両馬で戦い、オリンピックで5つの金メダルを手にする（オリンピックに6回連続で出場。最多記録）。

ピエール・ジョンクェール・ドリオラ（フランス）
愛馬アリババに騎乗して、民間人で初めて個人のオリンピックタイトルを獲得した（1952年のヘルシンキ大会）。愛馬ルトゥールBで、2つ目のオリンピック金メダル（1964年の東京大会）を獲得し、その記録は今日まで破られていない。

得点

転倒や馬の不従順、または制限時間を超えると減点対象となる。つまり減点なしとは一つもミスをせずに競技したことを意味する。減点内容には以下のものがある。時間超過──1秒毎に1点の減点。転倒また水壕への着水──1回目4点減点、2回目失権。不従順と転倒は4点減点となり、超過時間として計算される。落馬の場合は自動的に失権となる。また団体競技と同様に個人競技においても減点制度による等級付け審査がある。この新制度では、最も良い時間で競技し終えた騎手が勝者となる。

水壕障害
水壕の審判は馬の踏み切りと着地を見る。馬が着水したり、着地側の木摺に触れたりした場合は過失となる。水壕前の低木には触れても過失にならない。
幅：4.15～4.75m

水壕審査員

コーススチュワード
コースを作る上で、一般的な原則（障害の高さや数、各障害間の距離）が尊重され適用されたことを確認する。競技中は、選手のコースへの入場と退場を管理し、落下した障害が適切に戻されるよう監督する。

審査員団
主任審判を含む4人の審判員で構成される。主任審判は、IOCまたはFEIによって（競技会による）任命または承認される。審判員は、そのクラスの基準にのっとって競技者の失点を計算する。

オクサー
2つの同じ高さの垂直要素（方形オクサー）、または違う高さの垂直要素（段違いオクサー）でなる障害。幅は、高さ以上の長さがあってはいけない。

医療チーム
騎手が傷を負った場合に介入する。

障害の特徴
馬の目に入る、障害の頂上部分。ウィングかスタンダードの上部で支えられていなければならない。もっとも高いバーは、1本の横木かプランク。

垂直
1つの垂直な面に複数の横木が組まれている。

総合馬術競技

総合馬術は、馬と騎手の総合的な能力を競い合うスポーツである。馬と騎手は、3種目（馬場馬術競技、耐久競技、障害飛越競技）のすべてを3日間かけて行なう。最初の総合馬術競技は、1902年にフランス軍が騎兵隊をテストするために行なった軍馬選手権である。その後、1912年のストックホルム大会でオリンピックの正式種目に採用されるが、今日の形になったのは1924年のパリ大会以降のことである。当時この競技は「ミリテール（軍という意味のあるフランス語）」と呼ばれていたが、1949年にビューフォート公爵がバドミントン・ホース・トライアルを創立し、そのときから一般の人々も参加できるようになった。その他、イギリスのバーリー、アイルランドのパンチェスタウン、オランダのボエケロ、ドイツのルミュレン、アメリカケンタッキー州のレキシントンでも、有名な総合馬術大会が毎年開催されている。また、毎年行なわれるヨーロッパ選手権、隔年で交互に行なわれる世界選手権大会とオリンピックでも、この高い技術を要する華やかなスポーツは多くの観客を魅了している。

ブリガディア・ボルトンとグレイラグ。1952年に開催された名高いバドミントン・ホース・トライアルにて。

競技会

男女の区別なく行なわれる。各種目は独立して審査され、それぞれ違った係数を持っている。トータルで16の係数（獲得ポイントにかける数字）があり、馬場馬術競技で3、耐久競技で12、障害飛越競技で1と分けられる。ペナルティは、馬場馬術競技の得点から減点され、耐久競技と障害飛越競技でのジャンプミスとタイムオーバーも減点となる。すべての種目での失点を合計し、全種目を通して、もっとも失点の少なかった者が勝者となる。個人戦と団体戦が同時に行なわれる。事前に各国が4人のチームを構成し、そのうち上位3名の得点のみがチーム得点として合計される。

1日目：馬場馬術競技

最初の馬場馬術では、馬の従順性と、騎手と馬のコミュニケーションを審査する。規定された18セットの動きを、およそ8分にわたって行なう。踏歩変換（駈歩の右左をその歩様のまま切り替えること）、駈歩ピルーエット（後ろ足で旋回すること）、ピアッフェ（馬が前進せずに一箇所で前肢を交互に高く上げて足踏みをすること）、あるいは、パッサージュ（歩調を極度に詰めて馬体を縮め、速歩を演技すること）などの動きが含まれていないので、難易度は最高水準の馬場馬術競技ほどではない。

2日目：耐久競技

身体的、精神的に人馬共にもっとも厳しい日となる。クロスカントリーコースでのテクニックや勇気が試される。わずかなミスが致命傷になりかねない。人馬の完璧なパートナーシップが求められ、馬が人のミスをカバーすることもある。コースは4区間（A、B、C、D）に分かれ、その距離をもとに定められた規定時間内に完走しなければならない。C区間の後には、10分間の中断が必須となっている。この間に獣医師が馬の心拍数や脚の状態をチェックし、クロスカントリーコースへ出られるかどうか確認する。

3日目：障害飛越競技

最終競技。獣医師による念入りなチェックを受けた後、それまでの成績とは逆の順（2日間の競技を終えてもっとも成績の良い馬が最後）に競技をする。コースの難易度は中程度で（12個の障害のうち、もっとも高い障害で1.2m）、前日の厳しい競技を経た馬の体力と集中力が審査される。

耐久：クロスカントリーコース

馬術競技

耐久競技の区間

区間	歩法	特徴		時間
A: 区間道路およびに競技場	キャンター、トロット 速さ220m/分 (13.2km/時)	全長 4,400～5,500m		20～25分
B区間: 固定障害	ギャロップ 速さ690m/分 (41.4km/時)	全長 3105m 高さ1.40m 幅4mの障害が8～10基		45分
C区間: 道路およびに競技場	キャンター、トロット 速さ220m/分 (13.2km/時)	全長 7,700～9,900m		35～45分
D区間: クロスカントリー	ギャロップ 570m/分 (34.2km/時)	全長 7,410～7,980m 障害45基		13～14分

騎手と馬の特徴

- 騎手が20年もの長い間（20～40歳）一流選手でありつづけるのは珍しいことではない。イタリア人のマウロ・チェッコリ（1964年のオリンピックで優勝し、1984年のオリンピックに出場）とアメリカ人のマイク・プラム（オリンピック8大会に出場）などがその代表。
- 馬に自信を持たせるよう、騎手自らが調教する。これが競技で勝つ重要なポイントになる。ある馬が3種類の異なる競技に対応する技術や能力があるかどうかは、2～3年訓練をした後でなければ判断できない。
- 各種目用に作られた訓練を毎日行なうほかに、人間のスポーツ選手と同じようなプログラムで馬のコンディションを維持する。通常のギャロップ訓練や坂道での低速訓練では、スピードだけではなく、筋力や呼吸器系が鍛えられる。
- これまでの実績から、優勝馬の体格や品種は様々である。1年に3回以上出場させるには、この競技は馬への負担が大きすぎる。そこで、国際舞台でトップに立つほどの騎手は、えり抜きの馬を2頭、その他、各種目に合わせて訓練した馬を数頭所有している。

戦術

競技では、馬の落ち着きや耐久力が重視される。耐久競技では、初日が終わって得たリードを、体力回復の時間にあてることができる。今日のクロスカントリーコースでは、特定の障害に2つの選択肢がある。速く走れるがリスクの高い経路と、リスクは低いが時間がかかる経路である。現在の競技レベルは非常に高く、3種目のうち1つでも結果が悪ければ、最終スコアに大きな影響を及ぼす。馬場馬術で高得点を得ることは重要であるが、通常は耐久競技が勝敗の分かれ目となる。

マーク・トッド（ニュージーランド）
カリスマという名の馬で、2度のオリンピック優勝を果たした（1984、1988年）。また、1980、1984、1996年にバドミントンも制す。彼の活躍によって、ニュージーランドは馬術競技で第一線に立った。

メアリー・キング（イギリス）
1994年の世界選手権大会および1995年のヨーロッパ選手権大会のメンバー。イングランドおよびスコットランドでのオープン・チャンピオンシップで数回優勝。1992年のバドミントン、1997年のシャンティイも制す。

障害
固定された旗で順番を示す。馬は障害を目視する前に踏み切らなければならず、騎手を信頼できていなければならない。各障害のペナルティゾーン（障害横10m、後20m）の外では、落馬、拒止、逃避はカウントされない。怪我をした馬が速やかに退避できるよう、箱型または半箱型の障害は分解できなければならない。

飛越審判（ひえつ）
馬が各障害を飛び越えたかどうかを判断し、採点の係員にトランシーバーで伝える。

防具
耐久競技では、騎手はあごひものついたヘルメットをかぶらなければならない。落馬は非常に危険であり、ほとんどの騎手は背中のプロテクターも使用する。馬の脚が障害で傷つくのを避けるため、脚にグリースを塗ることが多い。

競馬：競馬場

馬術競技

競馬は、人馬一体となって全速力でゴールまで疾走する最速の馬術スポーツである。このような人と馬との特別なパートナー関係ははるか昔から存在している。有史以前の中国では競馬が儀式として行われていたし、古代ギリシャのオリンピックでは騎馬レースや戦闘馬車レースが行なわれていた。最初の競馬場が作られたのは17世紀の初頭のことで、場所はイギリスのニューマーケットである。その後サラブレッドの繁殖が盛んになるに従い、スピードレースも増加していった。1750年にジョッキークラブが組織されると、エプソムダービーやアスコットのゴールドカップなど、多くの人気レースのルールが確立される。今日では、この2つの主要レースに加え、パリで行われる凱旋門賞とアメリカで開催されるケンタッキーダービーが一流のレースとされている。

アメリカの伝説的ジョッキー、トッド・スローン（1933年没）。あぶみを短くする「モンキー乗り」という新しい騎乗法を編み出した。

レース

馬は、くじ引きで決められた順にスターティングゲートに入れられる。スタート審判は、枠入れが困難な馬や位置の悪い馬を待つ必要はなく、いつでもスタートさせることができる。すべての馬に勝つチャンスが与えられるよう、強い馬は5kg以下の負担重量を負わされる。このハンディキャップは、前のレースの成績を審査比較して専門家が決定する。レース審判は、ゴールラインを通過した馬の順位を確認する。集団で、僅差でゴールした場合は、着順を決定するのに写真判定が用いられる。装置が機能しない場合には、レース審判の判定が最終決定となり、抗議を行なうことはできない。

スターティングゲート
主にスピードレースで使用される。すべての馬が同時に出走できるよう、ゲートは一斉に開く。

賭け

生産者は、賭けから得る収入によって競走馬を生産する。出走前に賭けられた金額でオッズ（概算配当率）が決められる。賭け金が高いほどオッズが低く、勝つ見込みが低ければオッズが高くなる。例えば、オッズ2の馬が勝った場合、賭け金の2倍の金額が払い戻される。

馬場

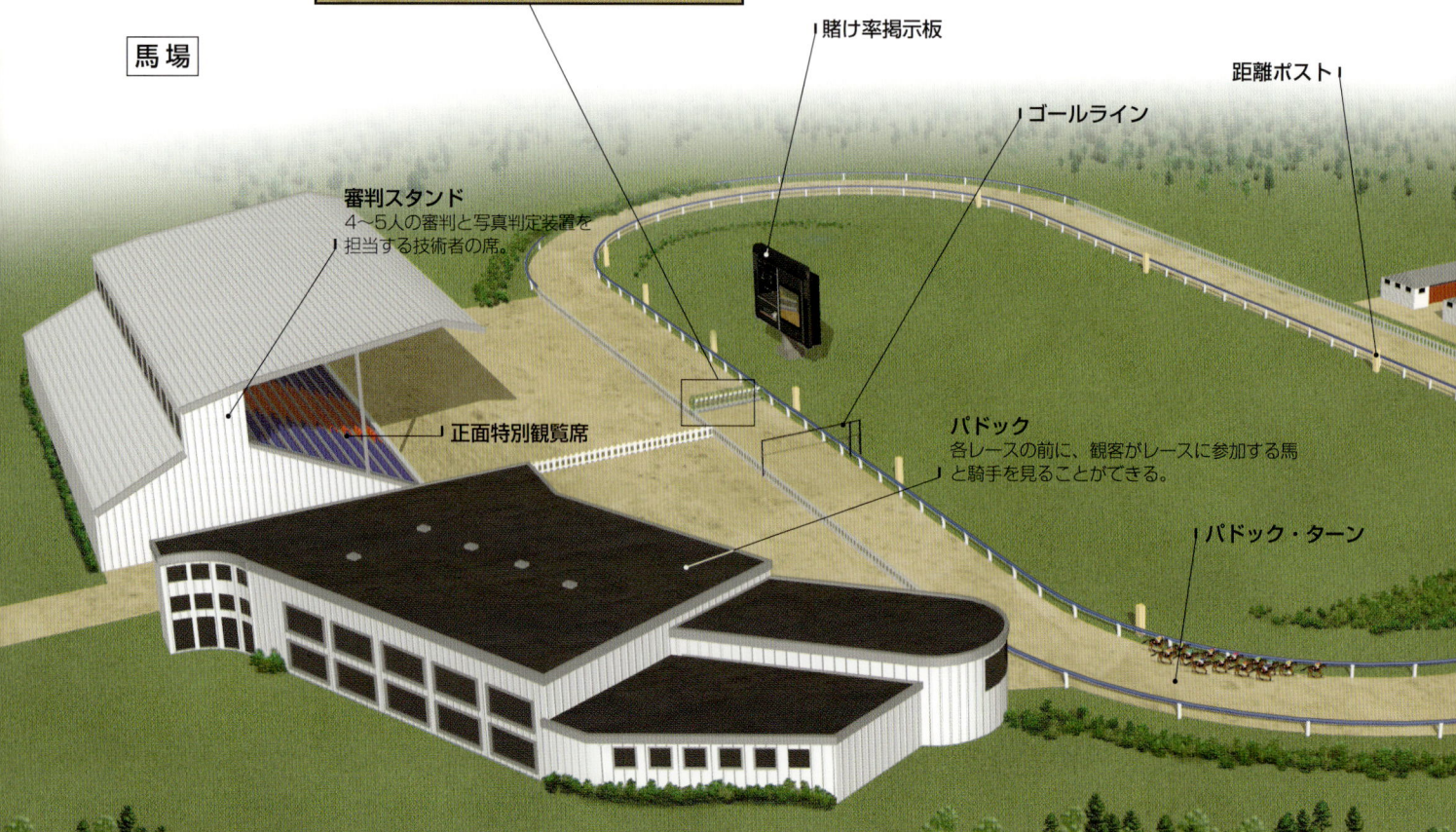

- 賭け率掲示板
- 距離ポスト
- ゴールライン
- 審判スタンド
  4～5人の審判と写真判定装置を担当する技術者の席。
- 正面特別観覧席
- パドック
  各レースの前に、観客がレースに参加する馬と騎手を見ることができる。
- パドック・ターン

レースのタイプ	馬齢	距離	障害の数	例
平地競争	2歳	1,000〜2,000 m	なし	ロンシャン競馬場のグランクリテリウム（フランス）
平地競争	3歳	900〜3,000 m	なし	ケンタッキーダービー（アメリカ）
ハードル	3〜4歳	2,500〜5,000 m	8〜15	オートゥイユ（フランス）
障害レース	4歳	約7,200m	30	リバプールのグランド・ナショナル（イギリス）

馬術競技

戦術

レース中は、ジョッキーがすべてのことを判断し、馬の走り方に戦術を合わせる必要がある。走りをうまく利用して集団の中の良い位置につけ、正しいタイミングで追い込みをかける（もっとも力を注ぐ）ことが勝利のカギである。進路がふさがれていなければ、ジョッキーはホームストレッチのどのコースを走るか自在に選べる。コーナーでは、もっとも内側（内枠いっぱい）がベストポジションである。

用具

ジョッキーの騎乗姿勢

現在の騎乗スタイル（手綱やあぶみを短くし、体を馬首の上にかぶせる）は、アメリカ人のジョッキー、トッド・スローンによって19世紀の末に編み出された。最初のころは批判され、笑われることさえあったが、良い結果をもたらすことがわかり、ほとんどのジョッキーが直ちに採用した。

- **ヘルメット**
- **勝負服**
- **ゴーグル**
- **遮眼帯** 影を見て障害だと勘違いしてジャンプしないよう、馬が見る地面の範囲を制限する。
- **鞭**
- **ハンディキャップ重量** ゼッケンに縫いつけたポケットに入れられる。
- **ゼッケン**
- **厩舎**
- **ターフ** ターフという言葉は、馬が競う地面（草）を意味する。アメリカの馬場は通常平らで、表面に木の削りくず、土や砂が敷かれていてやわらかい。

ジョッキーと馬の特徴

- ジョッキーの理想的な体重は約50kgで、小柄でなければならない。まず、厩務員の仕事（馬の世話をして調教で乗る）から始め、小さなレースで騎乗するようになる。優秀な者は、40レースほどでプロのライセンスを手にする。
- 1歳馬では、短距離を高速で駆ける毎日のトレーニングが重要である。馬は3〜4歳でもっとも速く走るようになり、通常は、平地競争から障害競争への移行を視野に入れ、耐久も含むトレーニングを行なう。
- 平均的な馬（50〜70レース出場）に比較して優勝馬（15〜20レース出場し、すべて勝つこともある）のキャリアは短い。

レスター・ピゴット（イギリス）
イギリスでもっとも有名なジョッキー。国内選手権で11回優勝。1954〜83年に、大きな国内ダービーで9回優勝した。1995年にプロを引退。

パット・デイ（アメリカ）
1984、86、87、91年にエクリプス賞を受賞。また、著名なブリーダーズカップで10回優勝し、この中には1987年にシアトリカル（アイルランド）で制したレースも含まれている。

繋駕競走：斜対歩と側対歩

馬術競技

繋駕競走は、馬場で行なう競技である。サルキ（2輪の繋駕）を使用し、歩法を変えずに最初にゴールした馬が勝ちとなる。初期の速歩レースは農民の間で非公式に行なわれ、馬は斜対歩（対角線の脚をペアで動かす速歩）か、側対歩（同じ側の脚をペアで動かす速歩）で走った。斜対歩の繋駕レースは19世紀、アメリカとヨーロッパで同時に始まった。しかし、ほどなくアメリカでは異なる馬場を使った独自のレース（側対歩）が行なわれるようになり、斜対歩のレースより盛んになる。1864年に設立されたフランスのソシエテ・ドゥ・シェヴァルと、全米トロッティング協会は繋駕競争をプロ競技として定めた。その後、パリミューチュエルの賭け方式（賭け金の総額から手数料などを差し引き、残りの金額を的中数で等分する方式）が登場すると、繋駕競走の人気が上昇する。現在では、アメリカのルーズベルト・インターナショナルや、フランスのプリ・ダメリケに何万もの観客が詰めかけ、テレビ観戦する人も多い。優勝馬は有名になり、オーナーに巨万の富をもたらす。

1935年に行なわれたリッチモンド・ホースショーでの繋駕速歩レース（斜対歩）。

レース

スタートの位置は、前のレース結果で決まる。すべての馬に同様のチャンスが与えられるよう、成績の良かった馬にはハンディがつけられる。可動式ゲートの後ろから助走をつけるスタート方式では、強い馬は馬場の外側にいなければならない。スタンディング・スタートの場合は、長い距離（最長100m）を走らなければならない。レースは通常1周だが、短い馬場では2周走ることもある。馬が歩法のルールを破ったか否かを判断するため、レースは録画され、歩法審判と数人のスチュワードの乗った車が後を追う。僅差でのゴールの場合は、写真判定が用いられる。

過失

ペナルティーを課される過失は、歩法（斜対歩か側対歩）とレース中の行為に関するものである。ヨーロッパでは、歩法を破った場合は失格となる。北米では、着順をひとつ下げられるが、一旦馬場から外へ出て歩法を元に戻せば最後までレースを続けることができる。馬が他の馬に当たった場合は、ヨーロッパでは失格になり、北米では、当てた馬の後ろへ着順を下げられる。

戦略

もっとも重要な戦略は、レースの大事な瞬間に最高の力を出せるよう、馬のエネルギーを温存することである。騎手は、バランスを失ったり、歩法を破ったりすることなく馬のストライドを最長に伸ばす努力をする。

馬場
北米では通常、平坦な楕円形で、表面が石粉でできている。コースは800～1,600m（0.5～1マイル）とさまざまである。ヨーロッパのトラックは芝生で覆われていて、距離は1,600～2,200m（1～1・3/8マイル）。

馬場

可動式ゲート
8～12頭での出走で、スピード感のある華々しいスタートを可能にする。ヨーロッパで行なわれているスタンディング・ゲートでは、20頭まで出走できる。

歩法審判
レースのスタートからゴールまでチェックする。

ゴールポール

ムービング・ウイング

集団
最初と最後のコーナーでは、集団に囲まれないことが重要である。

可動式ゲート
一旦馬がスピードを出して走り始めたら、スタートラインを超えたところで2枚のウイングを前に閉じる。その時点で自由に走行できるようになる。

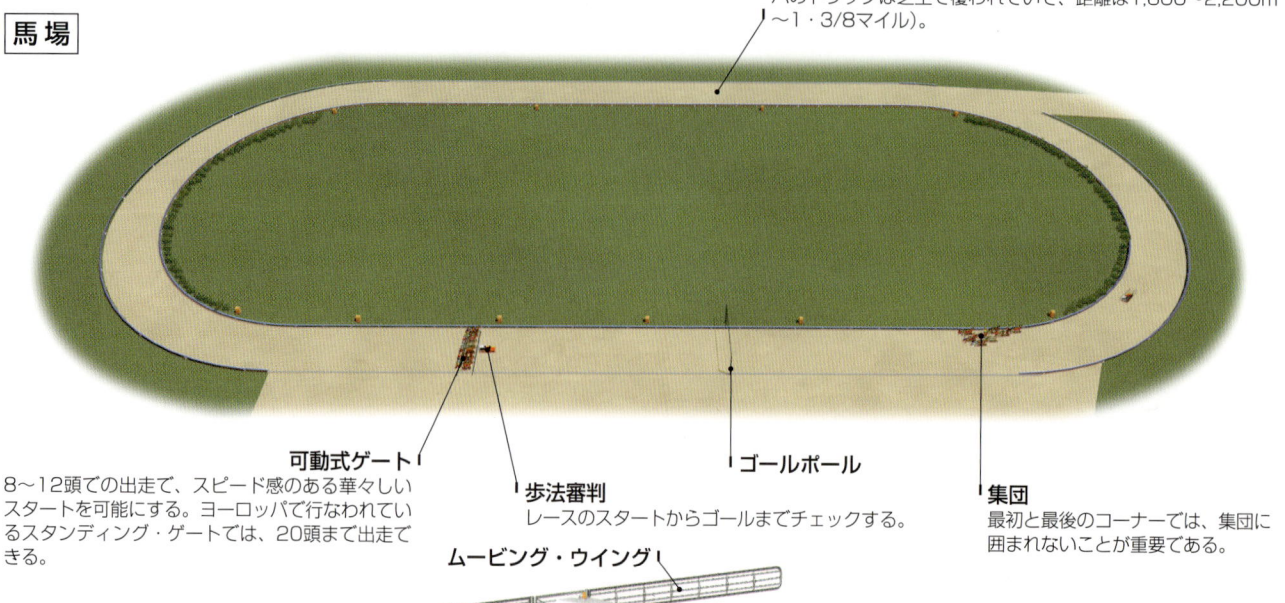

歩法

ヨーロッパのレースでは、騎乗も繋駕も斜対歩がメインだが、北米の繋駕では斜対歩と側対歩の双方が取り入れている。どちらも、スピードのある2拍の歩法である。蹄に体重がうまく配分されれば、馬のストライドが伸び、時間が短縮される。斜対歩より側対歩のほうが訓練しやすい。1885年ごろにアメリカで発明された側対歩用の足かせによって、馬は歩法を破ることがほぼ不可能になった。

斜対歩
対角線にある二肢（たとえば、左前肢と右後ろ肢）は同時に地面に着いている。斜対歩レースでのストライドは通常の速歩に比較してかなり長い。

側対歩
同じサイドの前肢と後肢を同時に動かす。側対歩は斜対歩よりスピードが出る。

グレイハウンド（アメリカ）
1930年代に走った去勢馬。史上最高の速歩馬だといわれている。6mのストライドを持ち、1934～40年の間に25の世界新記録を樹立した。中には現在も破られていない記録がある。

ブレット・ハノーバー（アメリカ）
1960年代に走った標準型馬。出走した斜対歩レース68試合のうち、62試合で優勝。9つの世界新記録をマークした。年間代表馬に3度選出され（1964～66年）、1965年には三冠馬となった。

主要レース

すべての年齢、すべての国の馬が参加できる体表的レースは、ニューヨークで行なわれるルーズベルト・インターナショナル、ヴァンセンヌ（フランス）のプリ・ダメリケ、モントリオール（カナダ）のトロット・モンディアルで、その賞金は高額である。フランスとアメリカの間で繰りひろげられる熱戦にもっとも注目が集まる。アメリカの馬が手にする最高の賞は、3つの主要レースで優勝した馬に与えられる三冠である。すなわち、斜対速歩馬では、ヤンカース・トロット、ハンブルトニアン、ケンタッキーダービー、側対速歩馬では、メッセンジャー・ステークス、ケイン・フューチュリティー、リトルブラウン・ジャグである。

用具

手綱
レース中は、他の馬の影響を受けないよう、馬に耳栓をすることが多い。騎手は声で指示を与えることができないため、手綱だけで馬を動かす。

止め手綱
鼻革とつながっている。馬が速歩を保てるよう、頭をあげさせる。

鼻革

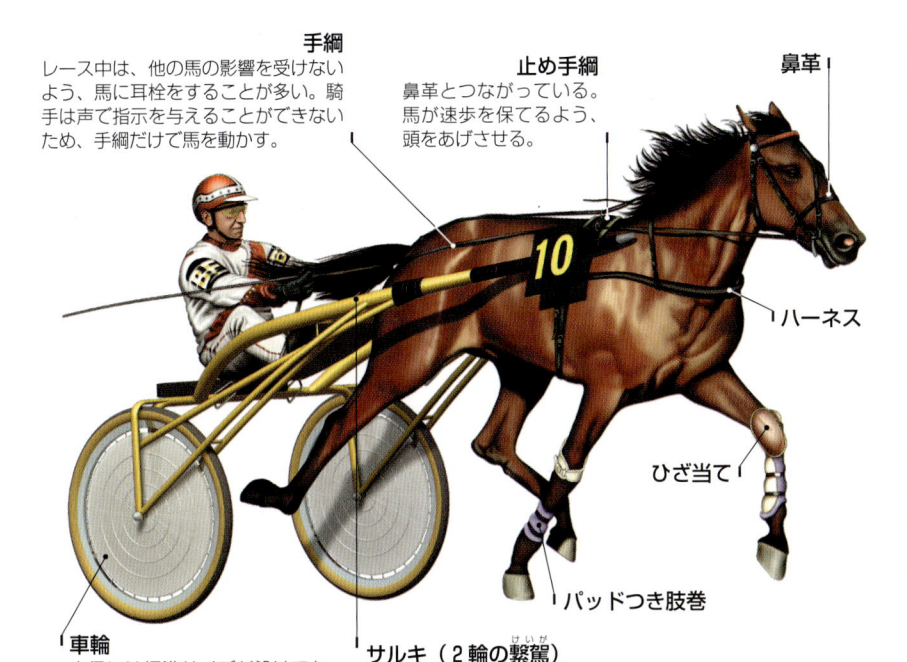

ハーネス

ひざ当て

パッドつき肢巻

車輪
直径には標準サイズが設けてある。馬の安全と空気力学を考えて、スポーク部分にはプラスチック板が取り付けられている。

サルキ（2輪の繋駕）
アメリカで1892年に発明されて以来、ほとんど変わらなかったが、1970年代にフレームが木製からアルミニウム製になった。シャフトの幅や角度は馬ごとに調節する。レース用のサルキの重さは12kg弱。訓練用のものは重く、25kgほど。

騎手と馬の特徴

- 騎手が馬の訓練を行なう場合がある。騎手の平均年齢は30～40歳であるが、メジャーなレースに60歳まで出場する者もいる。

- 速歩は、馬に自制を要求する。駈歩（ギャロップ）をしたいという衝動に流されることなく、ストライドを最大限に伸ばすことを学ばなければならない。サルキを引き始める前に、歩法や手綱に徐々に慣れさせる。その後、具体的な練習プランを立て、徐々にスピードをあげる。

- 馬は特定の目標を念頭に訓練される。アメリカでは、非常に若く短距離に強い馬が好まれる。ヨーロッパ（主にフランス、ロシア、スカンジナビアの国々）では持久力が望まれ、そのような馬のレース生命は長い。どちらにしても、14歳に達した馬は引退させなければならない。

- 臆病な馬には、恐怖を感じることが少なくなるよう視野を狭める目隠しをつける。

ポロ

ポロは平らなフィールドで行なうスポーツである。2チームに分かれた選手が馬にまたがり、マレットと呼ばれるスティックを使って相手ゴールにボールを打ち込む。この競技は、紀元前600年ごろにペルシアで始まったと言われている。1850年代にヒマラヤでインドの貴族からこの競技を学んだイギリス人が、1859年に最初のポロ（チベットの言葉、pu-luより）クラブをシルチャルで結成し、その後イギリスに持ち込んだ。移民者がポロをアルゼンチンに紹介し、ジェームズ・ゴードン・ベネットという大富豪が1876年にアメリカに紹介すると、ポロは人気のスポーツとなる。そして、ロンドンのハーリンガム・クラブによって初めてルールが制定された。1886年にワールド・サーキットに加わったイギリスは、1920年に最初のオリンピックで金メダルを手にしている。アルゼンチンは1924年と1936年のオリンピックで金メダルを獲得し、さらに1928年には最初のカップオブアメリカで勝利した。イギリスは、1956年にカウドレー卿が設立したゴールドカップとともにワールド・サーキットに加わっている。1983年に設立され、カリフォルニア州のビバリーヒルズに本拠を置く国際ポロ連盟(FIP)が毎年開催するワールドカップには、多数の観客が詰めかけている。

現存するもっとも古いポロの絵。ペルシア王族の歴史を語ったフェルドウスィーのシャー・ナマをもとに描かれたもの（10世紀末）。

競技

ポロ競技は、各チーム4人の2チームで行なわれる。フィールド中央のT字ラインを挟んで両チームが並び、審判がその間にボールをスローインして試合開始となる。試合は、1チャカ（ピリオド）7分の6チャカで構成される。各チャカ間に3〜5分の休憩が入り、選手はその間に馬を乗り換える。（プレー中にも乗り換えることが可能）。相手のゴールポストにボールを通過させて得点となる。得点が入るたびにサイドチェンジが行なわれるが、その間試合は中断しない。中断されるのは、選手が落馬して動けないときにのみである。両チームに平等に勝つチャンスが与えられるよう、ハンディキャップ制度が導入されている。ハンディキャップは−2〜+10まであり、国内の委員会が決定する。ハンディキャップが+4の選手から国際試合に参加できる。チームのハンディキャップは、全選手の合計で決まる。ハンディキャップ30のチームが40のチームと対戦するときには、あらかじめ10点のアドバンテージを与えられる。

時計
1チャカ7分間を計測する。

チーム名
ほとんどのチームにスポンサーがついている。現在では、メジャーなコマーシャルブランドによって作られたチームもある。

選手のハンディキャップ

チームのハンディキャップ

競技場

27mライン

選手1
主な役割はゴールを決めること。俊敏な馬を使う。

選手2
ボールを敵陣へ運ぶ。もっとも勇敢な馬を使う。

36mライン

選手3
攻撃と守備の間の要。通常このポジションにはキャプテンかハンディキャップのもっとも高い選手がつく。

タワー
スコアラー、アナウンサー、審判が常駐している。審判は、ビデオでゲームのリプレイを見てすべての異議を決着させる。

騎乗審判（2人）
サイドライン上の審判のサポートを受ける。

サイドライン
競技場によっては板張りのサイドラインもある。選手はこのラインの外からボールを打つことができる。

選手4
守備の選手。馬は安定性、頑強さ、スピードが必要となる。

54mライン

T字ライン

用具

木馬
トップレベルの選手でも、木馬にまたがりマレットの操作技術を練習する。

25 cm

1.22～1.35m 馬の高さによる

マレット
利き腕にかかわらず、右手で持たなければならない。

マレットヘッド
葉巻形と乗馬靴形がもっとも一般的である。ボールを打ったときに地面をたたくことがないよう、先端が斜めにカットされているものもある。

シャフト
通常は竹製である。選手の好みで、しなやかなものと硬いものが使用できる

ボール
柳の根またはプラスティック製。

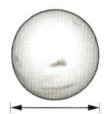

7.6～8.9 cm
99～128 g

鞍
腹帯には強い力が加わるので、破損した場合の安全策として上腹帯をつける。

ヘルメット
通常フェイスプロテクターがついている。

たてがみ
騎手の手やマレットが絡まないように、短く切る。

鼻革

尾
マレットが絡まないように編み上げ、半分にたたみ、平ひもで結ぶ。

マルタンガール
急停止したときに馬の頭と騎手の頭がぶつかるのを防ぐ。鼻革に取りつけてあるので、馬が頭をそらすことができない。

ひざあて
騎手を怪我から守り、同時に馬を傷つけないものでなくてはならない。

ブーツ

レッグプロテクター
馬の砲骨部（下肢）に肢巻や帯布（バンデージ）を巻き、マレットや他の馬の打撃から守る。

ベルブーツ
蹄冠帯（蹄の上部）を保護する。

7.62 m

ゴール審判（2人）
クロスバーが存在しないため、ゴールショットがゴールポストの高さ内だったかどうかを判断する。

ゴールポスト
怪我を避けるため、ポストは柔軟な素材で作られ、木摺で覆われている。選手はこの間を通ることができる。

国際競技の日程

アルゼンチン・オープン	ブエノスアイレス、パレルモ	11月
USオープン	フロリダ、パームビーチ	4月
ゴールドカップ	イギリス、カウドレー・パーク	7月
ウィンザー・パーク・インターナショナル	イギリス	7月
ポロ世界選手権大会	フランス、ドーヴィル	3年毎

メモ・グラシダ（アメリカ）
メキシコ出身。ハンディキャップ10というトップ選手（世界に15人）のひとり。メジャーな大会、USオープンで14回優勝。1988年、イスラ・キャロルというクラブチームに所属し、ゴールドカップとスターリングカップで優勝した。

騎手と馬の特徴

- プロ選手はチームを頻繁に移籍する。中には、一試合だけの契約もある。プレーのレベルを維持するため、絶えず質の高いポロポニーを探して購入している。

- 騎手たちは、プレー上の成果は75％が馬の力によると言う。ポロポニーは、他の馬との激しいぶつかり合いを恐れることなく、騎手のアクロバティックな動きも落ち着いて受け入れられる能力が必要である。単純なスピード以上に求められるのが、ストップ、スタート、ターンを俊敏に行なう能力である。

- 馬は4歳になると試合に参加することができる。騎手の指示に即座に従うこと、ボールを打ちやすい位置に騎手を運ぶこと、マレットでボールを打つ際に驚かないこと、ボールに最初に追いつくことを2年以上にわたって習得させる。

馬術競技

戦略とテクニック

ポロは試合展開が速く予測が難しい競技であるため、事前に戦略を立てることは容易ではない。そこで、相手チームの選手や馬の技術力を知っておくことがカギとなる。選手が最高のポロポニーを使うのは、試合の勝敗を左右する第4チャカまたは第6チャカである。ポロの基本は、「ライン・オブ・ボール（ボールがたどる想像上のライン）」である。これは事故を避けるための概念である。自分の打ったボールを追いかける選手と、ボールが飛んだ位置にもっとも近い位置にいる選手にライト・オブ・ウェイ（次にボールを打つ権利）がある。それ以外の選手がライト・オブ・ウェイを持つ選手を妨害することはできない。

フォアハンドとバックハンド

ボールは前方向と後方向、斜め方向に打つことができる。ポロポニーの右側にあるボールはフォアハンド、左側にあるボールはバックハンドで打つ。優れた選手は、フィールドの全長（274m）を2打で超えられる。あぶみの上に立って打てば、ボールをより遠くへ飛ばせる。

垂直打ち

馬の首の下、尾の後ろで打つ。もっとも難しいのは、「ミリオネアーのヒット」と呼ばれるもので、馬体の下で打つ。

スティック・フッキング

相手がボールを打とうとするとき、相手のマレットに自分のマレットをひっかけて妨害すること（フッキング）ができる。肩より上の位置でのフッキング、馬の脚の前でのフッキングは反則となり、相手チームにフリーショットが与えられる。

ライド・オフ

相手チームの選手をライン・オブ・ボールから押し出すこと。相手の馬に対して30度未満の角度から行なわなければならない。

フリーショットとペナルティショット

フリーショットは、27、36、54mの各ラインから行なうが、どのラインから行なうかは反則の程度により審判が判断する。ファウルを犯したチームは、60mラインからのフリーショットに限りプレーに参加できる。ゴール直前で守備側が反則を犯した場合、攻撃側にペナルティショットが与えられることがある。選手は、27mラインに置いたボールに全速力で近づき、ゴールを狙って打つ。これを相手チームが妨害することはできない。

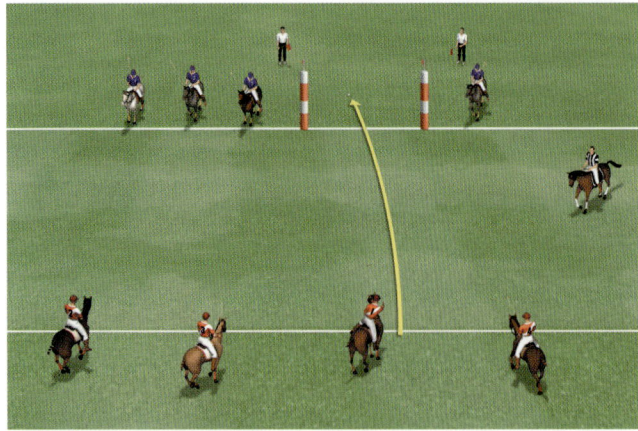

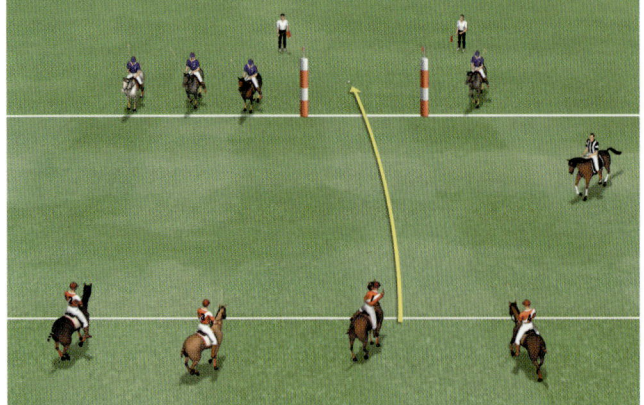

試合開始

両チームがT字ラインを挟んで並び、審判がライン上にボールを投げ入れて試合が始まる。ボールがサイドラインを割った場合、両チームはそこから4.6mの場所に並ぶ。エンドラインを超えた場合、守備側の選手が出た場所からボールを入れる。守備側の選手はどこにポジションをとってもよいが、攻撃側は27m下がらなければならない。

精度を追求するスポーツ

136　射撃	147　ペタンク
140　アーチェリー	148　ボウリング
143　ビリヤード	150　カーリング
146　ローンボウルズ	152　ゴルフ

射撃

精度を追求するスポーツ

銃器は15世紀の末に発明されたが、射撃がスポーツになったのは19世紀に入ってからのことである。どの種目でも競技の基本は同じで、静止または動く標的を銃器を使って撃つことだが、動く標的を撃つ射撃法は19世紀の初めころ、イギリスのオールドハット・クラブによって考案された。コルトが1836年に回転式の弾倉を発明し、この技術躍進によって射撃がポピュラーなものになる。その後間もなく射撃競技のルールが作られ、スイスで最初の射撃協会が設立された。1860年ごろから、標的として使っていたハトが不足し始め、放出機で飛ばされる粘土のハトが使われるようになった。男子の射撃がオリンピック種目となったのは1896年の第1回アテネ大会から、女子は1984年からである。1907年、国際射撃連盟が設立され、1988年に国際スポーツ射撃連盟（ISSF）に改名した。世界選手権大会は4年に1度開催され、オリンピックと交互に行なわれる。射撃競技は3つの主なカテゴリー、ショットガン、ライフル、ピストルに分類されている。

射撃ライン上のスウェーデンチーム。1912年のストックホルムオリンピックで金メダルを手にする。

ショットガン

射手はショットガンを使用し、放出機から放出された皿型のクレーを撃ち落す。プーラー（クレーを放出する機械または人）や標的の数、標的の放出方法、標的ごとの射撃数は、トラップ（自分から遠ざかっていくクレー標的を撃つ）、スキート（左右から飛び出すクレーを、射台を替えて撃つ）、ダブルトラップ（同時に2枚放出されるクレーを撃つ）の種目によって異なる。競技会では、射手が射台を順に移動しながら撃つ。射手が標的を放出するように指示を出す（「プル！」）と、足元のマイクからプーラーにその指示が伝達される。

射撃場

オリンピック・トレンチ（トラップ）

15のクレー放出機が3グループに分かれて配置されている。9つの異なった放出グリッドがあり、クレーの角度やスピードをコントロールする。競技では、男子で125枚のクレー（2日間で25枚の5ラウンドを行なう）、女子では75枚のクレー（25枚を3ラウンド）を使用する。上位6名が決勝ラウンドへ進み、25枚のクレーで1ラウンドを競う。射撃ラインに並んだ5人の射手は、1ラウンドごとに、次の射台へ移動する。撃ち落したクレーの数を計算して採点する（1枚1点）。

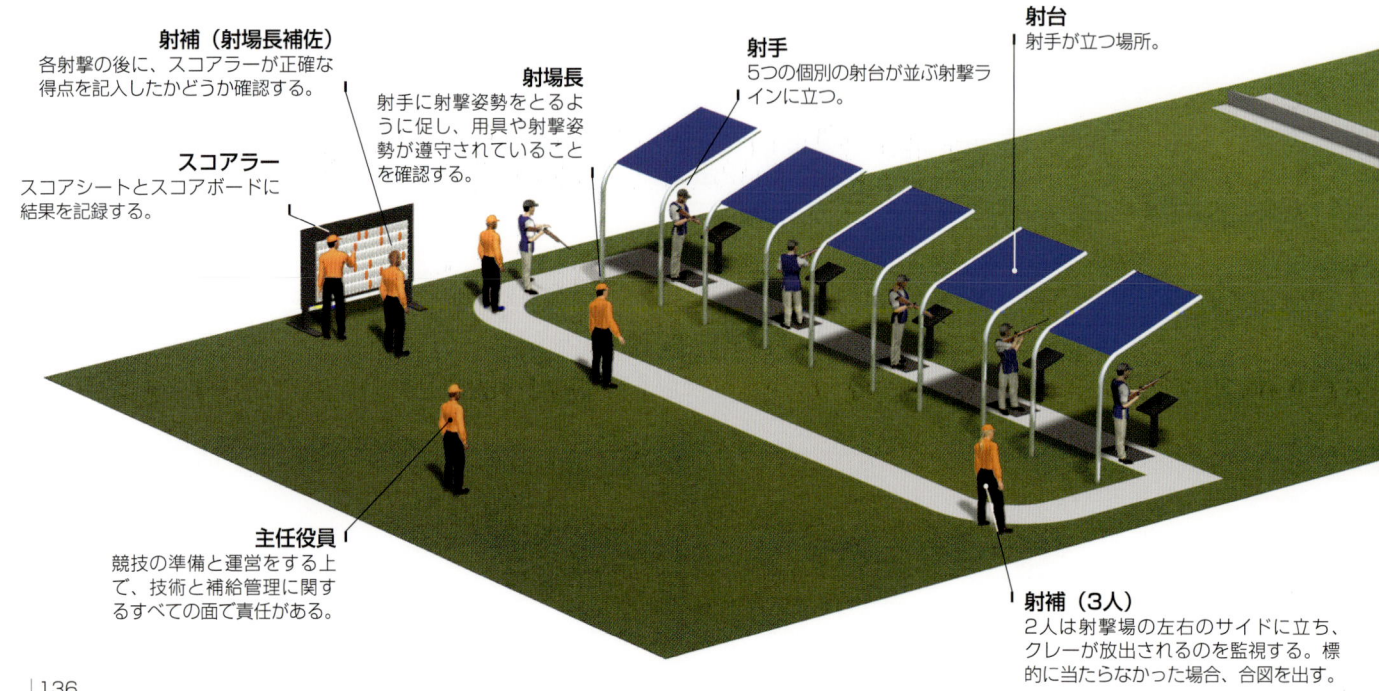

射補（射場長補佐）
各射撃の後に、スコアラーが正確な得点を記入したかどうか確認する。

スコアラー
スコアシートとスコアボードに結果を記録する。

射場長
射手に射撃姿勢をとるように促し、用具や射撃姿勢が遵守されていることを確認する。

射手
5つの個別の射台が並ぶ射撃ラインに立つ。

射台
射手が立つ場所。

主任役員
競技の準備と運営をする上で、技術と補給管理に関するすべての面で責任がある。

射補（3人）
2人は射撃場の左右のサイドに立ち、クレーが放出されるのを監視する。標的に当たらなかった場合、合図を出す。

スキート

射撃ラインは半円形で、その線上に7台の射台が配置されている。半円のそれぞれの端に設置されている放出機からクレーが放出され、その飛び方はさまざまである。2枚のクレーを撃つのに2発の散弾を使うことができる。1枚のクレーに2発使うことはできない。クレーやラウンドの数はトラップと同じ。

ハイハウス 高さ：3.05m
ローハウス 高さ：1.07m
8番射台
射撃ライン 半円の円周沿いに射台が配置されている。射手は順次射台を移動しなければならない。

ダブルトラップ

3台の放出機から2枚のクレーが放出されるが、射手はその角度や高さを事前に知らされている。競技では男子で150枚のクレー（2枚ずつ50枚のクレーを3ラウンド）女子では120枚のクレー（40枚のクレーを3ラウンド）を使用する。上位6名が決勝ラウンドへ進み、そこで男子50枚、女子は40枚のクレーを撃つ。

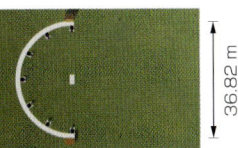

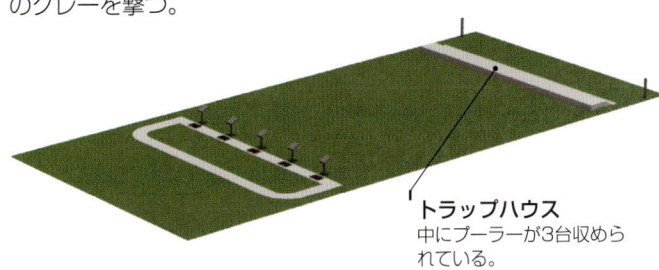

トラップハウス 中にプーラーが3台収められている。

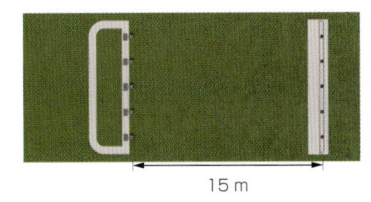

36.82 m / 15 m

精度を追求するスポーツ

用具

上下二連式ショットガン：12口径
カートリッジが2つ装填され、2発撃つことができる。

バットプレート（床尾板） 取り外し可能な部位。これがあることで、銃床の長さや高さを射手の好みに調節することができる。

12番ゲージのカートリッジ 散弾が詰まっている（24gの鉛） 70mm

クレー 粘土の混合物でできている。トラップ競技では、105km/時のスピードに到達することがある。 11cm 105g

トレンチ トレンチ（塹壕）は、2～2.1mの深さがあり、各射台につき3機、合計15の放出機が設置されている。さまざまな高さ、角度、スピードでクレーを放出するが、射手はその情報を知らされていない。

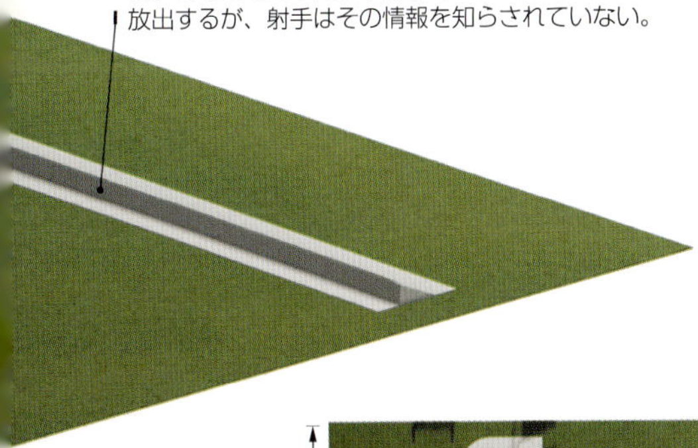

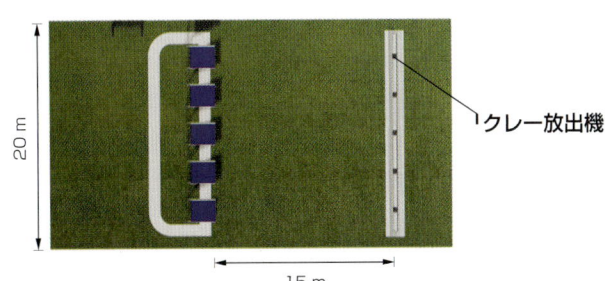

クレー放出機 役員（プーラー）が自動か手動で稼動させる。プーラーは射手の姿と声をはっきり確認できなければならない。クレーを700枚まで収納できる。

クレー放出機

20 m / 15 m

スキートシューティングポジション
トラップシューティングポジション 

スキート射撃の姿勢
スキート射撃では、役員が銃の位置を審査できるように、2～3cm幅で25～30cmの長さのベルトが射手の右側（左利きの場合は左側）腰の上あたりに付けられる。標的が出るまで、銃床の底部分がこのベルトの上になければならない。ダブルトラップ射撃の場合は、クレーが放出される前に構える必要がある。射手は日光を遮るためにバイザーのついた帽子をかぶることが許されている。

精度を追求するスポーツ

ライフル

この競技の目的は、標的の中心近くに、できるだけ多くの弾を当てることである。ライフル射撃は使用する銃の口径によって、いくつかのカテゴリーに分けられる。すべての種目で、射手は距離、時間、銃を構える姿勢、口径に関するルールを遵守しなければならない。

口径5.6mmのライフル（22ロングライフル）と口径4.5mmのエアライフルでは、距離（10mと50m）、銃弾の数（40、60、120）、姿勢（立射、膝射、伏射）によって競技種目が分かれている。

- **スタンダードライフル（女子）3×20**：射手は50mの距離から、2時間30分以内に60発の射撃を行なう：伏射20発、立射20発、膝射20発。
- **フリーライフル（男子）3×40**：射手は50mの距離から120発の射撃を行なう：1時間以内に伏射40発、1時間30分以内に立射40発、1時間15分以内に膝射40発。

姿勢

伏射
射手は地面または、予め用意されている規定の射撃用マットにうつぶせになる。銃を支えることができるのは、両手と片方の肩のみ。狙いを定めるために、頬を銃床に当てることができる。銃を支えている上腕と銃を固定するスリングを使うことが許される。銃はその他いかなるものにも触れてはならない。前腕は地面に触れてはならず、地面と腕との角度は30°以上必要である。

膝射
地面と3点で触れることが許される。左足、右足のつま先、右足の膝（右利きの射手の場合）である。ライフルは両手で持ち、右肩で支えなければならない。伏射と同様スリングを使用することができる。左のひじが膝より前へ出ていいのは10cmまで。右足首の下にクッションを置くことができるが、右足と地面の角度で許されるのは45°までである。

立射
射手は両足を地面に着けまっすぐに立つ。ほかに支えるものはない。銃は両手で持ち、照準側の肩で支える。照準側の頬はライフルに触れても構わない。支える側の腕（右利きの射手の場合は左腕）は、胴の上に置き、ひじは腰でしっかり支える。右腕には支えはない。

用具

種目によりライフルは小口径（5.6mm、22ロングライフル）、または、大口径（最大8mm）を使用する。ライフルの総重量は8kg以下でなければならない。照準は拡大レンズを使用していない限り許可される。フリーライフルでは、銃床の長さや高さを変える、バレルチューブを使用して銃身を許容範囲内で長くするなど、カスタマイズできる。服装は、ベスト、革手袋、ズボン、靴、ベルトに至るまで厳しく制限されている。支えに使えるような要素があってはならない。

22（5.6mm）口径ライフル

- **チークピース**：取り外し、調節が可能。
- **照門**
- **照星**
- **銃身**
- **5.6mm口径銃弾（22ロングライフル）**
- **引き金**
- **パームレスト**：ライフルを支える手をサポートする。
- **フック**：わきの下でライフルを支え、安定性を良くする。
- **銃床**
- **バットプレート**：取り外し可能なこの部位は、銃床の長さや高さを射手のサイズに調節することを可能にする。

エアライフル

15.44 cm

50mライフル標的

ピストル

ライフル射撃同様、この競技の目的は、標的の中心にできるだけ近く、できるだけ多くの弾丸を撃ちこむことである。ほとんどの競技者が、5.6mm口径のピストルを使用する（男子のセンターファイアピストル、10mのエアピストルを除く）。射撃姿勢は立射のみであり、競技は射撃数や距離によりさまざまである。銃は片手で持ち、腕をまっすぐ伸ばして構える。

- **スタンダードピストル（男子のみ）3×20**：射手は、標的から25mの距離で20発ずつ3ラウンドを行ない、合計60発の射撃を行なう。最初のラウンドで5発4回を150秒以内に撃ち、第2ラウンドでは5発4回を20秒以内に、第3ラウンドでは5発4回を20秒以内に撃つ。この種目はオリンピック種目にはなっていない。
- **フリーピストル（男子のみ）6×10**：射手は標的から50mの距離で2時間以内に60発（10発を6ラウンド）撃つ。各ラウンドは15分で終了する。
- **ラピッドファイアピストル（男子のみ）2×30**：射手は25mの距離から、5つの旋回する標的を撃つ。制限時間内に30発2ラウンドで60発の射撃を行なう。1ラウンドは、5発2回を8秒以内、5発2回を6秒以内、5発2回を4秒以内に行なう。5発の射撃はすべて別の標的を狙わなければならない。
- **エアピストル10m（男女）**：女子は1時間15分以内に40発、男子は1時間45分以内に60発の射撃を行なう。
- **女子スポーツピストル、男子センターファイアピストル2×30**：射手は大口径のピストルを使用する（男子で8mmまたは9.65mm、女子は5.66mm）。最初は「プレシジョン（精密）」射撃30発、5発6ラウンドを6分以内で行なう。その後「ラピッドファイア（速射）」を30発、5発6ラウンドを3秒以内に行なう。発射するごとに標的は7秒間隠れる。

姿勢

競技者用テーブル
選手は競技開始まで弾薬と銃をテーブルに置いておかなければならない。

立射姿勢
ラピッドファイア競技では、各射撃の前にこの姿勢をとることが義務づけられている。銃は体の前45°の位置で構える。

射撃テクニック
両足を開き両肩は標的に対して平行に構える。空いている手は下ろさずに、ベルトかポケットに掛ける。

ゴーグル
防護メガネの着用が義務付けられている。

イヤープロテクター
射手と射場役員に使用が義務付けられている。

標的

使用する銃、口径、距離により標的の大きさは変わる。標的は、数字を振った同心円でできている。

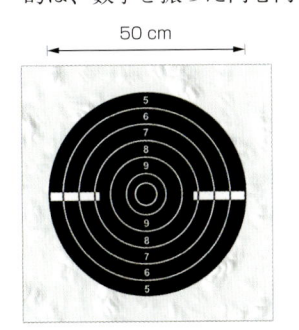

速射用25m

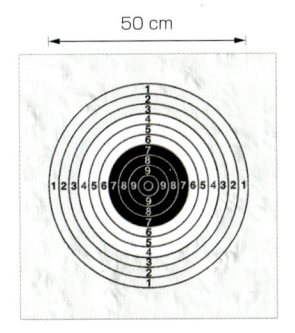

精密射撃用25m、50m

用具

すべての種目で、銃は片手で持たなければならない。銃床は手で支えられる長さ以上であってはならない。射撃を行なうときは、手首に支えがあってはならない。ピストルは発射するごとに銃弾または弾丸を1発込める。照準レンズ、照準器、照準鏡の使用は禁止されている。

8mmピストル

照準器　銃身　引き金　銃床

ヒールレスト
この部位は、滑らないように手の外側を支える。グリップの前部またはサイドに設置されている。

エアピストル

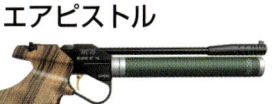

22口径ピストル

望遠眼鏡
この使用は許可されているが、銃に備え付けることや射撃中に使用することは禁じられている。

ピストル射撃の着衣
体の一部を支える、または固定するものは、着用してはならない。足首を支えるような靴も認められない。

射手のプロフィール

- 射撃はすべての種目で並外れた集中力が重要である。射手は同じ動きを正確に幾度も繰り返し訓練する。すべての体の動きをコントロールできなければならない。射手は、本能的に心拍と心拍の間で射撃を行なうが、それは心拍が射撃の精度を下げる可能性があるからである。
- 射撃は良好な健康状態のもとで行なわなければならない。ウォーミングアップをし、銃の重さを支えるために必要な手首、腕、肩、背中の柔軟体操をする。また、呼吸や心拍をコントロールし、緊張を和らげるためのリラックス訓練を行なう。

精度を追求するスポーツ

精度を追求するスポーツ

アーチェリー

狩猟、戦争、スポーツ、どの場合でも、遠くの標的に矢を当てるというアーチェリーの目的は同じである。元来、弓矢は狩猟に使う道具だったのだが、紀元前3000年ごろに戦うための武器となった。武器としての使用は、銃火器が発明され、弓矢が時代遅れの道具になるルネッサンス時代まで続く。中世になると、アーチェリー部隊は戦うためではなく、的を射る技術を人々に見せるものとして、再び注目を集めるようになった。その後アーチェリーは、真のスポーツへと徐々に姿を変えていく。1928年、当時このスポーツが主に行なわれていたフランスでフランスアーチェリー連盟（FFTA）が創立され、その3年後、ポーランドで国際アーチェリー連盟（FITA）が発足した。アーチェリーは幾度かオリンピックで競技されたが（男子で1900年、女子で1904年、男女ともに行なわれたのは1908年と1920年）、人気が高まるのは1960年を過ぎてからのことになる。その後、1972年に男女ともオリンピックの競技として復活し、ターゲット競技の4種目（男女の個人戦と3人で構成される男女のチーム戦）のみがオリンピック種目となった。1931年にアーチェリー国際選手権大会が始まり、1975年以降は隔年で行なわれている。

「ハットフィールドでのアーチェリー」
ゴーボリルド作（1792）

ターゲット競技会

所定の距離に設置された標的の、できるだけ中心近くに矢を当てるのが目的。いくつかの種目がFITAによって認定されている。それぞれに、距離、矢の数、的の種類、用具に関するルールがある。オリンピックと国際選手権大会では各アーチャー（射手）が144本の矢を行射する。距離は4種類あり、もっとも長いものから始める。最多得点は1440点。

その後、上位64人が6射3エンド（回）の競技を行なう。上位8人が決勝ラウンドに進み、3射4エンドの競技を1対1で戦う。優勝決定戦は、2人のアーチャーが3射4エンドの行射を交互に行なう。すべてのエンドで的までの距離は70m。時間制限は色信号と音による合図で知らされる。

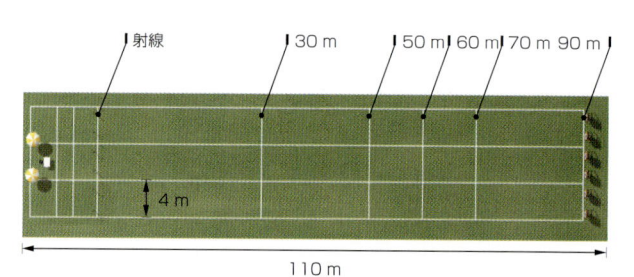

安全地帯
アクシデントを避けるため、観客は射線より少なくとも10m後ろ、サイドラインより20m後ろで観戦する。

射場

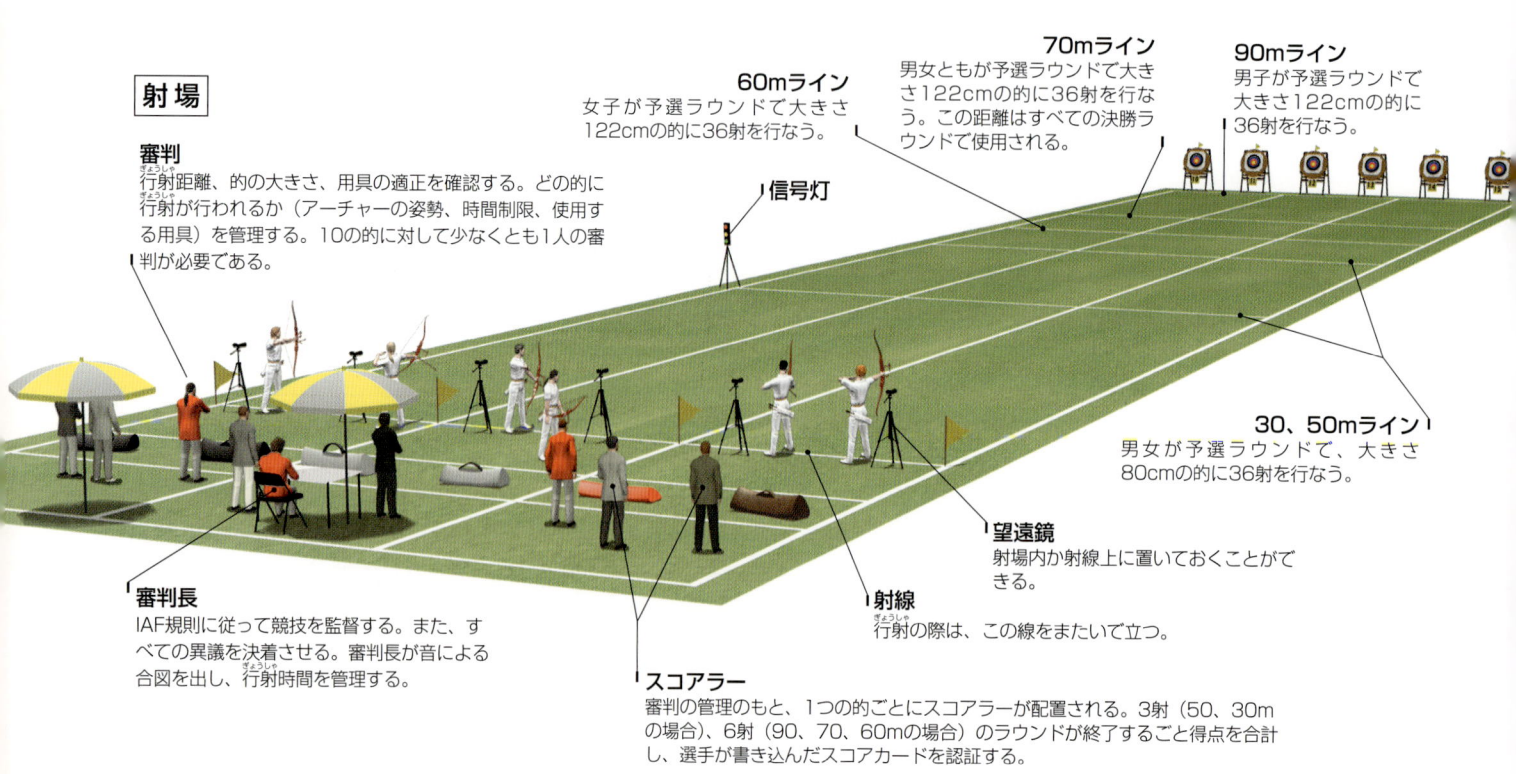

審判
行射距離、的の大きさ、用具の適正を確認する。どの的に行射が行われるか（アーチャーの姿勢、時間制限、使用する用具）を管理する。10の的に対して少なくとも1人の審判が必要である。

60mライン
女子が予選ラウンドで大きさ122cmの的に36射を行なう。

70mライン
男女ともが予選ラウンドで大きさ122cmの的に36射を行なう。この距離はすべての決勝ラウンドで使用される。

90mライン
男子が予選ラウンドで大きさ122cmの的に36射を行なう。

信号灯

30、50mライン
男女が予選ラウンドで、大きさ80cmの的に36射を行なう。

望遠鏡
射場内か射線上に置いておくことができる。

射線
行射の際は、この線をまたいで立つ。

審判長
IAF規則に従って競技を監督する。また、すべての異議を決着させる。審判長が音による合図を出し、行射時間を管理する。

スコアラー
審判の管理のもと、1つの的ごとにスコアラーが配置される。3射（50、30mの場合）、6射（90、70、60mの場合）のラウンドが終了するごと得点を合計し、選手が書き込んだスコアカードを認証する。

テクニック

アーチャーは、無意識に繰り返すことができるくらい行射の一連の動きを完璧にマスターする。矢を手に取ってからフォロースルーまで15～20秒かかるが、その間周りのことを一切気にせず自分の動作に集中する。

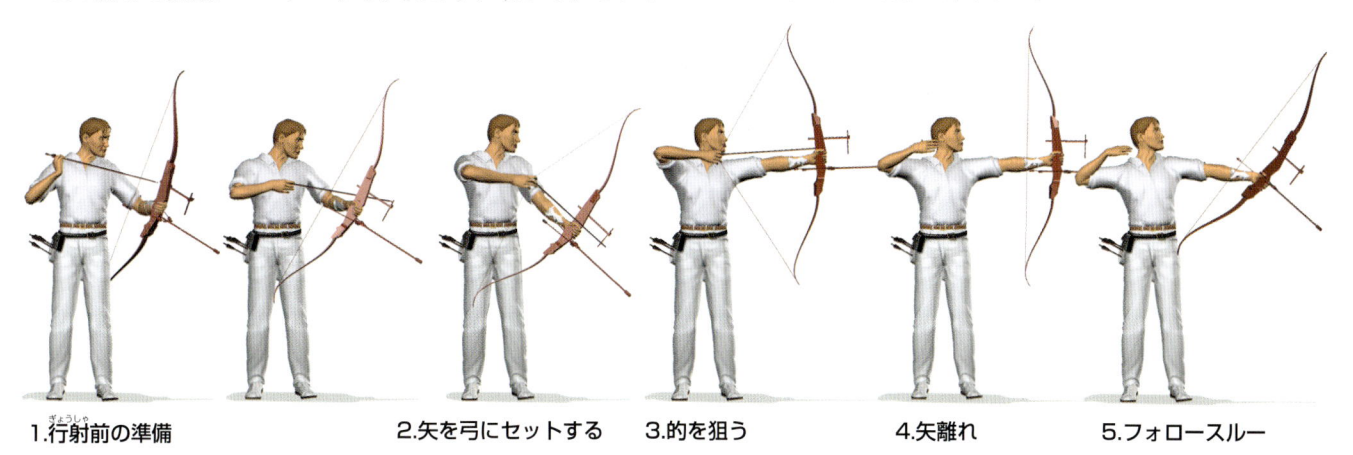

1. 行射前の準備
2. 矢を弓にセットする
3. 的を狙う
4. 矢離れ
5. フォロースルー

標的

的は1（外側）～10（中心）まで番号を振った同心円でできている。中心のマークは、引き分けを決着させるために使用する。

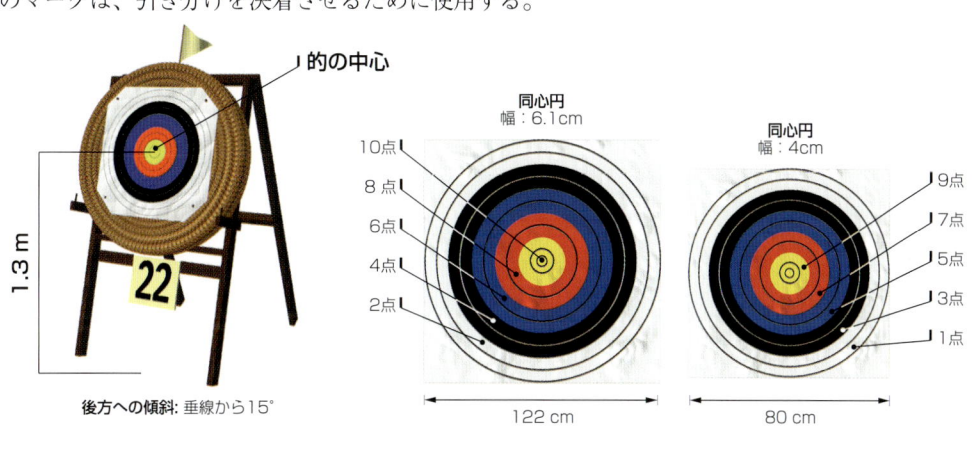

- 的の中心
- 1.3 m
- 後方への傾斜：垂線から15°

同心円 幅：6.1cm
- 10点
- 8点
- 6点
- 4点
- 2点
- 122 cm

同心円 幅：4cm
- 9点
- 7点
- 5点
- 3点
- 1点
- 80 cm

信号と合図

赤
音による合図が2回伴う：
アーチャーは射線の上に立つ。

音による合図が3回伴う：
制限時間の終了を示す。行射中止。

黄
音による合図はない：
エンド終了まで残り30秒。

緑
音による合図が1回伴う：
行射を開始できる。

その他の種目

フィールドアーチェリー

すべてのタイプの矢を使用できるが、照準器の使用は禁止されている。24の的が設置してあるコースを移動しながら行射する。12箇所の的までの距離は事前に知らされているが、残り12箇所については知らされていない。1つの的に対して3射を行なうことができる。的は1、2、3、4、5、5+、と区切られていて（5+は引き分けを決着させるために使用する）、大きさは20～80cm。アーチャーは行射エリアに到達してからのみ行射することができる。的までの距離は5～60m。競技は予選ラウンドと決勝ラウンドがあり、個人戦とチーム戦がある。

3Dアーチェリー（動物の形をした的を利用）

自然に近い状態の中に設定されたコース上でハンティングをするという状況になる。標的（数はコースにより21か42）は動物の形をしていて、通常は立体であり、2つのゾーン（仕留めた、傷つけた）に印がついている。各標的に対して、アーチャーは2箇所の行射位置から30秒以内に矢を2本放たなければならない。得点は、矢の順番で異なり、最初の矢で仕留めた場合は20点、傷つけた場合は10点で、2番目の矢で仕留めた場合は15点、傷つけた場合は10点となっている。

傷つけた
仕留めた

ブザルト・シューティング

ブザルト・シューティングは、中世に行なわれた伝統的なアーチェリーと似ている。この競技は、50mレーンの両端に的を配置したアーチェリー「ジョ（フランス語で競技場という意味）」で行なわれる。標的は直径45cmで、5つのゾーンに分かれている。アーチャーは1つの的に1射を行射し、2つの標的を交互に狙い、最終的に40本行射する。的に当たった矢は「オノール（フランス語で名誉）」と呼ばれる。順位は「オノール」の数で決まるが、同点の場合はポイントが数えられる。

精度を追求するスポーツ

精度を追求するスポーツ

用具

矢
重さの制限（28g）さえ越えなければ、長さに制限はない。アーチャーは自分にもっとも合った長さの矢を選ぶ。通常、矢羽根はノックから2.5cmの位置にある。

ノック
弦にのせた矢を安定させる。

矢羽根
合成物質でできている。速くまっすぐ飛ぶように矢を安定させる。

シャフト
カーボンファイバー、または、カーボンとアルミの合金でできている。できる限り軽量化して、風の抵抗を抑える。

ポイント
弓の引き重量によって、矢の先端の重さを調節するために使用する。

弓
弓は3種類に分類されていて、競技によって使い分ける。リカーブ（リムの先端が反り返った形。アクセサリーをつける）はオリンピックで使用する。コンパウンド（両リムの先端につけられた滑車の作用で引き重量が軽くなる）は、現在では世界選手権大会でも使用できる。ベアボウ（リカーブと同じ弓だが、アクセサリーで使えないものがある）は的までの距離が短い場合（3Dや狩猟）に使われる。各弓の大きな違いは引き重量（弓を引いた際、矢に伝わる力）にある。引き重量の大きな弓を使うには、筋力が必要となる。

ベアボウ
通常はユー木材で作られていて、1つの部品からなる。引き重量が重く（50kgまで）、精度がさがる。

コンパウンド
さまざまな素材からなる多くの部品で作られる。主な特徴は、滑車を利用することである。矢が放たれるときに引き重量を倍増させる働きがある。ゆえに、狙いを定めるときに重さを苦にすることなく、より強い弓（17〜30kg）を使うことができる。

リカーブ（オリンピック）
競技用にさまざまなアクセサリーをつけるため、引き重量は25kgを越える。行射するときに地面に接することさえなければ、重さや大きさに制限はない。

ボウスリング
矢離れのときには、矢が自由に飛び出すようにハンドルを握る手を開くのだが、そのときにグリップの握りを助ける。

アローレスト
矢はプレッシャーボタンで支えられる。矢離れのときに腕にかかるショックを和らげる。

サイト
アルミニウム、または、カーボン製。弓の位置を標的と合わせるために使用する。

ノッキングポイント
矢のノックを合わせる弦の位置。

リリーサー
コンパウンドボウに取り付ける引き金。

グリップ
アルミニウム、マグネシウム、または、軽量合金で作られている。アーチャーの手に完璧に合うように調節する。

車輪
矢が放たれるときの弓の回転を部分的に吸収し、精度を上げる。弓の緊張度を軽減させる。

アームガード
弦がこすれてやけどをしないように腕を保護する。

スタビライザー
通常カーボンでできている。矢が放たれたときの弦の回転力に対抗（振動を吸収する）する平衡錘である。先端の錘の重さを変えられる。

リム
カーボンファイバー、ファイバーグラス、木から作られる。柔軟で、かつ強く、耐久性に優れる。

クイーバー
ウエスト周りに着用する。弓を入れる。

クリッカー
薄い金属板で作られる。アンカーポイント（引き手を止める位置）まで矢を引くと、音が出る。弦の引き具合を毎回同じにするためのもの。

ストリングス
合成繊維でできている。50,000回の行射まで伸びることなく使用できる。

Vバー
サイドロッドスタビライザー（弓の左右のバランスを調整するもの）に取り付けられている。サイドロッドを別の方向に広げる。

フィンガータブ
指を保護するために着用する。

チェストプロテクター
軟質のプラスチックでできている。アーチャーの体に着衣を密着、弦がこすれて胸がやけどするのを防ぐ。

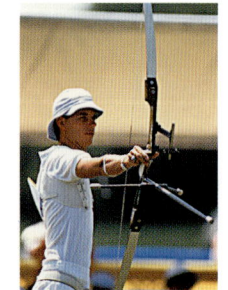

ジェイ・バーズ（アメリカ）
フィールドアーチェリーで2度世界チャンピオンになる（1990、92年）。1988年のソウルオリンピックでは、個人戦で金メダルに輝く。

ビリヤード

ビリヤードの起源は明らかになっていないが、中国が起源だという説がある。また、ビリヤードはかつて「ペルメル」と呼ばれていて、中近東から戻った十字軍兵士がヨーロッパへ持ち込んだと主張する者もいる。さらには、形はどうあれ、フランス、イタリア、イギリス、スペインのいずれかで発明されたものだと信じる向きもある。最初のビリヤードテーブルは1469年に、ルイ11世のためにフランスで作られた。テーブルが作られるまでは、地面で行なうボウリングに似たゲームだったようである。スペインで行なわれていた「ヴィロルタ」は、スティック（「ビロルタ」として知られ、これが後に「ビラルダ」、最終的に「ビリヤード」となる）を使用して、2本のポールの間にボールを入れるスポーツだった。19世紀中盤になると、フランス、イギリス、アメリカでそれぞれのビリヤードが形作られる。ポケットを使う、使わない、また使用する球の数が3、4、15など、その形はさまざまである。最初の世界選手権大会は1873年に行なわれた。ゲームのバリエーションとして、スヌーカー、アメリカン・ビリヤード、イングリッシュ・ビリヤードが誕生した。ビリヤード（クラシック、アメリカン、スヌーカー）は、2004年のアテネオリンピックでデモンストレーション競技として採用されることになった。世界選手権大会が毎年開催され、スヌーカー、クラシック、アメリカン・ビリヤードが行なわれている。

ルイ14世と廷臣。ベルサイユ宮殿でのビリヤード風景。1694年、フランス。

精度を追求するスポーツ

試合

プレーヤーは、キューと呼ばれるスティックを使って球を突き、テーブルの上にあるほかの球に当てる。ゲームの種類によるが、当てた球はテーブルの周りに設置してあるポケットに落とすか、次のショットで当てられるように別のエリアに移動させなければならない。勝敗は、プレーヤーが「ポケットした」、すなわち沈めたボールのポイントを数えるか、クラシックの場合では、キャロム（的球に当てる）をスコアしたポイントをもって決定する。ポイントを入れている限り、プレーを続けることができる。ショットをミスしたら、プレーの権利が相手に移る。個人戦と、2人のプレーヤーが交互にプレーするチーム戦がある。

クラシック（キャロム）・ビリヤード

プレーを行なうテーブルの表面はなめらかで、ポケットは設置されていない。同じ直径の球を3つ、赤1、白2を使い競技を行なう。白球を区別するため、一方の球には2箇所に黒い印をつけておく。各プレーヤーに白球が1つ与えられ、その球（手球）のみを使う。ゲームの目的は、手球をほかの2球（的球）に当てることである。2つの的球に当たった場合に得点が入り、そのままプレーを続行する。各ショットでは、前のプレーで移動した場所にある的球に当てなければならない。ミスをした場合は、相手にプレーの権利が移る。事前に設定したポイント（競技により50～500）か、イニング数に達したときに終了となる。双方のプレーヤーが1回ずつプレーすると次のイニングに入る。

クラシック・ビリヤードのバリエーションとして、ストレート・レール（テーブルのどこでも得点が入る）、ボークライン（テーブルを6～9ゾーンにチョークで区分けしてプレーする）、スリークッション（テーブルのクッションサイドに手球が3回クッションした場合に限りキャロムが得点できる）などがある。イングリッシュ・ビリヤードは、クラシック・ビリヤードと同様に、3つの異なる球を使用する。テーブルには6つのポケットが設けてあり（それぞれのコーナーとテーブルの長いサイドの中心）、的球に当てるかポケットに沈めた場合に得点となる。

クラシック・ビリヤードのテーブル

2.84 m / 1.42 m / 75～80 cm

赤球
キャロムを成功させるにはこの的球に当てなければならない。キューで赤球に触れてはならない。

白の手球
競技を行なっているプレーヤーの手球。自分の順番では、この手球にのみキューで触れることができる。相手の順番では、手球の役割が逆になる。（1人のプレーヤーの手球は、相手の的球になる）

白の的球
自分の順番では、相手の球を的球として利用し、キャロムを決める。

ヘッドライン
ゲーム開始時のブレイクショットのときに、白の的球をこのラインの中央に置く。手球はこのラインから少なくとも15cm離さなければならない。

スヌーカー

スヌーカーでは22個の球を使用する。ゲームの目的は、手球を使って赤球と色球を交互にポケットに落とすことである。色球がポケットに落ちると、元の場所にただちに再配置される。赤玉を全部落としたら、色球を得点の高い順に落とさなければならない。球を落とすたびにポイントが得られるが、ファウルを犯せばペナルティポイントが課せられ、総得点から減点される。ペナルティは4～7点で、手球を落とす、どの球にも当たらない、間違った球に当たる（例えば、赤球の代わりに色球に当ててしまう）などのファウルに応じて減点される。

手球と的球の間に邪魔になる球があり、的球に当てることができない場合、「スヌーカーになった（打ち負かされた）」という。その場合もショットは行なわなければならず、的球に当てられないか、ほかの球に当たった場合にペナルティを課せられる。ゲームに勝利するには、できるだけ多く相手を「スヌーカー」にして、ペナルティポイントを累積させる。ルールに従って黒球が落ちたとき、得点の高いプレーヤーが勝者となる。

スヌーカー・テーブル

- 3.50 m
- 1.75 m
- 70 cm
- 85～87.5 cm

ボークライン　テーブルを横切って引かれる。ゲーム開始時のガイドラインとして使用される。

手球　プレーヤーがキューで触れることのできる唯一の球。ほかの球に当てて、ポケットに落とすことができるのはこの白球である。

赤球　ゲームの開始時、テーブルの中心とトップクッション（ブレイクショットを行なうとき正面にあるクッション）の中間が頂点になるように三角形に並べられる。

Dゾーン　ボークラインの内側に半円で示された領域。白球がポケットに落ちた場合と、ゲームの開始時にこの場所から白球を突く。

ネット　各ポケットの下にあり、球を受ける。

スポット　テーブルのサイドにつけられていて、色球の位置を示す。もっとも手前の2つの色球は、Dゾーンの半円の端に置かれる。

球

52.5 mm

- 赤 1点
- 黄色 2点
- 緑 3点
- 茶 4点
- 青 5点
- ピンク 6点
- 黒 7点

ショット

- スタンダードブリッジ
- Vブリッジ 

一般的なルール

いくつかのルールは全種目共通で、試合中にプレーヤーが犯すファウルに関係する。どの種目でもファウルがあった場合は、プレーの権利が相手に移る。一般的なファウルは、ダブルヒット（キューのタップが白球を突くときに他の球に触れてしまう）、フォスルヒット（白球を突くときに、タップではなくその他の部位で触れてしまう）、ジャンプボール（テーブルから球をすくいあげてしまう）、球が完全に止まっていないのにプレーを行なう、などである。試合中は、常に片足が床についていなければならない。

ポケット・ビリヤード

アメリカン・ビリヤードにはいくつかのバリエーションがあるが、すべて同じテーブル、同じ数の球（手球1つ、15の数字を振った的球）を使って行なわれる。ゲームによって目的が異なり、15の球を数字の順にポケットに落とすか、定められた順に落とす。

アメリカン・ビリヤードのもっとも一般的なバージョンは、「8ボール」と呼ばれるものである。まず球を2つのグループ（赤と黄、無地とストライプ、または、1～7と9～15）に分けるが、8番球（黒）はどちらのグループにも属さない。

最初のプレーヤーが手球を他の球に向けて突く。そのときに球をポケットに落とせば、自分がプレーしたい球のグループを選び、競技を続ける。

最初のプレーヤーが球を落とせなかった場合は、そのテーブルは「オープン」ということになり、相手のプレーヤーがグループの選択権を得る。ブレイク（開始）後は、どのボールをどのポケットに落とすつもりかを示唆しなければならない。手球を自分の的球のどれかに先に当てれば、相手の球を落としても構わない。ジャンプショットやクッションの回数などを宣言する必要はない。1回のショットで自分の的球を落としている限り、プレーを続行できる。

ゲームに勝つには自分の的球をすべて落とした後に黒球（8番球）を落とさなければならない。試合は、いくつかのゲームで構成されている（競技により、3～17ゲーム）。

以下の状況になった場合、ゲームを落とすことになる。ゲーム中（自分の的球のすべてを落とす前）に黒球を落とした場合、黒球をテーブルから落とした場合、黒球をファウルの後に落とした場合、示唆したポケット以外に黒球を落とした場合、黒球を落とそうとするときに手球をポケットに入れた、または、テーブルから落とした場合。

ポケット・ビリヤードのテーブル

2.54 m
1.27 m

ラック
競技開始時に、14の色球と黒球（8番球）を木製のラックを使って並べる（黒球が中心に来るように）。

74～79 cm

ブレイクエリア
ゲームの開始時には、手球はこの中になければならない。

用具

ラック
ブレイクショットの前に、テーブルの定められた場所に球を並べるために使用する。

球
かつては象牙で作られていた。現在はいくつかの素材の組み合わせで作られていて（プラスティック、ファイバーグラス、レジン）、より衝撃に強くなっている。球の重さは156～170g、直径は57mm。

チョーク
立方体のチョーク。キューが球に接触したときにすべるのを防ぐため、キューのタップに塗る。

キュー
球を突いたり、回転を与えたりするために使用する道具。1本の木で先端が細くなるように作られている。6つの部位に分類できる。プレーヤーは直径、長さ、重さを選択できる（通常は500～600g）。

メカニカルブリッジ
遠くにある手球をショットするための金属製の補助器具。

シャフト
バットを握っていない手の指でシャフトを支え、キューの動きをガイドする。

1.30～1.45m

先角（さきづの）
シャフトとタップの間にある、硬質プラスティック製の部品。

タップ
革製の丸い部品。先角にはめ込んで、キューのもっとも先端をカバーする。手球に触れてよいのはこの部分だけ。

ジョイント
キューのバットとシャフトの接合部分。

バット
キューの太い部分。プレーヤーの手に完璧に合ったものでなければならないため、この部分の直径は選ぶことができる。

バンパー
キューの末端につけるゴムの部品。衝撃を和らげる役割がある。

精度を追求するスポーツ

小林伸明（日本）
世界大会で準優勝11回、優勝2回。クラシック・ビリヤードのチーム戦で2回優勝。

レイモンド・クーレマンス（ベルギー）
クラシック・ビリヤードでもっとも偉大な選手。23回世界チャンピオンに輝く。スリークッション専門。

スティーブ・デイビス（イギリス）
スヌーカーの国際大会の初代チャンピオン。世界タイトルを6回手にする。

精度を追求するスポーツ

ローンボウルズ

イギリスで生まれたローンボウルズは、イタリアのボッチ、フランスのペタンクと非常に良く似たスポーツで、スコットランドとイングランドから優秀な選手が多く輩出された。現存するグリーン（ローンボウルズ専用コート）でもっとも古いのはイギリスのサウサンプトンにあり、1299年から使用されている。ローンボウルズは、17世紀の始めにアメリカに、1930年にカナダに、1844年にオーストラリアに紹介された。今日では、試合は世界ボウリング委員会が競技規則を定め、コモンウェルス競技大会（イギリスのスポーツの祭典）で競技されている。女子の競技は1982年、この大会に採用された。

14世紀のローンボウルズ。

競技会

ボッチ、ペタンク、カーリングと同様、ローンボウルズの目的はターゲットのなるべく近くにボールを投げることである。ジャック（標的、白球）をマットから21m、フロントディッチ（溝）から2mのエリアに投げ入れる。チームカラーのウェアーを着たプレーヤーが、ジャックに向けて順番にボールを投げ、ジャックのもっとも近くにボールを寄せた人が勝ち点を得る。全員が投げ終わると、そのエンド（回）が終了となる。

ローンボウルズには、シングルス、ペアーズ、トリプルス、フォアーズの4種目がある。シングルス（個人戦）では、勝者となるには25ショットの得点が必要である。ペアーズ（ペア競技）では、21エンド（ヨーロッパ）または18エンド（アメリカ）を戦ってもっとも得点の高かったチームが勝者となる。シングルス、ペアーズとも、プレーヤーは4球投じる。トリプルス（3人のチーム戦）では、各プレーヤーは3球投じ、18エンドで終了する。フォアーズ（4人のチーム戦）では、1人2球を投じ、21エンドか18エンドで行われる。全種目の平均試合時間は3時間30分である。

投球のテクニック

用具

シューズ
一色（白、茶、黒）のもの。ヒールがなく、靴底の柔らかいものを使用。

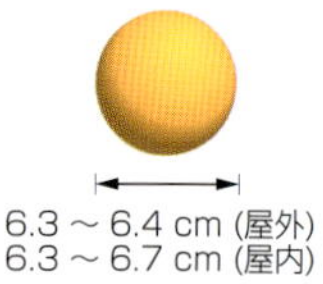

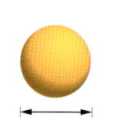

ジャック
木か亜炭で作られている。
6.3〜6.4 cm（屋外）
6.3〜6.7 cm（屋内）

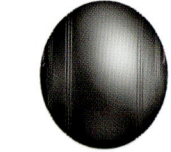

ボール
11.6〜13.4 cm　最大1.59 kg
最新のものは亜炭で作られている。従来のボールは木、ゴム、またはその2つの組み合わせで作られている。完璧な球体ではない。偏芯の程度と製造者のブランド名が平らな2面に書かれていなければならない。

グリーン

屋外のグリーンは、芝生か人工芝。大きさは37m×40mで、これがいくつかのリンク（レーン）に等分されている。レーンの幅は5.5〜5.8m。屋内のグリーンは通常それより小さい（4.6〜5.8m）。

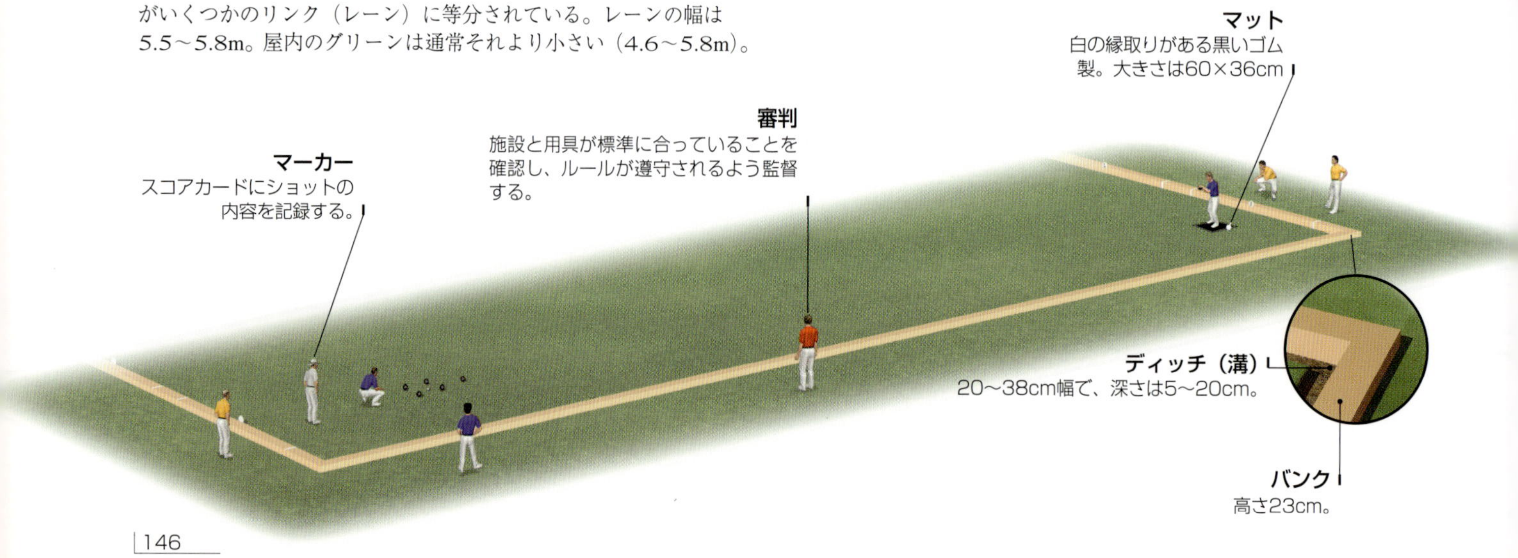

マーカー
スコアカードにショットの内容を記録する。

審判
施設と用具が標準に合っていることを確認し、ルールが遵守されるよう監督する。

マット
白の縁取りがある黒いゴム製。大きさは60×36cm。

ディッチ（溝）
20〜38cm幅で、深さは5〜20cm。

バンク
高さ23cm。

ペタンク

ペタンクは、ジュ・プロヴァンサル（ローンボウルズやペタンクに似た競技）のベテランプレーヤーで、事故により車椅子生活を余儀なくされたジュール・ルノアーが開発した。フランス、マルセイユ近くの小さな町、ラ・シオタでのことである。競技の名前は、その投球姿勢からつけられた。足（ピエ）が揃う（タンク）ことからpiedtanque（ピエ・タンク）、これがpetanque（ペタンク）と変化したのだ。第二次世界大戦が終わるまで、ペタンクが行なわれていたのはマルセイユからフレンチリビエラまでの南フランスに限られていた。その後、国内のほかの場所から休暇を過ごしに来た人たちが地方へ、海外居住のフランス人が外国へ広めた。今日では、ペタンクはヨーロッパ、フランス語系アフリカ、北アメリカ、アジア（特にタイ）で人気のスポーツとなっている。男女ともが参加できる競技であり、趣味として行なう者、国際競技会に参加する者と、その目的はさまざまである。

競技成立当初、敗者はその慰めに近くのペタッククラブのウェイトレス、ファニーのお尻にキスをしたという言い伝えがある。今でも1ポイントも取れなかった敗者がファニーのお尻を模したもの（絵、彫刻、鋳型、その他）にキスをするという習慣が残っている。

試合

ペタンクには3種目ある。シングルス（1対1）、各プレーヤーがブール（ボール）を3つ与えられるダブルス（2人1チーム）、および、各プレーヤーがブールを2つ与えられるトリプルス（3人1チーム）である。

シングルスでもチーム戦でも、プレーの仕方は同じである。どちらのプレーヤー（またはチーム）がビュット（目標球）を投げるかを抽選で決める。ビュットを投げることに決まったチームは、投球する人が入る直径35〜50cmのサークルを描く。そのサークル内から6〜10mの範囲内にビュットを投げ、続いて、ビュットのなるべく近くに配置するように自分のブールを投げる。その後、相手チームのプレーヤーも同様にブールを投げる。その次の投球は、投げたブールがビュットから遠いほうのチームが行ない、片方のチームがすべてのブールを投げ終わるまで続ける。もう片方のチームは、その後残りのブールを投げる。すべてのブールが投げ終わってからポイントを数える。相手チームのどのブールよりビュットに近いブール1つ1つにポイントがつく。そこでメーヌ（エンド）が終了し、すべてのブールを拾い上げる。ポイントを獲得したプレーヤーがビュットのあった場所を中心にサークルを描き、ビュットをそこから投げ、次のメーヌが始まる。片方が13点獲得したところで試合が終了する。

ショット（投球）の方法には2種類（ポワンテとティール）ある。ポワンテはビュットの近くにブールを寄せるための投球で、ティールは相手のブールを移動させるための投球。

用具

ブール
スチール製で、製造者のブランド名と重さが彫られている。
7.1〜8.0 cm
650〜800 g

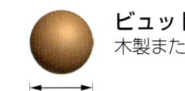

ビュット
木製または化学繊維製。
2.5〜3.5 cm

測定用具
テレスコーピング「ブルコード（自動巻き上げのメジャー）」。

基本的な投球フォーム

ビュットとブールを投げるのに3つの基本的な投球フォームがある。座位（しゃがんだ姿勢で投げる）、中腰（膝を曲げて投げる）、立位（立ったまま投げる）である。どのフォームを使うかは、投げる距離や目的による。

コート

芝生、土、砂の上でプレーできるが、競技用のコートには一定のルールがある。

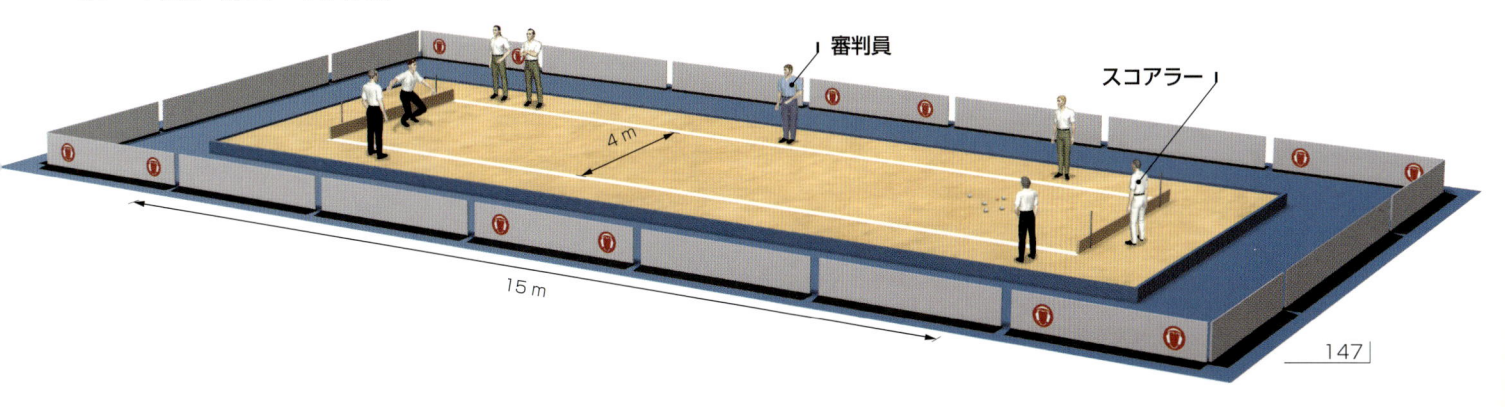

審判員
スコアラー
4 m
15 m

精度を追求するスポーツ

精度を追求するスポーツ

ボウリング

ボールを転がしてピンを倒すボウリングの起源は古代エジプトや古代ローマまでさかのぼる。その後中世に入って、ヨーロッパ全土に広がった。ドイツとオランダでは、宗教的な祭典として行なわれていたのだが、そのオランダからの移民が17世紀にアメリカに持ち込んでいる。19世紀の初頭にピンの数が9本から10本に変更され、1895年に創設された全米ボウリング協会(ABC)によってルールが成文化された。最初の選手権大会は、男子が1901年、女子が1916年に行なわれている。ボウリングは主にアメリカで発展し、第二次世界大戦後に再びヨーロッパに紹介された。1952年に設立された国際柱技者連盟（FIQ）が男子の第1回世界選手権を1954年に開催した。1963年からは、女子も参加して4年に1度開催されている。2005年に至ってABC含め多くの団体が全米ボウリング団体として統合した。

1905年に開催された全米ボウリング協会のトーナメント。

競技会

プレーヤーは、ボールを転がして10本のピンを倒す。第1投ですべてを倒せなかった場合には、2投目で残りのピンを倒さなければならない。試合は10本ピンの10フレームで行なう。各フレームで倒したピンの数でスコアが決まる。第9フレームまでは、2回続けて投球をする。第1投ですべてを倒した場合、投球は1回のみとなり、これをストライクと呼ぶ。第10フレームの最初の投球でストライクを取った場合には、あと2回投球することが許される。第2投で残りをすべて倒すスペアを取った場合はさらに1回投げることができる。

優勝杯と選手権大会

プロが参加する競技会としては、世界選手権大会（シングルス、3人のチーム戦、5人のチーム戦）の他にもメジャーなトーナメントが数多くある。1941年から（女子は1949年から）毎年行なわれているUSオープン、1951年から行なわれている男子のマスターズ、女子では1961年から行なわれているクイーンズが有名である。

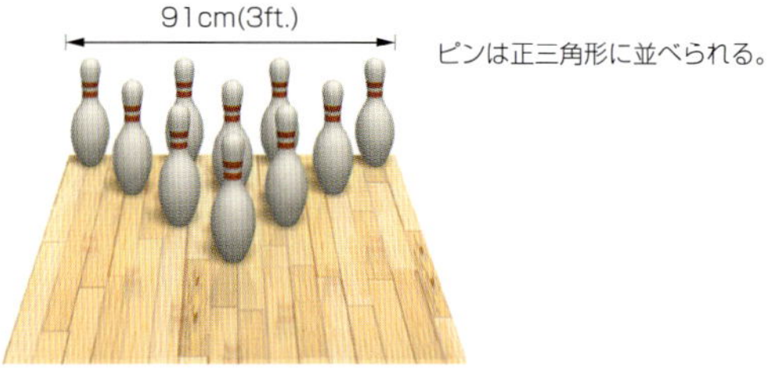

91cm(3ft.)　ピンは正三角形に並べられる。

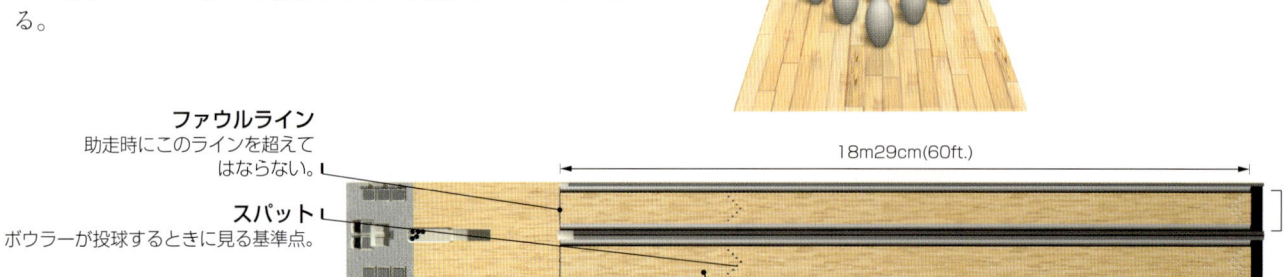

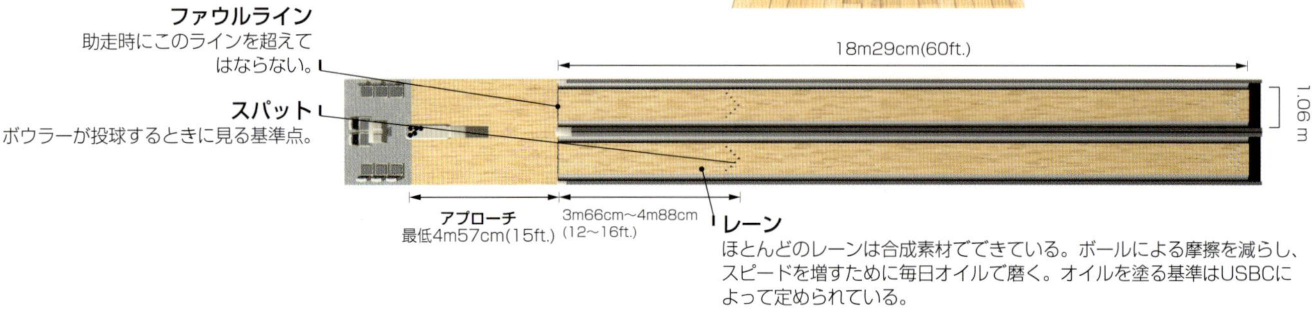

ファウルライン 助走時にこのラインを超えてはならない。

スパット ボウラーが投球するときに見る基準点。

アプローチ 最低4m57cm(15ft.)

3m66cm〜4m88cm (12〜16ft.)

レーン ほとんどのレーンは合成素材でできている。ボールによる摩擦を減らし、スピードを増すために毎日オイルで磨く。オイルを塗る基準はUSBCによって定められている。

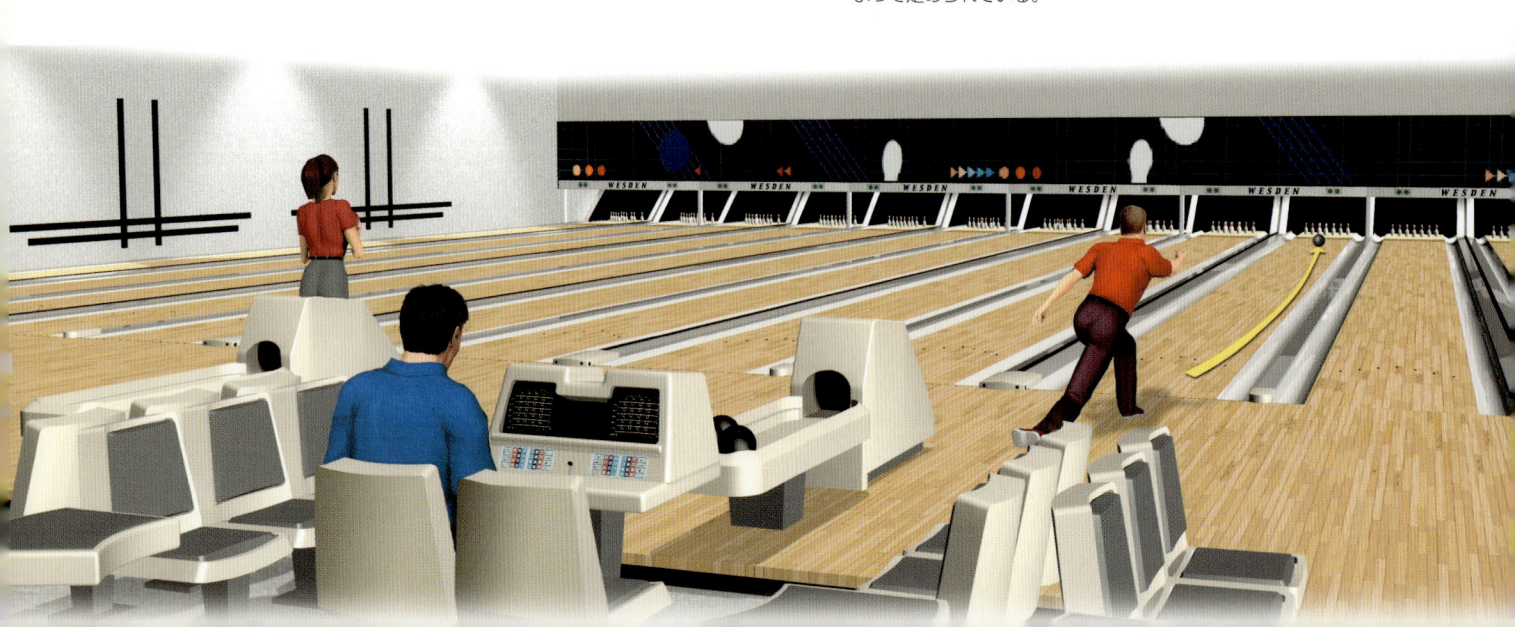

18m29cm(60ft.)

1.06m

ボールのリリース

ボウリングでは、アプローチがもっとも重要である。プレーヤーは、ボールをリリースするまでに、最初はゆっくりと、徐々にスピードをあげて4～5歩前へ進む。ボールを投げる準備と体のバランスを維持するために、ステップごとに手の動きを加える。

第1歩
右足（右利きの場合）を少し前へ出す。体の前で、両手でボールを持つ。

第2歩
左足を前に出す。同時に左手をボールから放すことで体のバランスを保つ。

第3歩
ボールの動きを加速させるために、両膝を曲げる。左手は体のバランスを保つために伸ばす。

第4歩
右腕を前に振ってボールを離す。左足のすべりが止まるときに指で最後の推進力を加える。

精度を追求するスポーツ

用具

ピン
木製（通常はカエデ材）で、プラスティックのコーティングが施してある。8°以上傾くと倒れるように重心が計算されている。

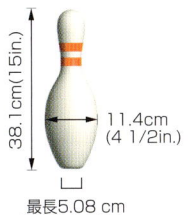

38.1cm (15in.)
11.4cm (4 1/2in.)
最長5.08 cm
1.53～1.65 kg

ボール
プラスティックとファイバーグラスで作られている。バランス、硬さ、重さは一定の基準に合ったものでなければならない。バランスを計算するために特別な測定器が使われ、硬さはデュロメーター（硬度を示す単位）でチェックされる。

指を入れる3つの穴（親指、中指、薬指）が空いている。穴の深さは、コンベンショナル（人差し指と薬指が関節2つ分）か、「フィンガー・チップ」（関節1つ分）である。

22 cm
7.258 kg

ボウリング・シューズ
プロボウラーは2種類のソールを持つ靴を履く。右利きのプレーヤーは革のソールの靴を左に（スライドできるように）、ゴムのソールの靴を右に（勢いをつけるため）履く。

ディック・ウェバー（アメリカ）
ボウリング界で伝説的な人物。1950年代から90年代にかけて、50年にわたってタイトルを獲得。1950年にドン・カーターが達成したように、1960年代にUSオープン優勝記録を打ち立てた。1961、63、65年にボウラー・オブ・ザ・イヤーに輝く。

スコアの記録

倒れたピン1本につき1点。1回か2回の投球ですべてのピンを倒せば、そのフレームにはボーナスポイントが加算される。

ストライク
第1投ですべてのピンを倒す。Xでストライクを示すが、次のフレームが終わるまでスコアは記入しない。次のフレームの得点がそのフレームのストライクで獲得した10点に加算される。

ターキー
それぞれのフレームの10点が最初のフレームの総得点として加算される。(10+10+10=30)。第2フレームのトータルスコアは、次のフレームが終わるまで持ち越される。

スペア
第5フレームでは、2投で10本倒された（最初に8本、第2投で2本）。スコアは10点だがトータルするのは次のフレームの1投目が終わるまで持ち越される。

ストライク
第1フレームと同様、次の2投が終了するまでトータルしない。

オープンフレーム
2回の投球でも倒れないピンがあった。第1投で9ピン倒したが、この得点は第8フレームのスペアに加算される (10+9=19)。第9フレームはオープンになったので、9点のみが得点となる。

フレーム番号	1	2	3	4	5	6	7	8	9	10
	X	X	X	7 2	8 /	F 9	X	7 /	9 –	X X 8
	30	57	76	85	95	104	124	143	152	180

トータル
パーフェクトゲームのスコアは300点である（10フレームに2回余分に投げることができ、12回の投球がすべてストライクとして）。

ダブル
2回続けてストライクを取った。次のフレームの第1投まで得点の加算が持ち越される。

第1投で7本倒れた
この得点は第2フレームの合計に加算される (10+10+7=27)。第2投では2本しか倒れなかった。このフレームのトータル（9本）は、第3フレームのストライクに加算される (10+9=19)。第4フレームはオープンフレームになったので、得点は9点のみとなる。

第1投でのファウル
第5フレームでスペアを取ったが、この第1投でのポイントは加算されない。第2投で9本倒したので、この得点が第6フレームに加算される。

スペア
ここで倒された10本の得点が第7フレームのストライクに加算される (10+10=20)。第8フレームのトータルスコアは第9フレームの第1投が終わってから計算される。

第10フレームのストライク
この後2回投げられることになる。次もストライクを取り、その後は8本倒した。トータル (10+10+8=28) は第10フレームのスコアに加算される。

149

精度を追求するスポーツ

カーリング

カーリングはチーム対抗の競技で、選手は氷上の目標（ティー）をめがけて、ストーン（または「ロック」）を滑らせる。これは、スコットランドの凍りついた池で生まれたゲームなのだが、16世紀か17世紀にフラマン人（ベルギーのフランダース地方に住む人）の移民が持ち込んだものだと言われている。ルールは、1716年にスコットランドのパース（カーリング博物館がある）で作られた。しかし、ゲームが成文化されるのはそれより1世紀以上も後、グランド・カレドニア・カーリングクラブが創設された1838年のことになる。18世紀に入るとカーリングはカナダに伝わり、1847年にイギリスのエジンバラで最初のメジャーなトーナメントが開催された。1924年のシャモニー（フランス）の冬季オリンピックでデモンストレーションが行なわれたが、その時点では正式種目に採用されていない。1966年に国際カーリング連盟が発足し、後の1991年に世界カーリング連盟（WCF）と名称が変更された。世界選手権大会が男子は1959年に、女子は1979年に始まり、以降毎年行なわれている。1988年と1992年に再度オリンピックのデモンストレーション競技になり、1998年に正式種目となった。

フォース・リバーの南と北で分かれた2チームの戦い。スコットランド、リンリスゴーのグランド・カレドニア・カーリングクラブにて（1853年）。

競技会

目的は、自チームのストーンをティーのできるだけ近くに配置する（1つ以上）と同時に、相手チームのストーンが近くに置かれるのを妨害することである。どちらが先に投げるかはくじ引きで決める。スキップ（キャプテン）はハウス（目標となる円）の中にいて、自チームの選手に、どこへ最初のストーンを配置するかを告げる。投げる選手は、自分に近いほうのホッグライン（リンク上を横切っているライン）を越える前にストーンをリリースしなければならない。その他2人のチームメートは、ブラシやブルームを使って氷上を掃き、ストーンの軌道をコントロールする。その後、相手チームがプレーを行ない、そのエンド（回）が終了する。ゲームは10エンドで構成される。各エンドで、すべての選手が2つのストーンを投げる。エンドが終了するたびにポイントを計算し、そのエンドを取ったチームが次のエンドで先にプレーする。投げる方向は、最初のエンドとは逆になる。つまり、エンドごとにハウスの位置が逆になる。スキップ、バイス・スキップ（サード）、リード、セカンドの4人で1チームが構成される。

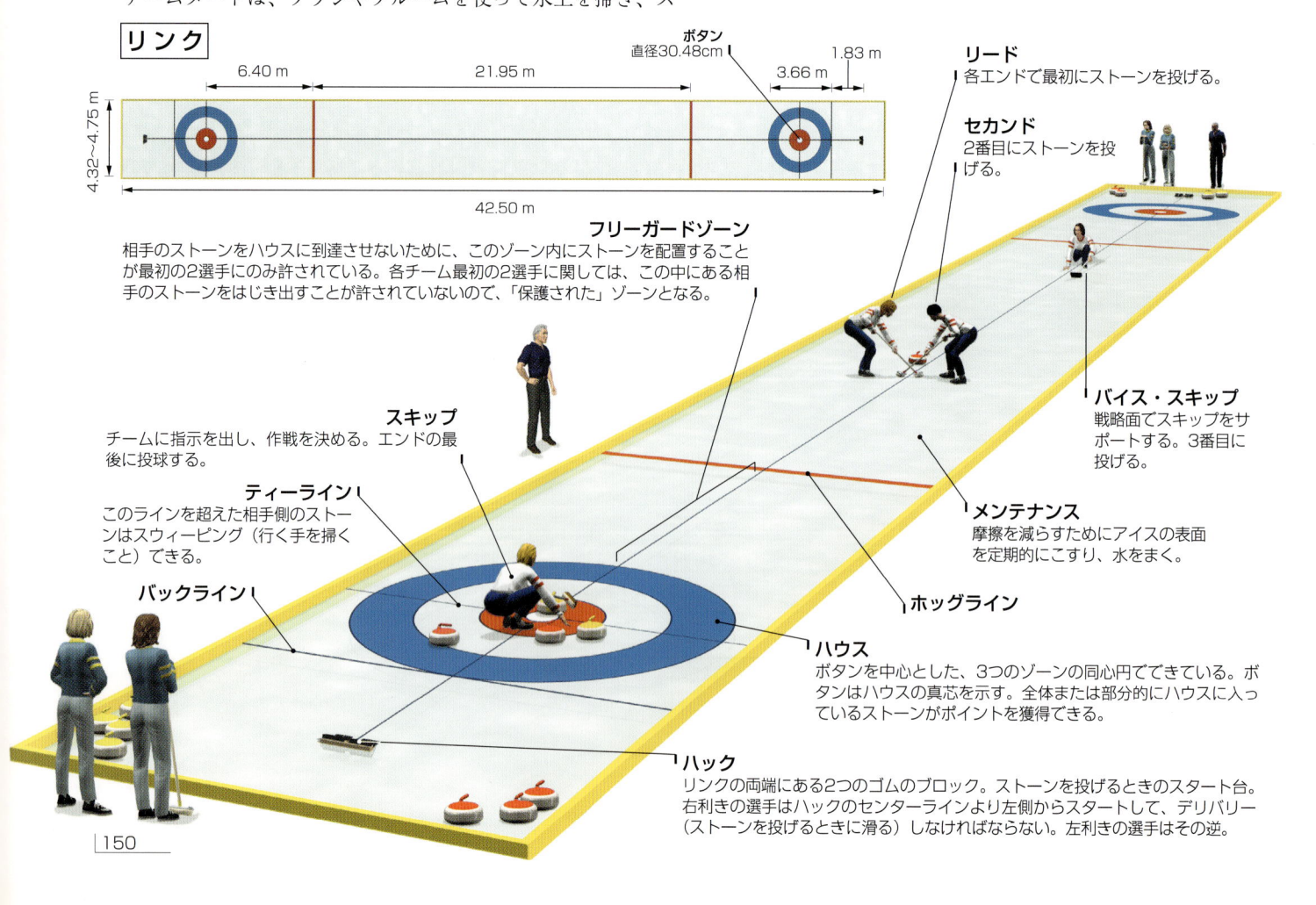

リンク

ボタン 直径30.48cm
6.40 m　21.95 m　3.66 m　1.83 m
4.32〜4.75 m
42.50 m

フリーガードゾーン
相手のストーンをハウスに到達させないために、このゾーン内にストーンを配置することが最初の2選手にのみ許されている。各チーム最初の2選手に関しては、この中にある相手のストーンをはじき出すことが許されていないので、「保護された」ゾーンとなる。

リード
各エンドで最初にストーンを投げる。

セカンド
2番目にストーンを投げる。

バイス・スキップ
戦略面でスキップをサポートする。3番目に投げる。

スキップ
チームに指示を出し、作戦を決める。エンドの最後に投球する。

ティーライン
このラインを超えた相手側のストーンはスウィーピング（行く手を掃くこと）できる。

バックライン

メンテナンス
摩擦を減らすためにアイスの表面を定期的にこすり、水をまく。

ホッグライン

ハウス
ボタンを中心とした、3つのゾーンの同心円でできている。ボタンはハウスの真芯を示す。全体または部分的にハウスに入っているストーンがポイントを獲得できる。

ハック
リンクの両端にある2つのゴムのブロック。ストーンを投げるときのスタート台。右利きの選手はハックのセンターラインより左側からスタートして、デリバリー（ストーンを投げるときに滑る）しなければならない。左利きの選手はその逆。

得点

ボタンにもっとも近いストーンのチームがそのエンドを取る。相手チームのどのストーンよりもボタンに近いストーン1つ1つに1ポイントがつけられる。10エンドが終了して同点の場合は、勝敗が決するまで延長戦（1エンドか複数エンド）を行なう。

エンド数／各チームのストーンの色／チーム名／プレー中のチーム／各エンドでの得点／総得点

TEAM	ENDS	1	2	3	4	5	6	7	8	9	10	TOTAL
CAN	●	0	2	0	3	0	2					7
SWE	○	1	0	1	0	0	0					2

テクニック

デリバリー
まずストーンを前方向に滑らせる。その後いったん逆方向（後ろ）に引いて、再び体重をかけて前に押し出すことで、ストーンを速く滑らせることができる。選手はストーンと一緒に滑り、予定した軌道をストーンが滑るようにリリースのときにかすかに回転をつける。

スウィーピング
2人のスウィーパーが、的へ向かって進んでいるストーンの軌道を修正したり、速めたりして、スピードを変化させる。スキップ（または、バイス・スキップ）が、予定の軌道をストーンが動いているかどうかを判断してスウィーパーに指示を出す。

用具

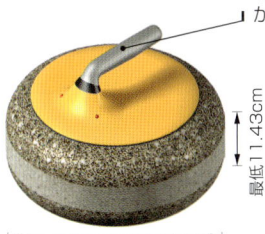

電気制御グリップ
電気制御によりホッグラインの手前で選手の手から離れたか分かるようになっている。

ストーン
花崗岩を円形に削って磨き、重心をあわせたもの。上部にとりつけたプラスチック製のハンドルにより、リリース時のコントロールが可能になる。

最低11.43cm／最大29.09cm／最大20kg

ブルーム
ブルームでスウィープすると、アイスが溶け、ストーンとアイスとの摩擦が減少する。それにより、ストーンの滑る距離が伸びる。スウィーピングはまた、ストーンのドロー（曲がること）を減らす。そのことで、ストーンはよりまっすぐに、より長い距離を進む。スウィーピングが少なければ、あまり先へは進まず、より大きく曲がる。折れてハケが落ちたりしないので、合成物質でできたブルームがもっとも好まれる。

シューズ
投球時に足首の動きを妨げないよう、ローカットでなければならない。支える側の足（右利きの場合は左足、左利きの場合は右足）の靴には滑りやすいソールがつけてある。もう一方のソールは、滑りにくいゴムでできている。

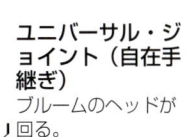

ユニバーサル・ジョイント（自在手継ぎ）
ブルームのヘッドが回る。

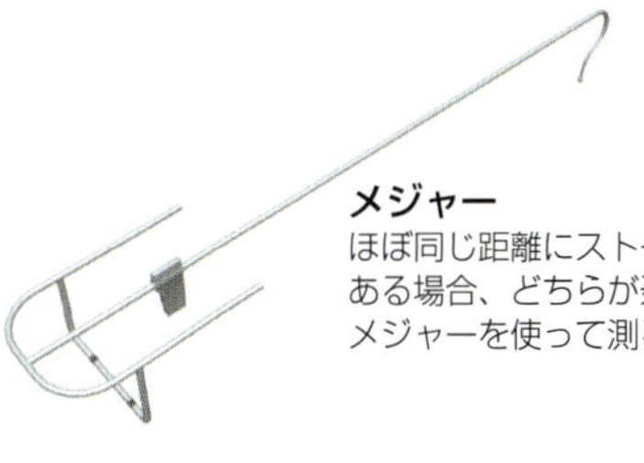

サンドラ・シュマーラー（カナダ）
1998年にオリンピックで金メダルを手にしたカナダチームのスキップ。1993、94、97年にも世界チャンピオンとなる。

メジャー
ほぼ同じ距離にストーンがある場合、どちらが近いかメジャーを使って測る。

精度を追求するスポーツ

ゴルフ

精度を追求するスポーツ

ゴルフの起源は、14世紀にスコットランドの羊飼いが行なっていた遊びにあると言われている。羊飼いたちは、木の棒を使って小さな石を目的の場所へ飛ばす遊びをしていた。15世紀に入ると、セントアンドリュース大学（スコットランド、ダンディー）の学生たちがそれに興味を抱き、道具を杖とボールに変えてプレーするようになった。その後セントアンドリュースにロイヤル・アンド・エンシェント・ゴルフクラブが創られ、1754年に最初のルールが制定されると、多くの人が楽しむようになる。ゴルフはイギリスだけでなく世界中のイギリス植民地に広まった。中心的な役割を果たしたのがロイヤル・アンド・エンシェント・ゴルフクラブで、その1,800人ほどのメンバーはルールを普及させ、必要に応じて変更を加えた。最初のメジャートーナメントは、1860年に開催された全英オープンである。続いてアメリカが1895年に全米オープンを創始、プロゴルフ協会（PGA）を1916年に発足させ、プロ選手の増加に寄与している。最初の女子トーナメントは1893年に行なわれたが、全米女子オープンが開催されたのは1946年で、女子のPGAが発足したのは1955年になってからのことである。

かつて、セントアンドリュース（スコットランド）のコースには22のホールがあったが、1764年にソサエティー・オブ・セントアンドリュース・ゴルファーズ（1834年にロイヤル・アンド・エンシェント・ゴルフクラブに改名）によって18ホールに減らされた。コースを18ホールにするという改革はその後、世界中に広まる。1873年に第12回の全英オープンが開催されたとき、セントアンドリュースのゴルフコースはすでに500年の歴史を刻んでいた。

トーナメント

ゴルフは正確性が要求される競技である。プレーヤーはクラブでボールを打ち、18ホールのコースを回る。それぞれのコースにはスタートと、最終的にボールを入れるカップが設けてある。目的は最小ストローク（打数）で18ホールを終えること。主なゴルフトーナメントは、1ラウンド1日の4ラウンド（合計4日間72ホール）で構成されているが、こうした方式では、4日間を通して卓越した安定性を発揮し、技術的に困難なコースを克服する力を持つプレーヤーだけが栄冠を勝ち取ることができる。

一般に2つの競技方法がある。

- マッチプレー。2人のプレーヤーまたは2つのチームが、決められたホール数（18、36、54、72）で対戦する。少ないストローク数で終了したプレーヤーまたはチームが優勝する。

- ストロークプレー。個人または、個々のチームが決められたホール数（18、36、54、72）戦う。もっとも少ないストローク数で回った個人またはチームが優勝する。

こうした2つの競技方式にはいくつかのバリエーションがある。

- シングルス。個々のプレーヤーが複数の相手（ストロークプレーの場合）か、1人の相手（マッチプレー）と対戦する。

- ダブルス。プレーヤー2人のチームが別のチームと戦う。チーム競技には3つの方式がある。フォアサム（4人プレー）では、それぞれのチームがボール1つで戦い、各プレーヤーが交互に打つ。グリーンサム（変則フォアサム）では、チームのそれぞれのプレーヤーが第1打を打つ。2打目でどちらかのボールを選んで、そこからは交互に打つ。「フォアボール」では、2人のプレーヤーがそれぞれのボールを打ち、そのホールで成績の良かったほうのスコアを取る。

コース

コースは、自然の中に作られた18ホールからなる。コースはコースデザイナーにより設計され、それぞれ特徴がある。ゲームの目的に合わせて作られた地形の中に、自然の障害があり、ホールの難所となっている。1つのホールは100〜600ヤード(91〜549m)ある。

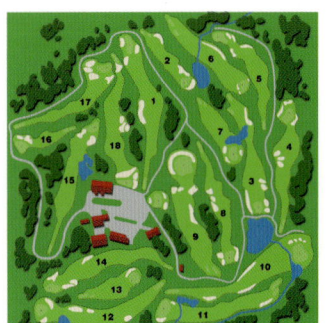

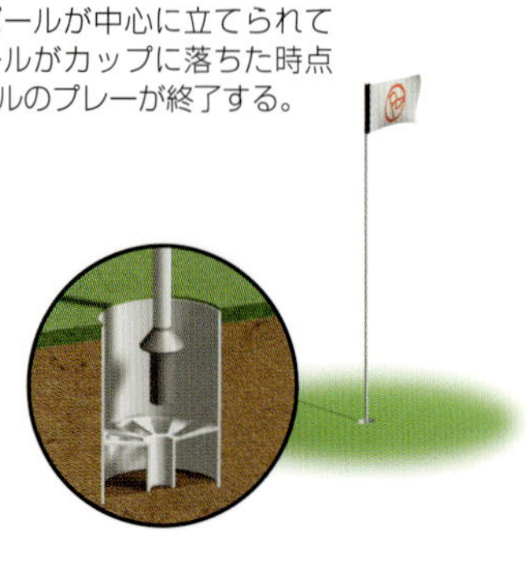

ウォーターハザード
池、小川、人工の水溜り。フェアウェイの周り、またはフェアウェイを横切って設置されている。ボールが水に落ちてしまった場合、プレーヤーはそこから打たなければならない。プレーが不可能な場合は、水に入った場所より旗に近づかない範囲で、新しいボールをドロップし、プレーを続行する。このとき、ワンペナルティ（ペナルティ1打）を課せられる。また幾つかの場合には、水に入った場所からクラブ2本分の場所にボールをドロップすることもある。

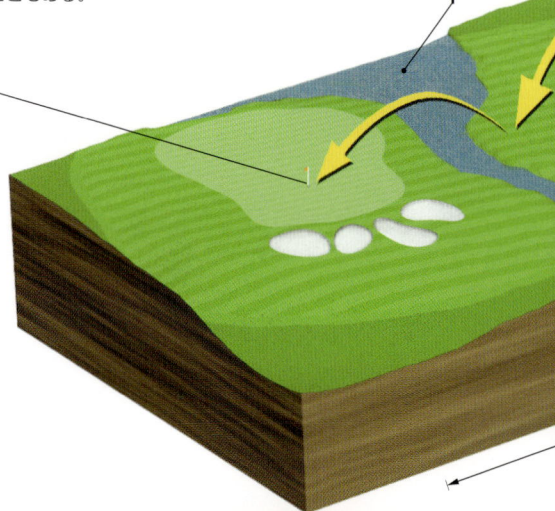

カップ
直径は11.4cm（4.25in）。深さは少なくとも10.2cm（4in）。目で見てカップの場所がわかるように、旗のついたポールが中心に立てられている。ボールがカップに落ちた時点でそのホールのプレーが終了する。

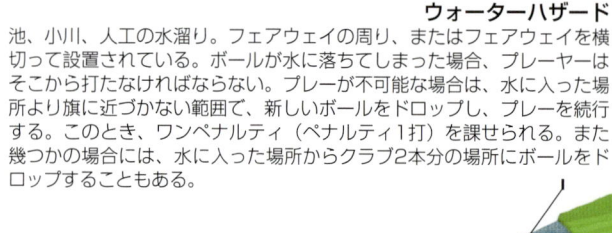

パー

各ホールには、距離や難易度を加味して、特定のストローク数が目安として定められている。その数字をパーという。ストロークプレーのトーナメントでは、各プレーヤーの成績はコースのパーと比較して出される。すべてのコースをプレーするのに必要なストローク数は通常70～72である。各ホールのパー数は、3、4、5のいずれか。パーより1打少なくプレーした場合は、バーディーという。イーグルは2打少なく、ダブルイーグル（アルバトロス）は3打少なくプレーすること。

パー3
パー3のホールでは、第1打でできるだけカップの近くにボールを持っていく必要がある。通常パー3がもっとも難しい。

グリーン
完璧に整備され、短く刈り込まれた芝生に目標となるカップが刻んである。

バンカー
グリーンの縁に作られている。バンカーにボールが落ちた場合、バンカーの表面を変化させる（滑らかにする、ボールマークを消すなど）ことなく、また、ボールを打つ前にクラブで砂に触れることなく打たなければならない。

100～280ヤード（91～256m）

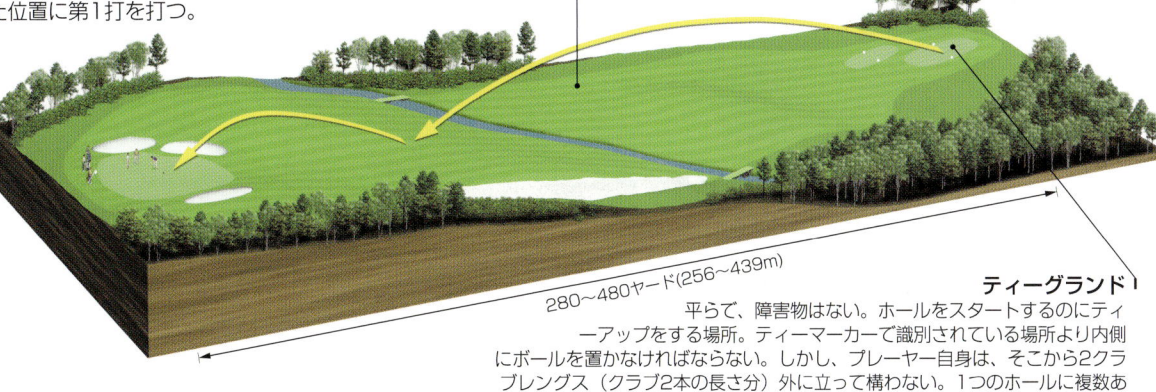

パー4
パー4のホールでは、第2打でグリーンに乗せてバーディーが取れるよう、計算した位置に第1打を打つ。

フェアウェイ
ホールの大部分を占める。幅は25～60ヤード（22.8～54.9m）あり、グリーンに向かって伸びている。フェアウェイは見た目にはっきりわからなければならない。芝生の長さで周りの自然環境と区別できる必要がある。

280～480ヤード（256～439m）

ティーグランド
平らで、障害物はない。ホールをスタートするのにティーアップをする場所。ティーマーカーで識別されている場所より内側にボールを置かなければならない。しかし、プレーヤー自身は、そこから2クラブレングス（クラブ2本の長さ分）外に立って構わない。1つのホールに複数あり、プレーヤーは自身のレベルに応じてティーアップする場所を決める。

パー5
パー5のホールがスコアメイクのカギとなる。優秀なゴルファーは、第1打で良いショットをし、第2打で長いアプローチを決め、イーグルかバーディーで上がろうと努力する。

480～600ヤード（439～549m）

ラフ

自然な環境
コースの周りやコースの一部を構成する。ここへ打ち込んだプレーヤーは、原則として、ボールのある場所から打たなければならない。ボールが見つからない場合は、打った場所へ戻って新しいボールを打つが、ワンペナルティ（ペナルティ1打）を課せられる。木などの自然の障害が邪魔をしてボールを打つのが困難な場合、そのまま打つか、「アンプレイヤブル（プレー不可能）」を宣言するか選ぶことができる。アンプレイヤブルとした場合は、そのボールよりフラッグに近づかない場所に2クラブレングス以内で新しいボールをドロップしてプレーを続行するが、ワンペナルティを課せられる。

精度を追求するスポーツ

精度を追求するスポーツ

優勝杯と選手権大会

プレーヤーの世界ランキングは、PGAツアー国際連盟により2年に1度発表される。各プレーヤーは少なくとも40のトーナメントに参加して、ポイントを積み重ねる。4大トーナメントと、世界中のPGA（ヨーロッパ、アメリカ、南アフリカ、アジア、南半球）の男子プロトーナメントでポイントを獲得する。グランドスラムを構成する4大トーナメントとは、マスターズ（ジョージア州オーガスタ。1934年より）、全米オープン（毎年違ったコースで行なわれる。1895年より）、全英オープン（スコットランドまたはイングランド。10ほどのコースのいずれか。1860年より）、全米プロ（アメリカ。さまざまなコースで行なわれる。1916年より）である。

有名なライダーカップトーナメントでは、アメリカのチームとヨーロッパのチームが対戦する。この大会は、アメリカとヨーロッパのコースを交互に利用し、1927年以降2年に1度行なわれている。その他、3人でチームを作り対戦するダンヒル・カップ（ワールドカップのこと）が1953年以来毎年開催されている。女子プロのサーキットも、1年に40のトーナメントで構成されている。4大トーナメントは、全米女子オープン（1946年より）、全米女子プロ（1972年より）、クラフト・ナビスコ選手権（1972年より）、デュ・モーリエ・クラシック（1984年より）である。また、1990年よりソルハイム・カップでアメリカチームとヨーロッパチームが2年に1度対戦している。

テクニック

ゴルファーは、プレーする地形に自らのテクニックを適応させなければならない。また、ボールの軌道に大きく影響を与える気候（風、雨、湿った地面）などを計算に入れる必要がある。

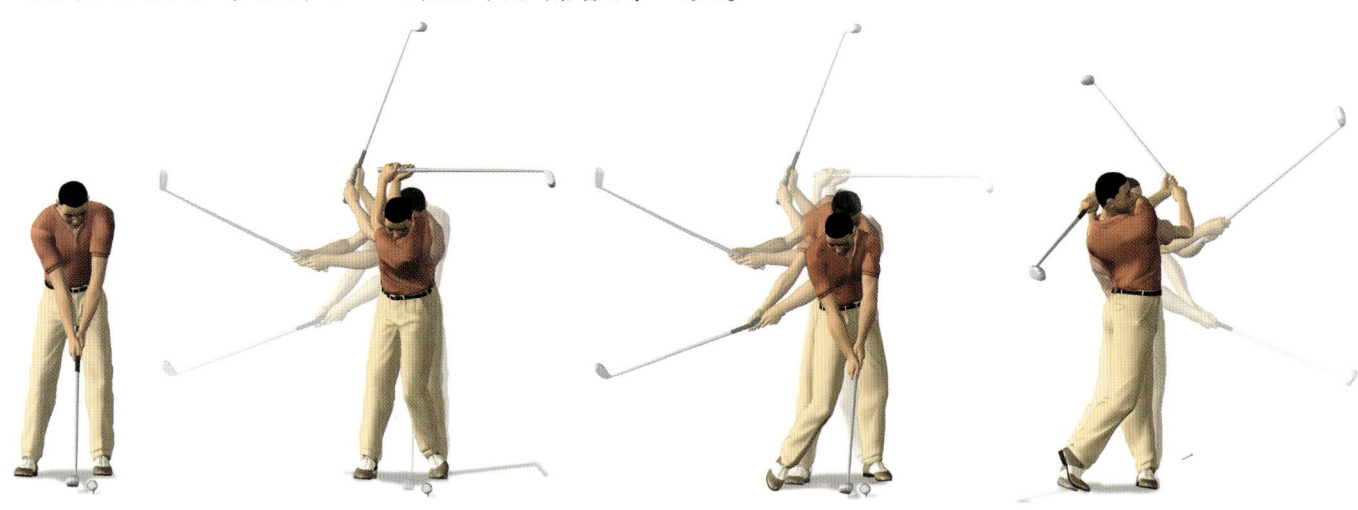

ウッド、ロングアイアン、ミドルアイアン
特に長距離のホールでは、第1打と第2打がスコアメイクのためには非常に重要である。
プレーヤーは、流れるような動きで、インパクトを強くし、理想的なフォロースルーをしようと心がける。

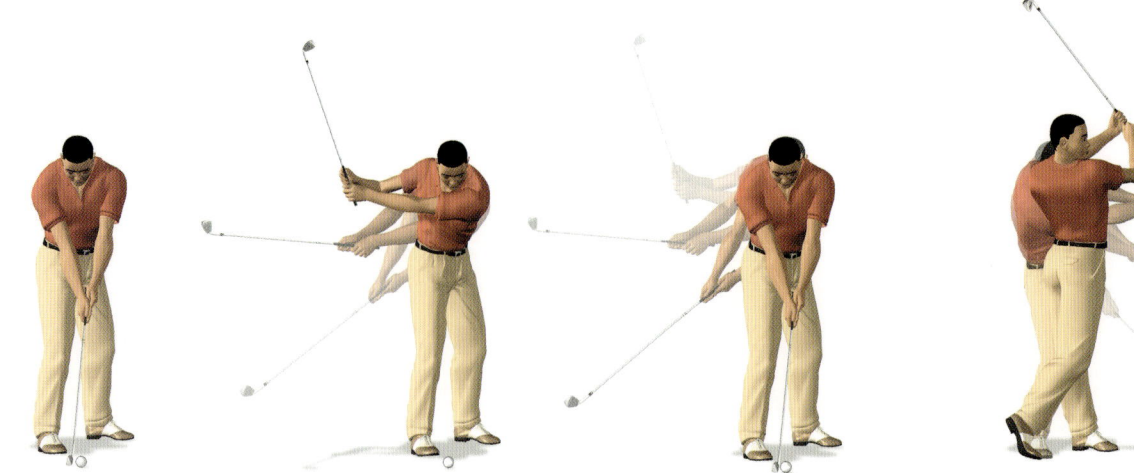

ショートアイアン、ウェッジ
プレーヤーは、グリーン近くではカップまでの距離を計算し、適切なアイアンを使用する。
カップに向かってボールを山なりに打つか、転がすアプローチをする。

精度を追求するスポーツ

バンカーショット
バンカーは常に障害となるわけではない。背の高い草地より、バンカーを好むゴルファーもいる。砂の上にあるボールのほうが、当たった後の反応が予測できるからである。サンドウェッジを使い、ボールそのものには触れずに、その後ろの砂をたたく。

パッティング
グリーンはどこも同じように見えるが、まったく同じスピードでボールが転がるわけではない。ボールの軌道を予測できるように、各グリーンのスピードはステンプメーターで計測される。最終パットでは、さまざまな角度からグリーンを「読む」ことが重要となる。ボールからカップへの軌道を、そして、カップからボールまでの軌道を分析する。ストロークは力を抜いて、振り子のような動きをすることが必要である。

ベースボールグリップ　**オーバーラップグリップ**　**インターロックグリップ**

グリップ
ゴルファーは自分にもっとも適したグリップを見つけなければならない。良いグリップは手に緊張を与えず、柔軟性と正確性が高い。

用具

クラブ
コースを回るには数種類のクラブが必要となる。プレーヤーは、距離や状況に適したクラブを選ぶ。

ストロークの精度を上げ、飛距離が伸びるように素材が進化（初期のクラブはすべてが木でできていた）し、用具が発達したことが、成績の向上につながっている。ボールが硬くなるにつれて、クラブに使われる頑丈な木が必要となり、そのうち合成素材が取って代わるようになった。今日では、木の代わりにスチール、グラファイト、チタン合金がヘッドやシャフトに使われている。

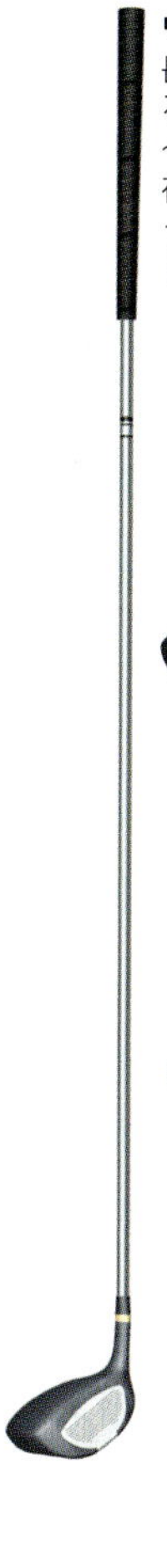

ウッド
長距離を飛ばすために使われる。ウッドはその力によって1〜7番まで、ときには9番まで存在する。ティーショットでもっとも使われるのは、1番ウッド、すなわちドライバーである。

- **1番ウッド（ドライバー）** 6〜12° 230〜290ヤード（210〜265m） 
- **3番ウッド** 13〜16° 210〜240ヤード（192〜219m） 
- **5番ウッド** 19〜21° 200〜220ヤード（183〜201m）

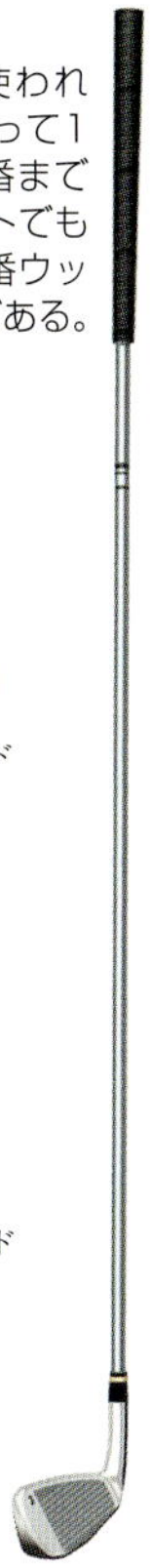

アイアン
グリーンへのアプローチに使用する。ロフトの角度により、番手は1〜9。小さな角度の1〜4アイアンは長い距離を飛ばすために使う。角度の大きな8、9番アイアンは、グリーン近くの短い距離に使う。

ロングアイアン 
- **2番アイアン** 17〜19° 185〜215ヤード（169〜197m） 
- **3番アイアン** 20〜22° 180〜205ヤード（165〜187m） 
- **4番アイアン** 22〜24° 175〜200ヤード（160〜183m）

ミドルアイアン 
- **5番アイアン** 26〜28° 165〜195ヤード（151〜178m） 
- **6番アイアン** 30〜32° 155〜180ヤード（142〜165m） 
- **7番アイアン** 34〜36° 140〜170ヤード（128〜155m）

ショートアイアン 
- **8番アイアン** 38〜40° 135〜155ヤード（123〜142m） 
- **9番アイアン** 42〜44° 130〜145ヤード（119〜133m）

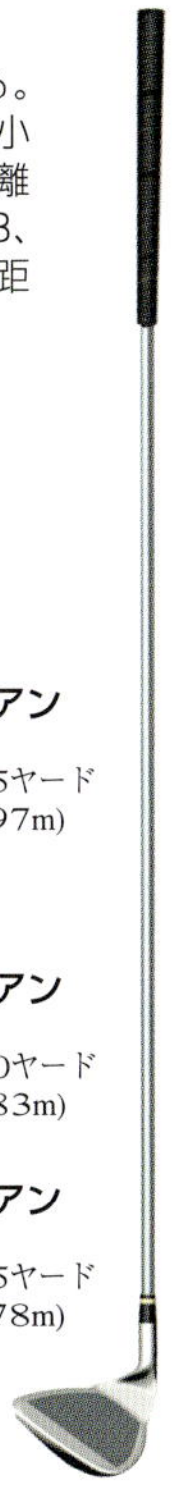

ウェッジ
特別な状況で使われる。よりボールの軌道をコントロールしやすくするために、ほかのアイアンよりシャフトが短くできている。ロフトの角度があり、フェースが大きいことで正確なアプローチショットができる。放物線を描いてボールを飛ばすために、グリーンへのアプローチでピッチングウェッジを使い、バンカーから脱出するためにサンドウェッジを使う。ロブウェッジは、バンカーやグリーン周りの高い草の中など困難なショットを打つときに使う。

- **ピッチングウェッジ** 47〜52° 120〜130ヤード（110〜119m） 
- **サンドウェッジ** 54〜58° 100ヤード（91m）まで 
- **ロブウェッジ** 60〜64° 50ヤード（58m）まで

パター
まっすぐでフェースが正面を向いたクラブ。もっとも精度が必要とされる場合に、グリーン上でボールを転がすために使う。

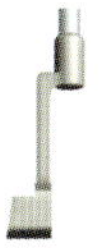

パター 3〜4° グリーン上で使う

タイガー・ウッズ（アメリカ）
全米ジュニア選手権（1991、92、93年）の勝者。また、1994、95、96年の全米アマチュア選手権にも勝利し、伝説のゴルファー、ボビー・ジョーンズに並ぶ。プロトーナメントでも15回以上勝利し、その中には1997年のマスターズでの優勝も含まれる。1998年に世界ランキング1位になった。1999年の後半から2000年の初旬にかけてトーナメントで連続6回勝利し、ベン・ホーガンと並ぶ。

精度を追求するスポーツ

ボール
元々は革の中に羽根を入れたものだった。その後ガッタパーチャ（ゴムから抽出する物質）が使われ、最終的に現在の形になった。現在は、固形か液状の芯をプラスティックでコーティングしたボールが使われている。ディンプルのある表面は、飛びが安定し、インパクトの瞬間にコントロールしやすいという特徴がある。

42.67 mm
最大45.93 g
最長102 mm

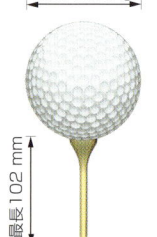

17世紀初期
羽根でできたボール

1848年
ガッタパーチャ・ボール

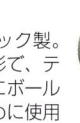

1898年
ゴムの芯を使ったガッタパーチャ・ボール

ティー
木またはプラスティック製。小さなくぎのような形で、ティーショットのときにボールの位置を高くするために使用する。

グラブ
使用するかどうかはプレーヤーの自由。グリップを安定させるため、片手につける。

ゴルフシューズ
革製。靴底に滑り止めがついているが、柔らかいものと金属製のものがある。

ゴルファーの特徴
- ゴルファーにとってきわめて重要なのは心理状態である。一流のゴルファーは、自分の感情をコントロールし、常に落ち着いていて自信を持っていなければならない。集中力も大事な要素である。手足の動きの調和、安定性、精度、狙いを定める力、計算力も欠かすことのできない能力である。
- 非常に能力の高いプレーヤーは、7〜8アンダーでのプレーが可能である。彼らが優勝できる理由のひとつは、スイングの質と強さである。タイガー・ウッズは、平均で289ヤード（264m）の距離を飛ばし、そのスピードは200km/時にも達する。

ジーン・サラゼン（アメリカ）
サンドウェッジの開発者。ゴルフの歴史上もっとも影響力のあるプレーヤーの1人。1935年のマスターズ、1922年と32年の全米オープン、1932年の全英オープン、1922、23、33年の全米プロで優勝している。グランドスラムを達成した4人のうちの1人。

ジャック・ニクラウス（アメリカ）
1983年にライダーカップで優勝したチームのキャプテン。1962〜86年の間に70回以上勝利を収めた。「ゴールデン・ベア」（ニクラウスのあだ名）は、当時もっとも有名なチャンピオンだった。彼の優勝したトーナメントは、1962、67、72、80年の全米オープン、1966、70、78年の全英オープン、1963、71、73、75、80年の全米プロ、1963、65、66、72、75、86年のマスターズなど。

ナンシー・ロペス（アメリカ）
1977年にアマチュアで世界チャンピオンになり、その翌年はプロとして優勝。プロのトーナメントで48回勝利した。その中に、1978、85、89年の全米女子オープンがある。また、1978、79、85、88年にプレーヤー・オブ・ザ・イヤーに輝く。

セベ（セベリアーノ）・バレステロス（スペイン）
1980年代にもっとも活躍したゴルファーの1人。1979年に全英オープンを制し、最年少記録を更新した。その後、1984年と88年にも優勝している。1980、83年のマスターズ、1976、77年のワールドカップ、1985、87、89年のライダーカップなど、72回の優勝経験をもつ。

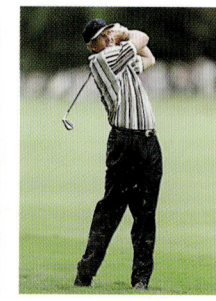

グレッグ・ノーマン（オーストラリア）
ニックネームは「ホワイトシャーク」。1986年と93年に全英オープンを制す。4大メジャーでの勝利はこの2回のみ。トーナメントで75回優勝し、90年代のもっとも偉大なゴルファーのひとりとなった。

ゴルフバッグ
プロのレベルでは、バッグはキャディーが担ぐ。キャディーはプレーヤーが必要とするクラブをバッグから出して渡す。トーナメントで使用できるクラブは14種類まで。どのクラブを入れるかは、コースによってプレーヤーが判断する。キャディーがクラブ選択をアドバイスすることもある。

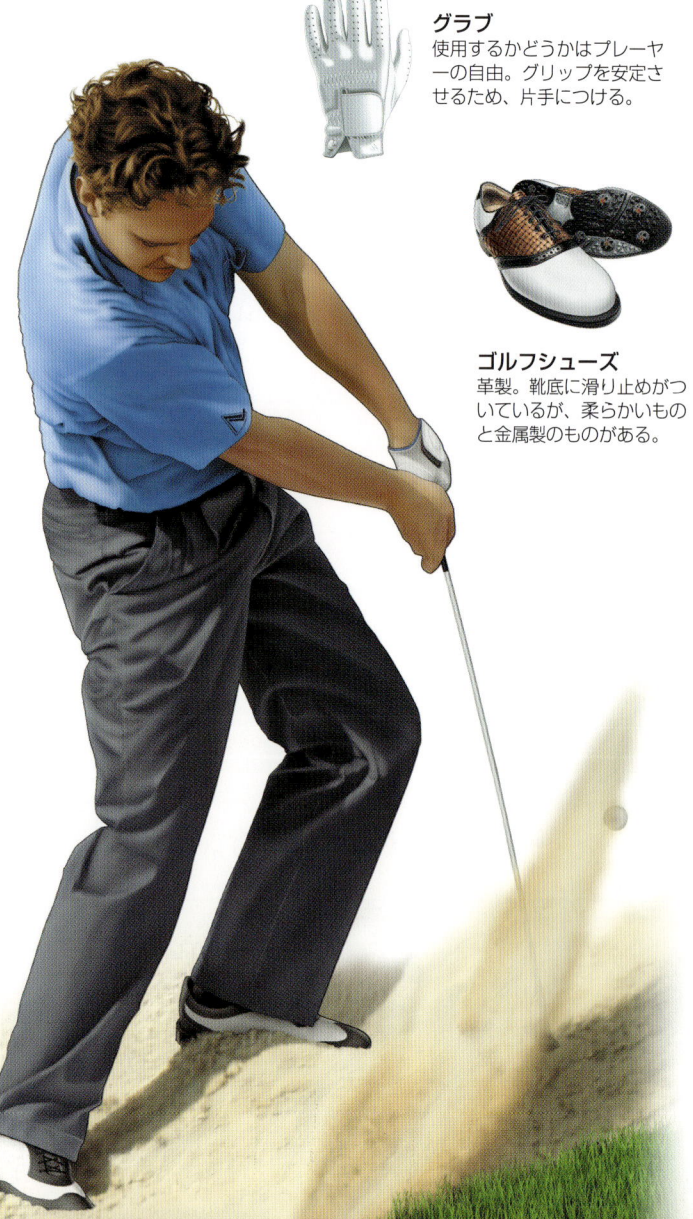

総合的な力を要するスポーツ

158 トライアスロン
160 近代五種競技
162 オリエンテーリング

トライアスロン

総合的な力を要するスポーツ

トライアスロンは、3つの耐久種目（スイム、バイク、ラン）を連続して行なう競技である。1974年ごろにアメリカのライフガードたちが行なっていたサバイバルテストをヒントに、アメリカ軍ハワイ基地の兵士が、島内で競技されていたもっとも距離の長いレースを一度に行なったことから誕生した。ハワイ・アイアンマンは1978年に始まり、現在ではメジャーな国際イベントになっている。同様に、ニースで開かれるトライアスロンも有名である。1982年の大会でアメリカの選手、ジュリー・モスがあまりの疲労からテレビカメラの前で倒れてしまい、それ以降、トレーニングが強化されるようになった。その結果、事故のリスクは大きく減少し成績も向上した。トライアスロンは、今日では非常に人気の高いスポーツとなっている。国際トライアスロン連合が1989年に創設され、さまざまな競技を開催し、また、世界各国の連盟が毎年100万人ものレース参加者を集めている。トライアスロン競技の発展に伴い、スノー・トライアスロン（クロスカントリースキー、バイク、ラン）、スノー・デュアスロン（ランとクロスカントリースキー）、アクアスロン（スイムとラン）など、さまざまなバリエーションが生まれた。トライアスロンがオリンピック競技となったのは2000年のシドニー大会からである。

ハワイ・アイアンマン大会。第一種目（スイム）のスタート（1993年）。

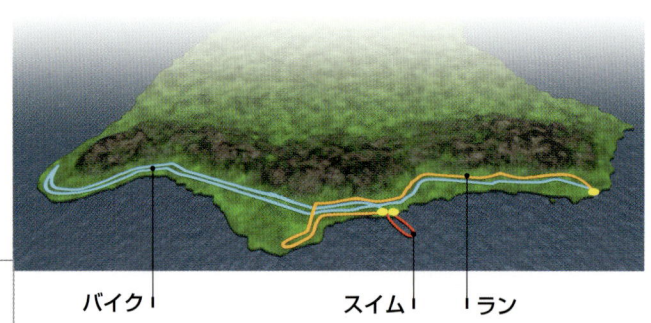

競技会

トライアスロンの基本は単純で、最初の種目（スイム）から最後の種目（ラン）までのタイムを計測することである。アイアンマンレース（スイム3.9km、バイク180km、ラン42.195km）では、バイクの競技中にフードステーションなど選手へのアシストが許されているが、オリンピックディスタンス（スイム1.5km、バイク40km、ラン10km）の競技では許されていない。

トランジション（競技種目の転換）を素早く行なうことが重要で、準備やリハーサルを慎重に行なうことが求められる。オリンピックディスタンスのレースでは、トランジションにかかる時間は優秀な選手で8～10秒ほどである。

| 競技の種類 | | | | |
競技	スイミング	サイクリング	ランニング	平均所用時間
インターナショナルディスタンス	1.5 km	40 km	10 km	2時間弱
スプリント	750 m	20 km	5 km	およそ1時間15分
ロングディスタンス	1.9 km	90 km	21 km	およそ5時間半
アイアンマンディスタンス	3.8 km	180 km	42.2 km	およそ9時間

ハワイ・アイアンマン

バイク　スイム　ラン

参加資格

オリンピックの競技は、オリンピックディスタンスで行なわれる。2年以上にわたる予選レースでのポイント獲得により出場資格を得る。

1. スイム

この種目は通常屋外で行なわれる。ストロークの規定はないが、ほとんどの選手がクロールで泳ぐ。水温が低い場合は、ネオプレンの水着が必要となる。水の抵抗が上がらないよう、体にフィットしたものが求められる。息継ぎは2～3ストロークに1回行なう。途中で止まりブイや動いていないボートにつかまるのは許されているが、先へ進む道具としてこれらを使ってはならない。

スイムキャップ

主に選手を識別するためのもので、競技団体が支給する。水温が非常に低い場合は、頭から熱が奪われるのを防ぐためにネオプレン製のキャップをかぶる。

トレーニング

手の入水、頭と体の位置、推進は、それぞれ別の練習で上達させる。フォームの変化をよりしっかり知り、筋肉のトレーニングをより効率的に行なうために、手にパドルをつけたり、足にストレッチコードをつけたりする。

2. バイク

この種目は通常ロードで行なわれる。ペダルを踏むしっかりしたリズムと空気力学を考慮した姿勢が必要である。駆け引きが重要な役割を果たすので、ほかの選手の後ろへつく方法を知っていればかなり有利になる。オリンピックディスタンスのレースでは平均45km／時のスピードが出る。必要な場合に修理する道具を準備しておかなければならない。水分補給が非常に重要なため、フードステーションが沿線に準備されている。

トレーニング

ペダリングで一定のスピードを維持するために、選手はハブの硬い（ギアがない）自転車を使用するか、平地を片足のみでこぐといったトレーニングを行なう。

3. ラン

ランでは、最後に蓄えられたエネルギーと耐久力を利用する。効率的に走るために、筋肉の緊張とリラックスを交互に行なう。上体を起こして走り、目は前方を見据える。肩の力を抜き、呼吸や足の運びを楽に行なえるよう腕は体と並行に動かす。ストライドの長さはランナーの重心に直接影響を与え、その結果疲労にも影響する。

トレーニング

通常のランニングに加えて、走りながらジャンプする、上り坂や下り坂を走る、母指球（親指の付け根のふくらんだ部分）で飛ぶ、などの強弱のある訓練を50～100m行なう。それによりテクニック上の欠点がわかりやすくなり、修正が可能になる。

ヘルメット
使用が義務付けられている。

レースナンバー
撥水性のインクで肌に直接書く。

ハンドルバー
選手が空気力学的に良い姿勢を保てるようにデザインされている。

アームパッド

マジックテープで止めるシューズ
タイムを短縮するために競技が始まる前にシューズをペダルに固定する。

フレーム
ほぼ垂直（78°）なシートチューブによって、ハンドルバーに寄りかかりやすくなり、ペダルをより強くこぐことができる。

トウ・クリップ
力が最大限に伝わるようにする。

タンクトップ
選手は走るときには胸を覆うものをつけなければならない。短いシャツか、3種目を通して使うことができるワンピースのウェアを着用する。

時計
全選手の足首にGPSで追跡できるチップがつけられる。これにより選手の正確な経過時間がわかる。

選手の特徴

- トレーニングには2つの側面がある。持久力をつけることと、3種目のテクニックを完全にマスターすることである（優れたテクニックがあれば、疲労を軽減し、同じエネルギーで長く競技することができる）。

- 短時間の激しいワークアウト（85～100％の力で）と、力を抜いたワークアウトを交互に行なうのが、持久力をつけるのにもっとも適した方法である。同様に、時間を分けてスピードトレーニングを行なうほうが、続けて行なうより効果的なワークアウトができる。オリンピックディスタンスやスプリントなどペースの速い競技には、特別なトレーニングが必要となる。ハーフやアイアンマンで成績を残す選手がこういったレースにエントリーすることはまれである。

- トップレベルの選手になると、1日に2～3回のトレーニングが必要となる。このスポーツでは、10～12年の経験を経てから最高の成績を記録するようになる。優勝者の年齢は平均して25～30歳。

- 天候の変化がコースの様子を一変させる。究極の状態（高波でのスイム、強い風の中でのバイク、悪路でのランなど）を想定して準備をする選手もいる。

マーク・アレン（アメリカ）
1989年の最初の世界チャンピオン。ワールドカップで3回優勝。ニース・トライアスロンで10回、ハワイ・アイアンマンで6回優勝する。

ポーラ・ニュービー・フレイザー（ジンバブエ）
ハワイ・アイアンマンレースの最高記録保持者（1992年に記録。8時間55分24秒）で、1986～1996年の間に8回優勝。ニース・トライアスロンで4回優勝。

総合的な力を要するスポーツ

近代五種競技

まったく異なる5種類のスポーツを組み合わせて行なわれる近代五種競技は、味方にメッセージを届けるために敵陣を超えて進んだ、ナポレオンの部下の冒険に刺激されて始まった競技である。ピエール・ド・クーベルタン（クーベルタン男爵。近代オリンピックの提唱者）の影響を受け、古代オリンピックのペンタスロン競技の精神を忠実に再現して1912年のストックホルムオリンピックで誕生した。5種目（射撃、フェンシング、水泳、乗馬、ランニング）を戦う力は、クーベルタンが考える「完成した人間」になるために必要な力である。1980年代までは、このスポーツの有力選手はスウェーデン、ロシア、ハンガリーに集中していたのだが、現在ではイタリアやフランスの選手も表彰台に上がっている。女子では、世界選手権大会が1981年から始まり、2000年のシドニー大会でオリンピック競技に初めて採用された。

ヨハン・オクセンシェルナ（スウェーデン）。ロサンゼルスオリンピック（1932年）で金メダルを獲得。

競技会

世界大会では、1日で5種目を戦う。種目ごとに1,000点に値する標準記録が設定され、この標準によって成績をつけられる。つまり、標準より低いポイントだと減点され、高いポイントだと得点を与えられる。乗馬が終了した時点で総合得点がタイム（秒）に換算される。それをもとにランニングのスタート順が決まり、その勝者が優勝者となる。

1. 射撃

標的の中心 10ポイント
外の環 1ポイント
15.5 cm

10m離れたところに固定された標的に向けて20発撃つ。1発につき40秒与えられる。20射撃で172ポイントをマークすると標準得点（1,000点）を獲得できる。この172ポイントを基準に、1ポイントを12点に換算する。したがって、173ポイントの場合は1,012点、171ポイントの場合は988点となる。射撃で求められるのは集中力とリラックスする能力であり、また、呼吸をコントロールすることも精度を上げるために重要となる。腕や手首をサポートする装具は使用できない。

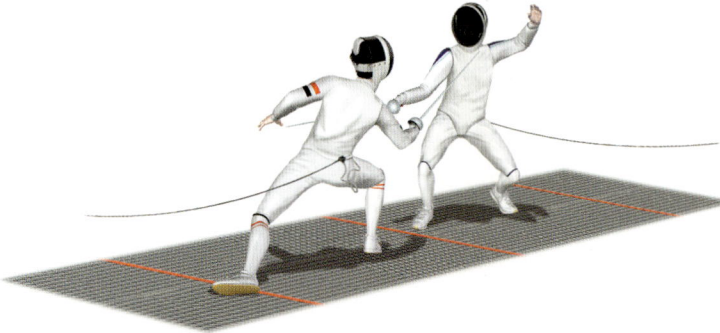

2. フェンシング

競技はエペ（半月球のついたフェンシング用の剣のこと。また、これを使用するフェンシングの競技）で行ない、各選手は、その他の全員と対戦する。1本の勝負は最長で1分とし、どちらかが突きを決めた時点で終了する。どちらの選手も決められないまま制限時間となった場合は、両者とも負けとなる。標準記録（1,000点）は、1試合あたり70%勝つこと。勝ち点は選手数をもとに割り出す。短時間で勝負を決めなければならないので、攻撃方法はもっとも単純なものにする。相手を誘う足、エピのフェイント、偽装攻撃が有利に働く。体のどの部分を突いても有効だが、ほとんどは手首、足、胸で決まる。

3. 水泳

200mの自由形（通常はクロール）のタイムトライアル。選手の数と過去の成績をもとにグループ分けをする。標準記録（1,000点）は、男子で2分30秒、女子で2分40秒。10分の1秒短縮するごとに1ポイント獲得し、10分の1秒オーバーするごとに1ポイント失う。各グループでもっとも速い選手が中央のコースで泳ぐ。グループで1位になってもボーナスポイントはなく、タイムのみがポイントを決める。

4. 乗馬

コースの距離は350〜400m。障害の数は12で、ダブル障害1基、トリプルのコンビネーション1基が含まれる。ラウンドをクリアすると1,100点を獲得する。横木を落とすと30ポイント、不従順または逃避は40ポイント、馬の転倒または騎手の落馬は60ポイントの減点となる。時間制限をオーバーした場合、1秒ごとに3ポイントを引かれる。同点のケースでは、タイムの速い選手が勝ちとなる。近代五種は、この乗馬の種目で順位が大きく変動する。各選手は初めての馬に騎乗しなければならず、その馬はくじ引きで決まる。練習時間は20分で、その間に障害をジャンプできるのは5回まで。

5. ランニング

この種目は3,000mのクロスカントリーで行なわれる。これまでの4種目でもっとも成績の良い選手が最初にスタートする。その後の選手は、順位をもとにスタートするが、それまでの4種目で稼いだポイントを換算し（1ポイント1秒）、その分遅れてスタートする。このランニングで最初にゴールした選手が、五種競技の勝者となる。

走者の番号
スタート時の順位を示す。

パベル・レドネフ（旧ソ連）
1973〜75年と1978年に世界チャンピオンになる。1968〜80年のオリンピックメダリスト。

優勝杯と選手権大会

1948年まで、近代五種競技はオリンピック委員会によって運営されていた。その年、国際近代五種連合（UIPM）が創設され、国際競技会が次々と開かれるようになった。

- 1949年から世界選手権大会が始まり、オリンピックの年を除いて毎年開催されている。4大陸から32人のベストプレーヤーが出場する。
- 予選を勝ち抜いた16チーム（各チーム3人）が、リレーの世界選手権大会に参加する。各メンバーは10回射撃をし、100mを泳ぎ、フェンシングを15本行ない（その他のチームの1人と当たる）、1,500mを走って、乗馬で15基の障害を飛ぶ。
- 1990年から毎年行なわれているワールドカップには、予選ラウンドの上位3つの記録をもとに32人の選手が選抜される。
- 近代五種のワールドツアーは、1998年から古代ペンタスロンをもとにした方法で行なっている。1対1で対戦できるように5種目を調整し、選手は休憩を入れずに20〜25分間1対1で戦う。その試合に勝った者が次の対戦に駒を進める。

選手の特徴

- 五種競技ではさまざまな能力が必要とされる。勝者の体形は一定ではない。このスポーツでは精神的な側面（集中力や前向きな考え方）が大きな違いをもたらす。
- トップレベルの成績を残す選手は28歳を超えている。競技経験によって習得した高い技術が身体能力の低下（水泳やランニングでの）を補うからである。

総合的な力を要するスポーツ

オリエンテーリング

オリエンテーリングは、「ポスト」というチェックポイントを通過してゴールするまでの速さを競う競技である。1895年に、スウェーデン軍によって行なわれた軍隊の訓練が原型となって誕生した。1910年代に入ると、スポーツと自然を愛する人が楽しんで行なうスポーツになり、ヨーロッパの国々、北アメリカ、そしてアジアへと広がりを見せる。1961年、オリエンテーリングが盛んな8つの国によって国際オリエンテーリング連盟（IOF）が創られ、1966年にフィンランドで最初の世界選手権大会が開催された。世界選手権大会は、2003年まで2年に1度、以降毎年開催されている。現在では60以上の国で、800,000人を超える男女がオリエンテーリングを楽しんでいる。圧倒的な強さを発揮しているのはスカンジナビアの国々で、主要な大会のメダルをほぼ独占し、このスポーツの人口の半分以上を占めるに至っている。

アベルドビー・アウトワード・バウンド・スクール（イギリス）の指導員と生徒によるオリエンテーリングの訓練（1949年）。

競技会

競技会の規模に関わらず、競技場所が事前に知らされることはなく、地図も与えられない。集合場所からスタート地点へ連れて行かれて、そこで競技地域の地形図を渡される。その後、一定の間隔を空けて1人ずつスタートする。選手は、地図とコンパスを使ってあらかじめ決められた順にポストを回らなければならないが、各ポスト間のルートは特に決められていない。各ポストには参加者がそこを通過したことを証明する装置が設置してある。もっとも短時間でコースを回った選手が勝者となる。競技役員の数は、コースの地形、参加者の数、使用するシステムによってさまざまである。審判とタイムキーパーがスタート地点とゴール地点にいる。不正が行なわれる危険性のある場所では、役員が隠れて観察することがある。オリエンテーリングにはさまざまなバリエーションがあり、リレー、マウンテンバイク、クロスカントリースキー、数日かけて行なう競技（ロング）などがある。国際大会では男子優勝者が70分程度、女子優勝者が60分程度でゴールできるようにコース設計されている。

用具

ポスト
ポストは2種類ある。古くから使われていて、現在でも一般的なのはチェックカードで、ポストの印をパンチするか、スタンプを押す。技術の発達によって、より効率の良い方法が開発された。選手は、電子チップのついた地図を渡され、ポストにつくとコンピュータによって通過したことが証明されるようになっている。これにより大会の主催者は、競技が順調に進行しているかどうか、各選手が各ポストを通過したかどうかを知ることができる。現在国際大会ではこのシステムが一般的になっている。

地形図
競技の基本となるもの。目指す方向を見定めることができ、その場所の特徴を知ることができる。縮尺は1:5,000（初心者や訓練用）、1:10,000または1:15,000（競技用）がある。記号は色で識別されていて、それは世界共通である。

ポストフラッグ
ポストの目印。

■ 水
■ 等高線
■ 岩や建物

難易度別（走行の）の植生

着衣
オリエンテーリングの選手は、発汗や発熱に優れた丈夫な生地のウェアを着る。特別なシューズ（軽い、撥水性と耐久性に優れていて、金属とゴムの滑り止めがついている）が必要である。

シューズ

コンパス
地図と共に用いる。一般にはサムコンパス（親指にはめて使うコンパス）やプレートコンパス（片手に握って使用するタイプ）が用いられる。コンパスには、針の回転を遅くさせるための液体が入っている。針は常に北を示す。

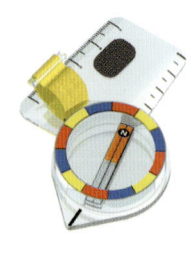

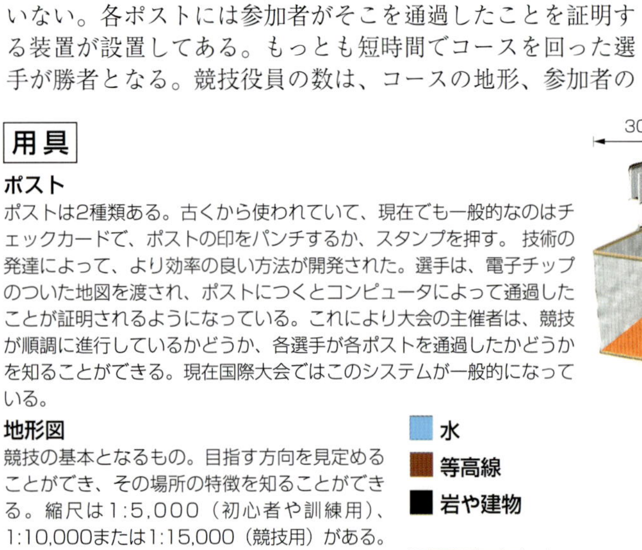

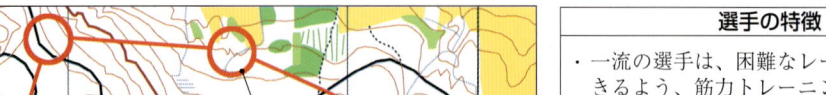

磁北　スタート地点　ポスト　ゴール地点

選手の特徴

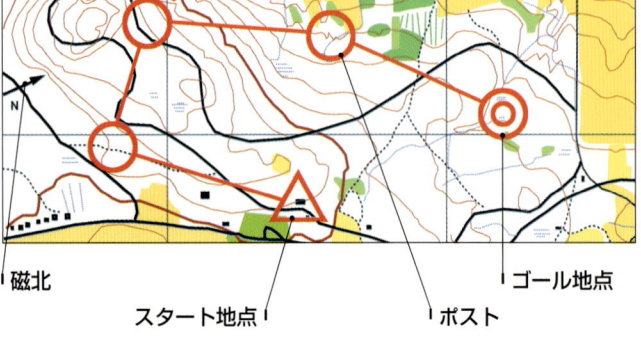

・一流の選手は、困難なレースにも対応できるよう、筋力トレーニングや心肺機能を上げる訓練を精力的に行なう。競技用の地図を、スピードを緩めることなく正確かつ迅速に読めなければならない。テクニックとしては多くのスキルが要求され、経験によってのみ手に入れることができる。

ヤーゲン・マーテンセン（スウェーデン）
1991と95年の世界選手権、2000年のマスターズで優勝。

アイススポーツ

164 アイスホッケー
170 バンディ
172 ボブスレー
174 スケルトン
176 リュージュ
178 フィギュアスケート
183 アイスダンス
184 スピードスケート

アイスホッケー

アイスホッケーは、19世紀の中ごろにカナダで誕生したスポーツである。2チームの対抗で行ない、スケートリンク上で相手ゴールにスティックを使ってパックを打ち込む。記録上もっとも古い試合は、1855年にキングストンで行なわれている。その24年後に、マギール大学（モントリオール）の学生がルールを体系化したことで、クラブやリーグがカナダのあちこちで誕生した。その後アイスホッケーは急速な広がりを見せる。1917年にはアイスホッケーリーグ（NHL）が創設され、5チームが22試合を戦った。今日では、アメリカとカナダの30チームが所属し、その数はさらに増えつづけている。男子のアイスホッケーは1920年にオリンピックで正式種目になり、1998年に女子が加わった。アマチュアの世界選手権大会が1930年より毎年行なわれている。アイスホッケーは30ほどの国でプレーされているが、もっとも人気が高いのは北アメリカ、スカンジナビアの国々、そしてロシアである。

1958〜59年のモントリオール・カナディアンズ。スタンレーカップで24回優勝。5シーズン連続で優勝した唯一のチーム（1955〜56のシーズンから1959〜60のシーズンまで）。

試合

各チームには少なくとも20人の選手が登録している。試合中は、各チーム6人が常にリンク上にいて、ほぼ毎分のように選手が入れ替わる。アイスホッケーは実質試合時間20分のピリオド（回）を3ピリオド行ない、間に15分の休憩を2回入れる。オフサイドやペナルティ、選手の怪我などで中断が多いため、試合時間は通常2〜3時間になる。ピリオドごとに、攻撃サイドを変える。（ペナルティなどで）少ない人数で戦わなくてはならないときも、各チーム、ゴールキーパーを含めて少なくとも4人がリンク上にいなければならない。試合終了時にスコアが同点の場合、5〜20分の延長ピリオドが行なわれ、さらに同点の場合は、PK戦で決着がつく。NHLのシーズン戦では5分間のサドンデス延長戦が行われる。それでも決着がつかない場合はPK戦で勝者を決める。NHLのプレイオフでは、延長ピリオドの時間は20分であり、サドンデスで決着がつく。

リンク

ゴールランプ
2つのライトがあり、一方が赤で、もう一方が緑。ゴールが入った時点でゴールジャッジが赤いライトを点灯させる。緑のライトは公式タイマーに接続されていて、各ピリオドの終了時に点灯する。緑のライトが点灯していると、赤はつけられない。

ゴールジャッジ（2人）
各サイドにポジションを取る。ゴールが有効かどうかを確認する。

ポジションライン
フェイスオフサークルの内側と外側に引かれている。フェイスオフでプレーヤーが並ぶ場所を示す。

フェイスオフサークルとフェイスオフスポット
フェイスオフの場所を、5つのサークルと9つのスポットで示す。

ラインズマン（2人）
アイシングとオフサイドの違反をシグナルで知らせる。

プレーヤーズベンチ

ゴールライン
パックが完全にこのラインを超えたとき、ゴールが得点される。

ブルーライン（2本）
このラインでリンクを3つのエリア（ディフェンスゾーン、アタッキングゾーン、ニュートラルゾーン）に分ける。

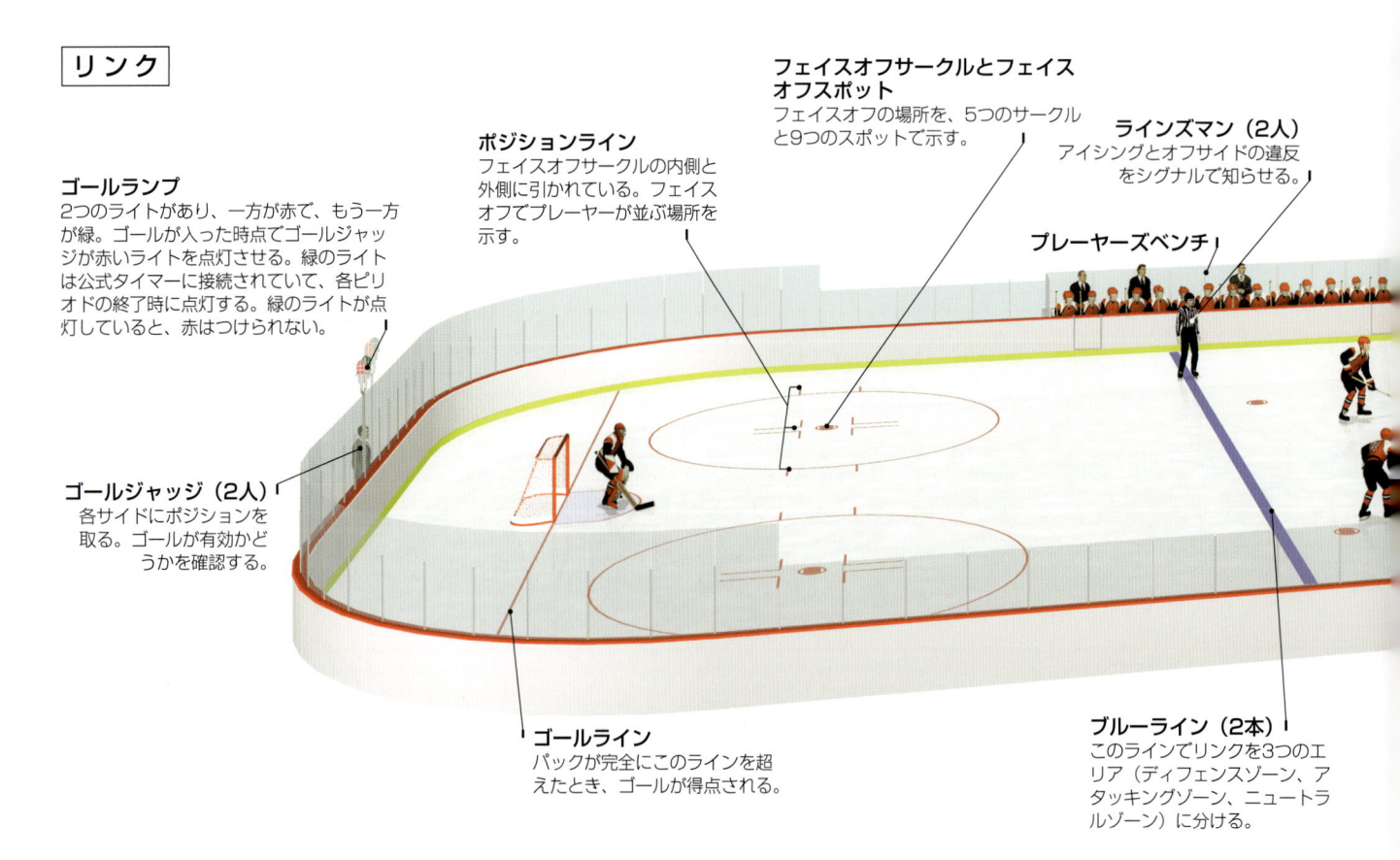

フェイスオフ

ゲームや各ピリオドの開始時、または、スコアが入った後、センターサークルのセンタースポットでフェイスオフが行なわれる。試合中のフェイスオフは、その他8つのスポットの中で、違反行為があった場所にもっとも近いスポットで行なう。この8つのスポットは4本の仮想ラインで結ばれている。その線で作られる長方形の内側を、フェイスオフゾーンと呼ぶ。

スコアボード

リンクの真上に天井から吊り下げられている。試合の情報（スコア、ペナルティ、リプレイなど）を表示する。

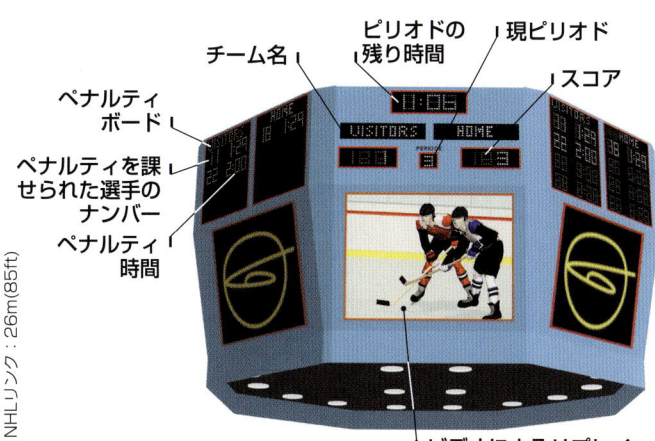

チーム名 / **ピリオドの残り時間** / **現ピリオド** / **スコア**
ペナルティボード
ペナルティを課せられた選手のナンバー
ペナルティ時間
ビデオによるリプレイ

ゴールキーパー
もっとも重要なプレーヤー。パックがゴールに入るのを防ぐ。

レフトウイングとライトウイング
オフェンスプレーヤー。ゴールを決めることが使命。フェイスオフでは相手チームのオフェンスプレーヤーをマークする。また攻め込まれた際には守備もする。

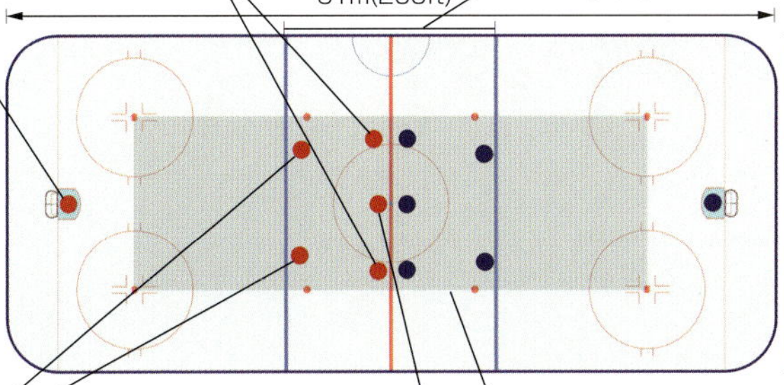

61m(200ft) / ニュートラルゾーン
オリンピックリンク：30m(100ft) / NHLリンク：26m(85ft)

レフトディフェンスとライトディフェンス
相手チームのプレーヤーがゴールに近づくのを防ぐ。また攻撃時にはオフェンスプレーヤーのサポートをする。

センター
チームの要。フェイスオフを行なう。オフェンスとディフェンスの両方をプレーする。

フェイスオフゾーン

レフリー
試合を統制し、各ピリオド開始時のフェイスオフでパックを落とす。ルールが遵守されるよう監督する。抗議があった場合、レフリーの判断が最終決定となる。NHLやその他メジャーなリーグでは、オフィシャルが4人、レフリーが2人、ラインズマンが2人つく。

ゴール
磁石、または、合成素材で作られた柔軟で短いポールを使ってリンクに取り付けられている。選手がぶつかって怪我をしないように、動きやすくできている。

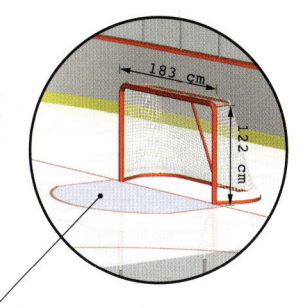

183 cm / 122 cm

ゴールクリーズ
ゴールキーパーのテリトリー。相手チームのプレーヤーがゴールシュートを行なう際、この中でキーパーを妨害した場合、審判はゴールを無効にすることができる。

監督
作戦を立て、選手のモチベーションを高める役割を担う。どの選手がどのポジションで、いつプレーするかを決定する。

コーチ（2人）
監督を補助する。1人がオフェンス担当、もう1人がディフェンス担当。

ニュートラルゾーン
2本のブルーラインの間。選手交代はこの中で行なう。攻撃と防御のさまざまな戦略が展開する。

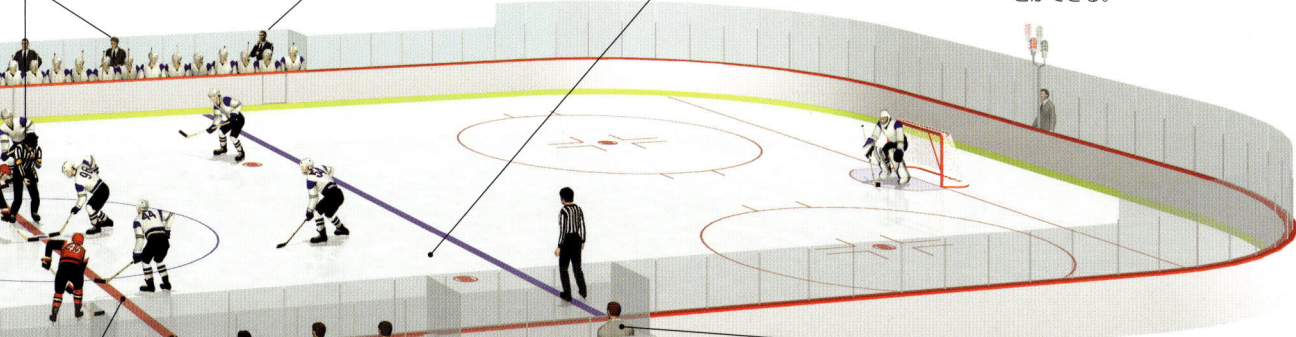

レッドライン
リンクを2分（各チームのサイド）する。

アナウンサー
ゴール、ペナルティ、残り時間などをアナウンスする。

オフィシャルベンチ

タイムキーパー（2人）
1人は中断の時間を管理し、もう1人はペナルティ時間を測る。

オフィシャルスコアラー
試合のすべてのデータ（ゴール、ペナルティ、ネットへのショット、セーブなど）を集計する。

ペナルティボックス
ペナルティを課せられた選手が座るベンチが各チーム用に1つ設置されている。

ペナルティボックスオフィシャル
秩序が維持されるよう監督する。

アイススポーツ

テクニックと戦略

プレーヤーの間をパックが頻繁に行き交い、激しい攻防戦が繰り広げられるアイスホッケーの試合では、さまざまなスタイルのショットやパスが使われる。

ショット
アイスホッケーのショットをパワーの順に紹介すると、スラップショット、スナップショット、リストショット、バックハンドショット、となる。

スラップショット
インパクトまでスティックはパックに触れない。ショットにパワーを与えるため、スティックを後ろに引く。他のショットに比べて、正確性が低い。

スナップショット
スティックを使ってパックを前に押し出す。瞬間を見計らってパックを押す力を強める（スティックとリンクの表面は接したまま）。このショットはシュートだけでなくパスにも使われる。

リストショット
ゴール前のショットとしては、特に精度が高く、素早く、効果的。ロングパスにも使われる。

バックハンドショット
スティックのブレード部分がカーブしているので、ショットは難しくなる。パックの軌道が予測しにくいことから、ゴールキーパーにとってはもっとも嫌なショットである。

パス
オフェンス時でも、ディフェンス時でも、パックをコントロールするためのテクニック。

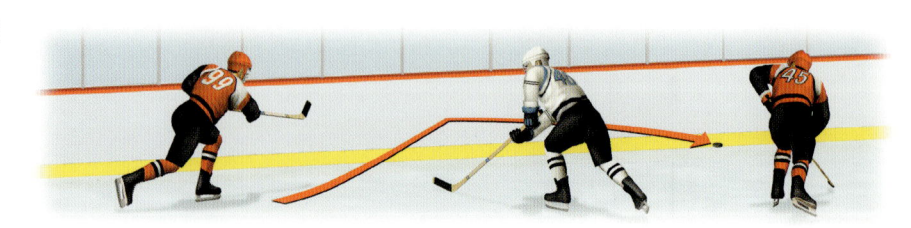

ボード（リンクを囲むフェンスのこと）を使ってのパス
直接パスできない場合に行なう。

パックの軌道を変える
チームメートから受け取ったパックの軌道を変えてシュートを決める。

ポークチェック
ゴールキーパーが膝を突いてスティックを前に突き出し、敵のプレーヤーがパックを受け取れないよう邪魔をする。この手法はどのポジションのプレーヤーでも使える。

パワープレー

パワープレーの目的は、ペナルティで相手チームの人数が少ない間にゴールを決めることである。監督は自チームでもっとも得点力のある選手を使う。フェイスオフの時点からパックをコントロールして相手ゾーンに攻め込む。相手チームのフォーメーションにすき間ができるまでパックをまわし、見計らってゴールを決める。パワープレーはペナルティの時間の間（2、4、5分）か、スコアが決まるまで行なわれる。

アイススポーツ

オフサイド

リンクを横切って引かれている5本のラインによってオフサイドが判定される。オフサイドがコールされると、ラインズマンがプレーを止め、どこでフェイスオフを行なうかを決める。通常、ニュートラルゾーンの中で、パックが横切ったラインにもっとも近いフェイスオフスポットで行なう。

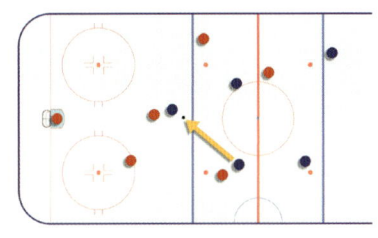

攻撃側の選手は、相手チームのアタッキングゾーンに、パックより先に入ってはいけない。選手の両足のスケートが完全にラインの中に入ったときにオフサイドがコールされる。ただし、オフサイドを行なったチームの全員が、パックに触れる前に相手アタッキングゾーンから出た場合、ラインズマンはオフサイドのコールを取り消し、プレーを続行させることができる。またNHLでは、オフサイド対象になっている選手が相手ゾーンから出ればプレー続行できることになっている。

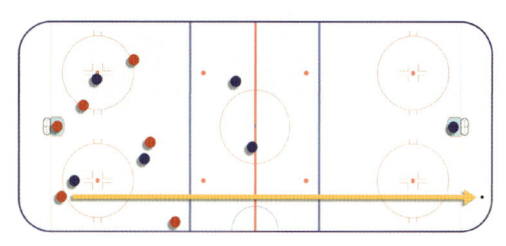

センターラインより自陣ゴール側から、攻める方向へ行なったショットが相手のゴールラインを超えた場合は、アイシングとなる（しかし、選手の数が少ない場合は、反則にはならない）。レフリーはパックがゴールラインを超えた際、プレーをストップする。NHLでは守備側のチームがパックをコントロールしたときのみ、レフリーはプレーをストップする事ができる。

審判のシグナル

以下はペナルティや違反があった場合に、レフリーやラインズマンが示すシグナルである。試合は、ペナルティを犯したチームがパックに触れるまで続行する。アイスホッケーには数多くのペナルティがあり、ほとんどのペナルティが選手の退場を伴う（2〜10分）。重大な反則の場合は、ゲームミスコンダクト（残り時間すべて退場）か、数試合の出場停止処分となる。ペナルティタイムは、実際にプレーが行なわれている時間で測定される。違反行為のほとんどはオフサイドかアイシング。

ディレイドペナルティ
ペナルティを犯したチームの選手がパックに触れた時点でペナルティを合図し、試合を停止させる。

フッキング
相手チームのプレーヤーを転ばせようとして、スティックで引っ掛けること。

クロスチェッキング
スティックを両手で持って突き出し、相手をチェックすること。

スラッシング
スティックで相手をたたく。

ゴール

ゴール無効

167

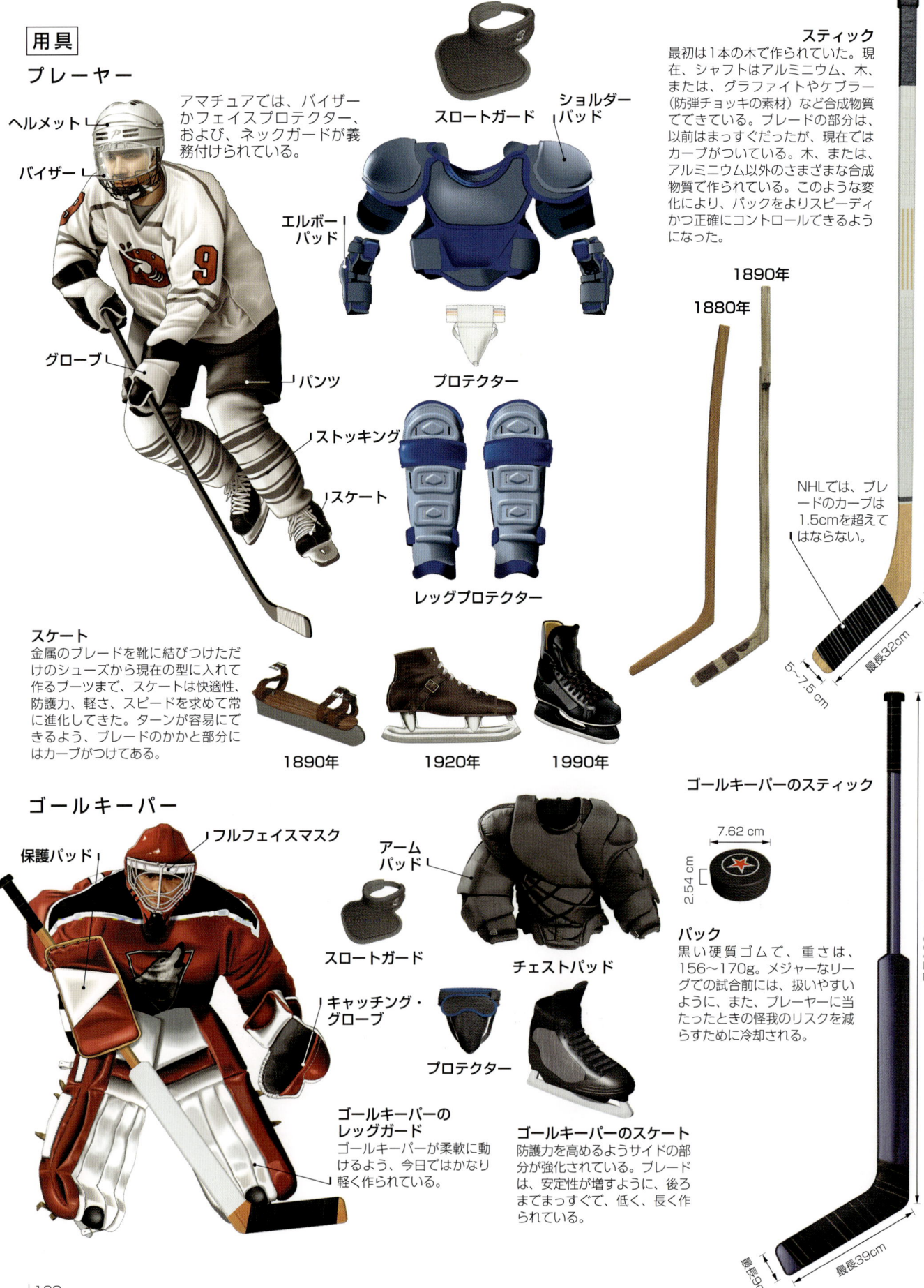

用具

アイススポーツ

プレーヤー

- ヘルメット
- バイザー
- グローブ
- パンツ
- ストッキング
- スケート

アマチュアでは、バイザーかフェイスプロテクター、および、ネックガードが義務付けられている。

- スロートガード
- ショルダーパッド
- エルボーパッド
- プロテクター
- レッグプロテクター

スティック

最初は1本の木で作られていた。現在、シャフトはアルミニウム、木、または、グラファイトやケブラー（防弾チョッキの素材）など合成物質でできている。ブレードの部分は、以前はまっすぐだったが、現在ではカーブがついている。木、または、アルミニウム以外のさまざまな合成物質で作られている。このような変化により、パックをよりスピーディかつ正確にコントロールできるようになった。

1880年　1890年

最長163cm

NHLでは、ブレードのカーブは1.5cmを超えてはならない。

5〜7.5cm　最長32cm

スケート

金属のブレードを靴に結びつけただけのシューズから現在の型に入れて作るブーツまで、スケートは快適性、防護力、軽さ、スピードを求めて常に進化してきた。ターンが容易にできるよう、ブレードのかかと部分にはカーブがつけてある。

1890年　1920年　1990年

ゴールキーパー

- 保護パッド
- フルフェイスマスク
- スロートガード
- キャッチング・グローブ
- アームパッド
- チェストパッド
- プロテクター

ゴールキーパーのレッグガード
ゴールキーパーが柔軟に動けるよう、今日ではかなり軽く作られている。

ゴールキーパーのスケート
防護力を高めるようサイドの部分が強化されている。ブレードは、安定性が増すように、後ろまでまっすぐで、低く、長く作られている。

ゴールキーパーのスティック

7.62 cm
2.54 cm

パック

黒い硬質ゴムで、重さは、156〜170g。メジャーなリーグでの試合前には、扱いやすいように、また、プレーヤーに当たったときの怪我のリスクを減らすために冷却される。

最長163cm　最長39cm　最長9cm

選手の特徴

- アイスホッケーは激しいぶつかり合いが多く、数々の戦略や身体的な強さを必要とする。チームスポーツの中ではもっともスピードの出る競技でもある。フルスピードで滑ると、60km/時となり、パックのスピードは190km/時に達する。選手は短時間で体力を消耗し、45秒〜1分プレーすると他の選手と交代する。
- アイスホッケーのプレーヤーにとって重要な資質は、持久力、有酸素能力（酸素を体内に取り込む能力）、筋肉の力と耐性、状況を読み判断する力、ボディコントロールである。
- 選手は、スピードと持久力を伸ばすために走り、脚力をつけるために自転車をこぎ、反射神経を維持するためにアイススケートやインラインスケートを行なう。さらに、ランニングマシーンで走り、トレーニングマシーンで筋力トレーニングをし、シュートの練習を行なう。
- 試合の前には、筋肉を痛めたり、断裂しないようにストレッチを行ない、試合でのテクニックや自分の役割を練習する。

優勝杯と選手権大会

スタンレーカップは、カナダの6番目の総督であった英国プレストンのスタンレー卿が寄贈したものである。当時のカップは現在のものよりはるかに小さく、NHLチャンピオンのチーム名を毎年書き加えるために、台座部分が後からつけられた。北米のプロスポーツチームに与えられるもっとも古いトロフィーである。

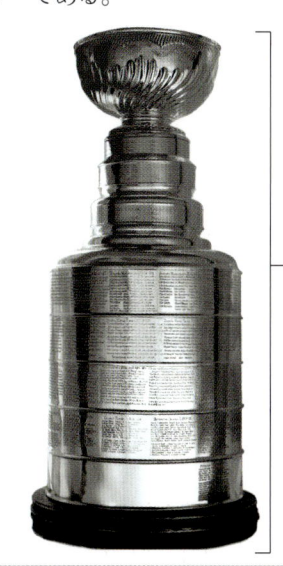

- オリジナルの部分
- スタンレーカップ　今日知られているもの。
- オリジナルのスタンレーカップ

プロ選手権大会

スタンレーカップ	優勝	準優勝
2000	ニュージャージー・デビルス	ダラス・スターズ
2001	コロラド アバランチ	ニュージャージー・デビルス
2002	デトロイト・レッドウイングス	カロライナ・ハリケーンズ
2003	ニュージャージー・デビルス	マイティー・ダックス・アナハイム
2004	タンパ・ベイ・ライトニング	カルガリー・フレイムズ

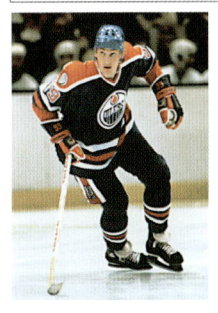

ウェイン・グレツキー（カナダ）
ニックネームは、「グレート・ワン」。60ものNHL記録に並ぶか、それを塗り替えた。1999年4月の引退の際は、史上最高のプレーヤーとたたえられた。

ゴーディ・ハウ（カナダ）
ニックネームは「ミスター・ホッケー」。デトロイト・レッドウイングスとハートフォード・ホエーラーズで34年間プレーし、52歳で引退した。NHLのベストプレーヤーに6回輝き、1,850点の最多得点記録は長年破られなかった。

ボビー・オア（カナダ）
シーズン最多得点をマークしたNHL史上唯一のディフェンスプレーヤー（1970年、75年に達成）。657試合で915点をたたき出し、1979年にホッケーの殿堂入りを果たしている。

モーリス・「ロケット」・リチャード（カナダ）
50試合で50得点をマークした最初のNHL選手。モントリオール・カナディアンズで18年間プレーした。NHLの最多得点王のトロフィーは、1999年に彼の名前を冠してつけられた。

ヴラディスラフ・トレチヤク（旧ソ連）
ホッケーの殿堂に選ばれた、最初の旧ソ連選手。史上最高のゴールキーパーの1人で、「バタフライ」スタイルを広めた。

ヤロミール・ヤーガー（旧チェコスロバキア、現チェコ）
NHLの得点王に輝いた最初のヨーロッパ人選手（1995、98、99年に達成）。ピッツバーグ・ペンギンズのスタープレーヤー。1991、92年のスタンレーカップ優勝チームのメンバー。

アマチュアの選手権大会
世界選手権大会（男子）

	金	銀	銅
2000	チェコ	スロバキア	フィンランド
2001	チェコ	フィンランド	スウェーデン
2002	スロバキア	ロシア	スウェーデン
2003	カナダ	スウェーデン	スロバキア
2004	カナダ	スウェーデン	アメリカ
2005	チェコ	カナダ	ロシア

世界選手権大会（女子）

	金	銀	銅
2000	カナダ	アメリカ	フィンランド
2001	カナダ	アメリカ	ロシア
2004	カナダ	アメリカ	フィンランド
2005	アメリカ	カナダ	スウェーデン

オリンピック
オリンピック競技（男子）

	金	銀	銅
レークプラシッド 1980	アメリカ	旧ソ連	スウェーデン
サラエボ 1984	旧ソ連	チェコ	スウェーデン
カルガリー 1988	旧ソ連	フィンランド	スウェーデン
アルベールビル 1992	旧独立国家共同体*	カナダ	チェコ
リレハンメル 1994	スウェーデンE	カナダ	フィンランド
長野 1998	チェコ	ロシア	フィンラン
ソルトレークシティー 2002	カナダ	アメリカ	ロシア

*旧独立国家共同体（旧ソ連）

オリンピック競技（女子）

	金	銀	銅
長野 1998	アメリカ	カナダ	フィンランド
ソルトレークシティー 2002	カナダ	アメリカ	スウェーデン

アイススポーツ

バンディ

スティックとボールを使うスポーツは、古代から行なわれていたが、「近代の」バンディは、イギリスのバリーフェンでバリーフェン・バンディクラブが発足した18世紀に始まった。この競技は、2つのチームが氷の上で対戦するもので、カーブのついたスティックで相手ゴールに小さなボールを打ち込む。最初の試合は、ロンドンの2つのクラブの間で、1875年に行なわれた。1891年にイギリスバンディ協会が設立されると、ルールも確立される。当時のバンディは、同じ大きさのフィールドを使い、ルールの多くが共通していることから、サッカークラブとのつながりが強かった。1895年にスウェーデンで最初のクラブが作られると、ドイツ、スイス、ロシア、スカンジナビアの国々へと広がっていった。バンディが現在の形になるのは、国際バンディ連盟（IBF）が設立された1955年からである。今日では、カナダ、アメリカ、バルト海沿岸の国々、ハンガリー、ベラルーシ、カザフスタンで親しまれ、1957年から始まった世界選手権が2年に1度（奇数年）開催されている。

1891年のバリーフェン・バンディクラブ（イギリス）。競技が始まったころ、圧倒的な強さを誇った。

競技会

各チーム、2人のゴールキーパーを含む15人で構成され、試合は、そのうちゴールキーパー1人を含む11人のプレーヤーで行なわれる。サッカーと同様に、バンディも10分のハーフタイムをはさんで45分の前後半戦で行なわれ、後半ではサイドを交代する。世界選手権大会では、同点の場合、最高15分の延長戦が行なわれる。アイスホッケーと違い、バンディでは体のぶつかり合いはほとんどない。スピードと戦略が要求され、フリーストロークやコーナーストロークがあるところは、サッカーと非常に良く似ている。コイントスでストロークオフするチームを決めて試合開始となる。ストロークオフは各ピリオドの初めにフィールドのセンターで行なわれるが、ストロークオフを行なう選手は相手チームエリアにボールを押し出したら、他の選手が触れるまで、ボールに触れてはならない。両チームの選手は、試合が始まるまで自陣内にいなければならず、また、ボールから5m以上離れていなければならない。試合終了時に得点が多いチームが勝ちとなる。

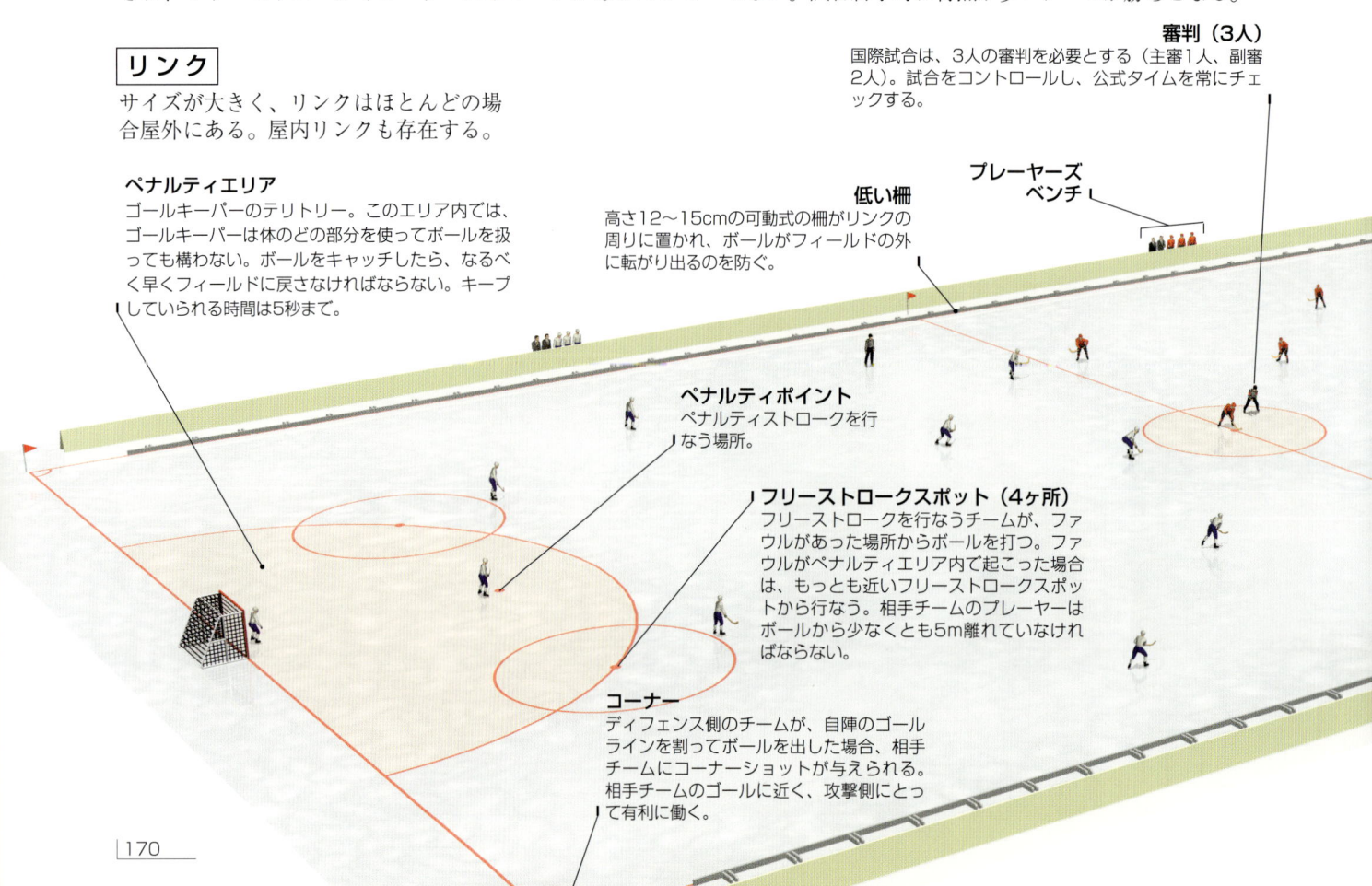

リンク

サイズが大きく、リンクはほとんどの場合屋外にある。屋内リンクも存在する。

ペナルティエリア
ゴールキーパーのテリトリー。このエリア内では、ゴールキーパーは体のどの部分を使ってボールを扱っても構わない。ボールをキャッチしたら、なるべく早くフィールドに戻さなければならない。キープしていられる時間は5秒まで。

低い柵
高さ12〜15cmの可動式の柵がリンクの周りに置かれ、ボールがフィールドの外に転がり出るのを防ぐ。

審判（3人）
国際試合は、3人の審判を必要とする（主審1人、副審2人）。試合をコントロールし、公式タイムを常にチェックする。

プレーヤーズベンチ

ペナルティポイント
ペナルティストロークを行なう場所。

フリーストロークスポット（4ヶ所）
フリーストロークを行なうチームが、ファウルがあった場所からボールを打つ。ファウルがペナルティエリア内で起こった場合は、もっとも近いフリーストロークスポットから行なう。相手チームのプレーヤーはボールから少なくとも5m離れていなければならない。

コーナー
ディフェンス側のチームが、自陣のゴールラインを割ってボールを出した場合、相手チームにコーナーショットが与えられる。相手チームのゴールに近く、攻撃側にとって有利に働く。

アイススポーツ

テクニック

ストローク
リンクが広く、ボールが硬いため、豪快なストロークやパスが多く見られる。スラップショットなど、さまざまなパスがある。

スラップショット
ストロークの力を増すために、ボールに触れずにスティックを引く。体の回転を利用して、ボールをしっかり打つ。このストロークは強くて速い。

用具
用具の多くはアイスホッケーと類似している。しかし、体の接触があまりないため、装具も少ない。ボール、ヘルメット、スティック、グローブがアイスホッケーとは異なる。ゴールキーパーは、大きめのレッグパッドとパッドつきのグローブを着用する。ほとんどの選手のスケートは、ブレード部分がアイスホッケーのものより長く、スピードスケートに似ている。

ボール
オレンジ色で、プラスティックでできている。テニスボール程度の大きさで、アイスホッケーのパックほど堅くはない。
6 cm

スティック
最長125cm

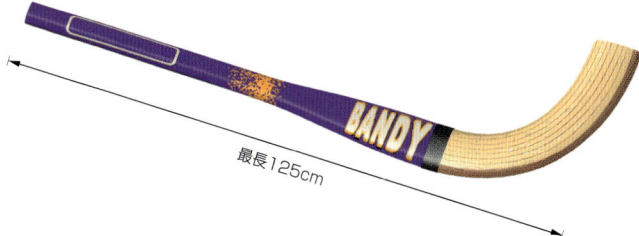

競技場

タッチライン
センターライン
センターサークル
ゴールライン
ゴール
高さ：2.10m
幅：3.50m
奥行き：2m

45～65 m
90～110 m

選手の特徴
・動きの激しい競技であり、多くの作戦が必要で、高い身体能力が求められる。
・優れた心肺能力を持ち、脚力があり、筋肉の反発力がある。
・ゲームの流れにあわせるため、反応が早く、判断も早い。

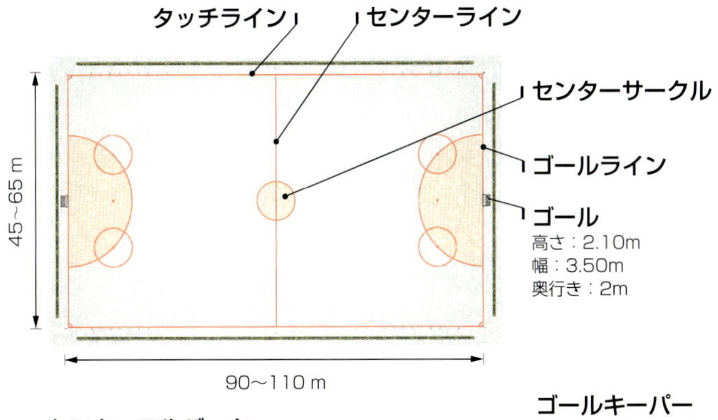

センターフルバック
ディフェンスゾーンの中でもっとも後方に位置する。ディフェンスのリーダー。他のチームメートとの連携を確認する。

ゴールキーパー
もっとも重要なディフェンスプレーヤー。ボールをチームメートに戻すというオフェンス上の重要な役割もある。チームの勝利の50%はゴールキーパーが担う。スティックを使わずにプレーし、手でボールを止めたり、投げたりする。

コーナーフラッグ
リンクの各コーナー、4箇所にある。コーナーショットを行なう場所を示す。

フルバック（2人）
主な役割は、相手チームがペナルティエリアに入るのを防ぐこと。

ハーフバック（2人）
ウィングとディフェンスの間に位置する。主な役割は、ディフェンスプレーヤーの中で最初に相手チームの攻撃を阻止すること。

クオーターバック（2人）
ハーフバックと協力しながら、オフェンスの働きをする。チームメートからのパスを受け取り、ウィングやハーフバックのアシストを得て攻撃を組み立てる。

ウィング
役割はゴールを奪うこと。ボールを持っていてもいなくても、常に動いている。チームメートからのパスをいつでも受けられるよう準備できていなければならない。

アイススポーツ

ボブスレー

北方の国々では、トボガン（小さなそり）、そり、スキーなどで雪や氷の上を滑るスポーツは古くから人気があったが、ボブスレーは比較的新しい競技である。19世紀の終わりごろに誕生したスポーツで、2つのクレスタ（昔の競技用そり）をボードにくくりつけ、前方のそりに舵を取る機能を付け加えて使用していた。その後、人気が急速に高まり、1898年にはサンモリッツ（スイス）の道路を使って最初の競技会が行なわれるようになる。初めてのボブスレー用コースは、1902年にサンモリッツの地元ボブスレークラブによって作られた。初期の直線コースは、年月を経てカーブのあるコースへと変遷してゆく。また、木製のそりは、空気力学を考慮した流線型になり、さらにファイバーグラスと金属を使ったものへと変わっていった。1950年代の初めには、選手の体重差を埋めるために錘が利用されるようになる。国際ボブスレー・トボガニング連盟（FIBT）が1923年にパリで発足し、その翌年、フランスのシャモニーで開催されたオリンピックで正式競技となった。女子のボブスレーがオリンピック種目になったのは2002年である。世界選手権大会は、オリンピックの年を除いて毎年行なわれ、オリンピックと同等の世界大会とみなされている。ボブスレーはまた、氷で覆われた道路でも行なわれ、ヨーロッパで非常に人気が高い。この道路でのボブスレーも世界選手権大会とワールドカップが行なわれている。

イギリスのボブスレーチーム。1936年のベルリンオリンピックにて。

競技会

ボブスレーチームには2人組と4人組がある。パイロットがスタートの指示を出し、舵を取る。フィニッシュラインを超えたら、後方に乗っているブレーキマンがブレーキをかける。金属の爪でできているブレーキを最初は軽く、次にしっかりと氷に押しつける。ボブスレーのスピードは120〜135km/時で、最速時には150km/時まで達する。スタート順は無作為の抽選で決まる。氷のコンディションからすると、最初の数組までが有利である。スターターが合図をすると、赤いライトが消え、緑のライトが灯る。ボブスレーの先端がスタートラインを超えた時点で計時が始まる。スタートラインに到達するのに60秒ほどかかる。

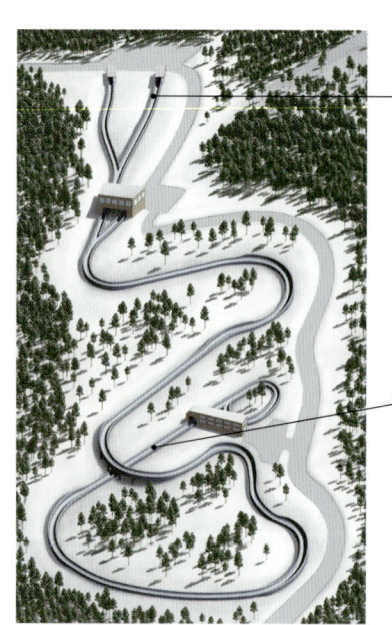

― スタート地点

コースの特徴、役員の役割、ランナー（滑走部）の許容温度を規定するルールはスケルトンのものと同一。

― フィニッシュ地点

コース

近代的なボブスレーコースはコンクリート製で、その上に人工の氷の層を重ねる。コースにはスタートゲート、直線コース、カーブ、オメガ（円を描くようなカーブ）、少なくとも1つのラビリンス（ねじれ）、減速区間が必要である。

4人乗りボブスレーのテクニック

1.スタート
ボブスレーの周りにポジションを取り、全メンバー（パイロット、プッシャー2人、ブレーキマン）で押して進む。

2.プッシュ
降下に必要な勢いをつけるため、4人全員が約50mの距離を走りながらボブスレーを押す。

3.乗り込み
プッシュしながら走り、最初のカーブに入る前に全員が乗り込む。パイロットが最初に乗り、次はプッシャー、最後にブレーキマンが乗る。各メンバーはプッシュをする際に自分が使ったハンドルをボブスレーの中に収める。

用具

ボブスレーは、ランナーの上に取り付けられた2つのセクションからなり、選手が座る自在性のあるプラットフォームによって連結している。プーリーシステムが取り付けられたハンドルで操縦し、後方にあるハンドルでブレーキを操作する。流線型のポッドはファイバーグラス製で、必要な場合は、棒状の錘がねじ止めされる。ボブスレーの選手は、クロスカントリーの選手が着るようなワンピースかツーピースの合成繊維のウエアを着用する。

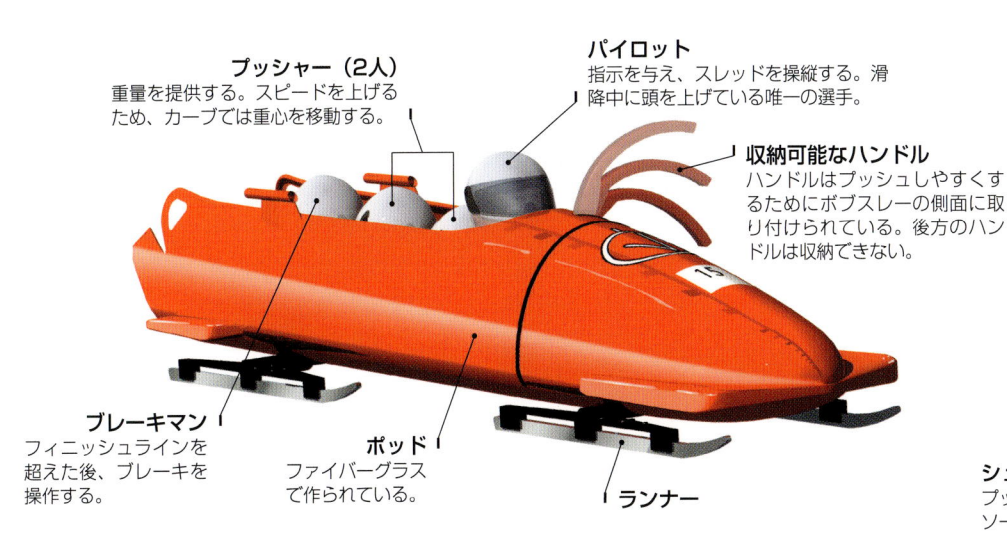

プッシャー（2人）
重量を提供する。スピードを上げるため、カーブでは重心を移動する。

パイロット
指示を与え、スレッドを操縦する。滑降中に頭を上げている唯一の選手。

収納可能なハンドル
ハンドルはプッシュしやすくするためにボブスレーの側面に取り付けられている。後方のハンドルは収納できない。

ブレーキマン
フィニッシュラインを超えた後、ブレーキを操作する。

ポッド
ファイバーグラスで作られている。

ランナー

ヘルメット
F1のレースドライバーが着用するものと同じ。

シューズ
プッシュ時に、より牽引力がつくように、ソールにはエッジとスパイクがついている。

2人乗りボブスレー
67 cm / およそ1.10m / 2.70 m
選手、ボブスレー、錘を合わせた総重量：最大390kg

4人乗りボブスレー
67 cm / およそ1.60m / 3.80 m
選手、ボブスレー、錘を合わせた総重量：最大630kg

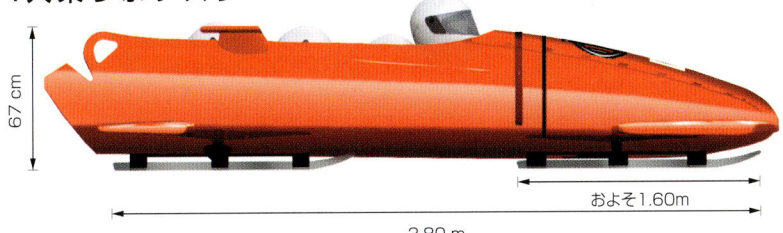

選手の特徴
- 筋力、冷静な頭脳、スタミナ、優れたバランス感覚、鋭い反射神経に加え、大胆で、鋼のような神経が必要である。
- トレーニングには、筋肉増強（特に脚力）訓練、スキップやハードルを飛ぶエクササイズ、30、50、100mの短距離走などがある。また、胴体や四肢の筋肉を増やすために砲丸投げなども行なう。
- カーブによっては、最高スピードで通過するとき選手にかかる重力が体重の4倍以上にもなることもある。

4.滑降ポジション
パイロット以外は風の抵抗を減らすために頭を下げ、フィニッシュまでその姿勢を保つ。直線ではまっすぐ座り、カーブではスピードを上げるために左右に重心を移動する。停止するときにはブレーキマンがブレーキをかける。

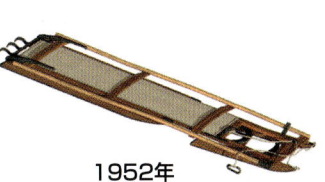

1924年

1952年

ジャマイカのボブスレーチーム
雪のない国で作られた伝説のチーム。1988、92、94、98年のオリンピックに出場。彼らの粘り強さは、ボブスレーを世界に広め、興味を喚起する一助となった。そのストーリーが映画化された。

クリストフ・ランゲン（ドイツ）
ボブスレーの歴史上、もっとも優れた選手の1人。1996年、2人乗りと4人乗りの双方で世界チャンピオンとヨーロッパチャンピオンになった。

アイススポーツ

スケルトン

1892年にスイスでクレスタという滑降スポーツが誕生し、それが変化してスケルトンになった。そりに頭を前にして腹ばいになって乗り、高速で滑り降りるスポーツである。スイス以外ではオーストリアでも、1905年にクレスタの競技が行なわれた。翌年、最初の選手権大会がそのオーストリアで開催されている。国際ボブスレー・トボガニング連盟（FIBT）が1923年に誕生し、その後オリンピック競技として採用された。最初の金メダルは1928年にアメリカの選手、ジェニソン・ヒートンが獲得している。その後20年間、クレスタはオリンピックでは行なわれず、1948年のサンモリッツ大会で再登場した。スケルトンの人気が出たのは1950年代と60年代のみのことである。そりのシャシー（車台）が骸骨（スケルトン）に似ていたことで、このスポーツの名前がスケルトンになった。今日では、20カ国ほどが国際大会に参加し、女子の競技も1996年から行なわれている。スケルトンは、2002年に開催されたソルトレークシティーの冬季オリンピックでデビューを果たした。

1908年にスイスのサンモリッツで行なわれたクレスタ（スケルトンの前身）競技。

競技会

スタート順は無作為なくじ引きで決まる。スターターが合図を送ると、赤いライトが消え、緑のライトが点灯する。スケルトンの先端がスタートラインを超えると計時が始まる。そりがスタートラインに到達するまでに30秒かかる。氷のコンディションからすると、最初の数人が有利である。スピードは135km/時にまで達する。

テクニック

1.スタート
スターティングブロックを使ってスケルトンを押し進める。選手はハンドルを握り、50m以上の距離を、かかとをつかずに可能な限り速く走る。これにより滑降速度が決まるので、もっとも重要なポイント。

2.乗り込み
スケルトンの上で体勢を整えるために、一瞬足を後ろに跳ね上げる。そして、そりの上に落ちるように乗り込む。この動きが正確に行なわれないと、バランスを崩してスケルトンをコントロールできなくなる。

用具

選手に着用が義務付けられるのはひじ当てのみ。しかし、危険にさらされそうな場所に保護具をつける（ウエアの下に）こともある。そりは衝撃を吸収するようデザインされている。

ランナーの温度

ランナー（滑走部）の温度が高いと有利になるため、競技直前に温度検査が行なわれる。見本ランナーより4°C以上（ボブスレーとスケルトン）または5°C以上（リュージュ）高いと許可されない。見本ランナーの温度は競技の1時間前に測られ、競技開始後は30分毎に計測される。気温、見本のランナーの温度、氷温はボードに掲示される。

スケルトン

スケルトンは鋼鉄かファイバーグラスで作られる。選手とスケルトンをあわせた重さは、男子で115kg、女子で92kgを超えてはならない。総重量がそれより重い場合、スケルトンの重さは、規定内でもっとも軽いものでなければならない。

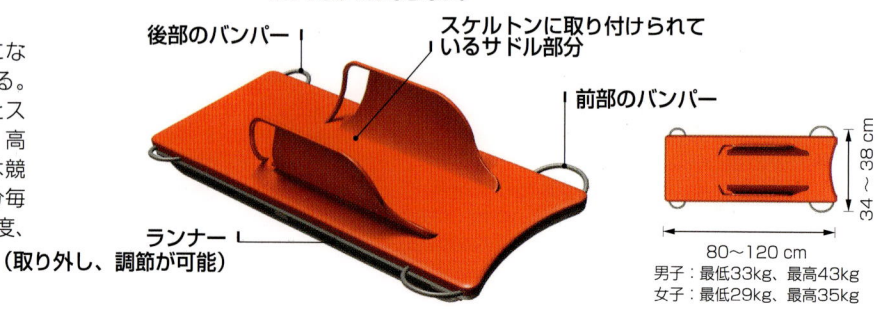

- 後部のバンパー
- スケルトンに取り付けられているサドル部分
- 前部のバンパー
- ランナー（取り外し、調節が可能）

34～38cm
80～120cm
男子：最低33kg、最高43kg
女子：最低29kg、最高35kg

コース

スケルトンはボブスレーやリュージュと同じコースを使って行なう個人競技で、そのことがこのスポーツの人気を回復させる要因となっている。コンクリートの土台を人工の氷で覆ったコースで、多くのカーブがある。平均的なコースは、長さ1,500m、幅1.4m。斜面の勾配は、場所により8～15%。

役員

レースディレクター
レースディレクターは、競技がスムースに進行するよう監督する。また、コースを定期的に検査し、コースとジュリー（審査員）の間の連携係として機能する。

技術代表
用具、施設、スケルトンをスタートラインで審査する。必要な場合、ジュリーの判断を補助する。

ジュリー
4～6人で構成され、競技委員長の指示のもと、スタート地点とフィニッシュ地点で競技がスムースに進むよう監督する。スタート地点でランナーの温度検査をし、フィニッシュ地点でスケルトンと選手の重量検査をする。委員長は、ルールが遵守されるよう管理し、くじ引きを監督し、気候に関わる判断を（ジュリーとともに）行ない、すべての抗議に対応する。

タイムキーパー
管理棟に常駐する。コンピュータで滑走タイムを測定する。コンピュータは光電管から送られてくる情報を記録する。光電管はスターティングゾーンとコースの各所、フィニッシュ地点に設置されている。タイムは巨大スクリーンに掲示され、観客が見ることができる。コースの各所にビデオカメラが設置されていて、レースの進行状況を映し出す。

- スタート（リュージュの男子）
- スタート（ボブスレーとスケルトン）
- スタート（リュージュの女子とダブルス）
- 減速区間
- フィニッシュ地点 — リュージュ、ボブスレー、スケルトン
- オメガ — 180°のカーブ
- ラビリンス — 3つの速くて厳しいターン。

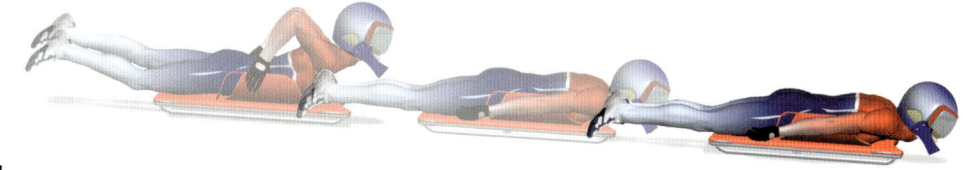

3. 滑降体勢
スケルトンを操作するために、正しい体勢で乗らなければならない。

4. スケルトンのコントロール
滑降中は舵を取り、スピードを上げるため、選手は体を左右にわずかに動かし重心移動をさせる。フィニッシュでは、足をブレーキ代わりにすることもある。

ヘルメット
スキーのダウンヒルで使用するヘルメットと同様。バイザーや保護具、あごを守るチンガードをつけることができる。

シューズ
スタートしやすくするために、ソールにエッジをつけ、7mmのスパイクを8本つける。100mの短距離走で使用するスパイクと同じ。

アラン・ヴィッキ（スイス）
1988年のナショナルチャンピオン。1989年の世界選手権でも優勝。1989年のワールドカップで、シーズンの通算成績1位となった。

選手の特徴
- 脚力が非常に強く、わずかな時間で最大限に押す力を出す。
- 競技の前にコースを思い描き、シミュレーションするために、リラックスすることが重要になる。
- 急なカーブでは、選手にかかる遠心力は瞬時に4G（体重の4倍以上）かそれ以上になる。

アイススポーツ

リュージュ

リュージュは、凍ったコースを高速で滑降する比較的新しいスポーツである。この競技で使うそりは子どもが使うものに非常に良く似ていて、19世紀にノルウェーで発明された。最初の公式競技は1893年に行なわれ、6ヶ国から21人の選手が参加している。当時使われた競技場所はスイスのコースで、選手たちはダボスという村からクロスターへと滑降した。1913年にドイツのドレスデンでインターナショナル・リュージュクラブが発足し、そこで競技用コースが作られた。最初のヨーロッパリュージュ選手権は1914年に開催されている。リュージュは、1935年に国際ボブスレー・トボガニング連盟（FIBT）に加盟することになった。最初の国際選手権大会は1955年にノルウェーのオスローで開かれ、オリンピックの年を除いて毎年開催されている。1957年に国際リュージュ連盟(FIL)が設立された。リュージュが最初にオリンピックで競技されたのは、1964年のインスブルック大会（オーストリア）である。70年代に入り、人口コースと自然の中に設置したコースとがつくられるようになった。

1964年のインスブルックオリンピック（オーストリア）に出場したポーランドチームのダラズとズコウスキ。

競技会

競技にはシングルスとダブルスがある（男女とも）。人工のコース、または、自然の中に設置したコースで行なわれる。競技はタイムレースで、もっとも早く滑った者が優勝する。各選手は2～4回滑り、合計してもっともタイムの良い者が勝者となる。スタート順は無作為のくじ引きで決まる。スターターが合図を出すと、緑のライトが点灯し、リュージュの先端がスタートラインを超えると計時が始まる。シングルスでは、スタートラインに到達するまで30秒、ダブルスでは45秒かかる。距離は男子シングルスの場合、最短で1,000m、最長で1,300m。ダブルスと女子のシングルスでは800～1,050m。リュージュは冬季オリンピックで競技されるスポーツで、時間は1,000分の1秒まで計測される。

トラック（コース）

自然、人工、いずれのコースでも、距離は平均で1.5kmあり、いくつかのカーブ（右カーブ、左カーブ、S字カーブ、ヘアピンカーブ）が設けてある。コースは薄い氷で覆われている。人工のコースは、既存のものとは異なるように、緻密な計算のもと、理論にかなった理想的な滑降コースにデザインされる。自然のコースは、氷で覆われた、曲がりくねった道路に設置されていて、歩道はない。自然のコースでのリュージュは中央ヨーロッパで非常に人気が高く、国内大会や国際大会が行なわれる。

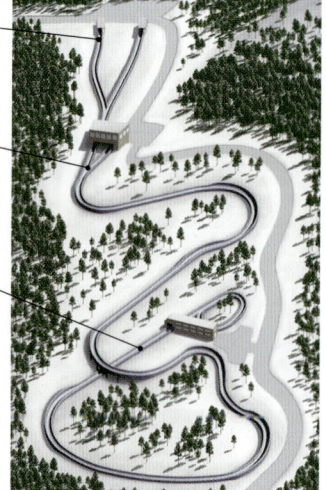

スタート地点：男子
スタート地点：女子とダブルス
フィニッシュ地点

コースの特徴、役員の役割、ランナーの許容温度に関するルールは、スケルトンと同一。

テクニック

1.スタート
競技の結果に決定的な影響を与える、もっとも重要な瞬間。リュージュの上に座り、コースの両サイドにあるスタートハンドルにつかまって前後にスイングする。

2.プッシュオフ
準備ができたら、ハンドルを強く後ろに押して、スタートする。

3.加速
リュージュが動き出し、スタートハンドルから手を離したら、スパイクのついたグローブで氷の表面をかいて加速する。その後はリュージュのハンドルを握り、残りのレースをそのままの姿勢で進む。

4.滑降と舵取り
風の抵抗を減らすため、また可能な限り速く滑降するために選手は仰向けになる。頭や肩をわずかに左右に振るか、ランナーへの圧力を少し加えることで舵を取る。この動きと重心移動によってカーブでのスピードを上げる。

用具

リュージュ

リュージュの重さは、人口コースの場合シングルスで23kg、ダブルスで27kg。自然のコースでは14kg、20kgとなる。体重、着衣、バラスト（錘になるもの）を含めて許可される重量は90.5kgまで。90kgを超える体重の選手はバラストを使用することはできない。リュージュの長さは、選手の体形や競技のカテゴリーによって異なる。シートとランナーをつなぎとめるブリッジ間の長さには、上限と下限がある。ポッドは、シングルスの場合高さ120mm、幅550mmまで、ダブルスの場合高さ170mm、幅550mmまで許可される。

1950年代後半

シングルスリュージュ（人口コース用）
平均の長さは1.45m

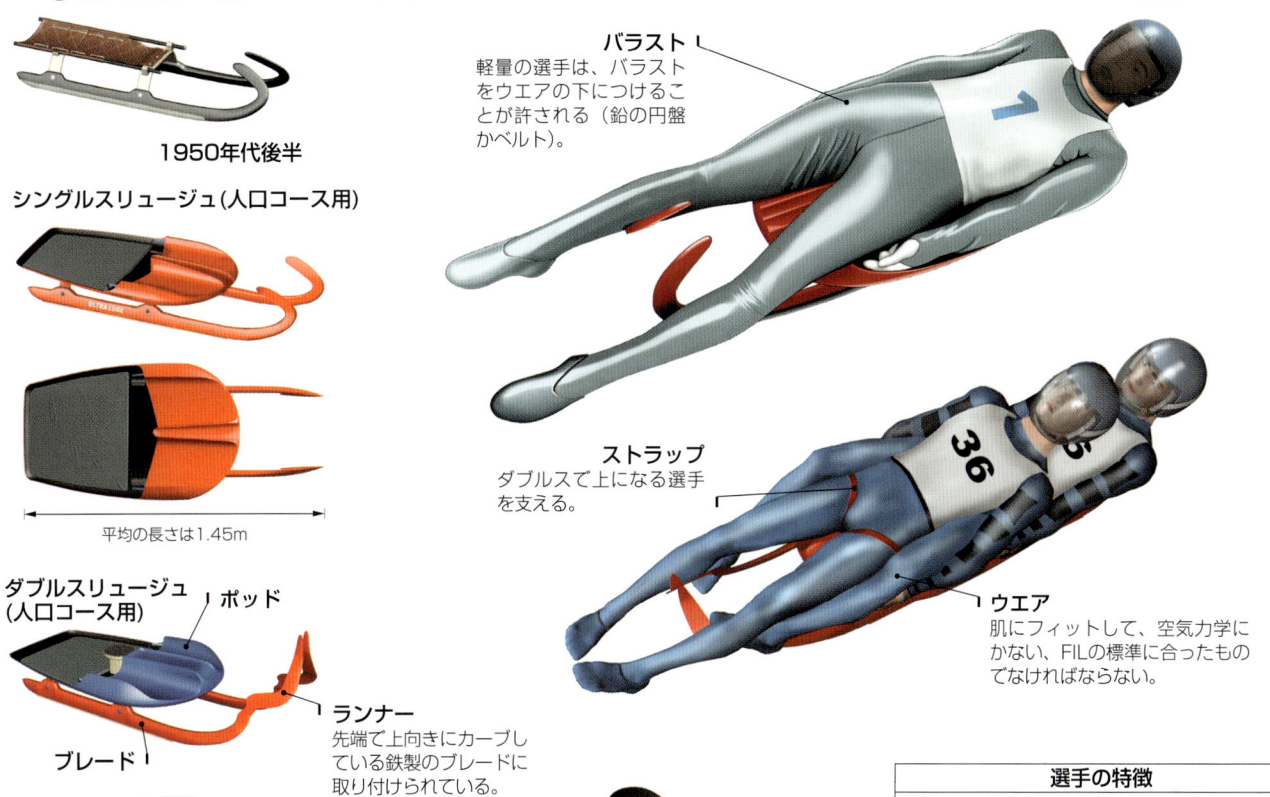

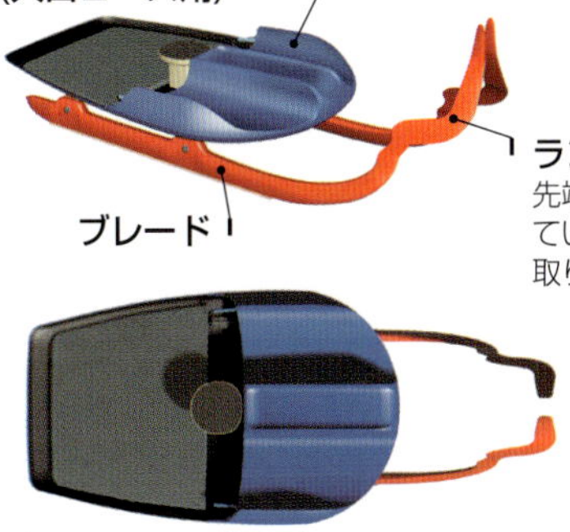

ダブルスリュージュ（人口コース用）
- ポッド
- ランナー：先端で上向きにカーブしている鉄製のブレードに取り付けられている。
- ブレード

平均の長さは1.75m

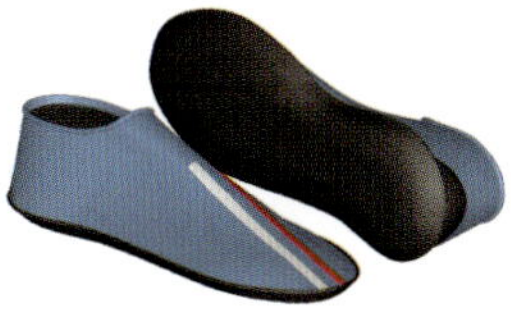

ヘルメット
- バイザー

ヘルメットは流線型をしている。リュージュ用に特別にデザインされたもの。

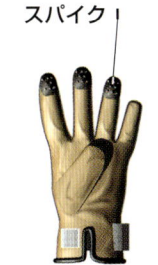

スパイク

グローブ
グローブには、3本の指、または、指関節の部分にスパイクが取り付けられている。スパイクの長さは4mmまで。スタートのときに氷をかくために使用する。

リュージュ用シューズ
空気力学を考えた形となっている。ソールはなめらか。

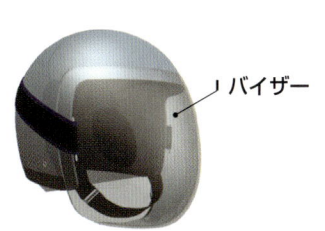

バラスト
軽量の選手は、バラストをウエアの下につけることが許される（鉛の円盤かベルト）。

ストラップ
ダブルスで上になる選手を支える。

ウエア
肌にフィットして、空気力学にかない、FILの標準に合ったものでなければならない。

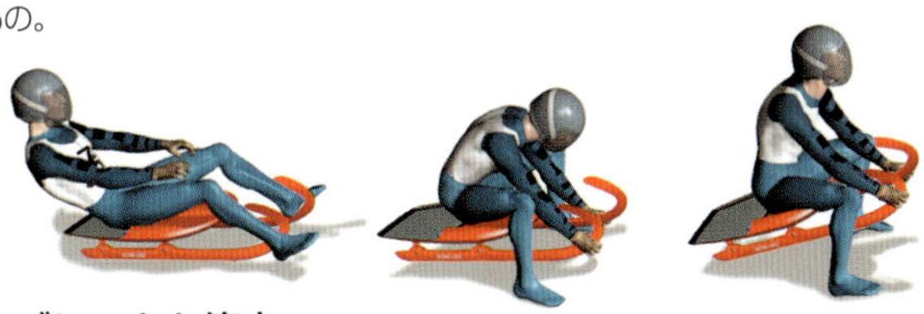

5.ブレーキと停止

フィニッシュラインを超えたら、選手は体を起こして足を氷につけ、リュージュの前面を引き上げる。この動きでランナーの後ろの部分が氷の中にめりこみ、徐々にスピードが落ちて止まる。

選手の特徴

- リュージュの選手は、肉体的にも精神的にも強く、優れた反射神経が要求される。滑降の際にもっとも力が入るのは体の上部（腹部、胸部、首）と、ランナーをコントロールする足である。
- 選手は、防護するものや緊急ブレーキのないオープンカーに乗って、145km/時のスピードを出すことを、自ら進んでできる者でなければならない。

スージー・エルトマン（ドイツ）
3度（1989、91、97年）世界チャンピオンになる。1991年のワールドカップで優勝し、1994年の冬季オリンピックで銀メダルを獲得。

ゲオルク・ハックル（ドイツ）
リュージュの歴史上、もっとも多くのメダルを獲得した選手。1992、94、98年のオリンピックの金メダリスト。1989、90、97年の世界選手権大会で優勝。

アイススポーツ

フィギュアスケート

フィギュアスケートは、ダイナミックで危険が伴うにもかかわらず、もっともエレガントなスポーツである。音楽に合わせて氷上に描く図形、スピン、難しいジャンプ、調和が取れた柔軟なスケーティング、カップルでのダンス。これが、フィギュアスケートやアイスダンスの真髄である。スケートは19世紀の中ごろに、娯楽や団体で行なうスポーツとして人気が高まり、スケートリンクやクラブが世界中に作られていった。1842年にイギリスでロンドンスケートクラブが、1860年にはアメリカでニューヨークスケートクラブが作られた。1860年代に入ってアメリカ人がダンスの動きを取り入れると、スケートは大きく変化する。24年後に国際スケート連盟（ISU）が発足し、男子の世界選手権大会が1896年に、女子の大会が1906年に始まった。そして、1908年のロンドン大会でオリンピックの正式種目に加えられる。現在私たちが目にするフィギュアスケートは1950年代に形作られたものである。競技会やエキジビションがテレビで放送されるようになると、多くの観客を魅了する非常に人気の高いスポーツとなった。

ペギー・フレミング（アメリカ）。1968年にフランスで開催されたグルノーブルオリンピックの金メダリスト。1966～68年の世界チャンピオン。

競技会

フィギュアスケートの競技は3種類（シングルスケーティング、ペアスケーティング、アイスダンス）ある。シングルは2つの競技、ショートプログラム（テクニカルプログラム）とフリー（ロングプログラム）で行なわれる。ショートプログラムは2分40秒で行なうが、その中に8つのテクニカルエレメントを入れ、ステップでそれらをつなぐ。音楽は選手が選ぶ。フリーは、女子で4分、男子で4分30秒。選手は、テクニック、振り付け、音楽の解釈、音楽選択のオリジナリティ、実技で採点される。ペアスケーティングは、規定のエレメントを入れるショートプログラムとフリープログラムからなる。シングル、ペアの双方とも、選手は決められた回数のテクニカルエレメント（スピン、規定のジャンプ、フリージャンプ、スパイラル）をこなさなければならない。

リンク

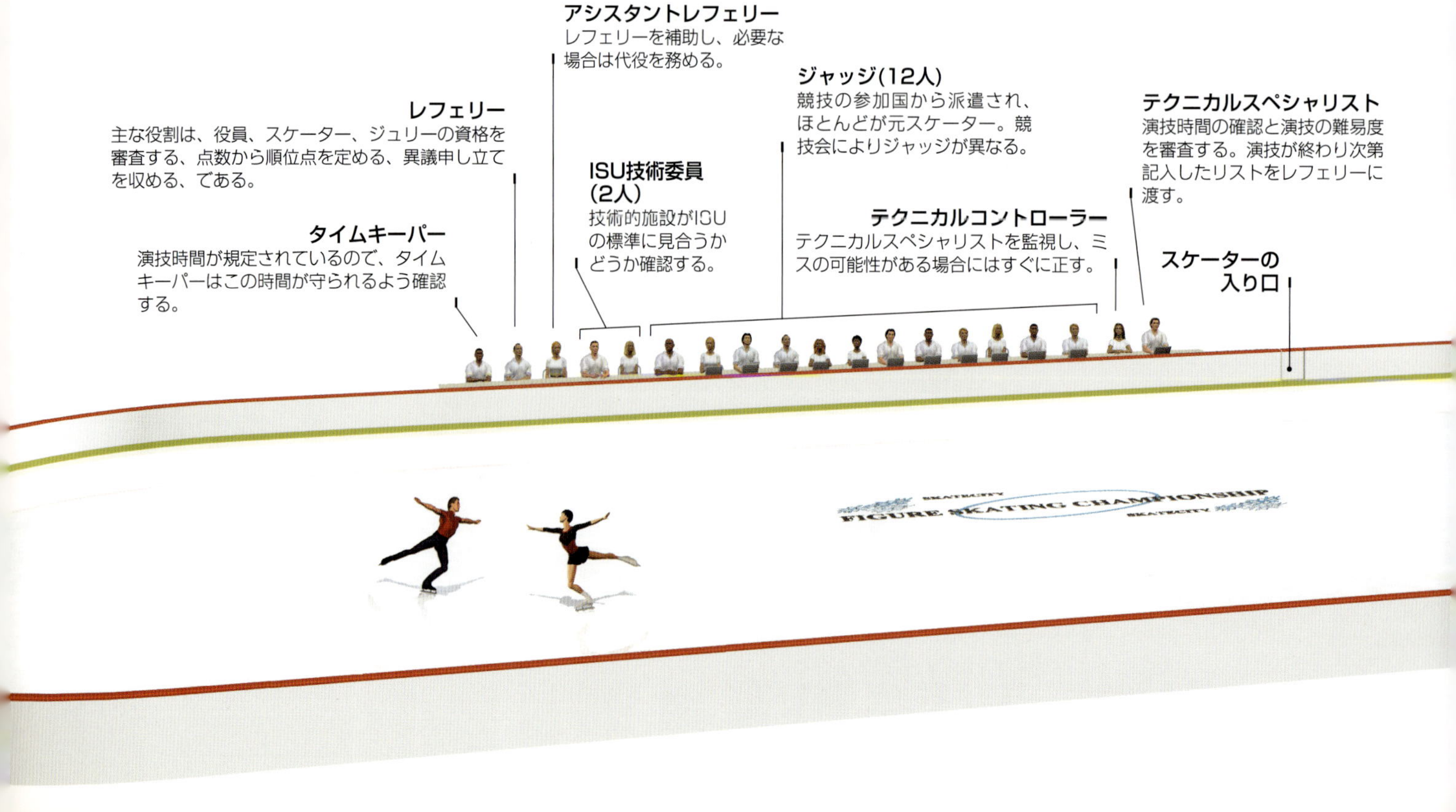

レフェリー
主な役割は、役員、スケーター、ジュリーの資格を審査する、点数から順位点を定める、異議申し立てを収める、である。

タイムキーパー
演技時間が規定されているので、タイムキーパーはこの時間が守られるよう確認する。

アシスタントレフェリー
レフェリーを補助し、必要な場合は代役を務める。

ISU技術委員（2人）
技術的施設がISUの標準に見合うかどうか確認する。

ジャッジ(12人)
競技の参加国から派遣され、ほとんどが元スケーター。競技会によりジャッジが異なる。

テクニカルコントローラー
テクニカルスペシャリストを監視し、ミスの可能性がある場合にはすぐに正す。

テクニカルスペシャリスト
演技時間の確認と演技の難易度を審査する。演技が終わり次第記入したリストをレフェリーに渡す。

スケーターの入り口

テクニック

ステップ、ジャンプ、ステップシークエンス、スパイラル、スピンなど、すべてのテクニックはかなりの精度が要求され、習得は容易ではない。動きはすべて暗記しなければならず、常に集中力が要求される。

規定のテクニカルエレメント

ショートプログラムでは、規定のエレメントを行なう。男子ではそれが8要素あり、ステップシークエンスを2回、2種類のスピンを3回、ダブルアクセル1回、フットワークに続くトリプルジャンプ1回、ダブルまたはトリプルアクセルを含むトリプルのコンビネーション1回。女子では、ステップシークエンスを1回、スピンを3種類、スパイラルシークエンス1回、ダブルアクセル1回、フットワークに続くダブルまたはトリプルジャンプを1回、トリプル、ダブル、トリプル－ダブル、または、ダブル－ダブルのコンビネーションを1回。ペアの8要素は、ツイストリフト、ソロジャンプ、足を変えてのソロスピン、ペアスピン、デススパイラル、スパイラルステップシークエンス。

スパイラル

もっとも知られているのはフロントスパイラル、バックスパイラル、スケートを掴んでのスパイラル、そしてデススパイラルである。デススパイラルは、ペアの競技で規定となっていて、インサイドとアウトサイドの2つのポジションで滑ることができる。女性のポジションがスパイラルの方向を決める。男性は腕を使ってパートナーを大きくスピンさせ、女性は頭を氷につく直前まで後方に傾ける。女性ができる限り低い位置で、氷と並行にならなければならない。

バック・アウトサイド・デススパイラル

得点の計算

2004年以来、国際大会でのジャッジは、5つの要素からなる構成点と同様に競技者の技術を評価するようになっている。技術点はテクニカルスペシャリストにより認められた各要素に対する評価点の合計から成る。ジャッジは演技の各要素を評価し、評価に値する場合は基礎点数に3点加算する。最終的な評価点は、各ジャッジの評価点の最高点と最低点を除いた評価点の平均を算出して決定する。構成点における5つの要素とは、スケート技術、要素のつなぎ、演技力、振り付け、曲の解釈であり、各要素に10点満点が割り当てられている。各要素への評価は最高と最低を除いた各ジャッジの平均で算出される。その数は各競技会により定められ加算される。最終的な評価は技術点と構成点の合計で決定される。トップレベルの選手はショートプログラムで80点以上、ロングプログラムで160点以上をマークする。

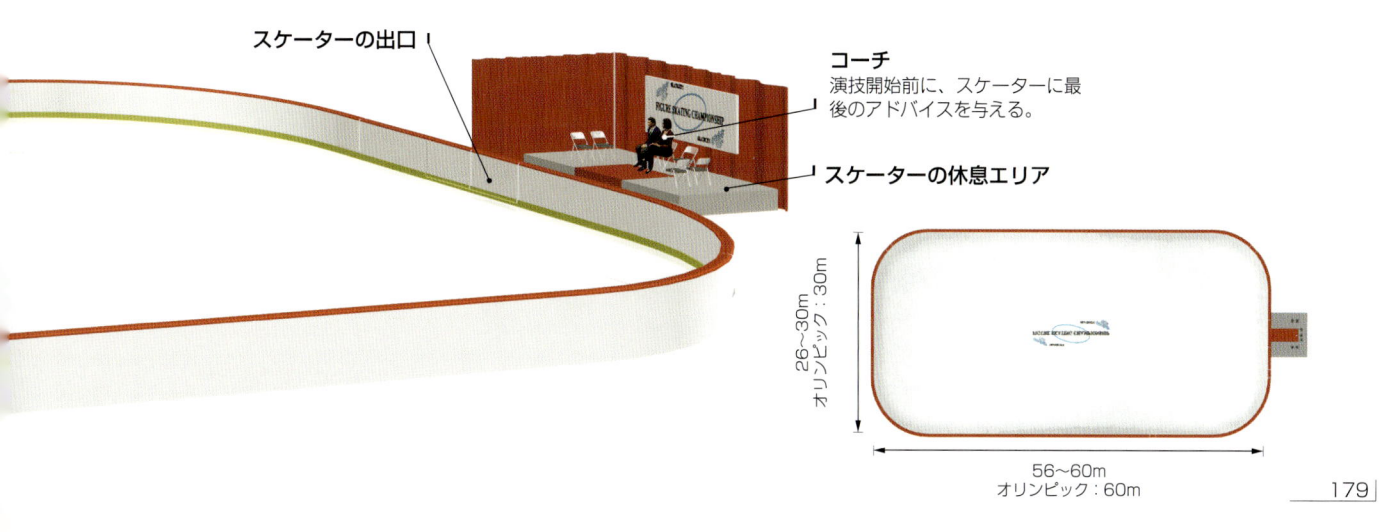

アイススポーツ

スピン

スピード、ラインの美しさ、バランス、軸の4つの基準を満たすのが良いスピンである。さまざまな基本的ポジション（スタンドスピン、シットスピン、レイバックスピン、キャメルスピン）で、こうした要素の質の高さが表現されなければならない。スピンには3つのタイプがある。スクラッチスピン（通常のスタンドスピン）、フライングスピン（ジャンプしてからのスピン）、コンビネーションスピン（スピンの組み合わせ）。

デスドロップスピン

もっともスケールの大きなスピン。フライングキャメルスピンで入り、バックシットスピンで着地する。外側の足を前に投げ出してジャンプし、右足を軸にシットポジションで着地する。

ジャンプ

主に6種類のジャンプがあり、ダブルやトリプルで行なわれることが多い。フィギュアスケートに欠くことのできない要素。アクセルがもっとも難しいとされている。

アクセル

ノルウェーのスケーター、アクセル・パウルゼンが1882年に編み出したジャンプ。このジャンプは高い精度を必要とする。シングル、ダブル、トリプルで行なう。前向きでジャンプに入る。

サルコウ

世界チャンピオンに10回輝いたウルリッヒ・サルコウによって1909年に作られた。複雑なジャンプで、精度とバランスを必要とする。シングル、ダブル、トリプルで行なう。後ろ向きでジャンプに入る。

フリップ
直線で進んでトウピック（スケートの刃のつま先部分）でけり出すサルコウ。後ろ向きでジャンプに入る。

ルッツ
オーストリアのスケーター、アロイス・ルッツが1913年に編み出した独特の華やかなジャンプで、高い身体能力が要求される。後ろ向きでジャンプに入る。

トウループ
トウピックのジャンプでもっともシンプルなジャンプ。後ろ向きでジャンプに入る。

アイススポーツ

用具の進化

スケート

1800年

1940年

男性用 女性用

1990年

ブーツ
足首に大きな負担がかかるため、その部分を支える、履き心地の良いものでなければならない。

ブレード

競技のレベルや分野にかかわらず鉄製のブレードを使う。ロングプログラム用とアイスダンス用の2種類のブレードがある。

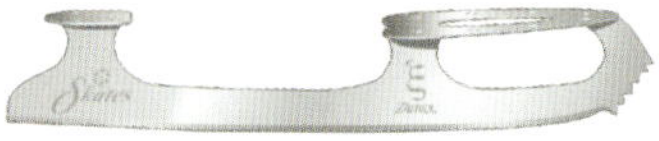

アイスダンス用ブレード
かかとの部分は短く、トウピックが小さい。

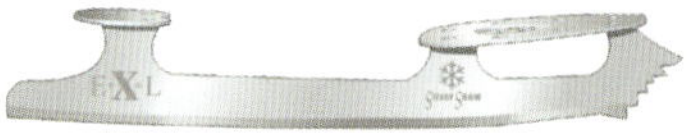

ロングプログラム用ブレード
アイスダンスのブレードよりトウピックがカーブしていて、ジャンプ、スパイラル、スピンがしやすい。スタート時にトウピックを使うことは禁止されていて、ブレードの平らな部分を使わなければならない。

コスチューム
快適で見栄えのするものを選手が選ぶ。体温を逃さず、早く乾き、伸びる素材を使う。女子ではスカート部分がヒップと太腿の上部をカバーするものでなければならない。

スケーターの特徴

- スケーターとして必要な資質は、柔軟性、バランス感覚、身体的な強さ、精度、創造性。
- トレーニングには4つの側面がある。技術面（ステップ、ジャンプ、スパイラル、スピン）、身体面（持久力、柔軟性、強さ）、芸術面（振り付け、動き）、精神面（モチベーション、集中力、視覚化）である。
- ペアの女性は、見た目の美しさと力関係（パートナーとの）を考慮して、男性より小さくなければならない。

カタリーナ・ヴィット（旧東ドイツ）
1984、88年のオリンピックの金メダリスト。世界チャンピオンに4回輝く。ソニア・ヘニーと並び、グランドスラムを2回達成した唯一のスケーター。ヴィットは1984年と88年に達成。

エルビス・ストイコ（カナダ）
1994、98年のオリンピックの銀メダリスト。1994、95、97年のワールドチャンピオン。トウループジャンプの4回転－3回転コンビネーション（トータル7回転）を競技会で初めて成功させた。

エカテリーナ・ゴルデーワとセルゲイ・グリンコノのペア（旧ソ連）
1986、87、89、90年のワールドチャンピオン。1988、94年のオリンピックチャンピオンでもある。

カート・ブラウニング（カナダ）
1988年に4回転ジャンプを競技会で初めて成功させた。1989、90、91、93年のワールドチャンピオン。

アイスダンス

アイスダンスが正式競技として認められるのは、テクニックや振り付けが変化した近年になってからで、オリンピックでは1976年から競技されるようになった。フィギュアスケート競技の1つではあるが独立したオリンピック種目である。男女のペアで滑るもので、アクロバティックな動きは禁止されており、独創的な振り付けが特徴となっている。優雅に動きながら、選んだ音楽と調和した滑りをしなければならない。さらに、個々のスケーターが単に一緒に滑っているというのではなく、本物のカップルであるかのような印象を与える必要がある。この競技では、アスリートしての力とアーティストとしての力、双方が要求される。アイスダンスの成長と並行して、フィギュアスケートのもっとも新しい種目であるシンクロナイズド・スケーティングが1957年に誕生し、1970年代には人気のスポーツとなった。シンクロナイズド・スケーティングでは、12～20人のスケーターが規定要素を盛り込んだ振り付けプログラムを行なう。選手が選んだ音楽にあわせた、精密で美しい集団の動きが見どころである。

ジェーン・トービルとクリストファー・ディーン（イギリス）。1984年にラベルのボレロに合わせて滑った完璧なダンスでアイスダンスに革命を起こした。

競技会

アイスダンスの競技は、2つのコンパルソリーダンス、決められた音楽で滑るオリジナルダンス、選手が選んだ音楽で滑る4分間のフリーダンスの3種目で行なわれる。

段階

コンパルソリーダンス

国際スケート連盟(ISU)が承認する18のダンスから2種類選択して行なわれる。複雑なパターンで構成されるステップやステップシークエンスを、音楽のリズムやスピードに合わせて行なう。

音楽とのタイミング、音楽的な表現力、ステップの踏み方が重要である。コンパルソリーダンスは、すべてのアイスダンスの基本であり、この結果は最終成績の20％を占める。

オリジナルダンス

ダンス、リズム、そしてテンポは、ISUが選択し、競技会の2年前に発表する。音楽と振り付けは、選手側が選択する。国際大会では、オリジナルダンスが成績の30％を占める。

フリーダンス

選手が選択した音楽で行なう。4分30秒の競技で、国際大会では最終成績の50％を占める。

ISUが承認するダンスの種類

- フォックストロット
- ロッカーフォックストロット
- キリアン
- ヤンキーポルカ
- クイックステップ
- パソドブレ
- ルンバ
- フォーティーンステップ
- ハリスタンゴ
- アルゼンチンタンゴ
- タンゴロマンチカ
- ブルース
- ヨーロピアンワルツ
- アメリカンワルツ
- ウェストミンスターワルツ
- ヴィニーズワルツ
- スターライトワルツ
- ラベンズバーガーワルツ

イザベル＆ポール・デュシェネー（フランス）1991年の世界チャンピオン。独創的で大胆な振り付けで定評があった。

スケーターの特徴

- カップルの両者が、同程度で、互いを補えるようなスキルを持つ必要がある。体形がマッチして、リズム感やシンクロの感覚が合うことも大事である。また、基本的な技術力が同程度でなければならない。パワー、柔軟性、バランス、協調性も大切な要素である。

スピードスケート

アイススポーツ

スピードスケートには、ロングトラックとショートトラックの2種類があり、個人戦と団体戦で競技される。スケートは北方の国々での交通手段として始まり、その後オランダでスポーツとして発達した。最初の競技会は、1763年にイギリスのフェンで行なわれている。1892年に国際スケート連盟（ISU）が発足し、1889年にオランダで初めての国際大会が開催された。当時の競技は、500m、1,500m、5,000m、10,000mで行なわれている。ショートトラックはリンクが小さく、その分見た目に壮観である。1905年にカナダとアメリカでレースが行なわれるようになり、最初の北アメリカ大会が1909年に開催された。1920年代から30年代になると、ショートトラックのファンたちがニューヨークのマジソンスクエアガーデンに集結するようになる。オリンピックの正式種目になったのは、ロングトラック男子が1924年、女子が1960年で、ショートトラックが採用されたのは1992年からである。

スピードスケート競技。フランス、シャモニーでの冬季オリンピック（1924年）。

ロングトラックの競技会

競技は大きく2つのカテゴリーに分けられる。500mと1,000mのスプリント（男女とも）、および、男子の500m、1,500m、5,000m、10,000mと女子の500m、1,500m、3,000m、5,000mのオールラウンドである。競技は、2人の選手が同時に滑るタイムレースで行なわれる。得点は500mのタイムに換算し、最小総得点を得た選手が優勝する。コーナーではブロックの内側を滑ることは禁止されている。ロングトラックのスケーターのスピードは、60km/時に達する。

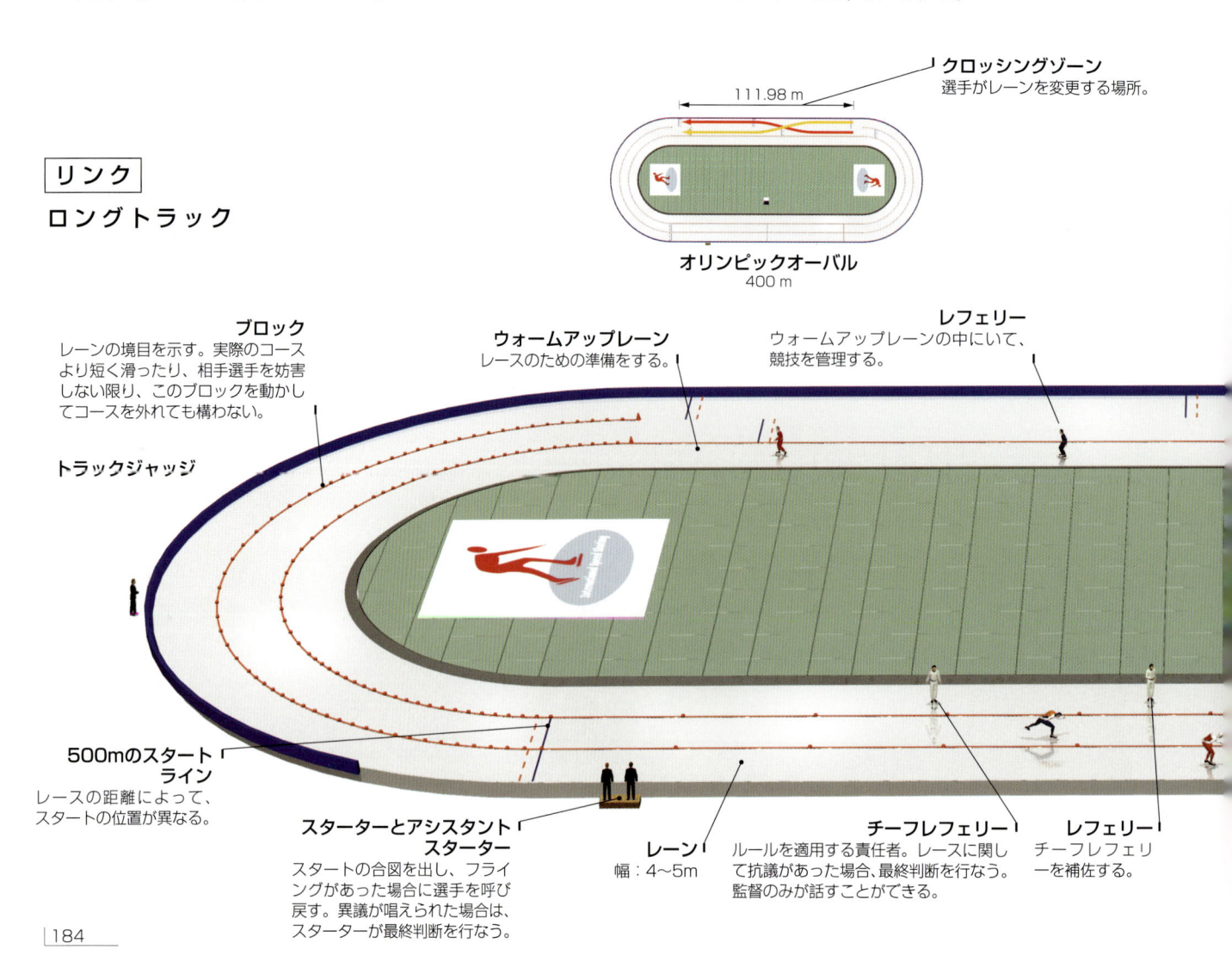

リンク

ロングトラック

111.98 m

クロッシングゾーン
選手がレーンを変更する場所。

オリンピックオーバル
400 m

ブロック
レーンの境目を示す。実際のコースより短く滑ったり、相手選手を妨害しない限り、このブロックを動かしてコースを外れても構わない。

トラックジャッジ

ウォームアップレーン
レースのための準備をする。

レフェリー
ウォームアップレーンの中にいて、競技を管理する。

500mのスタートライン
レースの距離によって、スタートの位置が異なる。

スターターとアシスタントスターター
スタートの合図を出し、フライングがあった場合に選手を呼び戻す。異議が唱えられた場合は、スターターが最終判断を行なう。

レーン
幅：4〜5m

チーフレフェリー
ルールを適用する責任者。レースに関して抗議があった場合、最終判断を行なう。監督のみが話すことができる。

レフェリー
チーフレフェリーを補佐する。

ショートトラックの競技会

レースには、個人戦と、4人1チームで行なうリレーの2種類がある。個人戦では、4〜6人の選手が同時にスタートする（個人対抗）。決勝でもっとも良いタイムを出した選手が勝者となる。追い越す際に相手がスピードを落とすことがないよう、追い越しはクリアに行なわなければならない。また、ブロックを動かすことは構わないが、その内側を滑った場合はペナルティとなる。先を滑る選手は、腕や体を使って後続の選手が前に出るのを邪魔してはならない。

オリンピックでは、男女とも同じ距離が設定されている（500m、1,000m、1,500m）。リレーでは5,000m、3,000mとなっている。ショートトラックのスピードは最高で50km/時にも達する。

アイススポーツ

オリンピックリンク
60 m / 30 m / 19 m

リレーゾーン（4）
リレーは、ブルーラインの内側の4箇所で行なうことができる。

ショートトラック

アシスタントレフェリー（4人）
レースを管理し、違反を指摘する。2人はリンクのサークル内にいて、残りの2人はリンクの外の対角にいる。

スターター
スターターピストルでスタートの合図を出す。フライングやその他スタートに関わるスターターの判断に関して、レフェリーに抗議することはできない。

フィニッシュジャッジとフォトフィニッシュジャッジ
電子時計が正常に動くよう管理し、必要な場合は手動で測定する。

コース
オーバルコース　1周111.12m

トラックスチュワード（2人）
レースの妨げにならないようにして、ブロックの整頓をする。

安全マット
壁を完全にカバーする。発泡スチロールをビニールで覆ったもの。

監督
レース中に、選手に指示を出す。

チーフレフェリー
アシスタントレフェリーを管理する。ルールを適用する。

ブロック
ショートトラックのリンクにはラインが引かれておらず、このブロックがコースを示す。ゴムまたはプラスチック製で、氷を傷つけないために氷上に固定されていない。

ラップスコアラー
残りのラップ数を選手に教える。

アシスタントジャッジ（2人）
レーン変更が間違いなく行なわれるよう監視する。

監督（2人）
レースの戦略を検討し、選手にラップタイムを知らせる。

安全マット
75cmの高さで、三角形をしている。発泡スチロールをビニールで覆ったもの。

トラックジャッジ（2人）
選手が定められたレーンを滑っているか、相手を妨害していないか、コーナーの滑りが正しく行なわれるかを確認する。

500mのフィニッシュライン

ラップスコアラー
残りのラップ数を選手に知らせる。

タイムキーパー（2人）
電子時計が正確に動くことを確認し、必要な場合は手動で計測する。

フィニッシュラインジャッジ
フィニッシュがルール通りに行なわれることを確認する。

電子時計
スケーターがフィニッシュラインを超えたとき、光線を利用してタイムを記録する。

ロングトラックのテクニック

スタート
できるだけ強く踏み出す。ストローク、滑走、集中力が重要なテクニックである。スプリントでは、インレーンでスタートし、アウトレーンでフィニッシュするのが有利である。どの距離のレースでも、選手はエネルギーを温存しておく必要があり、各ラップをどれくらいの秒数で滑るかを決めておかなければならない。

基本姿勢
左右の足を前に出して体を推進させる。3000m以上のレースでは、空気抵抗を減らすために、直線コースを滑る際は片手を腰の後ろに置く。スプリントでは、スタートおよびフィニッシュの際に両腕を振る。

直線
直線では、長くて力強いストライドで滑る。

カーブ
クロッシング（交差させる）を利用すると、遠心力に対抗でき、コーナーワークが楽になる。この技術をマスターするのは容易ではない。

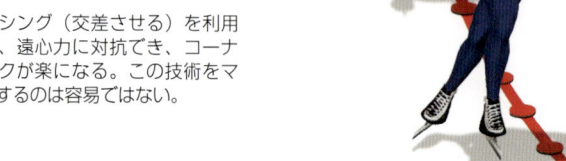

腕の使い方
カーブでは、スピードを保ち、外側へ流れるのを防ぐために外側の腕を振る。

ロングストライド
推進力、腕の振り、ヒップの角度、肩の向きをコントロールしなければならない。

ショートトラックのテクニック

異なったタイプのストライド（スタートストライド、レースストライド、クロッシング）をマスターする必要がある。

スタート
スピードを上げるため、ランニングステップでスタートする。

基本姿勢
基本姿勢をマスターすると、カーブでのスピードが上がる。体を前傾させ、少し膝を曲げることで、体重の配分が良くなり、スタート時の踏ん張りがきいて、重心が低くなる。

直線
基本姿勢を保つ。

カーブ
ショートトラックのレースでは、上体を膝につくくらい低くし、氷にかぶさるように倒す。

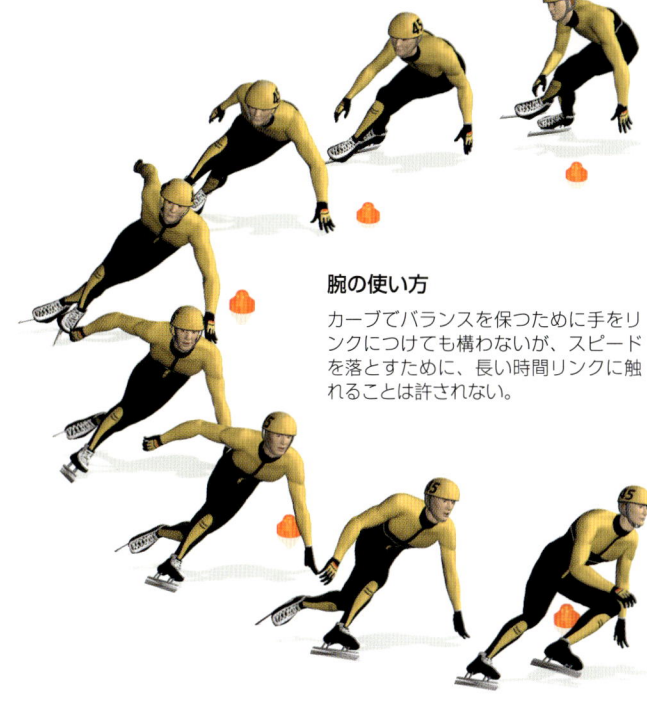

腕の使い方
カーブでバランスを保つために手をリンクにつけても構わないが、スピードを落とすために、長い時間リンクに触れることは許されない。

リレー

リレーは、女子は3000m（27周）、男子は5000m（45周）で行なわれる。各チーム4人の4チームで戦う。先に滑った選手が次の滑走者にタッチしてリレーを行なう。コース上のどの場所でリレーしても構わない。通常、タッチで次の走者を押し出す。

アイススポーツ

用具

ロングトラックでは、スケーターはフードのついたワンピースのウェアを着用する。転倒のリスクが高いショートトラックでは、危険にさらされる可能性のある部位をすべて保護する。

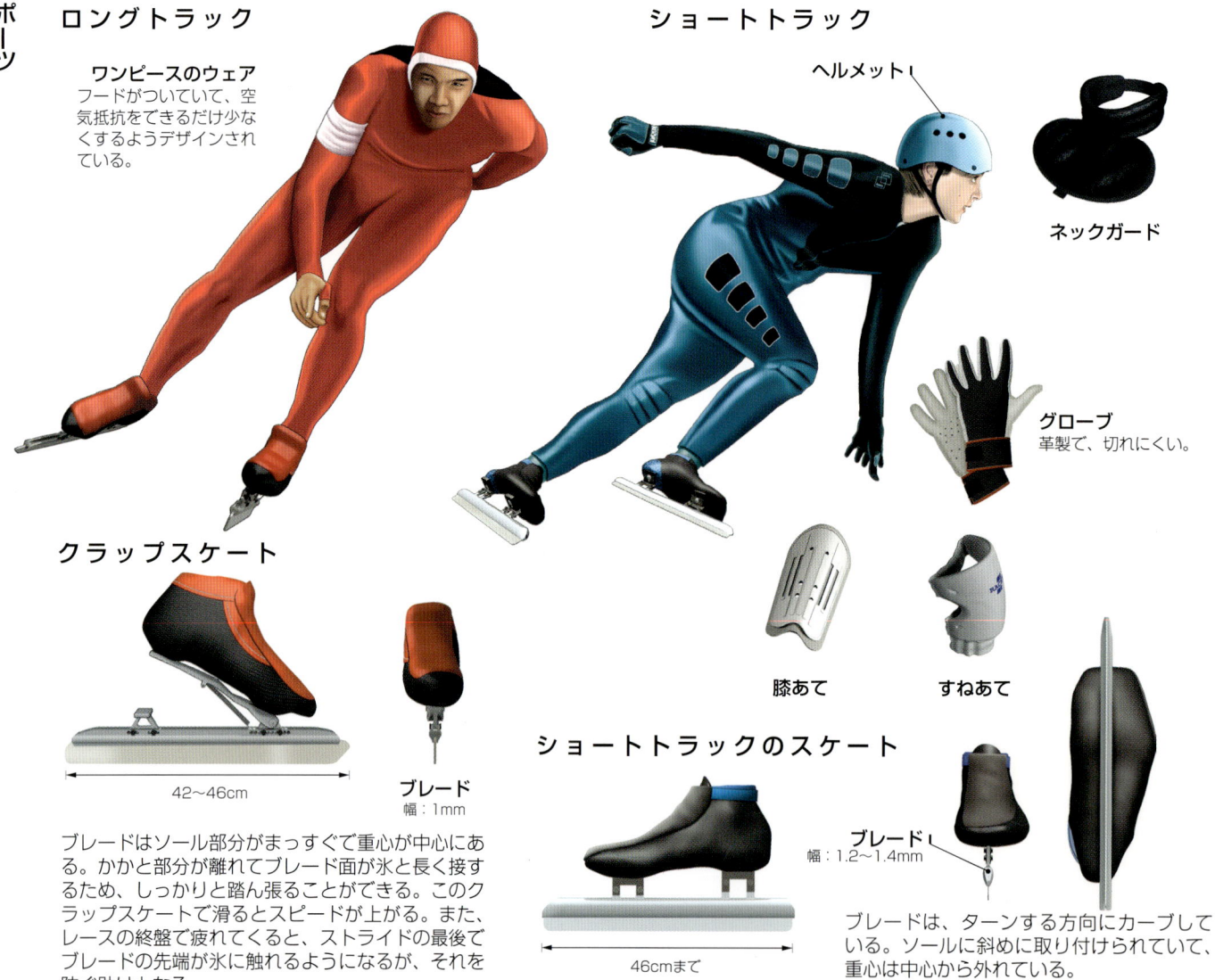

ロングトラック

ワンピースのウェア
フードがついていて、空気抵抗をできるだけ少なくするようデザインされている。

ショートトラック

ヘルメット

ネックガード

グローブ
革製で、切れにくい。

膝あて

すねあて

クラップスケート

ブレード
幅：1mm

42〜46cm

ブレードはソール部分がまっすぐで重心が中心にある。かかと部分が離れてブレード面が氷と長く接するため、しっかりと踏ん張ることができる。このクラップスケートで滑るとスピードが上がる。また、レースの終盤で疲れてくると、ストライドの最後でブレードの先端が氷に触れるようになるが、それを防ぐ助けとなる。

ショートトラックのスケート

46cmまで

ブレード
幅：1.2〜1.4mm

ブレードは、ターンする方向にカーブしている。ソールに斜めに取り付けられていて、重心は中心から外れている。

選手の特徴

- ほとんどの選手は15〜20歳の間に、自分の専門をロングトラックかショートトラックかに決める。両方の競技を続ける選手もいるが、要求されるものは非常に多い。30歳ぐらいまでトップレベルで競技を続ける。
- ショートトラックの選手は敏捷であり、スタートダッシュができなければならない。
- ロングトラックの選手は、肉体的に頑強で、脚力が強く、心肺能力や有酸素能力（酸素を体内に取り込む能力）が高い。
- もっとも多く使う筋肉は、大腿四頭筋と大臀筋。

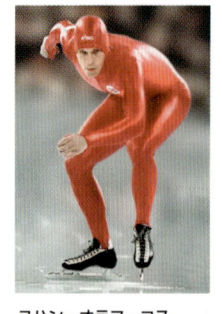

ヨハン・オラフ・コス（ノルウェー）
1992年と94年のオリンピックで4つの金メダルを獲得。1994年に世界新記録を樹立。1990、91、94年にも世界チャンピオンになる。

マーク・ガニョン（カナダ）
ショートトラックの世界チャンピオンに幾度も輝く。1998年のオリンピックのリレーで金メダルを獲得。

エリック・ハイデン（アメリカ）
1977、78、79年の世界チャンピオン。1980年のオリンピックで5つの金メダルを獲得。（500、1,000、1,500、5,000、10,000m）

カリン・エンケ（旧東ドイツ）
1980、81、83、84、86、87年にスプリントの世界チャンピオンになる。また、1982、84、86、87、88年にすべての距離で世界チャンピオンになる。

アイススポーツ

スノースポーツ

190　アルペンスキー	202　クロスカントリースキー
195　フリースタイルスキー	205　スノーボード
198　スピードスキー	208　バイアスロン
200　スキージャンプ	210　ノルディック複合

アルペンスキー

スキーは4500年ほど前に北欧の国々で誕生した。娯楽として楽しまれる以前は、北欧の気候と地形にマッチした経済的で効率の良い交通手段であった。スポーツとしてのスキーが発達したのはノルウェーで、18世紀の前半のことである。1888年にノルウェー人の探検家、フリチョフ・ナンセンがノルディックスキーでグリーンランドを探検し、それがフランス、スイス、ドイツ、オーストリアの山岳地帯の人々に影響を与えた。彼らは北欧からスキーを輸入し、それぞれの国でスポーツとしてのスキーを広めていく。しかし、ノルディックスキーのテクニックは山岳地帯では役に立たず、19世紀の終わりまでにはアルプス地方に適応するように改良された。アルペンスキーの誕生である。1924年に国際スキー連盟（FIS）が発足し、1931年からアルペンスキーの競技会を開催するようになった。1936年には、冬季オリンピックで複合（ダウンヒルとスラローム）が男女ともに採用され、1948年のシャモニー大会でダウンヒルとスラロームがそれぞれ別の種目として認められる。ジャイアントスラロームは、1952年のオスロー大会で初めて登場し（男女とも）、男女のスーパージャイアントスラロームが1988年のカルガリー大会から正式採用となった。1967年から毎年行なわれているワールドカップではおよそ20の種目が競技されている。また、世界選手権が2年に1度開催され、トップレベルの選手が競い合っている。

1956年の世界チャンピオン、アントン・ザイラー（オーストリア）。オリンピックで3つの金メダルを同時に獲得した最初の選手（1956年のダウンヒル、スラローム、ジャイアントスラローム）。

競技会

全種目とも、時差スタートで行なうタイムレースで、選手は1人ずつ滑る。設置されたコースを滑降し、できる限り早くゴールする。コースを外れると失格となる。4種目は、3つのカテゴリーに分類される。

・スピード系種目。ダウンヒル（純粋にスピードを競う）と、スーパーG（スーパージャイアントスラロームとも呼ばれ、ダウンヒルより短く旗門が多いコースでスピードを競う）。単独で滑走する。

・技術系種目。ジャイアントスラローム（またはジャイアント）とスラローム（またはスペシャルスラローム）。選手は2回滑り、そのタイムを合計して最終成績が決まる。

・複合。いくつかの種目（通常はダウンヒルとスラローム）で総合成績を競う。

各種目で使用するコース

役員
各競技は組織委員会によって運営され、技術員で構成されるジュリー（審判員団）には、それぞれ規則に関する役割分担がある。時計塔とスコアボードはコースの一番下に位置する。

時計
選手がゲートを出る際にすねがバーに当たって計時が始まる。

スタート
選手は、スタート審判の合図を受けた後、5～10秒の間（種目による）にスタートゲートを出る。スタートゲートの外側に突き立てたストックを使って体を押し出し、勢い良くスタートする。スケーティングステップとストックによる押し出しにより、最初の数メートルでできるだけ加速する。

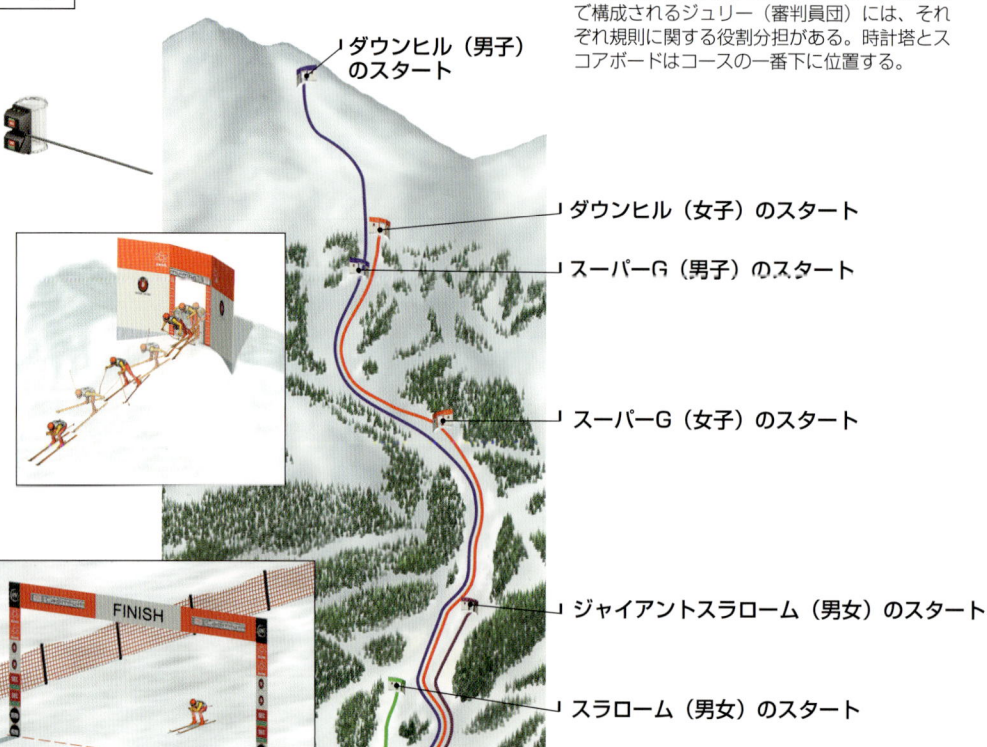

ゴールライン
10分の1秒まで計測される。選手間のタイム差は僅差である。

- ダウンヒル（男子）のスタート
- ダウンヒル（女子）のスタート
- スーパーG（男子）のスタート
- スーパーG（女子）のスタート
- ジャイアントスラローム（男女）のスタート
- スラローム（男女）のスタート
- ゴール

スピード系種目

ダウンヒル
アルペンスキーの花形種目。長い直線とスピードの出る大きなターンからな急斜面を滑降する。選手は3日間の試走でコースを覚える。スピードは120km/時以上になる。標高差は男子で500～1,000m、女子では500～700m。旗門（ゲート）の広さは8m以上なければならない。

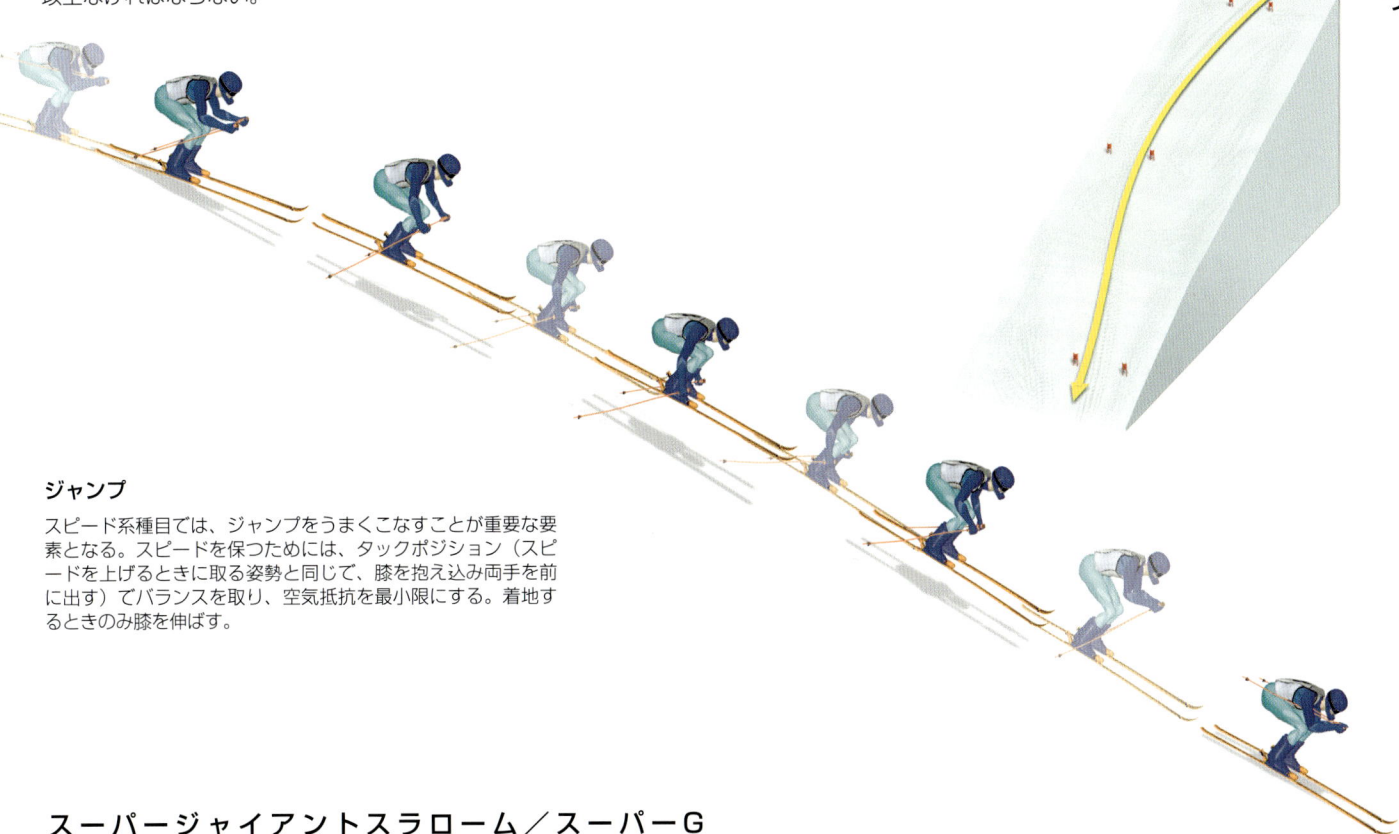

ジャンプ
スピード系種目では、ジャンプをうまくこなすことが重要な要素となる。スピードを保つためには、タックポジション（スピードを上げるときに取る姿勢と同じで、膝を抱え込み両手を前に出す）でバランスを取り、空気抵抗を最小限にする。着地するときのみ膝を伸ばす。

スーパージャイアントスラローム／スーパーG
近年採用されたこの種目は、ダウンヒルのスピードとジャイアントスラロームのテクニックが要求される。競技は、通常ダウンヒルコースで行なわれる。コースは数百メートル短縮され、35回のターン（女子では30）を行なうために旗門が設置される。その数にスタートゲートとゴールゲートは含まれない。旗門の幅は6～8mあり、旗門間の距離はオープンゲートで25m、クローズドゲートで15mある。競技の当日に試走する。

滑降姿勢
「卵型姿勢」とも呼ばれる。選手は、空気抵抗を最小限に抑えるため、空気力学にかなった姿勢（膝を曲げる、腕は前に出す、肩を内側に入れる、背中を丸める）を取る。スピード系種目（ダウンヒルとスーパーG）とジャイアントスラロームの直滑降で主に使う。

技術系種目

スラローム／スペシャルスラローム

スラロームの旗門は、地形に合わせたコースに間隔を詰めて設置されるので、素早くターンをこなす必要がある。しかも、コース内を通過するにはポールに触れて滑降しなければならない。コースは、赤と青の水平（オープン）ゲート（旗門）と垂直（クローズド）ゲート、2〜3つのシケイン（3〜5のクローズドゲートが短い間隔で組まれるコンビネーション）、少なくとも4つの垂直のダブルゲートを含む。すべての旗門（赤と青を交互に）を通過しなければならない。旗門の数は男子で55〜75、女子では45〜65。旗門間は、少なくとも0.75mある。

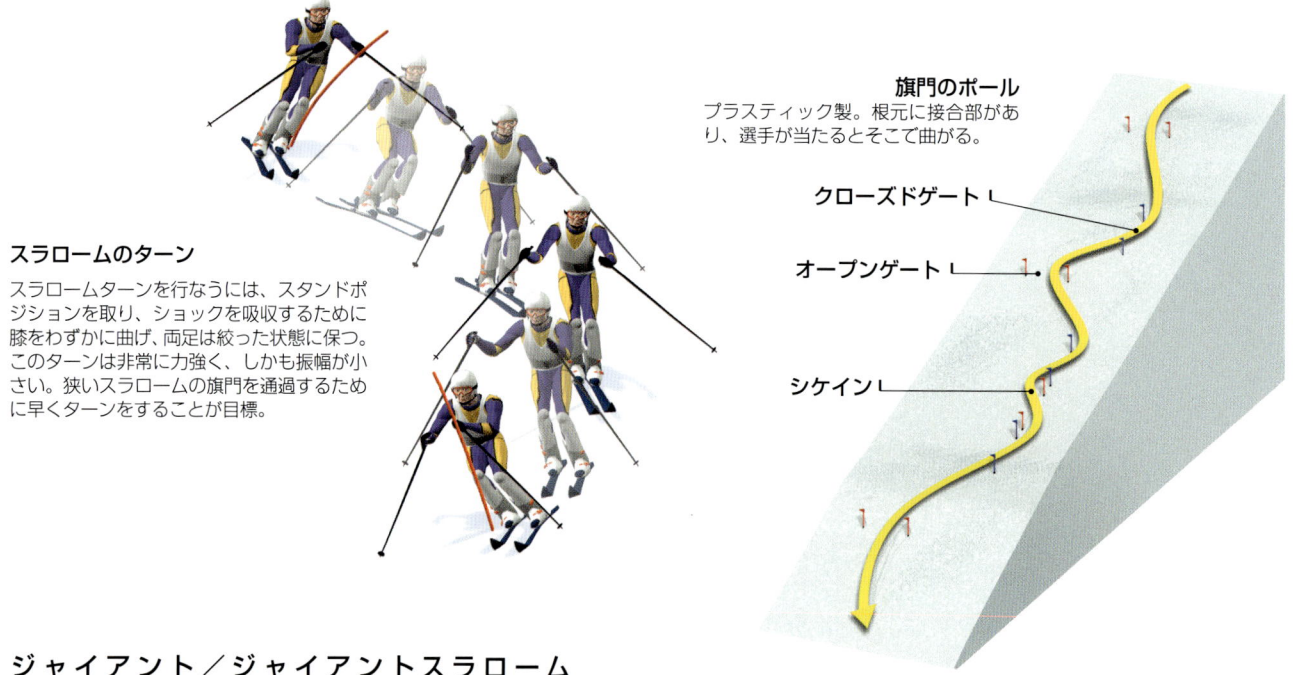

スラロームのターン
スラロームターンを行なうには、スタンドポジションを取り、ショックを吸収するために膝をわずかに曲げ、両足は絞った状態に保つ。このターンは非常に力強く、しかも振幅が小さい。狭いスラロームの旗門を通過するために早くターンをすることが目標。

旗門のポール
プラスティック製。根元に接合部があり、選手が当たるとそこで曲がる。

クローズドゲート
オープンゲート
シケイン

ジャイアント／ジャイアントスラローム

ジャイアントスラロームは、スラロームより旗門数が少なく、コースの傾斜はそれほどきつくない。カーブの距離が長く、一連の動きを早く行なうテクニックが求められる。特に、スキーを雪面に接触させる技術と正しい軌道を通る感覚が必要である。旗門の幅は4〜8mで、間隔は少なくとも10mあり、コースの高さに応じて数が決められる。

旗門は、高速で通過しても容易に見わけられるような場所に設置する。

ジャイアントスラロームのターン
ダウンヒルとスーパーGでも使われる。膝を曲げて胸を少し前に倒す。両足は揃えず、腕は広げる。体重は外のスキーの内側に乗せ、内側のスキーは主にバランスを保つために使う。目標は、最高のスピードでターンすること。力強いターンをするために、エッジのすべての長さを使う。

旗門
ジャイアントスラローム、スーパーG、ダウンヒルでは、ポールとの接触はそれほど危険なものではない。各旗門は通常2本のポールでできていて、その間の上部に旗が取り付けられている。

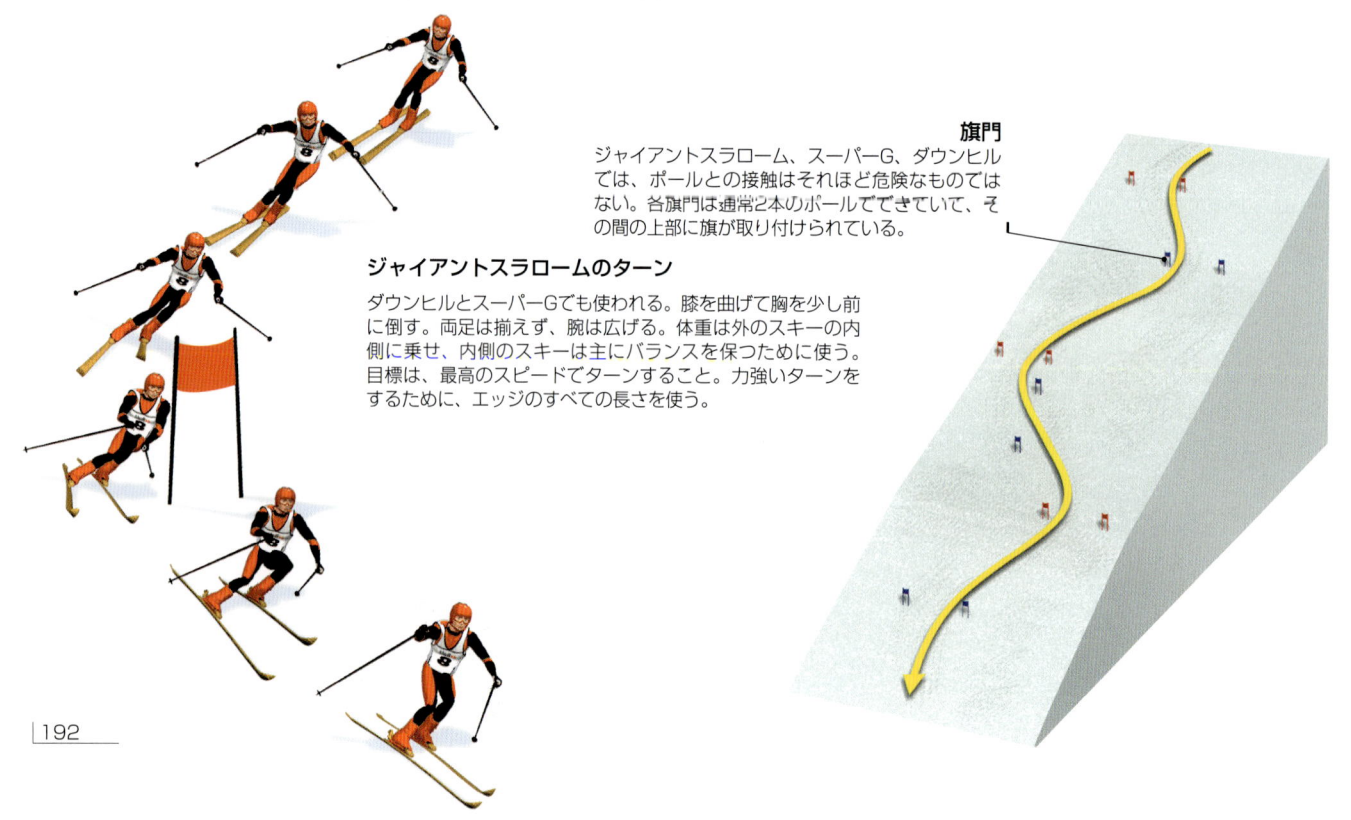

用具

スラローム

チンガードのついたヘルメット
旗門のポールから選手の頭を守るために使う。

ストック
ストックはまっすぐで軽く、強い。アルミ合金か合成ファイバーで作られている。グリップは貝のような形状で、旗門を通過する際にポールをはじくために使う。

ウェア
スラロームスキーヤーの中には、テイパード・パンツ（ストレッチ素材のパンツ）とウールのセーターを着用する者もあるが、ほとんどはスキースーツを着用する。

シンガード
ストックのグリップと同様、旗門のポールをはじくのに使う。

ダウンヒル、ジャイアントスラローム、スーパージャイアントスラローム

ヘルメット
スピード競技ではヘルメット着用が義務付けられている。すべての競技種目でほとんどの選手が着用する。

ストック
主にターンをガイドしたり、バランスを保つために使う。途中で曲がっていて、タックポジションでの風の抵抗を最小限に抑える。軽くて強い。アルミニウムか合成ファイバーで作られている。

ウェア
体にピッタリ合わせたものを着用。合成繊維で作られている。選手が自由に動けて通気性が良い。

ゴーグル
コースを認識するのが困難な天候（特に曇り）の場合には、フィルターレンズのついたゴーグルを着用することが重要になる。

ブーツ
プラスティックと合成素材で作られる。足首を安定させ、足を頸骨に沿ってしっかり収める。これによって、脚全体の力でスキーに自分の「指示」（傾き、方向など）を伝えることができる。競技用モデルは、横のねじれと前部の屈曲に対して非常に強くできているため、エッジのコントロールが良くなり、足の動きにより正確に反応する。選手の姿勢を決定づけるブーツの前傾角度は調節可能である。ソールのヒールとつま先部分には、ビンディングに固定するためのツメがついている。

アルベルト・トンバ（イタリア）
ニックネームは、「ラ・ボンバ（爆弾）」。豪快なスタイルで力強く積極的に滑ることから、このニックネームがついた。オリンピックでは1988年のスラローム、1988年と92年のジャイアントスラロームで金メダルを獲得。1996年にはスラロームとジャイアントスラロームで世界チャンピオンに輝く。1988年～98年の間にワールドカップの競技会を8回制し、1995年に総合優勝した。

インゲマル・ステンマルク（スウェーデン）
ワールドカップで3回総合優勝する。1980年のレークプラシッド冬季オリンピックで2つの金メダル（スラロームとジャイアントスラローム）を獲得。ワールドカップの最多優勝記録を持つ（86回）。

スノースポーツ

用具

スノースポーツ

スキー

スキーは、トップ、ウエスト、テールの3つの部分で構成される。雪上でのスキーのパフォーマンスは、長さ、幅、カット（トップ、ウエスト、テール間の幅の違い）によって決まる。長いスキー（スーパーG、ダウンヒルで使用）のほうが安定性は高いが、スラローム用のスキーに比較して機動性が低い。スラロームスキーはウエスト部分が狭く、方向転換を素早く行なうことができる。これをより強調した形状のパラボリックスキーが90年代の初めに導入された。トップとテールがウエスト部分に比較してかなり広く、雪面との接触が多くなる。それにより、短いスキーでも安定性を失うことなく機動性をあげることができる。トップの幅が広いことでターンに入りやすく、テールの幅が広いことで早くターンを終えることができる。

ビンディング
スキーとブーツを固定する重要な部分。怪我を避けるために、圧力が掛かりすぎた場合（例えば、倒れたときなど）にスキーを外す機能がついている。ビンディングは、選手の体重や競技種目に応じて調節する。

コア
スキーの心臓部。コアの素材はスキーの柔軟性や感応性を決定する要素である。通常はさまざまな木材の合成、合成ファイバー、または、双方の素材を組み合わせて作られる。振動やたわみをコントロールするシステムもこのコア部分に組み込まれている。このシステムは製造元によって独特のもの。

トップの表面
トップの表面は、合成ファイバーの混合物で作られる。美しく見せる役割のほかに、スキーの硬さも向上させる。

ビンディングのフロント部分
脚をねじったときに、回転する。

リア部分
選手が前に倒れた場合に、外れる。

トップ / **ウエスト** / **テール**

ベース
ベース部分は合成素材で作られている。スキーの滑りを遅くするような凹凸を排除するために磨く。競技当日に雪のコンディション（温度や湿度）に応じてワックスをかける。

サイドウォール
ベースに対して垂直。スキー板の厚さ部分を覆う。ねじれに対する抵抗力を増し、エッジをサポートする。

エッジ
ターンのときに雪に食い込む部分。ベースの両サイドにはめ込まれる鉄製のブレード。最大限の効果を引き出すために、定期的に研ぐ。

スラローム
旗門のポールに引っかかった場合に外側へ押し出すために、先端が非対称になっている。

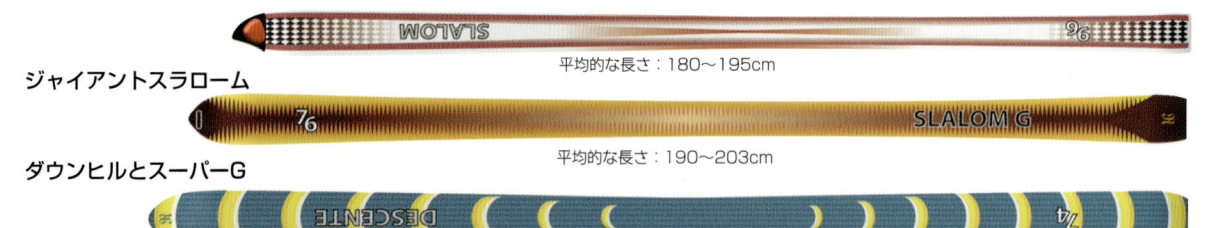

平均的な長さ：180〜195cm

ジャイアントスラローム

平均的な長さ：190〜203cm

ダウンヒルとスーパーG

平均的な長さ：208〜215cm

スキーヤーの特徴

- 1980年代の中ごろ、現代スキーでは体力がより重要になると考えていたノルウェーの人たちが筋力アップ（特に脚力と早いターンをコントロールする筋力）を基本としたトレーニング技術を開発した。トランポリントレーニング（ジャンプのときに空中でのバランスと姿勢をコントロールするため）、自転車トレーニング、ジョギング（持久力をつけるため）も行なう。ヨガ、武道、マッサージ、特殊なテレビゲームは集中力、反射神経、自信を向上させるために役立つ。ほとんどのナショナルチームが、心理学者を含む医療の専門家を採用している。
- スタート前の準備時間に集中力を高めることもカギとなる。選手は、滑走前に目を閉じてコースを「頭に思い描く」。コース上での手足の動きを想像し、レースに必要な体の動きを実際に行なう。コースを完璧に把握し、反射的な反応をするためには、コースの事前の知識（試走から得る）が重要になる。

ビルミン・ツルブリッケン（スイス）
1985年にダウンヒルと複合で世界チャンピオンになる。ワールドカップで4回総合優勝する（1984、87、88、1990年）。

ジャン・クロード・キリー（フランス）
オーストリアのアントン・ザイラーのほかに、1回のオリンピックですべての種目（ダウンヒル、スラローム、ジャイアントスラローム）に優勝したのは彼のみ（1968年に達成）。1966年に複合で世界チャンピオンになり、1967〜98年のワールドカップで総合優勝を飾る。

フレニー・シュナイダー（スイス）
1988年のオリンピックのスラロームとジャイアントスラロームで優勝。1989、94、95年のワールドカップで総合優勝を飾る。

フリースタイルスキー

フリースタイルスキーには3種目（モーグル、エアリアル、アクロ）あり、いずれも芸術性と運動能力が結びついた華やかな競技である。1905年にオーストリアの体操選手マチアス・ズダルスキーが、スキーを履いたままバレーステップを行ない、1952年にノルウェーのスタイン・エリクソンが、スキーショーでエアリアルスタントを始めた。その後、1970年になって、モーグル、ジャンプ、バレエを組み合わせた「ホットドッグ」スキーがカリフォルニアのスキー場で生まれた。このスタイルを考案したのは、ダリル・ボウイ、ジョン・ジョンストン、マイケル・デイグルの3人だと言われている。1973年に最初のヨーロッパカップが開催され、12の国々からなる国際トーナメントが組織されると、1979年に国際スキー連盟（FIS）にスポーツとして承認された。最初のワールドカップが1981年に開催され、FIS公認の国際選手権大会が1985年にフランスのティーニュで行なわれた。オリンピックに採用されたのはモーグル競技が1992年のアルベールビル大会、エアリアルが1994年のノルウェーのリレハンメル大会である。

1994年のリレハンメルオリンピックで導入されたエアリアル。

モーグル競技会

モーグル競技は、コブだらけのまっすぐな急斜面を使って行なわれる。選手は、コブをうまく乗り越えながらできるだけ早く滑降しなければならない。コースにはまた、エア台という2つの傾斜台が設けてある。選手はここでエア（ジャンプ）を演技するが、これも競技の一部となる。2回のエアの種類は別のカテゴリーから選ばなければならない。シングル戦では1回の予選と決勝戦が行なわれる。デュアル戦（世界選手権大会とワールドカップで行なわれる競技）では、2人の選手が同時に滑走する。シングル戦と同じルールを適用して、勝者が次のラウンドへ進み、トーナメント方式で優勝者を決める。

テクニック

ターンとエアはスムースにつながらなければならない。エアの動きには幾つかの基準がある。

・スキーの姿勢（2枚そろえるか、そろえないか、前後に広げるか左右に広げるか）。
・水平回転（360〜720°）
・垂直回転（フリップ、サマーソルト）
・軸を斜めにした回転（ツイストやグラブを組み合わせる）

動きの中には姿勢と回転を組み合わせたものもある。男子選手のほとんどが各エアのジャンプで3〜4種類の演技を行なう（女子は2種類）。

採点

7人のジャッジが、3つの基準で採点する。ターンの質（滑降ライン、モーグルの滑り方、柔軟性、姿勢）は5点満点、ジャンプ、すなわちエア（難易度、距離、演技の完成度）は2.5点満点、スピード（そのコースに設定された基準タイムと比較）は2.5点満点。デュアル戦では、ゴールのタイム差を点数に換算し、後からゴールした選手の得点から減点する。

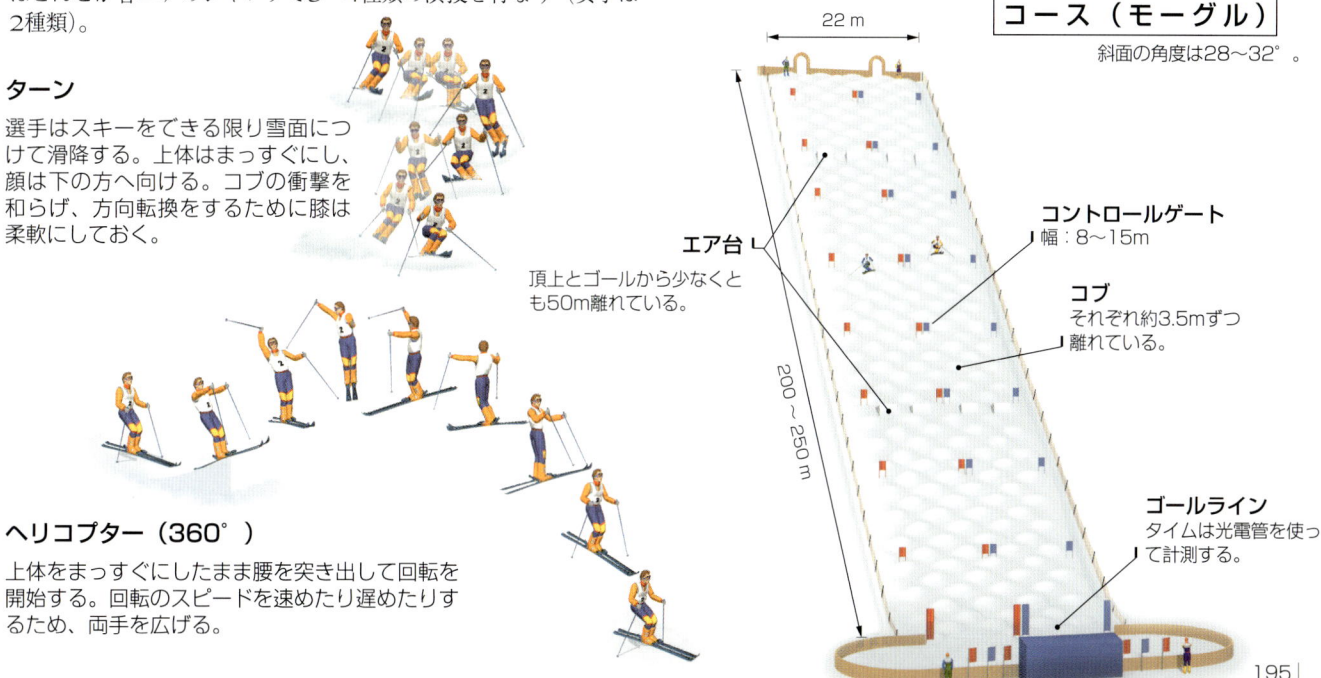

ターン

選手はスキーをできる限り雪面につけて滑降する。上体はまっすぐにし、顔は下の方へ向ける。コブの衝撃を和らげ、方向転換をするために膝は柔軟にしておく。

ヘリコプター（360°）

上体をまっすぐにしたまま腰を突き出して回転を開始する。回転のスピードを速めたり遅めたりするため、両手を広げる。

コース（モーグル）

斜面の角度は28〜32°。

22 m
200〜250 m

エア台
頂上とゴールから少なくとも50m離れている。

コントロールゲート
幅：8〜15m

コブ
それぞれ約3.5mずつ離れている。

ゴールライン
タイムは光電管を使って計測する。

スノースポーツ

エアリアル競技会

選手はキッカー（エア台）を使ってジャンプに入り、エアリアルの演技を行なう。競技は予選と決勝があり、いずれも2つの異なるエアリアル演技をしなければならない。どのキッカーを使い、どのようなジャンプをするか、事前に「申告」しなければならない。ストレートジャンプでは、最大で3回宙返りと5つの異なる姿勢が許される。オリジナルの演技（新しいジャンプ）を行なうときは、難度を設定できるよう事前に委員会に文書で提出しなければならない。

キッカー
キッカーは、FIS公認の専門家（通常はエアリアリスト）が専用の用具を使用して雪を削って作る。競技当日の雪質に合わせ、正確な湾曲をつけるには経験が重要となる。

コース（エアリアル）

コーチ
選手がテイクオフ時のスピードをコントロールできるよう助ける。

テイクオフスロープ
斜度：20°～25°、60～70m

キッカー
アクロバティックジャンプ用のカーブしたエア台。

ジャッジスタンド

コーチ（ノール）
選手が空中にいるときに、動きをどのように調節すればいいか専門用語を使って指示する。

旗
選手はこの旗でテイクオフするポイントを判断する。

フローター
ストレートジャンプ用のエア台。

ノール（小山）
平らなスロープとランディングスロープの境界をノールと呼ぶ。レッドラインがランディングスロープの開始地点。

ランディングスロープ
着地面が選手に良く見えるように、木の削りくずを撒く。
斜度：37°、30m

停止エリア

テクニック

エアリアル演技は2種類ある。姿勢と水平回転を組み合わせるストレートジャンプ、および、宙返りとツイストを組み合わせるアクロバティックジャンプ。

後方3回転4回ひねり

選手はスタートの合図を待っている間、自分が演技しようとするエアリアルを頭に描くことが多い。1.テイクオフスロープとキッカーの角度の変化に合わせるため膝を少し曲げる。2.体はまっすぐのまま、キッカーに対して垂直になる。テイクオフのポイントでは、宙返りを開始するために腕を上げて後方に反る。3.ひねりの開始と停止は腕の動きで行なう。ランディングを正しく行なうために、回転を調節する（より先へ回すか、少なめにするか）間、目は常に地面を見ている。姿勢を保つには、腹部、ヒップ、太腿の筋肉が強くなければならない。4.着地では腕を前に伸ばす。スキーは下方に向けて肩幅に広げ、並行にする。足で着地の衝撃を吸収する。難しいランディングのときは、顔の怪我を避けるために、両膝を広げる。

採点

7人のジャッジが採点する。5人のジャッジは2点満点の「エア」（テイクオフ、ジャンプの距離と高さ）と5点満点の「フォーム」（姿勢、完成度、演技の正確性）を採点する。残りの2人は3点満点のランディング（バランスを崩す、倒れる、背中が地面につく、などの場合に減点する）を採点する。全得点を加えてから難度によって決められた係数をかけて最終得点となる。

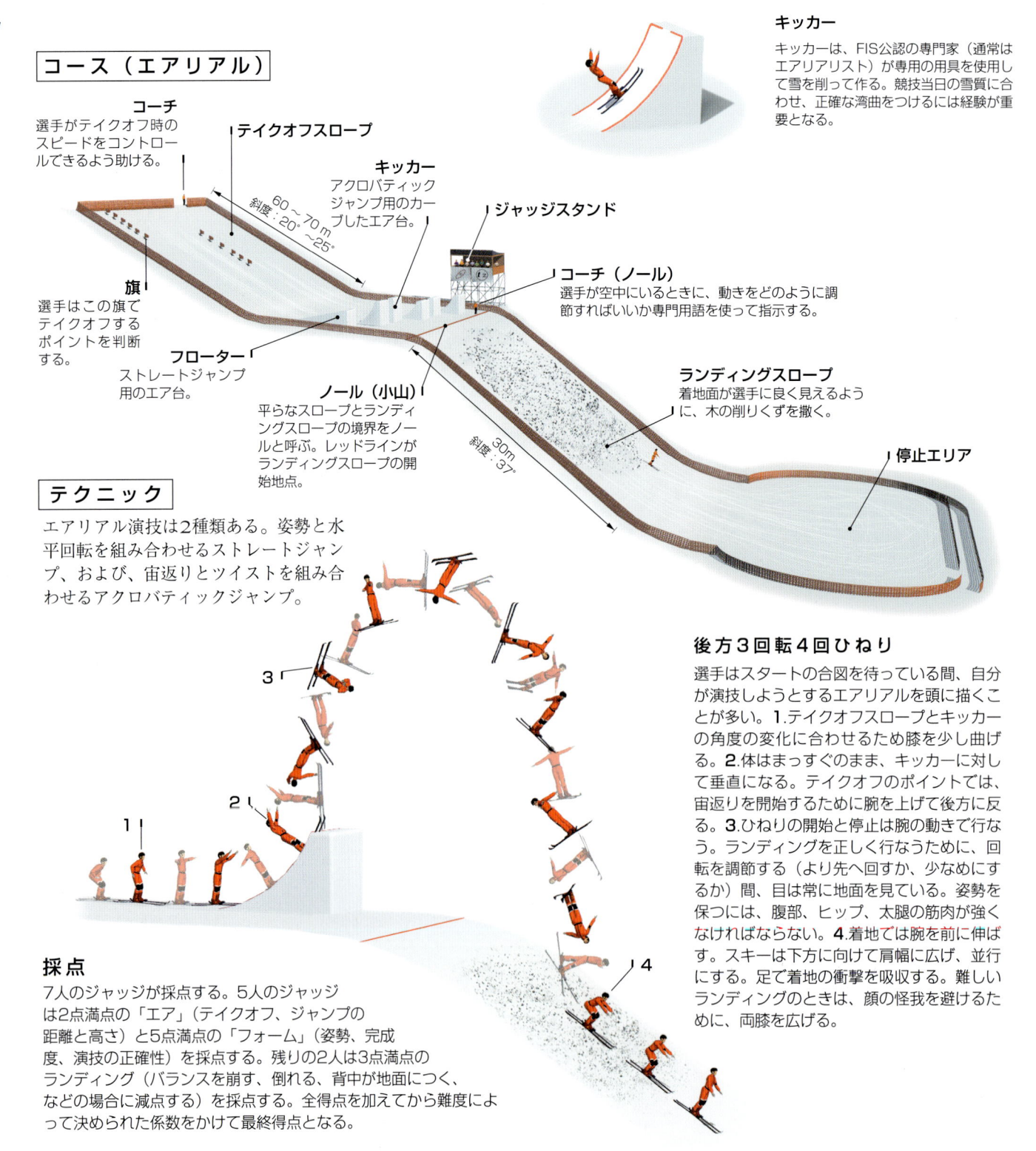

アクロ競技会

エアリアル、モーグルに加え、ワールドカップエアリアルには2つの競技種目がある。クロスはジャンプ台やモーグル、ゲートなどの設置された幅の狭いコースにおいてスピードが競われる。タイムの良い選手（男子32人、女子16人）は準決勝に進出できる。準決勝では4～6人の選手が同時にスタートし、2人が次のラウンドに進出できる。クロスでは頻繁に転倒や衝突が起るので観客も目を奪われる。ハーフパイプはスノーボードのハーフパイプ同様、ワールドカップエアリアルでは最近認められた競技である。選手は6mのウォールにおいてツイスト、ターン、グラブ等の演技を行う。5～7人の審判は音楽に合わせて演技される技の種類、難易度を基準に評価する。

コース（クロス）

クロスのコースは各大会委員会により様々である。コースは130～250mで作られ、12～22カ所のスロープが設置される。その地形やゲートは選手にジャンプやタイトなターンを強要する作りになっている。1レースは35～60秒でフィニッシュする。

コース図の名称： 最小幅30m、ローラー、ゲート、一段バンプ、二段バンプ、急勾配、バンク

フリースタイルスキーヤーの特徴

- フリースタイルスキーヤーの平均身長は、172cm。滑降とジャンプには、テクニックをしっかりマスターすることのほかに、しなやかさ、リラックス、柔軟性、持久力が求められる。シーズン開始の11月に最高の状態になるようにトレーニングを組む。

- スキーをつけたままトランポリンを使ってトレーニングする。空中での安定感と方向感覚を養うために、5～10月は水上でキッカーを使ったジャンプの訓練を行なう。

- 夏のスキーキャンプで行なう高地（空気の薄い場所）でのワークアウトは、心肺能力を上げるのに非常に効果的で、モーグルの選手には欠かせない。また、競技シーズン中に経験する時差や、頻繁に直面する標高の変化に対応する助けとなる。

用具

エアリアルとモーグルのスキー

エアリアルとモーグルのスキーは類似している。男子で最短190cm、女子では180cm。ティップは柔軟でテールは弾力がある。ボトムには溝がなく、ターンの開始が容易なように、まっすぐカットされている。エアリアルの選手は、テールの弾力を上げるため、ビンディングの位置をおよそ4cm前にずらす。

スキースーツ
選手は自由に動けるものを着用。

ティップ

ヘルメット
エアリアル競技では着用が義務付けられている。

ストック
アクロでは、ストックがスキーより長くてはならない。モーグルのストックは通常より短い（選手の身長より約60cm短い）。エアリアルではストックを使用しない。

ビンディング
選手の怪我を防ぐために、スキーとブーツを固定するストラップの使用は許されない。転倒してスキーが外れたときに滑り落ちるのを防ぐため、ビンディングにはブレーキを取り付けなければならない。

テール

ジャン-リュック・ブラサール（カナダ）
モーグルの選手。1991年にフリースタイルのプロサーキットに参戦するようになる。その後、ワールドカップ・グランプリ（1993、96、97年）、世界選手権大会（1993、97年）、カナダ選手権（1993、95年）を制覇。オリンピックのリレハンメル大会でも金メダルを獲得。

ニコラス・フォンテーン（カナダ）
エアリアルがデモンストレーション競技として行なわれた1992年のアルベールビルオリンピックで、金メダルを獲得した2選手のうちの1人。1997年に世界選手権のフリースタイル、ワールドカップのエアリアルで優勝。

スピードスキー

スピードスキーは直滑降のスピードを競うスポーツである。その起源は、従来のスキーとは一線を画し、トミー・トッドというカリフォルニアの男性が130km/時以上のスピードで斜面を滑降した1898年までさかのぼる。国際スキー連盟（FIS）に記された最初の公式記録は1931年のもので、スイスのサンモリッツでイタリア人のスキーヤー、レオ・ガスペリが出した136.6km/時である。スピードスキーは、1960年代にプロスポーツとしてFISに認定された。非常に見ごたえのあるスポーツで、フランス、イタリア、オーストリアで人気が高い。また、北アメリカ大陸でも熱心なファンが増えている。FISワールドカップと国際大会に登録され、フランスのバールスで開催されているようにプロフェッショナルのスキー種目となっている。

ミッシェル・プリュファー（フランス）。スピードスキーがデモンストレーション競技となった1992年のアルベールビルオリンピックで金メダルを獲得。

競技会

競技に参加できるのは男女とも16歳以上。ワールドカップのプロ競技への出場権を得るには、事前の公式競技会で少なくとも180km/時（女子では170km/時）を記録していなければならない。男子、女子、プロダクション（ダウンヒルの用具を使用する）の3種目がある。初日はトレーニングランが義務付けられていて、その後に2回の予選ラウンドが行なわれる。最初のラウンドは、ゼッケンの番号順に滑る。2回目のラウンドは初回のタイムをもとに、もっとも遅かった選手から滑る。レースの前に、ジュリーが予選落ち（タイムの遅い選手）の人数を決める。勝ち残りの選手が25人（女子で5人）まで減った時点で決勝が行なわれる。ランは1回のみ。世界新記録が出た場合、日程がどれほど残っていても競技はその時点で自動的に終了する。

コース

スピードの出るコースはヨーロッパ、特にフランスに多く見られる。競技会は、大雪でコースの整地が妨げられることのないよう、通常3月に行なわれる。雪面を整える機械を、ウインチを使って（傾斜がきついので）頂上まで引き上げる。整地によってできたわだちは、表面が完全に平らになるまでスキーヤーがエッジを使用して滑って整える。コースは主に3つのエリア（アクセレレーションエリア、タイミングエリア、ブレーキングエリア）に分類される。ドロップ（急降下）は、全長1,200mの距離のうち、およそ450mある。視界が悪い、コースコンディションが悪い、または、風速が15km/時を超える場合、競技は延期される。

助走ゾーン
助走をうまく行なうことがスピードを出すカギである。およそ6秒の間に0から200km/時まであがる。選手は伏せた姿勢のままスキーを利用して軌道をコントロールする。スキーを雪面に対して平らに滑らせ、正しい姿勢をとってスピードを落とすような要因をできるだけ減らす。コースを「見る」のではなく「感じる」。

アクセレレーションエリア
200〜220km/時に達すると、空気圧があがりスキーが浮き上がる。このスピードでは、雪の上と同時に、空気の上を滑ることになる。体がどのように空気を切るかで姿勢を修正する。

タイミングエリア
タイミングエリアに近づくころには、すでに11〜12秒滑っていて、スピードは220km/時を超える。空気が雪とスキーの間に入ってクッションの役目を果たすので、選手はほとんどコースと接触していない。空気圧を利用するか、姿勢をわずかに変えて舵を取る。筋肉を強直させ、瞬間的に息を止める。

セーフティーゾーン

ブレーキングエリア
タイミングエリアの終わりにあるレッドラインを超えたら、空気抵抗を最大に利用するため重心を前に移動して腕を広げ、体を起こす。完全に止まるために、2回大きくターンしてスピードを緩める。全体の滑走時間はおよそ20秒。

傾斜：最大2.7°

時計
100m（cmまで正確に測定）の間隔で設置された3つの光電管によって、1,000分の1秒まで正確に測定する。

傾斜 35〜45°

配点	
第1位	40点
第2位	34点
第3位	29点
第4位	25点
第5位	22点

競技会のリスト

国内とヨーロッパの選手権、記録会、デモンストレーション競技会に加え、トップレベルの選手は、異なるコースを使って4〜6回競技会を行なうワールドプロカップに毎年参加する。ワールドカップでは、それぞれの競技会で得た得点を加算し、シーズン終了時に最多得点を獲得した選手が世界チャンピオンとなる。シーズンはアメリカで2月に始まり、スウェーデンで4月に終了する。

用具

体重が重いほど、早く滑ることができる。小さな鉛の玉を利用してヘルメットやストックの重しにする選手もいる。しかし、競技を公正に行なうため、用具には重量制限がある。

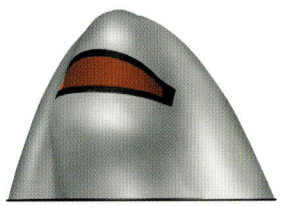

ヘルメット
ヘルメットは空気力学にしたがって空気抵抗を最小限に抑える。ファイバーグラスか合成素材で作られ、選手の体形に完全に合わせる。ヘルメットの前面は通常穴が開いていて、バイザーが曇らないように換気する。後ろ半分が取り外し可能で、転倒したら外れるようにデザインされている。規定では、ヘルメットはどの位置でも40cmの輪がはまられなければならない。

最大重量：2kg

公式コース

ワールドカップの競技が行なわれるコースに加え、フランス（ラ・プラーニュ）、イタリア（チェルビーニ）、フィンランド、スウェーデン（イーダ）、スイス、アメリカ（ティンバーライン、マウントフッド、スノーマス）、カナダ（ブラッコム、ウィスラー、サンピークス）にもコースがある。

スピードスキーヤーの特徴
- オフシーズン中もトレーニングは毎日欠かさない。筋肉増強とランニング（スピードと持久力）がメニューの中心になる。シーズン中は、スピードスキーの練習に集中する。
- シーズン開始時にできるだけ良い精神状態で入れるよう、専門家にモチベーションの手助けを依頼する選手もいる。
- スピードスキーの記録は、用具の技術的発展に伴って向上している。空気の流れを良くする素材、より空気力学にかなったヘルメットやストック、風洞を使って滑る姿勢の研究が進んでいる。

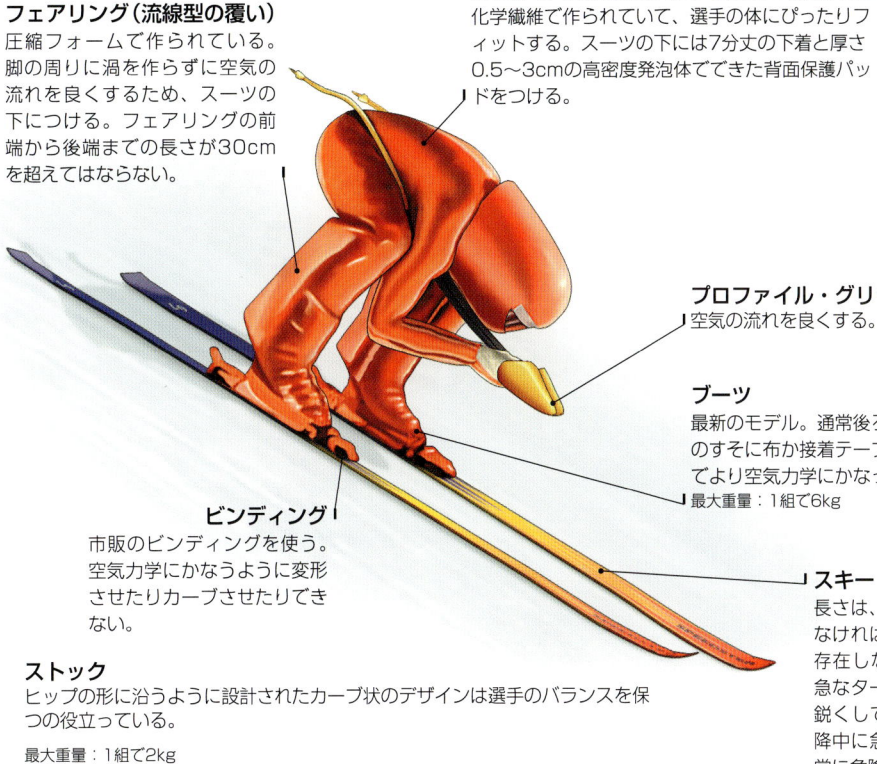

スーツ
通常は明るい色が使われる。明るい色は日光を反射するので、スーツの温度が上昇して膨張することを防ぐ。通気性を最大にするために可塑化した化学繊維で作られていて、選手の体にぴったりフィットする。スーツの下には7分丈の下着と厚さ0.5〜3cmの高密度発泡体でできた背面保護パッドをつける。

フェアリング（流線型の覆い）
圧縮フォームで作られている。脚の周りに渦を作らずに空気の流れを良くするため、スーツの下につける。フェアリングの前端から後端までの長さが30cmを超えてはならない。

プロファイル・グリップ
空気の流れを良くする。

ブーツ
最新のモデル。通常後ろから履く。スーツのすそに布か接着テープで取り付けることでより空気力学にかなったものになる。

最大重量：1組で6kg

ビンディング
市販のビンディングを使う。空気力学にかなうように変形させたりカーブさせたりできない。

スキー
長さは、2.20〜2.40mの範囲内でなければならない。ティップは特に存在しない。ベースが非常に厚く、急なターンを避けるためにエッジは鋭くしていない。時速200kmで滑降中に急なターンを行なうことは非常に危険である。

最大重量：ビンディングを入れて1組で15kg

ストック
ヒップの形に沿うように設計されたカーブ状のデザインは選手のバランスを保つのに役立っている。

最大重量：1組で2kg

カーブ　最短 1m

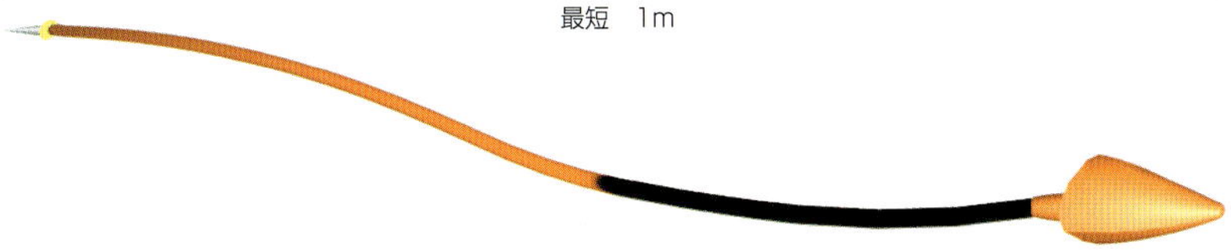

フィリップ・ビリー（フランス）
トップスピードで初めて230km/時に達した。1997年に243.902km/時の世界記録を樹立した。

フィリップ・ゴイチェル（フランス）
2002年フランスのレ・アルクで記録した250.7km/時の世界記録保持者。世界選手権優勝、ワールドカップを各4回ずつ優勝。

スノースポーツ

スキージャンプ

スキージャンプは、ジャンプ台を滑り降りて空中に飛び出し、距離を競うスポーツである。飛型が定められていて、ジャッジが厳しく審査する。スキージャンプは、冬のカーニバルで行なうイベントの1つとして、19世紀のノルウェーで誕生した。スポーツとして正式に認められたのは1892年のことで、キングズ・カップが創設されたときである。キングズ・カップは、ノルウェー王室から勝者に授与されるもので、ホルメンコーレンで毎年行なわれていた。その後北アメリカに伝えられ、そこから世界に広まった。国際スキー連盟（FIS）に認可されると、1924年にシャモニー（フランス）で行なわれた最初の冬季オリンピックで採用された。今も北ヨーロッパではもっとも人気の高いスポーツである。女子の種目はオリンピックに採用されていないが、ワールドカップでは行なわれている。

1954年の世界選手権大会。ファールン（スウェーデン）のジャンプ台。

競技会

スキージャンプには、個人のフライングヒル（185m又はそれ以上）、ラージヒル（110m又はそれ以上）、ノーマルヒル（85～109m）と、団体種目（前述3種の種目を行う）の4種目がある。個人の競技では、各選手が2回ジャンプを行ない、飛距離と飛型（滑空姿勢）の両方に対して得点が与えられる。初回のジャンプ順は世界ランキングの順位により決まり、2回目のジャンプは上位30人の選手が得点の低い順に飛ぶ。

得点は、飛型点と飛距離点の合計である。

5人の飛型審判員が正確性、踏み切りのコントロール、空中の姿勢、着地の姿勢、減速の姿勢を対象に最高20点の飛型点を与える。転倒した場合は減点される。5人の採点のうち、最高と最低を除く3人の採点合計が飛型点となる。

飛距離はテイクオフポイントから着地した脚の中心点までを測定する。K点に到達した選手は60点与えられる。達しなかった場合は減点され、超えた場合は加点される。ノーマルヒルのジャンプ台では1mごとに2点、ラージヒルでは1.8点、フライングヒルでは1.2点の加点となる。

K点

K点は、理想的なジャンプで出る距離である。望ましい着地点を示し、基準として使われる。傾斜が平らになり始める場所に引かれる。K点とジャンプ台の先端の距離はノーマルヒルで109m、ラージヒルで110m以上。フライングヒルでは特別なジャンプ台のもと200m以上のジャンプが行われる。

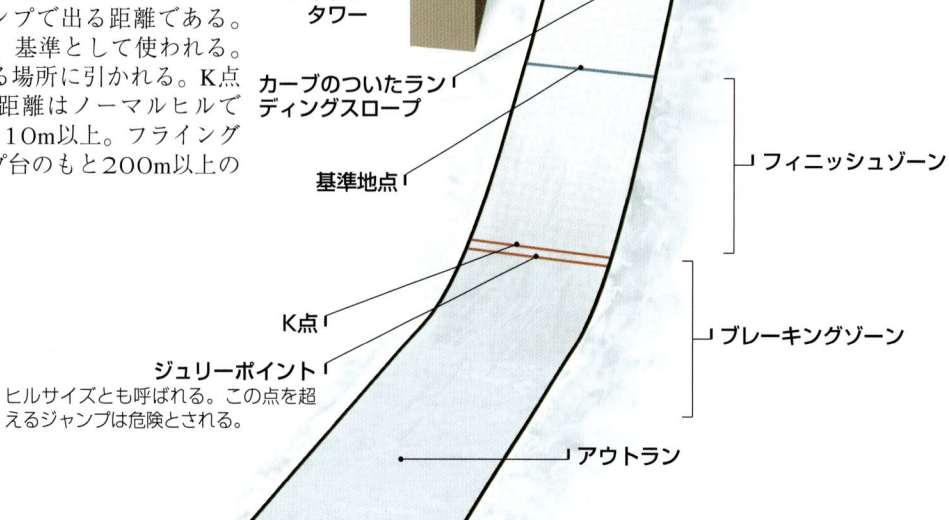

スタートゲート コース進入時の選手が監視される。

インラン（助走路） 人工的な表面となっている。

ジャンプ台 タワーの高さは、地形によって変わる。

テイクオフ ジャンプ台の先端近くには11%の傾斜がついている。

コーチの待機所

ジャッジタワー

カーブのついたランディングスロープ

基準地点

フィニッシュゾーン

K点

ジュリーポイント ヒルサイズとも呼ばれる。この点を超えるジャンプは危険とされる。

ブレーキングゾーン

アウトラン

テクニック

スタートゲートからランディングまでに要する時間は5～8秒。そのわずかな間、選手は姿勢とバランスの双方を維持する（腕を体につける、スキーは水平にしてV字を作る、着地でテレマーク姿勢を取る、セーフティーフェンスの前で止まるまでアウトランをコントロールする）。スキーが揃わない、空中でバランスを取るために腕を振る、着地の準備が早すぎる、などは減点の対象になる。

1.インラン
助走時には、空気力学にかなったクラウチング姿勢を取り、テイクオフ地点に達するまでその姿勢を維持する。スピードは90m級で80km/時以上、120m級で90km/時以上に達する。

2.テイクオフ
ジャンプの中でも重要なポイント。早すぎたり、遅すぎたりすると、飛距離を大きく減らす。テイクオフポイントに到達した瞬間、体を伸ばす。体は瞬時にまっすぐになり、前傾する。

3.飛行
真下に落ちないようにするため、体はスキーの先端方向に前傾する。揚力を上げて飛距離を伸ばすために、スキーの先端を開いてV字を作る。テイクオフからランディングまで、空中にいる時間は2～3秒。

4.ランディング
着地のときの衝撃は、体重の3倍かかる。テレマーク姿勢（片足をもう一方の少し前に出す）を取って、まず前の足でショックを吸収し、その後全身に還流させる。体が安定したら速度を落とす。

エスペン・ブレーデセン（ノルウェー）
1993年のラージヒルの世界チャンピオン。1994年、ノルウェーで行なわれたリレハンメル大会でノーマルヒルのオリンピックチャンピオンになった。同じ年、ワールドカップでも優勝。スロベニアのプラニカで209mの飛距離を出す。この記録はいまだに破られていない。

マッチ・ニッカネン（フィンランド）
1982年の世界選手権で金メダルを獲得。1984年のオリンピックではラージヒルで優勝。1988年のオリンピックで金メダル3個を獲得する（ノーマルヒル、ラージヒル、団体）。1986年と88年にワールドカップで優勝。

ジャンパーの特徴
- 国際大会で活躍する選手は、5歳ごろからジャンプの訓練を始める。最良のトレーニング方法は、ジャンプする高さを徐々に上げること。
- 脚力があると、テイクオフ時に大きな推進力がつく。
- テクニック（インランやテイクオフのタイミング、空中の姿勢、ランディング）を向上させる訓練は、低いジャンプ台で集中して行なう。
- 夏のトレーニングでも、冬に使用するジャンプ台を使う。ナイロンで覆い、定期的に噴霧することで、雪で覆われているのと同じ状態にする。

用具

ジャンプスーツ
化学繊維の裏地をつけた発泡素材で作られている。厚さの規定が従来の12mmから8mmになって空気抵抗が30%ほど減り、飛距離が伸びた。ジャンプごとに役員がスーツの厚さを厳しくチェックする。

ヘルメット

グローブ

スキーブーツ
ダウンヒルスキーのブーツより動きやすいが、それでも足首を固定する。ジャンパーの怪我でもっとも多いのはランディングの失敗による捻挫。

スキー
ダウンヒルのスキーより長くて幅もある。長さは選手の身長プラス80cmまで、重さは7.27kg以下と制限されている。通常、木とファイバーグラスで作られている。エッジはなく、ランのときに安定性が増すようボトムに沿って縦方向に溝が5本ある。アプローチのスピードを上げるため、雪のコンディションによって、ワックスを使い分ける。

ビンディング
トップからビンディングまでの長さは全体の57%を越えてはならない。ヒールは固定されないので空中では理想の角度になるまで前傾できる。

スノースポーツ

クロスカントリースキー

ベルリンオリンピック（1936年）。勝者（ドイツ）がクロスカントリーでゴールする。

クロスカントリースキーは、決められた距離を滑走してタイムを競う競技である。紀元前3,000年ころにまでさかのぼるスポーツで、北欧でもっとも古いスキーが発見された。氷や雪で覆われた土地を移動する手段として誕生したクロスカントリースキーは、今では世界でもっとも人気の高いスキースポーツの1つとなっている。17世紀の後半からノルウェーで競技会が行なわれ、19世紀に多くのレースが催された。しかし、スポーツとして認められるのは1900年になってからのことである。クロスカントリースキーは、1924年から国際スキー連盟（FIS）に統括され、同年にフランスのシャモニーで開催されたオリンピックで採用された。女子のレースが認められるのは1952年のことである。

競技会

クロスカントリースキーにはクラシカルスタイルとフリースタイルの2種類があり、どちらもオリンピック種目となっている。1988年のカルガリーオリンピックでフリースタイル種目が行われた。それ以来、4年毎にスタイルを交替している。クロスカントリーのコースには、上り坂、下り坂、平地が同じ割合で含まれていなければならない。もっとも簡単なのはコースの最初で、もっとも困難なのは中盤である。選手は他の選手に追い越される場合、クラシカルスタイルではコースを譲り、フリースタイルではスキーのストライドを抑えなければならない。スキーの交換はレース続行が出来ないような故障に限り許されている。6人の審判団がFISのルールに則って競技されているか選手を監視する。スタートの5分前には、審判員はコース沿いの割り当てられた地点に位置するよう決められている。

クラシカル競技のテクニック

スキー跡（レールのように溝がついている）があるコースでは、伝統的なダイアゴナル滑走（交互滑走）とダブルポール滑走（推進滑走）を使う。トップレベルの選手のスピードは、25km/時以上に達する。

ダイアゴナル滑走
ターンをするとき以外、スキーは常に並行を保ちスキー跡から外れない。急な上り坂では、開脚登行を使う。

1. 押し出し
この動きは、体を前に押し出すために、片脚を素早く前に伸ばすことで始まる。脚の後にヒップが続く。体を前傾させて支持脚の足首を曲げる。その反対の手と脚は大きく伸ばす。

2. 滑走
推進する脚と逆サイドのストックを突き立てるため、肩と腕を前に出す。押し出しの最後に体は直線になる。後ろの脚を前に出すと同時に体重を支持脚に移動させる。

3. 一連の動作の最後
腕とストックを元のポジションに戻す。

ダブルポール

緩やかな傾斜と平地で使用する。腕で推進する間、両足は揃えて同時に前に出す。体を伸ばして前に出してからストックを突き立てる。ストックで体を押し出すときは、まず体を曲げ、次に腕、上腕、手首の順に曲げる。その勢いで体を前に滑らす。押し出しの動きが終わるまで体は曲げたまま。その後再び腕を前に出す。

フリースタイルのテクニック

フリースタイルでは、どのような滑走法を使ってもいいが、「スケーティング」が一般的である。フリースタイルの競技は1988年のカルガリー大会からオリンピックに採用されている。トップレベルの選手のスピードは、平均で30km/時に達する。

スケーティング滑走

スケートのように滑走する。片脚を滑らせて前に出し、推進がうまくできる角度で開いたもう片方の脚で押し出す。インサイドのエッジを外して、横方向に滑る。ゆっくり滑るほど上体からの推進力を得られる。

オリンピック

個人競技（Indivisual Start）

選手は30秒間隔でスタートして行く。クラシカルタイムトライアルでは、可能な限りの好タイムを出す為に、選手は自身の運動能力についての深い理解が要求される。

団体競技（Group Start）

団体スタートは通常個人競技と同じコースで行われるが、より長いコース距離が設定される。従って選手にはレース中の戦略とその実践が要求される。国際レベルでのトップ選手がおおよそ男子で2時間、女子で1時間20分でゴールできるように距離が設定される。団体スタートは1924年以来オリンピックに採用されている。

パシュート競技（Pursuit Start）

この競技は男子で30km、女子で15kmで行われる。前半はクラシカルスタイルで、後半はフリースタイルで行われる。コース中盤ではスキー板の交換が許可されている。特別にこの競技用に作られたスキーブーツは、2種のスキー板に対応出来るよう設計されており、板の交換の際にもブーツを履き替える必要はない。

リレー

一チーム4人から成り、競技は男子で4人×10km、女子で4人×5kmで行われる。最初の選手はグループスタートで競技を始める。前半2ステージはクラシカルスタイル、後半2ステージはフリースタイルで行われる。リレーゾーンは長さ30m程に設定されており、その中でお互いの手をタッチしなければならない。フィニッシュラインに最も早く到達したチームの優勝となる。

スプリント

スプリント競技の個人戦は、ワールドカップでは1995年から、オリンピックでは2002年から行われている。団体戦は2006年のトリノ冬季オリンピックから採用される。個人戦、団体戦ともにコースは800mから1.4kmに設定される。団体戦ではリレー形式で競技し、各選手3区間を走る。

オリンピックの競技

(4年ごとに種目が変わる)

	男子	女子
個人競技	15 km	10 km
団体競技	50 km	30 km
パシュート競技	30 km	15 km
リレー	4 x 10 km	4 x 5 km
個人スプリント	1 500 m	1 250 m
チームスプリント	6 x 1 500 m	6 x 1 250 m

スノースポーツ

用具

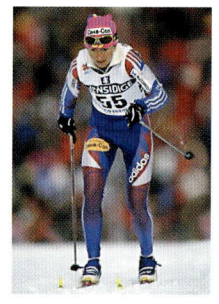

ストック
グラファイトやケブラーで作られている。硬く、軽量にデザインされている。突き立てたストックがスムースに抜けるよう、先端が細くなっている。フリースタイル用のストックのほうがわずかに長い。

ビンディング
雪とのコンタクトがもっと良い位置に体重が乗るようセットしなければならない。

スキー帽

イリーナ・バルブ（ロシア）
世界選手権大会で14の金メダルを獲得。ワールドカップのレースで41回優勝。1997年にノルウェーのトロンハイムで開催された世界選手権大会で5つの金メダルを手にした。

ビョルン・ダーリ（ノルウェー）
冬季オリンピックでもっとも多くのメダルを獲得した選手（8つの金メダルを含む12）。ワールドカップで36回優勝。1993、94、96、97、99年のワールドカップで勝利、1992年と95年には2位になった。

ワックス
スキーの表面がよく滑るよう特殊なワックスを塗る。クラシカルでは、トップベント（スキーの先端部分）とヒールに滑走ワックスを、センター部分（ビンディングの下）にはグリップ（滑り止め）ワックスを使用する。フリースタイルでは、全面に滑走ワックスを塗る。雪のコンディションによってワックスの種類を変える。

ワンピーススーツ
ライクラという合成繊維で作られている。選手は常に動いていてかなりの熱を発するので、体にフィットして軽いものを着用する。

スキー
軽く頑丈なものを使用。カーボンファイバーを蜂の巣構造に編んだスキーもある。現在では全体が木で作られているスキーはほとんどないが、そのメカニカルな性質から一定の部分で使われている。スキーは常に選手の背丈より長い。選手の体重が重いほど、インステップを強くする。

フリースタイル
スケーティングの動きをスムースにするため、トップベントを広くすることが多い。クラシカルのスキーよりトップ部分のカーブが小さい。雪が硬いほど短いスキーを使う。

1.75～2 m

クラシカルスタイル
硬いスキーを使用することが重要。体重をより均等に配分するため、フリースタイルのスキーより長くなっている。

表面
フリースタイルとクラシカルは同様のもの。滑りを良くするよう、静電気防止の特性を備えたグラファイトとプラスティックから作られている。

2.30mまで

ブーツ
スキーに固定するのは前部のみ。

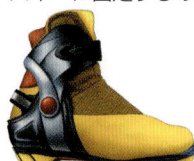

フリースタイル
側面のコントロールと足首のサポートが良い。ソールはかなり硬い。動かすことのできるシェル部分で足首を囲む。

クラシカルスタイル
柔軟性があり、足首の動きが良い。

選手の特徴

・長距離を走るため、持久力と筋力が求められる。
・夏場のトレーニングでは、ランニング、自転車、ローラースケート、氷河スキーを行ない、持久力をつける。
・力強く高度なテクニックが求められる。精神的な準備も重要。トップクラスの選手は非常に激しい運動に耐えることができる。

スノーボード

スノーボードは、1つのボードに両脚を固定して、膝で舵を取りながら雪上を滑走する、人気上昇中のスポーツである。アメリカ人のシャーウィン・ポッパーが2本のスキー板をつなげることを思いつき、1960年代に生まれた。最初の公式競技は1981年にコロラド州のレッドビルで開催されている。1989年に国際スノーボード協会（ISA）が創設され、1991年に国際スノーボード連盟となった。1995年にIOCがスノーボードをオリンピック種目として採用することを決定したのだが、ISFが存在していたにもかかわらず、管理を国際スキー連盟（FIS）にゆだねた。スノーボードのオリンピックデビューは1998年の長野大会である。ISFは1992年に最初の世界選手権大会を開催し、1994年に最初のワールドカップシリーズを行なった。男子と女子の種目がある。

ロス・レバグリアティ（カナダ）。1998年の長野オリンピックで大回転の初代チャンピオンになる。

種目

スノーボードには4種類のスタイルがある（フリースタイル、アルペン、フリーライド、ボーダークロス）。フリースタイルまたはアクロバティックスノーボードの選手は、難易度の高い技をハーフパイプのような特設斜面で行う。アルペンはスキーのダウンヒルと類似しており、スラローム、スーパースラローム、スーパーGといった種目がある。スラロームとスーパースラロームはパラレルに行われるときがある。タイムトライアルでは、選手は肉体的、精神的に綿密な前準備が必要とされる。フリーライドはコース外で行われ、滑るスタイルをその環境に合わせる必要がある。ボーダークロスは、4〜6人のグループでスタートし、コースにはコブ、上りのターン、ジャンプが含まれている。ハーフパイプ（男女）と大回転（男女）が長野オリンピックで、パラレル大回転とハーフパイプが2002年のソルトレークオリンピックで行なわれた。ボーダークロスは2006年トリノ大会で行われる予定。

ハーフパイプ競技会

音楽が流れるなか、選手はハーフパイプの壁を左右交互に滑り降りながらアクロバティックな演技（ジャンプ、ツイスト、エアリアル）を行なう。ヘッドジャッジ1人に加え、4〜6人のジャッジが10点満点で採点する。採点基準となるのは、回転の入らない動き、回転のある動き、高さ、全体的な演技。

競技場

ハーフパイプは、パイプを縦半分に切断した形をしている。

テクニック

スノーボードには多くのエアリアルスタイルがある。バックサイドエア（ボードのエッジを掴んでジャンプする）、ツイスト、マックツイストなど。

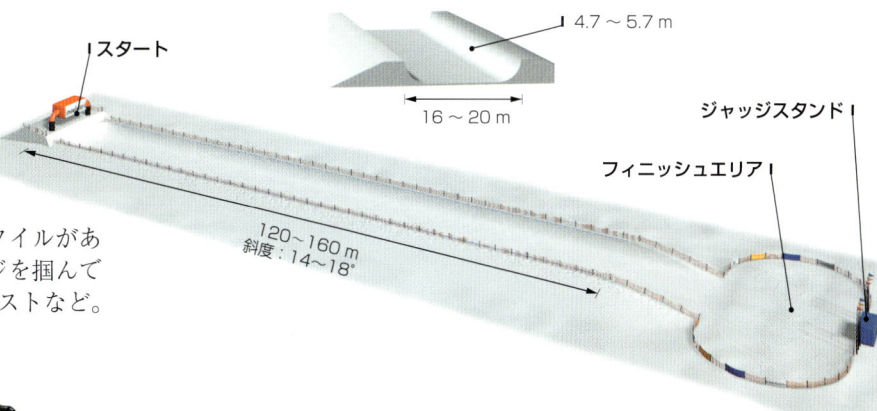

マックツイスト

マイク・マックギルが1980年代初めに編み出したマックツイストでは、540°回転（横回転）と、360°回転（縦回転）を行なう。1.頭と胴体を脚方向へと大きく回転させ、同時に、ボードのエッジ方向への横回転を行なう。その後、脚を蹴り上げる。2.空中でタックポジションを取り、頭と胴体はボードのエッジ方向への回転を続ける。片手でエッジの内側を掴む。3.回転が終わったらボードから手を離し、スタンディングポジションに戻る。これで反対側の壁に向かう準備ができる。膝を使って着地のショックを吸収する。

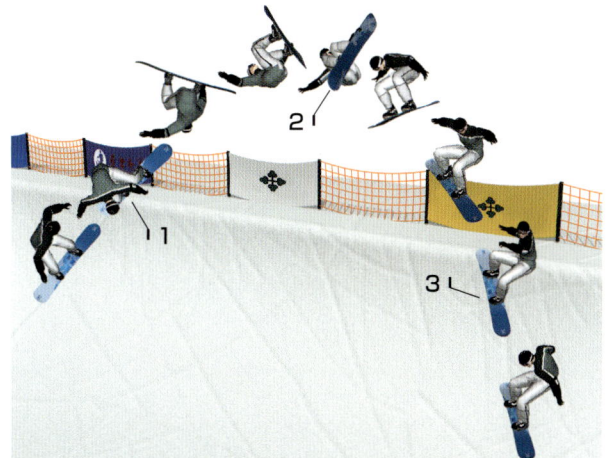

大回転の競技会

タイムは2回に分けて測定される。3角形の旗門を必ず通過しなければならない。転倒した場合でも、旗門をミスしない限り自動的に失格になるわけではない。レギュラーとグーフィー（スノーボードでは、左足を前にしてボードに乗る選手をレギュラー、右足を前にする選手をグーフィーと呼ぶ）のスタートが公平に行なわれるよう、コースは対称的に作られている。選手は、競技前に行なわれるインスペクションでコースのチェックをする。旗門間の距離は、大きくターンできるほど長い。不要な動きをしてタイムロスをしないよう、効率良く滑ることが重要になる。

テクニック

バックサイドターン
背中を雪面と垂直にし、ヒップは旗門に向ける。上体を反らせて体を低くタックする。傾いた姿勢のままターンする。両手を広げてバランスを取る。

フロントサイドターン
速いスピードでターンをするため、前傾して膝を柔軟にし、内側のポールを抱くように滑る。エッジの変更と次のターンを予測するため、目は次の旗門を見る。

パラレル大回転のコース

2002年のオリンピックで行なわれたこの種目では、選手は120～250mの高さを滑降する。予選ラウンドの後、上位16人（女子は8人）が決勝で戦う。

スノーボードクロスの競技会

予選において各選手は個々に競技し、その内男子で上位32人、女子で上位16人が準決勝に進出する。準決勝では4～6人の選手が同時に競技し、上位2人が決勝戦を行う。スノーボードクロスではしばしば選手が接触することがあるが、意図的に相手の選手を妨害した場合は競技資格剥奪に成る場合がある。

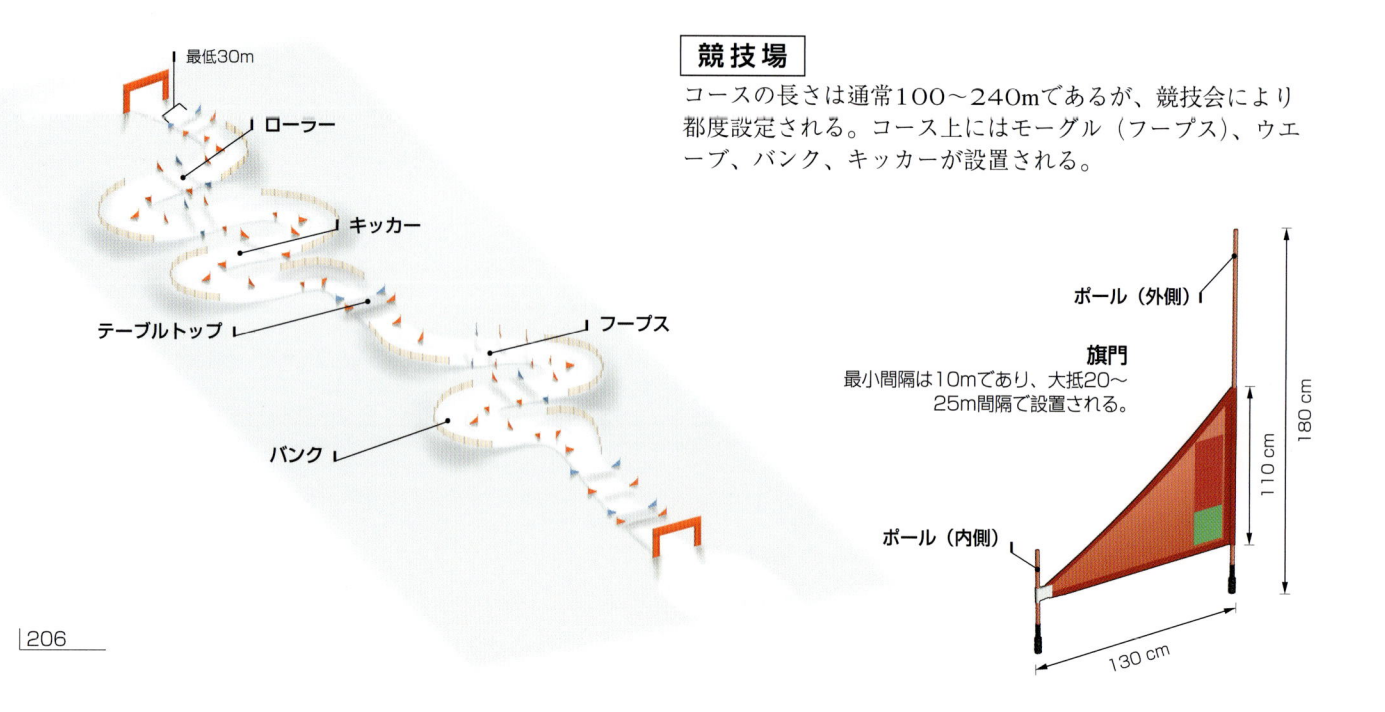

競技場

コースの長さは通常100～240mであるが、競技会により都度設定される。コース上にはモーグル（フープス）、ウェーブ、バンク、キッカーが設置される。

最低30m
ローラー
キッカー
テーブルトップ
フープス
バンク

旗門
最小間隔は10mであり、大抵20～25m間隔で設置される。

ポール（外側）
ポール（内側）
180 cm
110 cm
130 cm

用具

スノーボードは1980年代以降、大きく進化した。スキー製作の技術、特にパフォーマンスに影響を与える素材の進化によるところが大きい。今日のスノーボードは、決められたコースの中でも外でも、硬い雪でもパウダースノーでも機能する汎用性を備えている。ボードの幅が狭いほど滑りのスピードは速くなり、ターンにも良く反応する。

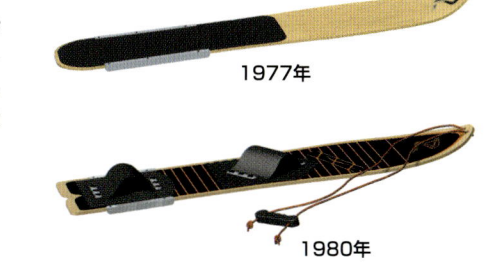

1977年

1980年

フリースタイル用ボード
ハーフパイプで使用。ジャンプと着地をスムースに行なうのに理想的。120cmのエフェクティブエッジがある。ノーズとテールは、どちらの方向でもテイクオフとランディングができるよう同じ形をしている。

アルペン用ボード
スピードが出るようにデザインされている。幅が狭くて硬い。ノーズ部分がわずかに広い。エフェクティブエッジは140cmにもなる。プレートビンディングをつけ、ハードブーツを履いて使用する。

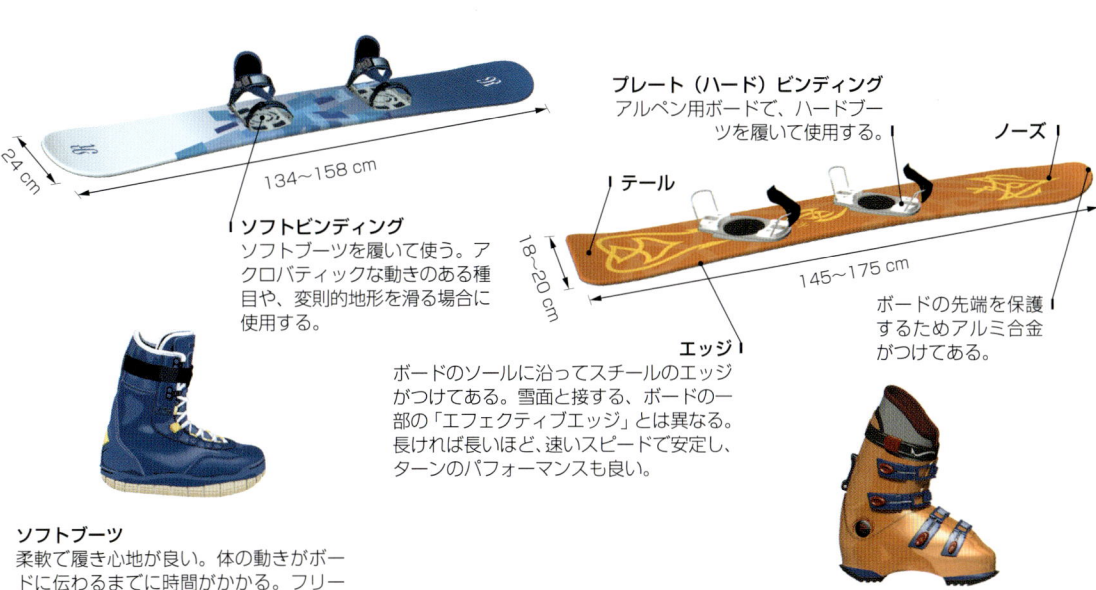

24cm
134〜158 cm

プレート（ハード）ビンディング
アルペン用ボードで、ハードブーツを履いて使用する。

テール
ノーズ
18〜20 cm
145〜175 cm

ソフトビンディング
ソフトブーツを履いて使う。アクロバティックな動きのある種目や、変則的地形を滑る場合に使用する。

ボードの先端を保護するためアルミ合金がつけてある。

エッジ
ボードのソールに沿ってスチールのエッジがつけてある。雪面と接する、ボードの一部の「エフェクティブエッジ」とは異なる。長ければ長いほど、速いスピードで安定し、ターンのパフォーマンスも良い。

ソフトブーツ
柔軟で履き心地が良い。体の動きがボードに伝わるまでに時間がかかる。フリースタイルとフリーライドで使用する。

ハードブーツ
正確性とパフォーマンスが理想的なブーツ。体の動きを直にボードに伝える。アルペン競技で使用。

カリーヌ・ルビ（フランス）
1996、97、98年のFISワールドカップで、回転、大回転で優勝し、総合優勝も飾る。アルペンスノーボードで最初のオリンピックチャンピオンになる。

ロス・パワーズ（アメリカ）
ハーフパイプでISFランキングのトップに君臨する。1996年のワールドカップに17歳で優勝し、さらに1999年にも勝利した。1998年のオリンピックで銅メダルを獲得。

ヘルメット — 着用が義務付けられている。
ゴーグル
スーツ — 合成繊維で作られている。体の形にフィットする。
グローブ
シンガード

選手の特徴
- トレーニングには、トランポリン、インラインスケート、スケートボード、「スイスボール（筋力をつけるトレーニングに使用する大きな風船のようなもの）」が含まれる。アルペンボーダーのチャンピオン級の選手は、スキーの選手と同様のトレーニングを行なう。内容は、筋肉増強、ストレッチ、食事など。トレーニングは、夏から氷河で始め、パワーをつけて調子を整える。
- 自由な雰囲気でラフに楽しめるスノーボードは、冬のゲレンデで必ず目にするスポーツとなった。

バイアスロン

バイアスロンは、クロスカントリースキーと小口径のライフル射撃を組み合わせたスポーツである。3000年以上前の洞窟の壁画に、弓矢を持ってスキーを履いた狩人の絵が描かれている。1767年にノルウェーとスウェーデンの国境で、警備兵が最初のレースを行なった。1924年にシャモニーで行なわれたオリンピックでデモンストレーション競技となり、1956年には国際近代五種連合に正式に加入している。1958年にオーストリアのザールフェルデンで最初の世界選手権大会が開催され、1960年にはスコーバレーオリンピックで正式種目に採用された。1978年までは軍人が専門に競技していたが、22口径ライフルが採用され、標的までの距離が50mに短縮されると一般の人も訓練や競技に参加しやすくなった。その後、新たに種目が加えられ（個人とリレー）、女子の種目も1984年の世界選手権大会で行なわれ、その後オリンピックには1992年から採用されている。1993年に国際バイアスロン連合（IBU）が創設された。新種目の追い抜きが1997年の世界選手権大会とワールドカップ、2002年のオリンピックで行なわれている。

ノルウェーのマグナル・ソルベルグ（ゼッケン3）。1968年にグルノーブル（フランス）で開催されたオリンピックの金メダリスト。20kmで1時間13分45秒9を記録。

競技会

クロスカントリースキーコースで行なうタイムレースで、選手はスキーで速さを競いながら、途中で静止して射撃を行なう。射撃は、伏撃と立撃を交互に行ない、弾の数は決められている。標的を外すとペナルティがつく。ペナルティは競技種目により異なり、クロスカントリースキーの滑走タイムに加算、あるいは滑走距離が延長される。もっとも短時間でレースを終了した選手（チーム）が勝者となる。個人とスプリントは時差スタートで、選手は30秒、または1分間隔で、くじ引きで決まった順に1人ずつスタートする。リレーは4人1組のチームで行なう。第1走者はグループスタートして、1区間を走り終えたら、次の走者の体かライフルにタッチしてリレーする。追い越し競技では、先行して行なうスプリントの勝者が最初にスタートし、それ以降の選手はタイム差をインターバルにして順次スタートする。

設備

ペナルティループ（150mのオーバルトラックで、ミスショットにより滑走距離が延長されたときに使う）を備えた射撃場があり、加えて、射撃場と射撃場の間にはスキートレイルのループが多く作られている。10kmコース（男子スプリント）の標高差は300〜450mで、20kmコース（男子個人）では600〜750m。

競技	距離及び射撃回数	ペナルティ	
個人	20km（女子は15km）	射撃4回	1発外すごとに1分
スプリント	10km（女子は7.5km）	射撃2回	1発外すごとに1周のペナルティ（150m）
リレー	7.5km（女子は6km）	1人2回	1発外すごとに1周のペナルティ（150m）
追い越し	12.5km（女子は10km）	射撃4回	1発外すごとに1周のペナルティ（150m）
マス・スタート	15km（女子は12.5km）	射撃4回	1発外すごとに1周のペナルティ（150m）

射撃場

時差スタートの場合、選手は自由にレーンを選べる。グループスタートとリレーでは、背番号と同じ番号の標的を使わなければならない。安全面の理由から、選手は完全に滑り終えてストックを下ろすまでライフルの操作を始めてはならない。これに従わない場合は失格となる。立射では、最初の射撃を始める前に、スキーを履いたまま両足をマットに乗せなければならない。

スキーをするときはライフルを背負う。

レーンナンバー

滑り止めの射撃用マット

射撃場レフェリー
射撃がルールにのっとって行なわれるよう監督する。競技会の規模により、競技エリアは50人までの審判で担当する。

テクニック

射撃姿勢にかかわらず、スキーは必ず履き、支えるものは一切使ってはならない。選手にとってもっとも困難なのは、標的を正確に狙うために心拍数を下げることである。安定した射撃をするために、呼吸と呼吸の間に撃つ。選手はできるだけ呼吸の回数を減らしてタイムロスを防ぐ。

伏撃の姿勢
ライフルは肩、頬、両手で支えることができる。支える側の手首は、雪面から離れていなければならない。もう片方の手は、ひじと手首の間で最長10cmまで雪面に触れられる。射撃を終了するのに25～35秒かかる。

立射の姿勢
射撃場に近づいたら、スピードを落として脚と腕を休め、それから静止して射撃体勢を取る。ライフルは、頬、肩、胸、両手で支えることができる。射撃を終えるのに30～35秒かかる。

グローブ
右の人差し指（右利きの場合）に穴をあけることが多い。引き金の感覚を直に得るためにグローブを外し、滑る時間をロスせずにまたはめることもできる。

スキー
選手の身長から4cm引いた長さまで許される（最短で）。長い分には制限はない。

ストック
先端まで含めた全長は、選手の身長を超えてはならない。

用具
スキーとストックはクロスカントリースキーと同様のものを使用する。22口径のライフルは、弾倉（5発）か、手動（予備）で装填する。

選手の特徴
- 平均的な年齢は25～30歳。選手は卓越した身体能力を持ち、スプリント（10km）は23分で、20kmレースは55分で滑る。射撃の精度は心拍と関係するため、持久力や心肺能力を向上させて回復力をつける。
- 射撃場で落ち込むと、精神的に大きな打撃になるので、多くの選手が心理学の専門家とともに集中力の訓練をする。

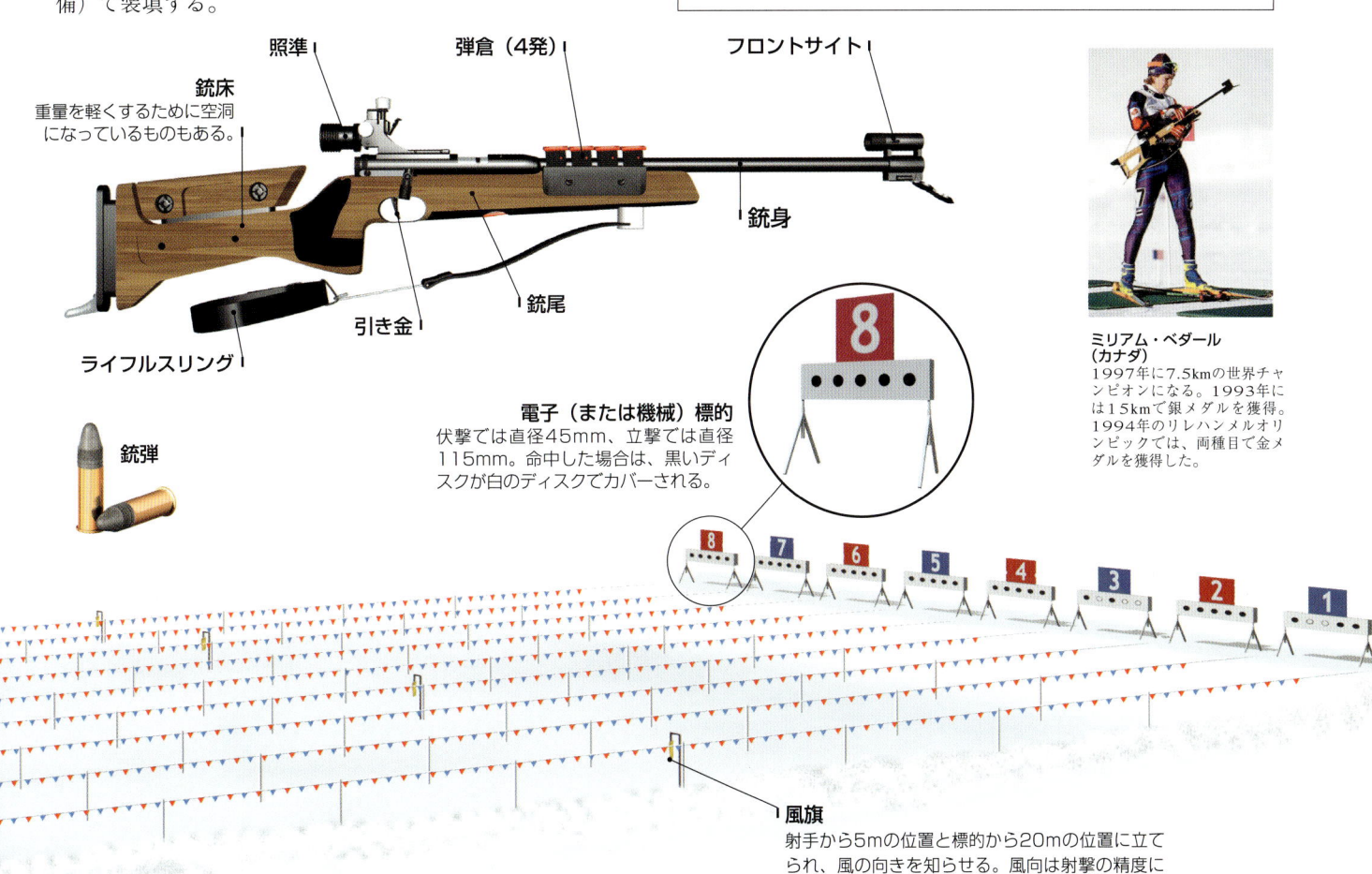

銃床 重量を軽くするために空洞になっているものもある。
照準
弾倉（4発）
フロントサイト
銃身
銃尾
引き金
ライフルスリング
銃弾

電子（または機械）標的
伏撃では直径45mm、立撃では直径115mm。命中した場合は、黒いディスクが白のディスクでカバーされる。

ミリアム・ベダール（カナダ）
1997年に7.5kmの世界チャンピオンになる。1993年には15kmで銀メダルを獲得。1994年のリレハンメルオリンピックでは、両種目で金メダルを獲得した。

風旗
射手から5mの位置と標的から20mの位置に立てられ、風の向きを知らせる。風向は射撃の精度に大きな影響を与える。

スノースポーツ

ノルディック複合

ノルディック複合は、スキージャンプとクロスカントリースキーの総合成績で競い合う。男子のみが行なう競技で、19世紀の中ごろにノルウェーで誕生した。当時、広大な土地の境界線をパトロールする軍人たちは、ジャンプや長距離のクロスカントリースキーを行なうことを日常としていた。もともと、ジャンプとクロスカントリーの選手は、どちらのスポーツがより厳しいかということを長い間争っていたが、その結果として両者を組み合わせたノルディック複合が生まれ、人々の人気を集めるスポーツになったのである。ノルディック複合は、1924年にシャモニーで開催された最初の冬季オリンピックで初めて採用された。世界選手権大会が毎年行なわれ、1988年のカルガリーオリンピックではチーム競技が採用されている。

マーチン・クロフォード（アメリカチームのキャプテン）。1956年のコルチナ（イタリア）での冬季オリンピック。

競技会
以前、競技は2日にかけて行われたが、現在では同じ日に行われる。最初にジャンプを行い、数時間後にクロスカントリーが行われる。クロスカントリーの距離は大会により異なる。

競技方法（グンダーセン方式）
個人戦でも団体戦でもクロスカントリーのスタート順序はジャンプ競技の結果により決定される（Gundersen method）。つまりジャンプ競技での獲得ポイントを時間に換算し、スタート順を決める。例えばジャンプ競技での15ポイントはクロスカントリーでの1分に換算される。1985年以来、主要な大会で導入されているこの方法は、観客やまた選手自身にも、各選手の順位、状況をより分かり易いものとしている。

オリンピック
オリンピックでは3種目行われる。2つの個人種目と1つの団体種目である。

個人種目
個人種目は2回トライできるノーマルヒルと15kmのクロスカントリーが行われる。2種目では1回トライできるラージヒルと7.5kmスプリントが行われる（一般的には2.5km）。

選手の特徴
- ノルディック複合の選手は、ジャンプとクロスカントリースキーの両種目で求められる資質を備えていなければならない。ジャンプでは、度胸、集中力、調整力に加えて、各動作を完全にマスターすることが重要である。
- クロスカントリースキーでは、スタミナと強靭さ、特に脚力が求められる。
- ジャンプでは、風を「感じ」、風の向きや強さに適応する能力が求められる。

V字ジャンプ

団体種目
1チーム4人制。各選手は4×5kmのリレーの後、2回トライできるノーマルヒルジャンプを行う。

荻原健司（日本）
1993、94、95年のワールドカップ、ノルディック複合で優勝。世界選手権大会では1993、97年に個人優勝、1993、95年にチーム優勝を飾る。1992、94年には、オリンピックでチーム優勝。

スケーティングスタイル

山のスポーツ

212　ロッククライミング

山のスポーツ

ロッククライミング

ロッククライミングは、登山（高地にある岩、雪、氷を登ること）の一種である。クライマーは、高さ数百メートルの自然の岩場、断崖、岩壁、または、人工壁を、わずかな道具と素手で登る。19世紀の後半に生まれたスポーツで、当初はドイツ、イギリス、オーストリア、フランス、イタリアの拠点を中心に、限られた数の手作りの用具を使って行なわれていた。やがてクライミングの2つのスタイルが編み出された。登攀、安全確保という両方の意味で用具を使うエイドクライミングと、安全面の目的のみに用具を使用するフリークライミングである。より人気が高いフリークライミングは、ボルダリング、インドアクライミング、ソロクライミング、スポーツクライミングなど、いくつかの種類に分類されている。クライミング用具やトレーニング方法の発展とともに安全性が向上し、より参加しやすい人気のスポーツになった。ヨセミテ公園（アメリカ）の断崖からフランスのヴェルドン渓谷、さらにはオーストリアやスペインの山々まで、ロッククライミングは今では世界中で行なわれていて、競技会には男女とも参加できる。ロッククライミングの協会や連盟は、国際山岳連盟（UIAA）に所属していて、UIAAがこのスポーツを管理する。

フランス人のパトリック・エリンガー。ロッククライミングがメディアで注目されるようになったのは、彼の影響が大きく、1980年代初めにこのスポーツの人気が高まった。1988年にユタ（アメリカ）のスノーバードで開催された最初のプロ競技会、国際スポーツクライミング大会で優勝した。

競技会

最短時間のクライミングで、高さとスピードを競う。競技には、ディフィカルティとスピードの2種類がある。

- ディフィカルティ競技では、難度の高いルートが設定される。スタート順はくじ引きによって決められ、選手はルートの選択に30秒から1分与えられる。制限時間は2分間で、時間を無駄にする余裕はない。ポイントはスタイルに対して与えられる。ルートは多様で、難度も幅広いものが用意されている。

- スピード競技では、初回の登攀でタイムを計測し、その後2人1組で戦う。相手は初回のタイムで決められ、もっとも速い選手ともっとも遅い選手が競う。競技者はまったく同じ壁を同時に登り、先に頂上に到達した選手が勝つ。どちらが勝ったか混乱しないために、1人が上に着くと同時にライトが点灯する。もう一方のライトはその時点で点灯しなくなる。競技は通常トップロープを使用する。

ゴール

より一般的なフリークライミングは、3つのカテゴリーに分類される。

- ボルダリング：およそ5mの高さのブロックまたは巨岩（ボルダー）を登る。一般的にロープは使わずクラッシュパッドと呼ばれるマットを敷く。

- トップロープ：およそ25mの高さの壁を登る。頂上の滑車にロープを通してビレイする。

- リードクライミング：2つのスタイルに分けられる。1つはスポーツクライミング、すなわち、エイドクライミングで、およそ50～200mの高さの壁を用具（事前に取り付けられた固定式の安全器具）を使って登る。もう一方は従来のフリークライミングのトラッドであり、ホールド（壁面にある凸状の手がかり）を使い壁面を距離の制限なく登る。

競技はインドアの人工壁、またはアウトドアで行なわれる。人気とともに観客の数も増えている。毎年行なわれるワールドカップや、2年に1度行なわれる世界選手権大会を含めて、競技はあらゆるレベルで実施される。

フリークライミングのテクニック

リードクライミング

2人以上のクライマーが互いにロープでつながれて登る。もっとも経験のあるクライマーが最初に登る。

高さ25m以上の岩肌を登るリードクライミング

1. リードクライマー（先導のクライマー）は、後から登る者に安全を確保されながら登り、墜落を防ぐための安全器具を取り付ける。

2. リードクライマーはヌンチャクのカラビナにロープを通して自分をビレイし、後続者が登るときはロープのたるみを取りながらビレイする。

3. リードクライマーに上からビレイされている後続者は、登りながらヌンチャクや安全器具を回収する。

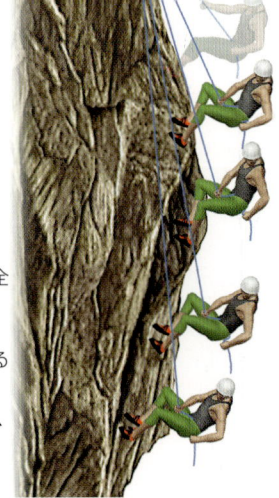

懸垂下降

岩の表面かアンカーにロープを二重にして取り付け、壁面を安全に降下する。ロープはエイト環（8の字をした金属製の環）を通して滑らせる。

ノット
ノットにはさまざまな種類があり、ブレーキをかける、ビレイする、ロープをつなぐなど、安全面で非常に重要なものである。

エイトノット（Figure 8）
もっとも多く使われる。簡単でしっかりしている。

マッシャーまたはクレムハイスト（Machard、kleimheist）
垂直下降する際の安全のためのセルフロッキングノット。

バタフライノット（Butterfly tie knot）
ロープが湿っている際にも容易に結ぶ事が出来る。

プーリー（滑車）クライミングのテクニック

ビレイの技術は岩場や崖、人工的に設計されたクライミングウオールで使用され、クライマーは登攀とビレイを交互に行う。トップロープを行うときは、頂上からおろされているロープ（クライマーを通して下のビレイヤーが握っている）がクライマーの安全を確保している。ビレイヤーはクライマーが落下しないよう、下方に体重をかけてロープを引っ張る。競技会では、ビレイヤーの他にタイムキーパー、審判長、ルート審判がおかれ、競技が進行される。筋力やバランス感はこの競技において最も基本的な能力であり、それをもとにした登攀やノットの技術は効率的かつ安全なロッククライミングのエッセンスである。

ハンドホールドとフットホールド
ハンドホールドやフットホールドにはさまざまな種類がある。もっとも一般的なハンドホールドは、オープンハンド、クリンプ、フィンガークリンプ、アンダークリング、ポケット、ジャム、ピンチ、など。フットホールドには、スメア、クリンプ、レッジ、インサイドエッジ、アウトサイドエッジ、ヒールフック、ジャムがある。

ピンチ 　**クリンプ** 　**オープンハンド**

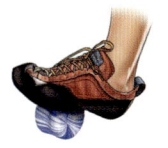

ビレイアンカー

ビレイビームとアンカー
ロープの支点となる。

タイムキーパー
制限時間が守られているか監視する。

審判長
競技で行なわれるすべての活動を管理し、異議に対処する。競技、およびルール適用に責任を持つカテゴリージャッジが補佐する。ルートセッターがホールドを設置し、壊れたものは取り替える。

ルート審判
壁の下に席を取り、安全面の確認をして選手の動きを監察する。競技はビデオに録画され、最高到達点が確認される。

ビレイヤー（確保者）
選手の命綱を確保する。また、登攀中のクライマーがすでに終了した人とコンタクトをして情報交換しないように監督する。

山のスポーツ

213

用具

ロープ、カラビナ、ハーネス、ストラップ、ビレイ用具、その他さまざまな用具があり、どれも安全で軽くできている。

ヘルメット
岩壁や落石から頭を守る。

ハーケン（岩の割れ目用）

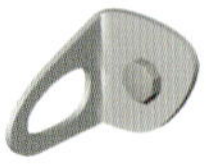

ハーケン（延長用）

ハーケン
ビレイや登攀で壁に打ち込む安全器具。ハンマーで打ち付けるクラック用ハーケン（形は多彩）と、ドリルで取り付ける延長用ハーケンの2種類がある。

衣服
軽くて耐久性があり、シンプルで、クライマーの動きを妨げないもの。

クライミングハーネス
ロープに取り付けて腿とヒップを支える。

ランナー
幅は10〜25mmのナイロン製のストラップ。両端にカラビナが取り付けられていて、クイックドローを作る。

チョークバッグ
滑り止めのために手などにつける石灰の粉末を入れる。

ヌンチャク（別名：クイックドロー）
カラビナが両端についた短いストラップ。片方を安全器具（ハーケンやチョック）につけ、もう片方にロープを通す。墜落した場合の落下距離を短くする。

クライミングシューズ
さまざまなモデルがある。ホールドを感じることができるよう、密着性がありフィットするものが理想的。硬い、柔軟性がある、かなり柔軟性がある、と分類される。用途とクライマーの経験によって使い分ける。効率と正確性を良くするため、足にフィットしたものを使う。

ビレイ器具
この形状により、ロープを保護しながらゆっくり降下できる。

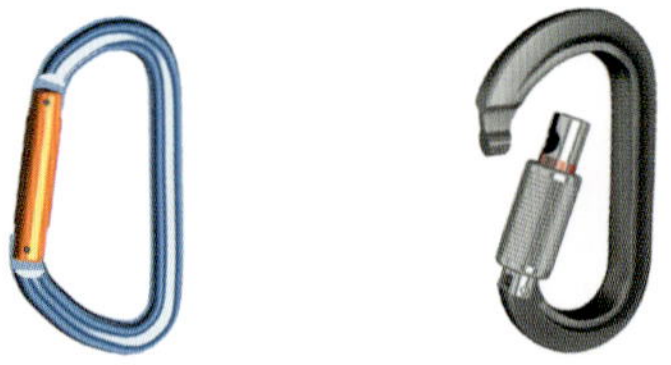

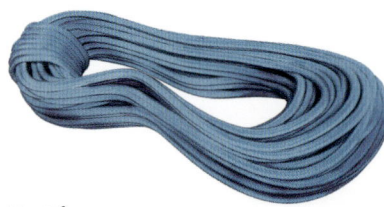

D **ロッキング**

カラビナ
ナットやロープなどのさまざまな登攀用具を接続するための用具。軽くて強い。アルミニウム製、または、鉄製で、D型や楕円形があり、レギュラータイプ、ロッキングタイプがある。

イザベル・パティシエ（フランス）
1990、91年のワールドカップとワールドマスターズ・インビテーショナルで優勝。1991年には、クライミングマスターズ・インターナショナルでも勝利する。

ロープ
さまざまな直径（8〜11mm）があり、長さは60mまで。ナイロン製で、チューブ状に編んだ外皮で、撚って束ねた強度のある芯を保護する構造になっている。簡単によじれない、力を吸収する、摩擦に強いなど、強度と柔軟性に優れていなければならない。

プロテクション
さまざまな形の雌型ナットに、鉄製のワイヤーを通したもの。「フレンズ」と呼ばれる可動式のカムがスプリングで広がる構造になっていて、岩の割れ目に差し込んで固定する。

ナット

クライマーの特徴

- 適切な瞬間に適切な行動がとれるように、柔軟性、認識力、機転が求められる。疲労やストレスに対抗できなければならない。持久力、身体能力、自制心も必要とされる。

空のスポーツ

216　パラシューティング

空のスポーツ

パラシューティング

フリーフォールからパラグライディングまで、パラシューティングにはさまざまなスポーツやテクニックが含まれる。パラシュートの原理を発明したのはレオナルド・ダヴィンチだと考えられているが、それを実践したのはフランス人のアンドレ・ジャック・ガルネリンである。彼は、1797年にダビンチの原理を応用し、バスケットのついたパラシュートをつけてバルーンから降下した。飛行機から初めて降下したのは、1912年のアメリカでのことである。当初パラシュートは軍事目的で利用され、第一次世界大戦では救出のために、第二次世界大戦では進攻のために用いられた。1940年代後半に入って、技術や用具が発展すると、アメリカやヨーロッパで一般の人々がパラシュートを楽しむようになる。その後、国際航空連盟（FAI）に航空スポーツとして認められ、国際パラシューティング協会（IPC）が設立された。アキュラシーランディングを含む最初の世界選手権大会が開かれたのは、1951年のことである。フォーメーションスカイダイビングの世界選手権大会が1975年に初めて開催され、1986年にキャノピーフォーメーションの世界選手権大会が行なわれた。1997年に初めて行なわれたワールドエアゲームズには、フリースタイルとスカイサーフィンが採用されている。

米軍歩兵部隊のパラシュートトレーニング（1940年）。38mの高さのタワーからケーブルに沿ってパラシュート降下する。

アキュラシーランディング競技会

この競技には男女の種目があり、個人戦とチーム戦が行なわれている。選手は、1,000mの高さからジャンプし、直径3cmの黄色いディスクの中心か、できるだけその近くにつま先、または、かかとで着地する。ディスクはスクエアの中心に置かれている。ジャンプの順番は無作為くじ引きで決まる。チーム戦では、4人が同時にジャンプし、一定のインターバル（20～30秒）でターゲットの上に着地できるよう、それぞれ異なった高度で順にパラシュートを開く。各選手が着地した正確な場所をパラシューティングジャッジが自動計測装置で判定する。着地点とディスクの距離は、最高16cmまでセンチメートル単位で測定される。規定回数のジャンプを終了して、もっともポイントの少ない選手（またはチーム）が勝者となる。これに似たタイプの競技で、山で行なわれるパラスキーには、6回のアキュラシーランディングと2回のジャイアントスラローム（ダウンヒルスキー）の複合などがある。

ドロップゾーン

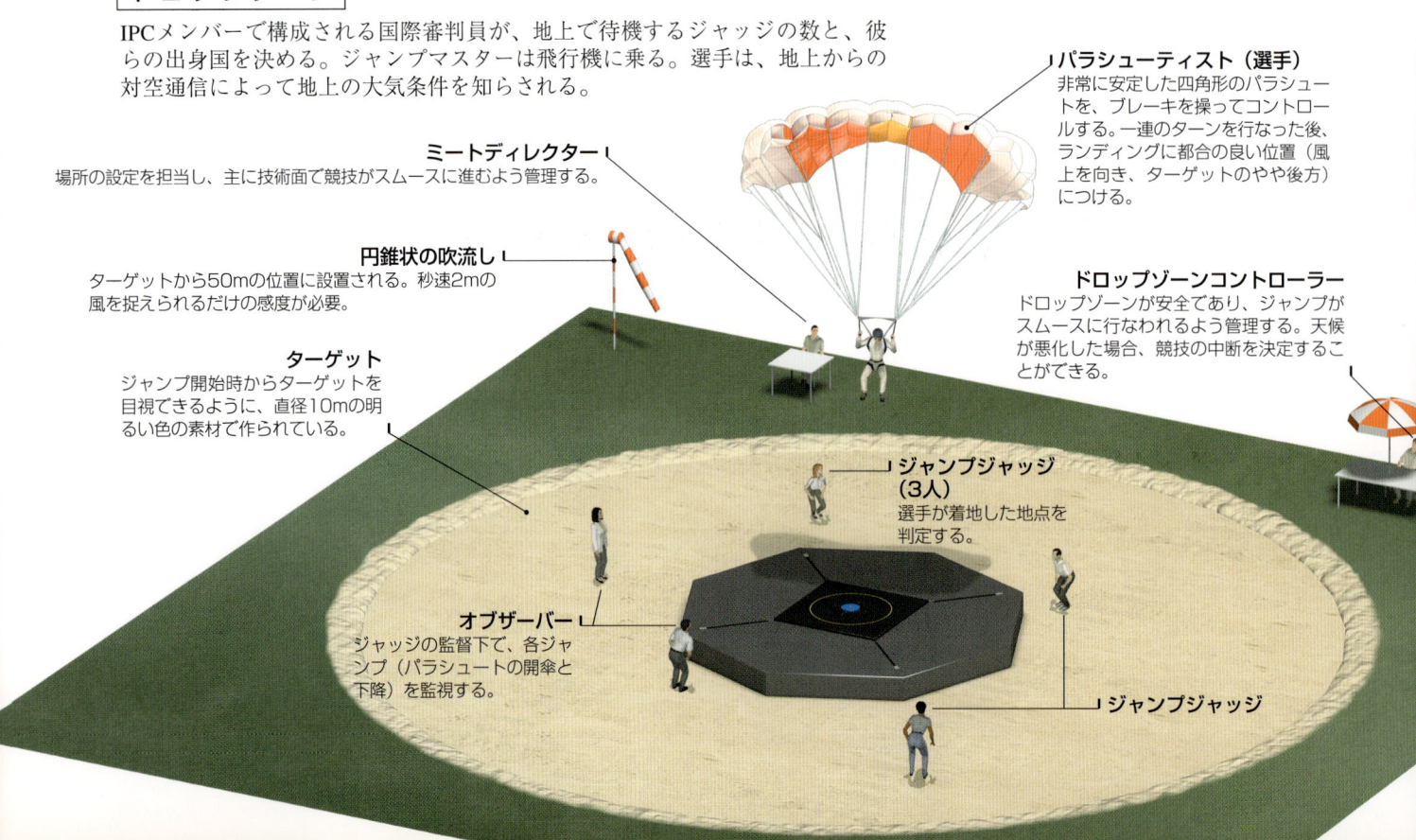

IPCメンバーで構成される国際審判員が、地上で待機するジャッジの数と、彼らの出身国を決める。ジャンプマスターは飛行機に乗る。選手は、地上からの対空通信によって地上の大気条件を知らされる。

ミートディレクター
場所の設定を担当し、主に技術面で競技がスムーズに進むよう管理する。

円錐状の吹流し
ターゲットから50mの位置に設置される。秒速2mの風を捉えられるだけの感度が必要。

ターゲット
ジャンプ開始時からターゲットを目視できるように、直径10mの明るい色の素材で作られている。

パラシューティスト（選手）
非常に安定した四角形のパラシュートを、ブレーキを操ってコントロールする。一連のターンを行なった後、ランディングに都合の良い位置（風上を向き、ターゲットのやや後方）につける。

ドロップゾーンコントローラー
ドロップゾーンが安全であり、ジャンプがスムーズに行なわれるよう管理する。天候が悪化した場合、競技の中断を決定することができる。

ジャンプジャッジ（3人）
選手が着地した地点を判定する。

オブザーバー
ジャッジの監督下で、各ジャンプ（パラシュートの開傘と下降）を監視する。

ジャンプジャッジ

競技会

アキュラシーランディングがもっとも古い競技の形だが、現在では、その他のテクニックも国際レベルで競技されている。どの種目も男女ともに行なわれている。

フリーフォール
高度2,200mから降下中に、6つの規定動作をどれだけ短時間に行なえるかを競う。動作は、3つの軸（垂直軸、水平軸、横軸）を基本に、右回り、左回り、宙返りで行なわれる。ミスをした場合は、トータルの時間に秒数（または小数点以下の秒数）が加算される。

フォーメーションスカイダイビング
4人、8人、または16人のチームがフリーフォールで降下中に、規定のフォーメーションを連続して行なう。フォーメーションの順番は競技前にくじを引いて決める。所定の時間内（4人のチームで35秒、8人で50秒）に、どれだけ多く繰り返すことができるかを競う。飛び出す高度は、4人で3,000m、8人では3,800m。

キャノピーフォーメーション
四角いパラシュートが開発された1970年代以降に誕生した競技。4～8人のチームで行なう。高度2,000mで飛び出し、互いに手をつないだり、足やパラシュートにタッチしてフォーメーションを作る。3種類の競技がある。

・4WAYシーケンス。2分30秒という所定の時間内に行なう。4～5の規定のフォーメーションを、くじ引きで決まった順番に行ないできる限り多く繰り返す。

・4WAYローテーションは、1分30秒で行なう。縦につながり、できる限り多くローテーションを行なう。ローテーションは、一番上にいる選手がフォーメーションを外れ、一番下につく。ローテーションを完成させるごとにポイントが与えられる。

・8WAYフォーメーションは、くじ引きで決まったフォーメーションを、できる限り早く8人で作りあげる。最初の選手が飛行機から飛び出した時点で、タイムの計測が始まり、最後の選手がフォーメーションに加わった時点で終了する。

フリースタイルとフリーフライ
フリースタイルの競技では、規定とフリーの演技を組み合わせた振り付けをフリーフォールで行なう。体操競技やトランポリンに似た演技をし、パートナーがそれをカメラで映像に収める。その映像をもとに採点が行なわれるため、この役割は非常に重要である。演技の難度や完成度に加えて、映像の美しさや質もアピールする必要がある。フリーフライは、2人で演技する競技で、ヘッドダウンローテーションや垂直降下、または、座った姿勢での降下など特殊な動作を行なう。

スカイサーフィン
フリースタイルと同様の競技方法で行なわれる、見ごたえのある競技。スカイサーフボードをつけて、フリーフォールで演技をする。ボードが揚力を作り出すので、それに対するテクニックが必要となる。素早く大きな演技が特徴である。

プロテクション
ボードの縁につけられている。ボードが他のジャンパーに接触したときの怪我のリスクを軽減する。

スカイサーフボード
面積（長さと幅）は、選手の体格に厳密に合わせる。ハーネスシステムには、ヒップに取り付ける装置が含まれていて、緊急時（例えば、スピンのコントロールができない場合）にボードを外すことができる。

中心点となるディスク
直径：3cm

スクエア
電子ターゲット
直径：16cm

キャノピーパイロット
この競技はパラシュート競技の中で最もその醍醐味を追求したものである。選手は100km/時以上を出し、狭いコースの中で非常に高度なパフォーマンスを行う。競技会では、4人の選手が1,500mの上空から降り、姿勢を整える前にパラシュートを開く。上空250m付近でパイロンやフラッグで設定されたゲートを通過しながらコースへアプローチし始める。コースの前半は水面の上で、後半は地面で行う。すべての選手はスピードを競う種目、正確さを競う種目、距離を競う種目を行う。

フリーフォールのテクニック

アクロバティックとフォーメーション、いずれのダイビングでも、選手は、3つの軸を基本にスピードと姿勢をコントロールしながら、所定の動作を行なう。

バックループ

1.「ボックス」または、「スクエア」と呼ばれるフリーフォールの基本姿勢を取る。

2.手と腕を前に出し、足を体に寄せる。

3.横軸のローテーションを開始し、仰向けの状態になる。

4.上体を反らせて横軸回転を続ける。

5.最初のボックスポジションに戻る。1回のローテーションにかかる時間は0.5秒ほど。

用具

パラシュート
メインシュート、リザーブシュート、ハーネスから構成される。

スタビライザー
パラシュートの両側面についている三角形の布。

ゴーグル
主にフリーフォールで着用が勧められる。

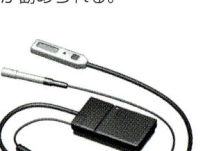

自動開傘装置
安全高度を過ぎたときに、自動的にリザーブシュートを開く装置。

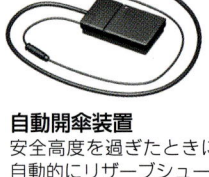

音声高度計
あらかじめ設定した高度に到達すると音で知らせる。

高度計
フリーフォールでは重要な装置。常に自分の高度を知ることができる。

ビデオカメラ
フリースタイルとスカイサーフィンの競技で用いられる。

ヘルメット
革製でも、プラスチック製でも良い。プラスチックのほうが安全性は高いが、付け心地の良さで革製の人気が高い。

メインシュート
長方形で、通常7～9（最高21まで）のセルから成る。各セルは内側が2重構造になっていて、空気で満たされると、飛行機の翼のような特質を持つ。

パイロットシュート
小さなパラシュートで、メインシュートを開く役割をする。

サスペンションライン
選手とパラシュートをつなぐもの。

スライダー
パラシュートの開きを遅くする。

ブレーキ
サスペンションラインとコントロールコードの束。これによって舵を取る。

ハーネスバッグ
ハーネスは、選手とメインシュートおよびリザーブシュート（通常はメインシュートより小さい）をつなぐ。ハーネスバッグには、パラシュートを収納した袋が入っていて、この機能によって正常な開傘が行なわれる。

ストラップ
腿を支えるものと、肩の位置でハーネスをつなげるものと、2つのタイプがある。

フライトスーツ
通常はワンピースのオーバーオール。用具に絡まないようデザインされている。

選手のプロフィール

・種目ごとに異なるスキルやテクニックが要求されるが、全般的に、気流についての完璧な知識、空間の方向感覚、緊急時に対応するための徹底した訓練が求められる。

・フリーフォール（特に、フリーフォールスタイルとフリースタイル）では、国際レベルの体操選手やダイバーと同程度の身体的資質が必要である。

シェリル・スターンズ（アメリカ）
国内選手権大会のアキュラシーランディングで17の金メダルを獲得。男女を合わせた総合成績で3回優勝。29の世界記録を樹立し、そのうち4つは同時に記録している。1974年に、アメリカ陸軍のエリートパラシュートチームのゴールデンナイツに女性として初めて参加している。また、比類ないパフォーマンスで、有名なレオナルド・ダビンチ・アワードを獲得。

球技（小さなボール）

220　野球	234　ホッケー
226　ソフトボール	238　ペロタバスカ（バスクボール）
228　ラクロス	240　ハンドボール
230　クリケット	

野球

バットでボールを打ち、捕球される前に所定の距離を走るというスポーツは、4,000年ほど前に行なわれていたエジプトの羊飼いの遊びが起源と言われている。その後数世紀のあいだに、ヨーロッパや中近東でさまざまに姿を変え、最終的にアメリカで、現在私たちに馴染みの野球が形作られた。アブナー・ダブルデー将軍が1839年に、ニューヨークのクーパースタウンに駐屯する兵士たちを招いて、リラックス目的であるゲームを行なっている。このゲームが、バットでボールを打ち、いくつかのベースを置いたコースを走って回るというものだった。これが現在の野球に先行する形態であった。その後、1845年にアレキサンダー・カートライトが最初のチーム、ニューヨーク・ニッカーボッカーズを設立している。プロのチームが作られたのは1871年のことで、1876年には最初のリーグ、ナショナルリーグが組織された。ナショナルリーグに対抗して、1901年にアメリカンリーグが創設され、その2年後に各リーグの優勝チームがワールドシリーズで対戦している。このワールドシリーズというのは、ニューヨークの『ワールド』という新聞社が主催で、メディア用のイベントとして行なわれた。その後、ピッチャーとバッターの距離などを含むルール上の改正を経て、近代野球が誕生したのである。このスポーツを行なうのは主に男性で、1992年のオリンピックで正式種目に採用された。各国のチームが参加するワールドカップは1938年から行なわれている。5大陸114加盟国からなるIBAF（国際野球連盟）は野球における国際的な枢軸団体となっている。

伝説のプレーヤー、ベーブ・ルース。ワールドシリーズで7回優勝：ボストン・レッドソックスで3回（1915、16、18年）、ニューヨーク・ヤンキースで4回（1923、27、28、32年）。1936年に野球殿堂入りした最初の選手の1人。

試合

各チーム9人の2チームが対戦する。試合は9回で構成される。各イニング（回）は二分され、2チームが攻撃と守備を交代してプレーする。攻撃側の目的は、バットでボールを打ち得点をあげること。守備側はボールを投げ、攻撃側の選手がベースに到達するのを防ぐ。攻撃側の選手が、3つのベースにタッチして最初に立っていた場所（ホームプレート）に戻ると得点となる。

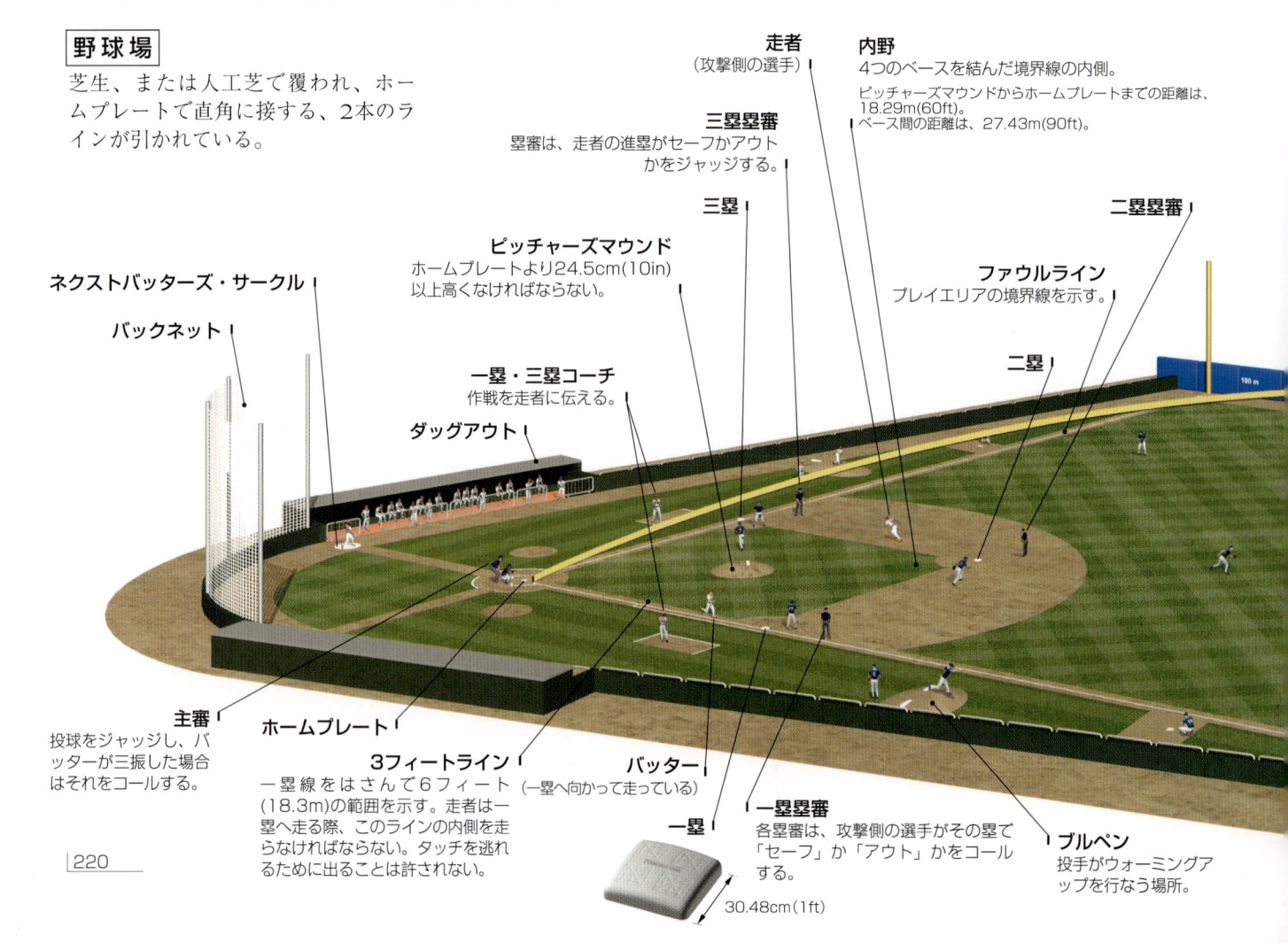

野球場

芝生、または人工芝で覆われ、ホームプレートで直角に接する、2本のラインが引かれている。

走者（攻撃側の選手）

内野 4つのベースを結んだ境界線の内側。ピッチャーズマウンドからホームプレートまでの距離は、18.29m（60ft）。ベース間の距離は、27.43m（90ft）。

三塁塁審 塁審は、走者の進塁がセーフかアウトかをジャッジする。

三塁

二塁塁審

ピッチャーズマウンド ホームプレートより24.5cm（10in）以上高くなければならない。

ファウルライン プレイエリアの境界線を示す。

ネクストバッターズ・サークル

バックネット

一塁・三塁コーチ 作戦を走者に伝える。

二塁

ダッグアウト

主審 投球をジャッジし、バッターが三振した場合はそれをコールする。

ホームプレート

3フィートライン 一塁線をはさんで6フィート（18.3m）の範囲を示す。走者は一塁へ走る際、このラインの内側を走らなければならない。タッチを逃れるために出ることは許されない。

バッター（一塁へ向かって走っている）

一塁塁審 各塁審は、攻撃側の選手がその塁で「セーフ」か「アウト」かをコールする。

一塁 30.48cm（1ft）

ブルペン 投手がウォーミングアップを行なう場所。

球技（小さなボール）

守備のポジション

各チームの監督は、25人の選手からスコアシートに載せる9人の選手を選び、主審と相手チームの監督に、それら選手の名前と打順を提示しなければならない。この9人の選手で試合を開始する。攻撃側のチームは、名前を挙げられた順（打順）に打席に立ち、守備側は、所定のポジションにつく。両チームは、守備を行なう際に、相手チームのバッターにボールを投げてプレーを開始する投手を1人ずつ決める。攻撃は、1回につき3人の選手が「アウト」になった時点で終了する。攻撃時、バッターとしてはスキルとパワーが、走者としてはスピードと戦略が求められる。守備では、相手チームの得点を防ぐため、相互の連携、ポジショニング、迅速なボール処理が求められる。

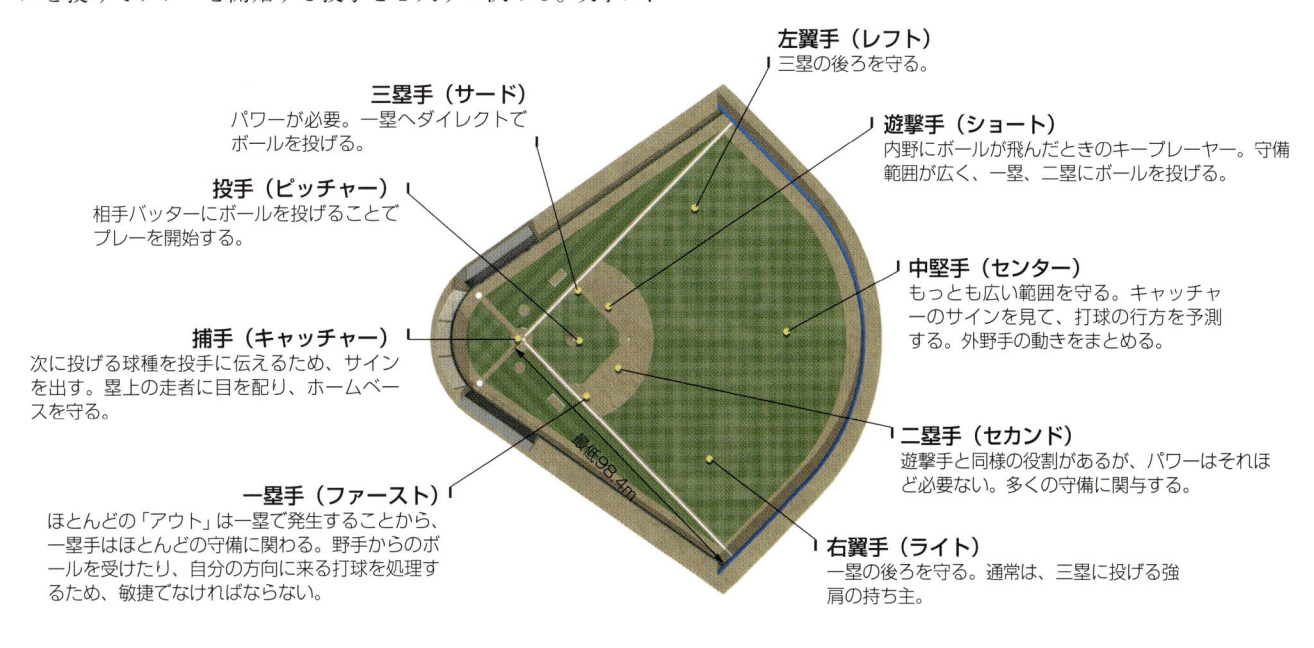

三塁手（サード）
パワーが必要。一塁へダイレクトでボールを投げる。

投手（ピッチャー）
相手バッターにボールを投げることでプレーを開始する。

捕手（キャッチャー）
次に投げる球種を投手に伝えるため、サインを出す。塁上の走者に目を配り、ホームベースを守る。

一塁手（ファースト）
ほとんどの「アウト」は一塁で発生することから、一塁手はほとんどの守備に関わる。野手からのボールを受けたり、自分の方向に来る打球を処理するため、敏捷でなければならない。

左翼手（レフト）
三塁の後ろを守る。

遊撃手（ショート）
内野にボールが飛んだときのキープレーヤー。守備範囲が広く、一塁、二塁にボールを投げる。

中堅手（センター）
もっとも広い範囲を守る。キャッチャーのサインを見て、打球の行方を予測する。外野手の動きをまとめる。

二塁手（セカンド）
遊撃手と同様の役割があるが、パワーはそれほど必要ない。多くの守備に関与する。

右翼手（ライト）
一塁の後ろを守る。通常は、三塁に投げる強肩の持ち主。

スコアボード

打席に立っている選手の背番号

バッターへの投球のうちボールの数

ストライクの数

アウトの数

延長
9回を終了した時点で同点の場合、どちらかのチームが勝つまで1回以上の延長を戦う。

エラーの数

ヒットの数

総得点

イニング（回）数

各回の得点

チーム名
常にホームチームが後攻となる。9回の攻撃までにホームチームがリードしている場合は、その時点で勝ちとなる。

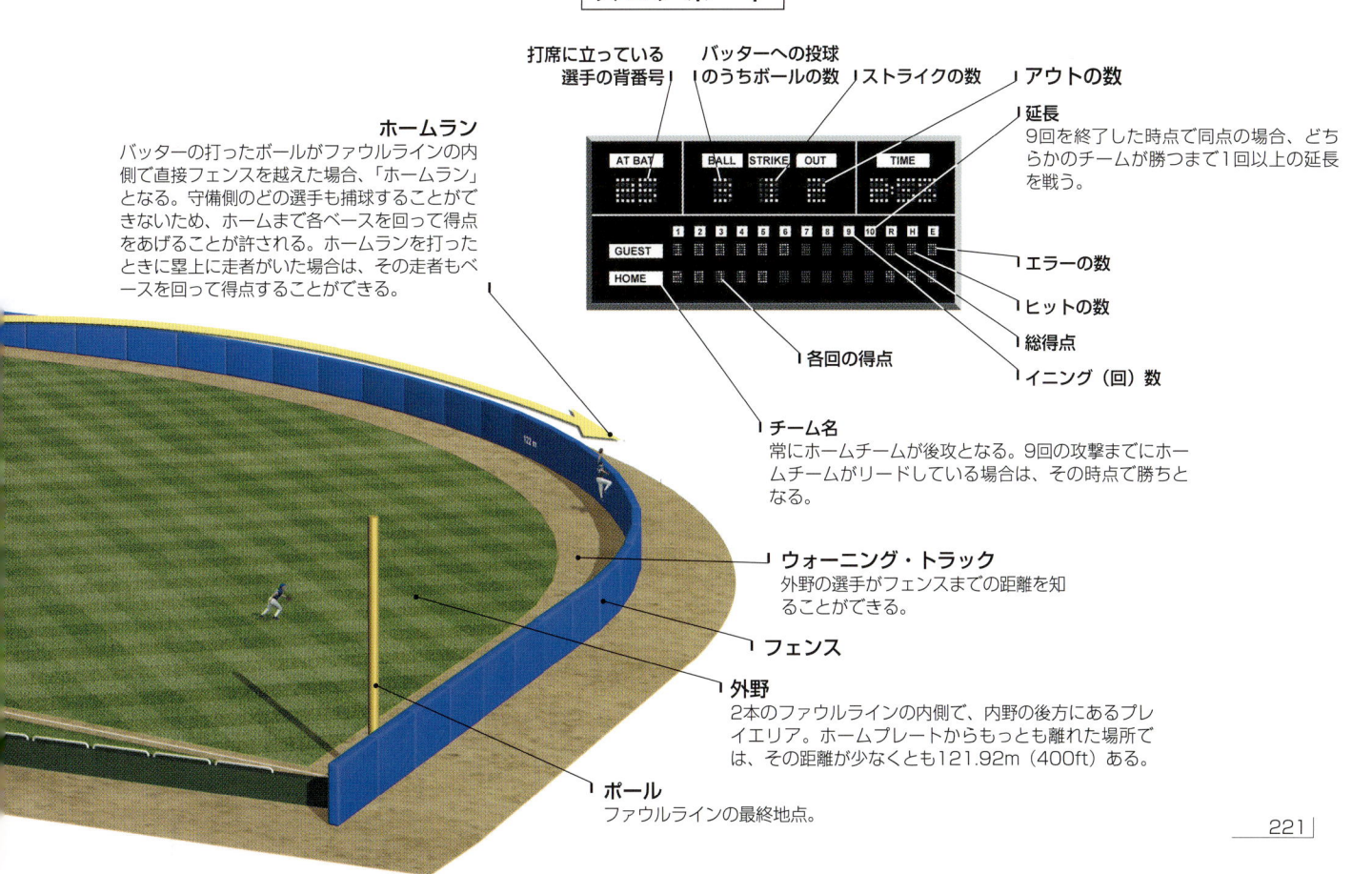

ウォーニング・トラック
外野の選手がフェンスまでの距離を知ることができる。

フェンス

外野
2本のファウルラインの内側で、内野の後方にあるプレイエリア。ホームプレートからもっとも離れた場所では、その距離が少なくとも121.92m（400ft）ある。

ホームラン
バッターの打ったボールがファウルラインの内側で直接フェンスを越えた場合、「ホームラン」となる。守備側のどの選手も捕球することができないため、ホームまで各ベースを回って得点をあげることが許される。ホームランを打ったときに塁上に走者がいた場合は、その走者もベースを回って得点することができる。

ポール
ファウルラインの最終地点。

球技（小さなボール）

球技（小さなボール）

ボールとストライク

バッターは投球を見て、打つかどうか判断する。打たない場合、2つの状況が生じる。

- 打たずに見逃して、「ボール」になる。「ボール」4つで一塁に進む。
- 打たずに見逃して、「ストライク」になる。「ストライク」3つでバッターは三振となる。

打とうとした場合、3つの状況が生じる。

- 打ちにいって当たらなかった場合、投球がストライクコースに入っていてもいなくても、ストライクがコールされる。
- 打ったボールがファウルになった場合、投球コースにかかわらずストライクがコールされる。すでにツーストライクになっている場合は、カウントに変化はない。しかし、すでにツーストライクの状況でバントを行ないファウルになった場合は、バッターはアウトとなる。
- 打ったボールがファウルラインより内側に飛んだ場合は、インプレーとなる。バッターは一塁に向かって走らなければならない。

ストライクゾーン
ホームプレートの幅で、バッターの膝と胸の間。

51.8cm(17in)

アウト

次の4つの場合に、「アウト」がコールされる。

- ストライクが3回コールされた場合。
- バッターの打ったボールが、グラウンドに落ちる前に守備の選手に捕られた場合。
- ボールを持った守備側の選手が、塁を離れている走者にタッチした場合。
- 走者が向かってくる塁に、ボールを持った守備側の選手が先にタッチした場合（走者が必ずその塁に向かって走らなければならない「フォースプレー」の場合のみ）。

内野への凡打
バッターがショートへゴロ（グラウンドに転がる低い打球）を打ち、ショートがそれを拾って打者走者が一塁に着く前に一塁手に投げる。

ヒット

ボールをフィールド内に打ったバッターは一塁に走らなければならない。守備側の選手が打球を直接捕れず、また、地面でバウンドしたボールを捕球して送球しても、バッターが送球より先に一塁に到達した場合は、「セーフ」となる。ボールを打った攻撃側の選手がベースに到達できたら、「ヒット」を打ったことになる。そのヒットでどの塁まで達したかによって、シングルヒット、二塁打、三塁打、ホームランと呼び名が変わる。

バッターは、一旦塁に出たら「走者」となる。後続バッターのヒットでホームに向かって進塁する。また、ピッチャーが投球を行なう間、または、キャッチャーがボールを落としたときに次の塁へ盗塁をすることもできる。

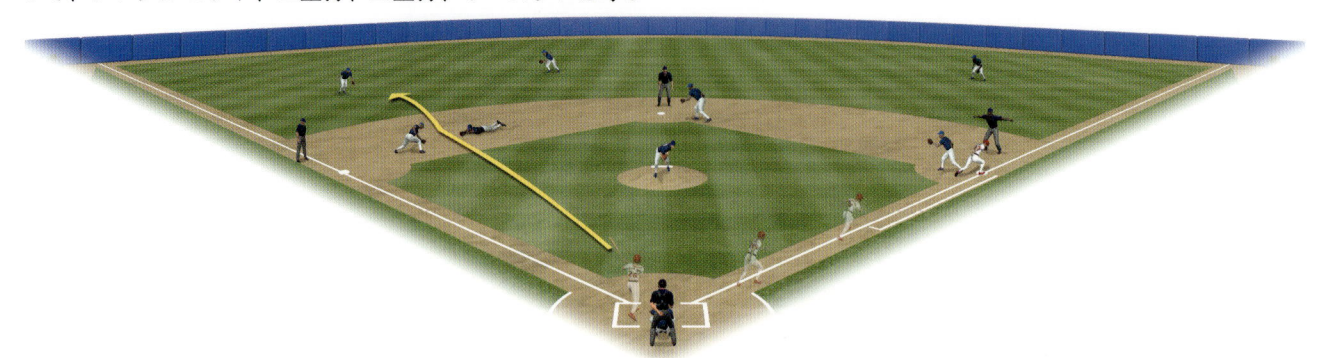

内野の守備

野手は、ホームプレートに向き合って構える。なるべく守備範囲を広くするために、肩と胴体を正面に向ける。グローブを地面に着けて構え、空いている手でコントロールしながら捕球する。捕球したら空いている手でグローブからボールを掴み出す。体を回転させて、全身の動きを使って送球する。

投球のテクニック

ピッチャーは、ピッチャーズマウンドで一旦構え、それからバッターに投球する。キャッチャーはバッターの後ろで構える。キャッチャーが捕球してピッチングが完了する。

1.セットポジション
左足はピッチャーズプレートの後ろに、右足はプレート上に置く。クイックモーションの投球で力が入るように、体重は後ろにかけておく。

2.テイクバック
右足の上でテイクバックを始める。左足を90°になるまで引き上げる。バランスがとれるまで、この姿勢を保つ。

3.ストライド
左足を前に出してしっかり踏みしめ体重を移動させる。もっとも力強い投球フォームで、ボールを握った手を頭上から振り下ろす。

4.投球
ボールを持った手をバッター方向に投げ出して、ボールを放す。上体が地面と並行になるまでフォロースルーを行なう。守備の体勢に入れるよう、右足を素早く前に出す。

投球の種類

ピッチャーはバッターをアウトにするために、さまざまな球種を投げる。ボールの軌跡は、ボールの握り方と、ボールを放す時の手の動きで決まる。それぞれの球種には、そのピッチャー独自の持ち味が加わる。

カーブ
ボールの回転を最大限にするため、2本の指をボールの縫い目の上に置く。手首をひねって投げると、その直後からボールは横にカーブし、落下する。

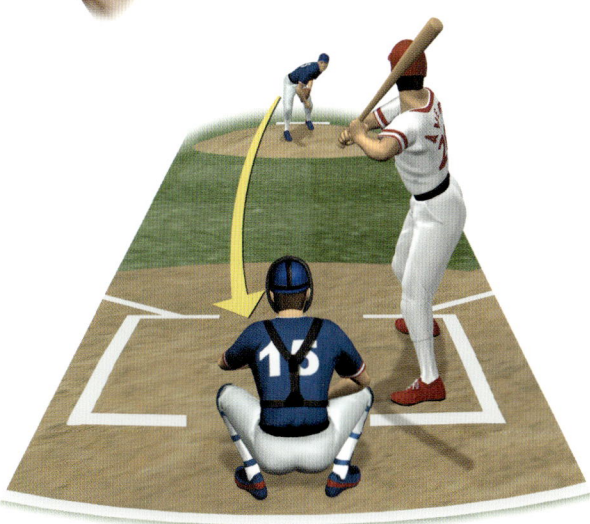

ナックルボール
ボールが回転しないようにする握り。この球種でもっとも重要なのは空気抵抗。これによってボールは予測できない動きをする。

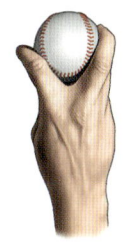

フォークボール
この球種は、バッターの手前で急激に落下する。

速球
まっすぐの軌道を描くように、2本の指はボールの頂上に置く。力強い投球によりスピードが出る。

チェンジアップ
この球種は、速球とまったく同じ腕の振りで投げる。ボールの握り方が違うので、球速は遅くなり、バッターのタイミングを崩す。

球技（小さなボール）

バッティングのテクニック

バットを握るとき、グリップで両手を揃える。バットは、手のひらではなく指の根元で握る。指の関節が一直線に並ぶようにする。

1.テイクバック
ボールを打つ前に、肩とひじを広げてテイクバックを始める。胴体をわずかに回転させ、肩の下でバットを後ろに引く。

2.スイング
左足をあげ、次に前に移動させて、ボールを捉える瞬間に着地する。バットを振るときに体重をこの左足（軸足）に移動させる。

3.フォロースルー
ボールを打ったら、体がピッチャーの方に向くまでバットを振り切り、フォロースルーをする。

バント

守備の虚を突く、または、走者を進塁させるため、バントを行なうことがある。そのためには、片手をバットの先端に移動させながら体を回す。ファウルにならないようにボールを自分の前でバウンドさせる。

用具

バッター

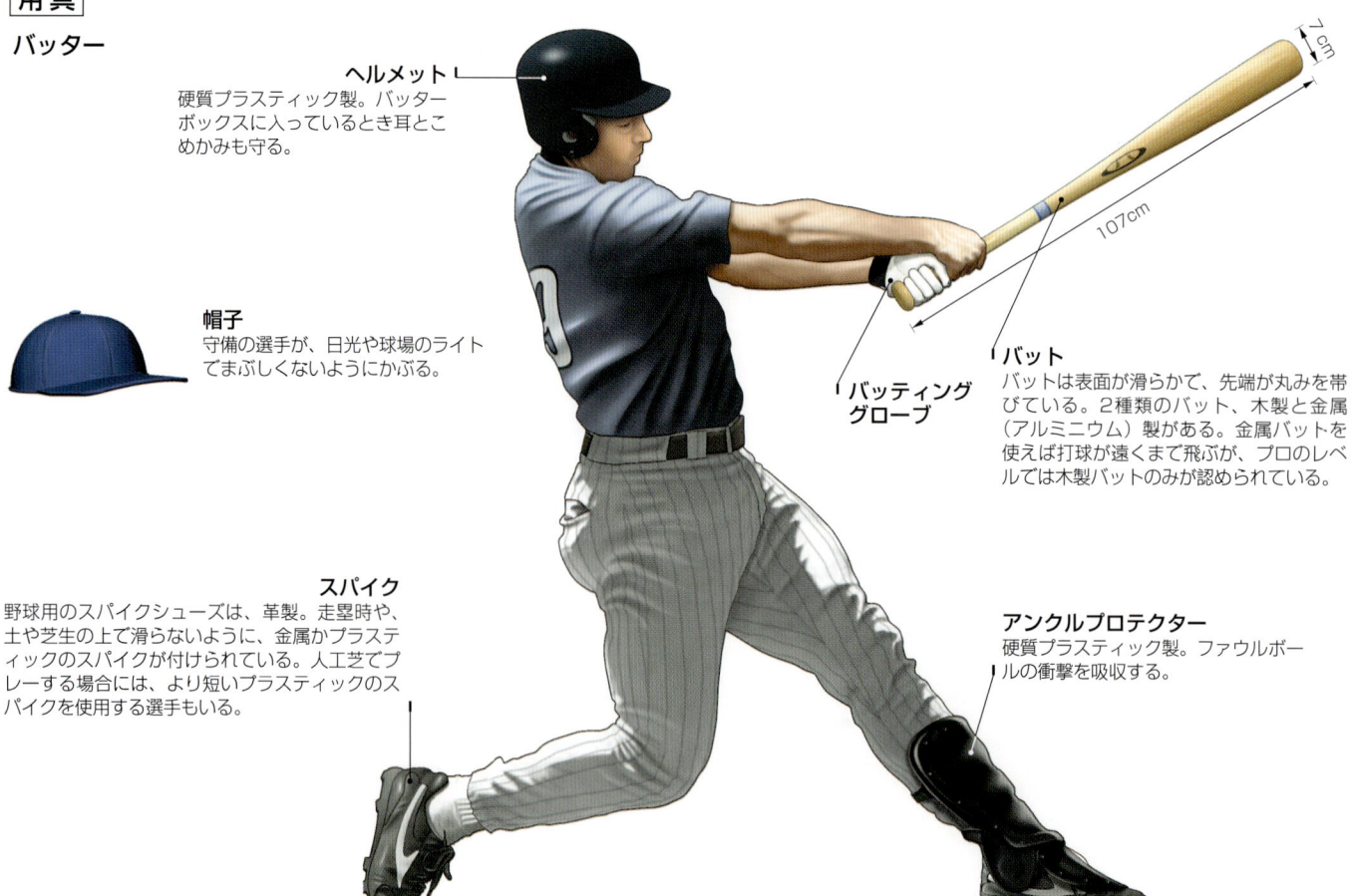

ヘルメット
硬質プラスティック製。バッターボックスに入っているとき耳とこめかみも守る。

帽子
守備の選手が、日光や球場のライトでまぶしくないようにかぶる。

スパイク
野球用のスパイクシューズは、革製。走塁時や、土や芝生の上で滑らないように、金属かプラスティックのスパイクが付けられている。人工芝でプレーする場合には、より短いプラスティックのスパイクを使用する選手もいる。

バッティンググローブ

バット
バットは表面が滑らかで、先端が丸みを帯びている。2種類のバット、木製と金属（アルミニウム）製がある。金属バットを使えば打球が遠くまで飛ぶが、プロのレベルでは木製バットのみが認められている。
7 cm
107 cm

アンクルプロテクター
硬質プラスティック製。ファウルボールの衝撃を吸収する。

キャッチャー

投球や打球が当たった場合に備えて、防具を身につけていなければならない。胴体を守るパッド入りチェスト・プロテクター（胸当て）以外、防具はすべて硬質プラスチック製。従来型のキャッチャーマスク（取り外し可能な中空網）は、アイスホッケーのゴールキーパーのものに似たヘルメットに取って代わられている。

マスク

チェスト・プロテクター

取り外し可能な中空網

ボール
ゴムとコルクでできた芯に赤い木綿糸を巻き、2枚の牛革で包んできつく縫い合わせる。

7.6 cm
142〜149 g

キャッチャーミット
捕球時のショックを和らげるため、クッションが入っている。

レガース

ニーパッド

ポケット

グローブ
革製で、野手が捕球するために使う。グローブの大きさは、守備位置によって異なる。一塁手のグローブは他の内野手のものよりポケット部分が大きい。内野手のグローブでもっとも幅のあるものは21.6cm(8.5in)。内野手は、捕球や送球の一連の動きをスムーズに行なえるものでなくてはならないが、外野手のグローブは、内野手のものよりポケットが深く、捕球しやすい。

選手の特徴

- 野球では、完璧な協調運動、優れた反射神経、試合の流れを予測する力が求められる。
- 試合中は、攻撃（打つ、走る）も、守備（投球、送球）も、脚、腿、膝、足首を集中して使う。
- 腕（送球、バッティング）、肩、腰、腹部の筋肉もまた、集中して使われる。実際にバッティングやピッチングの練習を開始する前に、筋力トレーニングやウェイトトレーニングを行なって調子を整える。
- 6ヶ月に渡って連日のようにプレーするプロの選手は、毎日の練習開始前に必ず準備運動、ジョギング、ストレッチを行なう。キャッチボールをしてからバッティング練習に入る。
- 選手は、シーズンに入る前に体作り（筋肉増強、基礎運動）をほぼ終了させる。
- 現在、増加傾向にある人工芝は、衝撃が強くて関節（膝や足首）を痛めやすい。したがって、準備運動は念入りに行なう。
- 23歳前後でプロになる選手が多い。28〜29歳でピークに達するが、40歳を越えるまで現役で活躍する選手もいる。

サイ・ヤング（アメリカ）
23年間に511勝をあげる。史上もっとも偉大なピッチャーで、彼の名前を冠した最優秀投手賞がある。1904年、記録に残る3試合を達成した：パーフェクトゲーム1回（27人のバッターを連続で討ち取った）、ノーヒットノーランを3回。

ハンク・アーロン（アメリカ）
23年（1954〜76年）の選手生活で755本のホームランを記録。この記録はいまだ破られていない。MVPに9回輝く。3,771本のヒットを打ち、2,174得点をあげる。

王貞治（日本）
読売ジャイアンツで22年の選手生活を送った。868本のホームランを打ち、日本球界でもっとも偉大な選手となる。1973年のインターコンチネンタルカップで優勝したチームの一員。

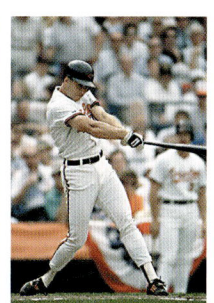

カル・リプケン・ジュニア（アメリカ）
1982〜98年の間に、連続試合出場の記録を作る（2,632試合）。MVPに2回（1983、91年）選出された。400本近いホームランとおよそ3,000本のヒットを記録。1983年、ボルティモア・オリオールズに所属し、ワールドシリーズで優勝。

球技（小さなボール）

球技（小さなボール）

ソフトボール

ソフトボールが誕生したのは19世紀後半のことで、野球の選手がシーズンオフにインドア、アウトドアの両方でプレーしたのが始まりである。球場の大きさ、ボール、投球方法などで野球のルールを改定して行なっていたが、やがて、ファーストピッチ、スローピッチ、16インチ・スローピッチなどに枝分かれして、人気の高いスポーツとなった。国内のメジャーな大会、または、国際大会を除けば、男女が同じチームでプレーできる、数少ないスポーツの1つである。女子のソフトボール（ファーストピッチ）は、1996年のアトランタオリンピックでデモンストレーション競技になり、その後正式種目に採用された。ファーストピッチの世界選手権大会は4年に1度開催されている。ソフトボールは、1952年に、国際ソフトボール連盟（ISF）によって管理されるようになった。

新しいユニフォームを着用した1644年の女子ソフトボールリーグの選手。「男性」のスポーツをプレーする上で、「女性らしさ」を失わずに、動きやすいデザインになった。

試合

ソフトボールは、そのテクニックや戦略の多くが野球と重なる。各チーム9人で構成される2チームが、バッティング（攻撃）とフィールディング（守備）を交互に行なう。守備側のピッチャーは、相手バッターにヒットを打たれないように投球する。打たれた場合、守備の選手は得点を許さないように守る。攻撃側が得点をあげるためには、3つの塁をまわってホームプレートに戻らなければならない。試合は7回で構成される。

三塁ベース
内野
ホームプレート
一塁ベース

ベース間の距離：
ファーストピッチ：18.29 m

二塁ベース

女子ファーストピッチ：最小67.06 m

ホームベースとピッチャーズプレートの距離
女子ファーストピッチ：13.11 m

球場

バックネット

バッターボックス

ネクストバッターズサークル

塁審（3人）
各ベース上でランナーのアウトまたはセーフをコールする。

三塁ベースコーチ
ランナーに走るか否かを指示する。

ファウルポール
左右両サイドのファウルラインの末端で、フェンスに沿って立っている。直接このポールの外に出たボールはファウルと判定される。

ファウルライン
フェアとファウルの境界線として、ホームプレートから伸びる2本のライン。

主審
投球がストライクかボールかを判定し、三振をコールする。

一塁ベースコーチ
次のプレーの作戦をバッターにサインで指示する。

ダッグアウト
選手が待機する場所。

ピッチャーサークル
インプレーの間にピッチャーサークルにボールが入った場合は、プレーが停止し、ランナーは動くことができない。

ダブルベース
一塁で使用する。打者走者は一塁手との衝突を避けるため、オレンジ色のベースにタッチする。

226

テクニック

ソフトボールは、投球方法により、ファーストピッチ、スローピッチ、16インチ・スローピッチの3つに分類される。ピッチャーは、ピッチャーサークルの中央にあるピッチャーズプレートに常に留まらなければならない。

ファーストピッチ
まずキャッチャーのサインを見る。両足がピッチャーズプレートに触れていなければならない。ピッチングを開始する前に一旦静止する。腕を前から後ろに回転させ、下手からヒップの高さでボールを放す。ボールの軌道は、バッターのストライクゾーンにまっすぐ進む。

スローピッチ
ピッチャーズプレートに置くのは、片足でも両足でも構わない。ピッチングを開始する前に一旦静止する。ボールはアンダーハンドで投げなければならない。投球は、地上から1.8～3.7m(6～12ft)の高さを通過する、緩やかな山なりのボールであれば、どのような投球フォームでも構わない。投球のスピードや高さが適切かどうかは、主審が判断する。ピッチャーは、投球モーションを変えることなく、一連の動作で直接バッターに投げなければならない。

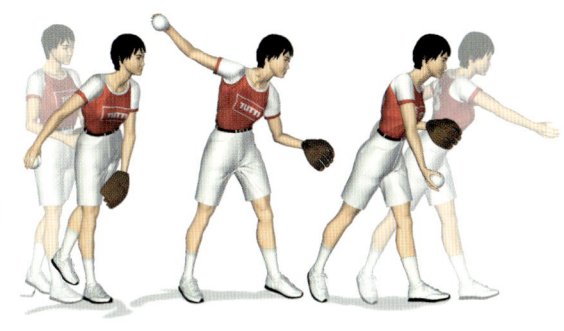

16インチ・スローボール
ピッチングを開始する前にキャッチャーのサインを見る。少なくとも片足をピッチャーズプレートに置く。ボールは片手で握り、もう一方の手と離れていなければならない。ボールを放すとき、バッター方向に踏み出してよい歩数は1歩のみ。1度の振り出しで手がヒップを越えたあたりでボールを放す。ひじは曲げない。

ウォーニングトラック
守備の選手にフェンスまでの距離を知らせる。
幅：1.8m(6ft)

外野

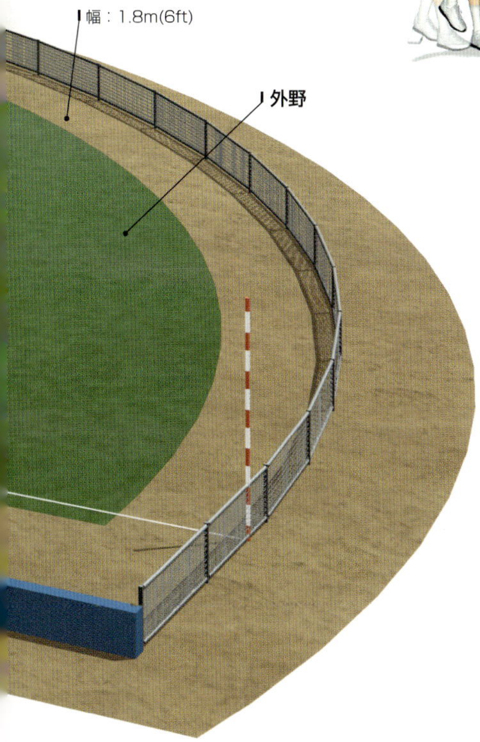

用具

円周：30.2～30.8 cm
重さ：178～198.4 g
COR 0.47

ボール
野球のボールより大きいが、作り方は同じ。ゴムとコルクでできた芯をナイロンの糸で巻く。それをゴムの層で覆い、2枚の革で包んで縫合する。

グローブ
野球より大きいボールを使うため、グローブも長くて幅がある。キャッチャーと一塁手は、より長く、クッションの入ったものを使用することがある。

バット
5.7 cm
86.4 cm

球技（小さなボール）

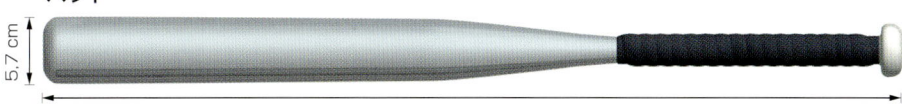

球技（小さなボール）

ラクロス

ラクロスはもっとも古くからある球技の1つである。先端にネット（ポケット）のついたスティック（クロス）を使ってボールを奪いあい、相手ゴールにシュートする。ラクロスの原型は、15世紀のころ北米の先住民族が行なっていたバガタウェイというスポーツで、フランス系移民が改良し、ラ・クロス（僧侶の持つ杖という意味）と命名した。ラクロスはテクニックと俊敏性を必要とするスポーツで、現在の形になって最初の試合はカナダのケベックで1840年ごろに行なわれた。1867年にカナダのラクロス協会が、1892年にイギリスのラクロス協会が設立された。また、国際ラクロス連盟（ILF）が創設され、男子の世界選手権大会を1969年から4年に1度開催している。女子のラクロスは、1969年以降、国際女子ラクロス連盟によって管理されるようになった。オリンピックで正式競技に採用されたのは、1904年のセントルイス大会と1908年のロンドン大会で、その後1928、32、48年にはデモンストレーション競技として行なわれている。オリンピック種目復活を目指す動きにもかかわらず、競技が行なわれたのは1984年のロスアンゼルス大会が最後となった。現在のラクロスには、男子ラクロス（国際ラクロス）、女子ラクロス、インタークロス、インドアラクロスの4つの形がある。

バガタウェイスティックを持つスー（アメリカインディアンの部族）の戦士（1830年）。カナダでラクロスが普及する10年前。

男子ラクロス

男子ラクロスでは、1チームが10人のプレーヤーと13人の控え選手で編成される。試合は1クォーター20分の4クォーターで行なわれ、10分のハーフタイムをはさむ。チームのキャプテンがコイントスでサイドを選択する。各クォーターの開始時と、得点後の試合再開は、各チームから1人ずつ選手が出て、センターフィールドでフェイスオフを行なう。ホイッスルの合図で、ウィングエリアの選手はボールを追いかけることができる。その他のプレーヤーは先へ進むことができず、選手の1人がボールを手にする、ボールがアウトオブバウンズ（ラインを割る）になる、ゴールエリアに入る、そのいずれかの状況になるまで待たなければならない。ボールをキャッチしたり、運んだり、パスしたりするときには、クロスを使わなければならない。プレーヤーはボールを転がしたり蹴ることもできる。ボディーチェック（体で当たること）は、相手の選手がボールを持っている場合、および、その選手から3m以内でボールフリーになった場合に限られる。ただし、アタックできるのは、体の正面と脇、ヒップと肩の間に限られ、両手はクロスを握っていなければならない。規定の試合時間を終了した時点で同点の場合は、2～4分の延長ピリオドが行なわれることもあり、必要であれば更にサドンデスが行われる。

フィールド

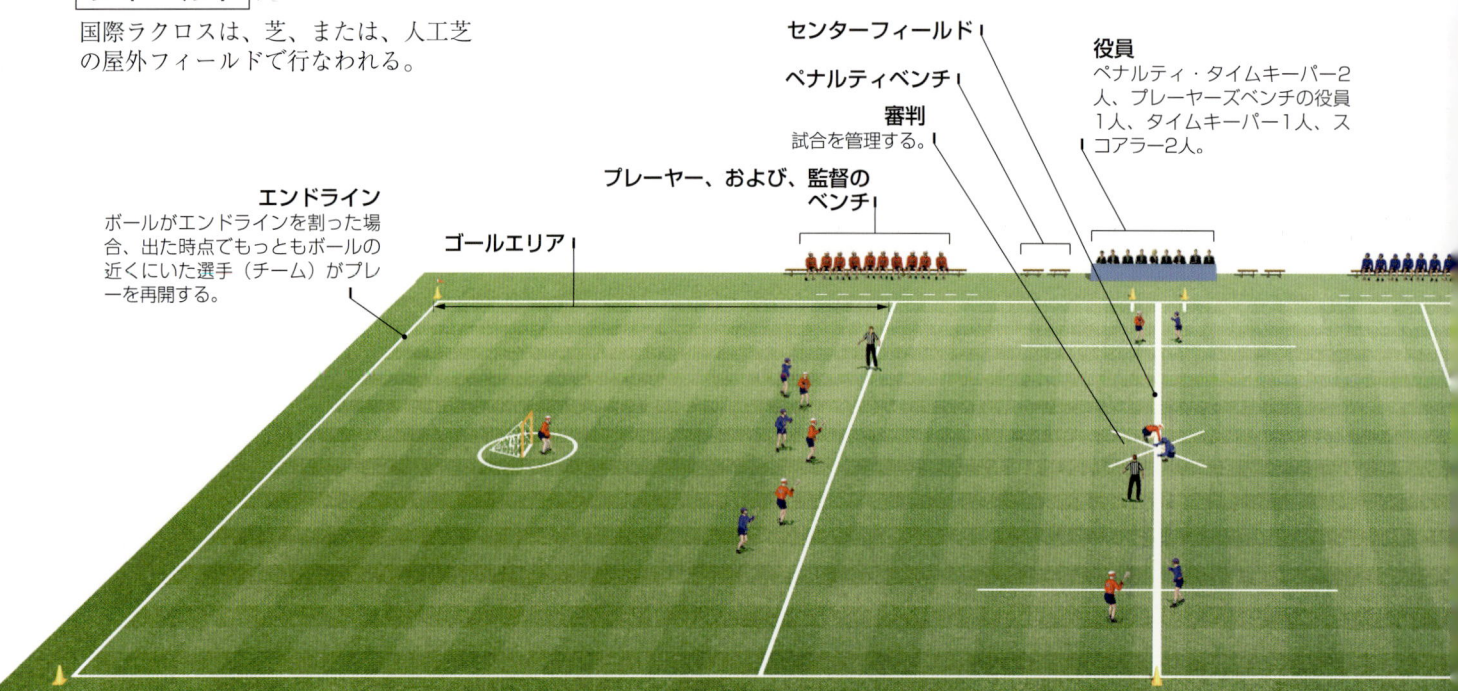

国際ラクロスは、芝、または、人工芝の屋外フィールドで行なわれる。

エンドライン ボールがエンドラインを割った場合、出た時点でもっともボールの近くにいた選手（チーム）がプレーを再開する。

ゴールエリア

プレーヤー、および、監督のベンチ

審判 試合を管理する。

ペナルティベンチ

センターフィールド

役員 ペナルティ・タイムキーパー2人、プレーヤーズベンチの役員1人、タイムキーパー1人、スコアラー2人。

女子ラクロスや変則ゲーム

女子ラクロスもまた、屋外のフィールドで、基本的に男子と同じルールで行なわれる。ただし、フィールドの大きさは、64×110mで、ラインは引かれていない。1つのチームは12人で構成される。2人の選手が向き合って、クロスを地面に水平に置いてフェイスオフとなる。ボディーチェック（体に当たること）は禁止されているが、相手プレーヤーが持っているボールを落とすためにクロスをたたくクロスチェックは、暴力的でない限り許されている。女子では、ボールを足で操作することは許可されていない。試合は、各25分の2ピリオドで構成される。ピリオド間に10分のハーフタイムをはさみ、サイドチェンジを行なう。

室内ラクロス（カナダでは「ボックスラクロス」と呼ぶ）は、通常オフシーズンのアイスホッケーリンクで行なわれる。もっとも当たりの激しいラクロスで、選手は防具をつける。試合は通常、各20分の3ピリオドで行なう。1980年代の初頭に、この危険な競技の反動として新しいラクロス、インタークロスが誕生した。インタークロスでは、4つの要素が重んじられている。すなわち、敬意（体に当たらない）、動き（選手は試合中走りつづける）、自主性、連携（1人の選手がボールを5秒以上持ってはならない）である。チームは男女混合で、タイムアウトはない。審判の役割は最小限に抑えられている。ミックスラクロスはオックスフォードやケンブリッジといったイギリス大学間で行われているスポーツであり、男女混合の形式で毎年試合が行われている。

選手のポジション

フェイスオフ時には、センターフィールドでフェイスオフを行なう選手に加え、その他の選手にも所定のポジションがある。ゴールキーパーとその他3人がゴールエリア内に、3人が相手チームのゴールエリア内に、1人がウィングにつく。

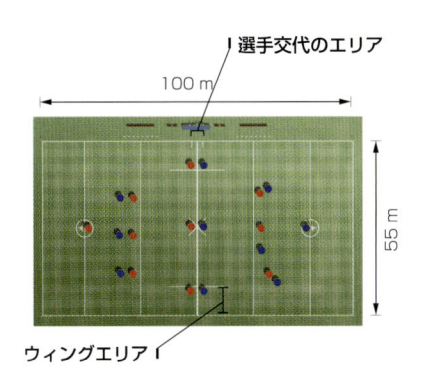

100 m / 55 m
選手交代のエリア
ウィングエリア

テクニック

フェイスオフ
審判が笛を吹いた瞬間、ボールにクロスを当てる。他の選手はフェイスオフエリアから5m以上離れていなければならない。

スロー

スクープ

コーン
プラスティック製。バックライン、センターライン、選手交代のエリアを示す。

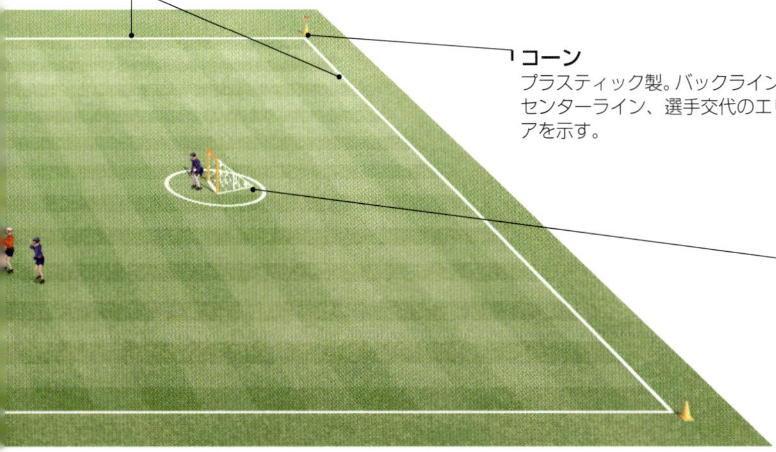

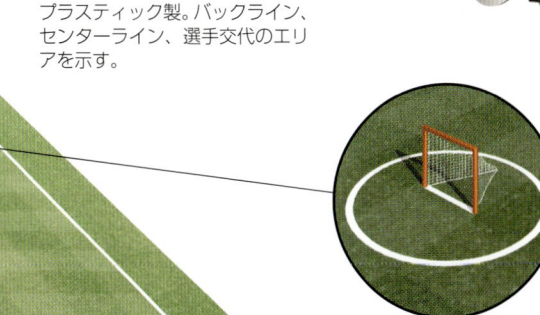

サイドラインとバックライン

ボールがラインを超えアウトオブバウンズとなった場合、最後に触れた選手の相手側のチームのボールとなって再開される。

用具

選手のユニフォーム
選手はチームカラーのショートパンツとシャツを着用する。男子は、クッションの入ったグローブとヘルメットが義務付けられている。チンガードとひじ当ての使用は任意で、ゴールキーパーは、ニーパッドと胸当てをつけることができる。女子は防具をつけず、マウスピース（グローブとすね当てが必要な場合もある）をつける。

クロス
木製、アルミニウム製、プラスティック製のいずれか。ポケットは、革、亜麻糸、または、ナイロンで作られている。オフェンス用のクロスはディフェンス用に比較して短いが、ヘッドの大きさはほぼ同じ。ゴールキーパーのクロスは、ヘッド部分が長い。

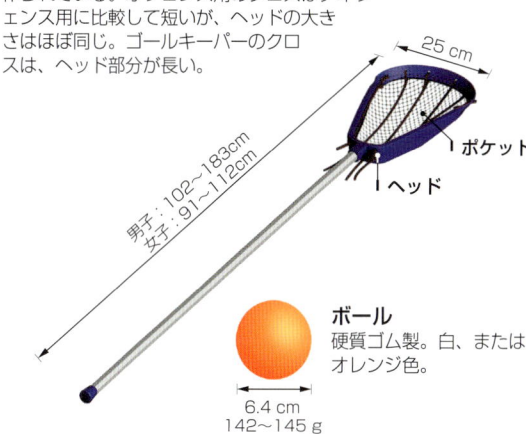

25 cm
ポケット
ヘッド
男子：102～183cm
女子：91～112cm

ボール
硬質ゴム製。白、またはオレンジ色。
6.4 cm
142～145 g

ヘルメット
フェイスマスクとチンガードを備えている。

ゴールクリース
攻撃をする選手はこの中に入ってはならない。ボールを持っている守備の選手は、ボールを離す、または、サークルから出るまでに、4秒間この円内にとどまることができる。

5.50 m

球技（小さなボール）

球技（小さなボール）

クリケット

クリケットは、男女ともに参加できる、ボールと木製バットを使用して行なうスポーツである。クリケットの最初の公式試合は1719年にケントとミドルセックスの間で行なわれ、1744年にルールが初めて統一化された。1787年、メリルボーン・クリケットクラブが創設されると、このクラブのルールが尊重されるようになり、それが現在のルールの基礎となった。また、このクラブが作られたことで、クリケットは貴族や上流階級の間で好んで行なわれるようになる。20世紀の前半になると、イギリス連邦に所属する各国に広まり、1920年には西インド諸島へ、1932年にはニュージーランドとインドに伝えられた。クリケットを世界的規模で管理しているのは国際クリケット評議会（ICC）で、各国のクリケットゲームを管理している。現在、フルメンバー（クリケットが極めて盛んな国）として登録されている国が10カ国、アソシエートメンバー（十分に認知され、競技人口や施設も条件を満たす国）が80カ国以上あり、ICCのメンバーとなっている。最も大きな大会はICCクリケットワールドカップであり、最初のワールドカップは1975年に開催され、それ以後、4年に1度行なわれている。2007年大会は16カ国で行なわれ、西インド諸島で開催される。

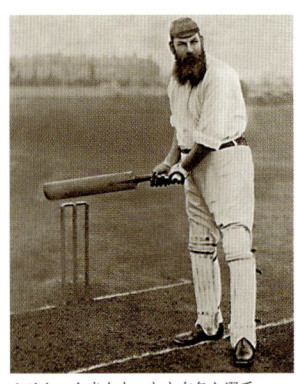

クリケット史上もっとも有名な選手、W.G.（ウィリアム・ギルバート）グレース（イギリス）。イギリスのグロースターシャー・クラブに所属し、1865～95年のクリケットを語る上で欠かせない存在。1899年にはロンドン・カントリークラブの選手となり、1908年に60歳で引退した。

競技会

1チーム11人の選手と1人の補欠で構成される2チームが対戦する。グラウンドの中央に2つのウィケットが設置され、そのウィケットにはさまれた長方形のピッチ上で打撃と投球が行なわれる。キャプテンは、自チームの選手の守備位置を事前に決め、コイントスでバッティングとフィールディングの先行・後攻を決める。ボーラー（投手）とバッツマン（打者）は、それぞれ両サイドのウィケットに立つ。アンパイアの指示で、フィールディングのチームはピッチの周りの守備位置につき、バッティングのチームからは2人のバッツマンが出て、ピッチ両サイドのウィケットの前に1人ずつ立つ。残りの9選手はクラブハウスの中で自分の打順になるまで待機する。これでイニングの開始（打つとき）となる。1イニングは、各チーム10人のバッツマンがアウトになると終了する。ボーラーは、ウィケットからベイルを落とすこと（ウィケットダウンという）を目標にボールを投げる。ベイルが落ちた場合、バッツマンはアウトになる。バッツマンはウィケットが倒されないよう守ると同時に、野手が捕れない場所にボールを打つ。野手が捕球、返球する間に、2人のバッツマンが互いに反対のウィケットに向かって走る。2人は途中ですれ違い、双方が反対側のウィケットに到達できると得点（ラン）が入る。バッツマンは、ボールが戻る前にできるだけ多くランを稼ぐ。フィールディングのチームは、ランが完了する前にボールを返球し、どちらかのウィケットからベイルを落とそうとする。2人のバッツマンが互いに反対側のウィケットに入れ替わると、1点得点できる。1人のボーラーが投球する投球単位（最低6球）は、オーバーと呼ばれる。1つのオーバーが終了したら、ボーラーはチーム内の次のボーラーと交代し、フィールディングのチームはエンドを替える。総得点の多いチームが勝利する。

競技場

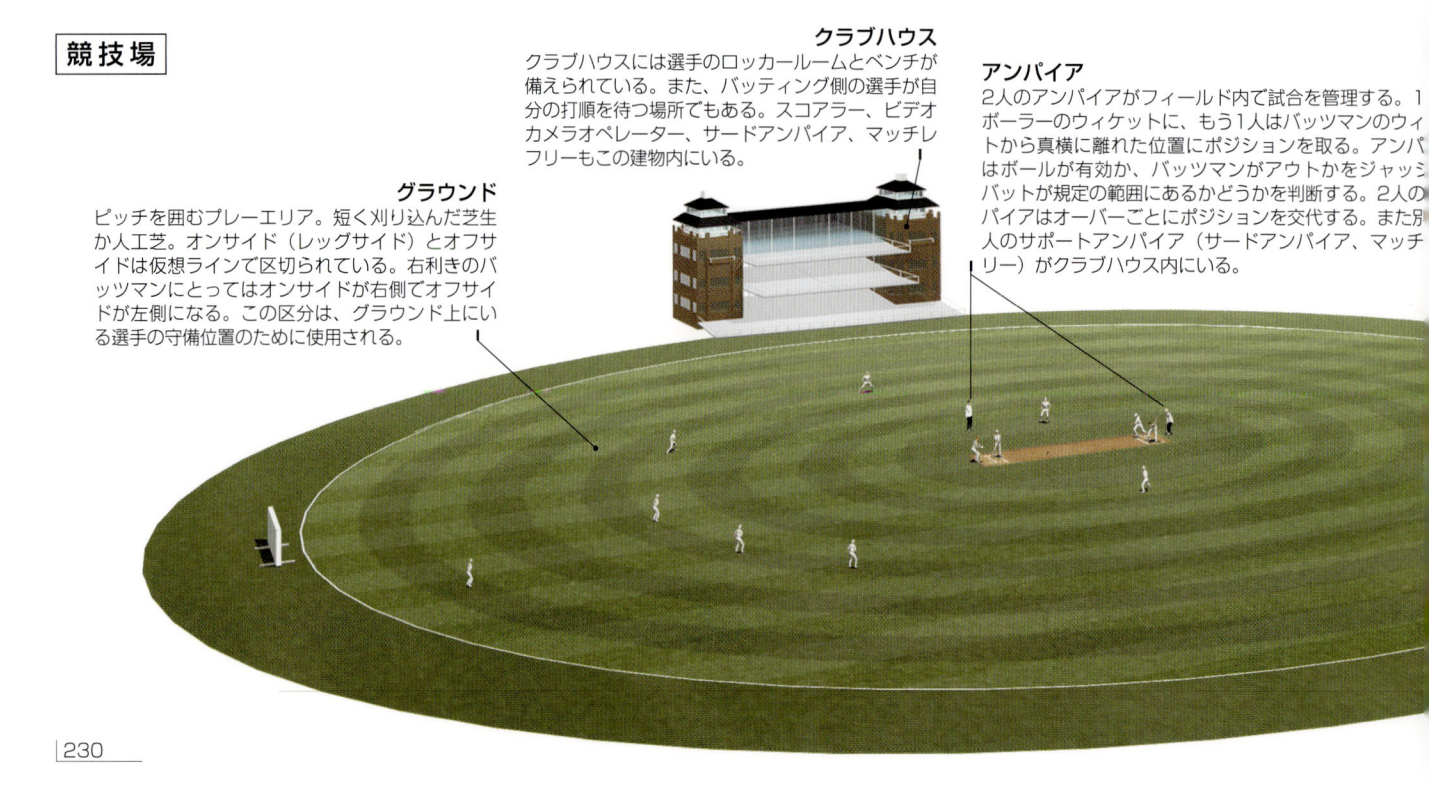

クラブハウス
クラブハウスには選手のロッカールームとベンチが備えられている。また、バッティング側の選手が自分の打順を待つ場所でもある。スコアラー、ビデオカメラオペレーター、サードアンパイア、マッチレフリーもこの建物内にいる。

グラウンド
ピッチを囲むプレーエリア。短く刈り込んだ芝生か人工芝。オンサイド（レッグサイド）とオフサイドは仮想ラインで区切られている。右利きのバッツマンにとってはオンサイドが右側でオフサイドが左側になる。この区分は、グラウンド上にいる選手の守備位置のために使用される。

アンパイア
2人のアンパイアがフィールド内で試合を管理する。1人はボーラーのウィケットに、もう1人はバッツマンのウィケットから真横に離れた位置にポジションを取る。アンパイアはボールが有効か、バッツマンがアウトかをジャッジし、バットが規定の範囲にあるかどうかを判断する。2人のアンパイアはオーバーごとにポジションを交代する。また別の2人のサポートアンパイア（サードアンパイア、マッチレフリー）がクラブハウス内にいる。

試合の長さ

試合の長さは、競技レベルによって異なるが、通常、試合時間とオーバーの数という2つの要素を考慮する。テストマッチ形式（公式国際試合）は2イニング制、5日間で行なわれる（8～10時間/日）。テストマッチでは両チームが500点以上のランを獲得することも珍しくない。規定の時間に勝敗が決した場合は試合終了となり、そうでない場合は引き分けとなる。テストマッチは、天候の良し悪しにかかわらず延期できない。観客が1日で終了する試合を望んでいたことで、30年前からワンデイマッチ形式（1日の試合）が行なわれている。純粋なクリケットにこだわる人は、ワンデイマッチに眉をひそめているが、以前にも増して人気が高まり、利益もあがっている。ワンデイマッチでは、1イニング制やリミテッドオーバー形式（各ボーラーが投げるオーバーの数に制限を設ける）など、ルール上に大きな変更がある。

守備位置

グラウンド上には30を越える守備位置が存在する。キャプテンが各選手の守備位置を決め、効率よくグラウンドをカバーする作戦を考える。相手バッツマンの長所や短所を考慮に入れて守備位置や作戦を決定する。守備の役割は、バッツマンの打った球を、体のどの部分を使っても構わないのでキャッチ、または、止めることである。控え選手（各チーム1人）は、バッツマンやボーラーにはなれず、その役割は、グラウンド上でプレーすることに限られる。ただし、チームの選手が怪我や病気の為にプレーできなくなった場合、相手チームのキャプテンの許可があればその選手に代わってプレーすることができる。主な守備位置は以下の通り。

ピッチ
ピッチは長方形で、ボーラーとバッツマンが対戦する場所。投球、打撃、ランなど、試合の大部分の動きがこのピッチの上で行なわれる。

ポッピングクリース
ボーラーはポッピングクリースを踏み越える前にボールを投げなければならない。また、ピッチエンドの中に投げなければならない。投球が高すぎる、または、左右のピッチエンドから外れた場合、ワイドボールと呼ばれる。

ウィケット
ベイルは、スタンプの上に乗せられていて、ウィケットにボールが当たると落ちる。

バッツマン
バッツマンは、フィールダーがアンパイアに「ハウザット？（どうでした？）」とアピールして、はじめてアウトになる。アピールの結果、アンパイアは指を上げ、バッツマンのアウトをコールする。

ウィケットキーパー
ウィケットキーパーのみがグローブをつけることができる。フィールダーは、バッツマンの打ったボールを捕り、ウィケットダウンをするためウィケットキーパーに投げる。ウィケットキーパーは、バッツマンがボールを打つか、ボールに触れるまで、またはウィケットにボールがパスされるまではウィケットより前に出ない。

スクリーン
ボーラーが投球する際、バッツマンはこれでボールの動きを知ることができる。

ボーラー
ボールを投げる際に、ひじを曲げてはならない。前の足はポッピングクリースの上かクリース内に、後ろの足は、リターンクリース内になければならない。このルールが守られない場合、その投球はノーボールとなる。

球技（小さなボール）

テクニック

ボーラー
ファストボーラー（速球投手）は、約6mの助走をつけて投球し、速球やカーブボールでバッツマンを空振りさせる。投球時に特殊なテクニックを使うこともあるが、通常はボールの方向や軌道を変えてバッツマンの裏をかこうとする。スローボーラー（変化球投手）は、右や左に回転をかけて投げた球をバッツマンに打たせ、ダイレクトでフィールダーに捕らせてアウトを狙う。クリケットの投球は、165km/時以上に達する。

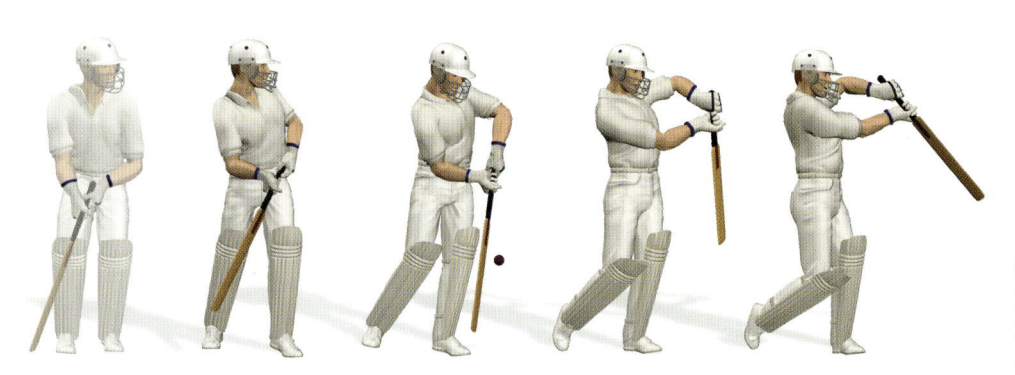

バッツマン
バッツマンは、360°どの方向へボールを打っても構わない。バットが平らになっているため、狙った方向へ打つことができる。打った後はバットを持ったまま走り、バットか体の一部でポッピングクリース内にタッチすれば得点（ラン）となる。1イニングの間に、1人の選手が100ランを挙げた場合、センチュリーと呼び、50ランはハーフセンチュリーと呼ぶ。

ボールインプレー
ボールがアンパイアに当たっても、ウィケットダウンしても（バッツマンがアウトになっていない限り）、判定に異議が申し立てられていても、また、ボーラーが助走を始めていても、インプレーであることに変わりはない。反対にボールデッド（プレー中断）となるのは、ボールがボーラーまたはウィケットキーパーの手にある、アウトオブバウンズになる、バッツマン、または、アンパイアの用具に捉えられる、バッツマンがアウトになる、重い怪我を負う、バッツマンの準備ができていない、ボーラーが不注意でボールを落とした場合。

アンパイア
スコアラーが指示を即座に理解できるよう、異なったハンドシグナルを出す。

ノーボール
通常、投球違反があった場合に使われるシグナル。例えば、投球の際、ポッピングクリースとピッチエンドで区切られたエリア内から足が出た場合。

バウンダリー
打球がフィールド内で一度バウンドしてバウンダリーラインを越えた場合、バッツマンは4ランを得られる。

オーバーバウンダリー
打球がノーバウンドで直接バウンダリーラインを越えた場合、6ランとなる。

ランのスコア

バッツマンが走ること以外にも、ランを獲得する方法がある：

- バットがボールやバッツマンの体に当たることなく、ランが行なわれた（ボールが外れた）場合。これを、バイと呼ぶ。
- バッツマンの体（手以外）に、意図的でなくボールが当たった場合。これを、レッグバイと呼ぶ。
- 投球がノーボール（つまり、投球時にひじが曲がっていた、ボーラーがラインを越えたなど）の場合。攻撃側はランをスコアできる。
- 打ったボールが一旦グラウンドでバウンドしてからバウンダリーラインを越えたとき、4ランのスコアとなる。
- 打ったボールが直接バウンダリーを越えた場合、6ランをスコアできる。

ランを獲得に加え、バッツマンはウィケットを守らなければならない。仮にヒットしたとしてもバッツマンはランを要求されない。ボールを遠くまで飛ばす必要がないという意味でバッツマンにはメリットがある。

次の6つの状況で、バッツマンがアウトになる：

- 空振りしてボールが直接ウィケットに当たるか、バットに当たったボールがウィケットに当たり、ウィケットの一部、または、全体を倒した場合。
- 打球がノーバウンドでフィールダーにキャッチされた場合。
- ボールがウィケットに当たるのをバッツマンの足、または、体の一部で妨害した場合。
- バッツマンが、ウィケットに当たって倒した場合。
- バッツマンが手でボールに触れた場合。
- バッツマンが、ボールをキャッチしようとしているフィールダーの邪魔をした場合。
- ボールを打って反対側のウィケットに向かって走り出したが、クリース内に到達する前に相手チームにウィケットを倒された場合。
- ウィケットに近くてもピッチエリアの外にいる間に、ウィケットキーパーがウィケットダウンをした場合。

バッツマンの用具

- ケージとチンガードがついたヘルメット
- バッツマン用のグローブ
- ユニフォーム
  テストマッチでは、全身白、または、クリーム色のユニフォームを、ワンデイマッチでは色のついたユニフォームを着用しなければならない。
- レッグプロテクター
- シューズ
  スパイクがあるもの、ゴム底のシューズが許可されている。

バット
バットは柳の木から作られていて、ゴムのハンドルがついている。平らな面でボールを打つ。

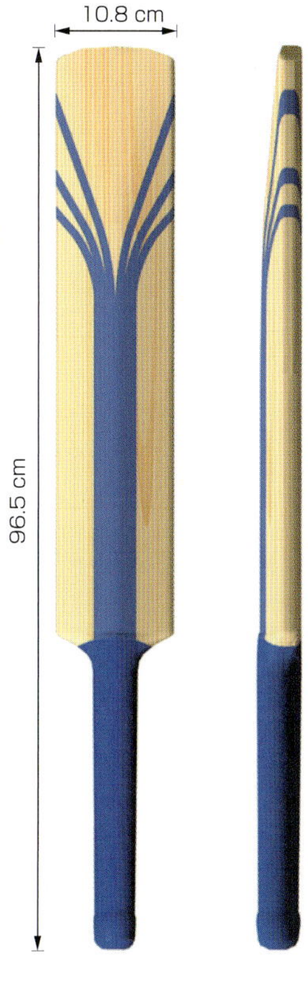

10.8 cm
96.5 cm

ボール
非常に硬く、赤い皮革で覆われ、縫合されている。
外周：22.4〜22.9cm

ワールドカップ

ワンデイマッチで行なわれる。ワールドカップには以下のフルメンバーの国が参加する：オーストラリア、西インド諸島、イギリス、インド、ニュージーランド、パキスタン、南アフリカ、スリランカ、ジンバブエ、その他、ICCトロフィーで上位3位までに入ったチーム。ICCトロフィーはワールドカップの前年に開催され、アソシエートの国々が参加する。

ワールドカップの優勝国

年	優勝国	年	優勝国
1975	西インド諸島	1992	パキスタン
1979	西インド諸島	1996	スリランカ
1983	インド	1999	オーストラリア
1987	オーストラリア	2003	オーストラリア

選手の特徴

- 選手は紳士的な振舞いが求められる。ピッチに似た、ネットで囲まれた場所でトレーニングを行なう。国際レベルで戦うチームのために、トレーニングキャンプが行なわれる。
- ワンデイマッチのおかげで、選手の健康状態は大きく改善された。今日のクリケットの選手は優秀なアスリートでもある。

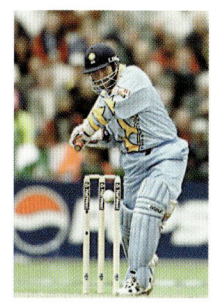

サチン・テンドゥールカ（インド）
1989年、16歳のときにインドのクリケット史上もっとも若いテストマッチプレーヤーになる。19歳のとき、最年少で1,000ランを達成し、21歳の誕生日の1ヶ月前に2,000ランをマークした。23歳でインドチームのキャプテンになる。

D.G.ブラッドマン（オーストラリア）
選手として活躍した間（1927〜49年）に6,996ランと29回のセンチュリーをマークし、1試合平均99.94ランという記録を残した。テストマッチのバッツマンとして史上最高のプレーヤーと言われている。オーストラリアなど世界各国のクリケット界の伝説的人物で、その功績からサー・ドン・ブラッドマンと呼ばれる。

球技（小さなボール）

球技（小さなボール）

ホッケー

ホッケーに似たゲームは、紀元前2,000年ごろから行なわれていた。ペルシャ人、エジプト人、ギリシャ人、ローマ人のいずれも、ボールとスティックを使ったスポーツの痕跡を残している。こうしたゲームは、ヨーロッパやアジアでさまざまに形を変えていった。ある場所では馬上で行なわれてポロになり、また、ある場所では氷上で行なわれた。現在のホッケーのルールは、18世紀の終盤に、シンティ（ゲール人のスポーツ。150m以上の長さのあるフィールドで各チーム12人の2チームが対戦する）が盛んだったイングランドとスコットランドで体系化されたものである。1861年、ロンドンのブラックヒースクラブが設立され、その数年後に初の公式試合が行なわれた。オリンピック競技となったのは、男子ホッケーが1908年から、女子ホッケーが1980年からである。国際ホッケー連盟（FIH）がヨーロッパの7カ国によって1924年に創設され、今日では、119カ国が連盟に加入している。オリンピック以外では、ワールドカップが1971年（女子は1974年）から4年に1度、開催されるようになった。

19世紀後半の若い女性のホッケー競技（イギリス）。

競技会

ホッケーのルールや試合はサッカーと似ている。1チーム11人の2チーム対抗で、5分または10分のハーフタイムをはさむ各35分の前後半で戦う。スティックを使い、相手ゴールにボールを打ち込む。1ゴールにつき1点与えられる。チームには1人のゴールキーパーと5人の控え選手が含まれる。控え選手は、ペナルティコーナー時以外はいつでも試合に入ることができる。審判がホイッスルを吹いて試合開始となる。ボールに触れていいのは、スティックのフェースと、その延長上にあるハンドルの一部のみ。試合中、選手は常にスティックを持っていなければならない。また、肩より上にあるボールを、スティックで打ってはならない。センターフィールドでセンターパスを行なって試合開始となるが、そのとき全選手は自陣のフィールド内にとどまらなければならない。審判の合図でボールを持ったチームがパスを行なう。パスはどの方向に出しても構わない。相手チームは、最初のパスが行なわれるまで4.55m以上離れた位置にいなければならない。

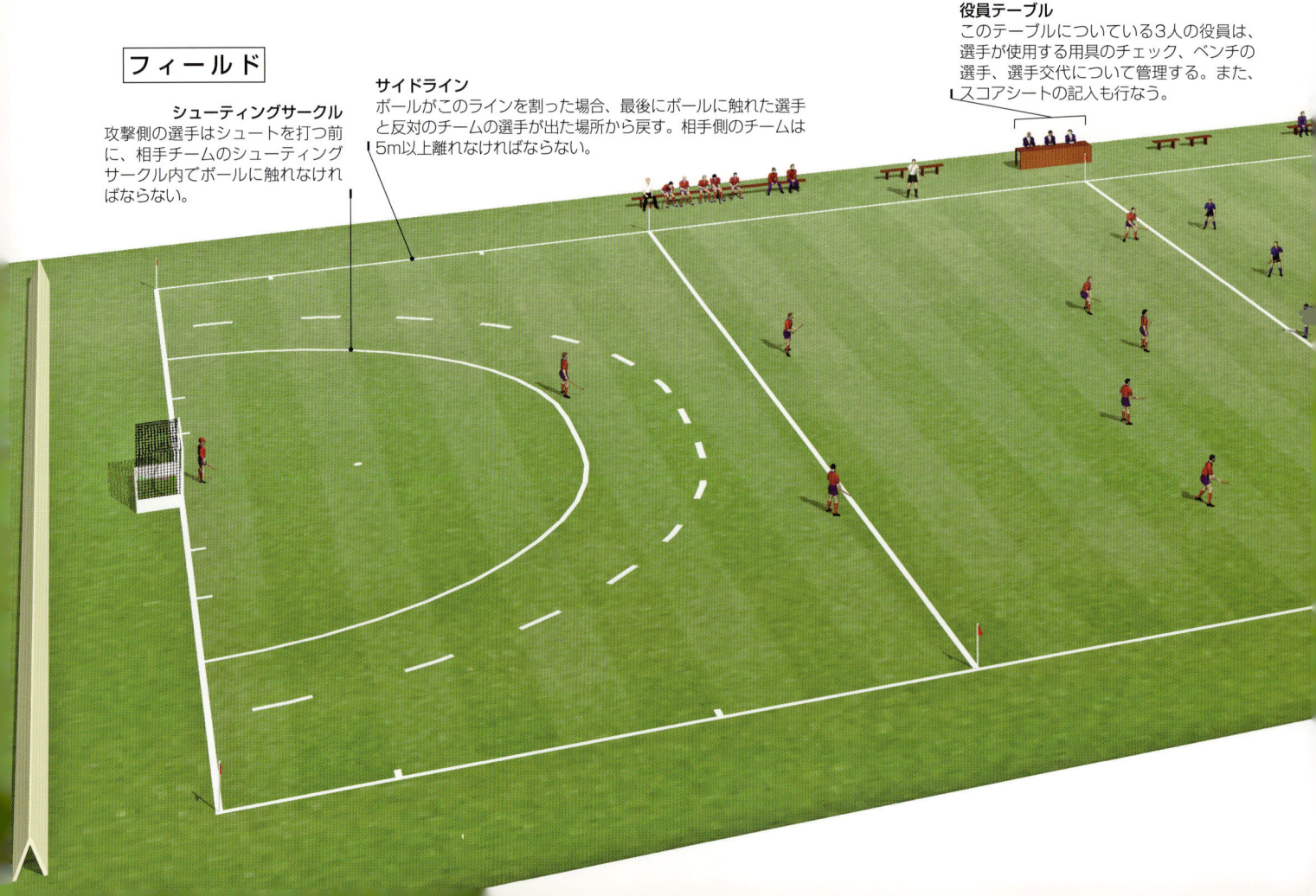

フィールド

シューティングサークル
攻撃側の選手はシュートを打つ前に、相手チームのシューティングサークル内でボールに触れなければならない。

サイドライン
ボールがこのラインを割った場合、最後にボールに触れた選手と反対のチームの選手が出た場所から戻す。相手側のチームは5m以上離れなければならない。

役員テーブル
このテーブルについている3人の役員は、選手が使用する用具のチェック、ベンチの選手、選手交代について管理する。また、スコアシートの記入も行なう。

選手のポジション

戦略には攻守のバランスが必要である。各選手のスキルや相手チームの弱点をもとにさまざまな作戦を立てる。もっとも一般的なのは、5-3-2-1のシフトで、インサイドフォワードを含むフォワード5人、ハーフバック3人、フルバック2人、ゴールキーパーの布陣。

ライトとレフトのインサイドフォワード
オフェンスプレーヤー。フルバックやハーフバックから受けたパスを、ウイングやセンターフォワードにまわして、攻撃を開始する。

センターハーフバック
チームの要。さまざまな方向からパスを受け、さまざまな方向にパスを出す。守備では、相手チームのセンターフォワードをマークする。

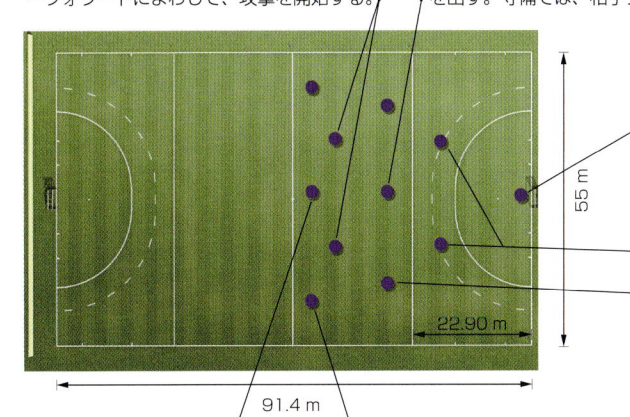

ゴールキーパー
ゴールでシュートを止める。体でボールに触れても良い唯一のプレーヤー。しかし、ボールの動きを止めたり、拾い上げたりすることはできない。

ライトとレフトのフルバック
主な役割は、相手チームのインサイドフォワードをマークして、攻撃態勢を取らせないこと。ボールを取り返したら、味方に素早くパスを出して攻撃の起点を作る。

ライトとレフトのハーフバック
インサイドフォワードとともに、フィールド中央を支配する。相手がシュートをしたり、インサイドフォワードやフォワードにパスする前に、ボールを奪う。守備では、相手のウイングをマークする。

55 m / 22.90 m / 91.4 m

センターフォワード
シューティングサークルのできるだけ近くにポジションを取り、ゴールを決めるチャンスを狙う。守備のときは、相手フルバックの前進を防ぐ。

ライトとレフトのウイング
相手側フィールドにポジションを取る。サイドライン近くにいることもある。相手ディフェンスをかわして、センターフォワードにパスを出す。

ゴールバックとサイドボード
ゴールネットの下に張られている、高さ46cmの木製ボード。

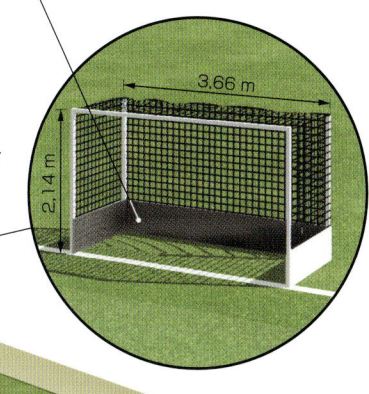

3.66 m / 2.14 m

バックライン
攻撃側のシュートが、ゴールに入らずにこのラインを越えた場合、守備側にフリーヒットが与えられる。ボールの出た場所から15mまでの範囲で再開できる。

ペナルティスポット
ゴールラインから6.4mの距離にマークされている。

23mライン

コーナーフラッグ

5mライン
守備側の選手が、自陣のゴールラインの外へボールを出した場合、攻撃側のチームは5mラインからボールを入れることができる。

審判(2人)
1人にフィールドの半分が与えられ、サイドラインも含めてその中を管理する。ルールに従って審判し、警告(グリーンカード)、5分の一時退場(イエローカード)、永久退場(レッドカード)の処分を行なう。

センターライン
各ピリオドの開始時と得点が入った後のプレー再開は、センターラインの中央から行なう。

球技(小さなボール)

235

テクニック

試合でもっとも重要なことは、スティックでボールをコントロールすること。チームメートにパスを出し、相手からボールを取り返し、ゴールを決めるテクニックが必要。

プッシュ
短い距離の移動や、素早いパスに用いられる。右手でスティックの低い位置を持ち、ハンドルを持った左手を体に引き寄せながらフェースを前に押し出す。

ヒット
ロングパスやゴールシュートを打つときに使う力強いストローク。スティックをあげて後ろに引き、ボールを強く打つ。体を使ってフォロースローをする。

フリック
ゴールシュートやペナルティストロークで使用する。動きはプッシュと似ているが、選手は体を伸ばし、ボールは前に動かすのではなく上にあげる。上方向への動きがつくようになるべく低い位置から拾い上げる。

ペナルティコーナー

ペナルティコーナーが与えられるのは以下の3つの場合である。守備側の選手が自陣側のバックラインを割るボールを意図的に打った場合、23mラインの内側（シューティングサークルを除く）で、意図的にファウルを犯した場合、シューティングサークルの中で意図的でないファウルを犯した場合。ペナルティコーナーは、もっとも近いゴールポストから少なくとも10m離れた場所から行なう。

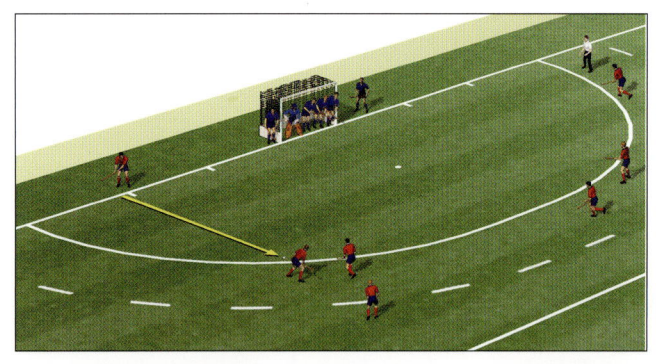

1. ボールをインプレーに戻すときは、攻撃側の選手は全員、シューティングサークルの外側にいなければならない。5人のディフェンスの選手（通常は4人のフィールドプレーヤーと1人のゴールキーパー）は、ボールがインプレーになるまでゴールラインの後ろにいなければならない。その他の守備の選手は、センターラインの向こう側にとどまる。どの選手もボールから4.55m以上離れなければならない。

2. ボールをインプレーに戻す選手は、サークルの外側にいる選手にパスをする。その選手は、ボールを再度サークルの中に戻す前に、一旦静止させなければならない。ボールがサークル内に戻れば、ゴールに向かってのフリック、パス、ゴールシュートを行なうことができる。ゴールシュートは、ゴールボードに当たらなければならない。ボードより上に当たった場合は、守備側のチームがシューティングサークル内にボールを戻してプレーを継続する。

ペナルティストライク

ペナルティストライクが与えられるには2つのケースが考えられる。ディフェンスの選手がシューティングサークル内で意図的にファウルを犯した場合、および、ゴールを狙った相手のシュートを意図的でないファウルで妨害した場合である。ペナルティストライクを行なう選手は、ボールをペナルティスポットに置く。ゴールキーパーはゴールライン上にいなければならない。

他のすべてのプレーヤーは22mラインの外側にいなければならない。ペナルティシュートを打つ選手は、プッシュまたはフリックで行ない、ヒットしてはいけない。ボールに触れてよいのは1回のみで、その後は、ボール、または、ゴールキーパーに近づいてはならない。ボールが完全にゴールに入ったら、得点となる。それ以外の場合は、ゴールストライクが決まらなかったことになり、守備側のチームがフリーヒットを行なってプレーを再開する。ボールは、バックラインから14.63m離れた場所でゴールに向かってプッシュかヒットで動かす。ペナルティを課されたチームは、ボールから4.55m離れていなければならない。

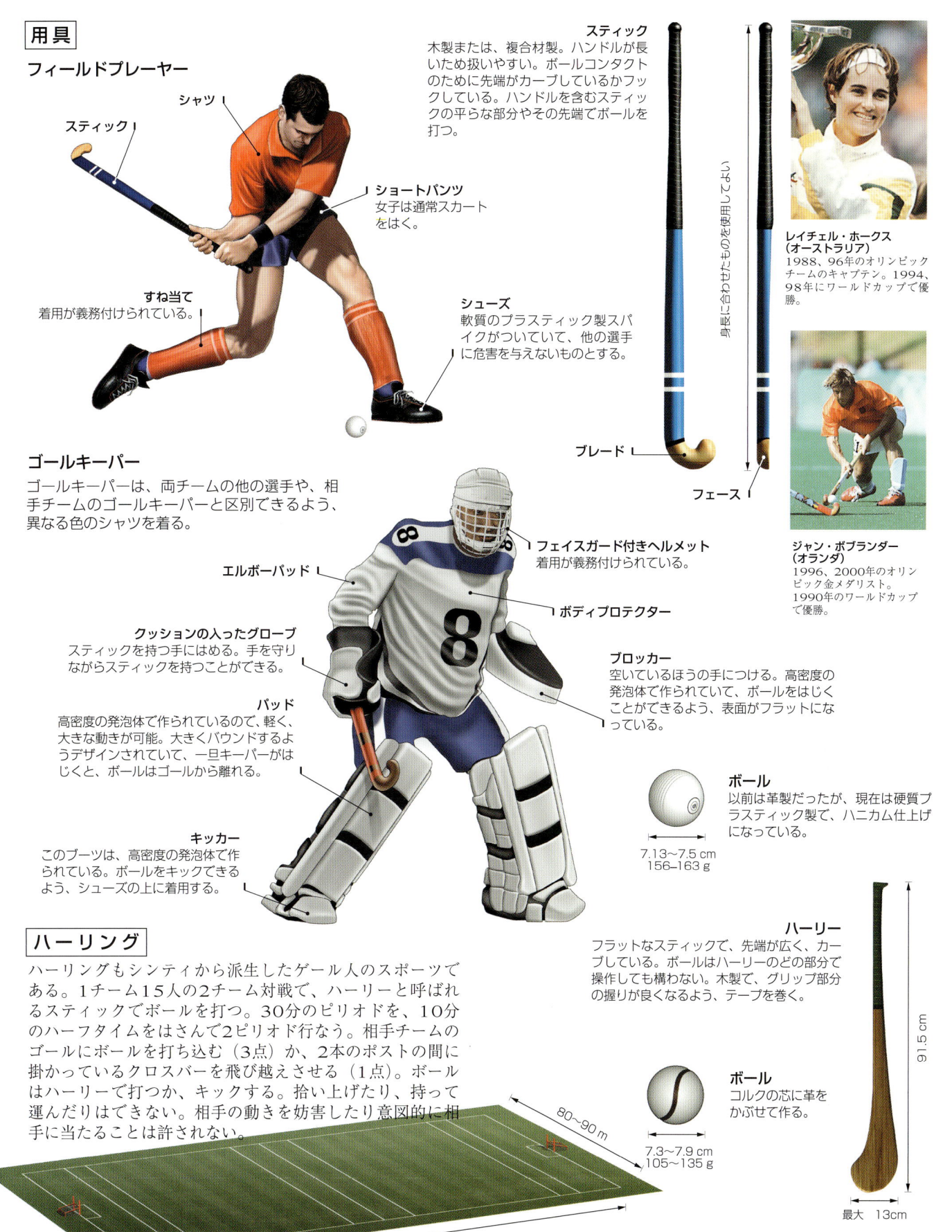

用具

フィールドプレーヤー

スティック
木製または、複合材製。ハンドルが長いため扱いやすい。ボールコンタクトのために先端がカーブしているかフックしている。ハンドルを含むスティックの平らな部分やその先端でボールを打つ。

シャツ

ショートパンツ
女子は通常スカートをはく。

すね当て
着用が義務付けられている。

シューズ
軟質のプラスチック製スパイクがついていて、他の選手に危害を与えないものとする。

身長に合わせたものを使用している

ブレード

フェース

レイチェル・ホークス（オーストラリア）
1988、96年のオリンピックチームのキャプテン。1994、98年にワールドカップで優勝。

ジャン・ボブランダー（オランダ）
1996、2000年のオリンピック金メダリスト。1990年のワールドカップで優勝。

ゴールキーパー

ゴールキーパーは、両チームの他の選手や、相手チームのゴールキーパーと区別できるよう、異なる色のシャツを着る。

エルボーパッド

クッションの入ったグローブ
スティックを持つ手にはめる。手を守りながらスティックを持つことができる。

パッド
高密度の発泡体で作られているので、軽く、大きな動きが可能。大きくバウンドするようデザインされていて、一旦キーパーがはじくと、ボールはゴールから離れる。

キッカー
このブーツは、高密度の発泡体で作られている。ボールをキックできるよう、シューズの上に着用する。

フェイスガード付きヘルメット
着用が義務付けられている。

ボディプロテクター

ブロッカー
空いているほうの手につける。高密度の発泡体で作られていて、ボールをはじくことができるよう、表面がフラットになっている。

ボール
以前は革製だったが、現在は硬質プラスチック製で、ハニカム仕上げになっている。
7.13～7.5 cm
156–163 g

ハーリング

ハーリングもシンティから派生したゲール人のスポーツである。1チーム15人の2チーム対戦で、ハーリーと呼ばれるスティックでボールを打つ。30分のピリオドを、10分のハーフタイムをはさんで2ピリオド行なう。相手チームのゴールにボールを打ち込む（3点）か、2本のポストの間に掛かっているクロスバーを飛び越えさせる（1点）。ボールはハーリーで打つか、キックする。拾い上げたり、持って運んだりはできない。相手の動きを妨害したり意図的に相手に当たることは許されない。

ハーリー
フラットなスティックで、先端が広く、カーブしている。ボールはハーリーのどの部分で操作しても構わない。木製で、グリップ部分の握りが良くなるよう、テープを巻く。
91.5 cm

ボール
コルクの芯に革をかぶせて作る。
7.3～7.9 cm
105～135 g

最大 13cm

80～90 m
130～145 m

球技（小さなボール）

球技（小さなボール）

ペロタバスカ（バスクボール）

2人のプレーヤー、または、2つのチームの間でボールを打ち合うスポーツは、多くの古代文明社会で行なわれていた。ペロタバスカの原型は、ローマで考案され、フランス、スペイン、イタリア、オランダで何世紀もの間競技されたハンドボールである。2人のプレーヤーがネットをはさんで対戦するコートテニス（ショートとロング）は、フランスの南西部からスペインの北西部に広がるバスク地方で行なわれていた。19世紀の中ごろにゴムが伝えられ、ボールを壁に打ち当てられるようになると、競技方法が変化してゆく。さらに、競技エリアが狭まり、一枚壁が使われるようになり、さまざまな形態のスポーツが誕生した。用具もまた進化し、ラケットやセスタ、ゴムを芯に使ったボールが導入され、新しい競技に発展した。今日、さまざまな競技を総称してペロタバスカ、またはバスクボールと呼ぶ。オリンピックでは、1924年のパリ大会、1968年のメキシコシティー大会、1992年のバルセロナ大会でデモンストレーション競技として紹介された。現在、フロンテニスとペロタデゴマの競技には女子も参加している。世界選手権大会は1952年から開催されている。

偉大なペロタリ（ペロタバスカの選手）、ホセ・アペストギー（スペイン）。チキート・デ・カンボ（ちっちゃなカンボ）として有名。1899年にプレーを始めた。セスタプンタに情熱を注ぎ、1946年に長いキャリアに終止符を打った。

競技会

2人の選手、または、2組のペアが交互にボールを壁に打ち当てる。リターンはノーバウンドまたはワンバウンドで、壁に打ち返す。得点が入るのは、相手がリターンできなかった場合と、相手がボールを外へ出した場合。競技により異なるが、試合は25〜40点で行なわれる。

競技場

競技場は競技によって異なる。世界選手権大会が行なわれるコートは4種類ある：36mの磨いたセメントのフロントン（競技場）、54mの磨いたセメントのグランドフロントン、30mの合成物質のフロントン、磨いたセメントのトゥリンケテ。

フロントン

高さ9.25m〜10mのフロンティス（前面の壁）、リボテ（後方の壁）、選手から見て左側を完全に覆う30〜54mのラテラル（側面の壁）で囲まれたエリア。このタイプのコートで行なわれる競技は、ベアハンド、ペロタデゴマ、レザーパレタ、パラコルタ、フロンテニス、セスタプンタ。

フロントコートプレーヤー

フロンティスに近いエリアをカバーする。ボールをカットし、相手のバックコートプレーヤーが取りにくい場所にバウンドさせる。また、バックウォール（後方の壁）からのリターンボールを処理する。

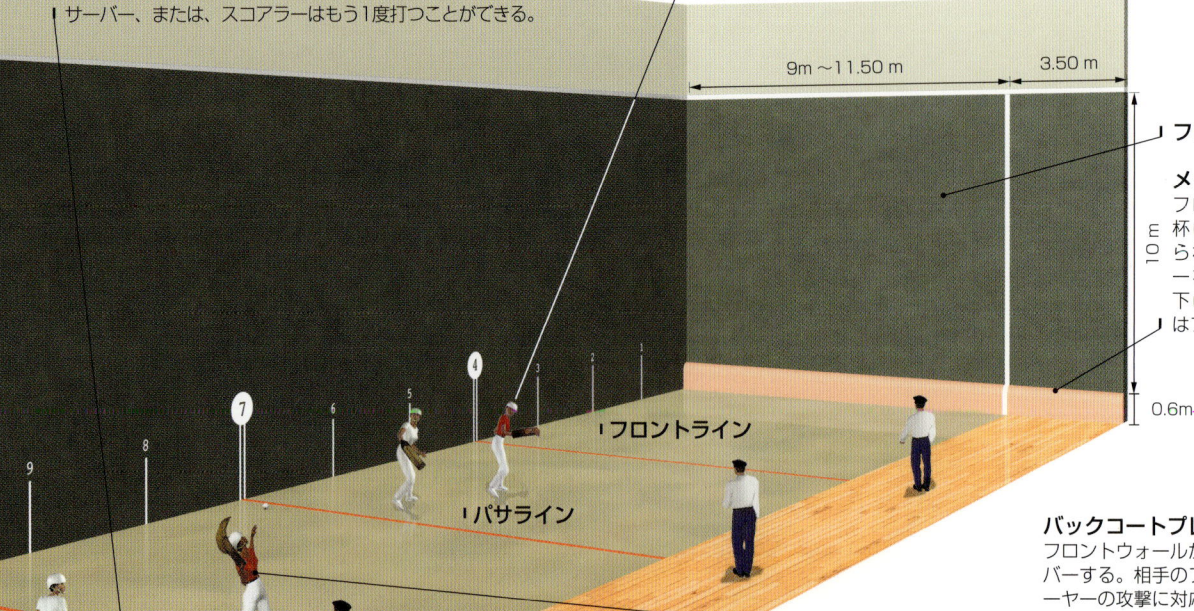

サーブライン

サーブエリアを示すライン。ハイアライ（セスタプンタの別称）では、10番のサーブラインの後ろからサーブしなければならない。サーブを前面の壁に当て、跳ね返ったボールが4番ラインと7番ラインの間に入れる。競技ごとにサーブに関するルールがある。ラインに触れたボールはデッドとなる。ボールがパサラインを超えてしまった場合、サーバー、または、スコアラーはもう1度打つことができる。

フロンティス（前面の壁）

メタルバー

フロンティスの幅一杯に並行に取り付けられている。このバーを含め、それより下に当たったボールはファウルになる。

フロントライン

パサライン

バックコートプレーヤー

フロントウォールから遠いエリアをカバーする。相手のフロントコートプレーヤーの攻撃に対応する。ボールを常にインプレーの状態で保ち、相手プレーヤーが返球できないボールを打つ。

コートジャッジ（3人）

2人は、レセプションとラインファウルがあった場合、片手をあげて示す。もう1人（ヘッドジャッジ）は、異議の申し立てがあった場合に決着させる。

カンチャ

試合を行なうコート。

競技の種類

ペロタバスカでは7種類の競技が正式に認められていて、世界選手権大会が行なわれている。1対1の個人戦と国別の団体戦がある。

- **ベアハンド（素手）**：28.5m（トゥリンケテ）、または、36m（フロントン）のカンチャで行なわれる。シングルス（1対1）またはダブルス（2対2）。選手は交互にプレーする。手のひら、または、指の根元でボールを打つ。

- **フロンテニスとペロタデコマ**：30mのフロントンを使用し、ダブルスで行なう。ペロタデコマは、トゥリンケテのコートで行なうこともある。フロンテニスでは、補強したガットをつけたテニスラケットを使用する。

- **レザーパレタ**：トゥリンケテ、または、36mのフロントンを使用し、ダブルスで対戦する。パラコルタは、36mのフロントンのみを使用する。硬い木製のラケットを使ってボールを打つ。

- **エクサレ**：28.5mのトゥリンケテを使用する。革のボールを使い、ダブルスで行なう。木製のフレームに緩めに糸を張って使用する。選手はラケットでボールをキャッチしたら即座に手首を強く振って壁に投げ返す。

- **セスタプンタ（別名ハイアライ）**：54mのフロントンを使用し、大きなセスタを使ってプレーする。ダブルス（プロの試合は、ダブルスまたはシングルス）で行なわれる。セスタから飛び出すボールは、300km/時に達することもある。

選手の特徴

- 素手、ラケット、セスタ、どれを使用してプレーをする場合でも、優れたスピード、パワー、持久力、反射神経が求められる。
- 脚の筋肉（スタートとストップ時）と関節にもっとも負担がかかる。腕の筋肉、背筋、腹筋も多く使われる。
- ベアハンドのプレーヤーにとって深刻な問題は、手のひらで繰り返しボールを打つことによって生じる、刺すような痛みである。神経、腱、靭帯、骨の深刻な損傷を引き起こすことがある。セスタプンタの選手は、「バスク痛」（ボールを打つ際の鋭い体の回転によって引き起こされる臀部の変形関節症）を発症するリスクがある。

バンビ・ラデュシュ（フランス）
伝説のプレーヤー、ジョセフ・ラデュシュの息子。現在、もっとも偉大なプレーヤーと言われる。ベアハンドの世界チャンピオンに幾度も輝く。スペインのプロ選手権で2度優勝した初の北部バスク出身者。

セスタのバスケット部分でボールをキャッチする。キャッチしてから2歩後ろへ下がることが許されている。その後、壁に当てるためにボールを振り出すのに、助走を2歩つけられる。一連の動作は2秒以内で行なう。バスケット部分より上に当ててから、キャッチしてはならない。

トゥリンケテ
コートテニスの直系の子孫。トゥリンケテのサイズは、長さ28.5m、幅9.3m。メタルバーはフロンティスの下80cmに位置する。

用具

パラ （45〜50 cm、400〜800 g、10〜20 cm）
ペロタバスカのさまざまな種目（ペロタデコマ、レザーパレタ、パラコルタ）で使用されるパラやパレタは、木製ラケットの名称。ブナ、または、クリ材で作られる。

ボール（ペロタ） （5 cm）
サイズ、重さ、素材は、競技によって異なる。ほとんどの場合、ゴムの芯にウールの層を重ね、革で覆って縫い付ける。上質皮で覆ったより反発の良いボールは、セスタプンタに使われる。フロンテニスとペロタデコマで使用するボールは、圧縮ガスを含有するゴムの芯を使って作られる。このボールは特に大きなバウンドをする。

セスタ
1857年、カーブのついた収穫用の小型バスケットを使うという若者の発案により誕生。それまで使われていた重くて高価な皮のグローブに瞬く間に取って代わった。

- **アーマチュア**：クリ材で作られていて、バスケットを補強する。
- **バスケット**：ヤナギの枝編みで、この部分でボールをキャッチする。
- **ガード**：ボールがバスケットから落ちないためのもの。
- **グローブ**：セスタのガードの後に縫い付けられていて、選手はグローブの部分に手を差し込む。
- **タコ**：手首の周りにシンタを巻くために使用する。
- **シンタ**：セスタと手首を固定する紐。

（63〜68 cm、600〜700 g）

スコアキーパー
桟敷の1つに席を取り、スコアを記録する。それを手動、または、電光掲示板で掲示する。

タンブール
傾斜した桟敷の天井。この上でボールが跳ねたり転がってもプレーは中断されない。

傾斜パネル
右の壁とフロンティスが合わさる場所で角度が45°に傾いた40cm幅のパネル。天井から床まで伸びていてボールが異なる角度でリバウンドする。

グリル
フロンティスの凹み部分。30cmの正方形で、傾斜した薄い板がついている。予測できない角度でボールをリバウンドさせることができる。

ジャッジ

8.50 m

球技（小さなボール）

ハンドボール

ハンドボールは、壁で囲まれたスペースの中で、ゴムボールを手で打ち合うスポーツで、戦略が重要な鍵となる。人がボールを手で打っている様子は、紀元前2000年のエジプトや紀元前1500年の中央アメリカで既に描かれている。この遊びは、ローマ人によってヨーロッパに伝えられ、1840年代にはアイルランドから北アメリカやオーストラリアへと広がった。1920〜50年代ころには、アングロサクソンの国々でハンドボールの国内トーナメントが数多く催されている。1924年にコートハンドボール委員会が創設され、ハンドボールの国際的な組織となった。世界選手権大会が1964年から3年に1度開催されていて、10カ国ほどが参加している。今日では、従来の強豪国であるアメリカ、カナダ、アイルランドに加えてメキシコやオーストラリアが頭角を現してきた。

1954年、ニューヨークのYMCAでハンドボールをするブロンクス高校の生徒たち。

競技会

ハンドボールはシングルス（1対1）かダブルス（2対2）で、壁1面、3面、または4面のコートで行なわれる。ボールを打つのに使えるのは手のみ。どちらかがボールを返せなかった場合にそのプレーは終了する。床にボールが2回バウンドする前に打てば、プレーは継続する。床にバウンドする前にフロントウォールに当てなければならない。21ポイントの2ゲームを先取したプレーヤー（またはチーム）が勝者となる。1セットずつ取った場合は、タイブレークとして11ポイントのゲームを戦う。サーブ側がラリーに勝つと得点が入り、レシーブ側が勝つとサーブ権が移る。

テクニック

ボールは手のひらで（ときには拳を使うこともある）、膝から腰の間で打つ。手首を柔らかくし、前腕を床に沿って動かす。手首を回転させると、リバウンドしたボールにスピンがかかる。両手の使い方をマスターすることが重要な要素。

準備運動

ボールでアザを作らないために、両手をたたいたり温めたりして血流を良くする。サーブはもっとも強力な武器だが、コーナーの床すれすれに打つショットも有効である。

プレーゾーン
ハンドボールの試合では、動きが重要である。相手のバランスを崩したりスピードを上げたりして、相手をコートの中央から離れさせるようにボールを打つと、ラリーに決着をつけられる。

12.20 m
6.10 m

フロントウォール

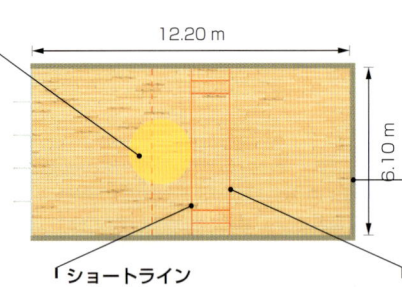

ショートライン
サーブで壁に当たったボールは、ショートラインの後方の床でバウンドしなければならない。

サーブライン
サーブを行なう際、このラインを踏み越えてはならない。

用具

公式ボール
ゴム製。
4.2 cm
重さ：62g

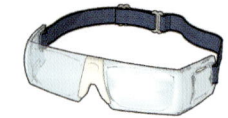

防護めがね
義務付けられている。

グローブ
軟らかい革で作られていて、ボールと対照的な明るい色をしている。グローブの下にテーピングをすることが許されている。

コート

レフェリー
2人のラインジャッジが補助する。ラインジャッジが合意しない場合、レフェリーの判断が最終的なものとなる。

6.10 m
3.66 m

ラインジャッジ（2人）
違った角度からゲームを監視し、サーブやボールの軌道に関してレフェリーの判断を助ける。

選手の特徴

- パワーと瞬発力のある脚、心肺の持久力、強靭な肩と腕が求められる。ジムでのボディービルディングや長距離走が有効だが、もっとも重要な身体的、技術的トレーニングは、コート上での実践である。
- 10〜15年間（35歳ぐらいまで）トップ選手でいることも珍しくはない。

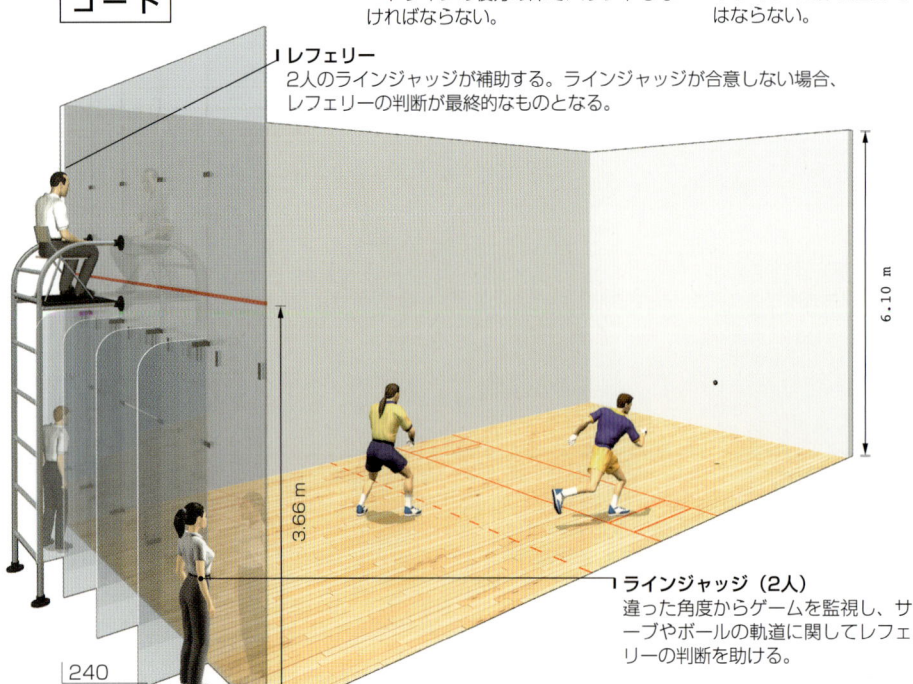

球技（小さなボール）

球技（大きなボール）

242 サッカー	268 ネットボール
248 ラグビー	270 バレーボール
254 オーストラリアンフットボール	273 ビーチバレー
256 アメリカンフットボール	274 ハンドボール（チーム）
262 バスケットボール	

サッカー

球技（大きなボール）

サッカーは2チーム対抗のスポーツで、その起源は古代にまでさかのぼる。古代ギリシャでは、sphira（球）、ローマではollisと呼ばれ、ルネッサンス時代のイタリアでは、より複雑な古代サッカー、カルチョcalcio（イタリア語でサッカーの意）が行なわれていた。現在知られているサッカーは、19世紀の中ごろ（1848年）にイギリスで誕生した。最初のサッカークラブは、1863年創設のシェフィールド・フットボールクラブである。その後、1872年に初の競技会であるFA（サッカー連盟）チャレンジカップが催された。国際サッカー連盟（FIFA）の創設は、1904年のことである。オリンピックでは1900年と1904年にデモンストレーション競技となり、1908年から正式種目になった。用具やルールが簡単なことと、ワールドカップの参加国が世界中に広がっていることから、サッカーは世界的なスポーツとなっている。ワールドカップは1958年からテレビ放送されていて（1998年のフランス対ブラジルの試合は17億人が観戦した）、世界でもっとも有名な国際大会となっている。現在、203カ国がFIFAに加盟している。

エドソン・アランテス・ド・ナスチメント（ブラジル）。ニックネームはペレ。テレビでサッカーの試合が放送されるようになって最初のスーパースター。1958、62、70年のワールドカップで優勝。現役中に1,280得点をあげる。

試合

足や、腕と手を除く体のほかの部分を使ってボールを移動し、相手チームのゴールへシュートする。1チーム11人の選手（ゴールキーパー1人、フィールドプレーヤー10人）で構成される2チームが、15分以内のハーフタイムをはさんで45分のピリオドを2ピリオド（前後半）戦う。審判は、プレーの中断時間（怪我や選手交代など）を計測し、必要な場合には、通常の45分を超過してそのピリオドを行なう。ワールドカップでは、規定の時間を終えて同点の場合、15分の延長ピリオドを戦う。延長時間が終了しても同点の場合は、ペナルティーシュート（PK）で決着をつける。PKでどちらのゴールを使用するかは、審判が判断する。先に蹴るチームをコイントスで決定する。1チーム5人の選手を選出し、各チーム交代でシュートをする。5人ずつ終了した時点で得点の多いチームの勝ちとなる。それでも同点の場合は、どちらかが勝つまでPKを続ける。

サッカー場

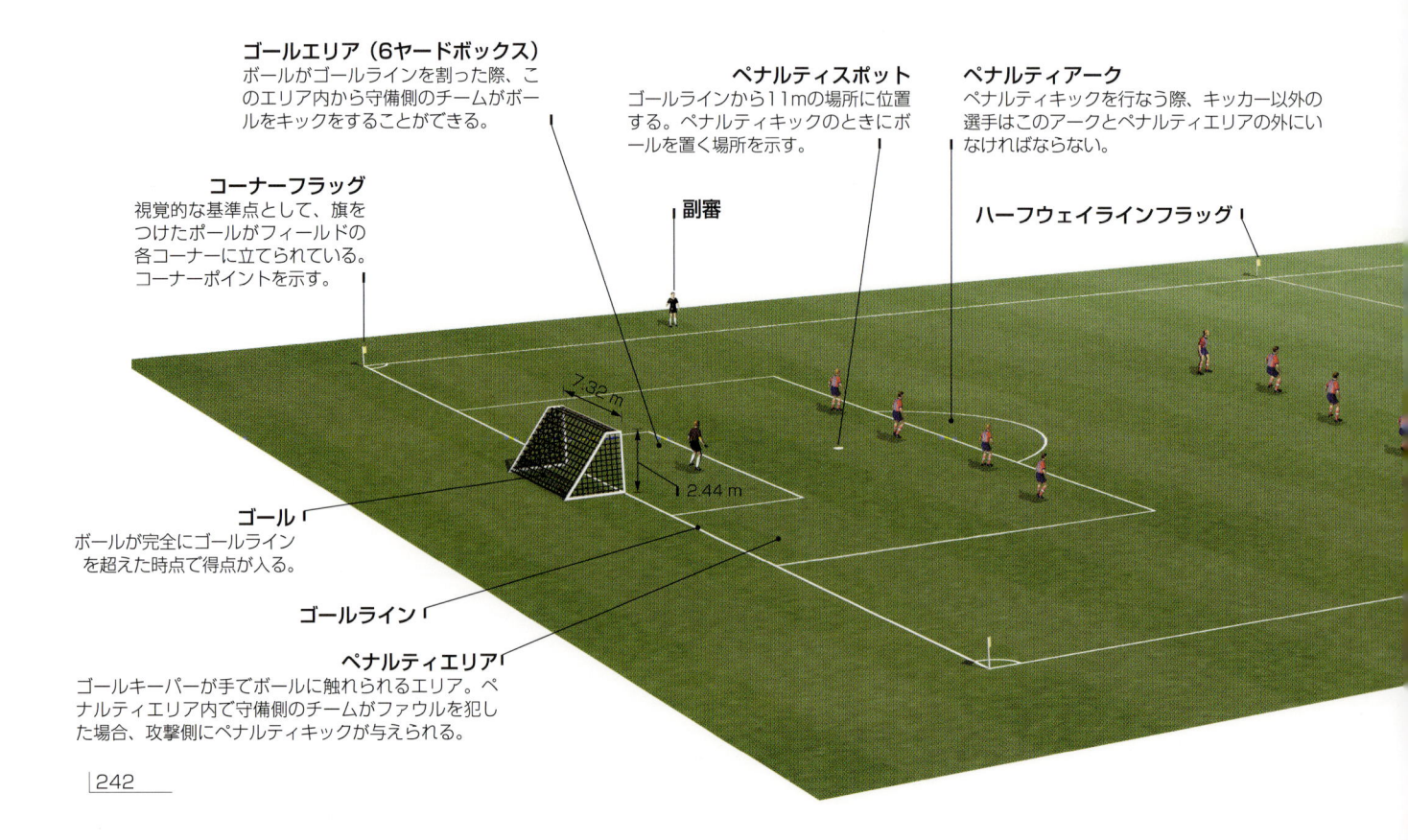

ゴールエリア（6ヤードボックス）
ボールがゴールラインを割った際、このエリア内から守備側のチームがボールをキックをすることができる。

ペナルティスポット
ゴールラインから11mの場所に位置する。ペナルティキックのときにボールを置く場所を示す。

ペナルティアーク
ペナルティキックを行なう際、キッカー以外の選手はこのアークとペナルティエリアの外にいなければならない。

コーナーフラッグ
視覚的な基準点として、旗をつけたポールがフィールドの各コーナーに立てられている。コーナーポイントを示す。

副審

ハーフウェイラインフラッグ

ゴール
ボールが完全にゴールラインを超えた時点で得点が入る。

ゴールライン

ペナルティエリア
ゴールキーパーが手でボールに触れられるエリア。ペナルティエリア内で守備側のチームがファウルを犯した場合、攻撃側にペナルティキックが与えられる。

基本フォーメーション

サッカーでは数多くのフォーメーションが使われる。1950年代に流行したWM（3-2-2-3）から、今日の4-4-2（ディフェンダー4人、ミッドフィールダー4人、ストライカー2人）まで、さまざまある。また、プロのレベルでは、相手チームの作戦にあわせ、必要に応じて使われるバリエーション（3-5-2、4-5-1など）もある。今日では、成功のカギはゲームをコントロールするミッドフィールダーにあると言われている。

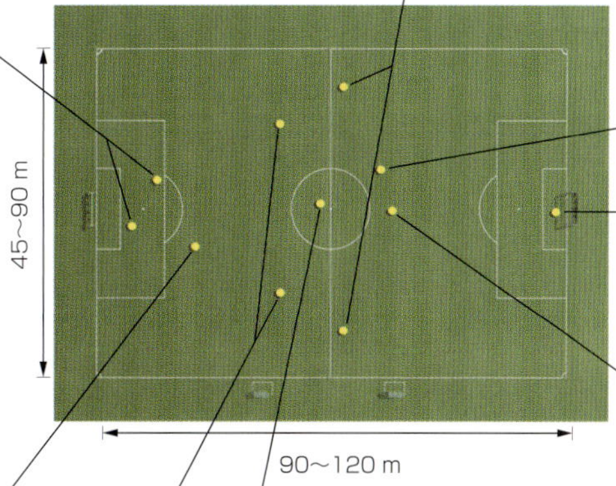

ストライカー
パスを受けたら、相手ディフェンダーを抜いてチャンスを作り、シュートにつなぐ。守備での役割は、相手チームが攻撃態勢を取ることを妨害すること。

バック（ライト、レフト）
相手チームが自陣内に攻めてくるのを防ぎ、味方が守備のフォーメーションを整えるまで時間をかせぐ。攻撃面では、スピードを生かして自陣から素早く攻撃を開始する。

ストッパー
相手チームのフォワードをマークし、シュートを阻止する。

ゴールキーパー
手を使うことが許される唯一の選手。相手のシュートを止める。防御の最後の砦で、相手チームの攻撃時には自チームの選手に指示を出す。

スイーパー
フィールドプレーヤーのもっとも後ろに位置する。守備の指示を出す。相手プレーヤーのマークはせず、ディフェンスの穴を予測してそこを埋める。ゆえに、攻撃に参加するときにはフリーとなる。

攻撃的ミッドフィールダー
攻撃のプレーと攻撃態勢を指示する。ペースに関する指示を出し、シュートを決める。

ミッドフィールダー（ライト、レフト）
守備と攻撃、双方を行なう。守備では、相手が攻撃態勢を整える前にボールを奪う。攻撃では、攻撃的ミッドフィールダーやストライカーにボールを渡し、アシストする。守備と攻撃の転換点となる。

守備的ミッドフィールダー
可能な限り早い時点で相手チームからボールを奪う。味方ディフェンダーを助け、攻撃を迅速に進ませる。

コーナーアーク
コーナーキックではこのアークの中にボールをセットする。相手チームは、インプレーになるまでコーナーポイントから9.15m以上離れていなければならない。

フィールドサイズ：45〜90 m × 90〜120 m

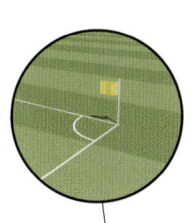

主審
主審が試合と試合時間を管理し、フィールド上で絶対的な権限をもつ。主審の判定に異議は唱えられない。

センターサークル
キックオフのときには、両チームとも自陣内にいなければならない。キックオフを行なうチームはサークル内に選手が何人いても構わないが、相手チームはボールから9.15m（サークルの半径）以上離れていなければならない。

テクニカルエリア（ベンチ）
各チームに1箇所。テクニカルスタッフ（監督、コーチ、トレーナー、ドクターなど）と、控え選手5人が座る。試合中の選手交代は各チーム3人まで。

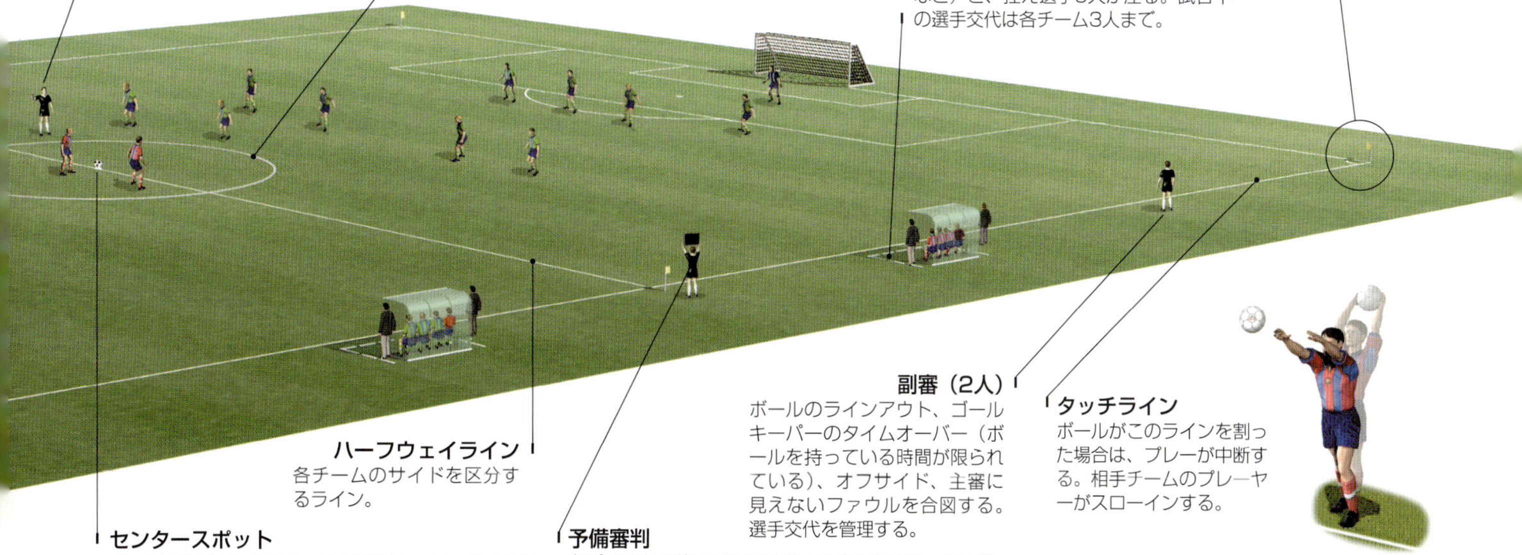

ハーフウェイライン
各チームのサイドを区分するライン。

センタースポット
キックオフでボールをセットする場所。キックオフは、各ピリオドの開始時と、得点後の試合再開で行なう。

予備審判
各ピリオドの終わりにロスタイム表示をする。また選手交代の際主審に合図をする。主審が怪我した際には彼が代わりに主審を務める。

副審（2人）
ボールのラインアウト、ゴールキーパーのタイムオーバー（ボールを持っている時間が限られている）、オフサイド、主審に見えないファウルを合図する。選手交代を管理する。

タッチライン
ボールがこのラインを割った場合は、プレーが中断する。相手チームのプレーヤーがスローインする。

球技（大きなボール）

フィールドプレーヤーのテクニック

攻撃

コーナーキック
守備側が、自陣のゴールラインからボールを出した場合に、攻撃側に与えられる。攻撃側チームはコーナーからボールをキックし、ゴール前の選手がヘディングシュートをする。また短いパスを出す時もある。

ラン
ランでは、相手のディフェンスをかわして相手側のサイド深くに攻め上がる。大抵クロスボールがアタッカーにあがった時点でランは終了する。アタッカーはボールの軌道を変えてゴールする。

壁
フリーキック時にシュートコースを防ぎゴールを守る。

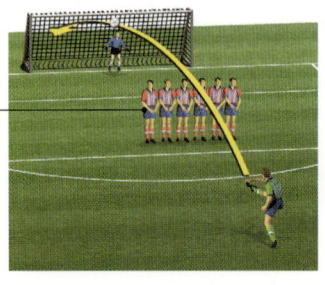

ドリブル
ボールをコントロールしつつ、相手のプレーヤーをかわすために、フェイントを交えたドリブルをする。

ヘディング
ボールを頭で突くことで、アタッカーはシュートコースを変えてゴールに入れるために行ない、ディフェンダーは、ボールをできるだけゴールから遠ざけるために行なう。

フリーキック
ファウルを犯した場合、相手チームに与えられる。直接フリーキックでは、味方にパスせずに直接ゴールを狙うことができる。間接フリーキックでは、相手ゴールに入れる前に、他のプレーヤーを介さなければならない。相手ゴールの近くでフリーキックを得れば、ゴールを決める絶好のチャンスとなる。各チームには、正確性を要求されるフリーキックのスペシャリストが数人いる。フリーキックの結果がゲームの行方を左右することもある。

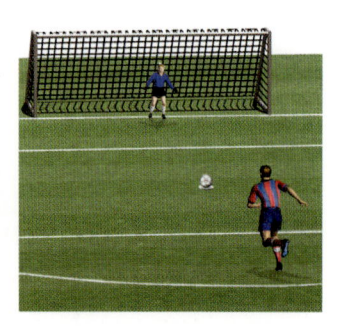

ペナルティキック
ペナルティエリア内でディフェンダーがファウルを犯したとき、攻撃側に与えられる。ボールをペナルティスポット上に置き、ゴールへ直接キックを放つ。ゴールキーパーはボールが蹴られるまではゴールライン上にいなければならない。ボールが蹴られたら、前方へ動くことができる。

守備

ゾーンディフェンス
各ディフェンダーが守る範囲（ゾーン）を決めておく守備の方法。相手チームが強い場合に選択する。

スライディングタックル
タックルは、ディフェンスプレーの1つ。攻撃側選手に触れずにスライディングしてボールを奪う。

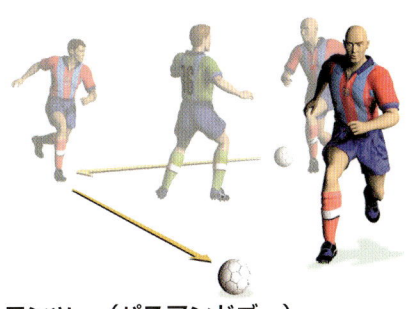

ワンツー（パスアンドゴー）
ワンツーは、相手選手にプレーをさせず、2人の味方選手の間で行なう一連のパスである。相手ディフェンダーはボールを追おうとするが、次の瞬間にボールは彼の後方にあり、追えなくなる。1人の選手が味方にパスを出し、ボールを受けた選手は、即座にディフェンダーの後方にリターンパスを出す。最初にパスを出した選手は、出されるボールの方向へ走る。このパスは通常、一回のボールタッチで行ない、ボールコントロールは伴わない。

2対1のカバー
2対1のカバーでは、相手からボールを奪おうとする選手を味方がアシストする。最初の選手が抜かれた場合、カバーしている選手が奪いに行く。カバープレーは、不要なリスクを冒さずに「安全に」ボールを取り返すための、有効な方法である。

1対1のディフェンス
ディフェンス側の選手1人が、相手選手1人を徹底的にマークする守備方法。相手攻撃選手の動きすべてを追い、相手がボールを受ける、蹴る、パスを出すのを妨害する。

オフサイド
攻撃側の選手は、ボールより相手ゴールラインに近づいたとき、相手ゴールと自分の間に守備側の選手が2人以上いなければ、オフサイドとみなされる。オフサイドは、ディフェンスの戦法だと考えられている（最終ラインを操作して、相手選手を意図的にオフサイドにする）が、両刃の剣でもある。ディフェンダーが同調して動かなければならず、統制が求められる。オフサイドの判定は非常に難しい。ボールが蹴られた時点でコールしなければならず、ラインズマンはその瞬間にパスを出す選手と受ける選手、双方の位置を見なければならない。（パスを受ける選手がボールに触れた時点でコールする場合もある。）

球技（大きなボール）

球技（大きなボール）

ゴールキーパーのテクニック

スローイング
ゴールキーパーは、ボールをキャッチした後、プレー再開のために近くのディフェンダーにパスを出すことがある。ボールに手で触れて良いのはゴールキーパーのみ。ボールを止める前の攻撃が右サイドで行なわれていたのなら、キーパーはボールを左に出す。右から攻撃された場合、左サイドには相手プレーヤーが少ない可能性が高い。その逆も同様。スローイングがもっとも正確なパスで、味方がボールをキープし、攻撃につなげることが可能になる。

パンチング
強いキックのロングシュートなどキャッチが難しい場合、パンチングでボールをゴールの上や左右にはじくことができる。高いクロスボールがあがった場合や、相手攻撃陣がスペースをブロックしてヘディングシュートを狙っている場合は、片手、または両手でパンチングする以外選択肢がない場合もある。こぼさずにキャッチできる可能性が低い場合は、ボールの方向を変えるほうが確実である。

ダイビング
ダイビングは、シュートとのタイミングを完璧にあわせる必要がある。ボールの軌道上にいなくても、キャッチしたり逸らせたりするために横に跳ぶ。ゴール前にはじかないようにしなければならない。

パントキック
相手陣内の深い位置にボールを送り込むために、ゴールキーパーはボールを軽く浮かせてバウンドさせずにキックする。味方選手は、ボールの落ちる位置を予測して走り、キープする。しかし、このキックは必ずしも正確とは限らない。

審判の判定と処分

警告（イエローカード）
繰り返し規則に違反する、審判の判定に従わない、プレーの再開を遅らせる、異議を示す、反スポーツ的行為を犯す、などの場合、選手は警告を受ける。

退場（レッドカード）
攻撃的、侮辱的、口汚い発言をする、重大なファウルを犯す、乱暴な行為を犯す、同じ試合で2回目のイエローカードを受ける、などの場合、退場処分となる。

優勝杯と選手権

競技会は、重要度（世界、大陸、国内）と、クラブチームで戦うかナショナルチームで戦うかによって分類される。FIFAがワールドカップ（ナショナルチームとして参加）を主催し、2000年の1月以降はワールドクラブカップも開催している。6大陸の連盟が、国際トーナメント（ユーロカップ、アフリカカップ、アジアカップ、南米選手権など）を開催し、各国でもっとも優秀なチームが参加するクラブチームトーナメント（ヨーロッパやアフリカのチャンピオンズリーグ、南米のリベルタドーレスカップなど）も行なわれている。各国の連盟が国内の選手権を主催している。毎年、ヨーロッパチャンピオンズリーグの勝者とリベルタドーレスカップの勝者でインターコンチネンタルカップが行なわれている。

ワールドカップ

年	ホスト国	優勝国／準優勝国	得点
1930	ウルグアイ	ウルグアイ／アルゼンチン	4–2
1934	イタリア	イタリア／旧チェコスロバキア	2–1
1938	フランス	イタリア／ハンガリー	4–2
1950	ブラジル	ウルグアイ／ブラジル	2–1
1954	スイス	旧西ドイツ／ハンガリー	3–2
1958	スウェーデン	ブラジル／スウェーデン	5–2
1962	チリ	ブラジル／旧チェコスロバキア	3–1
1966	イギリス	イギリス／旧西ドイツ	4–2
1970	メキシコ	ブラジル／イタリア	4–1
1974	旧西ドイツ	旧西ドイツ／オランダ	2–1
1978	アルゼンチン	アルゼンチン／オランダ	3–1
1982	スペイン	イタリア／旧西ドイツ	3–1
1986	メキシコ	アルゼンチン／旧西ドイツ	3–2
1990	イタリア	旧西ドイツ／アルゼンチン	1–0
1994	アメリカ	ブラジル／イタリア	0–0 (3–2PK)
1998	フランス	フランス／ブラジル	3–0
2002	韓国／日本	ブラジル／ドイツ	2–0

用具

球技（大きなボール）

ゴールキーパー用グローブ

ゴールキーパー用シャツ
ゴールキーパーのシャツは肘パッド付きの長袖。

シャツ
各チーム少なくとも2種類のユニフォームを持つ：ホームでのプレー用の伝統的なカラーのものと、アウェイ用のもの。各選手、夏用の半そでシャツと、冬用の長袖のジャージを持つ。背番号が見えるデザインとする。

ショートパンツ

すねあて

ハイソックス

ボール
皮革を合成素材でコーティングする。

外周：68〜70cm
重さ：410〜450g
空気圧：600〜1,100g/cm^2

シューズ
革、ソフトラバー、プラスティックから作られる。

スパイク
さまざまなサイズがあり、フィールドのコンディションによって替えられるよう、ネジ式になっている。乾いたフィールドでは固定式スパイクを使うこともある。

最大直径：12.7mm
最長：18mm

選手の特徴

- サッカー選手には、典型的な特徴はないが、ハイレベルでは傑出した運動能力が不可欠である。
- 毎日のトレーニングには、準備運動（ストレッチング）、基本テクニックの練習、キープレーやチーム戦略の計画と練習がある。通常のトレーニングは1日1〜2時間で、試合のある日はそれが準備運動に変わる。
- トップレベルの選手に要求されるのは、天性の才能に加え、身体的な強さ、俊敏性、優れたテクニック、ゲームを読む力、チームへの貢献。

ディエゴ・マラドーナ（アルゼンチン）
ニックネームは、El Pibe de Oro（ゴールデンボーイ）。ミッドフィールダー。ゲーム戦略に関して独特なセンスを持つことと、俊敏さ、ドリブル、ボールのコントロール能力で有名。1986年の世界チャンピオン。

ミシェル・プラティニ（フランス）
ミッドフィールダー。完璧なフリーキックと卓越したセンスの持ち主。1982年と86年のワールドカップでフランスチームを4位と3位に導く。1988〜92年のフランス代表チームの監督。

フランツ・ベッケンバウアー（ドイツ）
ニックネームは皇帝。クラブチーム、バイエルンミュンヘンと旧西ドイツのナショナルチームでディフェンダーを務める。ミスのないテクニックと力強く直線的なランで有名。1972年のヨーロッパチャンピオンで、1974年に世界チャンピオンになったチームのキャプテン。1990年には監督として世界チャンピオンになる。

ミア・ハム（アメリカ）
女子サッカー界のスター。150以上の国際大会に出場し、108得点をあげる。1996年のオリンピックで優勝し、1999年にも世界チャンピオンに輝く。

ラグビー

ラグビーは、各15人から成る2チームが、手と足を使ってボールを移動するスポーツである。1823年にイングランドのラグビー校で行なわれた試合が始まりで、当時定められていたサッカーのルールを無視して手でボールを持つことが認められた。当初は丸いボールが使われており、楕円形のボールは1851年に採用される。最初のラグビー・クラブであるガイズ・ホスピタルの創立は1843年、1871年になって初めてルールが成文化され、ラグビー・フットボールと呼ばれるようになった。1877年に20人制から15人制に変わり、1886年にアイルランド、スコットランド、ウェールズが設立した国際ラグビー連盟（IRFB）によってルールが確立された。イングランドの加盟はその4年後である。1895年、分裂によりノーザン・ラグビー・ユニオンと13人制が生まれた。ラグビーは、1900年のパリ大会から1924年までオリンピックの競技種目だった。1910年、初めての5カ国対抗選手権がIRFBの4チームにフランスを加えて行なわれたが、フランスが連盟に加盟したのは1978年になってからである。第1回ワールドカップはオーストラリアとニュージーランドの合同で1987年に開催され、1991年には女子ラグビーのワールドカップも開催された。1995年から、ハイレベルの選手はプロの資格を得ることができるようになった。

フランツ・レイシェル。1900年パリオリンピックのフランスチーム選手。この大会でラグビーが初めてオリンピック種目となった。

試合

1チームは、試合に参加する選手15人と補欠選手7人で構成される。ボールを前に進めるには、手と足どちらを使用してもよい。相手チームのインゴールエリア内にボールを手で地面につける、あるいは、キックしたボールがゴールポスト間のクロスバーを越えると得点が入る。試合時間の構成は、前後半各40分で、間に10分以内の休憩が入る。キックオフでは、トスに勝ってボールの保持権を得たチームが、センタースポットから相手区域に向かってボールを蹴る。ボールが相手側の10mラインを越えなければプレーとならない。ボールを手で持っている場合、前方にパスすることはできないが、キックはしてもよい。攻撃側のチームが相手側のインゴールエリアでボールを地面につけると、トライとなって5点が入り、この後コンバージョンゴールを行なうことができる。コンバージョンゴールは、攻撃側がトライした地点の延長線上から行なうキックで、直接ゴールを狙う。防御側は全員インゴールエリア内にいなければならない。ゴールポスト間のクロスバー上をボールが通過してコンバートが成功すると2点が入る。失敗した場合はトライで得た5点のみが得点される。得点を許したチームがボールをハーフウェイラインに戻し、試合を再開する。ペナルティキック（反則が行なわれた地点からのキック。反則したチームは妨害できない）による得点は3点になる。ドロップゴールはどの選手がいつ試みてもよく、ゴールポスト間のクロスバー上を通過すると、3点になる。試合終了時に得点の多いチームが勝利する。

競技区域

競技区域は芝生。ゴールラインとデッドボールラインに挟まれたインゴールエリアが2つある。

フラッグポスト（14本）
フラッグポストは、デッドボールライン、ゴールライン、22mライン、ハーフウェイラインの両端に、タッチラインに沿って立てられている。フィールドオブプレーの境界を示す。

デッドボールライン
インゴールエリアの終わりを示す。

ゴールライン
インゴールエリアの端を示す。

タッチライン
ボールがこの線を越えた場合はプレーの停止となり、ラインアウトによってボールを戻さなければならない。

球技（大きなボール）

ポジション

一般に、ジャージの背番号は特定のポジションに対応している。

スリークォーターバックス（センターとウイング）
防御時には、相手のフィールド内の移動を妨害するために、上手くタックルをしなければならない。攻撃時には、相手の防御を破るために、手を使ってボールを敏速に移動させる。センターはパスを得意とし、相手の防御を崩すために相手のセンターに挑む。ウイングは素早く防御をかわして得点を入れる。

フルバック
相手側のトライを防ぐ最後の砦。また、相手チームがクリアキックしたボールを拾い、攻撃を再開する。手、クリアキックのどちらかによってボールを移動する。

ウイング

スタンドオフ
スクラムハーフとスリークォーターバックスをつなぐことが役割。攻撃の司令塔。

スクラムハーフ
フォワードとバックスの間をつなぐ。スクラムから出たボールをコントロールし、スリークォーターバックスを攻撃位置に着かせる。

バックロー
スクラムでは最後列に位置し、スクラムハーフがリカバーするまでボールを脚の間にキープする。プレーではフロントローとハーフバックスの間を取り次ぐ。

セカンドロー（ロック）
スクラムで、フロントローをバインディングする頑丈な選手。スローインやスクラムのときにボールをリカバーするのが役割。

タイトヘッドプロップ

ルースヘッドプロップ

フッカー

フロントロー
スクラムで相手と組み合う。フッカーはスクラムに入れられたボールを獲得し、後方の味方に蹴り出す。両プロップはフッカーを両側からバインディングし、グラウンディングのために相手を押してスクラムを前方に移動させる。プレーでは相手チームの前進とスクラム時のボールの獲得を妨害する。

優勝杯と選手権

ラグビーワールドカップ（RWC）
1987年以降、4年に1度北半球と南半球で交互に開催されている。決勝には20カ国が参加する。

6カ国対抗
以前は5カ国対抗。イングランド、スコットランド、ウェールズ、アイルランド、フランス、イタリア（2000年以降）が参加する。それぞれすべての国と1度ずつ対戦する。本拠地試合と遠征試合を交互に行なう。

ラグビースーパー12
1996年に始められたトーナメント。南半球のクラブチームが参加する。参加するのは12チーム（オーストラリア3チーム、ニュージーランド5チーム、南アフリカ4チーム）で、それぞれ州や市を代表している。2～5月に各チームが互いの本拠地で1度ずつ対戦する。上位4チームで準決勝を行ない、準決勝の上位2チームが決勝に進む。

トライネーションズ
毎年行なわれるトーナメント。オーストラリア、ニュージーランド、南アフリカがそれぞれ2度ずつ対戦する。

球技（大きなボール）

ハーフウェイライン
両チームの守備区域の境界線を示す。

10メートルライン
キックオフ中、ボールの保持権のないチームはこの線を越えてはならない。プレーを再開するチームはこの線を越えるようにボール蹴らなければならない。

インゴール
トライが得られる区域。

ゴールポスト

15メートルライン
タッチラインから15mの線。ラインアウトの最後尾（ロック）の位置を示す。

5メートルライン
タッチラインの内側5mの線。ラインアウトの最前部の位置を示す。

22メートルライン
ドロップアウトによってボールをプレーに戻す地点を示す線。

249

球技（大きなボール）

| テクニックと戦術 |

ボールを保持しているチームは、ボールを前進させるのに手を使っても足を使ってもよい。ボールを持った選手は自由に相手のインゴールに向かって走ることができる。防御の戦術として足を使うこともできる。防御時に取ったボールを味方にパスできないとき、クリアキックによってインゴールからボールを蹴り出す。攻撃の戦術として足を使うのは、キックにより相手の前列の防御ラインを越えさせる、あるいは、相手チームを防御区域に押し戻す場合。

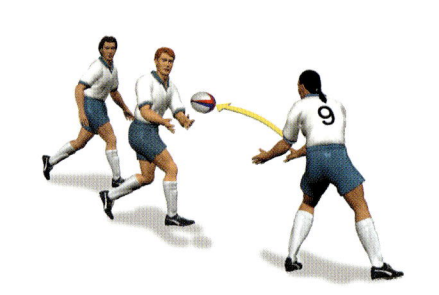

パス
味方の間でボールをまわして、ボールを保持する。パスは必ず後方に行なわなければならない。連続して素早く行なうことにより、インゴールに向かう動きに慣れた相手チームの守備に穴を作る。パスを自在に操ることが重要である。

マーク（フェアキャッチ）
自陣のインゴールと22mラインの間で、相手チームがキックまたはパスしたボールを直接キャッチし、「マーク」と叫ぶ。両足が地面から離れていても有効だ。マークを行なうとフリーキックの権利が与えられる。

プレースキック（ペナルティキック）
ボールを地面に垂直に置き、ゴールポスト間のクロスバー上を狙ってキックする。キックしない方の足をボールよりわずかに後方に置くことで、ボールの基部にできるだけ近い部分を蹴って上向きに飛ばすことができる。

ドロップキック
手に持ったボールを落とし、地面に当たった瞬間にキックする。ちょうど跳ね返った瞬間にボールに足が当たるようにすると、上向きに飛ばすことができる。ボールのコントロールがしやすい方法。

ホールド
ボールキャリアー（ボールを持っている選手）が1人以上の相手からタックルされ、ホールドされている間、両足と他の体の部分が地面に接触している場合に起こる。倒れたとき、ホールドされた選手は直ちにボールを放し、そのボールでプレーを続けようとせずに、起き上がってその場を離れなければならない。

タックル
防御の戦術。相手のボールキャリアーをブロックし、前進するのを妨害する。防御側は相手の胴と膝の間を捕まえることができる。ボールを保持している選手にのみタックルすることができる。タックルされて地面に倒れた選手はボールを放さなければならない。

球技（大きなボール）

ラック

タックルされて倒れた場合、直ちにボールを放さなければならないので、そのボールはフリーになる。近くにいる選手はそのボールをリカバーし、プレーを続行できるが、それ以外の場合、ボールの周囲に両チームの選手が密集してラックを作る。ラックが形成されてから、地面のボールを手で押して前進させてはならない。フッキング（後方のスクラムハーフにボールを蹴り出す）以外の方法で、自陣内のボールを動かしてはならない。ラックに参加している選手は、後方から近づいた（側面から近づいた場合オフサイドになる）味方の選手の体に、少なくとも片手をまわしてバインディングしなければならない。

スクラム

反則（ノックオン、スローフォワード、不適切なラインアウトやスローイン）が起きた場合に行なわれる。スクラムは両チーム各8名（フロントロー3名、セカンドロー2名、バックロー3名）が互いに組み合い、両チームの間の地面にボールを投げ込む。反則していない側のチームがボールをプレーに戻す。フッカー（フロントローの中央）がボールのフッキングを行なう。ボールが出てくるまでスクラムから離れてはならない。スクラムに参加しない選手は、味方のスクラムの最後尾より後方にいなければならない。

モール

ボールキャリアーが防御側によって立ったまま捕らえられ、数名の選手が集まってボールを奪い合う状態。両チームの複数の選手が立ったままボールキャリアーに体を密着させて周囲を取り囲む。ボールが地面についたり、モールから外に出たりした場合、ボールキャリアーがモールから抜け出した場合、スクラムが要求された場合に終了する。

ラインアウト

ボール、または、ボールを保持している選手が、タッチラインの外（ラインを含む）に出てしまった場合にタッチとなる。最後にボールに触った選手と反対チームのボールとなる。ラインアウトは両チーム各2人以上の選手で形成され、タッチラインと直角の直線上に2列に並ぶ。参加する人数は、ボールをプレーに戻すチームが決定する。2列の間には、トンネルと呼ばれる1mの間がなければならない。ラインアウトは5mラインと15mライン間に形成される。片手または両手で、ボールを直接2列の間に投げ入れ、プレーを再開する。ラインアウトに参加しない選手は、ボールから10m離れていなければならない。スローイン中は、ボールをつかむためにジャンプした味方を支えることが認められる。ペナルティで利益を得るチームのキックがタッチとなった場合は、スローインが行なわれる。

スローイン

スローインは、フィールドオブプレーの外側の、並んだ両チームと等距離の位置から行なう。

ボールがトンネルの間に投げ入れられると、両チームがボールを取り合う。

球技（大きなボール）

ペナルティ

ペナルティは相手チームがルールを破った場合（オフサイド、ノックオン、スポーツ精神に反する行為）に相手側に与えられる。ペナルティによって利益を得るチームが、どの形式で行なうか決定する。たとえばゴールキックを選んだ場合、レフリーにそのことを告げると、ゴールを判定するためにアシスタントレフリーがゴールポストの下に立つ。ボールの保持権を保つために、手を使用してペナルティを行なうことが認められる。この場合、スローインをする選手は、ボールを持って味方にパスする前に、足でボールに触れなければならない。相手側の選手はボールから10m以上離れていなければならない。

オフサイド

プレーしているボールの進行方向にいる味方の選手が、プレーに参加している場合にオフサイドと見なされる。スクラム、ラック、モール、ラインアウトが行われている際に、スクラムの最後尾にいる味方の進行方向にいたり、移動したりすると、オフサイドとなる。ボールがキックされたとき、キックした選手の前方にいた味方は自動的にオフサイドとなる。その場合、キックした選手の後方に移動するか、キックした選手が通り過ぎてオンサイドになるまで待たなければならない。

オフサイドポジション
この4人はスクラムの最後尾の味方より前方に位置している。

ノックオンとスローフォワード

プレーヤーが落としたボールが相手側のデッドボールラインの方向に進む、あるいは、手や腕で前方にボールをたたくことをノックオンという。

ボールキャリアーがボールをパスしたり投げたりした際、相手側のデッドボールラインの方向にボールが向かった場合にスローフォワードとなる。ノックオンやスローフォワードが起きた場合、相手ボールでのスクラムが行なわれる。

アドバンテージ

スクラムやペナルティになる反則が行なわれても、それによって反則をしなかった側に有利な方向に試合が展開しそうな場合、アドバンテージルールによりプレーを続けることができる。アドバンテージルールを適用するか、ペナルティやスクラムを行なうかはレフリーが判断する。

ペナルティトライ

防御側の反則によって、確実に得られたと判断されるトライを阻止された場合、あるいは不利な位置でトライを得ることになったと判断される場合に攻撃側のチームに与えられる。ペナルティトライはゴールポストの中央に与えられ、5点が得点される。トライ後にコンバージョンキックを行なってもよい。

フリーキック

相手側の反則に対して、反則をしなかった側に与えられるキック。キッカーは、ボールをキックするか、手でプレーするか選択することができる。ゴールを狙うことは認められない。相手チームはボールから10m以上離れていなければならない。

ラグビーのバリエーション

13人制ラグビー（ラグビーリーグ）：イングランドのラグビーフットボールユニオンから分裂して生まれた。反体制の連盟として、ノーザン・ラグビー・ユニオンが創立され、13人制のプロラグビーが編制された。人数に加えて、試合をより楽しめるようにルールもいくつか変更された。ラックは廃止、ホールドが採用された。そして、ボールの動きが活発になったため、チャージがさらに重要になってきた。ボールの動きを妨げるバックスの両ウイングが排除され、スローインはスクラムに置き換えられた。ラグビーリーグは、ラグビーユニオンよりかなり早くから精鋭の選手にプロの資格を与えている。南半球ではこの形式が最も人気がある。

7人制ラグビー：1880年にスコットランド南部のメルローズという小さな町で、経済的な理由（宿泊費やトーナメント開催費用を切り詰める必要があった）によって生まれ、急速に世界中に広まった。最初のトーナメントが開かれたのは1883年。得点方式は伝統的なラグビーと異なる。トライは2点、コンバージョンゴールは3点、ドロップゴールは4点が与えられる。7人制ラグビーは、各7分または10分の前後半で行なわれ、フィールドのサイズとルールは15人制ラグビーと同じである。7人制のチームは、フォワード3人、バックス（スリークォーターバックス）4人で構成される。ラグビーワールドカップセブンズは1993年以降4年に1度行なわれている国際トーナメントである。1996年以降毎年、12〜16カ国が参加する12の国際トーナメントが、各国で行なわれている。

ゲーリックフットボール：アイルランドで最も人気があり、2チーム各15人（と補欠選手3名）が参加する。1試合は70分。得点方法は2種類。クロスバーの下（ゴールキーパー）を通過させる方法と、ラグビーと同じくクロスバーの上を通過させる方法。クロスバーの下のゴールは、キックするか、手でボールを打った場合にのみ得点が与えられる。ゴールに入れた場合は3点、クロスバー上を通した場合は1点が入る。

ゲーリックフットボールのボールは丸く、前方の味方にパスすることができる。ゴールエリアの後ろではプレーできない。さらに手を使ったプレーはかなり限られているので、チャージがあまり重要ではない。ボールを投げることはできないが、持ったまま4歩動くことができる。こぶしで打つかキックする前に、1度だけボールがバウンドしてもよい。

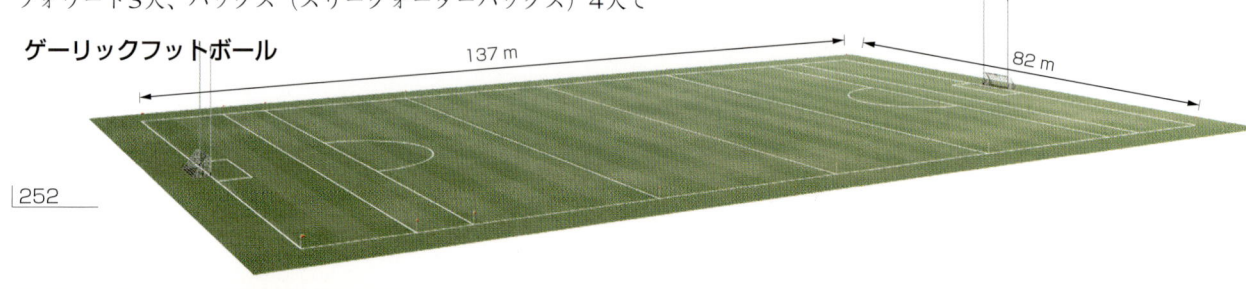

ゲーリックフットボール 137 m 82 m

球技（大きなボール）

用具

服装
厚いショルダーパッドは認められないが、厳格な規則に従った柔らかい保護用装具（パッド、気泡ゴムなどの柔らかい素材）は、レフリーが認めれば着用してもよい。

ボール
加工された皮やポリ塩化ビニル（PVC）で作られているので、水や泥に強い。4つの部分で構成されて、規定の寸法に従っていなければならない。はじめは丸かったが、豚の膀胱に皮を張った卵形のボールが使われたときから楕円形になった。

円周：740～770 mm／
幅：580～620 mm

1851年　1923年

ジャージ
ジャージの背番号は選手のポジションに対応している。

ショーツ

ソックス

スパイク
スタッドの素材には皮革、合成樹脂、ゴム、アルミがある。長さは18mm以下でなければならない。

審判の制裁
レフリー1人とアシスタントレフリー2人によって、試合中は競技規則が遵守される。乱暴なプレーや危険な行動を、フリーキック、ペナルティ、イエローカードとレッドカードの制裁によって罰する。ルールに逆らった、フェアプレーとならない侮辱や妨害などのスポーツ精神に反する行為も罰する。スポーツ精神に反する行為はすべてペナルティとなる。

イエローカード
乱暴なプレーや危険な行動を行なった場合に与える。警告が与えられ、10分の退出となる。2枚目のイエローカードを示された場合は退場となる。

レッドカード
特に乱暴なプレーや危険な行動を行なった場合、あるいは繰り返しルールに違反した場合に与える。示された選手は即刻退場となる。

選手の特徴
現在のプレースタイルでは、十分に発達した体格の選手が好まれるが、技術や背格好はポジションによって変わる。

- バックスは細身で長身の選手が多い。スプリンターやキッカーとしての資質が必要。
- スリークォーターバックスはスピードやスタミナがあり、長距離を走ることができなければならない。
- ハーフバックスはがっしりとして、重心が低く、素早く機敏でなければならない。
- フォワードは大柄でたくましい（1m90cm、100kg以上）。典型的なラグビー選手。

まず基本的なトレーニング（ランニング、耐久訓練、ボディビルディング）と体操（ストレッチ）による準備を行ない、次に技術トレーニング（パシングゲーム）と戦術トレーニング（スローインやスクラム中のポジショニング）を行なう。キャリアのピークは26～27歳頃。

ローリー・アンダーウッド（イギリス）
ウイング。85試合で51トライを決めた。1991、92、95年の5カ国対抗で優勝。1991年のワールドカップ、レスター・タイガースのメンバーとして1997年のヨーロピアンカップで決勝戦に出場。

ジャン＝ピエール・リーブ（フランス）
フランカー。その金髪から「Casque d'or（黄金のかぶと）」の愛称で呼ばれる。59試合中34試合でフランス代表のキャプテンを務めた。1977、81年の5カ国対抗で優勝。1977、79、81年のフランス最優秀選手。1970～80年代のフランスを代表する選手。

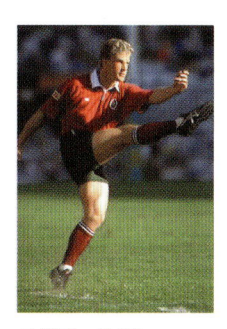

マイケル・ライナー（オーストラリア）
スタンドオフ。通算個人得点の世界記録（914）を持つ。1984～95年にオーストラリア代表チームでの72試合で17トライを決めた。国際的なトッププレーヤーの一人。1991年のワールドカップで優勝。

253

球技（大きなボール）

オーストラリアンフットボール

楕円形のボールを使用して行なうチームスポーツ。ラグビーとゲーリックフットボールの要素が半分ずつ取り入れられている。クリケット選手のオフシーズンのトレーニングとしてクリケット場で行なわれる。最初の試合方式と公式ルールが1858年に作られ、同年、初めての公式試合がメルボルン・グラマー・スクールとスコッチカレッジの間で行なわれた。1896年にビクトリアン・フットボール・リーグが創立されてから、急速に発展する。同時に、州の間で試合が開催されるようになり、1914年には、オーストラリアのほとんどの州が参加するようになった。毎年行なわれるチャンピオンシップの最後は、勝ち残った2チームが対戦する9月のグランドファイナルで、現在500万人を超えるテレビ観戦者を魅了している。1990年代の初めに、ビクトリアン・フットボール・リーグはオーストラリアン・フットボール・リーグ（AFL）に改名した。さらに夏期選手権大会のアンセット・カップが創始され、オーストラリアでは年間を通してフットボールに注目が集まっている。

2000年のアンセット・カップでプレーする、ウエストコースト・イーグルズのフィリップ・リードとホーソン・ホークスのキャプテン、シェーン・クロフォード（右）。クロフォードは1999年にAFLの最優秀選手に与えられるブラウンロー・メダルを受賞している。

試合

各クォーターの最初と、ゴールが決まるごとに、フィールドアンパイアがセンターサークルでボールをバウンドさせて、プレーを開始する。センタースクエアの中に入ることが認められるのは、各チームのセンター、ローバー、2人のフォロワーのみである。1試合は各20分の4クォーターから構成され、負傷、交代などによるプレーの中断は延長で補われる。2チーム各18人が、相手のゴールポストの間を狙ってキックして得点を競い、試合終了時に得点の多いチームの勝利となる。味方にボールを投げてはならず、キックするか、こぶしでボールを打たなければならない。ボールを持って移動するのは自由だが、15mごとにボールを地面に接触させなければならない。反則された選手には、その位置からのフリーキックの権利が与えられる。ボールを持っている選手に対しては、肩から膝の間ならばつかんだり体当たりしたりしてもよい。パスはいつでも行なうことができる。ボールから半径5m以内にいる選手に対しては、押したり体当たりしたりすることは認められるが、つかむことは認められない。ボールを持っている選手は、ボールを持っていない方の手で相手を押して防御することが認められる。

ウイング（2人）
攻撃区域でボールを前進させる。オフェンスのハーフフォワードとフォワードをバックアップし、ゴールを入れる。センターのラインメート。

ハーフバック
ハーフバックスラインより後ろのボールをリカバーしてセンターとウイングに戻す。ディフェンスとオフェンスの間を移動する。

バウンダリーアンパイア（2人）
ボールがフィールド外に出た場合にフィールドアンパイアに通知し、ボールをプレーに戻す。

フィールドアンパイア
1994年以降、試合のペースが速くなってきたのに応じて、3人のフィールドアンパイアが試合を統轄するようになった。それぞれフィールドの異なる区域を管理し、反則を判定する。

センター
オフェンスとディフェンスをつなぐ。このポジションはプレーを予測できる選手が務める。

オーバル

バックポケット(2人)
フルバックのラインメート

50mライン
各ゴールラインから半径50mに引かれた線。基準点として使用される。

フルバック
最後尾のポジションにいる選手。ボールをリカバーして再攻撃を仕掛けるのが役目。

交代選手（4人）

得点

ゴール（6点）が得点されるのは、キックされたボールが他の選手に触れることなく直接ゴールポスト間を通過した場合のみ。「ビハインド」（1点）は、ゴールポストとビハインドポストの間を直接ボールが通過した場合、ゴールポストにボールが当たった場合、運ばれる、または押されることによりボールがゴールラインかビハインドラインを越えた場合に与えられる。

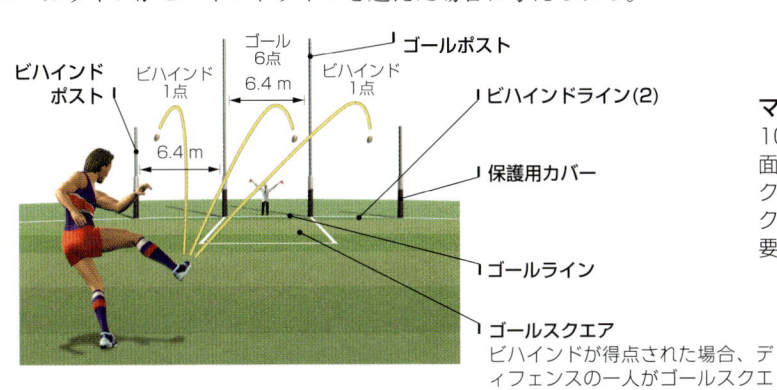

ビハインドポスト
ビハインド 1点
ゴール 6点 6.4 m
ビハインド 1点 6.4 m
ゴールポスト
ビハインドライン(2)
保護用カバー
ゴールライン
ゴールスクエア
ビハインドが得点された場合、ディフェンスの一人がゴールスクエア内からキックオフを行なって、プレーを再開する。

ポジション

1チームは、フィールド上に5列に位置する18人の選手と、4人の交代選手で構成される。各選手は特定のポジションにつくが、フィールドを自由に移動できる。ローバーと2人のフォローアーは試合中、常にボールの近くにとどまる。

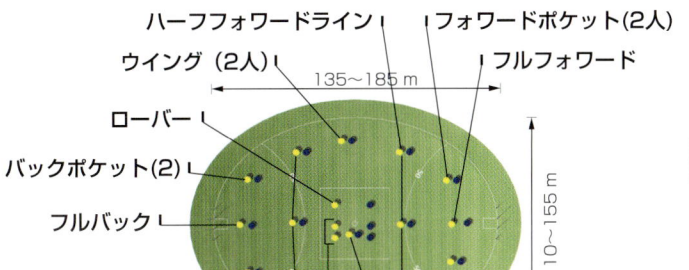

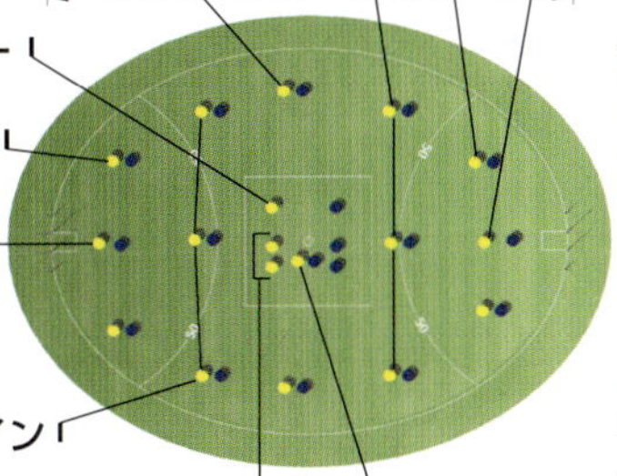

- ハーフフォワードライン
- ウイング（2人）
- ローバー
- バックポケット(2)
- フルバック
- ハーフバックスライン
- フォローアー(2人)
- センター
- フォワードポケット(2人)
- フルフォワード

135〜185 m
110〜155 m

テクニック

マーク
10m以上離れた位置から味方がキックしたボールを、地面や他の選手に触れる前に取った場合に与えられる。マークとなった選手は、パス、または妨害されないフリーキックによってプレーを再開する。どちらを選ぶかが戦略上重要になる。

ハンドボール
素早く攻撃することができる技術。目指す方向に向けて手のひらにボールを置き、もう片方の手でこぶしを作り、親指と人差し指でボールを打つ。

用具

ユニフォームは、ショーツ、袖なしのジャージ（ポジションに応じた背番号が付いている）、チームカラーのソックス。マウスピース、薄いパッド、軽いヘッドガードのみ認められる。

ボール
人工の膀胱型の袋を、縫い合わせた4枚の皮で覆っている。

外周：720〜730 mm／545〜555 mm
450〜500 g

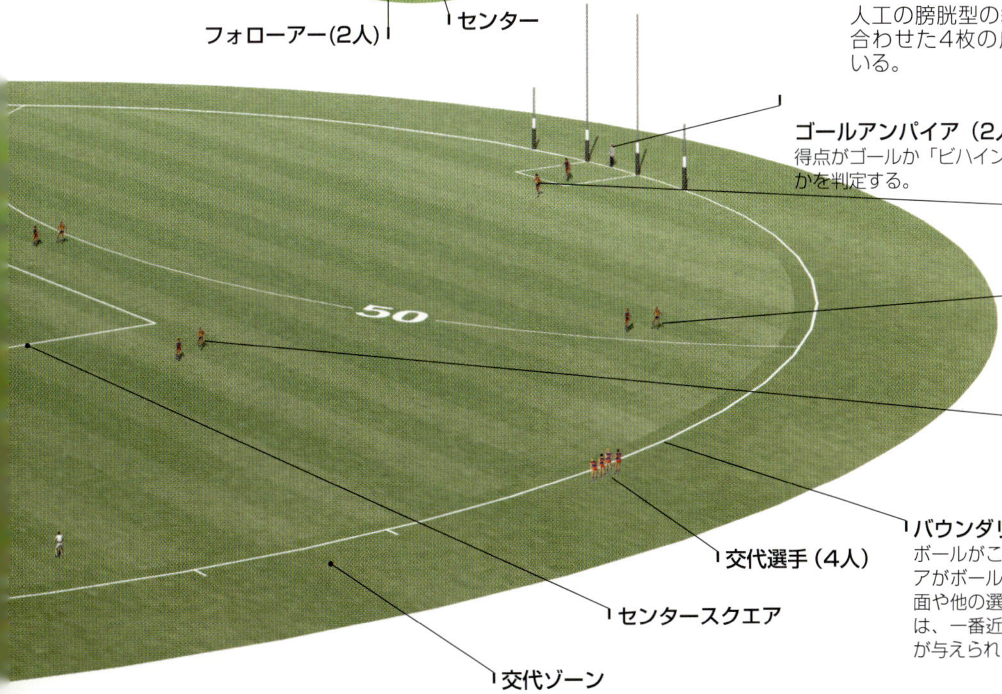

- **ゴールアンパイア（2人）**: 得点がゴールか「ビハインド」かを判定する。
- **フルフォワード**: 攻撃区域のボールをリカバーしてゴールやビハインドを入れる。
- **フォワードポケット（2人）**: フルフォワードのラインメート。攻撃区域でフルフォワードのボールのリカバーと得点をサポートする。
- **ハーフフォワード**: ボールを蹴って、得点を狙う。攻撃区域内にボールをキープする。
- **バウンダリーライン**: ボールがこの線を越えた場合、バウンダリーアンパイアがボールをプレーに戻す。キックされたボールが地面や他の選手に接触せずに、直接この線を越えた場合は、一番近くにいる相手チームの選手にフリーキックが与えられる。
- **交代選手（4人）**
- **センタースクエア**
- **交代ゾーン**

球技（大きなボール）

球技（大きなボール）

アメリカン／カナディアンフットボール

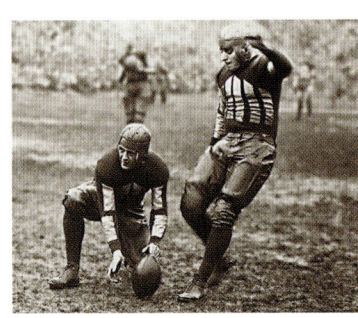

フットボールは1867年にプリンストン大学でサッカーを元に創案された。プリンストン・ルールズと呼ばれ、プリンストン、イェール、ハーバードなどの名門大学でのみ行なわれるスポーツだった。1876年に大学フットボール協会が創設され、最初のルールが記された。1880年以降、ハーバードの選手ウォルター・キャンプが、クォーターバック、10ヤードの前進に認められるダウンの数、得点方式を導入したことにより発展した。カナダでは1882年に創設されたカナディアン・ラグビー・フットボール・ユニオンが、1892年にカナディアン・ラグビー・ユニオン（CRU）になり、チャンピオンシップが開催された。アメリカでは、1912年までにルールの成文化がほぼ完了する。1920年に、最初のプロリーグとしてアメリカン・プロフェッショナル・フットボール・アソシエーションが誕生し、2年後にナショナル・フットボール・リーグ（NFL）と改名した。NFLに対抗してアメリカン・フットボール・リーグが1960年に創設され、各リーグの勝者同士が対戦する選手権（後のスーパーボウル）が開かれた。その後両リーグは合併して現在のNFLになった。カナディアン・フットボール・リーグ（CFL）は、CRUの後を継いで1958年から存在している。

1920年代のシカゴ・ベアーズ（アメリカ）

試合

2チーム各11人（カナディアンは12人）、4クォーター各15分で行なわれる。第2、第3クォーターの間に12分（カナディアンでは14分）のハーフタイムがある。各チームの出場選手は最大で45人、オフェンス、ディフェンス、スペシャルチームの3つのユニットに分けられる。

まず、コイントスでどちらのチームがキックオフをするかを決定する。キックオフするチーム側の30ヤードライン（アメリカのカレッジ、カナディアンでは35ヤード）上のキッキングティーにボールが置かれる。キックオフに続いて、キックオフをレシーブした側のオフェンスユニットと、キックオフした側のディフェンスユニットがフィールドに登場し、得点を競う。オフェンスは、10ヤード前進するために4ダウン（カナディアンでは3ダウン）与えられる。その4回以内に10ヤード進むことができれば、さらに4ダウンが与えられる。パスかランによってボールを進める。

ボールがゴールラインを越えれば（ライン上を含む）、タッチダウン（6点）となる。タッチダウン後は、キックによってゴールポスト間にボールを通過させるエクストラポイント（1点）、あるいはパスかランによってエンドゾーンにボールを移動させるツーポイント・コンヴァージョン（2点）を選択することができる。タッチダウンを決めたチームは、ゴールラインから2ヤード（カナディアンでは5ヤード）以上離れた位置にボールを置く。セーフティー（2点）は、オフェンスユニットの選手が自陣のエンドゾーンでタックルされた場合か、オフェンスユニットが自陣で落としたボールが外に出てアウトオブバウンズになった場合に、ディフェンスによって得点される。

オフェンスが4ダウン以内に10ヤード進めなかった場合は、相手チームに攻撃権が移る。しかし4回目のダウンでは選択肢が3つある。パントで相手チームをできるだけ押し戻す場合、距離が近いときにゴールポスト間にボールをキックしてフィールド・ゴール（3点）を狙う場合、あるいは試合の終盤で相手チームがリードしているときに、ランかパスによってファーストダウンを狙う場合がある。

アメリカンフットボール場

エンドゾーン
攻撃側のチームが相手側のエンドゾーンに達するとタッチダウンとなる。ゴールラインはエンドゾーンに含まれる。

パイロン
プラスチック製かフォームラバー製。各エンドゾーンの4隅に置かれる。

5ヤードライン
5ヤード間隔の線の間に、1ヤード毎の短い線（ハッシュマーク）が引かれている。各プレーの前に左右ハッシュマークの間か線上にボールが置かれる。

セーフティゾーン
カメラマンやマスコミ関係者はこの区域から内側に入ってはならない。

フィールド

アメリカンとカナディアンとではフィールドの大きさが異なる。フィールド面は天然芝か人工芝。人工芝は粘着性があるため方向転換がしやすく、より速く、より激しい試合となる。現在は天然芝に戻す傾向があるが、天然芝は雨や雪などの天候に影響されやすい。天然芝は関節、特に膝や足首にやさしいため、選手生命を延ばすことができる。

球技（大きなボール）

アメリカンフットボール

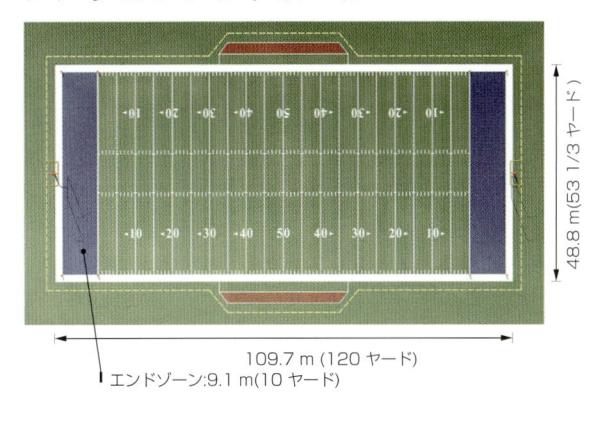

48.8 m (53 1/3 ヤード)
109.7 m (120 ヤード)
エンドゾーン:9.1 m (10 ヤード)

カナディアンフットボール

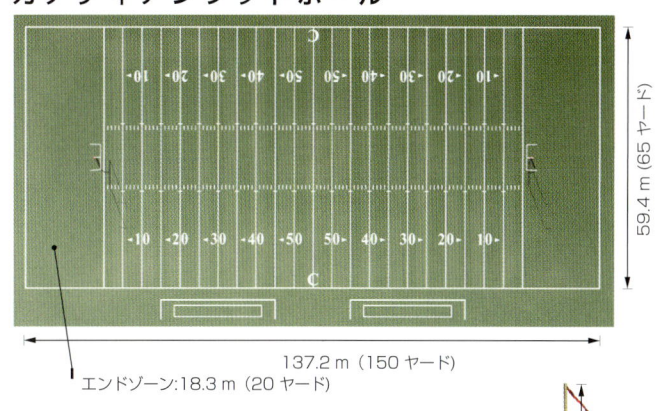

59.4 m (65 ヤード)
137.2 m (150 ヤード)
エンドゾーン:18.3 m (20 ヤード)

ヤードチェーン
2本の棒を両端に取り付けた長さ10ヤードの鎖。ダウンによって10ヤード以上進むごとに片方の棒をボールの位置に立てる。もう一方の棒は次の4ダウンで到達させる地点を示す。2本の棒の間のダウン表示器によってダウンが何回行なわれたかを示す。

バックジャッジ
ディフェンス選手の人数を確認し、パスレシーバーを監視する。各プレー間の休止時間の計測も行なう。

フィールドジャッジ
ブロックや守備側の違反の監視。攻撃側の選手がアウトオブバウンズになった場合にはホイッスルを鳴らす。

スクリメージライン
フィールドを横切る仮想的な線。ボールをプレーに戻す位置を表す。オフェンスとディフェンスがこの線の両側に向かい合って並ぶ。間にはボールの幅（カナディアンでは1ヤード）のニュートラルゾーンがあり、プレーが開始されるまで越えてはならない。

サイドジャッジ
攻撃側のアウトオブバウンズを監視するのが主な役割。

ラインジャッジ
キックの監視、ヘッドラインズマンと共にオフサイドの監視、試合時間の計測を行なう。

選手用ベンチ

レフリー
主審。試合の統轄と、他の審判の監督を行なう。

アンパイア
装具の違反やスクリメージラインを監視する。

ゴールポスト
9.15 m
5.65 m
3.05 m
フィールドゴールやタッチダウン後のコンヴァージョンでは、ゴールポストの間にボールを通過させなければならない。エンドゾーンの後方に設置される（カナディアンではゴールライン上）。

ヘッドラインズマン
オフサイドの宣告と、アウトオブバウンズとなったボールをプレーに戻す位置の指示を行なう。

球技（大きなボール）

オフェンス

クォーターバックがハドル（次のプレーを確認するため、プレー間に行なうオフェンス、ディフェンスの短い時間で組む円陣）で味方に次のプレーの指示を与える。指示するのはオフェンスのフォーメーション、プレーの種類、そのプレーを行なう選手、センターがボールをプレーに戻す前に行なうスナップカウント。ハドルを行なわずにスクリメージラインに並ぶこともある。この場合、クォーターバックが暗号やサインによってプレーをコールする。スクリメージラインには7人のオフェンス選手が並ぶ。その他の選手はスナップ（センターが足の間から後方のクォーターバックへとボールをパスする）の前に各ポジションに着き、続いて1秒間の休止が入る。その後選手は1人だけ動くことができるが、スクリメージラインと平行に移動しなければならない。プレーの終わりから次のプレーまでは40秒が与えられる。

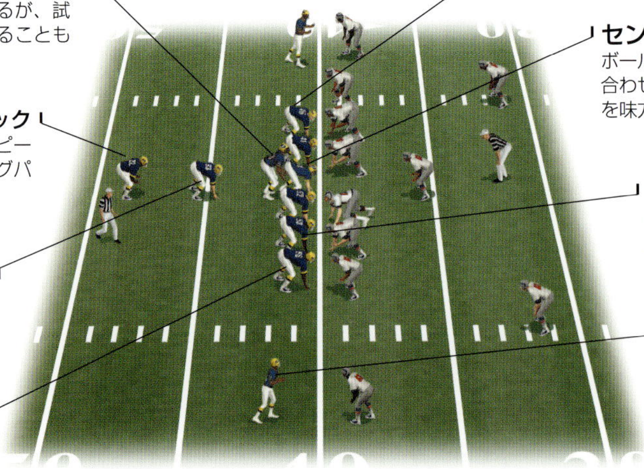

クォーターバック
チームリーダー。パスを得意とする。オフェンスコーディネーターからの指示も受けるが、試合の状況に応じて戦略の変更を決定することもある。

テールバック
主にすき間を見つけて攻撃する際のスピードに優れている。ショートパスとロングパス両方を取るので侮れない。

フルバック
ブロックを得意とし、パスの際にクォーターバックを守る。テールバックがボールを持って走るときにはキーブロッカーとなる。

タイトエンド
スクリメージラインのオフェンスを助ける。ショートパスを取るが、ロングパスを取る場合もある。

オフェンスタックル（2人）
スクリメージラインの両端に位置し、パスの際にクォーターバックを守る。

センター
ボールのスナップを行なう。ブロックの体制を合わせるため、ディフェンスの取るポジションを味方に伝える。

ガード（2人）
ランプレー（クォーターバックやランニングバックによるディフェンスの間を走り抜けてボールを運ぶプレー）中のキーブロッカー。左右に素早くプルインして最適な角度でオフェンスをブロックする。

ワイドレシーバー（2人）
スピードを生かして相手ディフェンス選手に長距離をカバーさせる。ショートゲインをロングゲインに変える。俊敏さ、ボールへの適応力という点では比類なきアスリート。

エクスチェンジ
オフェンスは通常センターがクォーターバックにボールをスナップすることで始まる。クォーターバックはセンターのすぐ後ろか、5ヤード後ろ（ショットガン・フォーメーション）でボールを受け取る。戦術上、他のオフェンス選手にボールをスナップする場合もある。

クォーターバックのドロップバック
クォーターバックは、センターからボールを受け取ると、3歩か5歩または7歩下がる。パスパターンはクォーターバックの下がる距離に対応し、ショートドロップバックならショートパス、ロングドロップバックならロングパスとなる。下がる距離が長くなるほど、守るのが困難になる。ディフェンスのリズムを崩すため、左右にロールアウトしてからパスを出すこともある。

クォーターバックのパス
パスポケット内に移動した後、レシーバー（受け取り手）の位置を確認し、パスを行なう。パスは素早く正確に行なわなければならない。投げるときは、親指以外をレース部分に置き、手のひらとボールの間に少しすき間を空けて持つと、ボールにスパイラルを与えることができる。パスはショートパス（5、6ヤード）、またはロングパス（60ヤード以上）。

パスレセプション
レシーバーは自分をカバーするディフェンス選手との間に距離を作り、クォーターバックに自分の位置を確認させる。レシーバーは腕を伸ばして、ディフェンスハーフバックにボールを叩き落とされないようにする。確実に手と前腕の内側の間に持つまでボールから目を離してはならない。ボールを取るときは両足（カナディアンでは片足）がインバウンズになければならない。

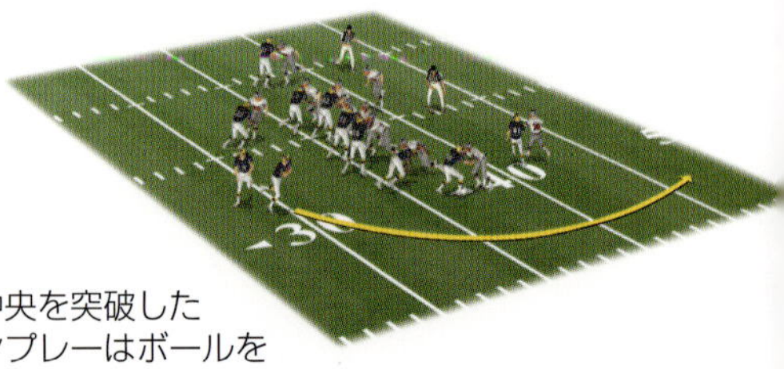

ランプレー
バランスよくランプレーを行ない、中央を突破したり、アウトサイドへ出たりする。ランプレーはボールをコントロールしたり、試合の流れを良くしたりするのに効果的である。ディフェンスはランプレーの阻止に集中しなければならないため、プレーアクションを行なうと攻撃がさらに有利になる。リードしているチームが、相手にボールをターンオーバーする前にできるだけ時間を稼ぎたい場合の戦略としてよく用いられる。

ディフェンス

ディフェンスはオフェンスの戦略（ラン、プレーアクション、パス）をできるだけ速く見極め、適切な行動を取る。ミドルラインバッカーがハドルを行なって指示を出すことが多い。オフェンス側がポジションにつくと、ミドルラインバッカーがディフェンスのポジションを割り当て、担当すべき相手が変わればそれを見極め、パスカバレッジの担当を指示する。

ランプレー中は、攻撃される可能性のあるすき間をふさぐ。パスプレーでは、クォーターバックにプレッシャーを加え、パスポケット内に封じる。ショートゾーンとディープゾーンの両方において、ターンオーバー（ファンブル、インターセプト）にすること、ビッグプレーを防ぐこと、タッチダウンを阻止することがディフェンスの最終的な目的となる。

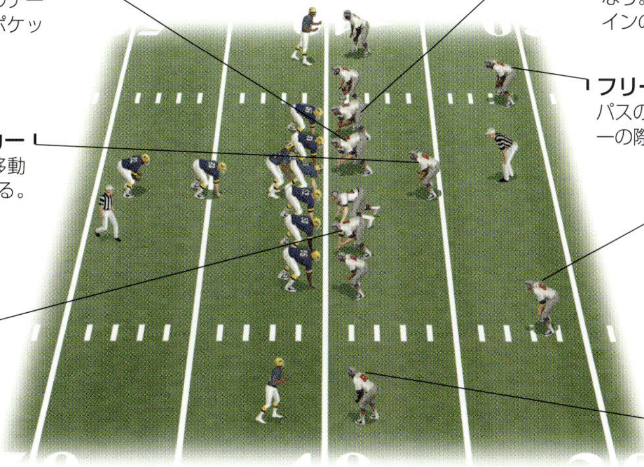

ディフェンスタックル（2人）
スクリメージラインから動いてはならない。オフェンスラインにダブルチームを行わせる。パスの際はパスポケットを崩す。

ミドルラインバッカー
ディフェンスの中核。素早く左右に移動してボールキャリアーにアタックする。激しいが安定したタックルを行なう。

ディフェンスエンド（2人）
インサイドへのランプレーを止め、クォーターバックがアウトサイドへ出るのを防ぐ。クォーターバックにパスをさせるのも重要な役目。

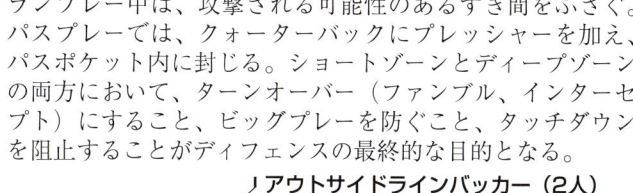

アウトサイドラインバッカー（2人）
機動性があるため、クォーターバックにプレッシャーを与え、ボールキャリアーやタイトエンドにマンツーマンカバレッジを行なう。タイトエンドの前かスクリメージラインの後ろに並ぶ。

フリーセーフティ
パスのカバーを主に担当しているが、ランプレーの際にも必要とされる。

ストロングセーフティ
オフェンスの攻撃が来ると思われるサイドに位置を取る。ボールキャリアーに激しくタックルし、パスプレーではマンツーマンカバレッジを行なう。

コーナーバック（2人）
ワイドレシーバーと同様のスピードが必要。単独で行動し、タッチダウンの際にはディフェンスの最後列になることが多い。

タックル
タックルを行なうときはボールキャリアーのフェイクについて行かなければならない。膝を曲げたままスピードをコントロールして、相手にぶつかる瞬間に急に向きを変える。常にボールを狙う。当たった瞬間に足の力を利用して押さえ込み、次に腰を前に移動させ上半身に力を移動させる。最後にボールキャリアーを両腕で捕まえる。

パスカバレッジ
ゾーンディフェンスでは、常にクォーターバックを視野に入れておくと、レシーバーとなる選手を突き止め、上手く対応することが出来る。マンツーマンディフェンスでは、歩調を合わせてレシーバーの動きについてまわり、レシーバーの目と手を観察してパスが来るのを判断する。この瞬間に、ボールを叩き落すのか、インターセプトするのか、あるいはレシーバーのタックルに行くのかを決める。ディフェンダーはスクリメージラインから5ヤードの位置まで、手を使ってレシーバーに向きを変えさせたり、スピードを出してレシーバーの動きを妨害したりすることができる。

ブリッツ
パスプレーとランプレーに対する守備戦術。インサイドまたはアウトサイドから、ディフェンスのプレーヤーがオフェンスにプレッシャーをかける。ラインバッカー、コーナーバック、セーフティのいずれかのランによって行なわれる。パスレシーバーに対する防御が薄くなっているので、速くクォーターバックにプレッシャーをかけなければならない。

コーナーバックブリッツ
コーナーバック（1）は、レシーバー（2）をカバーせずに、セーフティ（4）がレシーバー（2）をカバーしている間にクォーターバック（3）にラッシュする。

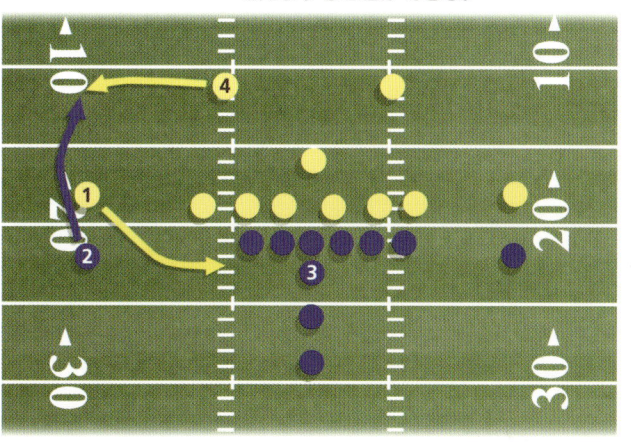

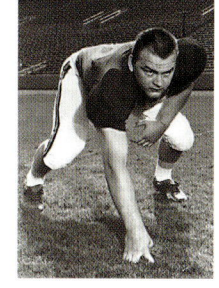

ディック・バトカス（アメリカ）
1965～73年のシカゴ・ベアーズのラインバッカー。その激しさは伝説になっている。アメリカン・カレッジ・フットボールの最優秀ラインバッカーに与えられる賞はその名前を冠している。9シーズン中、オールスターゲームに8回出場している。

球技（大きなボール）

259

スペシャルチーム

特定の手順が必要な場合に出場する。各チームのスペシャリストは、パンター、キッカー、ホールダー、ロングスナッパー、スナッパー、パント／キックリターナー。状況に応じてオフェンスまたはディフェンス選手にサポートされる。オフェンスとディフェンスがサイドラインにいる場合は、スペシャルチームが出場している。

パント

センターから15ヤード離れた地点からスタートする。ハングタイムが長ければ、リターナーにフェアキャッチを求める時間を味方に与えることができる。フェアキャッチをするとプレーが終わる。カナディアンではフェアキャッチはない。

フィールドゴールとエクストラポイント

フィールドゴールはフィールド上のどの地点から行なってもよい。ボールを持った選手がセンターから7ヤード離れて立つ。ホールダー、センター、キッカーの連係が重要になる。プレースキックではボールのレース部分を手前に向けない。フィールドゴールは3点になる。

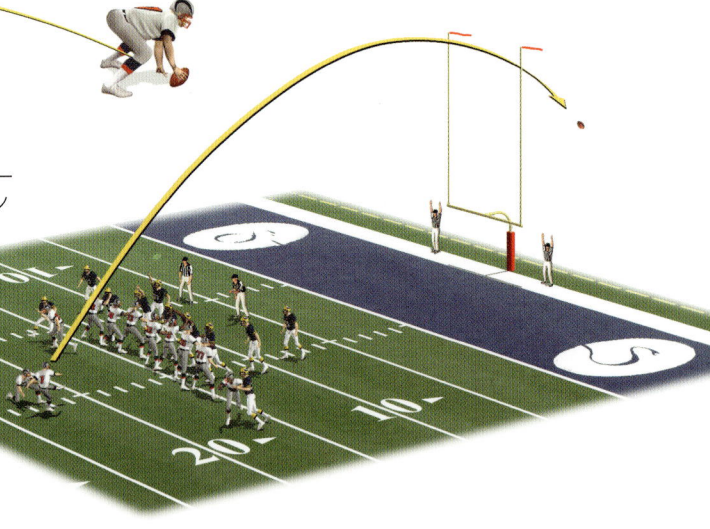

審判のシグナル

スピーディで緻密な動きの多いフットボールの審判は非常に難しい。それぞれ特定の役割を持つ7人の審判によって試合の判定が行なわれる。各審判は最終決定を行なうレフリー（白い帽子を着用）にシグナルを送り、レフリーは36種類のシグナルとマイクによって決定の告知と説明を行なう。ヤードを進めるのがプレーの目的なので、ヤードやダウンのロスを伴うペナルティが多い。

ホールディング
規則に反して相手選手をつかんだ場合。10ヤード罰退。

得点
タッチダウン、コンヴァージョン、フィールドゴールが得点された場合。

ファーストダウン
オフェンスチームが4ダウン以内に10ヤード以上進んだ場合。さらに4ダウンが与えられ前進を続けることができる。

オフサイド
ボールがプレーされる前にディフェンス選手がスクリメージラインのニュートラルゾーンに入った場合。5ヤード罰退。

パスインターフェア
相手選手のパスを妨害した場合。ディフェンスが反則した場合は、反則が行なわれた地点にボールが置かれ、攻撃側にファーストダウンが与えられる。オフェンスが反則した場合は15ヤード罰退。

用具

プレーのレベルやポジションに関わらずどの選手も着用する用具は、ジャージ、パンツ、ヘルメット、フェイスマスク、マウスピース、カップサポーター、スパイク。プロ選手はさらに、サイパッド、ニーパッド、ヒップパッド、衝撃を緩和する硬いリブパッド、腰パッドを着用する。ラインズメンは、前腕、上腕、手用のプロテクターと、首の負傷を防ぐためのヘルメットを着用する場合もある。足首を保護するバンデージは、すべての選手が使用する。

クォーターバック

イヤーピース
クォーターバックのヘルメットにはイヤーピースが付いているので、コーチが計画を伝えることができる。

ヘルメット
プラスチック製で非常に硬く、内側は衝撃吸収材（発泡素材、エアセル）で裏打ちされている。

着脱式のフェイスマスク
ヘルメットに取り付け、顔を保護する。相手選手のフェイスマスクをつかむのは、深刻な負傷を招くため重大な反則となる。

サイパッド
ニーパッド
マウスピース
ネックロール
リブパッド

ショルダーパッド
プラスチック製。内側は発泡素材や保護クッション。

ヒップパッド
腰パッド
アームパッド

ボール

皮製。レース部分がある。カナディアンのボールは2本の白線があるので目立つ。

カナディアンフットボール 
外周: 704.8〜717.7 mm /
530.2〜536.5 mm
400 g

アメリカンフットボール 
外周: 711.2〜723.9 mm /
539.7〜546.1 mm
400 g

選手の特徴

それぞれ特定の役割を与えられた各プレーヤーは、そのポジションに応じた体格を持つ。プロ選手は身長や体重に大きな幅がある。そのポジションに体格が向いていなければ、そのポジションのプレーにも向いていないと言われている。

オフェンス

- クォーターバック（1m90cm、99.8kg）。機動性と機敏性が必要。力強く正確なパスを行なう。
- ボールキャリアー（1m83cm、99.4kg）。機敏性と優れた加速力を持つ。相手をブロックする強さが必要。
- タイトエンド（1m93cm、115.9kg）。力があり何でもこなす。攻撃の際は相手チームで最も優れた選手のブロックを担当。
- ワイドレシーバー（1m80cm、86.4kg）。機動性に優れている。スピードとフットワークにより、急激な方向転換を行なう。この体格が強みとなる。
- オフェンスライン（1m95cm、138.3kg）。最も堂々とした体格を持つ。頑健な体躯で相手をブロックし、クォーターバックを守る。

ディフェンス

- ディフェンスタックル（1m90cm、110.4kg）。強さと力を持つ。一方、ディフェンスエンドは機動性に優れクォーターバックにプレッシャーを与える。
- ラインバッカー（1m80cm、85.3kg）。優れた足を持ちランプレーやパスプレーを得意とする。ミドルラインバッカーはタックルを次々に行なってランを止める。
- コーナーバック（1m80cm、85.3kg）。ディフェンスの中で最も足が速くワイドレシーバーと同程度のスピードを持つ。
- ストロングセーフティ（1m81cm、91.9kg）、フリーセーフティ（1m80cm、92.3kg）。ランプレー、パスプレーを行なう。ストロングセーフティはランプレーを行なう場合が多い。

マイク・プリングル（アメリカ）
CFLのモントリオール・アロエッツのボールキャリアー。プロフットボールで初めて1シーズン中の通算ランが2,000ヤードを超えた（2,065）。

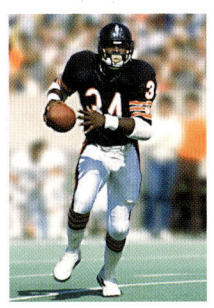

ウォルター・ペイトン（アメリカ）
1975〜1987年にシカゴ・ベアーズに在籍、第20回スーパーボウルで優勝した。3,838回のランで、16,726ヤード（部門最高記録）を記録し、パスとランを合わせた通算獲得距離は21,803ヤードになる。オールスターゲームに9回選出され、「名誉の殿堂」入りした。1999年死去。

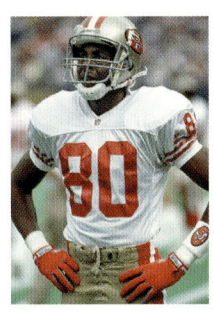

ジェリー・ライス（アメリカ）
史上最高のパスレシーバーとして名高い。オールスターゲームに10回出場、タッチダウン175回、レセプション1,139回、通算パス17,612ヤードといった多数の最高記録を保持している。

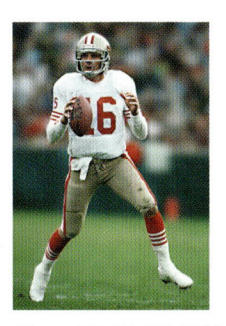

ジョー・モンタナ（アメリカ）
サンフランシスコ・49ersで、第16、19、23、24回スーパーボウルでの優勝に貢献した。3,409回のパスで通算40,551ヤード、273回のタッチダウンを記録した。1979〜94年の現役中にオールスターゲーム（プロボウル）に8回選出されるなど、最高のクォーターバックと言われている。

バスケットボール

バスケットボールは、非常にテンポが速く攻撃的で技術の必要な球技である。1891年にマサチューセッツ州の現在のスプリングフィールドカレッジで、カナダ人のジェームス・A・ネイスミスにより考案され、1893年にヨーロッパに紹介された。1935年に国際バスケットボール連盟（FIBA）により最初のヨーロッパ選手権が開催され、翌1936年に、ベルリン大会でオリンピック種目に採用された。しかし、ヨーロッパで実際に人気が出たのは、第二次世界大戦後で、アメリカ軍の駐留がきっかけだった。全米バスケットボール協会（NBA）の最初の公式試合は1950年に行われたミネアポリス対シラキュース戦である。女子バスケットボールは、1970年代の初めまでルールによる制限が多く、オリンピック種目に採用されたのは1976年になってからである。1992年のバルセロナ大会では、圧倒的強さを誇るアメリカ男子チーム「ドリームチーム」が登場し、世界中でNBAバスケットボールの人気が高まった。

試合をするワシントン州ウエスタン校の生徒（1899年）。

試合

各チーム5人の2チームが、相手チームのバスケットにボールを投げ入れて得点を競う。ボールのコントロールは手を用いてのみ行ない、ボールを持ったまま走ってはならない。スリーポイントラインの内側からのゴールは2点、外側からのゴールは3点、フリースローは1点になる。ボールを保持しているチームは、次の制限時間内に攻撃を始めなければならない。

- ボールを取った後、8秒以内にボールをセンターラインより先に移動させ、24秒以内にシュートしなければならない。
- 相手に止められた場合は、5秒以内にドリブルまたはパスによってボールを移動させなければならない。

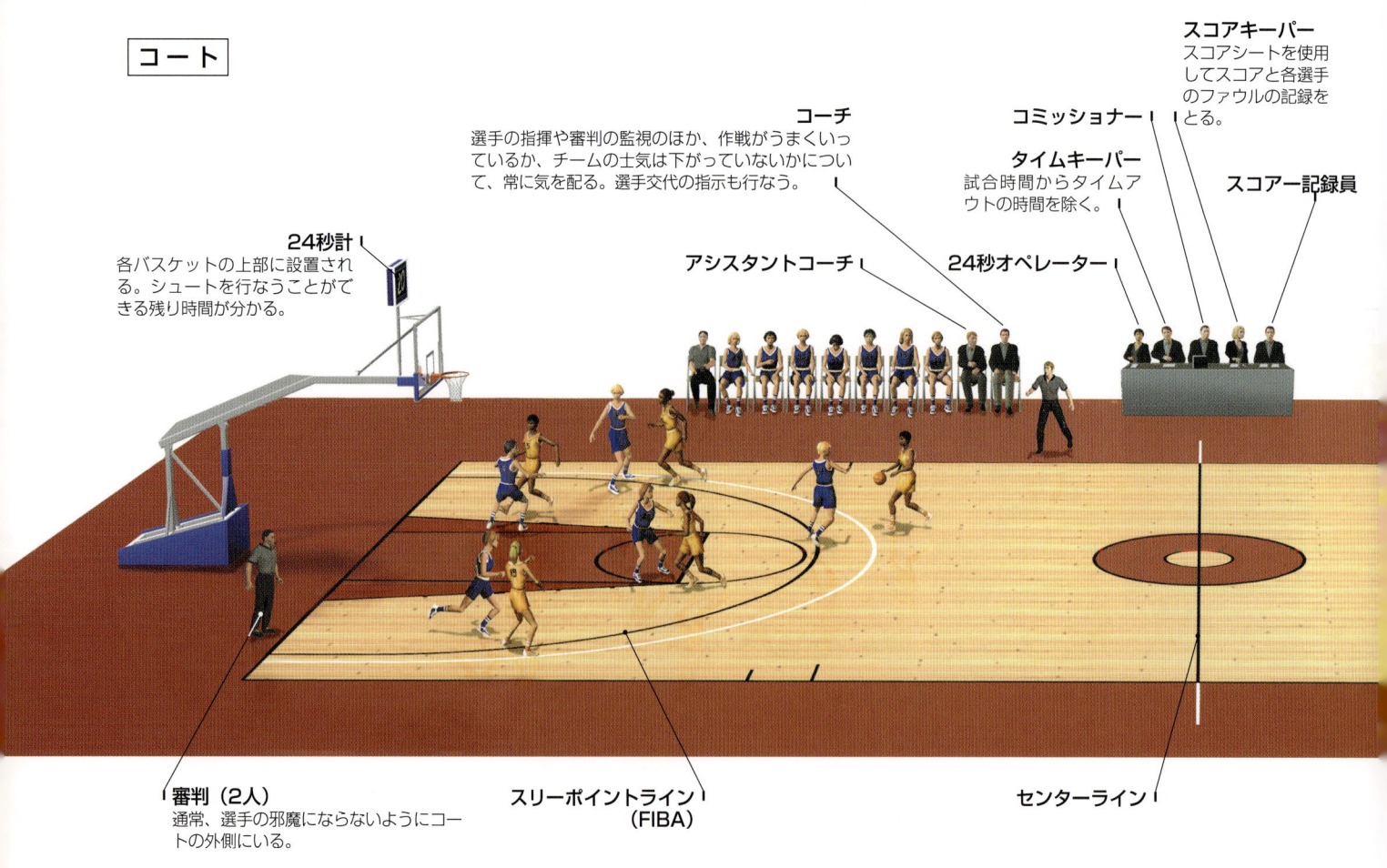

コート

スコアキーパー
スコアシートを使用してスコアと各選手のファウルの記録をとる。

コーチ
選手の指揮や審判の監視のほか、作戦がうまくいっているか、チームの士気は下がっていないかについて、常に気を配る。選手交代の指示も行なう。

コミッショナー

タイムキーパー
試合時間からタイムアウトの時間を除く。

スコアー記録員

アシスタントコーチ

24秒オペレーター

24秒計
各バスケットの上部に設置される。シュートを行なうことができる残り時間が分かる。

審判（2人）
通常、選手の邪魔にならないようにコートの外側にいる。

スリーポイントライン（FIBA）

センターライン

優勝杯と選手権

アメリカでは1949年からNBAのチャンピオンシップが毎年開催されている。プレイオフを勝ち抜いた上位2チームがファイナルの7試合で対戦し、最初に4試合勝ったチームの優勝となる。

FIBA世界選手権は、1950年以降4年に1度開かれ、世界各国のチームが参加している。

ヨーロッパ選手権は1935年から隔年で開催されている。

ヨーロッパの男子トップチームはユーロリーグ、チャンピオンズカップ、ULEBカップにて優勝を争う。ほぼ同時期に女子のユーロリーグ、チャンピオンズカップが行われる。

スコアボード

- 残り時間
- スコア
- 24秒計
- ファウル
  各チームの犯したファウルの回数。

ポジション

フォワード

センター（インサイドプレーヤー）
チーム内で1番背が高く、近距離のシュートからゴールを守り、リバウンドを取る。

フォワード
シューティングガードとセンターをつなぐ。オフェンス、ディフェンス両面での能力が不可欠。

シューティングガード
最も危険な相手をカバーし、ポイントガードを助け、常にシュートを狙う。

ポイントガード
試合を先導し、オフェンスを指揮する。

28 m / 15 m

バックボード
プレクシグラス製で、後部の観戦客の視界を妨げない。

1.80 m / 1.20 m

ネット
リングを通過するとき、ネットによってボールの速度が落ちる。

保護用パッド
選手の負傷を防ぐためにバックボードの下部に取り付けられている。

45 cm

リング
ダンクショットの振動でバックボードが損傷するのを防ぐために、ばねに取り付けられている。

バスケット：3.05 m

ベンチの選手
1チームは10～12人で構成される。1試合中の交代回数には制限がない。

- トレーナー
- フリースローライン
- サイドライン
- スリーポイントライン（NBA）
- フリースローゾーン（キー）
  ボールを保持しているチームは、この区域内に3秒以上とどまってはならない。
- エンドライン

6 m

球技（大きなボール）

263

球技（大きなボール）

テクニック

ジャンプボール
両チームのセンターの間に審判がボールを投げあげ、そのボールをセンター同士がたたき合って味方に送る。このときにボールをつかんではならない。

パス
ディフェンスに邪魔されたり、インターセプトされたりしないように、短く直接行なうことが多い。ほとんどの場合、送る相手を見ずに行なう。

チェストパス
送り手と受け手の間に何もない場合に用いる。ボールを両手で胸の前にしっかり持ち、腕と手首のスナップで前に押し出す。

バウンドパス
送り手と受け手の間に相手選手が立ちはだかっている場合に用い、相手が一番コントロールしづらい、地面に近い位置をボールが通るようにする。

スローパス
プレッシャーがきついとき、この角度でパスを行なうとよい場合が多い。ワインドアップの間、空いている方の手でボールを守る。

コート上の移動
選手はコート上のどの位置に移動してもかまわないが、ボールを持ったまま移動してはならない。パスをしない場合は、ピボットかドリブルによって移動する。

ピボットフット
ピボットでは動作が制限される。ボールを取ったときの状態により、ピボットフットとなる足（軸足）が決まる。
- 空中でボールを取った場合、先に地面に着いた足がピボットフットとなる。
- 両足が地面に着いていた場合はピボットフットを選択することができる。片足が着いていた場合はその足がピボットフットとなる。

ボールを持ったままピボットフットを動かすには、ドリブルを始めるしかない。

ドリブル
ボールを保持していても、ボールをバウンドさせている間は自由に移動することができる。手に力を入れずに、手首のスナップを使って軽くボールをたたく。ドリブルはボールを見ずに行ない、味方に合図し、相手チームに気を配る。

低いドリブル
ドリブルする手を交換したり、向きを素早く変えたりすることができるため、相手選手が迫っている場合や相手ディフェンスを突破する場合に用いる。空いている手と体でボールを守りながら、膝の高さでバウンドさせる。

高いドリブル
通常、カウンター攻撃のときに用いる。妨害されていない場合に、より速く移動するために肩から腰の高さでバウンドさせる。

シュート

試合中の動きはすべて、シュートを行なうために適切な位置を確保することを最終目的とする。シュートの正確さは、バランスとスピードによって決まる。ジャンプの動作と投げる動作の2つをうまく連動させる必要がある。

球技（大きなボール）

ジャンプシュート
これによって大きなチャンス（特にスリーポイントシュート）を得られるため、最も多く用いられる。片手でボールを保ち、もう片方の手でシュートする。ジャンプの一番高い位置でボールを離す。

レイアップシュート
相手を突破した後、ゴールの近くでジャンプしてボールを置くように入れる。手首を曲げずに下からボールを押し上げる。

ダンクシュート
片手または両手でリングの上からボールをたたき込むので、相手は止めることができない。最も見ごたえのあるシュート。

オフェンシブ／ディフェンシブリバウンド
大部分のシュートは制限区域（キー）内から行なわれる。シュートに失敗してリングやバックボードに当たったボールが跳ね返ると、両チームがボールを取り合う。ゴール下のボールをコントロールすることによって非常に有利になる。シュートをブロックするのが許されるのは、ボールが落ち始める前に限られる。落ち始めたボールを違法にブロックした場合は相手チームに2点が与えられる。

アウトオブバウンズ
ボールがコートの外（境界線を含む）に出ると、アウトオブバウンズとなる。アウトオブバウンズとなったときにボールを保持していなかったチームに攻撃権が移る。審判の笛の後、5秒以内にプレーを再開する。

オフェンシブリバウンドはオフェンス側がもう一度シュートするチャンス。

ジャンプする前に、落ちるボールの下で最良の位置を取り合う。

シュートの失敗は、ディフェンス側がボールをサイドラインの方に移動させてカウンター攻撃を仕掛けるチャンス。

球技（大きなボール）

バイオレーションとファウル

動作（ピボットフット、ドリブル、トラベリング）や時間制限（3秒、5秒、8秒、24秒）に関するルールを破るとバイオレーションとなり、相手チームにボールの保持権が移る。

- テクニカルファウルは、審判への敬意を欠いた、試合を遅らせたなどの、コート上のコーチやプレーヤーの行為に課せられる。相手チームに2回のフリースローが与えられる。2回目のシュートの成否に関わらず、リバウンドしたボールをリカバーすることができ、ボールをハーフコートサイドラインまで持って行き自軍ボールで再開できる。
- パーソナルファウルは、相手がボールを持っているか否かにかかわらず、その進行を妨げた場合に起こる。各選手の犯したファウル回数が記録され、その合計がチームファウルの回数となる。同ピリオドでチームファウルが4回になるとペナルティーが与えられ、相手チームは2回のフリースローを行える。

フリースロー

平均すると、1試合中に各チームが犯すファウルは25回。35点分の得点の機会がフリースローによって生まれているため、試合の重要な要素となっている。

空中にあるボールを妨害してはならない。ゴールに当たる、またはゴールに入る前にボールに触れてはならない。

キー内に入ったり、フリースローを行なう選手を妨害したりしてはならない。

フリースローラインの後ろに立つ。足がラインに触れたりラインを越えたりしてはならない。

審判

スピードがありルールも複雑なため、バスケットボールの審判を行なうのは難しい。コート上の審判は、ファウルをコールするのか試合を続けるのかの判断を、瞬時に下さなければならないことが多い。ハンドシグナルでスコアラーなどの競技役員に伝える。

ルールの相違点	NBA	FIBA
試合時間	48分（12分×4ピリオド）	40分（10分×4ピリオド）
審判の人数	3人	2人また3人
コートの寸法	28.65 x 15.24 m	28 x 15 m
スリーポイントライン	7.24 m	6.25 m
各選手に許されるファウル回数	6回	5回
認められるタイムアウトの回数	1試合に7回	前半2回、後半3回
タイムアウトをコールできる人	コーチと選手	コーチ

ファウル 　　タイムアウト 　　チャージング 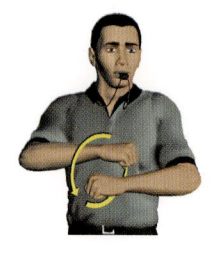　　トラベリング 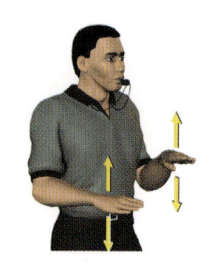　　ダブルドリブル

バスケットボール用具の変遷

1891年　　　1895年　　　1891年

用具

ボール
8枚の皮を縫い合わせ、空気で膨らませている。
外周：750〜780mm
重量：600〜650g

ユニフォーム
ホームゲームでは明るい色のユニフォームを着る。

背番号
NBAでは選手が自分の背番号を選ぶ。FIBAの試合では4〜15でなければならない。

バスケットシューズ
足首を捻挫することが多いため、足首をしっかり支える。

球技（大きなボール）

シェリル・スウープス（アメリカ）
1993年の全米2位の選手。同年、1試合中47点を記録しNCAA（全米大学競技協会）のMVPに選ばれた。1996年のアトランタ・オリンピックで優勝。WNBA（全米女子バスケットボール協会）では1997、98年にヒューストン・コメッツを優勝に導いた。

カリーム・アブドゥル＝ジャバー（アメリカ）
1960年代からの20年間の現役中に、NBAで優勝6回、MVP6回を獲得した。NBAの通算最多得点の記録（38,387点）を持つ。

トニー・クーコッチ（クロアチア）
1989〜91年にチャンピオンクラブのヨーロッパカップで優勝、1990年の世界選手権、ヨーロッパ選手権で優勝。その後大西洋を越えて、NBAで3回優勝（1996、97、98年）している。

マイケル・ジョーダン（アメリカ）
史上最高のプレーヤーと言われている。1987〜93、1996〜98年のNBAのリーディングスコアラー。1,000を超える試合に連続して出場し、各試合で10点以上得点した。1991〜93、1996〜98年にNBAで、1984、92年にオリンピックで優勝。

「ハーレムグローブトロッターズ」が初めて試合を行ったのは1927年。初めてアフリカ系アメリカ人だけで結成されたチーム。長期にわたってトップランクに位置し、ミネアポリス・レイカーズを挑戦に応じて2回連続で打ち負かしたこともある。NBA初の2人のアフリカ系アメリカ人選手はハーレムグローブトロッターズの出身だ。

選手の特徴

・考えて瞬時に行動する力、広い周辺視野、試合を読む力の3つのスキルが重要。瞬発力、加速力、調整力といった運動能力を伸ばすトレーニングは、選手の身長（平均1m85cm〜2m16cm）に合わせて行なわれる。

・トップレベルの選手は、たとえ極度の疲労、ストレス、心理的プレッシャーにさらされていても、最高のプレーを行なわくてはならない。どんな状況でも反射的に体が動くようになるには、同じ動作を20万回以上繰り返さなければならないことが、研究から分かっている。

・毎日の練習は数時間続けられる。実際、優れた選手はコーチを必要とせず、試合の進行に合わせてプレーすることができるが、チームをひとつのユニットとして機能させるのはコーチの役目である。

ネットボール

ネットボールは女性によって行なわれるのが慣例となっている。1891年にアメリカでジェームス・ネイスミスによって考案されたネットボールは、2チームが相手のゴール(リング)にシュートして得点を競い合う。コートは3つの区域(サード)に分けられるが、これは選手の役割について記したネイスミスの文を誤解したことから生まれた。ネットボールはイングランドに紹介された後、1906年に南半球にも伝えられた。1926年にオールイングランドネットボール協会が設立され、1938年以降、オーストラリアとニュージーランドの間では定期的にトーナメントが行なわれている。国によって1チームの人数が異なり、7人または9人で行われていたが、オランダでは12人制のコーフボールとなった。1957年、アメリカと英連邦の6カ国が1チーム7人と定め、このルールが1960年に創立された国際ネットボール連盟(IFNA)に採用された。最初の世界選手権は1963年に開催され、11カ国が参加した。ネットボールはオセアニアで非常に人気がある。1995年にIOCによって公認され、コモンウェルス競技会でも、1998年にマレーシアのクアラルンプールで行なわれて以降、正式種目となっている。

1935年、イングランドのケンブリッジで行なわれた、ケンブリッジ大学の生徒対ロンドンの公務員チームの試合。

試合

センターパスで試合が始まる。審判の笛の後、センターが味方にボールをパスする。他の選手は審判の笛の前にセンターサードに入ってはならない。1試合は各15分の4ピリオドで構成され、各ピリオド間に3分(ハーフタイムは10分)休憩が入る。選手はポジションに応じて明確な役割を持ち、ポジションを表すイニシャルが入ったゼッケンを着ける。シュートできるのはゴールアタック(GA)とゴールシューター(GS)のみで、ゴールサークル内から行なわなくてはならない。どの選手も3秒を超えてボールを保持してはならない。

動作

ドリブルは認められないが、ボールを取った後、1歩だけ動いてもよい。

・ボールを取ったときに片足が地面に着いていた場合、その足を軸足にして、すべての方向にピボットを行なうことができる。着いていた足が地面から離れた場合は、その足が地面に着く前にボールをパスしなければならない。

・両足が着いていた場合は、どちらの足を動かしてもよい。ジャンプした場合、どちらかの足が地面に着く前にパスまたはシュートを行なわなければならない。

違反

ゴールサークルの外側でパーソナルファウル(コンタクト、オブストラクション)が犯された場合、相手チームにペナルティパスが与えられる。ファウルを犯した選手は、パスによってプレーが再開されるまで動いてはならない。ゴールサークル内でファウルが犯された場合は、ペナルティショット(相手チームから妨害されずにリングに直接シュート)またはペナルティパスとなり、行なう選手が選択する。領域や動作に関するルールに違反した場合は、相手チームにフリーパスが与えられる。プレーを中断し、違反のあった地点からボールを投げる。

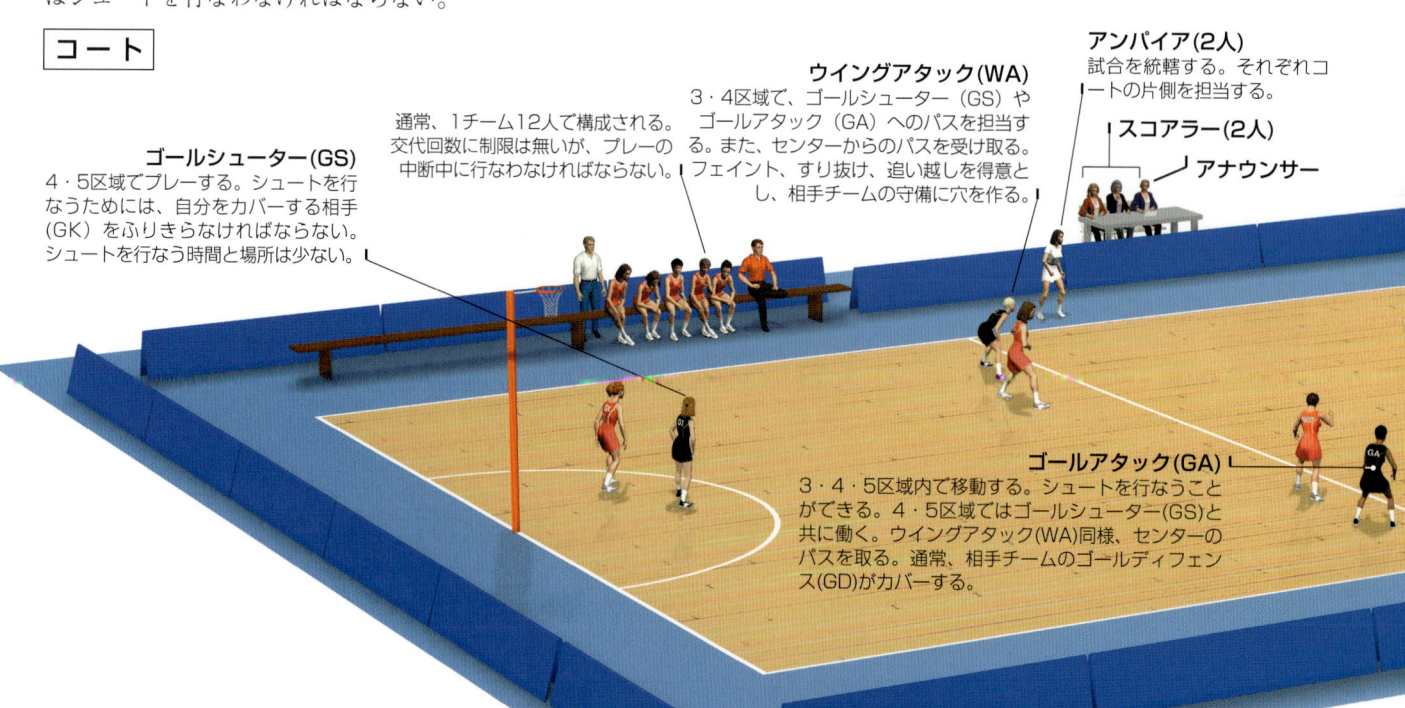

コート

ゴールシューター(GS)
4・5区域でプレーする。シュートを行なうためには、自分をカバーする相手(GK)をふりきらなければならない。シュートを行なう時間と場所は少ない。

通常、1チーム12人で構成される。交代回数に制限は無いが、プレーの中断中に行なわなければならない。

ウイングアタック(WA)
3・4区域で、ゴールシューター(GS)やゴールアタック(GA)へのパスを担当する。また、センターからのパスを受け取る。フェイント、すり抜け、追い越しを得意とし、相手チームの守備に穴を作る。

アンパイア(2人)
試合を統轄する。それぞれコートの片側を担当する。

スコアラー(2人)

アナウンサー

ゴールアタック(GA)
3・4・5区域内で移動する。シュートを行なうことができる。4・5区域ではゴールシューター(GS)と共に働く。ウイングアタック(WA)同様、センターのパスを取る。通常、相手チームのゴールディフェンス(GD)がカバーする。

球技（大きなボール）

テクニック

パス
ボールを投げる、またはバウンドさせて行なうが、転がしてはならない。片手または両手（こぶしは認められない）で、たたいたり打ったりする。故意でなければ、体の他の部分がボールと接触しても違反にはならない。

守備
守備を行なう場合は、相手から92cm以上離れていなければならない。威嚇は認められない。ボールキャリアーを妨害する接触は、故意か否かにかかわらず違反となる。

シュート
相手チーム側のリングを狙う。開いた両手で頭の上にボールを持ち、膝を伸ばしながら投げる。ボールが高く上がり、垂直にリングに落ちるのが理想。

サード
ボールがサードを通過するときには、必ずそのサードの中にいる選手がボールに触れなければならない。自分の区域を離れた選手はオフサイドとなる。

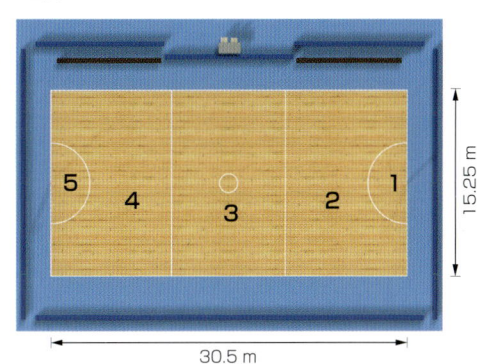

30.5 m / 15.25 m

選手の特徴
- 平均身長1m75cm。通常、ゴールシューターの身長がもっとも高く、センターとディフェンス選手は、そのポジションのスペシャリストであることが多い。試合展開が速いため、全体を見る力とプレッシャーへの抵抗力を持ち、スピードを調節することが必要。
- トレーニングでは、敏速なリアクションとポジショニングに重点が置かれる。模擬試合によってパスやシュートの正確性を向上させる。

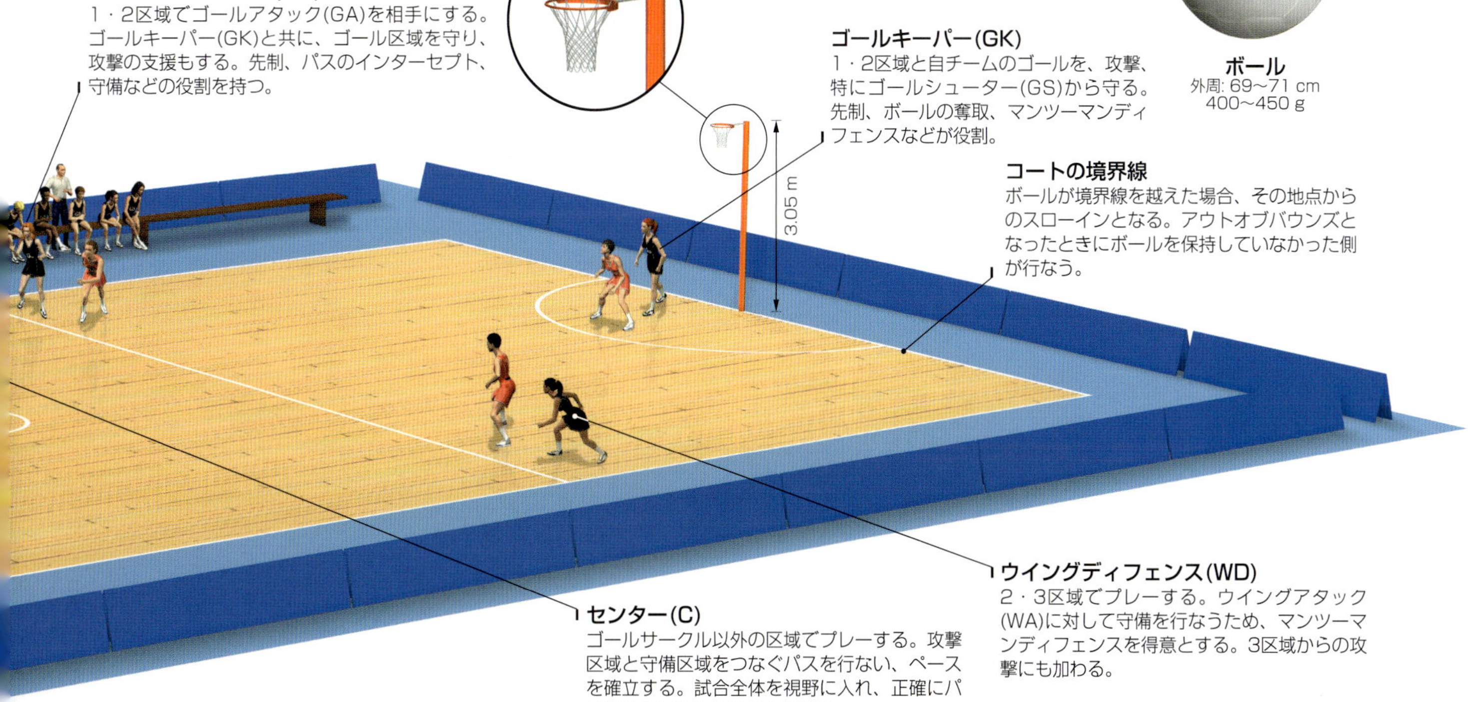

ゴールディフェンス(GD)
1・2区域でゴールアタック(GA)を相手にする。ゴールキーパー(GK)と共に、ゴール区域を守り、攻撃の支援もする。先制、パスのインターセプト、守備などの役割を持つ。

38 cm / 3.05 m

ゴールキーパー(GK)
1・2区域と自チームのゴールを、攻撃、特にゴールシューター(GS)から守る。先制、ボールの奪取、マンツーマンディフェンスなどが役割。

コートの境界線
ボールが境界線を越えた場合、その地点からのスローインとなる。アウトオブバウンズとなったときにボールを保持していなかった側が行なう。

ボール
外周: 69〜71 cm
400〜450 g

センター(C)
ゴールサークル以外の区域でプレーする。攻撃区域と守備区域をつなぐパスを行ない、ペースを確立する。試合全体を視野に入れ、正確にパスや動作を行なえることが必要。

ウイングディフェンス(WD)
2・3区域でプレーする。ウイングアタック(WA)に対して守備を行なうため、マンツーマンディフェンスを得意とする。3区域からの攻撃にも加わる。

バレーボール

球技（大きなボール）

1895年にアメリカ人のウイリアム・G・モーガンにより、新しい屋内スポーツとして、後にバレーボールとなる「ミントネット」が考案された。当時、他の2つの新しいスポーツ、バスケットボールやテニスが裕福階級の間で行なわれていたのに対し、バレーボールは費用がかからず、おもに労働者階級の間で行なわれた。第一次世界大戦中にアメリカ人によってヨーロッパに紹介され、寒冷な気候のために屋内スポーツが盛んな東ヨーロッパに定着した。1924年のパリオリンピックでデモンストレーション競技として行なわれた。1947年に国際バレーボール連盟（FIVB）が設立され、公式競技となった。その2年後、最初の男子世界選手権がチェコスロバキアのプラハで開催され、1964年の東京大会でオリンピック種目に採用された。翌年、ポーランドで初めてワールドカップが行なわれた。男子の世界リーグが初の世界的なプロ組織として1990年に創設され、多くの助成金と広範囲なテレビ報道によって支えられている。

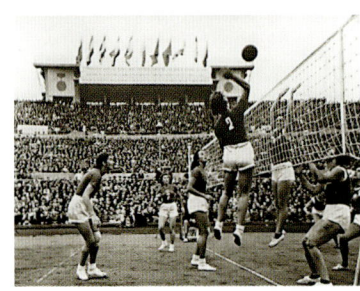

1952年にモスクワで行なわれた世界選手権。3-0でソ連がブルガリアを下した。

試合

各6人の2チームが、ネット越しにボールを打ち合い、相手コートにボールを落とすことよって得点を競う。ラリーに勝つと1ポイント獲得、サーブ権を持っていなかった場合はさらにサーブ権も獲得する。2ポイント以上リードをつけて先に25ポイント（第5、または最終セットでは15ポイント）先取した方が、1セット獲得となる。24-24の同点になった場合は、どちらかが2ポイントリードするまで続けられる。5セット中3セットを獲得したチームの勝利となる。試合は後列右側の選手のサーブによって始まる。サーブは幅9mのサービスゾーン内のどこから行なってもよい。審判の笛が鳴ってから8秒以内に、ネットを越えるように1度だけボールを打つ。ボールが床に落下したり、アウトオブバウンズになったり、どちらかのチームが反則したりすると、ラリーが終了する。

サーブ権を獲得したチームは時計回りに選手のローテーションを行なう。これはルールとして定められているため、選手はフロントゾーンとバックゾーンの両方でプレーすることになる。各チームは相手側にボールを送る前に、3回までボールに触れることができる（ブロックは含めない）。1度ボールに触れた選手は、どちらかのチームの他の選手が触れるまでボールに触れてはならない。ボールは体のどの部分で触れてもよいが、持ったり投げたりせずに、必ず打たなければならない。相手チームからサーブが見えないように壁を作ったり、相手ゾーン内からボールを打ったりした場合は反則となる。各チームは1セット中に6回まで選手を交代できる。

コート

スコアボード

ポイント
現在行われているセットで、各チームが獲得したポイント。

セット
各チームの獲得したセット数。

記録係
ポイント、プレーの中断、タイムアウト、ローテーションの記録を行なう。

コーチ

副審
センターライン、ネット下、アタックラインのフォールトを判定する。サーブを受ける側の選手のポジションを監視する。必要な場合は主審を補佐する。

ポジション

サーブまたはアタックされたボールを、後衛の選手が拾ってセッターに送る。通常、そのボールをセッターが前衛またはアタッカーにトスし、アタッカーはスパイクで相手コートにボールを入れる。

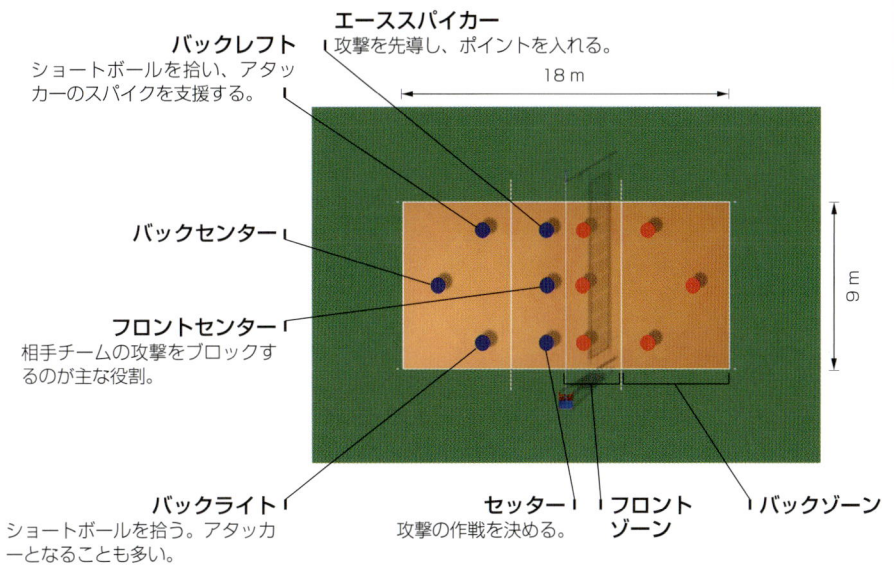

バックレフト
ショートボールを拾い、アタッカーのスパイクを支援する。

エーススパイカー
攻撃を先導し、ポイントを入れる。

バックセンター

フロントセンター
相手チームの攻撃をブロックするのが主な役割。

バックライト
ショートボールを拾う。アタッカーとなることも多い。

セッター
攻撃の作戦を決める。

フロントゾーン

バックゾーン

18 m / 9 m

選手の特徴
- 国際レベルの選手は、長身で反射神経が良く、腕力が強い。平均身長は男子1m90cm、女子1m80cm。
- 長距離のランニングやスプリントで心肺機能を高め、バーベルやダンベルで筋力をつける。縄跳び、垂直跳び、走り高跳びなどでテクニックを鍛える。

カーチ・キライ（アメリカ）
1984、88年オリンピックのゴールドメダリスト。1985年のワールドカップと翌年の世界選手権で優勝。1996年のオリンピックのビーチバレーでは、ケント・ステフェスと組んで金メダルを獲得している。

ミレーヤ・ルイス（キューバ）
オリンピックでは3大会連続して（1992、96、2000年）、世界選手権では1994年に金メダルを獲得した。

ネット
ネットに接触した場合はフォールトとなるが、偶然、またはボールに触れようとしていなかった場合はならない。

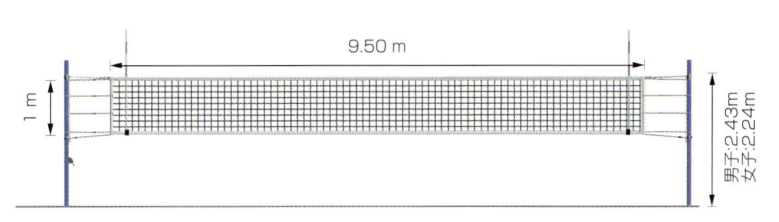

9.50 m / 1 m / 男子:2.43m 女子:2.24m

用具

ボール
ゴム製の内袋に柔らかい皮の外層をかぶせている。気圧は294〜319mbar。
外周65〜67cm

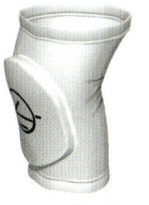

ニーパッド

アンテナ
ボールがアウトオブバウンズとなる区域を示す。

リベロ
サーブレシーブのスペシャリスト。その試合、またはトーナメント中は他のポジションに就くことができない。他の選手と区別できるように異なる色のユニフォームを着用する。

ラインジャッジ（4人）
サーブフォールト、アンテナとの接触、ボールのアンテナ外側の通過、ボールアウトなどを赤いフラッグを用いたシグナルで知らせる。

フリーゾーン
国際試合:5m
国内試合:3m

主審
ネットの50cmほど上から試合を監督する。最終的な決定を下す。

アタックライン
後衛の選手はこの線の後ろからボールを打つ。触れたり越えたりしてはならない。

センターライン
各チームの領域を分ける。この線を越えたチームはポイントを失う。

球技（大きなボール）

球技（大きなボール）

| テクニック |

サーブ（スパイク）
エンドラインの後ろであればどこから行なってもよい。アンダーハンドサーブも認められているが、国際レベルの選手はオーバーハンドサーブ、主にスパイク（ジャンプ）サーブを用いる。スパイクサーブはサービスラインの後ろからスパイクを打つように強打し、成功すれば強力な攻撃手段となる。

トス
試合中に用いられるラリーのテクニック。レシーブとアタックの間をつなぐ。腕と脚を上方に伸ばしながら、指先で軽くボールを打つ。

フライングレシーブ
他の方法ではレシーブできないボールを拾うために行なう。片手、または両手でボールを拾った後、床と接触するときの衝撃を緩和するために回転し、素早く起き上がってプレーに戻る。試合に集中して動くボールの後を追い、レシーブを失敗しないようにすることが重要。

レシーブ
守備（ボールを床に落下させない、サーブをレシーブする、弱いボールを拾う）でもあり、攻撃（再び攻撃をしかけるためにセッターに返球し、セッターがアタッカーにトスをあげる）でもある。最初にボールと接触する（サーブレシーブ）重要なテクニック。レシーブが攻撃の起点になる。

スパイク
ボールを打って攻撃すること。1920年にフィリピンで行なわれたのが始まり（フィリピン・ボム）。スパイクを行なう選手は空中でのバランス感覚に優れ、相手側の行動とポジションを察知することができる。フロントゾーン内でネットの上から打ち込む。

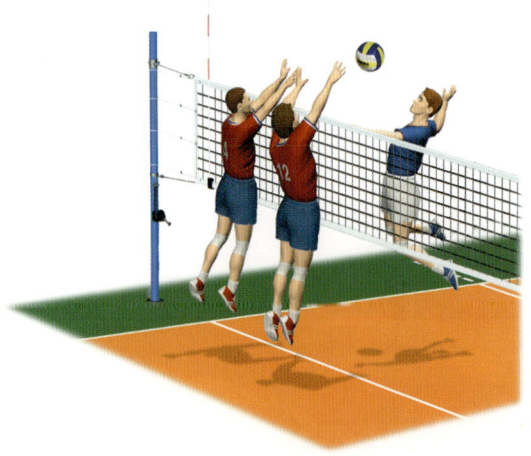

ブロック
1〜3人の選手によって行なわれる、スパイクの最初の防御ライン。すべてのスパイクをブロックするのではなく、壁となって後衛がカバーする面積を減らす。ブロックにはプレーを予測する力と身長が必要。通常、チーム内で一番背の高い選手をメインにブロックを行なう。

ビーチバレー

球技（大きなボール）

ビーチバレーはもともとファミリーレジャーとして行なわれていたが、1943年、カリフォルニアのステートビーチで2対2の公式トーナメントが初めて開かれた。1965年、カリフォルニアビーチバレー協会（CBVA）が創設され、ルールの制定とトーナメントが行なわれた。1970～80年代、ビーチバレーの人気が急激に高まり、1983年に全米プロバレーボール協会（AVP）が設立されると、多くのオリンピックバレーのスター選手が加入した。翌年、初めてのプロ選手権が開催され、1986年には、女子プロバレーボール協会（WPVA）が設立された。FIVB（国際バレーボール連盟）は、次の年に、最初の男子ビーチバレー世界選手権をブラジルのイパネマで開催し、6年後の1993年には、女子の世界選手権を開催した。ビーチバレーは1996年のアトランタ大会からオリンピック競技となり、アメリカとブラジル勢がタイトルをほぼ独占している。

リズ・マサカヤンとカロリン・カービー。1993～95年に女子ビーチバレー界を制したアメリカ人ペア。

競技会

ビーチバレーは各チーム2人または4人の2チームが参加し、砂浜のコートで行なわれる。選手は裸足で（審判が認めれば靴の着用も可）、水着、またはTシャツとショートパンツ、帽子を着用する。スパイクは必ずボールをたたいて行なわなければならず、片手の指の腹を使ったフェイント（ネット上からボールを軽く押し入れ、相手をあざむく）は禁止されている。ブロックはボールへの接触に含まれる。

1セット21ポイント制で行われ、2セット先取したチームの勝ちとされる。ただし1対1のタイセットになった場合は3セット目を15ポイント制で行う。各セットに勝つ為には2点差をつけてセットを終えなければならない。ラリーを制すればポイントとサーブ権が与えられる。サーブはローテーションで2人の選手それぞれが打つ。最初の2セットでは7ポイント入った時点でコートチェンジになるが、3セット目では5ポイントでそれを行う。1セットにつき30秒間のタイムアウトが認められている。

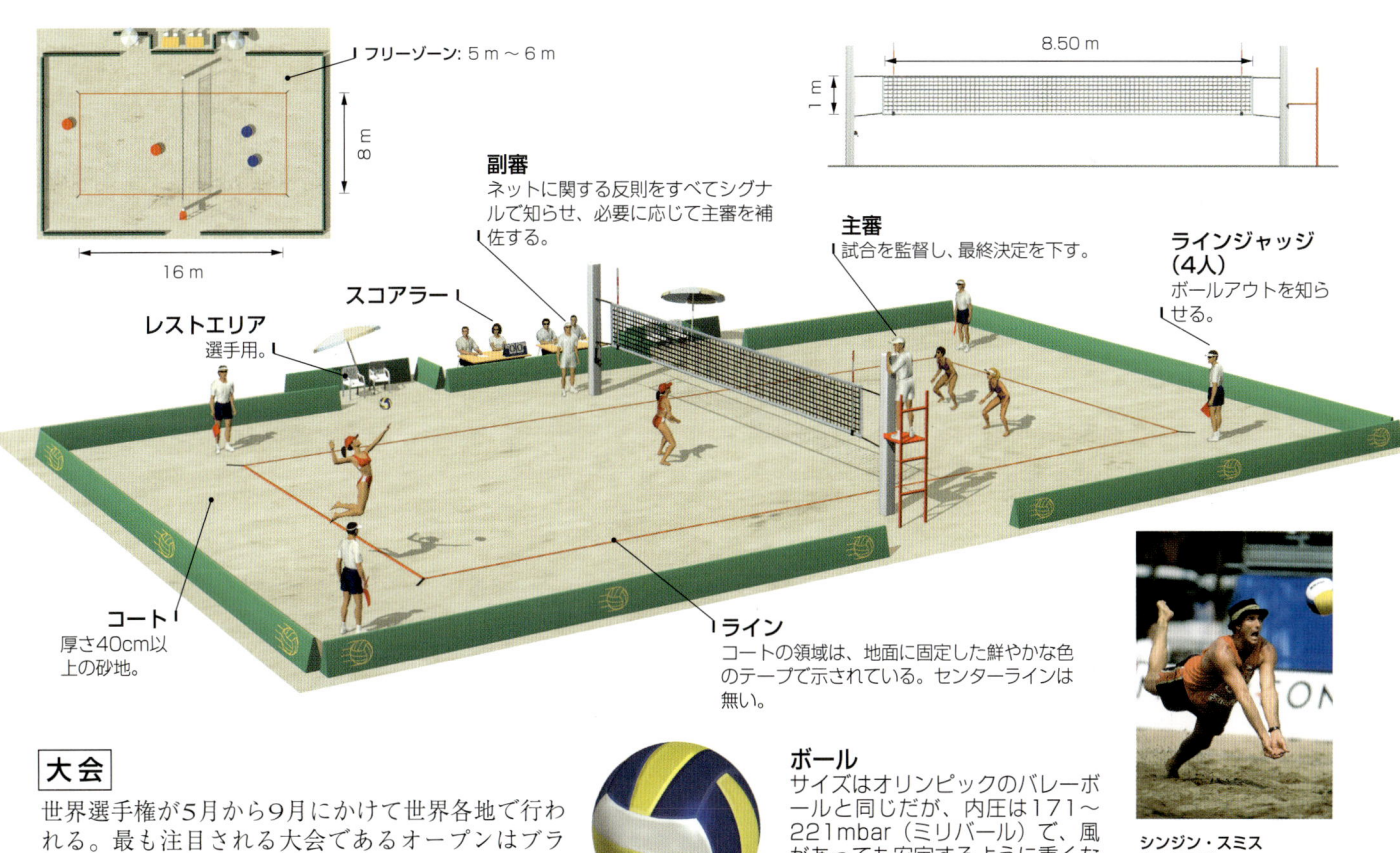

フリーゾーン: 5m～6m
8m
16m
8.50 m
1m

副審 ネットに関する反則をすべてシグナルで知らせ、必要に応じて主審を補佐する。

主審 試合を監督し、最終決定を下す。

ラインジャッジ（4人） ボールアウトを知らせる。

スコアラー

レストエリア 選手用。

コート 厚さ40cm以上の砂地。

ライン コートの領域は、地面に固定した鮮やかな色のテープで示されている。センターラインは無い。

ボール サイズはオリンピックのバレーボールと同じだが、内圧は171～221mbar（ミリバール）で、風があっても安定するように重くなっている。

大会

世界選手権が5月から9月にかけて世界各地で行われる。最も注目される大会であるオープンはブラジルのリオデジャネイロで開催される。各オリンピック年の前々年には、男女含めた24のベストチームが選考される。

シンジン・スミス（アメリカ）
世界チャンピオン5回。FIVBの国際選手権で数回優勝している。1977年以降のトーナメントで139回の勝利を記録した。

ハンドボール

ハンドボールは、体育教師のコンラッド・コッホによって、19世紀の終わりにドイツで開発された。1911年にデンマークで、フレデリク・クヌーセンがルールを成文化した。デンマークでは1チーム7人、ドイツでは1チーム11人で構成されていた。国際アマチュアハンドボール連盟が創設されたのは1928年、アムステルダムオリンピックが開かれていたときである。1936年のベルリンオリンピックでは、11人制のハンドボールがデモンストレーション競技として行なわれた。1938年に11、7人制の世界選手権がそれぞれ開催され、主催国のドイツが両タイトルを獲得した。何十年間か両形式が共存していたが、7人制の人気が高まるにつれ、11人制は徐々に消えていった。現在は国際ハンドボール連盟（IHF）によって統轄されている。男子は1972年のミュンヘン大会で、女子は1976年のモントリオール大会でオリンピック種目に採用された。

試合をするドイツ人女性チーム。1935年ベルリン（ドイツ）。

試合

2チーム各12人（プレー選手7人、交代選手5人）で行なわれる。試合の目的は相手よりも多くゴールを入れることで、ボールがゴールの中に完全に入ると得点となる。試合時間は2ピリオド各30分で、間に10分のハーフタイムが入る。認められるボールの扱いは、手、腕、頭、胴体、太腿、膝を使用して、投げる、押す、たたく、止める、取ること。足で扱ってはならない。ボールを持つことができるのは最大3秒間である。ゴールキーパーのみが、ゴールエリア（6mライン）内に入ることを認められている。コイントスに勝ったチームが、コート中央でスローオフを行ない、試合を開始する。ボールを持った選手がパスを出すまで、両チームの選手は自陣にとどまらなければならない。スローオフを行なう選手は、ボールから手を離すまで、片足でセンターラインを踏んでいなければならない。ボールを保持している選手に認められるボールの扱いは、パス、ドリブル（地面で弾ませる）、持ち続ける、であるが、3秒を超えてボールを持ち続けたり、持ったまま4歩以上歩いたりしてはならない。ゴールが得点されたときは、得点された側のチームがコートの中央でスローオフを行ない、ボールをプレーに戻す。

コート

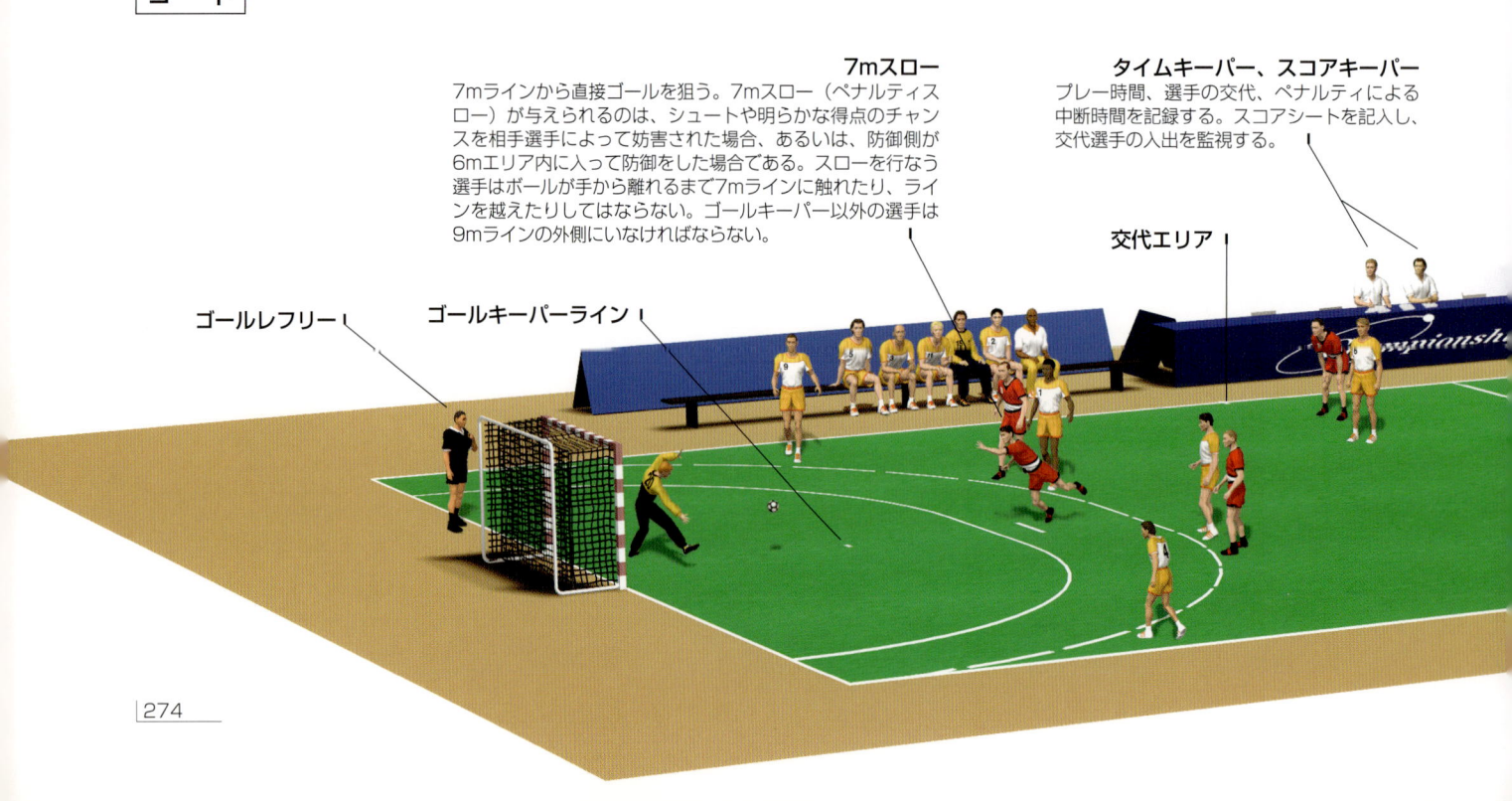

7mスロー
7mラインから直接ゴールを狙う。7mスロー（ペナルティスロー）が与えられるのは、シュートや明らかな得点のチャンスを相手選手によって妨害された場合、あるいは、防御側が6mエリア内に入って防御をした場合である。スローを行なう選手はボールが手から離れるまで7mラインに触れたり、ラインを越えたりしてはならない。ゴールキーパー以外の選手は9mラインの外側にいなければならない。

タイムキーパー、スコアキーパー
プレー時間、選手の交代、ペナルティによる中断時間を記録する。スコアシートを記入し、交代選手の入出を監視する。

交代エリア

ゴールレフリー

ゴールキーパーライン

ポジション

ゾーンディフェンスの戦術は2つある。0-6、すなわち一線ディフェンス（防御側全員が6mラインに並ぶ）と、1-5、2-4、3-3、1-2-3ディフェンスである。後者では、フォーメーションに応じて1人以上の選手が、他の選手より1～2m前に出てボールの動きを制限し、バックコートからのロングシュートを防ぐ。

優勝杯と選手権

各国の代表が参加する世界選手権はIHFにより開催されている。男子は1938年、女子は1957年に初めて行なわれ、1993年以降は隔年に行なわれている。各大陸の連盟は、それぞれの地域の選手権（ヨーロッパ大会、アジア大会など）を隔年に開催している。

クラブチームが参加する国内選手権も各国で開かれ、優勝チームは毎年行なわれる各大陸のトーナメント（ヨーロッパのチャンピオンリーグなど）に出場する。

用具

ユニフォーム
選手は、適切な靴、ショートパンツ、1～20の番号の付いたシャツを着用しなければならない。番号の縦の長さは、背番号は20cm以上、胸番号は10cm以上でなければならない。フェイスガード、ヘッドガード、アクセサリー、伸縮性のベルトのない眼鏡、硬いフレームの眼鏡、その他選手にとって危険となりうる物は禁止されている。

ボール
通常、皮または合成素材で覆ってある。光沢があったり滑りやすかったりしてはならない。

外周
男子：58～60cm
女子：54～56cm

ポスト
攻撃の際、相手ディフェンスラインの中に割って入り、味方のシュートコースやパスコースを作る。

ゴールキーパー
相手のシュートを止める、またはそらす。足でボールに触れることが認められるのはゴールキーパーのみ。

ライトウイング（サイド）

バックライト（45度）

レフトウイング（サイド）
攻撃の際は、各ウイングがそれぞれフィールドの両側に走り、ディフェンスを引き寄せたり、自らシュートのチャンスを作ったりする。防御になったら、相手ウイングに追い越されないようにする。

バックレフト（45度）
防御の際、45度の選手はポストと相手ディフェンダーをカバーし、シュートをブロックする。攻撃の際は、相手ディフェンダーから離れ、ランニングシュートを行なう空間を作る。

センター
防御時にはディフェンスの戦術を指示し、攻撃時には司令塔の役割を果たす。

チームオフィシャル
彼のみがセクレタリー、タイムキーパー、レフリーに話しかけることが許されている。

サイドライン
ボールがこの線を越えた場合は、そのときボールを保持していなかったチームがスローインを行なう。

9mライン（フリースローライン）
フリースローが与えられた場合、シュートを打ち終えるまで、攻撃側は9mラインの内側に入ってはならない。

6mライン

ゴールエリア
ゴールを中心に6mの半円で示された領域。この領域内に入ることができるのはゴールキーパーのみである。シュートのときは、この線の上にジャンプしてもよい。

ゴール
ゴールラインの中央に設置する。地面にしっかり固定されていなければならない。

ゴールライン

レフリー（2人）
試合を監督する。コートレフリーとゴールレフリーを交代で行なう。攻撃チーム側のレフリーがコートを監督し、もう一人は防御側のゴール付近を担当する。防御側のチームが攻撃を始めると、役割を交代する。

球技（大きなボール）

球技（大きなボール）

| テクニック |

プロンジョンシュート（倒れ込みシュート）
ジャンプシュートの動作を大きくしたもの。ゴールエリアの端のサイドから行なわれる。ジャンプした後、シュートする直前に横方向に体をひねり、空中で体をほぼ水平にしながらボールを持っている手を上側にする。この動作によりゴールエリアの中央に近づき、シュートできる角度を広げることができる。反則にならないために、ゴールエリアに着地する前にシュートする。

ジャンプシュート
ジャンプして行なうシュート。効果を上げるため、最大の3歩を走ってから行なう。スタンディングシュートより強さは劣るが正確性があり、ボールをブロックしようとするディフェンダーの上から、ジャンプによってネットを直接狙うことができる。ジャンプ前半の跳び上がる段階で素早く強力なシュートを行なっても、後半の落ちてくる段階でシュートを打ち、ディフェンダーやゴールキーパーの意表をついてもよい。ボールを持っているときに線上やエリア内の地面に触れなければ、ゴールエリア内で行なうことができる。

ゴールキーパーのテクニック
試合の間、ゴールキーパーは、至近距離からの力強いシュートを連続して処理しなければならない。ボールを止めようとするのではなく、ゴールからボールをそらす。相手プレーヤーにできる限りシュートを打たせないために、ゴールラインより1歩前に出て（シュートできる角度が狭まる）、両腕、両足を横に広げ、体全体でボールをブロックする。素早く反応し、脚で蹴ってボールをそらすことができるように常に身構えていなければならない。

ドリブル
3秒ルール、3歩ルールに違反しない様に、ボールを地面で弾ませながら前進する。ボールを持ったまま3歩進んでもよいが、その後はドリブルで進む。ドリブルの後、再びボールを持って歩くと反則となり、相手にフリースローが与えられる。また、ドリブルの後ボールを持ったら、パスをせずにもう一度ドリブルをしてはならない。

スタンディングシュート
最も力強いシュート。両足または片足が地面に接触している状態でシュートする。45度の選手がロングシュートを行なうときに用いることが多く、ディフェンスの壁を突破してゴールキーパーの不意を突くことができる。走りながらでも立ったままでもよく、シュートの前に3歩進むかどうかは、行なう選手が判断する。

パス
基本的なプレー。ハンドボールでは欠かせない動作である。さまざまな方法で味方にボールを渡す。パスの速度と正確さは、チームの技術レベルの評価基準となることが多い。

ジャクソン・リシャーソン（フランス）
フランス代表のポストとして1995年に世界チャンピオン、1992年にオリンピックで銅メダルを獲得。1995年の世界最優秀選手。華やかなプレーで、ハンドボールの人気を高めた。

選手の特徴
- 動きが速く、肉体的に厳しいスポーツであるため、スピード、エネルギー、スタミナが必要とされる。トレーニングはこの3つを集中的に行なう。力、特に腕力も重要な条件となる。力は速さと強さの組み合わせによって決まるので、筋力トレーニングで強靱な体を作る。ハンドボール特有の一つ一つのテクニックや動作は、練習を通して常に鍛える。
- 関節（足首・膝・肘・手首）を常に使うため、試合前の準備運動ではさまざまなストレッチ体操が行なわれる。
- 一流選手では体格も重要な要素である。平均身長は男子1m90cm以上、女子1m75cm以上。

ラケットスポーツ

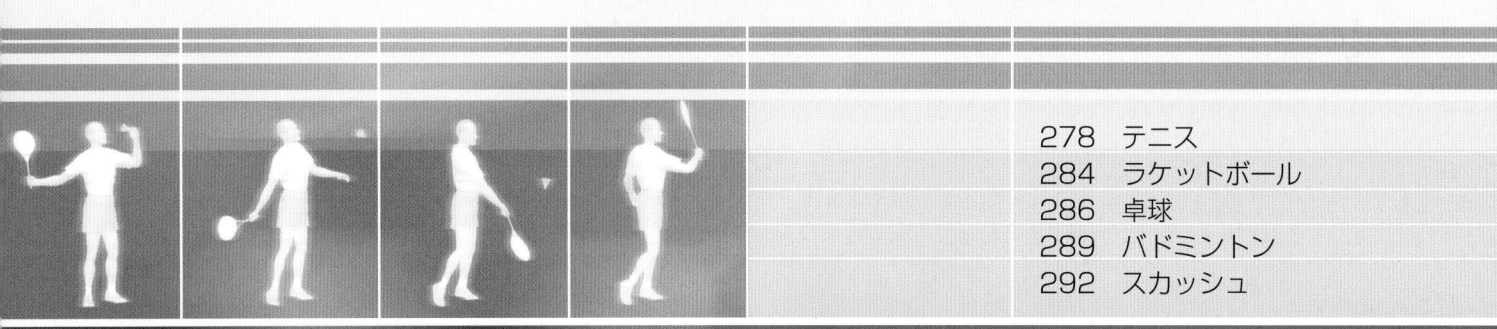

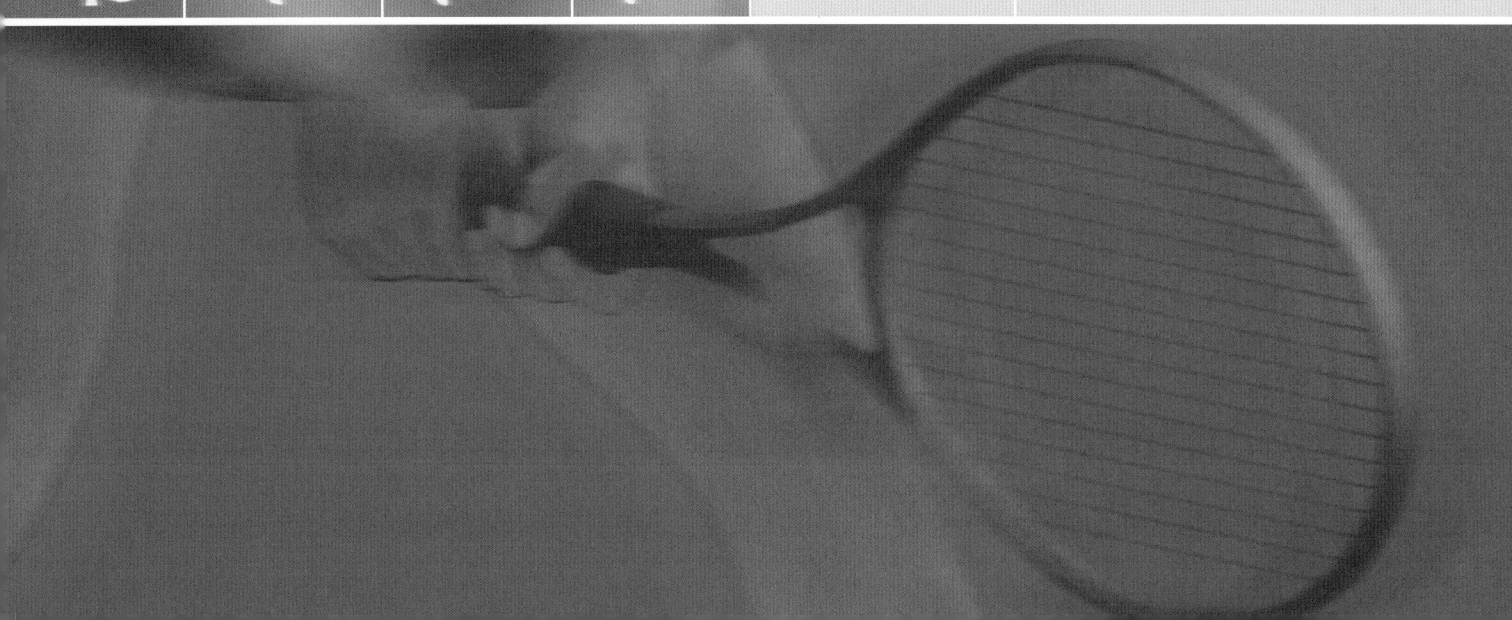

278 テニス
284 ラケットボール
286 卓球
289 バドミントン
292 スカッシュ

ラケットスポーツ

テニス

テニスは、2人の、または2チーム各2人の選手が、ラケットでネット越しにボールを打ち合い、得点を競うスポーツである。近代テニスのルーツは、ポームと呼ばれるフランスの古いゲームで、そのルールは1592年にパリで定められた。これをもとに、イギリスのウォルター・クロプトン・ウィングフィールド少佐がテニスを考案し、1874年2月23日に特許を取得、1875年5月には25のルールを定めた。最初の選手権は1877年1月にロンドン郊外のウインブルドンで開催された。国際選手権は、アメリカでは1881年、オーストラリアでは1905年、フランスでは1925年に開かれたのが最初である。近代オリンピックの第1回アテネ大会からオリンピック種目として採用されたが、1924年から姿を消し、1988年に復活した。1913年以降テニス界を統轄していた国際ローンテニス連盟は、1977年から国際テニス連盟（ITF）となっている。世界中の多くの国でプレーされているテニスは、プレーヤーの年齢も、5、6歳から80歳を超えるベテランまで幅広い。試合の種類には、男女別シングルス、男女別ダブルス、混合ダブルスがある。

スザンヌ・ランラン（フランス）。1914年に15歳で世界チャンピオンとなった。偉大な女性プレーヤーの一人。

試合

最初のコートの選択権やサーブの選択権は、トスによって選ぶ。トスに勝っても相手にサーブ権を渡すことができる。サーブは2回与えられる。通常1度目に力を入れ、強いボールや難しいボールで相手の動揺を誘う。サービスエース（相手がボールに触れることができなかった場合、またはボールは返したがアウトオブバウンズになった、あるいはネットに当たった場合）になると1ポイントが入る。サーブのボールは必ず1度バウンドしてから返さなければならない。その後のラリーでは、ノーバウンドでもワンバウンドでもよい。

チェアアンパイア
試合の監督、ルールの遵守、選手の用具のチェックを行なう。ポイント、ゲーム、セットが獲得されるごとにスコアを告知する。誤りがあった場合は他のアンパイアの決定を変えることもできる。警告、減点、試合中止の3段階のペナルティを適用する。

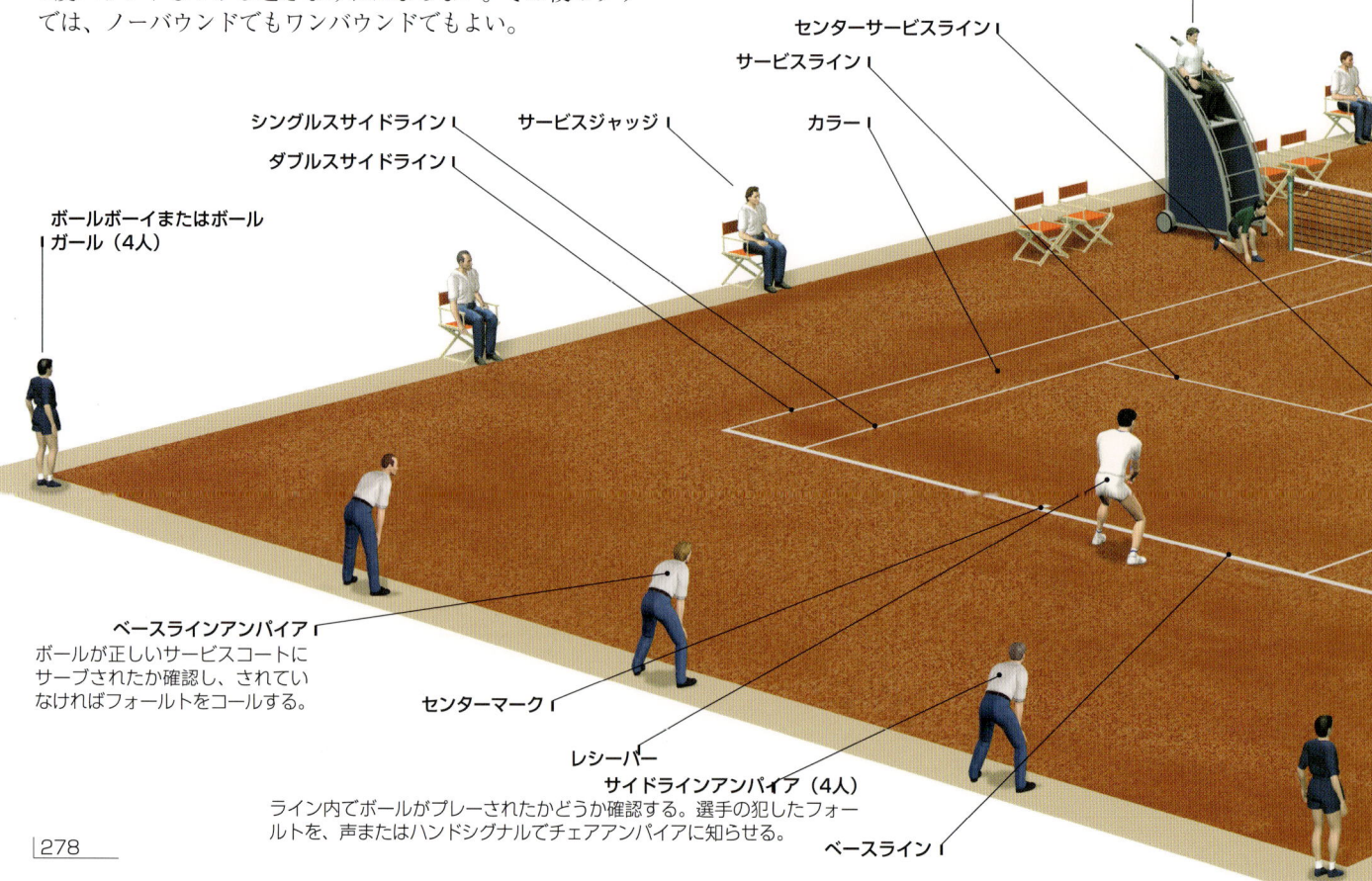

センターサービスライン
サービスライン
シングルスサイドライン
サービスジャッジ
ダブルスサイドライン
カラー

ボールボーイまたはボールガール（4人）

ベースラインアンパイア
ボールが正しいサービスコートにサーブされたか確認し、されていなければフォールトをコールする。

センターマーク

レシーバー

サイドラインアンパイア（4人）
ライン内でボールがプレーされたかどうか確認する。選手の犯したフォールトを、声またはハンドシグナルでチェアアンパイアに知らせる。

ベースライン

得点

1試合はセット、ゲーム、ポイントに分けられる。主催者の選択に応じて、3セットマッチまたは5セットマッチで行なわれる。

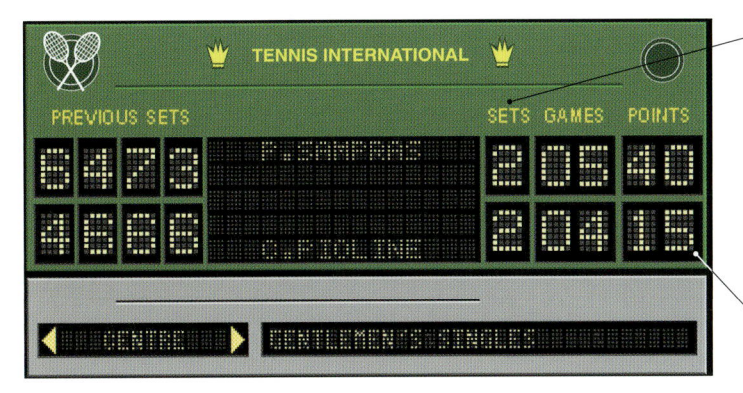

セット
ゲームで構成される。2ゲーム以上の差で6ゲーム獲得すると1セット獲得となる。ゲームカウントが6-6の同点になった場合、タイブレークが行なわれる。最初のサーブは1度だけ行ない、その後2度ずつサーブを行なう。2ポイント差で7ポイント獲得すれば、そのゲームとセットの獲得となる。

ゲーム
ポイントで構成される。ポイントの数え方は、0（ラブ）、15、30、40、ゲーム。40-40の同点になった場合（デュース）は、2ポイント連続で獲得すればそのゲームの獲得となる。この場合の1ポイント目を「アドバンテージ」と呼ぶ。

選手名の表示
常にサーブをする人から先に数える。奇数番目のゲームが終わった後にコートチェンジをする。

シュテフィ・グラフ（ドイツ）
年間グランドスラムとオリンピック金メダル獲得を同じ年（1988年）に達成した唯一の女性プレーヤー。

ロッド・レイバー（オーストラリア）
テニス史上で唯一グランドスラムを2度（1962、69年）達成した。

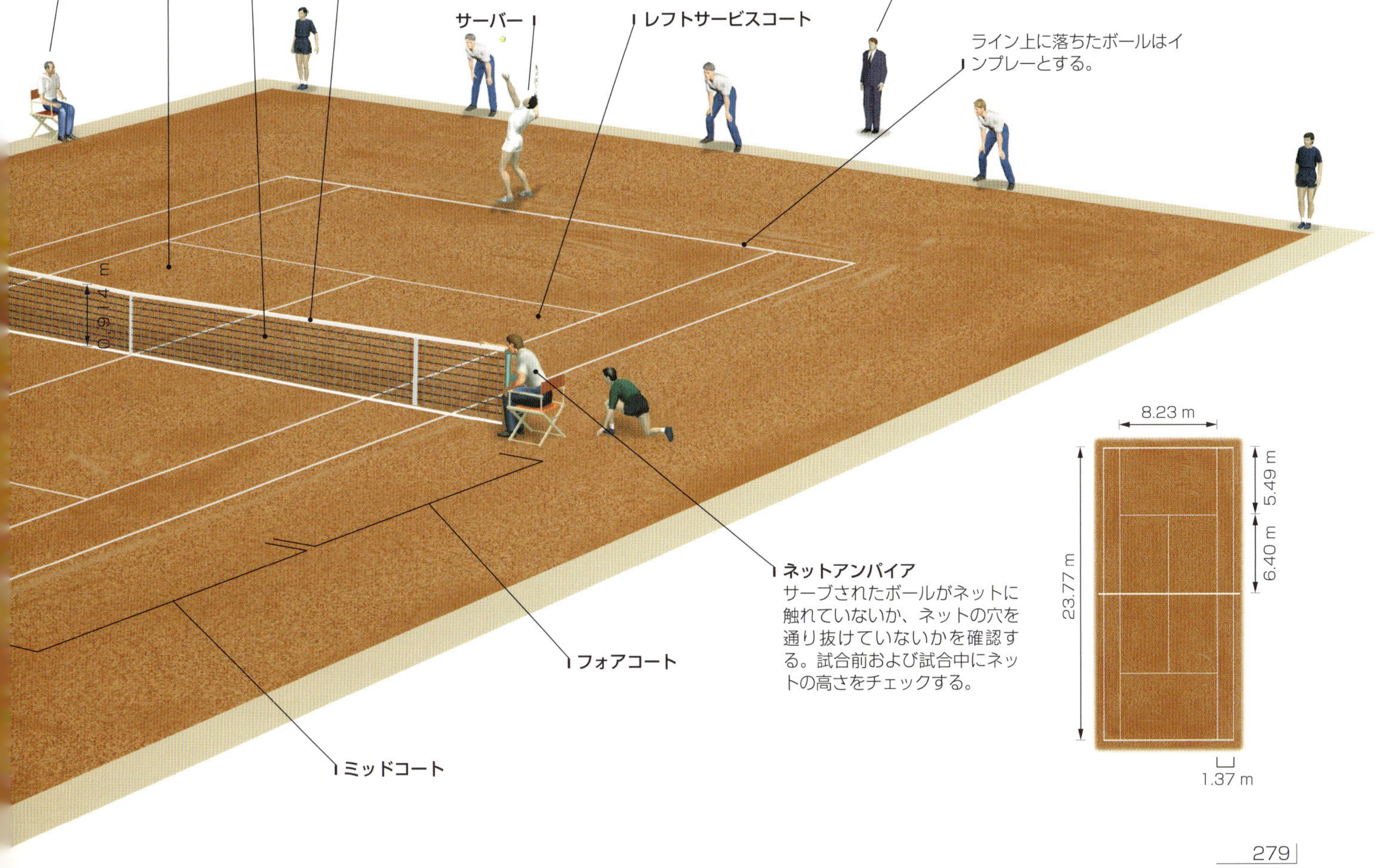

- フットフォルトジャッジ
- ライトサービスコート
- ネット
- バンド　ネットの両端（107cm）は中央（91.4cm）より高くなっている。
- サーバー
- レフリー　コートを割り当て、悪天候や明るさ不足の場合に試合の停止・中止を行なう。違反、遅刻、命令の拒否を行なった選手を失格にする権限を持つ。ルールに関する質疑に最終決定を下す。
- レフトサービスコート
- ライン上に落ちたボールはインプレーとする。
- ネットアンパイア　サーブされたボールがネットに触れていないか、ネットの穴を通り抜けていないかを確認する。試合前および試合中にネットの高さをチェックする。
- フォアコート
- ミッドコート

ラケットスポーツ

8.23 m　5.49 m　6.40 m　23.77 m　1.37 m

テクニック

サーブ以外のストロークはすべて、フォアハンドとバックハンドに分けられる。右利きの場合、自分の右側でのストロークはフォアハンド、左側はバックハンドとなる。「バックハンド」という用語は、右利きの選手が左側で打つとき、手の甲（back）が前方を向くところからきている。左利きの場合は逆になる。

サーブ
プレーを開始するストローク。ベースラインの後方に立ち、対角のサービスコートを狙って2度ボールを打つ。ファーストサーブのときに、速いボールや難しいボールで、相手のバランスを乱す。ファーストサーブを失敗した場合は、セカンドサーブでプレーを開始する。試合の最初のサーブはコートの右側から行ない、1ポイントごとにサイドチェンジを行なう。ファーストゲームのサーバーはトスによって決める。

サーブのリターン
レシーバーはベースライン付近のサーバーと対角の位置に構える。サーブの難易度に応じて、防御的なリターンと攻撃的なリターンを使い分ける。

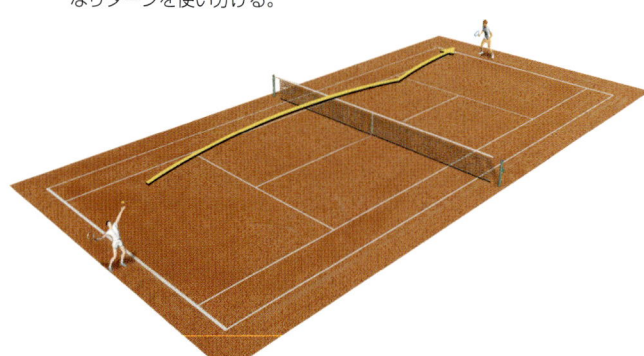

バウンド後のストローク

グランドストローク
ベースライン付近で行なわれる。ラリーの際に用いられ、力強く正確な攻撃ができる。

アプローチショット
短いボールに対して用いる。ミッドコートでボールを打ち、その後ネットに出る。

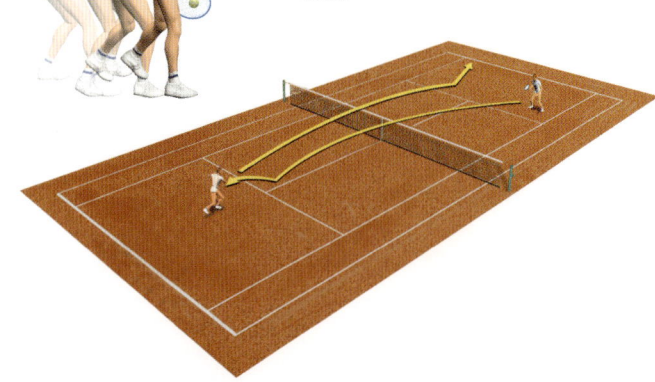

ハーフボレー
バウンド後直ちに、膝より低い位置でボールを打つ。主にネットに出ようとしているときに行ない、ボレーと同様にコンパクトなテクニックを用いる。ベースラインから行なう場合もある。

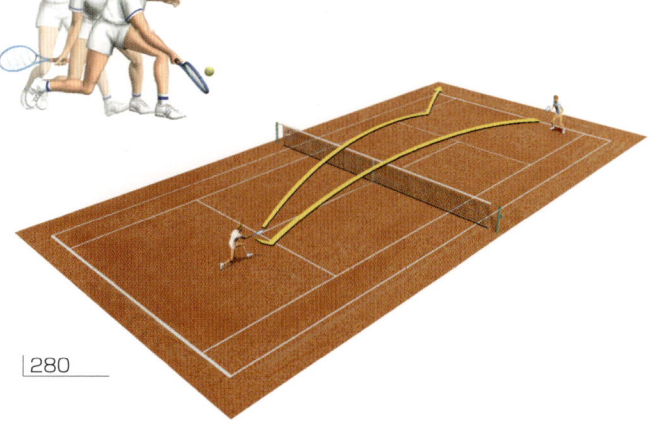

バウンド前のストローク

ボレー
ボールが地面に触れる前に行なう。通常ネット付近で行なわれる。ミッドコートから行なう場合は、これによってネットに出ることができるため、アプローチボレーと呼ばれる。

特殊なストローク

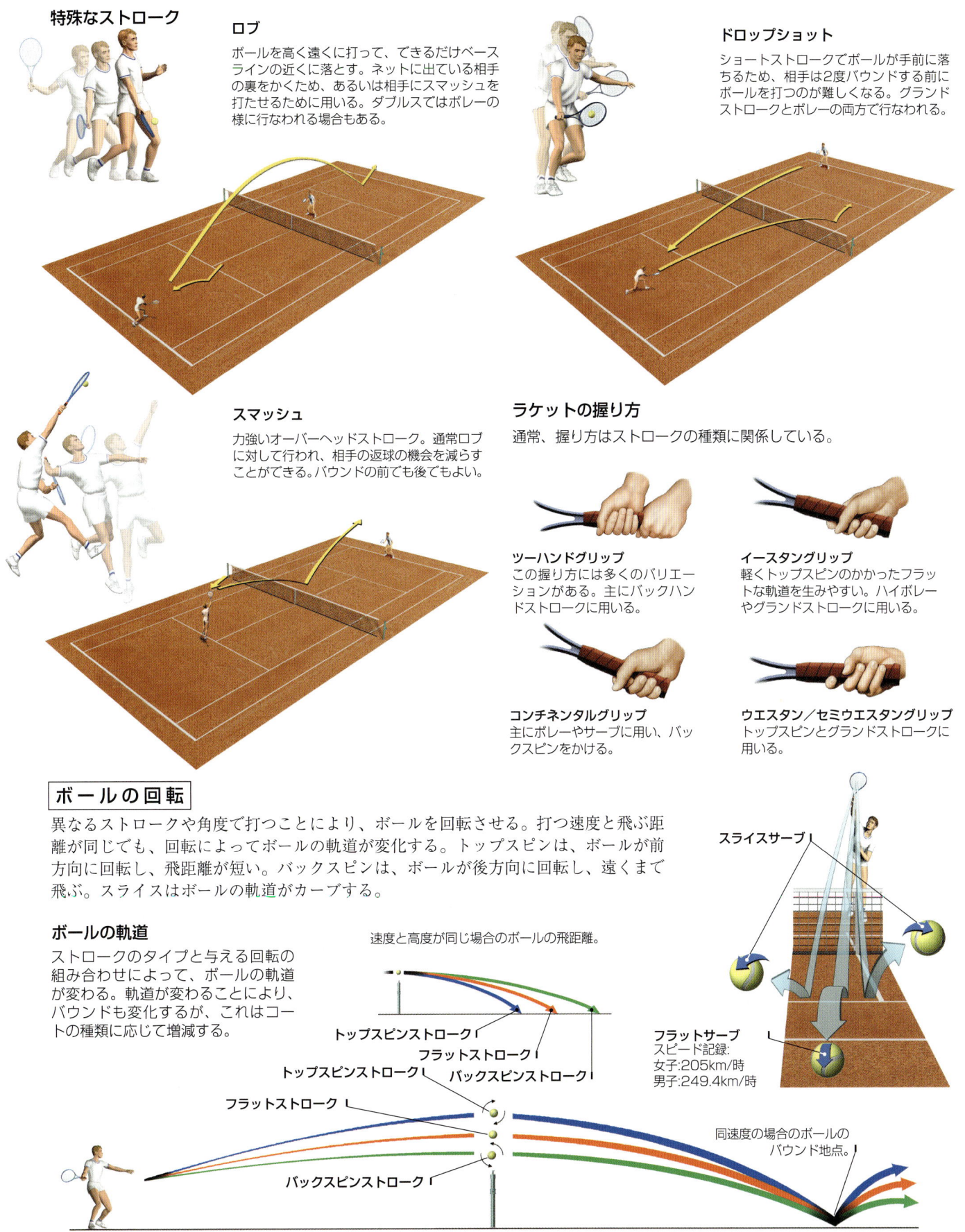

ロブ
ボールを高く遠くに打って、できるだけベースラインの近くに落とす。ネットに出ている相手の裏をかくため、あるいは相手にスマッシュを打たせるために用いる。ダブルスではボレーの様に行なわれる場合もある。

ドロップショット
ショートストロークでボールが手前に落ちるため、相手は2度バウンドする前にボールを打つのが難しくなる。グランドストロークとボレーの両方で行なわれる。

スマッシュ
力強いオーバーヘッドストローク。通常ロブに対して行われ、相手の返球の機会を減らすことができる。バウンドの前でも後でもよい。

ラケットの握り方
通常、握り方はストロークの種類に関係している。

ツーハンドグリップ
この握り方には多くのバリエーションがある。主にバックハンドストロークに用いる。

イースタングリップ
軽くトップスピンのかかったフラットな軌道を生みやすい。ハイボレーやグランドストロークに用いる。

コンチネンタルグリップ
主にボレーやサーブに用い、バックスピンをかける。

ウエスタン／セミウエスタングリップ
トップスピンとグランドストロークに用いる。

ボールの回転
異なるストロークや角度で打つことにより、ボールを回転させる。打つ速度と飛ぶ距離が同じでも、回転によってボールの軌道が変化する。トップスピンは、ボールが前方向に回転し、飛距離が短い。バックスピンは、ボールが後方向に回転し、遠くまで飛ぶ。スライスはボールの軌道がカーブする。

ボールの軌道
ストロークのタイプと与える回転の組み合わせによって、ボールの軌道が変わる。軌道が変わることにより、バウンドも変化するが、これはコートの種類に応じて増減する。

速度と高度が同じ場合のボールの飛距離。
トップスピンストローク
フラットストローク
バックスピンストローク
トップスピンストローク
フラットストローク
バックスピンストローク
同速度の場合のボールのバウンド地点。

スライスサーブ

フラットサーブ
スピード記録:
女子:205km/時
男子:249.4km/時

ラケットスポーツ

コートの種類

1877年には、テニスは常に芝生の上で行なわれていた。そのためローテニスとも呼ばれている。人気が高まるにつれ他の種類のコートが使用され始め、現在ではさまざまな種類の屋内外のコートがある。コートにはそれぞれ特性があり、戦術やストロークのテクニックに強く影響する。屋内では、硬質の人工素材やラバーマットといった球足の速いコートが用いられる。

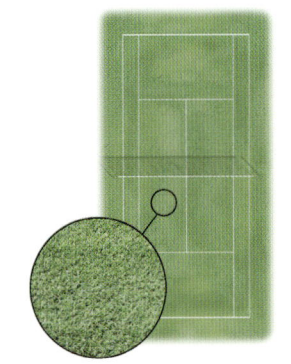

1.グラスコート
サーブアンドボレーに向く。ボールが滑りやすく、バウンドが低くなるため、ベースラインからのラリーの長さが制限される。

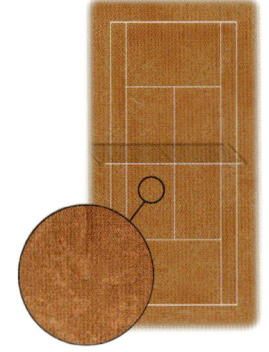

2.クレーコート
使用できる打ち方の範囲が広く、足をスライドさせることができる。バウンドが非常に遅くなるため、ラリーが長くなりやすい。

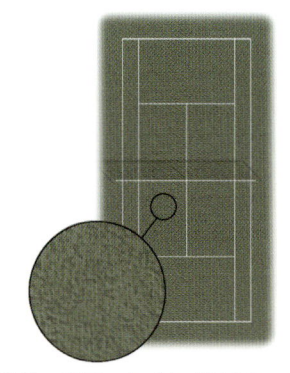

3.ハードコート（セメント）
天候に左右されるグラスや、平坦でないクレーと異なり、表面が均一なためバウンドしやすい。しかし、膝や脛を負傷する危険が増す。

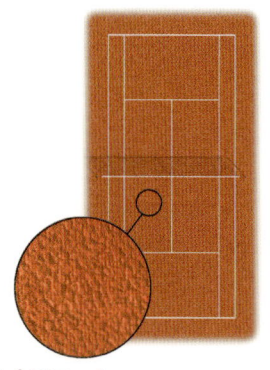

4.人工コート
選手の間で非常に人気がある。柔軟で弾力があり、よくバウンドし、負傷の危険も減る。

トーナメント

1972年以降プロやアマチュア選手で組織されているATP（男子プロテニス選手協会）は、1973年からテニス選手の世界ランキングを発表している。トーナメントツアーを行なって選手の成績を累積し、年間のランキングを決定する。WTA（女子テニス協会）は、ATPの方式にならって、世界中の女子テニス選手のランキングを行なっている。

男子のトーナメントであるデビスカップは、年間を通じて多くの国々で開催され、12月にファイナルが行なわれる。フェドカップは1963年に創設された女子の国別対抗のトーナメントである。

トーナメント	期日	開催地	コート
グランドスラム（5セットマッチ）			
オーストラリアンオープン	1月下旬	メルボルン	人工
フレンチオープン	6月上旬	パリ（ローランギャロ）	クレー
ウインブルドン	7月上旬	ロンドン（ウインブルドン）	グラス
USオープン	9月上旬	ニューヨーク（フラッシングメドー）	セメント
デビスカップ（5セットマッチ）	12月上旬	主催国が選択	主催国が選択
フェドカップ（5セットマッチ）	9月中旬	主催国が選択	主催国が選択

ダブルスマッチ

ダブルスではパートナー同士がチームとして機能する必要があるため、特別なテクニックや戦術が用いられる。各選手が特定の役割を持ってポイントを開始する（サーバー、サーバーのパートナー、レシーバー、レシーバーのパートナー）。パートナーによる介入無しに、1人の選手が連続して何度かストロークを打つ。ポイントが始まると、単に自分の担当をカバーするだけではなく、相手のボールに応じて効果的にコートをカバーするために位置を変える。サーバーはポイントごとに交代する。パートナー同士はセットごとにサーブ順を変えることができる。レシーバーは、1セット中は常に同じサイドから行ない、ポジションの交換はセット毎に行なうことができる。サーブは対角のサービスコートに入れなければならないが、それ以外のストロークは相手コートのダブルスラインの内側ならばどこに入れてもよい。

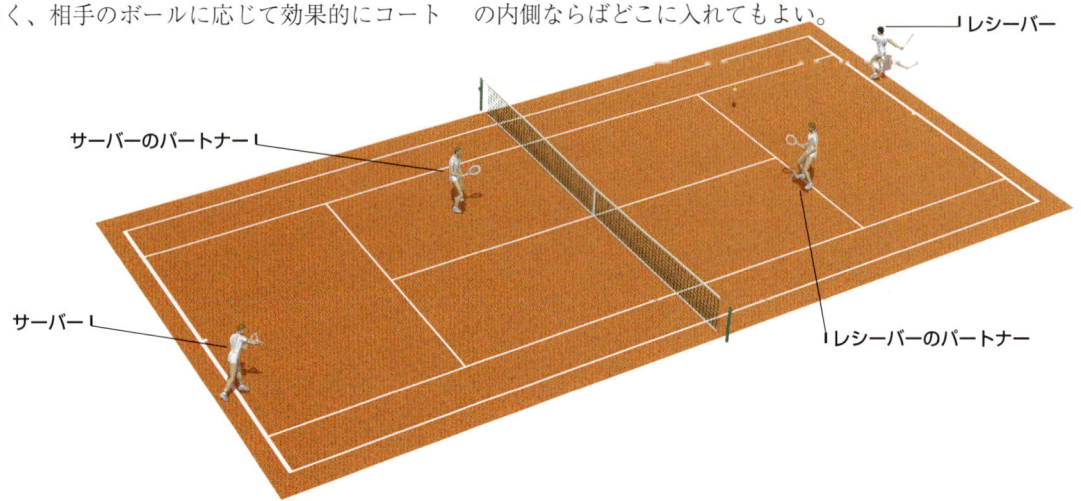

テニスラケットの変遷

試合方式の変化に伴い、テニスラケットも変化し、より強力なスピンのかかった強くて正確なストロークを打ち出せるようになった。ラケットの素材と、フレーム、ストリング、グリップの寸法の関係が、ストロークの正確さ、振動の吸収力、ストロークの速度に影響する。

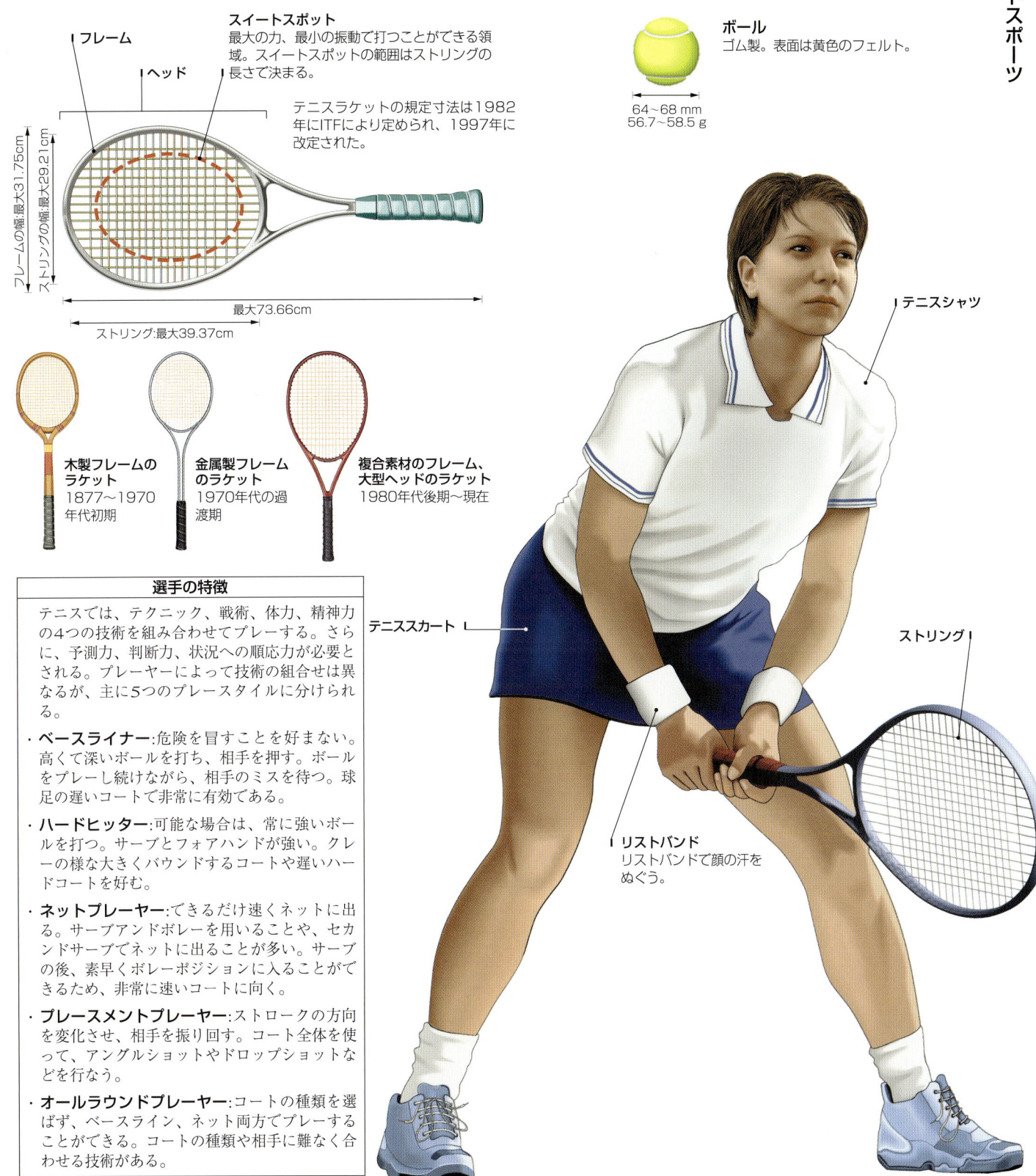

フレーム
ヘッド
スイートスポット 最大の力、最小の振動で打つことができる領域。スイートスポットの範囲はストリングの長さで決まる。

テニスラケットの規定寸法は1982年にITFにより定められ、1997年に改定された。

フレームの幅:最大31.75cm
ストリングの幅:最大29.21cm
最大73.66cm
ストリング:最大39.37cm

ボール ゴム製。表面は黄色のフェルト。
64〜68 mm
56.7〜58.5 g

木製フレームのラケット 1877〜1970年代初期

金属製フレームのラケット 1970年代の過渡期

複合素材のフレーム、大型ヘッドのラケット 1980年代後期〜現在

選手の特徴

テニスでは、テクニック、戦術、体力、精神力の4つの技術を組み合わせてプレーする。さらに、予測力、判断力、状況への順応力が必要とされる。プレーヤーによって技術の組合せは異なるが、主に5つのプレースタイルに分けられる。

- **ベースライナー**:危険を冒すことを好まない。高くて深いボールを打ち、相手を押す。ボールをプレーし続けながら、相手のミスを待つ。球足の遅いコートで非常に有効である。
- **ハードヒッター**:可能な場合は、常に強いボールを打つ。サーブとフォアハンドが強い。クレーの様な大きくバウンドするコートや遅いハードコートを好む。
- **ネットプレーヤー**:できるだけ速くネットに出る。サーブアンドボレーを用いることや、セカンドサーブでネットに出ることが多い。サーブの後、素早くボレーポジションに入ることができるため、非常に速いコートに向く。
- **プレースメントプレーヤー**:ストロークの方向を変化させ、相手を振り回す。コート全体を使って、アングルショットやドロップショットなどを行なう。
- **オールラウンドプレーヤー**:コートの種類を選ばず、ベースライン、ネット両方でプレーすることができる。コートの種類や相手に難なく合わせる技術がある。

テニスシャツ

テニススカート

ストリング

リストバンド リストバンドで顔の汗をぬぐう。

ラケットスポーツ

283

ラケットボール

ラケットボールは攻撃的なラケットスポーツで、四方を囲った長方形のコート内で行なう。1949年にアメリカで、誰にでもできるテニスに似たスポーツを作ろうとしたジョー・ソベックによって考案された。1950年代にソベック自身が用具の製造と販売を行ない、ラケットボールの普及と発展に貢献した。国際ラケットボール連盟（IRF）は1979年に創立されている。1981年に最初の世界選手権が開かれ、これに注目した国際オリンピック委員会が、ラケットボールを発展中のスポーツとして公式に認めた。1995年にパンアメリカン競技大会の種目として採用され、現在では70を超える国々で1,700万人に親しまれている。

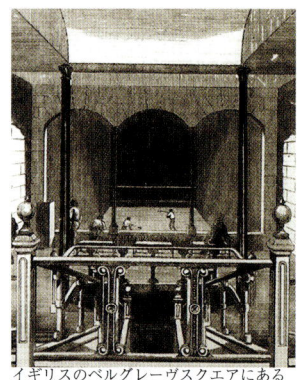

イギリスのベルグレーヴスクエアにあるプリンスズ・ラケット・クラブ・コート（1857年）。現在のラケットボールコートの原型。

試合

ラケットボールは、シングルス（1対1）またはダブルス（2対2）で行なわれる。各選手または各チームが交互にボールを打つ。床面で2度バウンドする前に打ち返さなければならない。周囲のどの壁に当たってもよいが、床面にバウンドする前に正面の壁（フロントウォール）に打ち返さなければならない。目的は、サーブまたはリターンしたボールを、相手に正規に返球させないことである。レフリーによるスコアのコール「ゼロ・サーブス・ゼロ」で試合を開始する。1セット15ポイントで2セット行なわれる。1セットずつ獲得した場合は、タイブレークで11ポイント獲得すれば勝者となる。サーブ側がラリーに勝つと得点が入り、レシーブ側が勝った場合はサーブ権が移る。

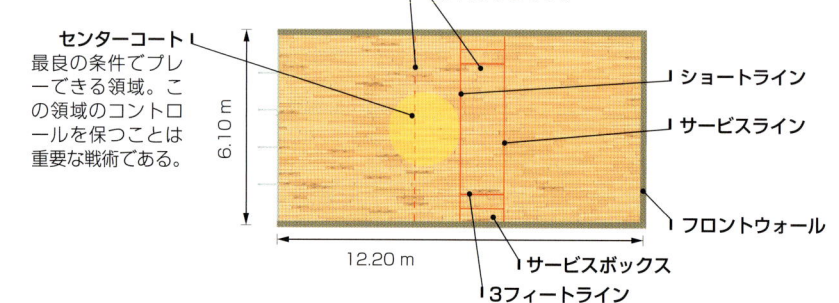

レシービングライン
サーバーとの衝突の危険を最小に抑えるため、フロントウォールに当ったボールがレシービングラインを越えるまで、レシーバーはサービスゾーンに入ってはならない。

サービスゾーン
サーブは、サービスゾーン内でボールをワンバウンドさせてから打つ。最初にフロントウォールに当てたら、その後にサイドウォールに触れても触れなくても、サービスラインの後方の床面でバウンドしなければならない。

センターコート
最良の条件でプレーできる領域。この領域のコントロールを保つことは重要な戦術である。

ショートライン

サービスライン

フロントウォール

サービスボックス

3フィートライン
サーブされたボールがサーバーと同じサイドのコートを通過するとき、サーバーの身体およびラケットはこの線を越えてはならない。レシーバーが最良の条件でサーブをリターンすることができるよう、レシーバーの視界を遮る位置に立ってはならない。

6.10 m　12.20 m

コート

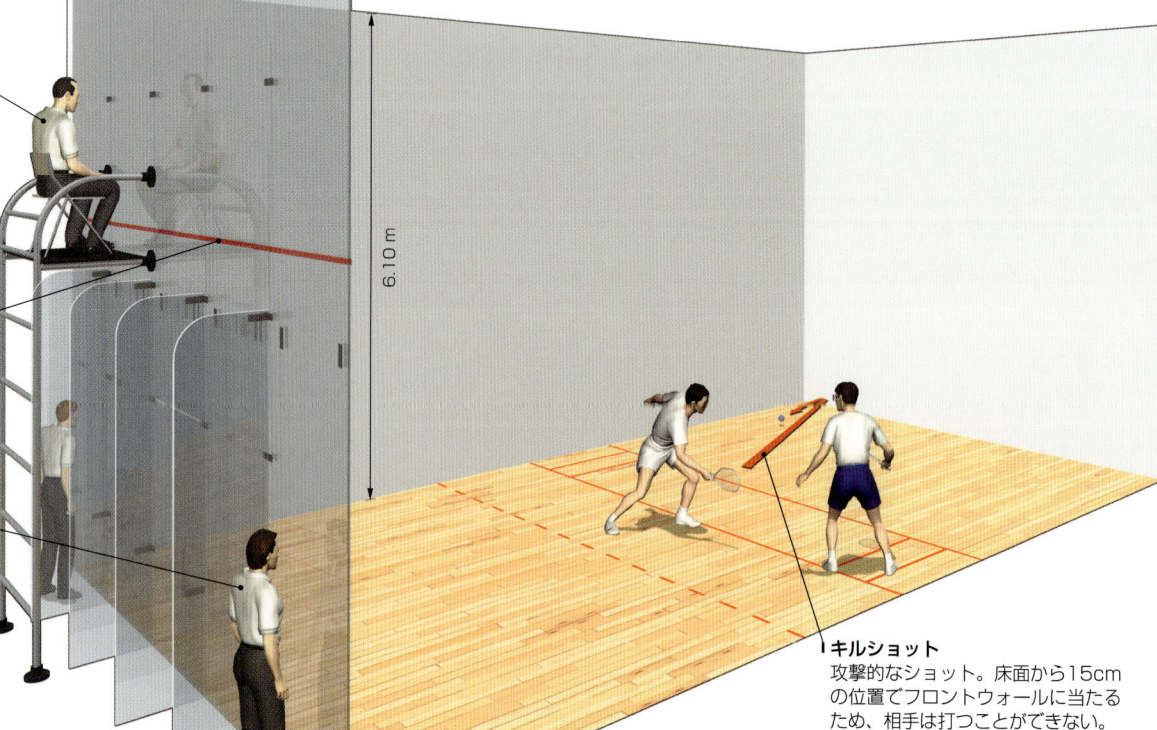

レフリー
トーナメントではラインズマン2人によって補佐される場合もある。ラインズマンが合意しない場合、最終決定は多数決で行なう。

バックウォール
この線(3.66m)より上の壁に当たったボールはアウトオブバウンズとなる。

ラインズマン（2人）
選手からアピールが出た場合は、レフリーの決定に同意または反対であることを示す。

6.10 m

キルショット
攻撃的なショット。床面から15cmの位置でフロントウォールに当たるため、相手は打つことができない。

戦術

できるだけ遠くに相手を移動させること、相手に弱いショットや防御的なショットを打たせること、センターコートのコントロールを保つことの3つが主な目的である。

攻撃的ショット
フロントウォールの下部でボールをバウンドさせる。

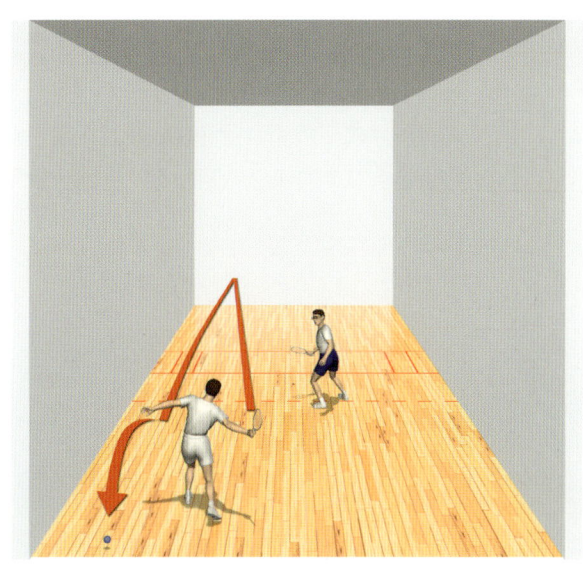

守備的ショット
シーリングまたは腰の高さのコーナーでバウンドさせる。

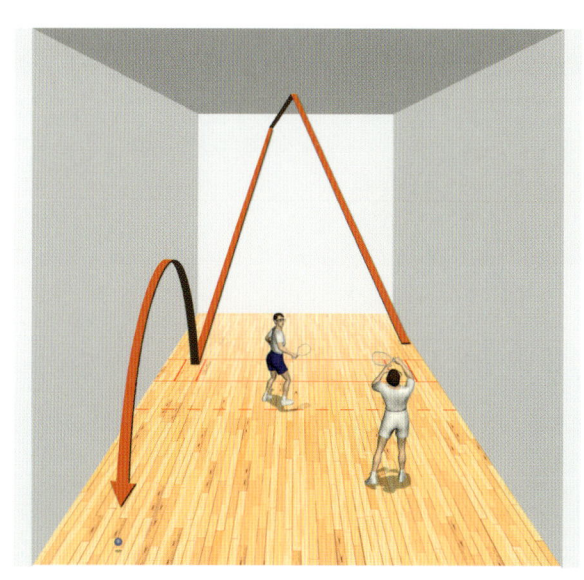

パスショット
強く正確に行なうと、相手はセンターコートを離れなければならなくなる。

シーリングショット
相手をコートの後方に後退させるため、または、攻撃性の低い高く上がるショットを打たせるために用いる。

ラケットの握り方

ショットの強さと正確さは、ボールに触れるときのラケットの位置で決まる。理想的とされる床に垂直な角度にするため、バックハンドとフォアハンドで握り方を変えなければならない。

握り方の例:フォアハンド
親指と人差し指で、ラケットのグリップの上部に「V」の形を作る。

用具

ラケット 最大:56cm、約25cm

- **グリップ**
- **リストコード** 誤ってラケットが飛ぶのを防ぐために、手首に着けなければならない。
- **フレーム** 合成素材製。
- **ストリング** 天然または合成素材。

公式ボール
「I.R.F」のイニシャルが入っていなければならない。 
5.71 cm　約39.7 g

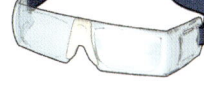

アイガード 必ず着用する。

シューズ スカッシュ同様、白または無色の靴底で、床に跡が付かないものでなければならない。

選手の特徴

- トップレベルの選手に体格的な特徴は特になく、筋肉の力と持久力が優れている。脚、腕、背中、太腿の筋肉がよく使われる。
- 激しいラリー（1～10秒）と短い休息（約10秒）が交互に行なわれるため、心拍数が非常に高い状態が続く（最高心拍数の75～85％）。短く集中的な心肺機能のトレーニングが有効である。たとえば、10～50mのダッシュを5回、走った時間の3倍の休憩と交互に行なう。
- テクニックや戦術のトレーニングは、一人でもできるが（サーブ練習、基本的なショットの安定性や正確性の向上）、他の選手と練習を行なうことも重要である。

シャーマン・グリーンフェルド（カナダ）
1988、96年の世界選手権でチーム優勝。カナダ選手権ではシングルで10回優勝している。

ラケットスポーツ

285

卓球

卓球は動きの速い攻撃的なラケットスポーツで、知られている中で最も狭いコート上で軽いボールを打ち合う。1880年頃にイギリスで考案され、イギリス人のジェームズ・ギッブによって、アメリカからセルロイドのボールが輸入された1900年から現在の形になった。ボールが弾むときの音から、「ピンポン」と名づけられたが、アメリカでこの名前が商標登録されたため、ヨーロッパでは「テーブルテニス」と呼ばれている。国際卓球連盟（ITTF）が1926年にベルリンで設立され、その年に世界選手権が開催された。1950年代までは、ハンガリー、チェコ、イギリスによって上位が占められていたが、その後日本と中国が取って代わり、1979年までに新しいテクニックと戦術の大部分をもたらした。1980年代以降、男子はスウェーデンが定期的に表彰台に上がっているが、女子は1971年からアジアによって独占されている。1988年のソウル大会からオリンピック種目となった。

ビクター・バルナ（イギリス）。ハンガリー生まれ（1911～72年）。1930年代にシングルス5回を含む15の世界タイトルを獲得。

試合

自分側のコートでワンバウンドさせた後にボールを打ち、相手側のコートに入れる。相手が返球できなかった場合、または、バウンドする前あるいはツーバウンドした後に返球した場合に1ポイント獲得となる。トーナメントにはシングルス（2人）、ダブルス（2チーム各2人）、混合ダブルス（男女ペアの2チーム）の種目がある。1セット21点の、3セットあるいは5セットマッチで行ない、セットの獲得には2ポイント以上のリードが必要である。各選手は5回連続でサーブを行なう。20-20の同点になった場合、ポイントごとにサービスチェンジを行なう。ダブルスでのサービスはローテーションのため、選手は相手チームの選手それぞれと交互にサーブとレシーブを行なう。ラリーではボールの落ちた位置にかかわらず、ペアの2人が交互に返球しなければならない。

卓球台

2.74 m
1.525 m
台の高さ:76cm
1.83 m
15.25 cm

白線はプレーイングサーフェスに含める。

センターライン
ダブルスの場合にのみ、サーブを対角方向に行なうために使用される。

スコアボード

選手が獲得したセット数。
現在のセットで獲得したポイント数。

副審
副審のアナウンスしたポイントの掲示、サイドのボール（台の自分側の側面に当たる）の通告、サーブの違反の宣告を行なう。

ボールが相手側のコートに落ちる前にネットに触れた場合、もう1度サーブを行なう。

主審
試合の監督、ポイントのアナウンス、サイドのボールのコールを行なう。

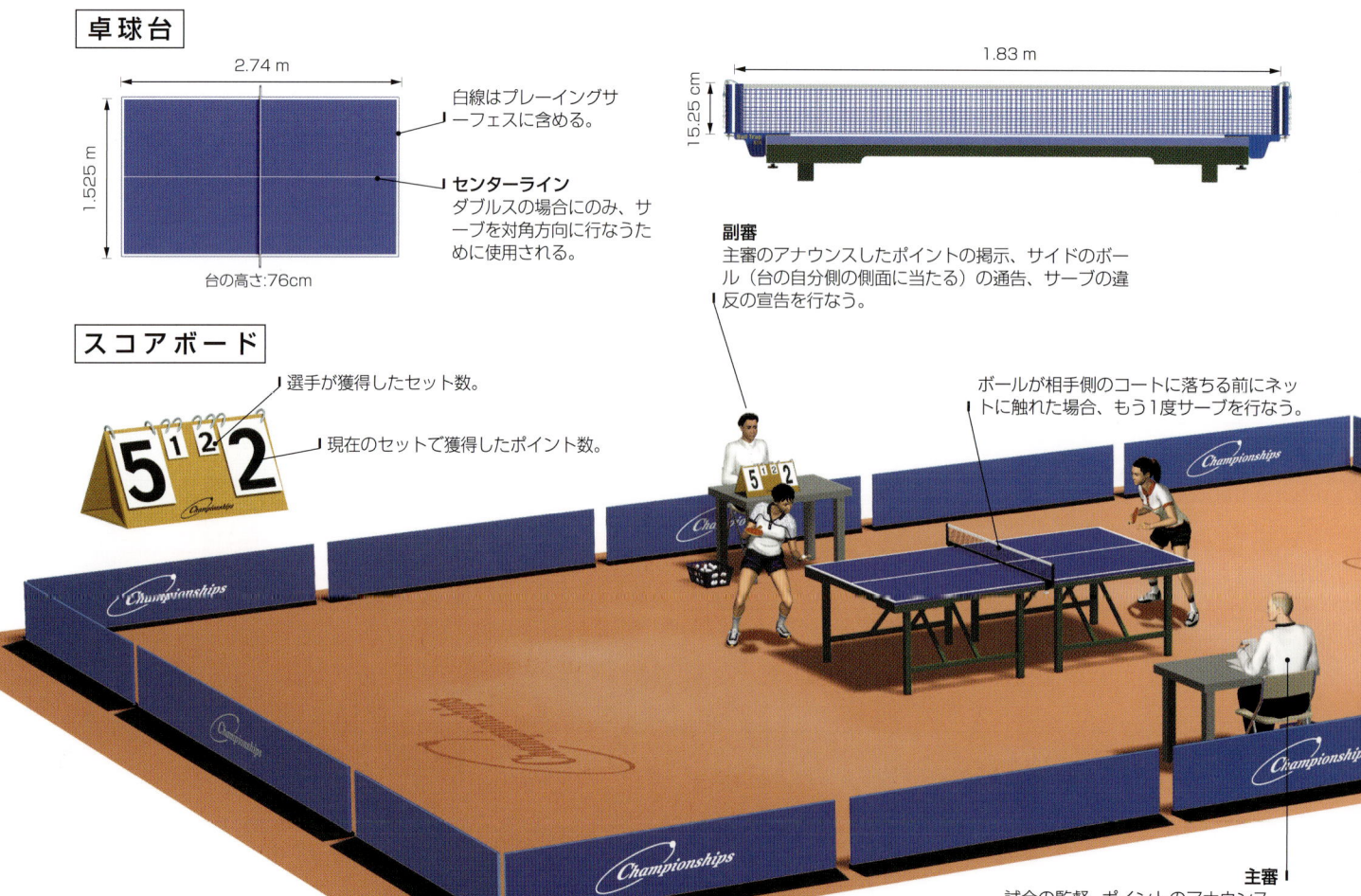

ラケットの握り方

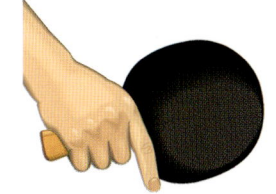

シェークハンド
最も一般的な握り方。攻撃と防御の両方ができるが、フォアハンドからバックハンドへの移行が遅い。

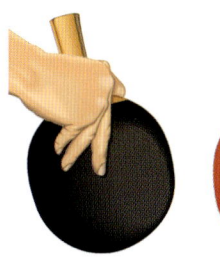

ペンホルダー
1950年代に日本で考案された。攻撃には理想的だが、バックハンドのプレーでは不利なため、俊敏な動きが求められる。

用具

ラケットによってプレースタイルが変わるため、ラケットの変遷が戦術に発展をもたらした。ラケットの表面には粒の付いたゴム、またはゴムとスポンジの「サンドイッチ」がはり付けられている。ラケットの各面に別々の素材を使用することができるが、片面が黒、もう片面が赤でなければならない。

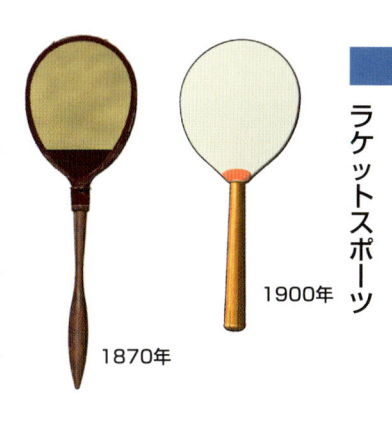

1870年
1900年

ラケットスポーツ

ボール
セルロイド製。重量は2.7g。

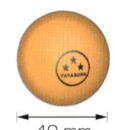

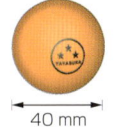

ラケット
形状、寸法、重量に規定はない。

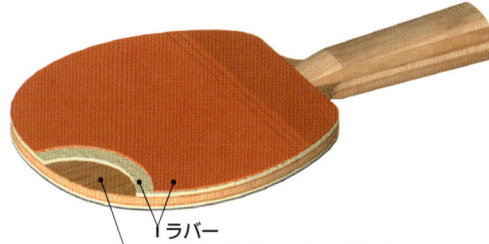

40 mm

ラバー
ブレードの両面はそれぞれ4mm以下でなければならない。

ブレード
85%以上が木材でなければならない。

ラバーの種類
速乾性のグルーにより試合の数分前にブレードにラバーをはり付けられるので、弾力性を保つことができる。

裏ラバー
「裏ソフトラバー」は非常に摩擦が大きく、攻撃と防御の両方に向く。「アンチスピン」は摩擦が小さく、主に防御に用いられる。

表ソフトラバー
粒が短く、台の近くでのプレーに最適である。

粒高ラバー
多様なショットを使う防御的な選手に好まれる。

選手の特徴

- 集中力、調整力、機敏性が重要である。心肺機能の向上は長距離走によって行なう。素早い動作は、ジャンプトレーニングや短距離走によって脚の筋肉を鍛えることで得られる。
- 卓球台を使用してのテクニックや戦術の練習は、トレーニング時間全体の70%を占める。ポイントを失う、または獲得するまでに平均で3回の返球が行なわれる。素早く自分のベストショットを打つための展開に持ちこみ、相手にはベストショットを打たせないことが必要である。

床面
木材、あるいは反射しない合成素材。

パネル
高さ75cm。14×7mのプレー領域の境界。それたボールが他の試合を妨害するのを防ぐ。

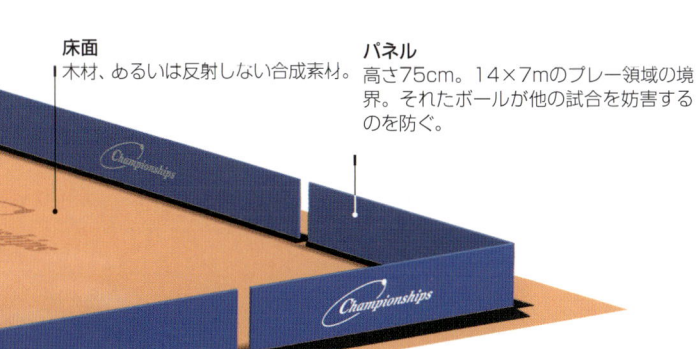

プレーイングサーフェス
台の上側の角はプレーイングサーフェスに含める。

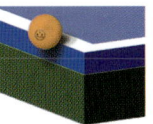

エッジのボール　サイドのボール

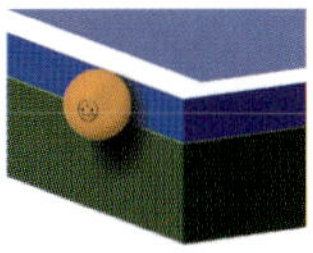

ヤン・オベ・ワルドナー（スウェーデン）
1989、1997年の世界選手権で優勝。オリンピックでは1992年に金メダル、2000年に銀メダルを獲得。

トウ・アヒョウ（中国）
1992、96年のオリンピックでダブルス、シングルス共に優勝。世界選手権ではシングルスで1991、95、97年、ダブルスで1989、95、97年に優勝している。

ショット

幅広い種類のショットを使い分け、ボールの軌道を変化させて相手のペースを崩す。

サイドスピン

サーブのボールは、サーバー側のコートでバウンドしてからネットを越えるか迂回し、その後レシーバー側でバウンドしなければならない。サイドスピンをかけることで軌道が大きく変わるので、フォアハンドやバックハンドと組み合わせて用いれば、相手を動揺させることができる。

バックスピン

ボールが遠くまで届き、低くバウンドした後に速度が落ちる。相手の返球がネットにかかりやすくなる。通常は防御に用いる。

トップスピン（バックハンド）

ボールが速く落ち、バウンド後に加速して進む。相手の返球は高く上がりやすくなる。

トップスピン（フォアハンド）

攻撃に最適で、ラリー中、またはサービスリターンとして、ロングボールを打つために用いられる。

カウンター

台の近くで打つ強くフラットな打球。ボールの軌道は変化させずに、スピードによって効果を出す。

スマッシュ

一撃でポイントを獲得することを目的とする。ラケットのスピードはボールを打つときに最大になる。ラケットのグリップをしっかり握って強打する。バウンドしたボールが最も高く上がったとき、またはその直前に打つ。

バドミントン

18世紀に宮廷で非常に人気のあったラケットスポーツをもとに、1873年にイングランドのバドミントンで正式に誕生した。プーナというインドの遊びからヒントを得たもので、1867年にセルビー大佐がルールを制定してから急速に広まった。1893年にイングランドのバドミントン協会が設立され、有名な国際巡回トーナメントである全英選手権が1899年に初めて開催された。代表的トーナメントであるトーマス杯（男子）、ユーバー杯（女子）は、それぞれ1948、56年に設立された。東南アジアとインドネシアで特に人気があり、トッププレーヤーが数多く生まれている。世界選手権は1977年から隔年に開催されている。オリンピックでは、1972、88年にデモンストレーション競技として行なわれ、1992年に正式種目として採用された。

1911年のバドミントン選手権で優勝したミス・ラーミニーと準優勝のミス・ゴーウェンロック

試合

ラケットを使用してネット越しにシャトルを打ち合う。ラリーを獲得する方法は2つある。相手コートの地面にシャトルを落とす方法と、フォルトにさせる方法である。フォルトとなるのは、シャトルが境界線外に落ちた場合、地面に触れた場合、ネットを越えなかった場合、選手の身体または着衣に触れた場合である。サーバー側がサービスまたはラリーに勝ったときにポイントを獲得する。レシーバー側がラリーに勝った場合は、サーブ権を獲得する。試合は1ゲーム15ポイント（女子シングルスでは11ポイント）の3ゲームで行なわれ、2ゲーム獲得した方が勝者となる。シングルス（2人）、ダブルス（2チーム各2人）、混合ダブルス（男女ペアの2チーム）の種目がある。混合ダブルスは専門性の高い種目と考えられ、トップレベルの大会でもこの種目にのみ出場する選手が多い。

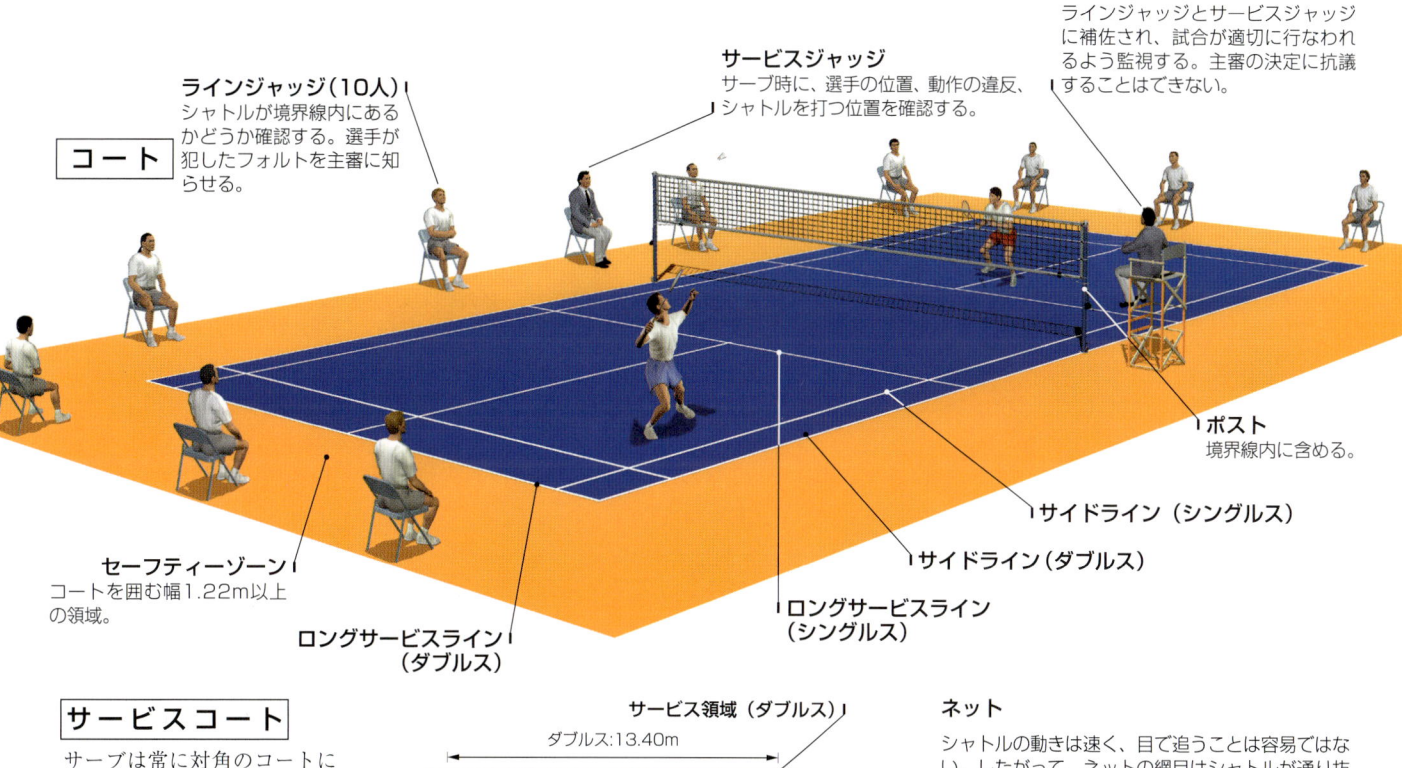

コート

主審
ラインジャッジとサービスジャッジに補佐され、試合が適切に行なわれるよう監視する。主審の決定に抗議することはできない。

サービスジャッジ
サーブ時に、選手の位置、動作の違反、シャトルを打つ位置を確認する。

ラインジャッジ（10人）
シャトルが境界線内にあるかどうか確認する。選手が犯したフォルトを主審に知らせる。

ポスト
境界線内に含める。

サイドライン（シングルス）

サイドライン（ダブルス）

ロングサービスライン（シングルス）

ロングサービスライン（ダブルス）

セーフティーゾーン
コートを囲む幅1.22m以上の領域。

サービスコート

サーブは常に対角のコートに行なわなければならない。サーバー側のスコアが偶数の場合、右サービスコートを用い、奇数の場合は左サービスコートを用いる。

サービス領域（ダブルス）
ダブルス:13.40m
シングルス:5.18m
ダブルス:6.10m

サービス領域（シングルス）
シングルス:11.88m

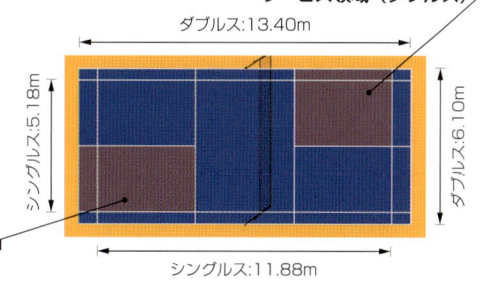

ネット

シャトルの動きは速く、目で追うことは容易ではない。したがって、ネットの網目はシャトルが通り抜けられないほど細かい。同じ理由で、ネットとポストの間にすき間があってはならない。

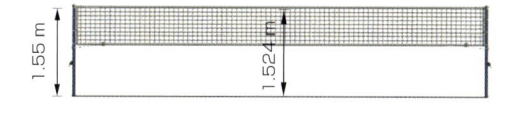

1.55 m
1.524 m

ラケットスポーツ

テクニックと戦術

シングルスでは現在、「フライング・ゲーム」の傾向になりつつある。ジャンプによって素早く移動してシャトルを強く打ち、相手の不意を突くことを狙う。ダブルスでは、シングルスよりさらにラリーが速い。プレーが戦略的になり、相手側を徐々に難しい位置に追い込むことが目的となった。打球やフェイントのテクニックが細かく研究されている。最後の瞬間まで自分のショットを隠すことができれば、相手はシャトルの軌道を予測できない。

サービス
サーブはウエストより低い位置で打たなければならない。ごく一般的なロングサーブは、ロングサービスラインの近くにシャトルを落とす。これにより相手を下がらせ、自分が打ち返すまでの準備時間を延ばすことができる。

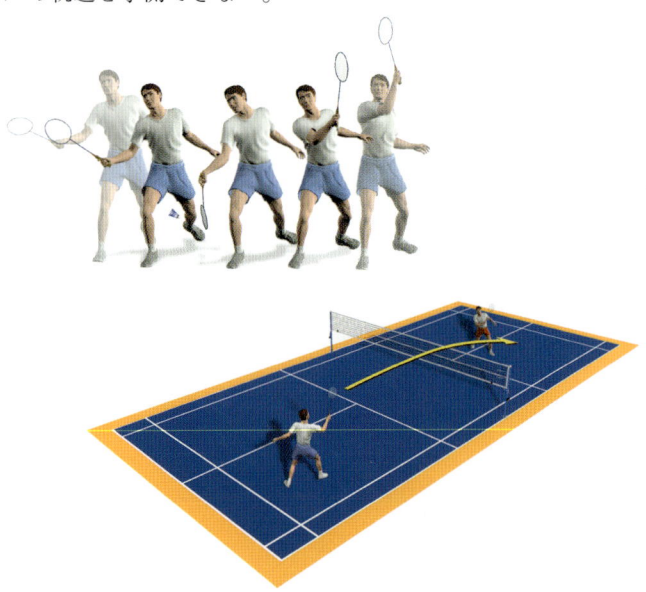

ドライブ
素早く攻撃的なストロークで、水平な軌道を描く。相手はシャトルを高く打ち返さなければならなくなるので、スマッシュでラリーを終わらせることができる。フォアハンドまたはバックハンドで行なう。

バックハンド
防御的なストロークで、主に困難な状況で用いる。ウエストより下、あるいは頭より上で打つ。ドロップショットまたはクロスショットで相手の不意を突く。

クリアー
通常はフォアハンドストロークで、相手コートの奥にシャトルを落とす。防御的に用いた場合、プレーを減速させ、良い位置に戻るチャンスを得ることができる。強く打った場合は攻撃的なショットとなり、相手がシャトルに届きづらくなる。

ラケットスポーツ

ネットプレー
ネット付近で打ち、シャトルを相手ネット際に入れる。主に攻撃として用いられる。短く落として相手のリアクションの時間を縮め、移動距離を増やす。

スマッシュ
スマッシュではシャトルの初速が200km/時までになる場合がある。最も強い攻撃的なショットで、通常ラリーを終わらせるために用いる。オーバーヘッドのショットで短く落とす。

用具

ラケット
合成素材（グラファイトとカーボン、またはカーボンとボロン）や非常に丈夫なチタンベースの合金を使用しているため、軽量で硬度が高い。

1880年のラケット

1980年以降
- ハンドル
- シャフト
- ヘッド
- ストリング
- 最大22cm
- 最大28cm
- 最大68cm
- 重量：約100g

現在は合成素材製。張力は7～11kg。

水鳥シャトル
- 58～68 mm
- 羽根
- ベース
- 62～70 mm
- 25～28 mm
- 4.74～5.5 g

ナイロンシャトル
- 58～68 mm
- 62～70 mm
- 25～28 mm
- 4.74～5.5 g

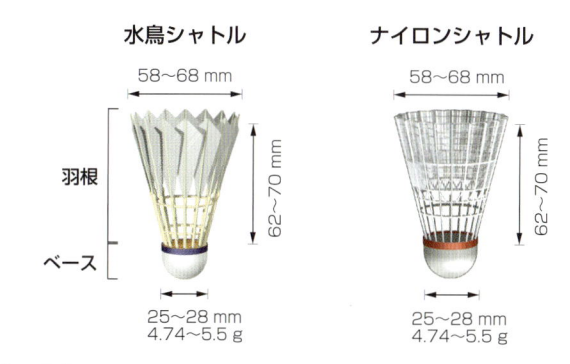

シャトル
競技用のシャトルは14～16枚のガチョウの羽をコルクのベースに差し込んで接着したものである。糸またはねじを使用して、軌道の安定化や重量の調整を行なう場合がある。シャトルは非常にもろく、ハイレベルの試合では通常10個程が壊れる。シャトルが非常に軽いため、バドミントンは屋内コートでなければプレーできない。

選手の特徴
- 試合では急激に止まったり動いたりすることが多いため、非常に激しい運動となる。バドミントン選手には速さと強さが必要である。肉体的なトレーニングは「爆発的エネルギー」と、太腿、脹脛の筋肉の持久力の向上を中心に行なう。
- フットワークを鍛えて、打球のためのポジショニングのスピードと正確性を向上させる。コート上では動作の練習を行ない、試合中のさまざまな状況に対応する動きを習得する。

ルディ・ハルトノ（インドネシア）
1980年、世界選手権優勝。全英選手権ではシングルスのタイトルを8つ獲得した。

ジュディ・ハッシュマン（アメリカ）
全英選手権10度優勝。アメリカでは1954～67年に12タイトルを獲得した。

スカッシュ

スカッシュは持久力と戦略が必要とされるスポーツで、ストリングを張ったラケットと柔らかいゴム製のボールを使用し、四方を囲った長方形のコートで行なわれる。ボールが「スカッシュ（つぶす）」されるためにこの名前がついた。1830年頃にイングランドで考案され、1885年に北アメリカに伝わった。1930年（女子は1950年）から毎年行なわれている有名なトーナメント、ブリティッシュオープンでは、オーストラリアとパキスタン勢が長い間優位を占めていた。1967年に開始された世界選手権の団体戦と、1975年に開始された個人戦では、アングロサクソン系の国々が首位を独占している。現在、スカッシュは、カナダ、スコットランド、イングランドによって世界プロランキングの上位が占められ、世界スカッシュ連盟（WSF）によって統轄されている。

ジョナ・バリントン。史上最高のイギリス人選手であり最初のプロスカッシュ選手でもある。1966～72年に世界選手権で数多く優勝した。

競技会

シングルスまたはダブルスで行ない、サーブまたはリターンしたボールを相手に正規に返球させないことを目的とする。ボールが床面で2度バウンドする前に正面の壁（フロントウォール）に打ち返さなければならない。サイドウォールとバックウォールでは何度バウンドしてもよい。試合は1ゲーム9ポイントの5ゲームで行なわれる。サーバーにのみ得点が入る。レシーバーがラリーに勝った場合、サーブ権を獲得する。プロトーナメントでは、1ゲーム15ポイントで行なわれ、サーバー、レシーバーにかかわらずラリーの勝者がポイントを獲得する。

コート

マーカー
プレー、フォルト、スコアのコールを行なう。

レフリー
マーカーに要請された場合に介入する。選手からアピールをうけてレットの要求を判定する。

「レット」ルール

対戦者同士がコートを共有するため、図らずも相手を妨害してしまう場合がある。どちらかが視界や動作を妨げられたと感じた場合は、そのラリーのやり直しを要求することができる。明らかな妨害によってポイントが失われた場合は、そのポイントが直接与えられる（ストローク）。レットかストロークかの判断は審判が行なう。

サービス
フォアハンド、バックハンドどちらで行なってもよい。ボールを上に投げて、床面または壁面に触れる前に打つ。ボールは、フロントウォールに当たった後、サービスラインを越えて、サーバーと反対側のバックコートでバウンドしなければならない。サーブのボールはフロントウォールに当てる。サーブでポイントを獲得することは非常にまれであるため、相手に防御的な返球をさせることを狙う。

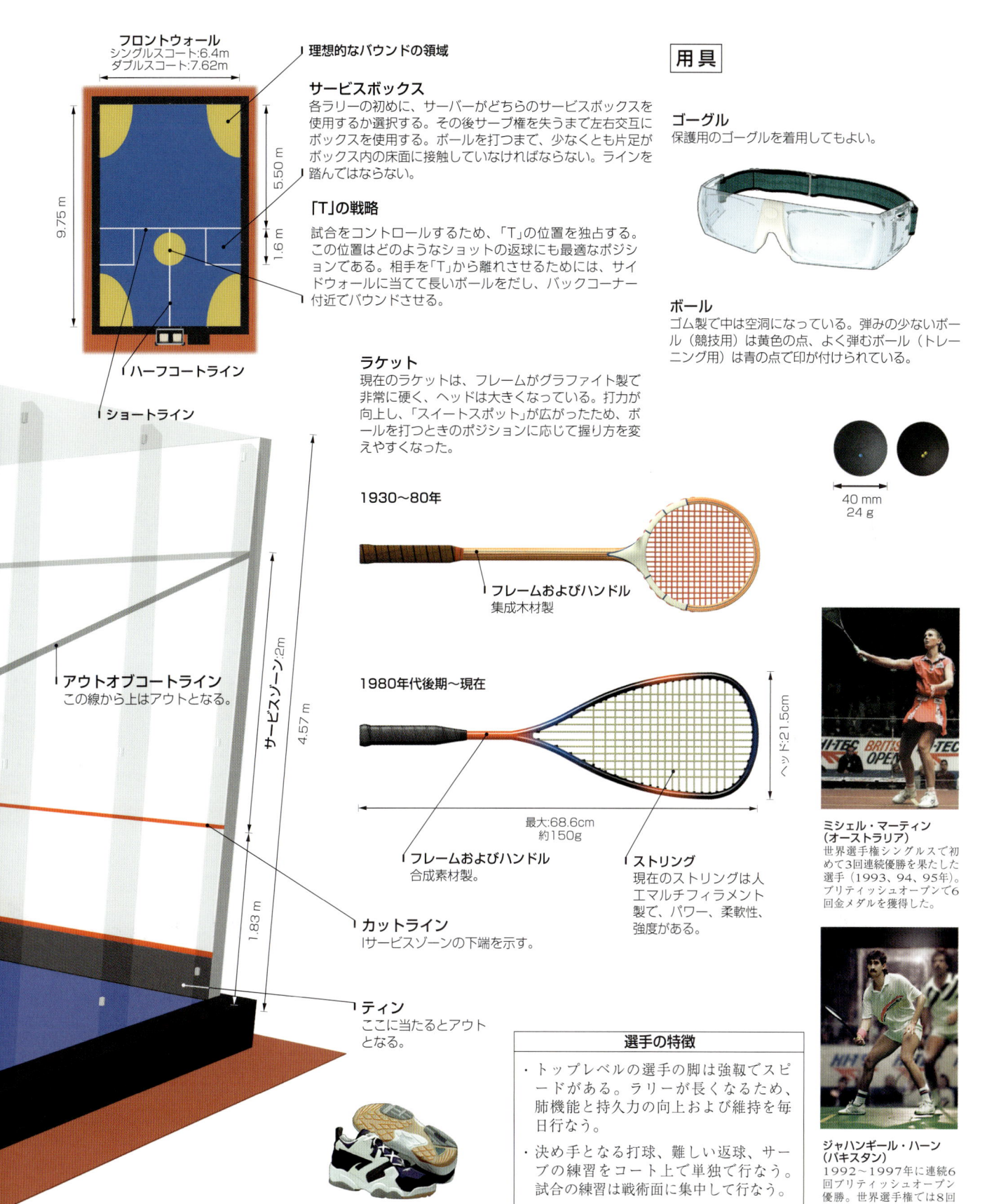

フロントウォール
シングルスコート:6.4m
ダブルスコート:7.62m

9.75 m

5.50 m

1.6 m

- ハーフコートライン
- ショートライン
- アウトオブコートライン
  この線から上はアウトとなる。
- サービスゾーン:4.57 m
- 1.83 m
- カットライン
  サービスゾーンの下端を示す。
- ティン
  ここに当たるとアウトとなる。

理想的なバウンドの領域

サービスボックス
各ラリーの初めに、サーバーがどちらのサービスボックスを使用するか選択する。その後サーブ権を失うまで左右交互にボックスを使用する。ボールを打つまで、少なくとも片足がボックス内の床面に接触していなければならない。ラインを踏んではならない。

「T」の戦略
試合をコントロールするため、「T」の位置を独占する。この位置はどのようなショットの返球にも最適なポジションである。相手を「T」から離れさせるためには、サイドウォールに当てて長いボールをだし、バックコーナー付近でバウンドさせる。

ラケット
現在のラケットは、フレームがグラファイト製で非常に硬く、ヘッドは大きくなっている。打力が向上し、「スイートスポット」が広がったため、ボールを打つときのポジションに応じて握り方を変えやすくなった。

1930～80年
- フレームおよびハンドル
  集成木材製

1980年代後期～現在
- ヘッド:21.5cm
- 最大:68.6cm
  約150g
- フレームおよびハンドル
  合成素材製。
- ストリング
  現在のストリングは人工マルチフィラメント製で、パワー、柔軟性、強度がある。

シューズ
白または無色の靴底で、床に跡が付かない。

用具

ゴーグル
保護用のゴーグルを着用してもよい。

ボール
ゴム製で中は空洞になっている。弾みの少ないボール（競技用）は黄色の点、よく弾むボール（トレーニング用）は青の点で印が付けられている。

40 mm
24 g

選手の特徴
- トップレベルの選手の脚は強靱でスピードがある。ラリーが長くなるため、肺機能と持久力の向上および維持を毎日行なう。
- 決め手となる打球、難しい返球、サーブの練習をコート上で単独で行なう。試合の練習は戦術面に集中して行なう。

ミシェル・マーティン（オーストラリア）
世界選手権シングルスで初めて3回連続優勝を果たした選手（1993、94、95年）。ブリティッシュオープンで6回金メダルを獲得した。

ジャハンギール・ハーン（パキスタン）
1992～1997年に連続6回ブリティッシュオープン優勝。世界選手権では8回優勝。

ラケットスポーツ

テクニック

ボースト

防御的なショットで、相手がバックコーナーに非常に近い位置に返球した場合に用いる。ボールとバックウォールの間に十分な空間がなく、フロントウォールに直接返球することはできない。

ドロップ

ドロップではボールのバウンドを非常に小さくし、相手を前まで移動させる。すると相手は「T」の位置から離れ、返球しづらくなる。うまく行なえば非常に効果的な攻撃となる。

ボレー

攻撃的なショットでラリーのリズムを崩し、相手に返球の準備をする時間を与えない。バウンドの小さいドロップボレーは、強打のボレーよりも難しい打ち方である。

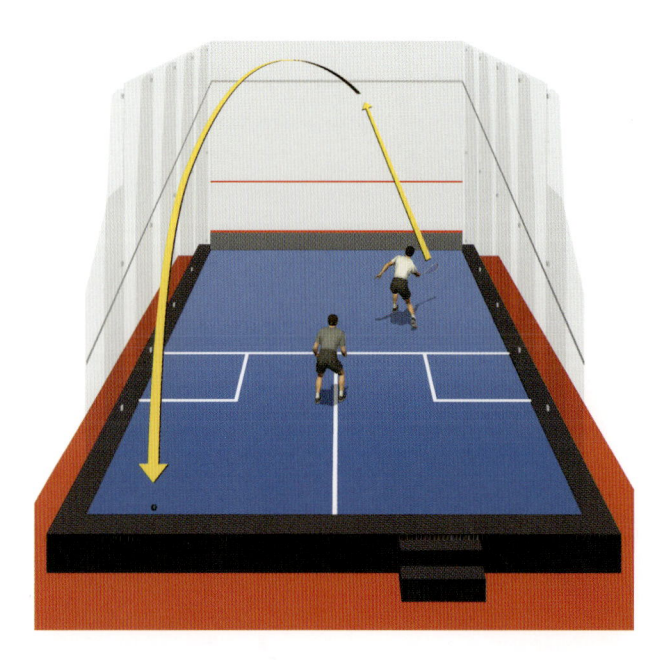

ロブ

相手の届かない高い位置にボールを打つ。バックコーナーにほぼ垂直に落ち、バウンドは小さい。返球が非常に困難な打ち方だが、完璧にできなければ相手にとって格好の攻撃の機会となる。

格闘技

296 空手	310 相撲	322 フェンシング
300 柔術	312 カンフー	328 グレコローマンおよびフリースタイルレスリング
302 柔道	314 テコンドー	
306 合気道	316 ボクシング	
308 剣道	320 キックボクシングとフルコンタクト	

空手

空手は格闘、護身、精神と肉体の鍛錬を組み合わせた日本の武術である。人間の体（手、肘、腕、足、膝、頭）を武器とした技を用いる。近代空手の由来は、中国武術と「手」と呼ばれる素手で行なう沖縄の武術である。この二つをもとに、主な流派である昭林流と昭霊流が発展した。現在、空手には70を超える流派が存在する。近代空手道の創始者である船越義珍は、沖縄で習得した知識と技術を初めて日本にもたらした一人である。20世紀初頭に、船越は主に昭林流を元にして松涛館流を作った。他の習得者が発展させた流派も、現在広く行なわれている。船越の弟子で柔術の専門家であった大塚博紀が創始した和道流、昭霊流の宮城長順が発展させた剛柔流、大山倍達が松涛館と剛柔流をもとに作った極真会館などである。競技会は1950年代から行なわれているが、女性が参加するようになったのは1980年代になってからである。現在は、いくつかの国際組織によって統轄されている。

船越義珍（日本）。近代空手道の創始者。

競技会

規定は組織ごとに異なるが、基本的に3種類の競技がある。破壊技術を披露する「試割」、1人以上の架空の敵と格闘する「型」、対戦相手と格闘する「試合」または「組手」である。

極真会館などの特定の流派では試割競技の人気が非常に高いが、試割を全く行なわない流派もある。板、ブロック、氷などを使用し、個人戦で行なわれる。

型競技では、振付けられた一連の格闘技術を演じる。空手技術の評価では、審判員が技術の正確性、動作の理解力、呼吸、体力、調整力、リズム、バランス、集中力について判定する。競技会は個人戦または団体戦で行なわれる。団体戦ではチーム全員がなるべく同時に動作を行なう。

組手競技の競技時間は、通常1～3分である。競技者同士が互いに立礼をして試合を開始する。一般的なルールでは、相手の身体に触れる前に打撃を止めなければならない。形式によっては接触が認められている（セミコンタクト、フルコンタクト、格闘空手、喧嘩空手など）が、股間部、喉、関節、脊柱、側頭部、後頭部への攻撃は常に禁止されている。正確な位置、精度、気力、タイミング、適切な姿勢を完璧にコントロールした技を使用することが目的の競技会もある。技が成功した場合に1本となり、先に2本を獲得した選手が勝者となる。また、割り当てられた時間が経過した場合、ポイントを多く獲得した選手の勝利となる。2本獲得したり、時間が経過したりしていなくても、どちらかの選手がマットを離れた場合、打撃を受けたために競技を続けられなくなった場合に、試合を中断することがある。

競技場

試合は畳またはマット上で行なわれる。

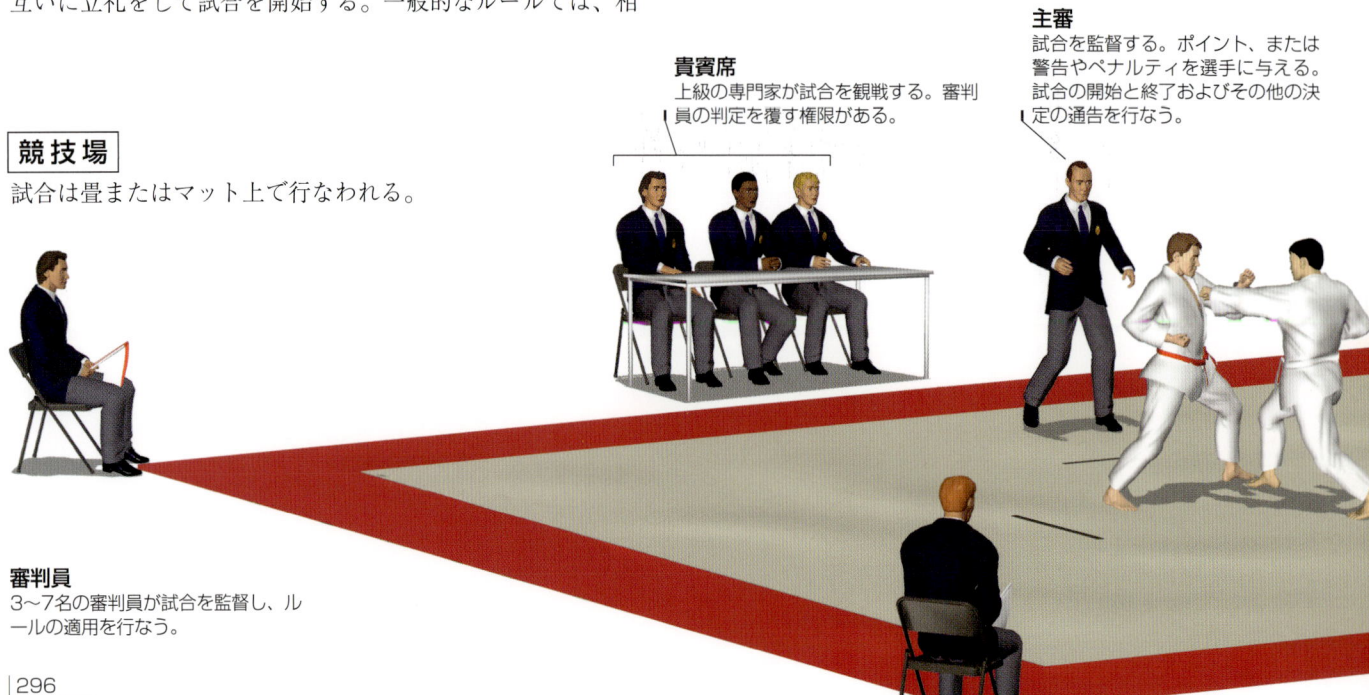

貴賓席
上級の専門家が試合を観戦する。審判員の判定を覆す権限がある。

主審
試合を監督する。ポイント、または警告やペナルティを選手に与える。試合の開始と終了およびその他の決定の通告を行なう。

審判員
3～7名の審判員が試合を監督し、ルールの適用を行なう。

体重別の階級

すべての組織で体重別に階級を分類するわけではない。空手の精神にもとづいて、どのような相手からでも自分の体を使って身を守らなければならないという観点から、体格を問わない組織もある。

階級

昇級審査では、技の知識と習熟度、型、組手について評価を行なう。上級になると、筆記試験や試割の試験に合格することが必要になる場合もある。初級のうちは月単位での昇級が可能だが、階級が上がると昇級に数年かかることもある。

選手の特徴

- 空手の練習は道場と呼ばれる教室で行なう。6、7歳からトレーニングを開始する。
- 選手の年齢や体格は、それぞれの流派の組織ごとに異なる。20歳の選手によって優れた演技が行なわれることもあるが、35歳のチャンピオンも存在する。通常、女子は男子より数年早くピークを迎える。
- 上級の選手は、テクニック、スピード、パワーを身につけ、柔軟でどっしりした腰、強い太腿、非常に柔軟な肉体を持つ。
- 優れた柔軟性が必要とされるため、トレーニングでは常にストレッチ体操をはじめに行なう。首、腕、足首を回したり、脚や腰の柔軟体操を行なったりする。道場での訓練時間のおよそ3分の1は、このような体操で占められる。
- 組手では全力の打撃は不可能だが、試割では精度とともに打撃の強さを披露することができる。しかし、関節にかなりの圧力がかかるため、長期にわたって行なうと関節の変形や関節炎を引き起こすことがある。
- 空手は素手で行なうものだが、武器（トンファ、ヌンチャク）の使用をトレーニングの補足とみなす場合もある。

松濤館流の階級

階級	階級	階級	階級
9〜6級（初級者）	白	2級	青
5級	黄	1級	茶
4級	オレンジ	1〜8段	黒
3級	緑	9、10段	赤

立礼

相手と視線を合わせたまま互いに礼をする。主審の試合開始の合図の後、最初の攻撃の瞬間まで、お互いに約1mの距離を保つ。これを間合いという。

主審の線
0.5m（中央から2m）

選手の位置
試合の開始、または中断の際、選手はこの位置に立つ。

8m / 3m

副審（4人）
主審を補佐する。各選手の色（赤・白）を表すフラッグを用いて、主審が判定を下した場合、または主審に要求された場合に見解を示す。

記録係

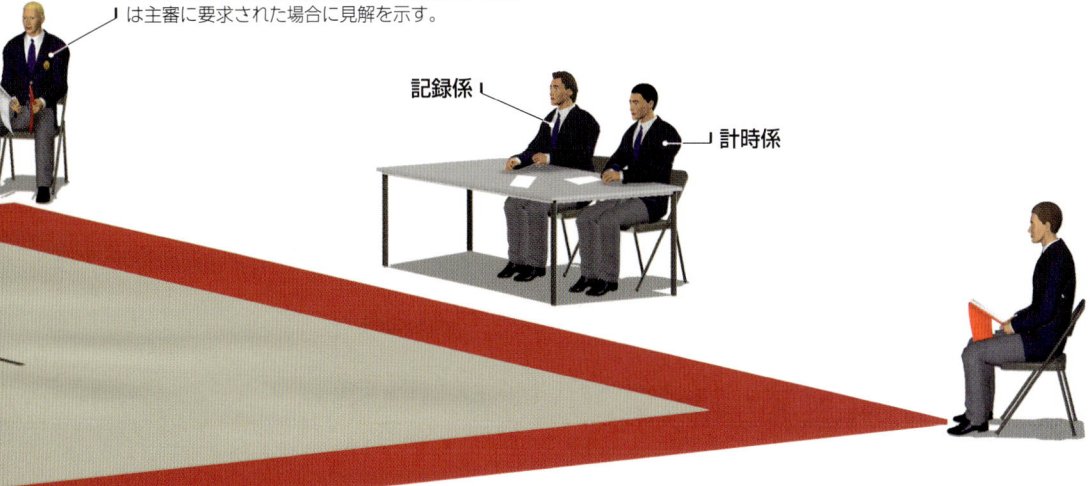

計時係

格闘技

> テクニック

流派にかかわらず、防御の動作の後には常に反撃を行なう。さらに、さまざまな方向へ防御と攻撃を交互に数回繰り返す。

平安五段

松涛館流の基本的な型で、23の連続した動作で構成される。全体で約50秒かかる。

1.型の開始

腰を落とし、精神を集中させてしっかり構え、左手首で防御を行なう。上半身の動作と共に腰を回転させ、速度を上げる。決して架空の敵から目をそらさない。

2.中間の段階

防御の後には必ず反撃が行なわれる。各動作の前に息を吸って準備し、吐き出しながら動作を行なう。最後に息を吐くときに集中して力を入れる。肩には常に力を入れずに、腹筋を引き締めてバランスを保つ。

3.型の終了

四方からの架空の攻撃に応じた後、開始の姿勢に戻る。型を演じる間は躊躇があってはならない。

乱取または組手のトレーニング

流派ごとに異なるが、これらの技（1〜4の攻撃および防御の技）はすべてトレーニングに含まれる。技の習得が格闘の基礎になるからである。

1.正拳突き

こぶしを前に突き出す。同じ側の足が地面に着く瞬間に相手を突く。後ろ側の脚は強く伸ばす。肩を上げずに行なう。

2.前蹴り

胸をまっすぐにして、肩の力を抜く。後ろの手のこぶしでみぞおちを守り、脚の動きと共に腰を移動させる。打撃の瞬間に脚を伸ばすことで最大の力が出る。打撃の前に伸ばすと蹴る速度が遅くなる。

格闘技

用具

防具
どの防具を任意、強制、禁止にするかは主催者が決定する。拳サポーター、足サポーター、ヘッドギア、マウスピースが必要とされる場合がある。脛サポーター、男子用のファウルカップ、女子用のファウルカップおよびチェストガードは通常任意である。競技会では常に裸足で行なう。

帯
帯の色は選手の階級を示している。色の制度や帯の数は流派や道場によって異なる。組手競技では選手を識別するため、階級にかかわらず赤と白の帯で分ける。

空手着
通常は白い綿の上着とズボンである。女子は上着の下にTシャツを着用する。

アラン・ル・エテ（フランス）
1991、92、94年、フランス選手権重量級優勝。1993年、ヨーロッパ選手権優勝（1993、95〜97年、団体戦優勝）。1994年、世界選手権優勝（1994、96年、団体戦優勝）。1995年よりフランス代表チームのキャプテン。

3.受け
機敏な動作で、相手の身体の攻撃部分が触れるのを避け、素早く攻撃を払う。腰の移動が非常に重要であるが、できるだけ目立たない動作で行なうのが効果的である。相手の身体に触れないことで、反撃のための力を温存できる。

4.手刀でのカウンター攻撃
即座に応酬する打撃で、相手がバランスを失っているときに用いる。力強く腰を回転させながら腕で弧を描く。手のひらは接触するときにのみ上向きにし、こめかみ、頸動脈、首筋を鞭のような動きで打つ。前腕、手首、手で硬いブロックを作り、腕と肘には力を入れない。

299

柔術

柔道および合気道の祖先である柔術は、「柔らかい戦いの技術」という意味で、インドと中国の2000年以上の歴史を誇る戦闘技術をもとにした武術である。12世紀、侍や忍者が戦場での格闘技術をいくつも編み出したが、そのときに柔術も護身術として広まった。柔術の原理は、最小の力で相手を確実に死に至らしめる、または戦闘不能にさせることである。何世紀にもわたり、中国拳法や沖縄で使われていた技の影響を受け、17世紀に軍事技術であった柔術が武術となり、明治時代（1868〜1912年）に体系化された。その後大きな変化を遂げて、命にかかわる技が排除され、護身術や競技種目としてさまざまな形式で行なわれるようになった。

よろいを身に着け、刀を手に持った侍の写真(1890年代)。侍は武装していないときに柔術を使った。

試合

競技には4つの形がある。演武系、グラップリング、スポーツ柔術、エクストリーム柔術である。試合のルールは組織ごとに異なり、体重、年齢別に行なわれる。

演武系

演武系競技では、2人1組が交替で決められた形の攻撃に対する防御を披露する。レベルと内容は、競技の前に主審によって決められる。審査は、態度、効果、スピード、コントロール、パワーについて行なう。

グラップリングおよびスポーツ柔術

この2つでは2人の選手が対戦し、相手をつかみ、投げ倒し、規定の時間以上動けなくさせること、またはサブミッションによってギブアップさせることを目的とする。試合時間は2〜5分、体と体のぶつかり合いが特色である。技が認められた場合、相手を降伏させた場合に1〜4ポイントが与えられる。グラップリングでは打撃が禁止されているが、スポーツ柔術では認められている。ただし、顔面、喉、脊柱、股間、関節への打撃は認められない。試合中にポイントを多く獲得した選手が勝者となる。

エクストリーム柔術

非常に激しく、パッドの付いたポストのある囲われた領域で行なわれ、どのような打撃も許される。試合時間は、最長で1ピリオド各20分の3ピリオドである。相手をノックアウトするかギブアップさせることを目的とする。主催者によって指定された時間内に決着しなかった場合は、格闘の優劣にもとづいてレフリーが勝者を決定する。

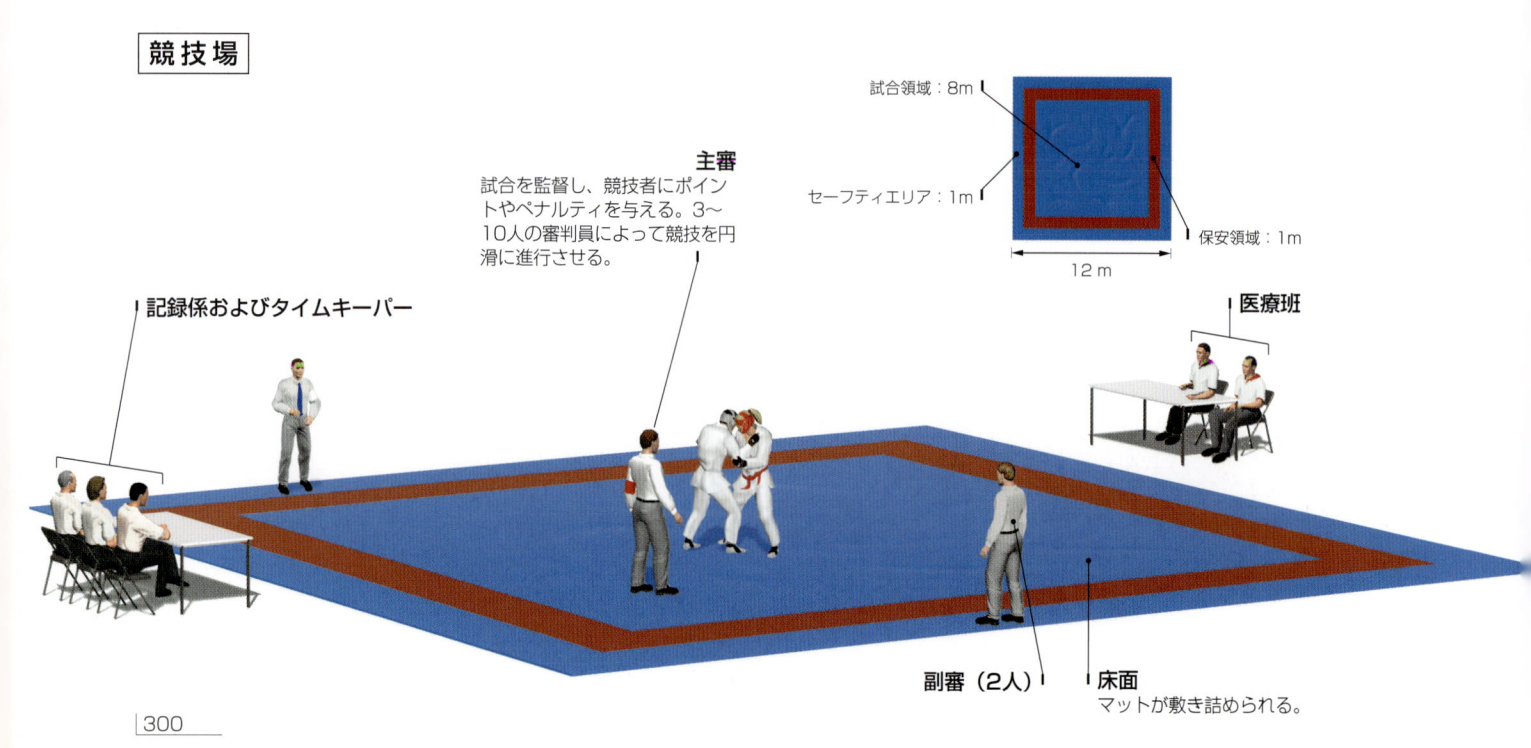

競技場

試合領域：8m
セーフティエリア：1m
保安領域：1m
12m

主審
試合を監督し、競技者にポイントやペナルティを与える。3〜10人の審判員によって競技を円滑に進行させる。

記録係およびタイムキーパー

医療班

副審（2人）

床面
マットが敷き詰められる。

基本のテクニック

柔術の特色は、柔軟さの有効性を最大限に追求すること、さまざまな技を用いることである。投げる、つかむ、急所を突く、蹴る、首を絞める、関節技によって脱臼させる、てこの原理を使う、武器を用いる、などの技があり、相手の強さを判断して戦う必要がある。攻撃をかわして相手の体勢を崩し、てこの原理で投げ倒し、手足をねじるまたは脱臼させる、あるいは首を絞めることで、相手を動けなくさせることができなければならない。また、打撃をコントロールして急所を突くこともできなければならない。

1.脚を蹴る
精神を集中させて身体をまっすぐに保つ。肩は下げて力を抜く。膝を曲げ、できるだけしっかり立つ。息を吐き出し、相手の足を蹴って体勢を崩す。

2.つかむ
爆発的な動きで相手を攻撃する。相手をつかみ、できるだけ近くに引き寄せ、相手に殴られないようにする。

3.投げる
相手を投げ倒してその上に乗る。仰向けに倒した相手にしっかり馬乗りになることが目的である。

4.降伏
相手の首を絞めてギブアップさせる。これはサブミッションと呼ばれる。非常に近い位置で相手を制し、馬乗りの姿勢を保たなければならない。

用具

防具
グラップリングではマウスピースと局部用サポーターを着用する。エクストリームではさらにグローブも着用する。スポーツ柔術ではグローブ、脛当て、フットガード、マウスピースを着用する。男子はカップサポーター、女子はチェストガードを着用する。ヘッドガードの使用が推奨される。爪は短く切りそろえる。

ヘッドホールド

柔術着
通常は白い綿の上着とズボンである。黒や青の場合もある。女子は上着の下にTシャツを着用する。

帯
帯の色は階級を示す。どの色をどの階級に使うかは道場によって異なる。

スポーツ柔術の体重別階級	
女子	男子
55kg以下	62kg以下
55kg超〜62kg	62kg超〜69kg
62kg超〜70kg	69kg超〜77kg
70kg超	77kg超〜85kg
	85kg超〜94kgkg
	94kg超

エクストリーム柔術の階級システムの帯色	
6級	白
5級	黄
4級	オレンジ
3級	緑
2級	青
1級	茶
1〜4段	黒
5〜7段	紅白
8、9段	紅
10段	白

ホイス・グレイシー（ブラジル）
黒帯4段。エクストリーム柔術の世界選手権で3回優勝している（1993年1回、1994年2回）。

選手の特徴

・国際的に活躍している選手は、通常20〜30歳である。中背で、ウエストが締まり、力強い脚と腹筋を持つ。首ががっしりしている場合が多く、僧帽筋が発達している。

・関節を狙われることが多いため、肩、前腕、腰、膝のストレッチが重要である。

・蹴るときに非常に力が掛かるため、足の各部分を鍛える運動もトレーニングに含める。

・筋肉の強化は、柔軟性を保ちながら、持久力と心機能のトレーニングを合わせて行なう。

格闘技

柔道

嘉納治五郎（日本）。柔道の創始者で、唯一の12段保持者。

柔道は「穏やかな道」である。武器を使用しない武術で、互いに手を使って戦い相手を投げ倒す。封建時代からの武術である柔術をもとに、19世紀の終わりに嘉納治五郎によって創始された。肉体的、道徳的向上を主な目的としている。根本原則は、相手の力に抵抗するのではなく、その力を相手に返すことである。護身術、魅せるスポーツ、競うスポーツである柔道は、1964年の東京大会で初めてオリンピックに登場し、1972年のミュンヘン大会から男子柔道が行なわれている。第1回男子世界選手権が1956年に東京で行なわれ、女子世界選手権は1980年にニューヨークで初めて開催された。女子柔道は1988年のソウルオリンピックでデモンストレーション競技として行なわれ、1992年のバルセロナ大会から正式競技となっている。

競技会

階級ごとに無作為に試合の組み合わせを決める。試合に負けた選手はふるい落とされるが、準決勝で負けた2人は銅メダルを賭けて対戦する。準決勝に勝った2人によって決勝を行ない、金、銀メダルを決定する。決勝に勝ちあがるまでに、1日に5～6試合をこなすことがある。先に選ばれた選手は青、次の選手は白の柔道着を着用する。互いに礼をしてから畳に入り、柔道着の色に対応するマークの位置に立ち、再度礼を行なう。主審の「はじめ」の合図で試合を開始する。選手は畳を離れる前にもう一度礼をして、柔道の特色である敬意と規律を示す。一本（10ポイント）となった場合、制限時間（国際ルールでは男子5分、女子4分）が経過した場合に試合終了となる。一本とならなかった場合は獲得したポイントの多い方が勝者となる。もしタイスコアとなった場合は、「ゴールデンスコアー」と呼ばれる延長戦を行い、ポイント先取した方の勝ちとなる。それでも決定しない場合は、主審が選手を畳の中央に呼び「判定」のかけ声をする。主審、副審の多数票を獲得した選手の勝ちとなる。

競技場

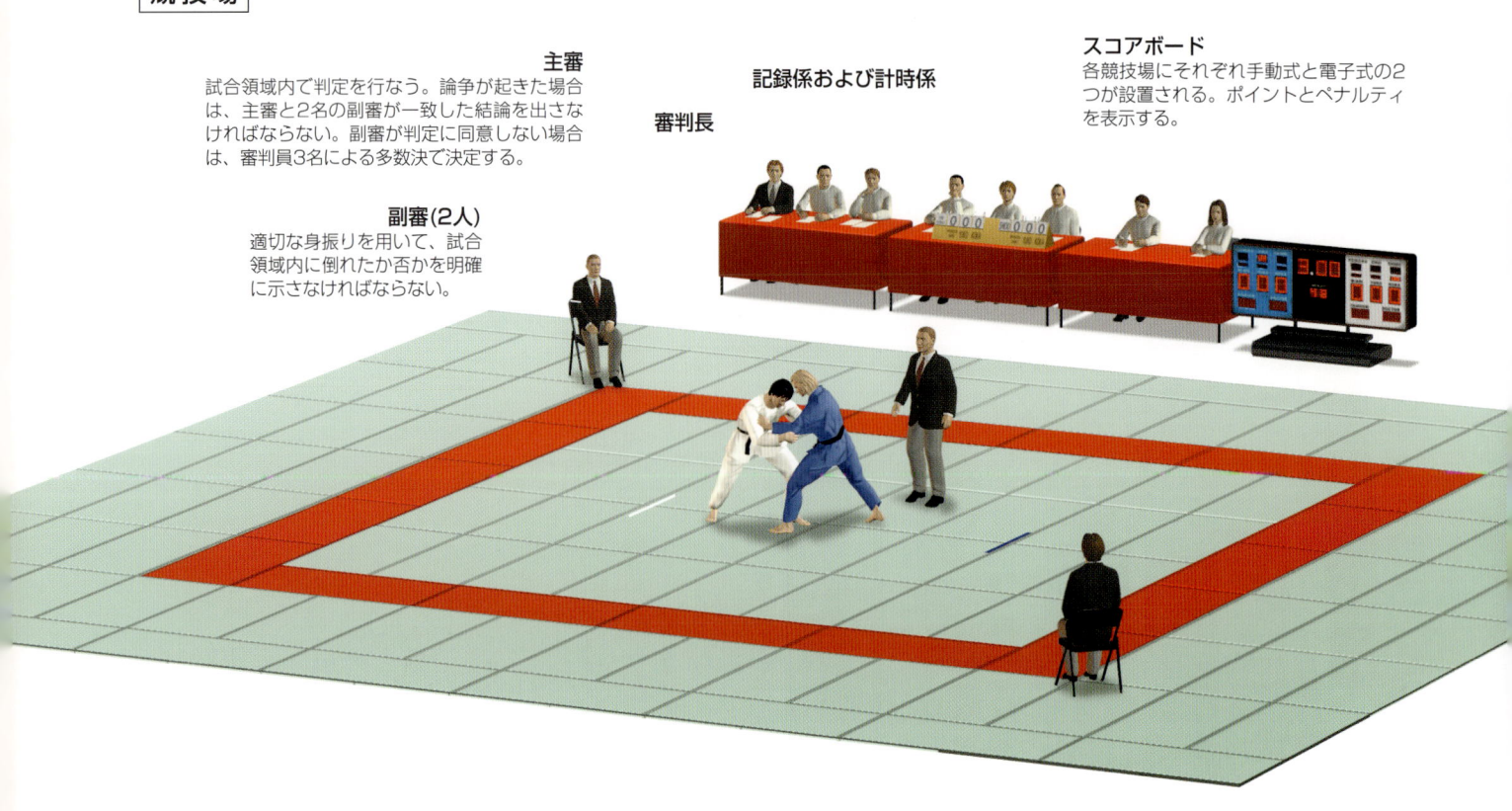

主審
試合領域内で判定を行なう。論争が起きた場合は、主審と2名の副審が一致した結論を出さなければならない。副審が判定に同意しない場合は、審判員3名による多数決で決定する。

副審（2人）
適切な身振りを用いて、試合領域内に倒れたか否かを明確に示さなければならない。

記録係および計時係

審判長

スコアボード
各競技場にそれぞれ手動式と電子式の2つが設置される。ポイントとペナルティを表示する。

判定

近年、ルールの変更がいくつか認められた。防御的な柔道への罰則の適用が増し、より活発な形が好まれるようになってきている。

規定の時間内に一本とならなかった場合、効果、有効、技ありを合計して勝者を決定する。効果と有効を合わせても、必要とされる10ポイントにはならない。技ありは2回で一本（10ポイント）と同等とみなされ、試合終了となる。

一本
一本となる方法は3つある。相手を制しながら強さと速さを兼ねて投げて仰向けに倒した場合、関節技や絞め技で相手を降伏させた場合、相手を地面に25秒間抑え付けた場合（抑え込み）である。

技あり
相手を制しながら投げたが、一本に必要な他の4つの要素（相手の背中を畳につける、相手を制する、強さ、速さ）のうちの1つが欠けている場合、あるいは抑え込み技で相手を20～24秒間抑え込んだ場合。2つの技ありで一本となる。

有効
相手を制しながら投げたが、一本に必要な他の3要素のうちの2つの要素が欠けている場合、あるいは抑え込み技で15～19秒間抑え込んだ場合。

効果
相手を制しながら強さと速さで投げ、相手の肩、脚、尻のいずれかを床につけた場合、あるいは抑え込み技で10～14秒間抑え込んだ場合。

反則

反則した選手に罰則を適用する場合、対応する数のポイントが相手に与えられる。同レベルの反則を2回以上犯すとより重い罰則が適用され、先に適用された罰則と相手に与えられたポイントは取り消される。獲得したポイントからペナルティポイントを差し引くことはしない。

審判員によって罰則が与えられる反則もある（指導）。故意に畳を離れる、過度に防御的な振る舞い、偽装的攻撃、相手を殴る、故意に倒れる、判定に従わない、などである。相手を負傷させることを狙った、あるいは柔道の精神に反する、危険な身振りや行動はすべて禁じられている。もし選手が重大な反則を侵した場合、直ちに競技が中止される場合もある（反則負け）。

待て
試合を中断する場合の主審の宣告。選手は離れてそれぞれのマークの位置に戻らなければならない。

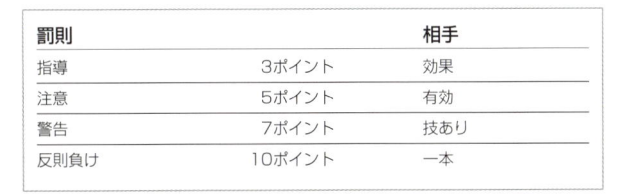

医療班

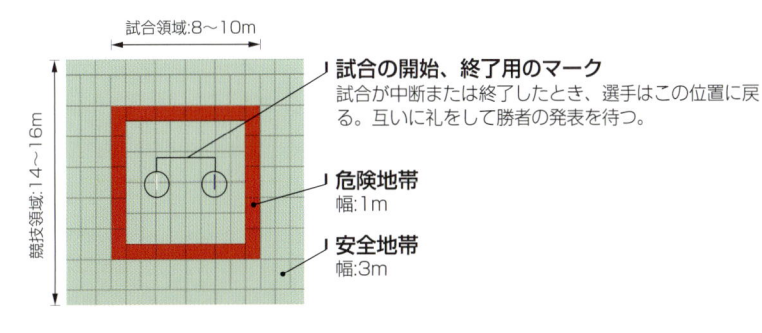

罰則		相手
指導	3ポイント	効果
注意	5ポイント	有効
警告	7ポイント	技あり
反則負け	10ポイント	一本

畳
1m×2mの小さなマットを敷き詰め、落下の衝撃を和らげる。

試合領域：8～10m
競技領域：14～16m

試合の開始、終了用のマーク
試合が中断または終了したとき、選手はこの位置に戻る。互いに礼をして勝者の発表を待つ。

危険地帯
幅：1m

安全地帯
幅：3m

テクニックと戦術

試合の初めから優位を獲得し、試合のペースをコントロールしながら攻撃を続ける。相手の犯した小さなミスを利用して体勢を崩させ、慎重に選んだ技を素早く展開して反撃する。あらかじめ自分の体格、体型、技術に合わせて最大限に効果を出せるような技を2〜5つ、トレーナーと共に用意し、試合ではそれをできるだけ頻繁に用いる。対戦相手のスタイルを試合前に研究することで、相手の攻撃の戦略を予想することができる。

投げ技、立ち技

1.構える
攻撃の前に動いたりフェイントをかけたりすることで、相手を素早くつかみ、相手の体勢を崩す。同時に相手に有利な角度を取らせないようにする。

2.つかむ
相手をつかむこと（組み方）に成功し、優位に立つ。手首を曲げずに力を入れて小さく腕を動かす。

3.位置取り
つかまれた相手は逃れようとするが、つかんだ側は投げる準備をする。つかんだ手を緩めて足の位置を変え、姿勢を正して最大限の安定性を確保し、コントロールを保つ。

4.投げる
体勢が崩れることで相手は防御する力を失うため、その後相手を制しながら力で仰向けに倒す。倒された側はうつ伏せになる、身体を丸める、手と膝で起き上がる、などを試みる。

5.抑え込む
できるだけ敏速に相手の身体、特に肩を押す力を強める。抑え込むときには、自分の身体のどの部分も相手の脚によって制されてはならない。

絞め技
相手の上着の背中から腕をまわし、手で相手の息を止める。気管または2本の頸動脈を絞め、脳への血液（したがって酸素）の流れを減らす。相手に逃げられないように全体重を掛ける。

関節技
相手の腕をできるだけ伸ばしてつかむ。次に肘を押さえて関節を固め、相手が降参するまで押さえ続ける。

用具

柔道着
国際ルールでは、白または青の綿の上着とズボンである。厚すぎず、硬すぎず、相手が適切につかめるものでなければならない。女子は白いTシャツまたはレオタードを上着の下に着用する。競技は必ず裸足で行なう。

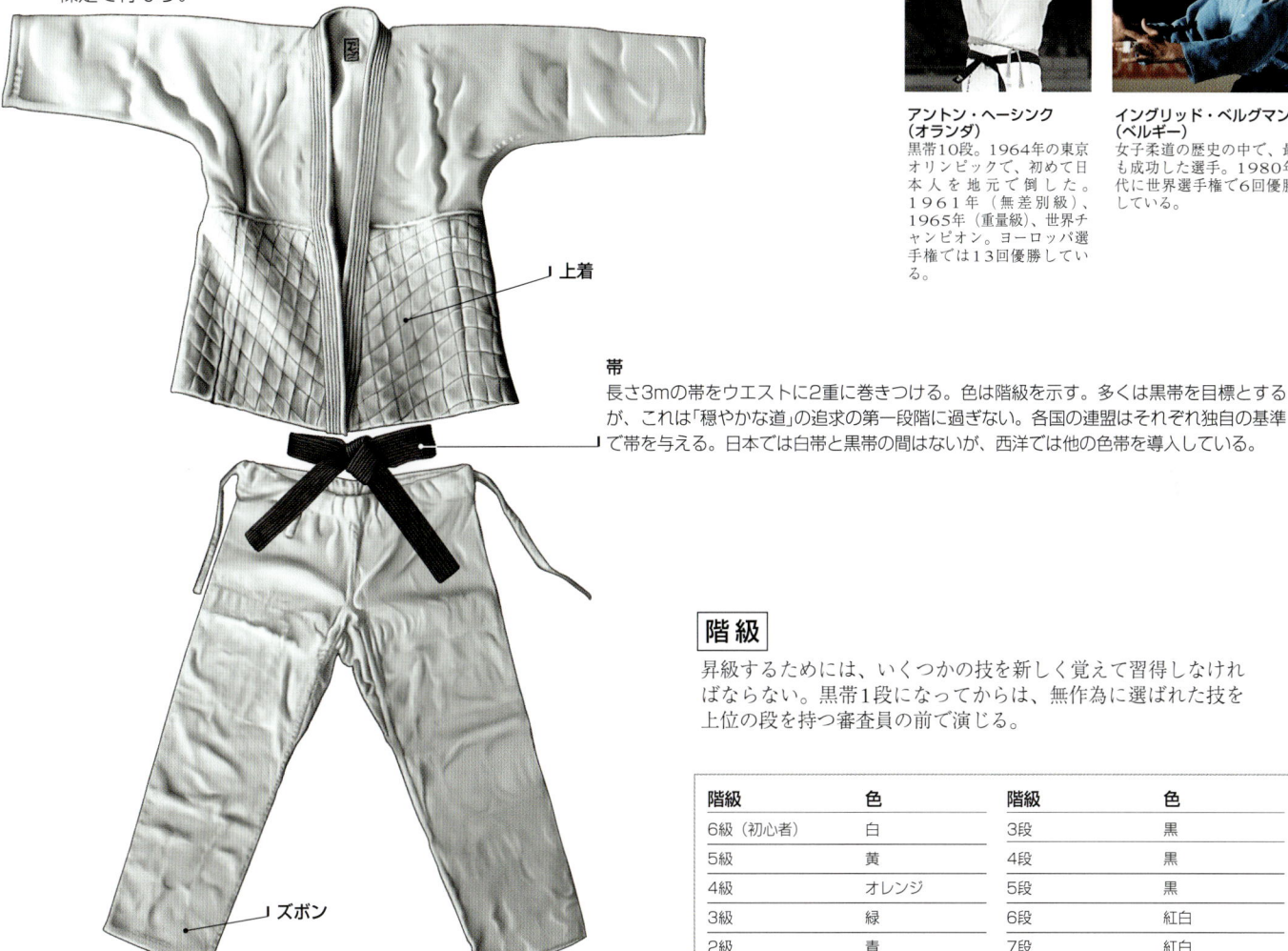

- 上着
- ズボン

アントン・ヘーシンク（オランダ）
黒帯10段。1964年の東京オリンピックで、初めて日本人を地元で倒した。1961年（無差別級）、1965年（重量級）、世界チャンピオン。ヨーロッパ選手権では13回優勝している。

イングリッド・ベルグマン（ベルギー）
女子柔道の歴史の中で、最も成功した選手。1980年代に世界選手権で6回優勝している。

帯
長さ3mの帯をウエストに2重に巻きつける。色は階級を示す。多くは黒帯を目標とするが、これは「穏やかな道」追求の第一段階に過ぎない。各国の連盟はそれぞれ独自の基準で帯を与える。日本では白帯と黒帯の間はないが、西洋では他の色帯を導入している。

階級
昇級するためには、いくつかの技を新しく覚えて習得しなければならない。黒帯1段になってからは、無作為に選ばれた技を上位の段を持つ審査員の前で演じる。

階級	色	階級	色
6級（初心者）	白	3段	黒
5級	黄	4段	黒
4級	オレンジ	5段	黒
3級	緑	6段	紅白
2級	青	7段	紅白
1級	茶	8段	紅白
1段	黒	9段	紅
2段	黒	10段	紅

体重別階級	男子	女子
最軽量級	60kg以下	48kg以下
中軽量級	60kg超、66kg以下	48kg超、52kg以下
軽量級	66kg超、73kg以下	52kg超、57kg以下
軽中量級	73kg超、81kg以下	57kg超、63kg以下
中量級	81kg超、90kg以下	63kg超、70kg以下
軽重量級	90kg超、100kg以下	70kg超、78kg以下
重量級	100kg超	78kg超
無差別級	全階級	全階級

（理論上、無差別級では体重を問わないが、実際は主に100kgを超える選手が出場する。）

選手の特徴
- 男子が国際的に活躍するようになるのは通常20歳であるが、女子はもっと早く、15歳ほどからの場合もある。最高の成績を上げるのは、男子、女子共に24～28歳である。
- 体重別の階級によって体格はさまざまだが、一般に硬い背筋と強い脚を持つ。男子の胴部の方が発達しているため、同じ階級の男子に比べて女子の重心は低い。
- 最軽量級から中量級の選手のトレーニングは、テクニックやスピードに重点が置かれる。より重い階級になると筋肉を鍛えることの方が重要になる。
- よく使う筋肉の肉離れ、身体が硬くなる、腰椎と頚椎の硬直、といった柔道におけるマイナス面の補正のために、柔軟運動とストレッチが必須である。
- 手足の爪は短く切りそろえる。

格闘技

格闘技

合気道

合気道は、「和合と統合への道」である。攻撃から素早く身をかわして相手をつかみ、相手の力を利用して技をかける日本の武術で、武器、または素手で攻撃する。合気道を学ぶ者は、自分の周りの世界を和合させるための技を習得する。原則として合気道は競技ではないが、フリースタイルの競技会を取り入れている道場もある。合気道は1930年代に植芝盛平によって創始された。伝統的な侍の武術（柔術、大東流剣術、なぎなた）を学んだ後、盛平はその技を融合させ、決断の精神（決め）、人体の知識、敏速な反応、宗教的要素を組み合わせた体系を作り出した。1950年代以降、合気道は日本だけでなく世界中に広まってきている。

20世紀前半に合気道を創始した植芝盛平翁（1883～1969年）。

テクニック

力強く効果的な動作で相手の体勢を崩して攻撃を制し、戦っても無駄であると相手に悟らせる。どんな攻撃も、その力を利用して反撃に転じることができなければならない。合気道には、つかまれた手を外す、相手を投げ倒す、押さえ付けるまたは関節をひねることにより相手を動けなくさせる、といった多くの動作がある。相手の急所を攻撃する当身技や、首を絞める技も用いられる。ほとんどの技に、円またはらせん運動が伴う。効果を上げるためには、強さ、速さ、流れ、調和と共に、低い姿勢ですべるように技を用いなければならない。訓練は畳敷きの道場で行なう。2人1組で、一連の技を習得するまで役割を交代しながら繰り返す。

逆半身片手取り四方投げ

1. つかむ
自分の顔を殴ろうとする相手によって手首をつかまれる。

2. 体勢を崩す
腰を回転させて横に移動し、相手の攻撃が向かう方向からそれる。

3. ひねる
相手の手首をしっかりつかみ、円運動で相手の腕の下に滑り込む。

4. 投げる
半円を描くように動いて強い立場を取り戻し、相手の腕への力を強めて相手を投げ倒す。

肩取二教

1. 体勢を崩す
横に移動する。腕が伸びきっている相手はつかみ続けることができない。

2. 殴る
顔への打撃で応戦し、相手の攻撃の欲求を打ち負かす。

3. ひねる
相手の手首をひねる。同時に腰を回転させて自分の動作の力を強める。

4. 押さえる
関節への圧力を強め、相手を床に付けて押さえ込む。

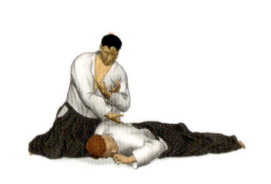

5. 降伏
この姿勢で、相手の肩と肘に強い痛みを与えることができる。

座技正面打ち一教

1. 体勢を崩す
上からの攻撃を腕によって防ぎ、腰を押し出して相手の体勢を崩す。

2. 落とす
円運動で相手の腕を床に押し付け、肘を押す力を強める。

3. 押さえる
体重を掛けて相手の腕を強く押す。ひねることにより肩の痛みが増す。

組太刀

1. 防ぐ
できるだけバランスを保ちながら、相手の攻撃を防ぐ。わずかに横に移動し、木刀で受け流す。

2. 反撃
体重を前に移動させて相手の体勢を崩す。円運動で木刀を頭の高さまで上げ、相手の首を打つ。

用具

杖 1.55 m
木刀 1 m

棒
通常、杖や木刀を操る技のトレーニングも行なわれる。

階級

昇級のためには、練習を積み重ねなければならない。階級の低いうち（5～1級）は数カ月、階級が上がると（1～10段）何年もかかる。さらに必要とされる技の習得を審査する試験に合格しなければならない。階級が上がると、フリースタイルの格闘および数人の攻撃から身を守る能力の習得について、武器使用と素手の試験が行なわれる。

選手の特徴

- 合気道では、敏速な反応、バランス、深く集中した精神による迅速な決断が必要とされる。
- 柔軟性を向上させることで、調和のとれた筋肉を発達させる。さらに脚を鍛えると、安定性が増し、より素早く正確な動作が可能になる。
- 7、8歳から始め、一生を通じて行なうことができる。

合気道着
厚手の綿の白い上着。

帯
腰に2重に巻きつけ、上着を固定する。また、帯色によって階級を示す。白は5～1級、黒は1～10段である。

はかま
初めは軽い布地の白いズボン、黒帯になるとさらにはかまを着用する。はかまは長くて非常に幅の広いズボンで、徳川時代の侍の服装をもとにしたものである。白いはかまは師範のためのものである。戦術的には脚の動きを隠す役目がある。

山田嘉光（日本）
植芝盛平に10年以上師事した後、この8段を持つ師範はニューヨーク合気会を創設し、北アメリカでの合気道の普及に貢献した。

格闘技

剣道

剣道は、日本の伝統的な刀の代わりに、竹刀という竹製の刀を用いて戦うスポーツで、刀（剣）を扱う日本の武術である剣術から派生した。剣術が編み出された正確な時期は知られていないが、中世に侍が導入して完成させたと考えられる。江戸時代（1603～1867年）に、剣術は大きく変化した。道場の数が増え、技は洗練され、「剣の道」へと進化していった。18世紀には、防具を着用し、刀の代わりに竹刀を使うようになった。そのため、命の危険のない実戦的な戦いができるようになった。1945年、第二次世界大戦の敗北以後に、剣道も他の武術と同様、日本で行なうことを禁止されたが、1950年にスポーツとして復活した。世界選手権は1970年に初めて東京で開催され、その後3年に1度行なわれている。女子剣道は、2000年にカリフォルニアのサンタクララで初めて正式に競技として行なわれた。

20世紀初頭に、刀を使って試合を行なう高野佐三郎、中山博道両範士。

試合

1試合は3～5分間で行なわれ、主審の「はじめ」の合図で開始する。先に2本を獲得した選手の勝利となる。1本となるには、正しい姿勢、竹刀の打ち方、掛け声のすべてが整わなければならず、竹刀の先端から3分の1の部分で、面（頭部）、小手（前腕）、胴（胸の横）、突き（のど）を打つ。時間内に獲得されたのが1本だけの場合は、獲得した側の勝利となる。同点の場合は、引き分け、または1、2分の延長戦のどちらかになり、延長戦では先に1本を獲得した方が勝者となる。延長戦でも決着がつかない場合は、引き分け、再度延長戦を行なう、技の優劣に基づいて主審が決定する、のいずれかとなる。反則を犯した選手には主審から警告が与えられる。反則になるのは、身体または竹刀による正規でない打撃、場外に出る、足を掛ける、竹刀を落とす、などである。反則を2回犯した場合には相手に1本が与えられる。また、相手や審判員に対して礼を欠く言動をとった場合は失格となる。世界選手権では、長短1本ずつの竹刀を使用した二刀流が認められている。

試合場

試合は滑らかな板張りの床の上で行なわれるため、素足でも足を滑らせて動くことができる。

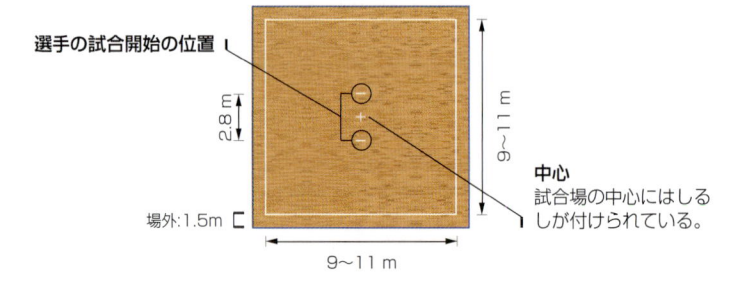

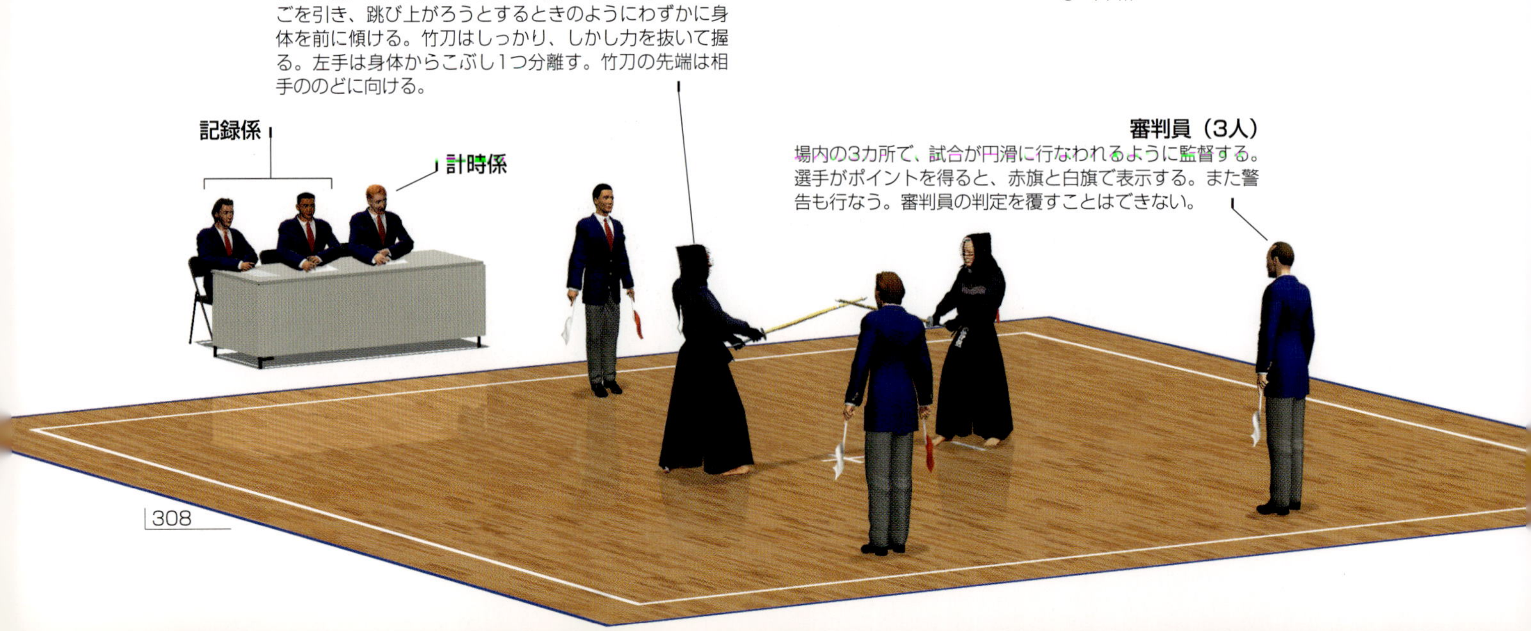

選手の試合開始の位置 2.8 m / 場外:1.5 m / 9～11 m / 9～11 m

中心 試合場の中心にはしるしが付けられている。

攻撃の前に防御の構えをとる（中段）。背筋を伸ばしてあごを引き、跳び上がろうとするときのようにわずかに身体を前に傾ける。竹刀はしっかり、しかし力を抜いて握る。左手は身体からこぶし1つ分離す。竹刀の先端は相手ののどに向ける。

記録係

計時係

審判員（3人） 場内の3カ所で、試合が円滑に行なわれるように監督する。選手がポイントを得ると、赤旗と白旗で表示する。また警告も行なう。審判員の判定を覆すことはできない。

基本のテクニック

攻撃するときは、正しい姿勢、竹刀の打ち方、掛け声（気合）がすべて整わなければならない。気合とは、声を出して最後に強く息を吐き出し、相手を威圧、または動揺させることにエネルギーと意識を集中させるものである。相手を打つと同時に、狙っている身体の部分の名前を大声で言わなければならない。攻撃中だけでなく攻撃後も正しい姿勢を保たなければならない。

面打ち
（額を上から打つ）
左足のかかとを上げて身体を前に出し、力強く竹刀を振り下ろす。右足が地面に着く瞬間に相手を打つ。

小手打ち
（右手首をたたく）
面打ちと同様に、身体の中心線と合わせるような縦の動きで打つ。狙う範囲のみが面打ちと異なる。

胴打ち
（右胴を斜め上から打つ）
胴打ちでは、45度の角度で胴を打つ。この攻撃は、敵の体を2つに切ることを表している。

突き
（のどを突く）
身体全体を前に移動させて竹刀で鋭く突く。最も直接的な攻撃である。極めて正確に行なわなければならない。

階級

他の武術と異なり、帯などの外見では示されないが、剣道の階級は、6～1級（下位）、1段、2段、3～9段（上位）の16段階がある。競技会では階級別に試合が行なわれる。通常、級位の昇級には最短で2年かかり、団体ごとに決められた基準で昇級する。しかし段位になると昇段審査があり、連盟から委任された審査員の前で、実技、および型を演じる。上位の段では昇段に何年もかかる。

用具

面
厚手綿のヘルメットに合金のマスクを取り付けたもの。

手ぬぐい
綿の布地。汗を吸収させるために面の下に着用する。

竹刀
割った竹を4つ組み合わせて作った刀。

小手
厚手の綿のグローブ。

胴
ファイバーグラス、または竹製の胸用防具。表面は皮製。

垂
5層の厚手綿で作られた防御用の前掛け。

はかま
2つに分かれた長いスカート。自由に動くことができる。

女子用の防具は通常は白であるが、紺も認められている。

選手の特徴

- 日本では4歳の子供から剣道を始めることができる。国際的な選手権の出場者は、通常、25～35歳である。
- 剣道では、いくつかの身体の部位に最大限の力を注ぎこみ、動きを完全に同期させなければならない。
- 剣道では、穏やかで健全な精神による強い自制心、また、心と身体のバランスを保たなければならない。練習や競技では、規律、礼儀、作法が重んじられる。
- 技術の維持と向上のために、型という一連の戦いの動作を行なう。防具は着用せず、木刀、または刀身が金属製の練習用の刀（居合刀）を使用する。

格闘技

相撲

相撲の最終的な目的は、相手を土俵の外に押し出すか、相手の体勢を崩して足以外の身体の一部を地面に触れさせることである。相撲（争うの連用形の「すまい」から）の起源は古い歴史の霧の中に隠されているが、相撲についての最も古い記録によると、紀元前23年にトーナメントが行なわれたという。相撲の試合は、神道の神を鎮めるための儀式の一部として、または、政治的な論争を収めるために行なわれていた。試合にはルールがなく、相手に負けを認めさせる、または相手を殺した者が勝者となるものだった。ルールが導入され、技が洗練されたのは、平安時代（794～1185年）になってからである。17世紀初頭から1990年代まで、相撲を職業とするのは男性のみだった。国際相撲連盟（IFS）は、古典的な相撲から距離を持ち、本来、相撲は男性のスポーツであるが、相撲をオリンピック競技とするために、女性の参加を強く推奨している。

長寿の象徴である亀柄の着物を着た梅ヶ谷藤太郎関。ヒラサワクニアキ画（1869年）。

試合

場内アナウンスに続いて、行司によって名前を呼び上げられた選手が土俵に入り、それぞれの位置に立ってしこを踏む。次に他の選手（前回の試合の勝者またはこれから試合に出る選手）から水をもらう。口をゆすいだ後、白い紙で口をぬぐい（わきの下をぬぐう場合もある）、土俵に塩をまき、手をたたいて神への感謝を示す。手のひらを上向きに広げて何も隠していないことを見せ、土俵の中央に向かう。そこでしこを踏み、相手と目を合わせる。試合中、元の位置に4、5回戻り、口をゆすいでさらに土俵に塩をまく。低い位での儀式は簡素に行なわれるか、全く行なわれない。数秒で試合が終了することも多い。殴る、蹴る、首を絞める、腹および目への攻撃、髪を引っ張る、まわしより下の部分への打撃、といった行為は禁止されている。平手打ちは認められる。引き分けになることはなく、行司が勝者を決定する。その判定に合意できない場合、審判員は再試合を要求できる。

土俵

まげ
力士は髪を伸ばしている。位の高い力士のまげは複雑な大銀杏である。位の低い力士は単純なちょんまげに結う。有名な力士が引退するときは複雑な儀式が行なわれ、この名誉の象徴が金のはさみで切り落とされる。

まわし
長さ10mほどの厚手の絹の帯。6つに折って5～7回巻きつける。技の多くで回しをつかむことが必要とされるため、相撲には不可欠である。

行司
試合を監督する審判で、神主のような衣装を着用し、昔の大将が使った軍配うちわを手に持つ。試合結果があいまいな場合、または審判員が合意しなかった場合は、他の4人の審判員が土俵に上がって問題を解決し、それが最終決定となる。

審判員
4人の元力士が土俵の四方で審判を務める。

5.70 m
4.55 m
土俵の幅：34～60cm

上の天蓋は神道神社の屋根を表している。

平坦な土の表面を薄い砂の層で覆っている。

土俵はわら縄で縁取られている。

下がり
まわしと同じ布で作った装飾用の房。

ふみ俵
塩
水

テクニック

試合で勝利が認められる正式な技は、もとは48種類、1960年からは70種類である。

けたぐり
わきから攻撃を仕掛け、足で相手の足首の内側を素早く押し、相手の片足を地面から離れさせる。同時に、相手の肩、背中または首を強く押すか、片腕を引っ張って倒す。

突き出し
平手で相手の胸をリズミカルにたたき続け、相手を土俵外に押し出す。

上手投げ
相手のまわしをしっかり握り、前に引き寄せて回転しながら倒す。安定させた身体を軸に、腕をほぼ水平に動かす。

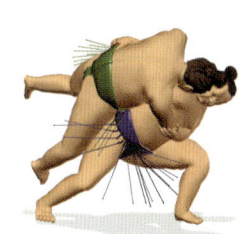

腰投げ
相手をつかんで持ち上げ、腰を支点に、てこの力で相手を投げて仰向けに倒す。

トーナメント

毎年6回行なわれる日本相撲協会による大規模なトーナメント（本場所）は、およそ800人の力士が出場し、テレビで放映される。委員会によって階級ごとに対戦相手が決められる。15日間の大会中に、上位の階級である十両と幕内の力士は平均で15人と対戦するが、低い階級では7人だけである。優勝者には、優勝杯、多数の賞品、多額の賞金が与えられる。

階級

相撲の階級は体重別ではなく、技能別に6つの区分に分けられ、勝利の回数が増えると階級が上がる。負け続けると下がることがあるが、最高位である横綱は、負けが多くなると引退する。最上位の区分である幕内には5つの位がある。十両になることができるのは60人に1人、17世紀に横綱の称号ができてから、横綱となったのはたった67人である。

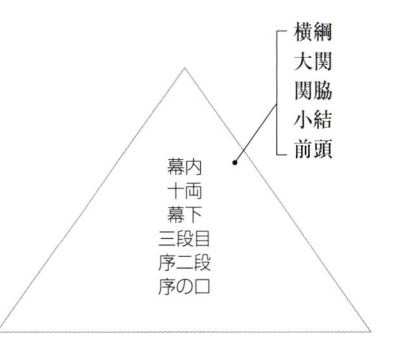

横綱
大関
関脇
小結
前頭

幕内
十両
幕下
三段目
序二段
序の口

曙（アメリカ）
234kg、2m4cmの巨漢であるハワイ出身のチャド・ローウェンは、曙の四股名で、初の外国人横綱となった。1990年以降、幕内で9回優勝している。

貴乃花（日本）
力士の家に生まれ、1994年にわずか22歳で横綱に昇進した。第65代横綱。本名は花田光司。

化粧まわし
十両以上の力士は、金銀の刺繍が施された絹製の儀式用前掛けを着用する。ダイヤモンドがちりばめられている場合もある。通常、スポンサー名が入っている。

選手の特徴

- 通常、15歳ほどで入門するが、体重75kg、身長1m70cm以上が必要である。相撲部屋で先輩の力士に仕えながら、肉体的および精神的屈辱に黙って耐えることを学ぶ。これは修行のために不可欠な要素である。この期間中に四股名を決める。

- 一般的に力士は非常に筋肉質でたくましく、平均的な体重は159kg程である。しかし、身長1m88cm、体重200kgを超える場合もある。トレーニングは毎日行なう。

- 通常、体重が増えると重心が下がるため、体勢を保ちやすくなる。しかし一定の重さを超えると、体重が増すほど安定度が減少する。体重を増やすために、毎日何千カロリーものエネルギーをとる。食事は1日2回で、毎食ともちゃんこ鍋（たんぱく質が豊富な鍋）、飯、ビール、酒である。食後はすぐに就寝する。

- 横綱が引退するのは通常30歳前後である。

カンフー

カンフーとは、仏教、道教、儒教から哲学的影響を受けた、武器または素手で攻撃する中国の格闘技術の総称である。カンフーは単なる戦いに備える手段ではない。カンフー（功夫）には「努力による技」という意味があり、本来は、人間の潜在能力のすべてを最大限に引き出すための方法である。中国拳法の原型は、およそ4000年前に作り出された。525年頃に、菩提達磨というインドの僧が、中国の少林寺の僧に心身を鍛えるための一連の動作を教えた。これは、少林寺の僧は無敵の戦士であるという風説が生まれた一因でもある。インドと中国の技を合わせたこの教えは、いくつかの主要な流派の基礎となった。1970年代から、中国の指導者によって西洋でもカンフーが教えられている。いまだに秘密とされている流儀が多いが、現在、数百種類の流儀の存在が知られている。女性も中世からカンフーを行なってきた。試合は世界中で開催されており、また中国ではすべてのカンフー学校は演舞と競技のチームを持つ。

林世榮（ラム・サイウィン）（中国）。黄飛鴻（ウォン・フェイホン）に弟子入りしてその後を継いだ。虎と鶴の動きからヒントを得た虎鶴双形拳（こうかくそうけいけん）の父である。長年の修行の後に新しい流派を創始し、小林派の原型に近い洪家拳（こうかけん）を後世に伝えた。

競技の種類

競技には多くの種類があり、それぞれルールが大きく異なる。伝統的なノンコンタクト型、セミコンタクト、フルコンタクト、長拳、素手での試合、伝統的な中国兵器を用いた試合、演武（架空の敵との格闘。「道」または「拳」と呼ばれる）がある。

試合

試合では主に、武器を持たない手の技、殴る、蹴る、身体の回転、つかむ、跳ぶ、宙返り、バランスを崩させる、などが行なわれる。いくつかの形式では、股間、目、背中以外の全身へのフルコンタクトが認められ、KOとなるまで攻撃が続けられる。セミコンタクトでは動作の種類と力の強さに制限がある。演武では、武器使用の有無にかかわらず、競技の前に審判員が、競技者に与えるポイントをその能力に合わせて決定する。セミコンタクトでは、認められている技で身体の特定の部分を打った場合に、ポイントが与えられる。セミコンタクトの試合は2～6分、フルコンタクトは1ラウンド2、3分の2～10ラウンドで行なわれる。各試合の前後に礼を行なう。セミコンタクトの競技会では、体重別、技能別に階級が分けられる。

セミコンタクトおよびフルコンタクトのリング

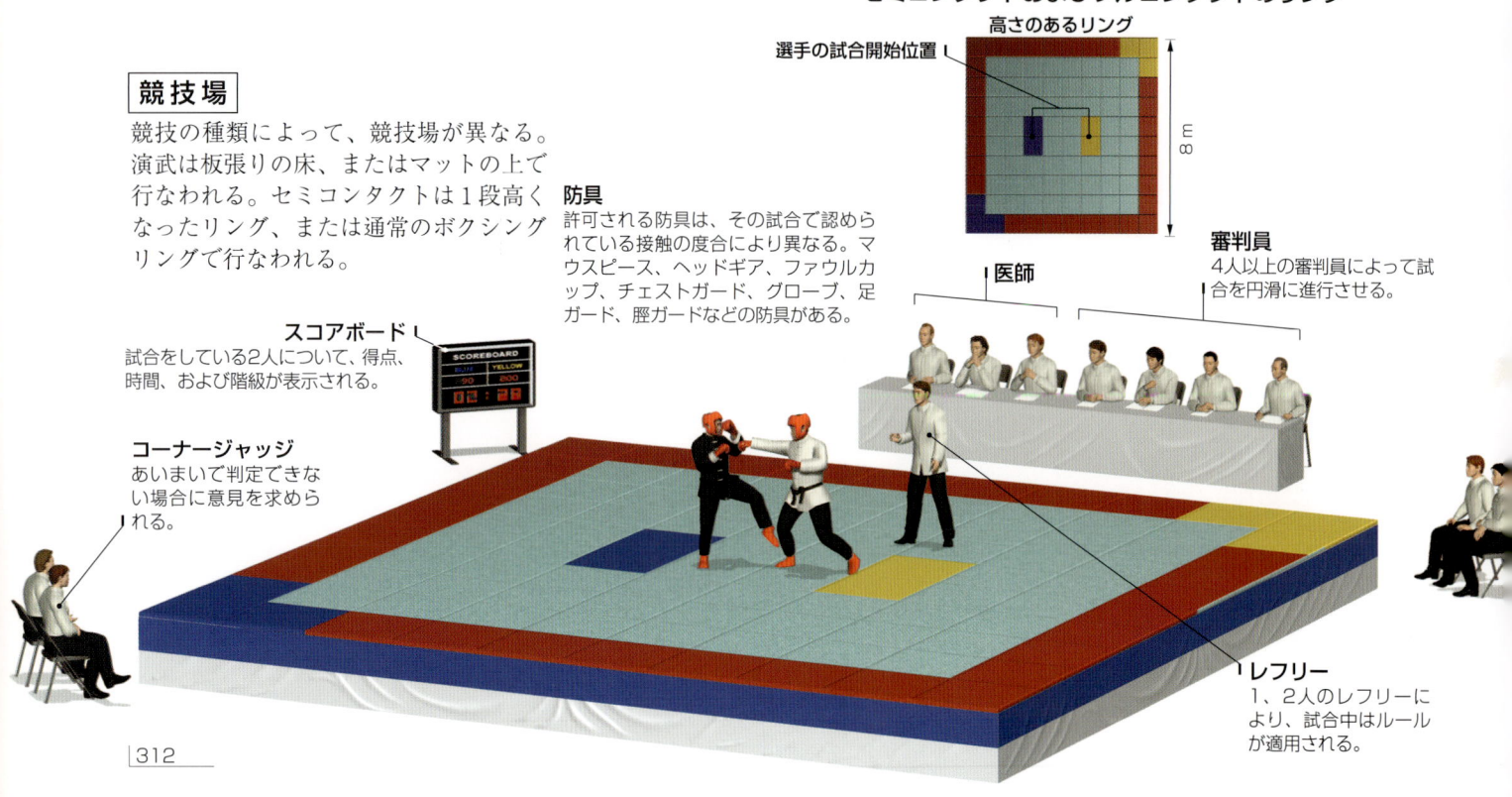

高さのあるリング
選手の試合開始位置
8 m

競技場

競技の種類によって、競技場が異なる。演武は板張りの床、またはマットの上で行なわれる。セミコンタクトは1段高くなったリング、または通常のボクシングリングで行なわれる。

防具
許可される防具は、その試合で認められている接触の度合により異なる。マウスピース、ヘッドギア、ファウルカップ、チェストガード、グローブ、足ガード、脛ガードなどの防具がある。

医師

審判員
4人以上の審判員によって試合を円滑に進行させる。

スコアボード
試合をしている2人について、得点、時間、および階級が表示される。

コーナージャッジ
あいまいで判定できない場合に意見を求められる。

レフリー
1、2人のレフリーにより、試合中はルールが適用される。

格闘技

基本のテクニック

1.手首での受け
こぶしでまっすぐに仕掛けられた攻撃を手首で防ぐ。脚が安定していれば素早く動いて反撃できる。力を抜いてバランスをとる。力が入っていると敏速に動くことができない。

2.首への虎爪
虎爪で相手の首を狙って反撃する。通常、打撃は身体の特定の部分に向けられる。目、鼻、のど、喉頭、胸骨、心臓、みぞおち、股間、である。

3.前腕での受けと回避
攻撃側は、首への虎爪を前腕で防ぎながら、攻撃の向かう方向から外れる。ひざを曲げてバランスを保つ。

4.平手
攻撃側が2回目の攻撃を仕掛ける前に、身体を回転させて応酬する。顔を平手でたたいて相手を押し戻す。

流儀

カンフーには数百の流儀があり、その多くが動物の動きにヒントを得た特定の技を持つ。虎(抵抗力)、鶴(機敏さ)、豹(強さ)、蛇(心の強さ、急所を突く能力)、竜(動作の勢いと流れ)などである。

気

中国人にとって気とは内部エネルギー、または宇宙の力で、健康のために不可欠なものである。特別な方法で気を取り込むと、体力や抵抗力を向上させることができるという。達人の中には、気が非常に強力なために自分はほぼ無敵で、周りの物体を壊すことができたり、貫くことが不可能な身体になることができたりすると主張する者もいる。

洪家拳
洪家拳の特色は、地面にしっかり足を着けた低い姿勢で、強さと柔軟性、手首での攻撃、受け、防御の動作を表す技を交互に用いることである。相手のウエストより上を足で攻撃することはない。

螳螂拳
手の動作は、攻撃するカマキリのかぎ状の前肢を、素早い足の動きは、飛びかかるカマキリを模したものである。

詠春拳
安定した姿勢で、単純で手荒な技、柔軟な防御の動作、猛烈な反撃を、掛け声とともに行なう。動きを最小に抑えながら最大の効果を狙う。

用具

伝統的な服装
通常、スタンドカラーで、ボタン留め。色は黒が多いが、中国の伝統色である赤、黄、白を着用することもある。

帯
通常は帯の色で技術のレベルを表す。色は流儀ごとに、道場やレベルによって変わる。

ブルース・リー(中国)
拳法映画のスターとして、世界中でカンフーの認識度を高めた。自ら截拳道(ジークンドー)という流儀を創始した。

選手の特徴

- スピード、調整力、精神力(気)が秀でている。柔軟で活力があり、鋭い反射神経を持つ。体格によって能力に差が表れることは少ない。
- 15歳ほどから競技会に出場するようになる。国際的な試合で優勝するのは、通常、20代である。カンフーの達人になるためには何年も修行しなければならず、その間に試合の果たす役割は非常に小さい。
- 筋肉と腱のストレッチにより柔軟性が増し、殴る能力と蹴る能力が向上する。
- しきたりに従って、入門する際には根気、忍耐、誠意を示し、修行中もそれを維持しなければならない。

313

格闘技

テコンドー

韓国の護身と格闘の技術であるテコンドーは、素早く見ごたえのある動きが特色であり、主に足で打撃を行なう。テコンドーの起源については、2000年ほど前に韓国で生まれた武術、「テッキョン」や「スバク」に由来するという説、中国の少林寺で菩提達磨から伝授された（520年頃）という説、また、16世紀の沖縄の空手にヒントを得たという説がある。日本が韓国を占領していた間（1910〜45年）は禁止されていたが、解放後に復活し、中国や日本の技が取り入れられた。1950年代になると、人と自然の調和や技を通して心身の統合を追求する武術として、テコンドー（殴りとけりの技術）と名付けられた。最初の世界選手権は、男子は1973年に韓国のソウルで、女子は1987年にスペインのバルセロナで開催された。1988年のソウルオリンピックからデモンストレーション競技として行なわれるようになり、2000年のシドニー大会で正式競技に採用された。

1988年、ソウルオリンピックの決勝戦で対戦する韓国のイ・ギョングンとエジプトのアルム・フセイン。韓国が金メダルを獲得した。

競技会

競技には2つの種目がある。「プムセ」と呼ばれる型競技は、1人、または数人の架空の敵を相手にした一連の技を披露するものである。「キョルギ」と呼ばれる組手競技は、体重別の階級ごとに2人の選手が対戦し、身体の特定の部分を狙ってポイントを獲得するもので、キョルギのみが国際競技として行なわれている。無作為に組み合わせを決定し、個人戦または団体戦で行なう。団体戦では、選手が個別に試合を行ない、勝った試合の数を合計して勝者を決定する。キョルギは1ラウンド3分の3ラウンドで行なわれる。正規の技は、足またはこぶしを用いた、みぞおち、腹部、肋骨への技、あるいは、足を用いた顔への技であり、決まると1ポイントとなる。反則は警告または減点となり、手や足によるウエストより下への攻撃、背中または後頭部への打撃、ひざ蹴り、つかんだり抑えたりする、頭突き、顔を殴る、などである。認められている技でノックダウンした場合、アピールすることはできない。3ラウンドを通してポイントが加算され、試合終了時に獲得したポイントの多かった方が勝者となる。同点の場合、各選手の技の優劣にもとづいてレフリーが勝者を決定する。

競技場

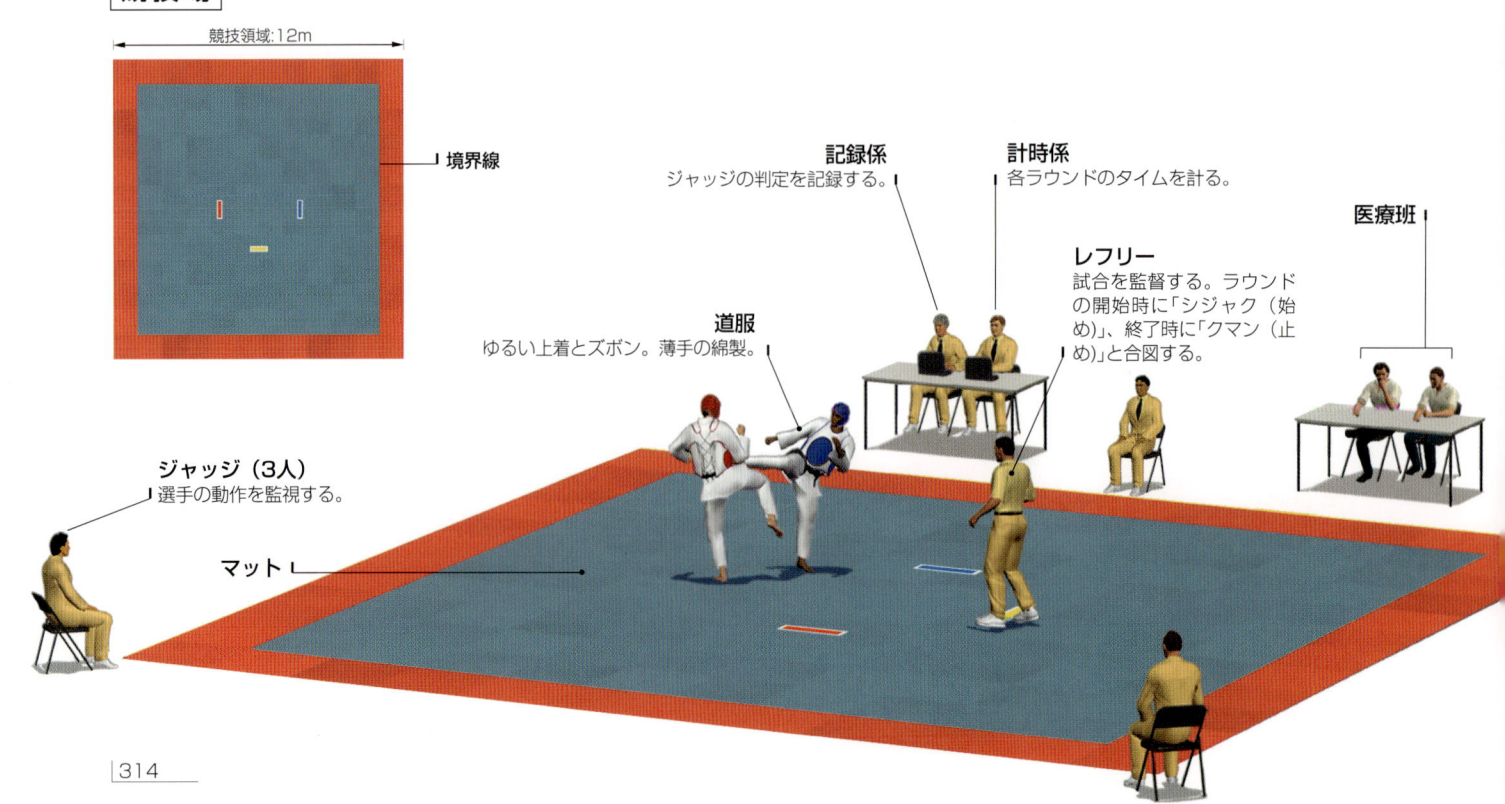

競技領域：12m

境界線

記録係
ジャッジの判定を記録する。

計時係
各ラウンドのタイムを計る。

医療班

道服
ゆるい上着とズボン。薄手の綿製。

レフリー
試合を監督する。ラウンドの開始時に「シジャク（始め）」、終了時に「クマン（止め）」と合図する。

ジャッジ（3人）
選手の動作を監視する。

マット

テクニック

打撃の90％は足で行なわれる。地上または空中のどのような姿勢からでも、攻撃や防御を行なうことができなければならない。

認められている技

1. ひざを曲げる
ひざを曲げて動きやすい姿勢をとる。素早く動いてできるだけ隙を見せず、相手の集中力を失わせて防御の弱点を見つける。

2. 足技
肋骨に足技を加えようと試みる。力を抜いて腰を回転させると、最大の力が出る。相手は跳び上がろうとする。

3. 脚を伸ばす
脚が完全に伸びきったとき、相手は打撃の届かない高さにいる。

4. 回し蹴り
相手は頭部への回し蹴りを試みる。腰の力を使い、脚が伸びきったときにその力を爆発させて蹴る。

5. 受け
蹴りをそらすために用いる。うまく行なえば攻撃の力を75％近く減少させることができる。

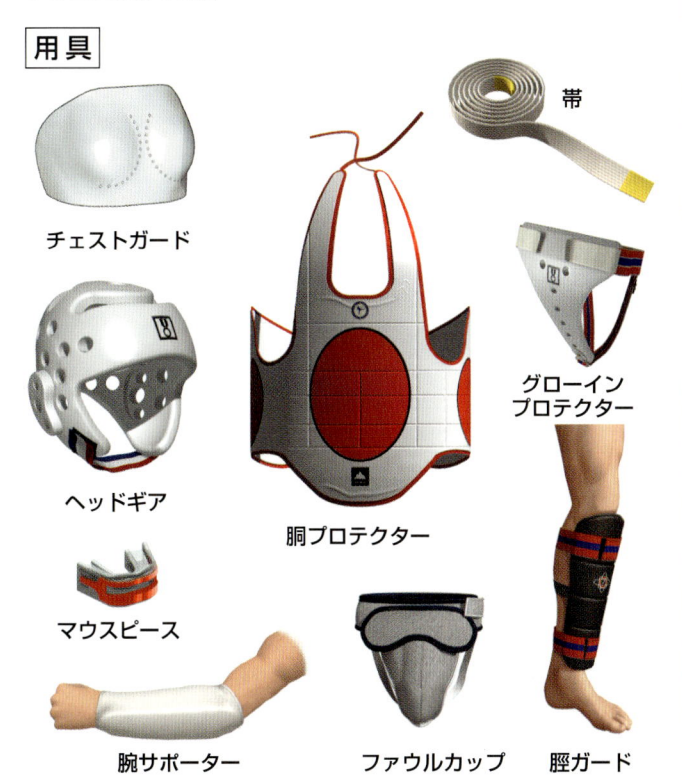

オリンピックの体重別階級

男子	女子
〜58kg	〜49kg
58kg超〜68kg	49kg超〜57kg
68kg超〜80kg	57kg超〜67kg
80kg超	67kg超

階級

技術の向上が認定されれば、昇級することができる。帯の色で階級を表す。黒帯の選手は黒い襟の道服を着用する。

階級	帯色
10級（初心者）	白
9級	白と黄の縞
8級	黄
7級	黄と緑の縞
6級	緑
5級	緑と青の縞
4級	青
3級	青と赤の縞
2級	赤
1級	赤と黒の縞
1〜10段	黒

用具

- チェストガード
- ヘッドギア
- マウスピース
- 腕サポーター
- 帯
- 胴プロテクター
- ファウルカップ
- グローインプロテクター
- 脛ガード

選手の特徴

- 力、素早さ、正確さがある。通常、20〜28歳が選手としてのピークである。
- トレーニングでは物を壊すことが不可欠である。物をたたいたり壊したりして技術の効力を試す。ただし、18歳未満の選手は、手足の指が変形して治らなくなる危険があるため、この訓練は避ける。
- 心拍数を上げて、身体能力を向上させるために、持久力の訓練（水泳、ジョギング、縄跳び）をトレーニングに取り入れる。
- ウォーミングアップとストレッチは、足、腰、背中を集中的に行なう。腱や靭帯が柔軟性に欠けると、適切に足技を行なうことができず、捻挫や断裂の危険が増す。
- 韓国では、小、中学校、高校、大学でテコンドーを習う。

格闘技

ボクシング

ボクシングは、四方をロープで囲った「リング」と呼ばれる四角いエリア内で、2人の選手がこぶしだけで打ち合う格闘技である。ボクシングの原型である拳闘が初めてオリンピック競技として登場したのは、紀元前668年の第23回大会（古代オリンピック）である。現代ボクサーの祖である拳闘ボクサーにも、パンチを打つ動作や防ぐ動作に制限があった。骨折を防ぐために、セスタスという幅2cm、長さ2mの皮のテープを手にしっかり巻きつけて行なわれていた。その後、鉛の玉や鋲を付けたセスタスが一般的になり、試合は次第に激しく暴力的なものになっていった。ボクシングは、18世紀のイングランドで初めて登場し、1857年から、クイーンズベリー侯爵が定めたルールが適用された。このルールは、英国式ボクシングの基盤となっている。1888年に北アメリカでボクシングが正式に認められ、1904年のセントルイス大会からオリンピック競技となった。1946年に創設され、180を越える国々の団体が加盟する国際アマチュアボクシング連盟（IABA）は、1994年に、それまで禁じられていた女子ボクシングを認めた。1990年代初頭から、女子ボクシングの人気は、プロ、アマチュア共、着実に高まってきている。

ヨーロッパ人として初めてボクシングチャンピオンとなったフランスのジョルジュ・カルパンティエ（1894～1975年）。1920年、ミドル級世界チャンピオン。現役中にさまざまな階級で113試合に出場した。

試合

選手は試合前に計量と健康診断を受ける。試合はラウンド制で行なわれ、各ラウンド間には1分の休憩が入る。プロの試合は1ラウンド3分の4～12ラウンド、オリンピックでは1ラウンド2分の3ラウンドで行なわれる。各ラウンド後に、加えたパンチ、テクニック、ルールにもとづいて、選手にポイントが与えられる。規定の時間内に決着がつかない場合、獲得したポイントで勝者を決定する。これは判定勝ちと呼ばれる。また、ノックアウト（ノックダウンされた選手が10秒以内に立ち上がらなかった）、レフリーによる試合中止、失格、選手の棄権のいずれかによって試合が終了した場合にも勝敗が決定する。パンチが認められるのは、「ベルトライン」より上（ただし、背中、首筋、後頭部を除く）のみである。ベルトラインとは腰のすぐ上の架空の線である。パンチは、グローブの中手骨部分で行なわなければならない。オリンピック用のグローブは、この部分が白色になっている。

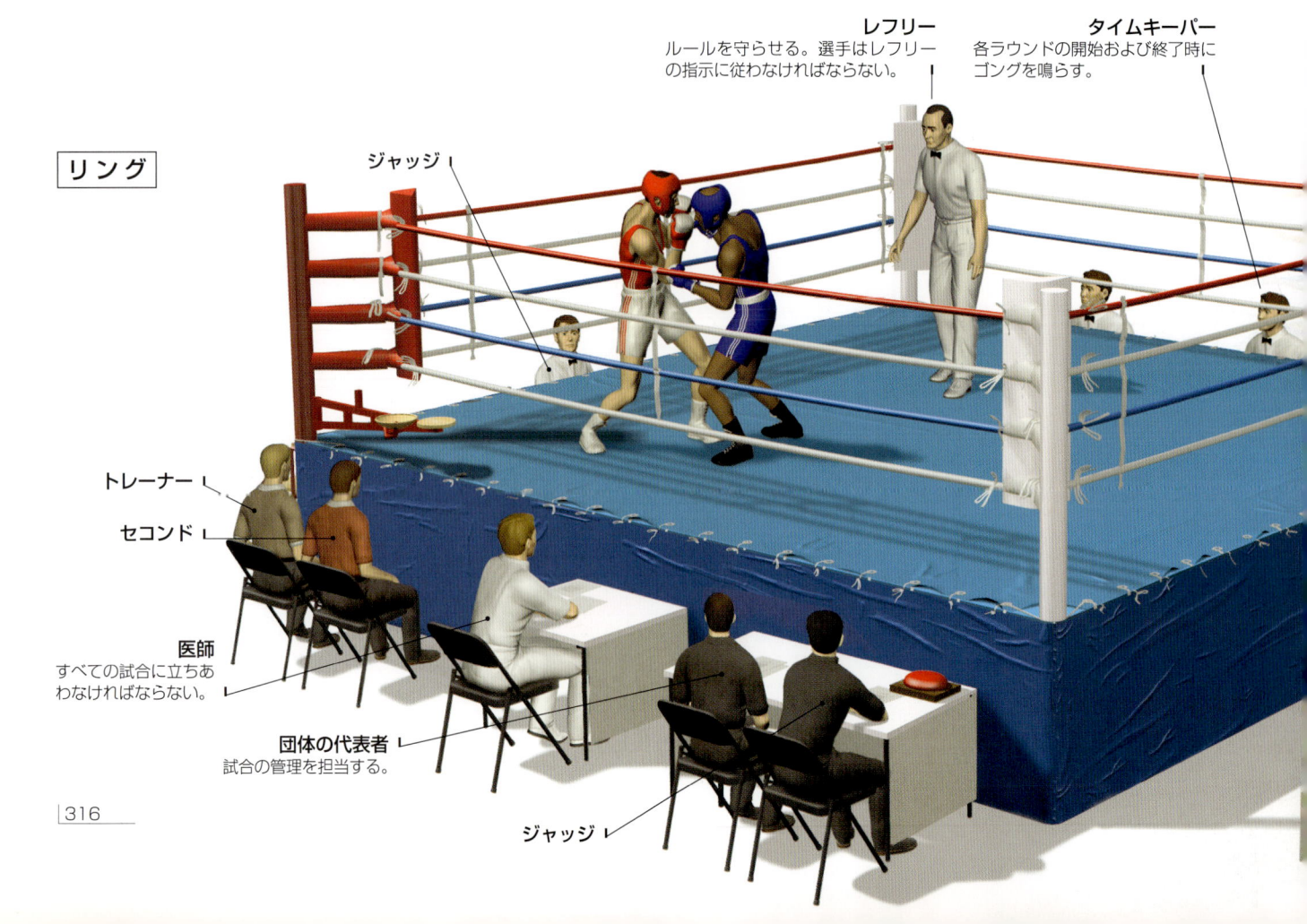

レフリー
ルールを守らせる。選手はレフリーの指示に従わなければならない。

タイムキーパー
各ラウンドの開始および終了時にゴングを鳴らす。

リング

ジャッジ

トレーナー

セコンド

医師
すべての試合に立ちあわなければならない。

団体の代表者
試合の管理を担当する。

ジャッジ

316

施設

リング
リングの周りは3または4列のロープで囲まれている。ロープは四隅のコーナーポストに取り付けられる。

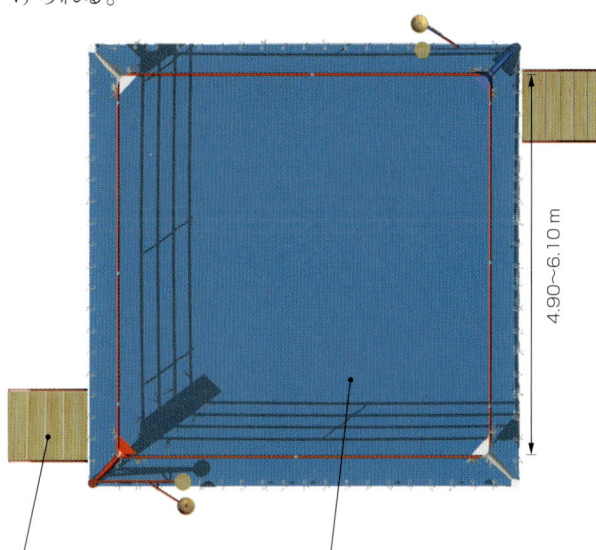

4.90〜6.10 m

階段（2セット）
対角のコーナーに設置される。リングに上がるときに使う。

床面
衝撃を吸収するパッドで覆われている。高さ91cm〜1m22cmの台の上に設置されている。

トレーナー
常に試合に立ちあい、選手に戦略をアドバイスする。

ロープ

セコンド
各選手に介添人が1人ずつ付く。

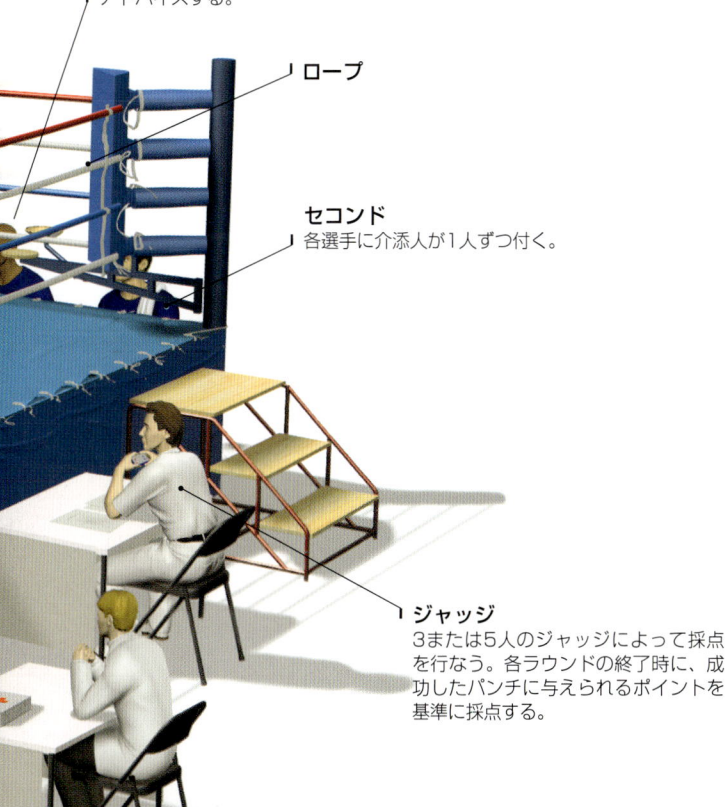

ジャッジ
3または5人のジャッジによって採点を行なう。各ラウンドの終了時に、成功したパンチに与えられるポイントを基準に採点する。

ベルトと選手権

4つの国際団体がそれぞれプロ世界選手権を開催している。そのため、階級ごとに4人の世界チャンピオンが存在する。チャンピオンのタイトルは、勝者に与えられるベルトによって象徴される。

プロボクシング団体
WBC：世界ボクシング評議会
WBA：世界ボクシング協会
IBF：国際ボクシング連盟
WBO：世界ボクシング機構

ベルト

アマチュアボクシングの階級 (オリンピック)	
階級	体重
ストロー級	47.6 kg以下
ジュニアフライ級	38〜48 kg
フライ級	48〜51 kg
バンタム級	51〜54 kg
フェザー級	54〜57 kg
ライト級	57〜60 kg
ジュニアウエルター級	60〜64 kg
ウエルター級	64〜69 kg
ミドル級	69〜75 kg
ライトヘビー級	75〜81 kg
ヘビー級	81〜91 kg
スーパーヘビー級	91 kg 超

プロボクシングの階級	
階級	体重
ストロー級	47.6 kg以下
ジュニアフライ級	47.6〜48.9 kg
フライ級	48.9〜50.8 kg
ジュニアバンタム級	50.8〜52 kg
バンタム級	52〜53.5 kg
ジュニアフェザー級	53.5〜55.3 kg
フェザー級	55.3〜57.1 kg
ジュニアライト級	57.1〜58.9 kg
ライト級	58.9〜61.2 kg
ジュニアウエルター級	61.2〜63.5 kg
ウエルター級	63.5〜66.6 kg
ジュニアミドル級	66.6〜69.8 kg
ミドル級	69.8〜72.5 kg
スーパーミドル級	72.5〜76.2 kg
ライトヘビー級	76.2〜79.3 kg
クルーザー級	79.3〜90.89 kg
ヘビー級	90.89 kg超

アマチュアボクシングとプロボクシング

アマチュア（オリンピック）ボクシングのルールと、プロボクシングのルールには大きな違いがある。ランニングシャツとヘッドギアを着用しないことは別として、プロボクシングは基本的に金で動くスポーツである。プロモーターによって競売にかけられ、落札者に試合開催の権利が売られることすらある。

クイーンズベリールール
- 選手はグローブを着用し、計量を受けなければならない。
- 選手の階級を体重別に分ける。
- 規定の大きさのリングで行なう。
- 1ラウンド3分のラウンド制で、各ラウンドの間には1分の休憩が入る。
- 選手がノックダウンされた場合は、10秒のカウントを行なわければならない。10秒以内にその選手が起き上がらなかった場合、相手を勝者とする。

小規模な変更はあったが、このルールは現在も適用されている。

オリンピックでは、1992年から電子採点装置を使用している。

テクニック

ボクシングは攻撃的なスポーツであるため、戦いを避けたり、消極的な態度を取ったりした場合は、レフリーによる警告が行なわれる。ボクシングには攻撃のテクニックと防御のテクニックの両方がある。

攻撃の動き
ストレート、フック、アッパーの3つは、基本のパンチである。

1.ストレート
素早いまっすぐなパンチで、腕をほぼ水平に伸ばして打つ。右ストレート、左ストレートと呼ぶ。ジャブは前手で打つ短いストレートで、相手を遠ざけるために用いる。

2.フック
肘を90°に曲げて打つ、腰、肩からの、短く力強い打撃である。主に接近戦で使用する

3.アッパー
ガードの下から突き上げて相手を打つ打撃である。

防御の動き
ウィービング、パーリング、ブロックの3つは、基本の防御の動きである。

1.ウィービング
左右や回転の動きで相手の打撃を避ける。腰をひねり、重心を低くして反撃の準備をする。

2.パーリング
相手の打撃を同じ側の手で受け流す。相手の体勢が崩れ、反撃が可能になる。

3.ブロック
グローブと前腕で、相手の打撃を止める。

選手の特徴

- ボクシングの階級は体重別のみであるため、同じ階級の選手でも体格が大きく異なる場合がある。スタミナ、抵抗力、柔軟性の向上のために、さまざまなトレーニングルーチンが組まれる。
- 手、前腕、上腕、腹部の強化を定期的に行なう。ジムではさまざまなトレーニングテクニックを用いる。フットワーク向上のための縄跳び、鏡前でのシャドーボクシング、サンドバッグやパンチングボールを使った練習などである。ジョギングもトレーニングルーチンの重要な部分を占める。
- 減量も重要な役割を果たす。階級が体重別に細分されているため、体重を少し減らして階級を下げると、軽い相手と試合をすることができる。そのために、試合前の期間には、トレーニングを強化し、食物の摂取量を減らす。

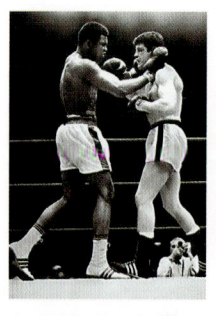

カッシウス・クレイ、別名、モハメド・アリ（アメリカ）
1960年、オリンピックのライトヘビー級チャンピオン。1964～67、74～78年、世界ヘビー級チャンピオン。

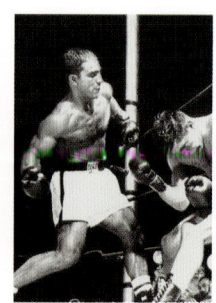

ロッキー・マルシアノ（アメリカ）
1952～56年の世界ヘビー級チャンピオン。

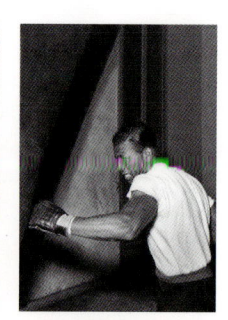

シュガー・レイ・ロビンソン（アメリカ）
1946～51年、世界ウエルター級チャンピオン。1951、55～58年、世界ミドル級チャンピオン。

用具

プロとアマチュアでは使用する用具が異なる。

オリンピックボクシング

ヘッドギア、青または赤のランニングシャツ、腹部プロテクター、マウスピースを着ける。

プロボクシング

ヘッドギアとランニングシャツは着用しない。

ヘッドギア

バンデージ
バンデージを巻いてからグローブを着ける。骨のひびや骨折を防ぎ、手首を支える。

マウスピース

グローブ（オリンピックボクシング）
皮製。打撃の力を和らげるために発泡素材で裏打ちされている。グローブは試合の主催者から支給される。すべての階級で、重さ283gである。

グローブ（プロボクシング）
重さ227〜283gで、階級によって変わる。

トランクス
腿の中ほどまでの丈のトランクス。

パンチングボール
皮製。スピードと調整力の向上のために用いる。

シューズ
かかとやつま先の補強がなく、軽い。

腹部プロテクター

サンドバッグ
重さ約30kg(66lb)。表面は皮または帆布製。力の向上のために用いる。

格闘技

格闘技

キックボクシングとフルコンタクト

キックボクシングは、ボクシングのパンチと、武術（空手、ムエタイ、テコンドーなど）のキックを用いて行なう格闘技である。1970年代の初めにアメリカで武術の人気が高まり、空手の専門家がヨーロッパのスポーツである「フルコンタクト」をヒントに、ボクシングと空手を組み合わせてキックボクシングを考案した。こぶしと足を使う他の格闘技とは異なり、肘や膝による打撃と、ベルトより下への直接の打撃が禁止されている。キックボクシングにはプロとアマチュアがあり、大抵の場合、女性も参加することができる。

1968年、タイのバンコクでのキックボクシングの試合。

試合

2人の選手がリング内で対戦し、顔や胸をパンチやキックで打ち合い、相手を負かす。噛み付き、頭突き、肘打ちなど、危険とされる行為は禁じられている。試合の監督は、主催する団体のメンバーによって行なわれる。試合は、1ラウンド2分間の3〜12ラウンドで、競技の種類によって異なる。各ラウンド間には1分の休憩が入る。各ラウンド終了後に、成功したパンチとテクニックにもとづいて選手にポイントが与えられる。ラウンドごとに少なくとも8回キックを加えなければ、負けとなる。終了のゴングが鳴っても決着がつかない場合は、ポイントの合計で勝者を決定する。これは判定勝ちと呼ばれる。ノックアウトとなった（ノックダウンされた選手が10秒以内に起き上がれなかった）、レフリーまたは医師が試合を中止させた、選手が負けを認めた、トレーナーがタオルを投げた、のいずれか場合にも勝敗が決定する。

リング

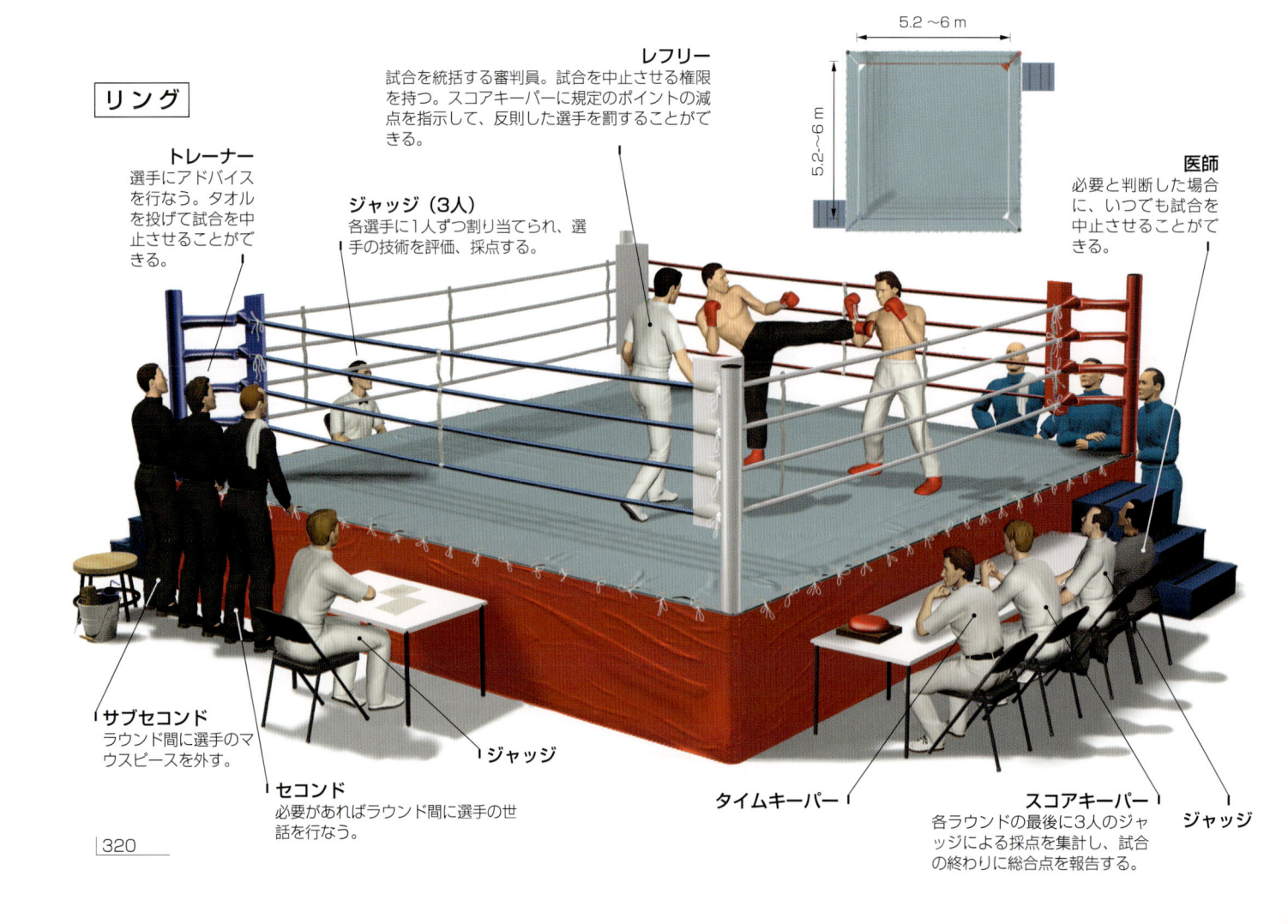

レフリー
試合を統括する審判員。試合を中止させる権限を持つ。スコアキーパーに規定のポイントの減点を指示して、反則した選手を罰することができる。

5.2〜6 m
5.2〜6 m

トレーナー
選手にアドバイスを行なう。タオルを投げて試合を中止させることができる。

ジャッジ（3人）
各選手に1人ずつ割り当てられ、選手の技術を評価、採点する。

医師
必要と判断した場合に、いつでも試合を中止させることができる。

サブセコンド
ラウンド間に選手のマウスピースを外す。

セコンド
必要があればラウンド間に選手の世話を行なう。

ジャッジ

タイムキーパー

スコアキーパー
各ラウンドの最後に3人のジャッジによる採点を集計し、試合の終わりに総合点を報告する。

ジャッジ

テクニック

キックボクシングのパンチは、ボクシングのパンチと同じものである。名前も同じで、右ストレート、左ストレート、左右フック、アッパーである。キックは空手とテコンドーのキックをもとにしている。キックのおよそ80％は、前蹴り、横蹴り、回し蹴りであるが、掛け蹴り、跳び蹴り、上段前蹴り、後ろ回し蹴りも用いられる。柔道や空手のように、払いによって相手の体勢を崩す。防御の動きには、頭部や胸部への打撃をかわす、ブロック、打撃をそらす、などがある。フルコンタクトのキックボクシングでは、膝や肘の打撃は頭突きや投げと同様に禁止されている。

前蹴り

横蹴り

回し蹴り

体重別階級-男子
（世界キックボクシング協会ルール）

階級	体重
フライ級	50.5kg以下
スーパーフライ級	50.5kg超、52kg以下
バンタム級	52kg超、53.5kg以下
スーパーバンタム級	53.5kg超、55.5kg以下
フェザー級	55.5kg超、57kg以下
スーパーフェザー級	57kg超、59kg以下
ライト級	59kg超、61kg以下
スーパーライト級	61kg超、63.5kg以下
ウエルター級	63.5kg超、67kg以下
スーパーウエルター級	67kg超、70kg以下
ミドル級	70kg超、72.5kg以下
スーパーミドル級	72.5kg超、76kg以下
ライトヘビー級	76kg超、79kg以下
スーパーライトヘビー級	79kg超、83kg以下
クルーザー級	83kg超、86kg以下
スーパークルーザー級	86kg超、90kg以下
ヘビー級	90kg超、95kg以下
スーパーヘビー級	95kg超

体重別階級-女子
女子の体重別階級の範囲は48kg～64kg超である。2kg毎に階級が変わる（48kg、50kg、52kg、など）。

用具

フルコンタクトの場合、パンツと足ガードの着用が義務づけられている。キックボクシングでは、フルコンタクトギアかショーツ着用かを選ぶ事ができ、ムエタイのように裸足を選ぶ事もできる。

マウスピース

ファウルカップ

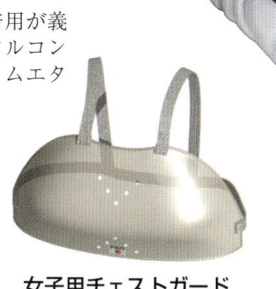

女子用チェストガード
任意。

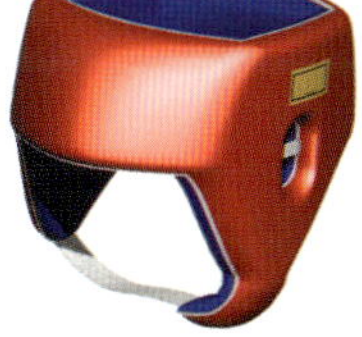

ヘッドギア
ヘッドギアの着用は、アマチュアでは必須、プロでは禁止である。

脛ガード

グローブ
男子は重さ227gまたは286gで、競技会によって異なる。女子は常に286gである。

パンツ

足ガード

選手の特徴

- トレーニングは柔軟性、筋力、抵抗力の向上を集中的に行なう。
- 縄跳び、垂直跳び、懸垂運動、腹筋運動、床運動はトレーニングに不可欠である。パンチバッグを使った練習、シャドーボクシング、ジムでの練習試合も行なわれる。

格闘技

フェンシング

『エコール・デ・アルム』（フェンシングの教則本）の挿絵（1763年）。

フェンシングは、フルーレ、エペ、サーブルのいずれかの剣を用いて、2人の選手が戦う格闘技である。戦争、訓練、ショー、儀式、娯楽、スポーツなど目的はなんであれ、フェンシングはさまざまな武器（ローマ時代の剣、日本の刀、トルコのシミター、カロリング朝のエペ、スペインのレイピア、現代の電気フルーレ）を用いて行なわれてきた。ラムセス3世の時代のエジプトのレリーフに、マスクと先を丸めた剣を用いてフェンシングをする姿が彫られたものがある。中世にはトーナメントのルールが記された。15世紀にスペインでフェンシングが普及し、1567年には、フランス王シャルル9世によって剣術学校が作られた。優雅に礼儀正しく、技を用いて行なうフルーレが初めて登場したのは17世紀である。決闘が禁止され、火器の使用が広まった19世紀に、マントとレイピアの時代を回想したフェヴァル、デュマ、スコットの小説が人々を魅了し、フェンシングの人気が再び高まった。1852年に創立されたフランスのエコール・ド・ジョワンヴィルでは、フェンシングは完全なスポーツとして生徒に訓練が施された。フルーレとサーブルは、第1回近代オリンピック大会から競技種目とされ、1900年にはエペも採用された。電気審判器が使われるようになったことを除けば、フェンシングのルールとテクニックは当初からほとんど変わっていない。

競技会

試合開始の合図の後、トゥシュ（突き）が記録される、反則が起きる、選手の身体同士が接触する、選手の足が境界線外に出る、のいずれかまで続けられる。試合時間は1セット3分の3セットで、各セット間に1分の休憩が入る。先に15トゥシュ獲得した方、または、規定の時間内にどちらも15トゥシュ獲得しなかった場合は得点の多い方が勝者となる。規定の9分が経過しても同点だった場合、1分の延長戦を行なう。初めに抽選を行なって、どちらかの選手にアドバンテージ（攻撃優先権）を与えてから、延長戦を開始する。どちらもトゥシュを取ることができなかった場合、アドバンテージを持つ選手の勝利となる。3種目（フルーレ、エペ、サーブル）とも個人戦と団体戦がある。エペは近代五種競技の種目でもある。国際大会は、国際フェンシング連盟の規定に従って行なわれる。また、世界選手権はオリンピック開催年を除いて毎年行なわれる。

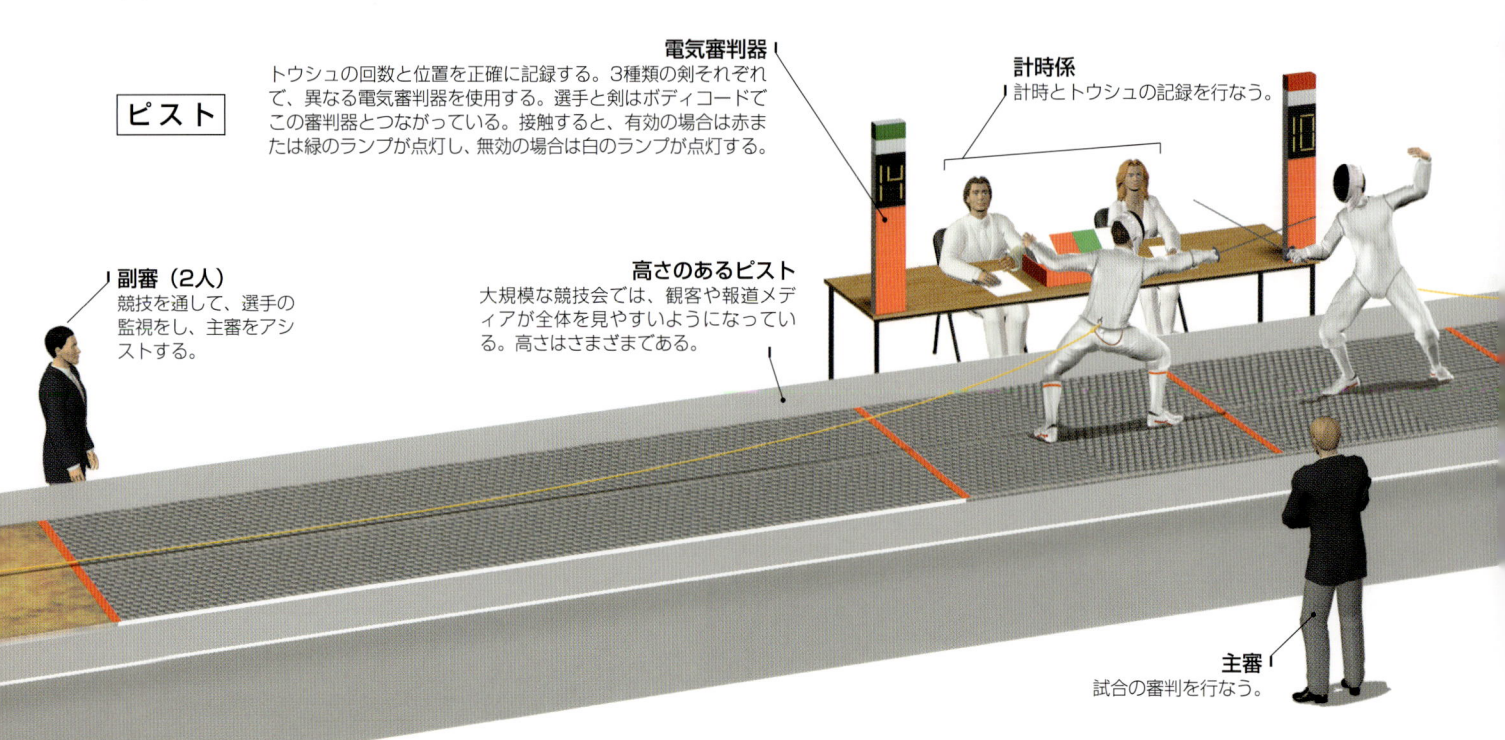

ピスト

電気審判器
トゥシュの回数と位置を正確に記録する。3種類の剣それぞれで、異なる電気審判器を使用する。選手と剣はボディコードでこの審判器とつながっている。接触すると、有効の場合は赤または緑のランプが点灯し、無効の場合は白のランプが点灯する。

計時係
計時とトゥシュの記録を行なう。

副審（2人）
競技を通して、選手の監視をし、主審をアシストする。

高さのあるピスト
大規模な競技会では、観客や報道メディアが全体を見やすいようになっている。高さはさまざまである。

主審
試合の審判を行なう。

基本のポジションとライン

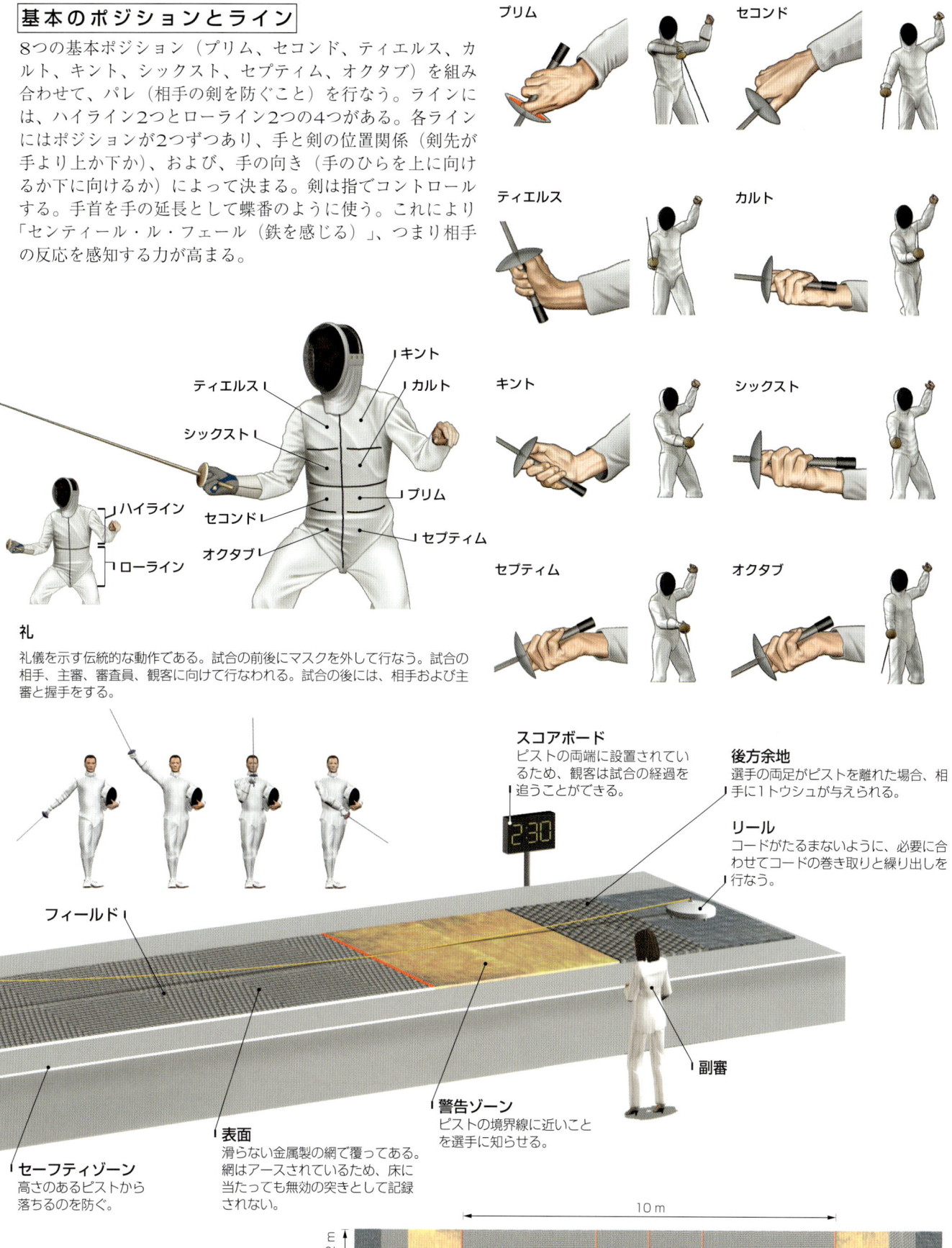

8つの基本ポジション（プリム、セコンド、ティエルス、カルト、キント、シックスト、セプティム、オクタブ）を組み合わせて、パレ（相手の剣を防ぐこと）を行なう。ラインには、ハイライン2つとローライン2つの4つがある。各ラインにはポジションが2つずつあり、手と剣の位置関係（剣先が手より上か下か）、および、手の向き（手のひらを上に向けるか下に向けるか）によって決まる。剣は指でコントロールする。手首を手の延長として蝶番のように使う。これにより「センティール・ル・フェール（鉄を感じる）」、つまり相手の反応を感知する力が高まる。

プリム　セコンド

ティエルス　カルト

キント　シックスト

セプティム　オクタブ

キント　カルト
ティエルス
シックスト　プリム
セコンド　セプティム
オクタブ

ハイライン
ローライン

礼
礼儀を示す伝統的な動作である。試合の前後にマスクを外して行なう。試合の相手、主審、審査員、観客に向けて行なわれる。試合の後には、相手および主審と握手をする。

スコアボード
ピストの両端に設置されているため、観客は試合の経過を追うことができる。

後方余地
選手の両足がピストを離れた場合、相手に1トウシュが与えられる。

リール
コードがたるまないように、必要に合わせてコードの巻き取りと繰り出しを行なう。

フィールド

副審

セーフティゾーン
高さのあるピストから落ちるのを防ぐ。

表面
滑らない金属製の網で覆ってある。網はアースされているため、床に当たっても無効の突きとして記録されない。

警告ゾーン
ピストの境界線に近いことを選手に知らせる。

10 m　1.5～2 m　2 m

テクニック

攻撃と防御

これらの基本のテクニックは、3種目すべてに共通する。攻撃も防御も、防御の姿勢が基本となる。膝を曲げて、後ろの腕を上に曲げ、剣を持った手を相手に向ける「アンガルド」は、攻撃、防御、反撃を開始する基本姿勢である。

アタック
攻撃のための連続した動作。単独、または、他の技と組み合わせて行なわれる。腕を伸ばして、多くの場合ファントまたはフレッシュと共に行なう。

パレ
基本的には防御の動きで、自分の剣で相手の剣をそらす。相手の剣を受け流す、突きをブロックする、後退する、などを行なう。パレには、ターゲットとなる4つのラインに対応する基本ポジションがある。

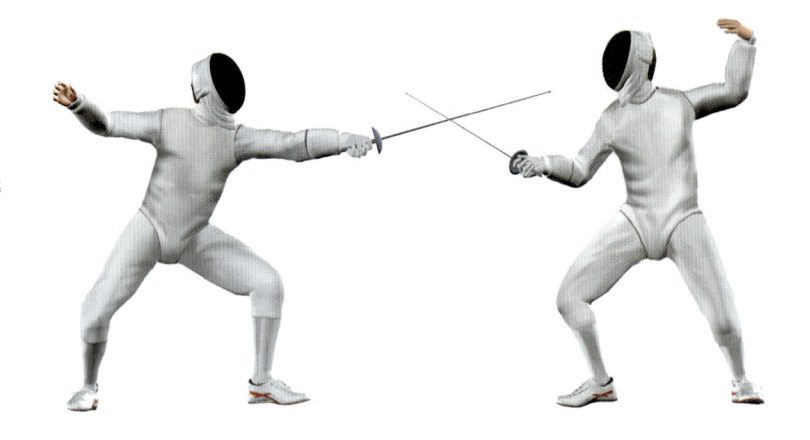

剣を持たない腕を上げる
これはフルーレ特有の姿勢である。腕を垂らしおくと、ターゲットである胴部を守ることができなくなる。さらに、このように腕を上げることで、いくつかの動作でバランスを取ることができる。

リポスト
パレの後の反撃。パレの直後か、やや時間をおいて、立位または移動しながら、単独または他の技との組み合わせで行なわれる。

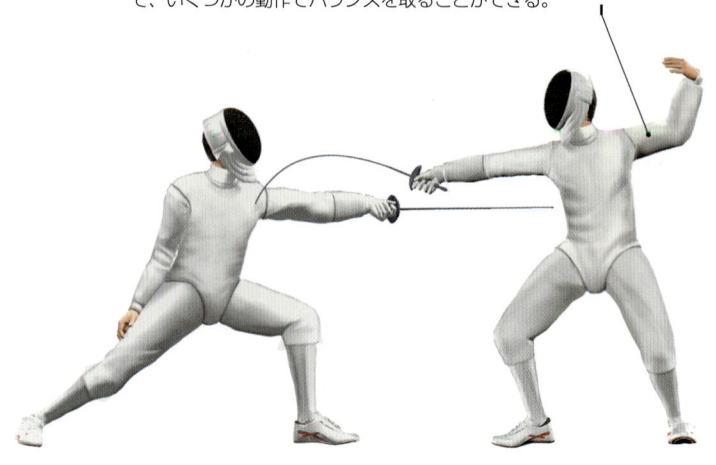

移動
基本的な移動の動作。どちらの場合も、上体をまっすぐにして脚は曲げる。

前進　　　　　　　　　　　　　　後退

ファント
攻撃のテクニック。後ろの脚を踏み込んで前の脚を前進させながら、剣を持った腕を素早く前に突き出す。剣は相手に向ける。

フレッシュ
素早く大きな動きで走りながら攻撃するテクニック。剣を持った手を伸ばして、前の脚で一気に前進する。後ろの脚が着地する前に剣先が相手に触れなければならない。通常、ファントよりも場所をとらない。

格闘技

フルーレ

突くための剣。剣先のみでトゥシュを行なう。もともとは練習用の剣として使われていた。フルーレでは、優れたテクニックが必要とされ、サーブルのように非常に激しい試合になる場合も、エペのように慎重な試合になる場合もある。男子、女子共にオリンピック競技となっている。

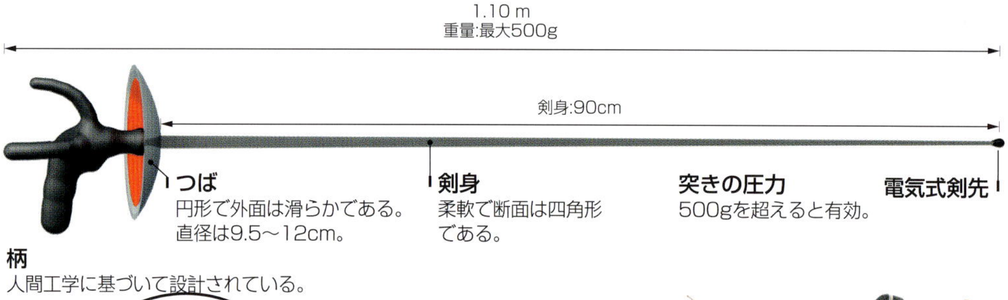

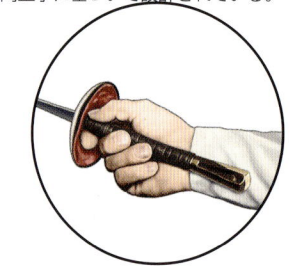

1.10 m
重量:最大500g
剣身:90cm

- **つば** 円形で外面は滑らかである。直径は9.5〜12cm。
- **剣身** 柔軟で断面は四角形である。
- **突きの圧力** 500gを超えると有効。
- **電気式剣先**
- **柄** 人間工学に基づいて設計されている。
- **剣の握り方** 親指を軽くまげて、つばに近い位置を持つ。人差し指の2本の指骨で柄の根元を支え、残りの指は柄の下側で折り曲げる。親指と人差し指で柄をコントロールする。
- **有効面**

エペ

突くための剣。剣先のみでトゥシュを行なう。忍耐力、鋭い観察力、豪胆さが必要とされる。エペの試合には攻撃権がなく、先に突いた方が勝つ。男子、女子共にオリンピック種目である。

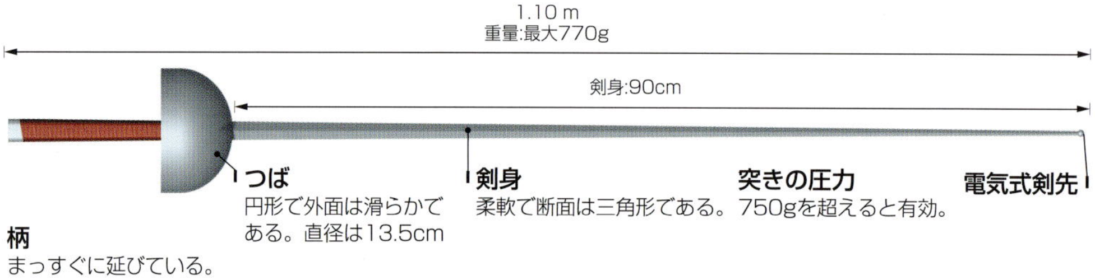

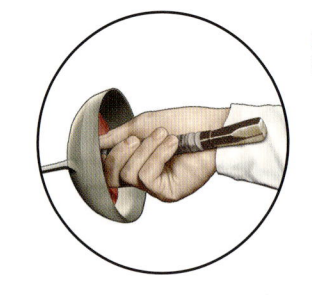

1.10 m
重量:最大770g
剣身:90cm

- **つば** 円形で外面は滑らかである。直径は13.5cm。
- **剣身** 柔軟で断面は三角形である。
- **突きの圧力** 750gを超えると有効。
- **電気式剣先**
- **柄** まっすぐに延びている。
- **剣の握り方** 親指を軽く曲げてつばの近くを持つ。
- **有効面**

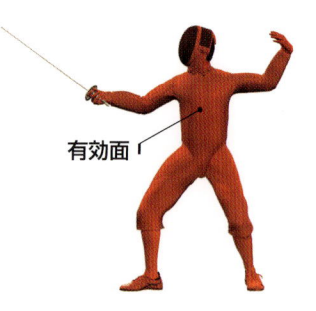

サーブル

突く、切る、ための剣。剣先でトゥシュをし、剣身の裏側で切る。男子、女子共にオリンピック種目である。

1.05 m
重量:最大500g
剣身:88cm

- **つば** 凸状、円形で、外面は滑らかである。
- **剣身** 断面は、柄の近くでは三角で、剣先に向かって四角になっている。
- **ボタン** 剣先を折り返してある。
- **柄** まっすぐに延びている。 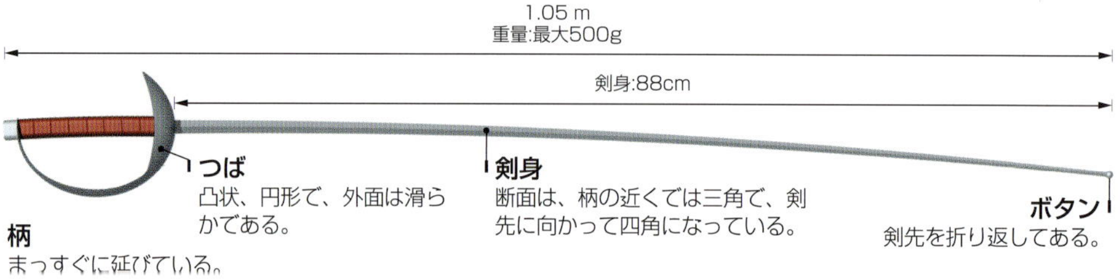 
- **剣の握り方** フルーレやエペとは握り方が異なる。つばを前方に向けて、わずかに外側にひねる。親指をつばの近くで軽く曲げ、剣身の端と向かい合わせる。まとめた残りの指と手のひらで柄を握る。剣は軽くしっかり持つ。
- **有効面**

用具

フェンシングのユニフォームは、主に安全のためのものである。自由に動くことができなければならない。白色が一般的である。

マスク
金網と、首を保護するのど当てからなる。網目は直径2.1mm、ワイヤーは直径1mmである。最近は透明なマスクもあり、競技会で使用されることが増えてきている。

のど当て

グローブ
薄いパッドの入った、前腕の中ほどまで覆うグローブ。この中にコードを通す。

ボディコード
選手と電気審判器をつなぐ。片方の端をリールに取り付け、もう片方は選手の上衣の背中、袖、グローブに通し、剣のつばの中にあるプラグに取り付ける。剣の種類によって型が異なる。

ユニフォーム
規格に従ったものでなければならない。上衣は、下衣の上部から少なくとも10cm下までの丈がなければならない。上衣、プロテクター、下衣は、穴が開くのを防ぐためにケブラーで作られている。フルーレおよびサーブルでは、ユニフォームの上に採点用のメタルジャケットを着用するため、有効な突きを記録することができる。男子はファウルカップ、女子はチェストガードを着用することができる。

上衣

チェストガード

下衣
サスペンダーでつって、裾は膝の下で固定する。上部はウエストまで。

ハイソックス
必ず着用する。丈は膝まで。

選手の特徴

- フェンシングでは、スピード、柔軟性、調整力、反射神経、戦略が必要とされる。体力、集中力、観察力、忍耐力、自制力は選手に不可欠な要素である。

- フェンシングのフットワークは、ボクシングのフットワークに匹敵する。フェンシングは「筋肉を使ったチェス」と呼ばれることもある。

- フェンシングは5秒～3分の激しい動きの連続であるため、選手は優れた心肺機能と回復力がなければならない。コンディションの維持と向上のために、筋肉作りや柔軟運動を行なって、よく使われる腕と足の関節と筋肉を強化する。ジョギングはウォーミングアップに最適であり、心機能の向上に役立つ。一般にトップレベルの選手は、1つの種目を専門に競技する。上位に上がるためには、何年もトレーニングを積んで鍛錬することが必要となる。国際レベルで活躍できるのは15～20年間である。

ジャン＝フランソワ・ラムー（フランス）
オリンピックのサーブル競技で、1984、88年に個人金メダル、1984年に団体銀メダル、1992年に個人と団体で銅メダルを獲得。フランス国内では10回以上優勝している。

エリック・スレッキ（フランス）
オリンピックのエペ競技で、1992年に個人金メダル、1988年に団体金メダルを獲得。世界選手権では、1995、97年に個人で、1994年に団体で優勝している。

イローナ・エレク（ハンガリー）
オリンピックのフルーレ競技で、1936、48年に金メダル、1952年に銀メダルを獲得。そのキャリアの長さは注目に値する。

格闘技

格闘技

グレコローマンおよびフリースタイルレスリング

レスリングは素手で行なう格闘技である。2人の選手が互いに技を用いて相手を組み伏せ、両肩を地面に押しつけようと競い合う。もっとも古い格闘技の1つであるレスリングは、古代ギリシャ軍の訓練には欠かせないものであり、紀元前708年の第1回古代オリンピックの競技種目でもある。最盛期のレスリングは、近代のものとは共通点の少ない粗暴なスポーツだった。紀元前186年に、古代ローマの円形競技場で暴力性の少ない形で紹介され、4世紀まで行なわれていたがその後は不明である。中世になって、イングランド、フランス、日本で再びレスリングが登場した。1896年の第1回近代オリンピックから競技種目となり、現在は1904年に採用されたフリースタイルと、1908年に採用されたグレコローマンの2つが行なわれている。国際レスリング連盟(FILA)は、1912年に設立された。女子のフリースタイルレスリングも人気を得てきており、1987年からは世界選手権が行なわれ、オリンピックでは2004年のアテネ大会で初めて行われた。

アントニオ・カノーヴァによる彫刻。1775年(アカデミア美術館、イタリア、ベネチア)。

競技会

試合は1ピリオド3分の2ピリオドで行なわれ、ピリオド間に30秒の休憩が入る。試合の目的は、相手を倒して両肩を地面に押さえ付けることで、完全に制したこと(フォール)をレフリーが合図すると勝敗が決定する。名前を呼ばれた選手は、割り当てられたシングレット(レスリング競技で使用される赤と青のユニフォーム)と同じ色の、マット上のコーナーに行く。レフリーはマットの中央で選手を呼び、選手のシングレットと爪のチェック、および、選手が潤滑剤や粘着剤を塗っていないこと、汗をかいていないことの確認を行なう。

選手は素手でなければならない。また、ハンカチを所持しなければならない。レフリーによる試合開始の合図の前に、互いに礼をして握手を交わす。グレコローマンでは、フリースタイルと異なり、つかむことが認められるのは腰から上のみであり、脚を使った攻撃は完全に禁止されている。他のスポーツと同様に、選手は積極的に攻撃をしかけていかなければならない。立ったままで何もしない選手は、レスリングの精神と目的に反する消極的な態度をとっているとみなされる。

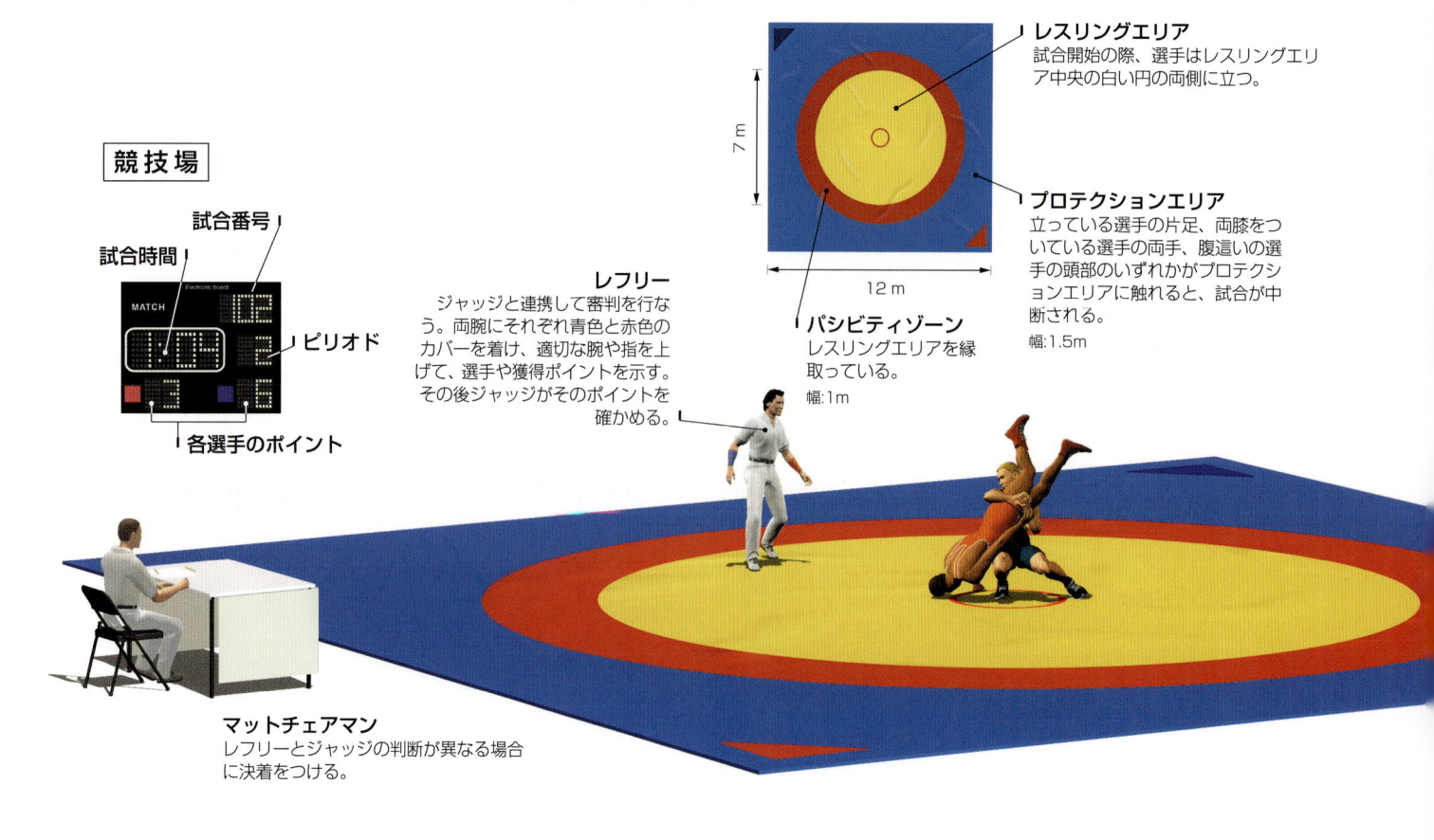

レスリングエリア
試合開始の際、選手はレスリングエリア中央の白い円の両側に立つ。

プロテクションエリア
立っている選手の片足、両膝をついている選手の両手、腹這いの選手の頭部のいずれかがプロテクションエリアに触れると、試合が中断される。
幅:1.5m

パシビティゾーン
レスリングエリアを縁取っている。
幅:1m

競技場

試合番号
試合時間
ピリオド
各選手のポイント

レフリー
ジャッジと連携して審判を行なう。両腕にそれぞれ青色と赤色のカバーを着け、適切な腕や指を上げて、選手や獲得ポイントを示す。その後ジャッジがそのポイントを確かめる。

マットチェアマン
レフリーとジャッジの判断が異なる場合に決着をつける。

テクニック

- グレコローマンには、スタンドレスリング（立ち技）とグラウンドレスリング（寝技）の2種類の技がある。主な立ち技は、フロント、サイド、バックの各ロック、背負い投げ、一本背負い、腰投げ、首投げである。フリースタイルでは、さらに足技が加わる。
- 寝技には、がぶり、アームロック、リバーサルがある。
- フリースタイルの技には、足払い、片足タックル、レッグフック、またさき、レッグホールドが含まれる。男子に適用するテクニカルルールはすべて女子にも適用する。

構えの姿勢

直立の姿勢
グレコローマンでは、直立の姿勢から試合を開始する。

かがんだ姿勢
フリースタイルでは、かがんだ姿勢で脚を守る。

構えの姿勢から試合開始とともに両者が組み合い、相手のバランスを崩してマットに組み伏せようとする。

ガッツレンチ

1. 相手の背後にまわる。
2. 後ろから相手を抱え、回転させる側に膝をつける。
3. 相手を引き寄せ、膝を相手の身体の下に押し込む。
4. 腰を強く押し上げて弓なりになる。
5. 相手を抱えている左側を軸にして身体をひねり、ブリッジを行なって相手の両肩をマットにつける。

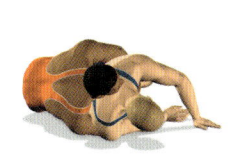

正面タックル

1. 相手の足をつかむために軽くかがむ。
2. 片膝をマットにつけ、手の両腿を抱えて持ち上げ始める。
3. 両膝をマットにつけ、相手のバランスを崩して肩の上まで持ち上げる。
4. 回転して片膝を立て、相手をマット上に転がしてその上に乗る。
5. 次に、相手の両肩をマットに押さえ付けて動きを封じる。

ジャッジ
試合を注意深く見守り、マットチェアマンの合意を得て各動作をスコアシートに記録し、その動作にポイントを与える。ジャッジとマットチェアマンは、与えられたポイントの確認を担当する。

デンジャーポジション
背中の線（または両肩）がマットに対し、90°未満の角度になっていることをデンジャーポジションという。上体で支えてフォールとなるのを防ぐ。頭、肘、肩を使って、ブリッジまたはハーフブリッジの体勢をとる。

格闘技

腰投げ

1. 左わきの下に相手の右腕を入れ、右腕で相手の頭をしっかり抱える。

2. 回転しながらヒップブロックで相手のバランスを崩し、前方に投げる。

3. 倒れる相手を追ってその上に乗り、デンジャーポジションまたはフォールに持ち込む。

俵返し

1. 倒れている相手の向こう側の腿を捕らえて、腰をしっかり抱える。

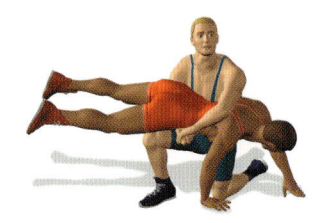

2. 次に相手の身体を持ち上げ、膝を立てた右脚の上に乗せて重さを支える。

3. この体勢から力強く後方に身を投げ出し、相手を反転させる。

用具

シングレット
上下一体型で伸縮性がある。赤または青色。

レスリングシューズ
柔らかい皮で作られたヒールのないシューズ。金属部分があってはならない。

選手の特徴
・レスリングでは全身の筋肉を使う。体力、柔軟性、調整力、バランス感覚が必要とされる。
・心理的な準備もトレーニングに含まれる。レスリングは生き方そのものである。

アレクサンドル・カレリン（ロシア）
オリンピック3連覇の記録を持つ。世界選手権で11回、ヨーロッパ選手権で12回優勝している。1989、90、92、95年、グレコローマンレスリングの最優秀選手。

ジョン・スミス（アメリカ）
1988、92年オリンピックのフリースタイル金メダリスト。1987～91年、世界チャンピオン。引退後に全米レスリングチームのコーチとなった。

330

ローラースポーツ

332 スケートボード
334 ローラーホッケー
336 インラインスケート

ローラースポーツ

スケートボード

重力をものともせずに空中に軽々と跳ぶスケートボードは、技と判断力を用いて行なうアクロバティックなスポーツである。1960年代の初めにカリフォルニアで創案され、主に男性によって行なわれていた。1965年、カリフォルニアのアナハイムスタジアムで、公式の競技会が初めて行なわれた。ウレタン製ウィールと可動式トラックの登場で、アクロバティックな技が次々に編み出され、国際大会が開かれるようになった。1977年に、ドイツのフランクフルトで第1回ヨーロッパ選手権が開催された。その後の競技会の多くは、個人のスポンサーによって開かれている。現在、ミュンスターワールドカップが、ドイツのミュンスターで毎年開催されているほか、1995年からはアメリカでX（エクストリームスポーツ）ゲームズが開かれ、この人気上昇中のスポーツのトップ選手たちが競いあっている。

1977年9月21日の世界選手権のために、ロンドンのスケートシティでトレーニングを行なうティム・リーバイス。

競技

ハーフパイプ

この用語は、競技場と競技の名前の両方に使われる。選手は45秒の競技時間内に、垂直な面（バート）のある管状のランプ（傾斜路）の上で空中アクロバットを演じる。トリック（技）はバートで、またはハーフパイプの上の空中で行なわれる。落下した場合でも、選手が希望すれば演技を続けることができる

ハーフパイプトリック

ハーフパイプトリックには3つのタイプがある。ハーフパイプのコーピングで行なうリップトリック、ハーフパイプ上の空中で行なうエアー、手や足を用いてエッジ（縁）で行なうプラントである。トリックはすべて、フロントサイド（ハーフパイプの外側を向く）、またはバックサイド（ハーフパイプの内側を向く）で行なわれる。足の位置に関する規定はなく、左足を前（レギュラースタンス）にしても、右足を前（グーフィースタンス）にしてもよい。

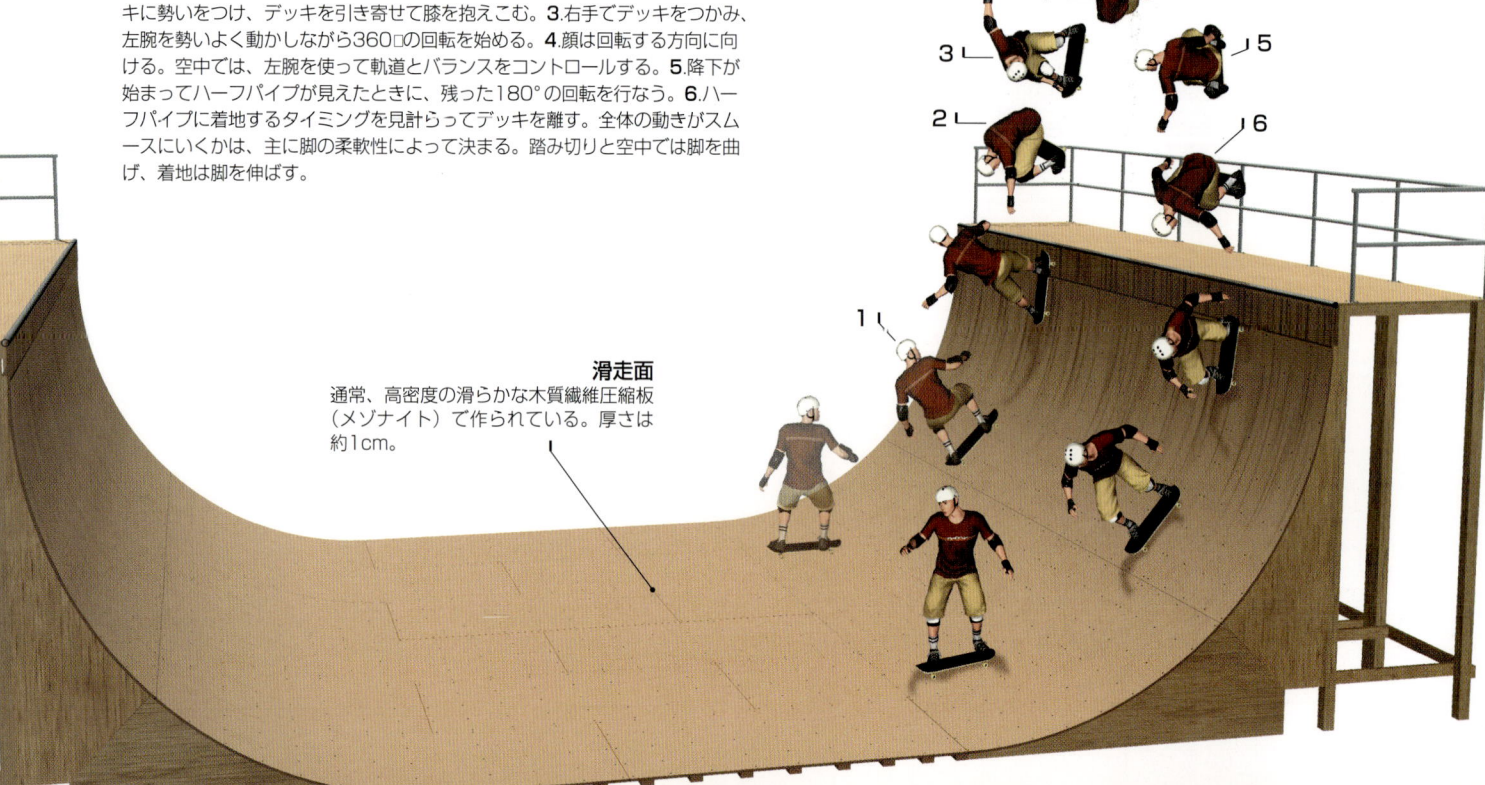

バックサイドグラブ540

1.ハイスピードでバートを登る。2.エッジを通過するときに、後ろの足でデッキに勢いをつけ、デッキを引き寄せて膝を抱えこむ。3.右手でデッキをつかみ、左腕を勢いよく動かしながら360°の回転を始める。4.顔は回転する方向に向ける。空中では、左腕を使って軌道とバランスをコントロールする。5.降下が始まってハーフパイプが見えたときに、残った180°の回転を行なう。6.ハーフパイプに着地するタイミングを見計らってデッキを離す。全体の動きがスムースにいくかは、主に脚の柔軟性によって決まる。踏み切りと空中では脚を曲げ、着地は脚を伸ばす。

ストリート

競技会ごとに指定された45秒～2分の競技時間に、約1,097平方メートルのコース中に設置された障害物を用いてトリックを行なう。障害物は街路をイメージして作られ、スプリングボード、縁石、ファンボックス、さまざまな傾斜や大きさの面、手すりつきの階段などがある。審査員は3～5人で、それぞれが全体のテクニックとスタイルについて評価を行ない、100点満点で採点する。

滑走面
通常、高密度の滑らかな木質繊維圧縮板（メゾナイト）で作られている。厚さは約1cm。

ストリートトリック

オリー
障害物を飛び越えるために使われる基本のトリック。両脚を曲げた姿勢で障害物に近づく。体重をつま先にかけ、両足をデッキの後に移動させる。ジャンプするときはテールに力を入れる。デッキが足から離れないようにするため、デッキの表面にグリップテープをはって足とボードの間に摩擦を作る。膝と足首を曲げて着地を安定させる。

5-0グラインド
スタートはオリーと同じである。次にトラック部分を使って金属のレールの上を進む。選手の身体とデッキは、レールと平行でなければならない。脚を曲げたり腕を動かしたりしてバランスをとる。常に着地を頭に入れて軌道を思い描く。

キックフリップ
オリーのバリエーションで、1～数回デッキを回転させる。靴の先でけってデッキを回転させる。着地直前にデッキにのることが、このトリックで最も難しい部分である。

選手の特徴
- 体重は平均的。身長が1m83cm以下の選手は、空中でのトリックをもっともコントロールしやすい。特にハーフパイプでは、軽い選手の方が努力を必要としない。しかし、体格よりもっと重要なのが、スピードとペースを完璧に調和させることである。
- アクロバティックなトリックを正確に行なうためには、優れた瞬発力、バランス感覚、強く柔軟な筋肉が必要である。これらは、筋力トレーニングとストレッチによって鍛える。
- プロ選手は主に、トリックや演技のリズムの練習を何度も繰り返し、身体に動きを覚えさせる。
- トップレベルの選手の平均年齢は20歳である。しかし、30歳までトップの座にいたチャンピオンもいる。

トニー・ホーク（アメリカ）
1991年、ミュンスターワールドカップ、1995、97、98、99年、Xゲームズ優勝。現在、900°（空中で2回転半する）を行なう唯一の選手である。

用具

デッキ
一般に木製で、凹型。

- テール
- ノーズ
- 76cm
- トラック：鉄またはマグネシウム製。ウィールの方向転換を可能にする。
- グリップテープ
- ウィール：ウレタン製。直径や硬さは競技によって異なる。
- 3.8cm～5.1cm

- ニーパッド
- ヘルメット
- エルボーパッド
- コーピング

ローラースポーツ

ローラーホッケー

ローラースケートを履いて行なうホッケーの歴史は比較的古く、1875年頃までさかのぼることができる。最初のルールが、ロンドンのホッケー協会によって記されたのもその時代のことだ。従来の4輪ローラースケートを履いて行なうホッケー（ローラーホッケー）は、当初、主にイギリスで行なわれていたが、現在はラテン系の国々、ポルトガル、イタリア、スペイン、アルゼンチンで非常に人気がある。最初の世界選手権は、1936年にドイツのシュトゥットガルトで開かれ、7カ国の代表チームが参加した。世界選手権は現在、2年に1度開催されている。ローラーホッケーは、1992年のバルセロナオリンピックでデモンストレーション競技として行なわれた。1980年代初頭にインラインローラースケートが登場すると、1990年代の初めにはインラインホッケーが行なわれるようになり、インラインホッケーは、アメリカでアイスホッケー選手のオフシーズンのトレーニングとして発展し、FIRS（世界ローラースポーツ連盟）認可のもと1995年に第1回全米選手権がシカゴで行なわれた。

1948年、ロンドンのビクトリアパークで行なわれたローラーホッケーの試合。

試合

2つのチームが、屋内または屋外の競技場で、相手チームよりもできるだけ多くゴールを入れることを競う。スティックでボール（ローラーホッケー）またはパック（インラインホッケー）を打ち合う。1チームは1人のキーパーと4人のフィールド選手（ウイング1人、センター1人、ディフェンダー2人）で構成される。各チーム1人ずついるキャプテンだけが、ルールの解釈についてレフリーと論議することを認められている。パックまたはボールが完全にゴールに入ると得点となる。選手の交代はプレーを中断せずに行なわれるが、試合が中断されている間に行なわれることもある。

反則をすると、ペナルティが科せられる。レフリーが笛を鳴らして試合を中断させ、反則を犯した選手はペナルティベンチに送られる。これにより、相手チームはペナルティが適用されている間、選手1人分有利になる。ペナルティの適用時間は2分が一般的であるが、審判員に従わないなどの特定の違反では、さらに深刻なペナルティが与えられ、試合から退場させられることもある。

インラインホッケー

細かい違いはいくつかあるが、インラインホッケーのルールはおおむねアイスホッケーのルールと同一である。ただしオフサイドがないため、試合の中断は少ない。ボディチェック（体当たり）や故意の身体的接触は禁じられている。1チームはゴールキーパー2名を含む14～18人の選手からなる。前後半各22分ピリオド（休止時間を含む）で行なわれ、5分のハーフタイムの後に、チェンジエンドが行なわれる。同点の場合、トーナメントや選手権の試合に限り延長戦が認められている。延長戦の時間内にゴールが入らなかった場合は、シュートアウトでのシュートを行なう。

ローラーホッケー

インラインホッケーの場合と同様に、故意の身体的接触は禁じられている。しかし、反則に関するルールはサッカーのルールがもととなっているため、反則にはフリーシュートおよびペナルティシュートが与えられる。レフリーは3種類のカードを用いて判定を示す。1回目の反則にはイエローカード、ブルーカードは2～5分間の一時的な退場、レッドカードは試合からの退場である。1チームは、10人以下の選手で構成され、2人のゴールキーパーが含まれなければならない。前後半ピリオド各25分（トーナメントでは20分）で行なわれ、10分のハーフタイム後に、チェンジエンドを行なう。同点の場合、前後半各5分の延長戦が行なわれる。延長戦が終了しても同点であった場合は、シュートを連続して行なう。

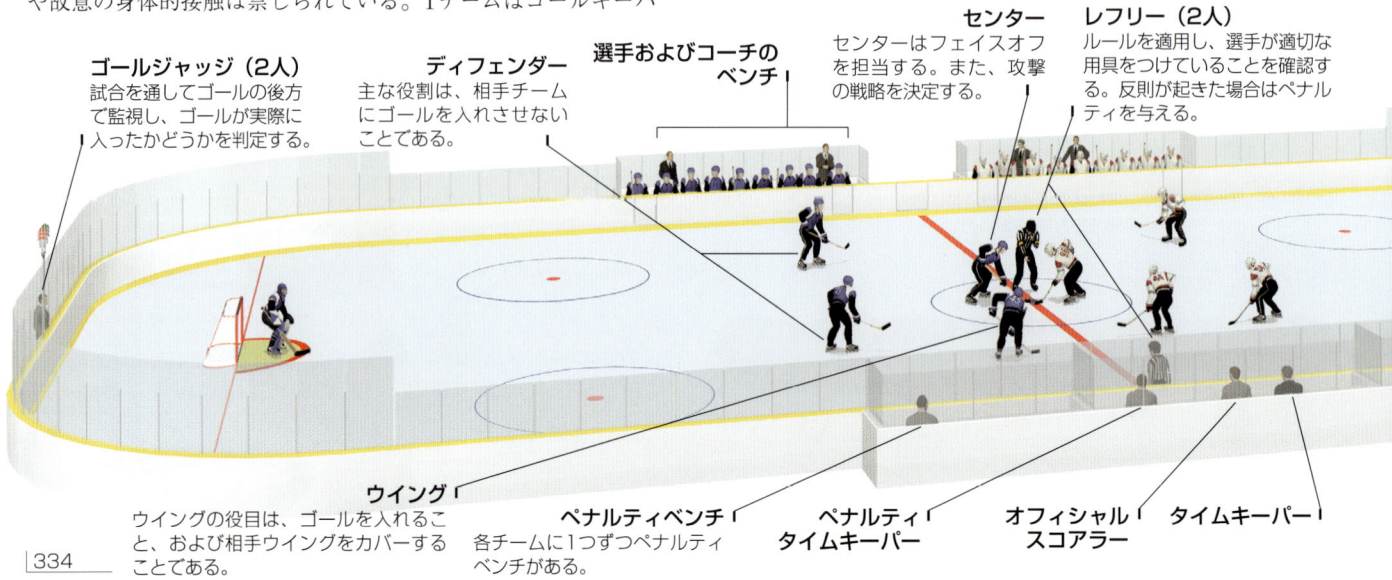

ゴールジャッジ（2人） 試合を通してゴールの後方で監視し、ゴールが実際に入ったかどうかを判定する。

ディフェンダー 主な役割は、相手チームにゴールを入れさせないことである。

選手およびコーチのベンチ

センター センターはフェイスオフを担当する。また、攻撃の戦略を決定する。

レフリー（2人） ルールを適用し、選手が適切な用具をつけていることを確認する。反則が起きた場合はペナルティを与える。

ウイング ウイングの役目は、ゴールを入れること、および相手ウイングをカバーすることである。

ペナルティベンチ 各チームに1つずつペナルティベンチがある。

ペナルティタイムキーパー

オフィシャルスコアラー

タイムキーパー

用具

スティック（ローラーホッケー） 90〜115 cm

ボール（ローラーホッケー） 7〜8 cm
中が空洞で軽い（155g）。プラスチック製で、内側がコルクのものとそうでないものがある。色は1色だけで、リンク面の色と対照的な色でなければならない。

ローラーホッケースケート（4輪）
インラインスケートよりもスピードは遅いが、スタートやストップは速い。

ウィール
ポリウレタン製。直径は3cm以上でなければならない。

ストップゴム
ストップおよび素早いスタートのために用いられる。

パック（インラインホッケー） 7.62 cm
硬質ゴム製。突起をつけて表面の摩擦を抑えているものと、ボールベアリングで移動しやすくしているものとがある。

スティック（インラインホッケー） 最長1.52 m

インラインホッケースケート
重心は低く、ブーツ部分が軽く前に傾いているため滑走しやすい。

ブーツ
ブーツ部分は皮またはナイロン製。

フレーム
通常、強化ナイロン、アルミ、チタンのいずれかで作られている。

ウィール 72〜76 mm
ポリウレタン製で、ベアリングがはめ込まれている。

選手の特徴
- ローラーホッケーには、スピード、テクニック、戦略が必要とされる。
- ローラーホッケーでは体力が重要であるため、選手は肉体的コンディションを最高に保ち、優れた心循環機能と反射神経を持たなければならない。
- 試合前のウォームアップは欠かさず行ない、ストレッチ体操で負傷の危険を最小限に抑える。

防具
ローラーホッケーでは、グローブ、ニーパッド、シンガード、エルボーパッドの着用が推奨される。ゴールキーパーはフェイスマスク付きのヘルメットと、パッドの入ったグローブ、レッグパッドを着用しなければならない。

インラインホッケーでは、フェイスマスク付きのヘルメット、ファウルカップ、グローブの着用が義務付けられている。シンガード、ガードル、エルボーパッドの着用は団体ごとに異なり、義務または推奨である。

リンク

リンクの表面は滑らかで継ぎ目のないものでなければならない。材質は木材、セメント、アスファルト、プラスチックのいずれかである。滑りやすいリンクは禁じられている。リンク中央のセンターライン上に描かれた円は、ピリオドの開始時とゴール後に行なわれるフェイスオフに用いられる。インラインホッケーでは、リンクの周りが高さ91cm〜1.22mの板で囲まれ、その上はガラスのパネルになっている。ネットのサイズはどちらの競技でも同じであるが、リンクのサイズはローラーホッケーの方が小さい。ローラーホッケーのリンクは、高さ1m以上の仕切りで囲われている。仕切りの下部は少なくとも20cmが木材でなければならない。

インラインホッケー
40〜61 m / 20〜30 m

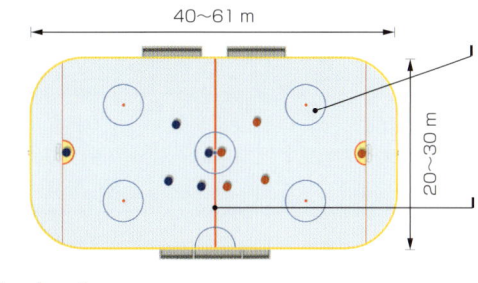

フェイスオフサークル
中断された試合を再開するときに用いられる。

センターライン
この線でリンクを半分に分け、各チームに割り当てる。

ローラーホッケー
36〜44 m / 18〜22 m

ペナルティゾーン
この領域内で反則が犯された場合、最も近いコーナーからフリーヒットが行なわれる。反則を犯したのがゴールキーパーまたは防御側の選手である場合、ペナルティポイントからのペナルティシュートが相手チームに与えられる。

ディフェンシブゾーン
ボールを保持している選手は、10秒以内にオフェンシブゾーンに入らなければならない。

ペナルティポイント

ゴール 1.70 m × 1.05 m

ゴールキーパー
ゴールキーパーの役目はパックを止めることである。この位置からはリンク全体を見ることができるため、相手チームが攻撃してくるときに、味方ディフェンダーの動きを調整することができる。

ローラースポーツ

インラインスケート

インラインスケートは、娯楽と競技の両方で、アクロバット（アグレッシブ）スケート、スピードスケート、ホッケーといったさまざまな形で行なわれる。車輪付きの靴という概念は、200年以上前からある。1760年にベルギー出身のジョセフ・マーリンが、車輪の付いた木靴で移動する方法の発明を試みている。1823年に、イギリス人のロバート・ジョン・タイアスが、現在のインラインスケートの原型であるロリトスを作った。これはベルリンオペラで、アイススケートの代わりに用いられた。従来の前後各2輪のローラースケートは、1863年にアメリカのジェームズ・プリンプトンによって初めて製作された。1884年にはボールベアリングが発明され、ローラースケートが発展しはじめた。インラインスケートは、ポリウレタンのウィールが作り出されたのを機に、アメリカで1980年代に登場した。10年を待たずにインラインスケートの人気は高まり、現在、スピードスケートとアグレッシブスケートの世界選手権が毎年開かれている。

1938年、イギリス、ウェンブリーのエンパイアプールとスポーツアリーナで行なわれたヨーロッパ選手権。

アグレッシブスケートの競技会

競技にはハーフパイプとストリートの2種目がある。ハーフパイプは木製の半管状の建造物である。1ラウンド60または90秒の2ラウンドの競技時間内に、空中アクロバットを演じる。高さ、技術的な難易度、トリックが最も優れていた選手が勝者となる。

ストリート競技では、1ラウンド60または90秒の2ラウンドの競技時間内に、さまざまなセクションや障害物の上でトリックを演じる。審判員はテクニックとスタイルを採点する。約1,000m²の領域内に8m間隔で競技区域があり、選手は2回以上この区域に戻らなければならない。

ハーフパイプ

フラットスピン540

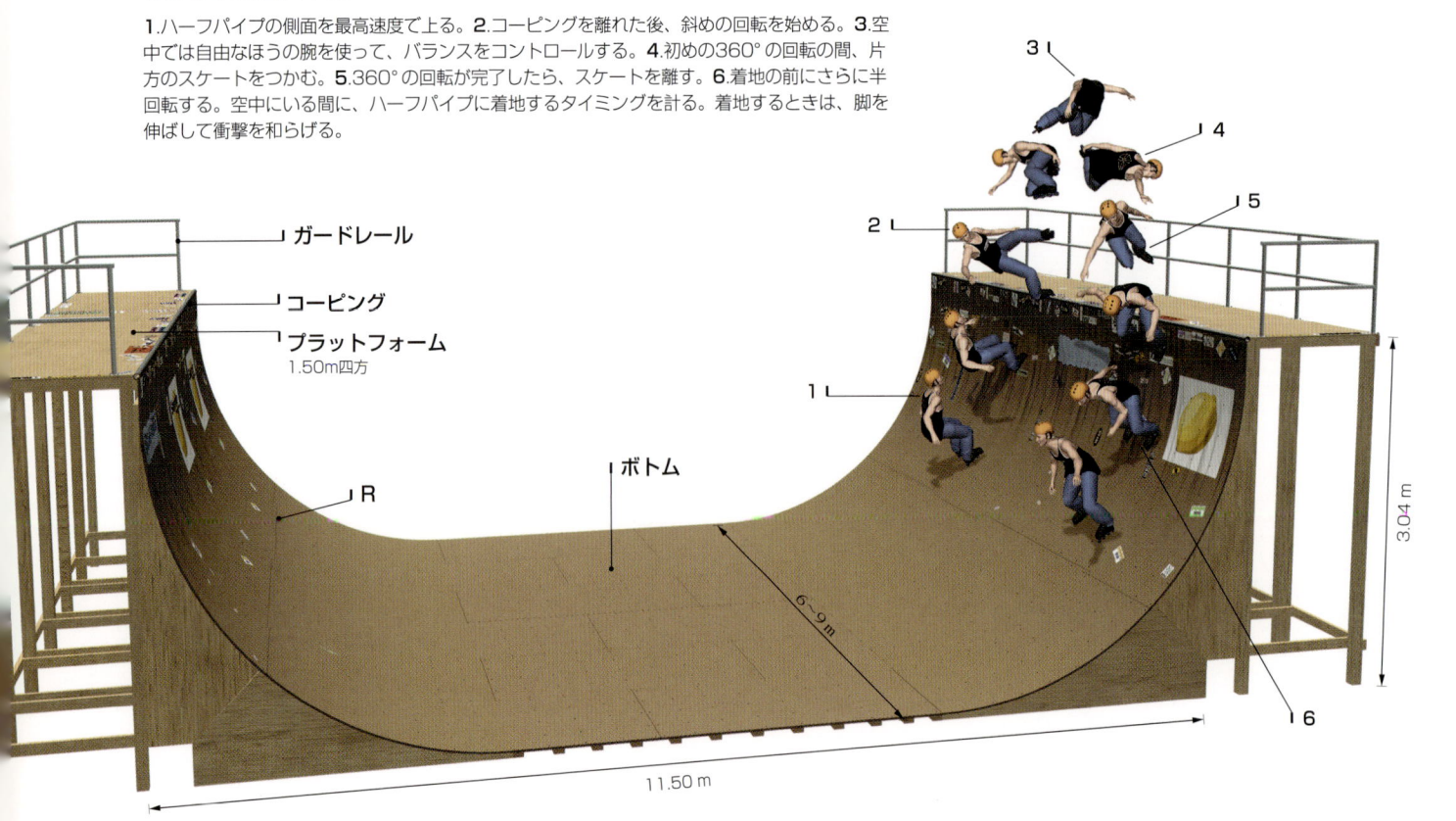

1.ハーフパイプの側面を最高速度で下る。2.コーピングを離れた後、斜めの回転を始める。3.空中では自由なほうの腕を使って、バランスをコントロールする。4.初めの360°の回転の間、片方のスケートをつかむ。5.360°の回転が完了したら、スケートを離す。6.着地の前にさらに半回転する。空中にいる間に、ハーフパイプに着地するタイミングを計る。着地するときは、脚を伸ばして衝撃を和らげる。

- ガードレール
- コーピング
- プラットフォーム 1.50m四方
- R
- ボトム 6～9m
- 11.50 m
- 3.04 m

ストリート
ソウルグラインド

1. ジャンプする前にジャンプの勢いと軌道を思い描き、適切な角度で飛び乗ることができるスピードでレールに近づく。2. 肩をレールと垂直にして軽く前傾し、腕と手でバランスを取る。前の足はグラインドプレート部分をレールに乗せ、後ろの足はフレームのバックアウトサイドエッジを乗せる。足はT字になる。3. 滑走中、後ろの脚を曲げてバランスをとる。前の足は伸ばして方向を定める。落下を避けるため、また着地の準備のため、常に前方をまっすぐ見る。

ミスティフリップ
全体で540°回転する難しい技。

1. ランプを最高速度で登る。両手両脚を広げ、上体をひねって回転を開始する。2. 2方向への回転（垂直に180°、水平に360°）の回転を始める。3. この動作を行なうために、あごを胸に近づけ、両腿をつかんで脚を曲げる。4. 脚を離して腕の力を抜き、動作を続ける。5. ランプと向き合って着地する。脚を軽く曲げ、スケートをそろえてバランスを保つ。

ピラミッド
このセクションにはさまざまな形があり、各種のトリックで用いられる。

スピードスケート競技

競技にはさまざまな種目がある。個人と団体のタイムトライアル、エリミネーション、グループスタート、耐久レース、ポイントレース、リレー、ステージレース、追い抜き競争、ポイントエリミネーション。これらの競技は男子、女子共に行なわれている。世界選手権は毎年開催される。

トラック
屋内と屋外がある。どちらの場合も1周125～400mでなければならない。バンクカーブのトラックは、1周125～250mである。

スタート/フィニッシュライン
幅5cmの白線。

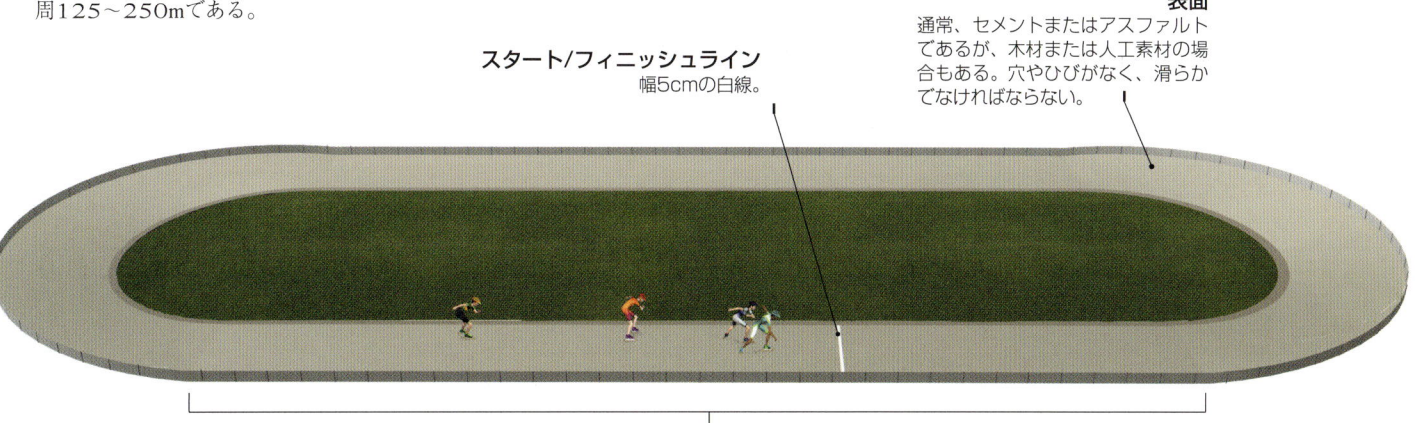

表面
通常、セメントまたはアスファルトであるが、木材または人工素材の場合もある。穴やひびがなく、滑らかでなければならない。

リレーゾーン
スタートフィニッシュラインとカーブの間に位置する。

ローラースポーツ

ローラースポーツ

用具

アグレッシブスケート
アグレッシブスケートのブーツは硬質プラスチック製で、紐とバックルで留める。衝撃を吸収するため、裏打ちされている。

ブーツ
無理なく足を包む。

シェル
衝撃を吸収する。

ウィール
直径40〜70mm。種目によって硬さが変わる。

フレーム
ポリウレタン製。補強された側面にウィールを4つ取り付ける。

グラインドプレート
曲線で構成された小さな板。滑りやすくしてフレームを守る。

スピードスケート
革とカーボンで作られたブーツは、軽量で柔軟性があり、留め具は紐である。通常は足にフィットする。

ベアリング
スピードと正確性はベアリング部品の質に支えられる。

フレーム
アルミニウムおよびカーボン製。直系80〜84mmのウィールを5つ取り付ける。

ヘルメット
競技会では着用しなければならない。自転車競技用のヘルメットより小さく、チンストラップがついている。

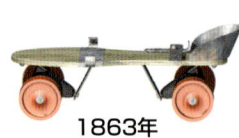

1863年

防具
最も危険にさらされる身体の部分は、膝、肘、手首、手、頭部である。

リストガード
硬質プラスチックの補強材は取外し可能。

エルボーパッド
軽い素材で作られる。締めつけずに固定できるもの。

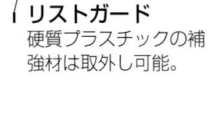

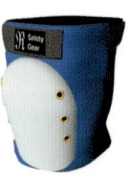

ニーパッド
膝と一緒に曲げることができなければならない。発汗性に優れた素材で作られる。シェルはプラスチック製、裏は発泡素材製。

ファビオラ・ダ・シルバ（ブラジル）
Xゲームズのハーフパイプ（バート）で金メダルを3回獲得（1996〜98年）。1997年のASAプロツアー、ストリート1位、バート2位。

選手の特徴
- 調整力、バランス、優れた反射神経が求められる。
- 負傷を防ぐためにウォームアップが不可欠である。
- アグレッシブスケートでは、主に脚、背中、型、首の筋肉を使う。
- スピードスケートでは、持久力と素早い反応が不可欠である。スケートを履く前に脚（腿と足首）の運動を行なわなければならない。

モータースポーツ

340 概要	350 オートバイレース
342 フォーミュラ1	354 スノーモービルレース
347 ドラッグレース	356 パワーボートレース
348 ラリー	
349 オフロードラリー	

モータースポーツ

ドイツの技術者ニコラス・オットーによって、4サイクルエンジンが発明された1870年代初頭に、モータースポーツの歴史は始まった。1885年、オットーの助手を務めたゴットリーブ・ダイムラーが、最初のオートバイであるアインシュプールを完成させた。同年、ドイツのカール・ベンツが、初めて自動車を生産した。すぐに製造者の間で互いに性能を比較するため、非公式なレースが行なわれるようになり、スピードや距離の記録が競われた。1904年に、国際自動車連盟（FIA）と国際モーターサイクリズム連盟（FIM）の前身である国際モーターサイクルクラブ連盟（FIMC）が創設された。それ以降、自動車、オートバイ共にさまざまな競技会（クローズドサーキット、オープンロード、オフロードの各レース）が定期的に開かれている。

1947年、イタリアのドライバー、エンゾ・フェラーリ（1898～1988年）が、レーシングカーの製作のためにレースを引退した。フェラーリは、F1世界選手権が開始された1950年から参戦している唯一のチームである。113回を超えるグランプリ、9回のフォーミュラ1世界選手権、9回の製造者選手権を制覇。これに匹敵する記録はない。

機械的な原則

車両の性能は、主に3つの要素によって決まる。馬力(hp)で表される出力、出力を生み出すエンジンの回転速度を示す回転数、車体の重量である。100hpのエンジンを備えた2台の車両が、同じ性能であるというわけではない。重量が1トンの車は、同一のエンジンを備えた700kgしかない車と同程度の性能は出せない。同様に、2台の同一の車を100hpのエンジンで駆動した場合、最大の出力を発生させるエンジンスピードによって性能が変わる。

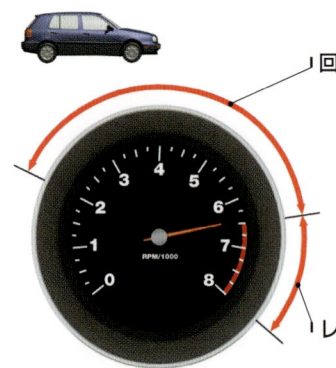

乗用車のタコメーター
回転数
出力の範囲が広いため、さまざまなエンジンスピード、さまざまな状況で使用することができる。融通性が長所である。
レッドゾーン 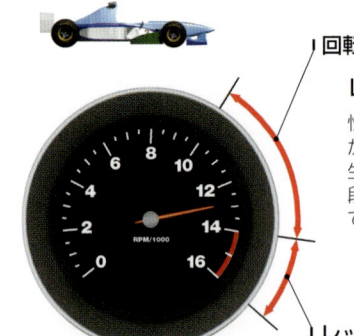

レーシングカーのタコメーター
回転数
性能が極めて重要であるため、範囲は狭いが非常に高速なエンジンスピードで出力を生み出す。レーシングカーのギアは6、7段階と細かく、短時間で出力範囲の限界まで上げることができる。
レッドゾーン

主なシグナルとフラッグ

ブラックホワイト
アンスポーツマンライクな態度をとった選手への警告として用いられる。対象となる車の番号と共に掲示される。

ブラックフラッグ
特定のルールに違反した車の番号と共に掲示される。これを表示された車はペナルティを受けるためにピットに戻らなければならない。

ホワイトフラッグ
救急車、消防車など遅い車がコース上を走行していることを示す。アメリカンレーシングシリーズ（CARTやNASCARなど）では、残り1周であることを示す。

ブルーフラッグ
速い車が後ろから迫ってきて追い越そうとしていることを知らせる。これを表示された車は後の車の妨害にならないように走行する。

イエローフラッグ
コース上でトラブルが発生した場合に用いられる。このフラッグが掲示されている区間内は、減速、そして追い越し禁止となる。

モータースポーツ――概要

用具

自動車レースでは、次の衣服と装備品を着用しなければならない。

アンダーウエア
上下に分かれていて、首を覆うもの。タートルネックが望ましい。

バラクラバ
2層以上の防炎素材で作られ、下部はドライビングスーツまたはアンダーシャツの内側の首周り全体にフィットするもの。首をひねっても外に出ないものでなければならない。

ドライビングスーツ
選手は防炎素材のドライビングスーツを着用しなければならない。第三度熱傷から12秒以上選手を守ることができなければならない。足首、首、手首は必ず2枚以上の防護用の布で覆い、広告を防護用衣服に取り付ける場合は、熱に溶けない素材で、スーツを傷つけてはならない。広告の裏材は防炎素材であることが推奨される。

グローブ
グローブの甲は2層以上の防炎素材。手首で締まり、ドライビングスーツの袖口を覆う。

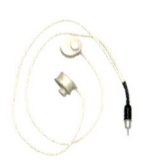

イヤホン
周囲の雑音を減らし、ピットクルーと無線通信をするためのもの。

ヘルメット
フルフェイス型で、FIAの規定に従ったもの。合成素材(ケブラー、カーボンファイバーなど)で作られ、重さは1.2kg以上。

ソックス
防炎素材製、厚さ1層以上、重さ180g/m²以上。

シューズ
足および足首を完全に覆うもの。内側や、留め具または靴紐のすべてに、熱に溶けない素材が用いられる。製造者はソールの耐炭化性と耐火性を証明しなければならない。

カメラ
テレビ放映されるモータースポーツ競技の多くでは、レース中、1台以上のカメラが車両に取り付けられる。1台の車両に5カ所まで設置されるため、さまざまな角度からの映像を映すことができる。1990年代の初めから、クローズドサーキットで行なわれる自動車およびバイクレースでは遠隔測定システムが備え付けられ、ピット内のチームエンジニアは競技の間、重要な車両の部品を絶えず監視することができるようになった。

審判員

クローズドサーキットで行なわれる自動車およびオートバイのレースは、審判員のチームが管理し、競技を円滑に進める。レースディレクターは最高の権威を持ち、レースの開始、勝者へのチェッカーフラッグの掲示、競技の監督を行なう。必要な場合はレースの中断または中止を行ない、違反を犯した選手に制裁を加える。テクニカルスチュワードは、技術的な規定が守られている(つまり、規定に従った車両である)ことを確認する。レーススチュワードはスポーティングルールの適用(レースの運営全般)を担当する。タイムキーパーは各選手のラップタイムを記録し、規定された競技時間の監視も担当する。マーシャルは、各種フラッグを用いて適切な情報を選手に掲示し、必要な場合(コントロールを失った、故障など)に選手を助ける。すべてのカーブ(1カーブ3人以上)とピットレーン沿いに配置される。すべてのレースでメディカルチーム(救急隊員、医師)も任務に就く。

チェッカーフラッグ
初めにレースの勝者に対して振られ、レースまたはプラクティスセッションの終了を合図する。

オレンジボール
車両にメカニックトラブルが発生していて、その車または他の車にとって危険であることを知らせる。車の番号と共に掲示され、その車はピットに戻らなければならない。

オイルフラッグ
コース上の一部にオイルなどの液体や砂などがあり、路面が滑りやすくなっていることを知らせる。

レッドフラッグ
スタートフィニッシュラインで、トラックマーシャルによって掲示され、レースまたはプラクティスセッションが中断されたことを知らせる。

グリーンフラッグ
警告のフラッグの適用が終わったことを知らせる。イエローフラッグの後に掲示されたときは、追い越しが可能になったことを示す。

フォーミュラ1

モータースポーツ

F1ワールドチャンピオン5回（1951、54〜57年）の記録を持つファン・マヌエル・ファンジオ（アルゼンチン）。モータースポーツ界の伝説的人物で、多くの専門家によって史上最高のドライバーであると認められている。

自動車競技の最高峰であるフォーミュラ1は、サーキットレース場（常設、市街）で行なう1人乗りの車による自動車レースである。最初のフォーミュラカーは、1885年にドイツの自動車製造業者であるカール・ベンツによって製造され、最初の公式のレースは、1894年7月22日、フランスのパリ〜ルーアン間の126kmのコースで開催された。1906年までは、ヨーロッパの首都をつなぐ「都市間」のレースが、国際選手権の形式だった。国際自動車連盟が1904年に設立され、自動車競技の世界的な統轄団体となった。初のグランプリは、1906年にフランスのルマンで開かれた。第1回フォーミュラ1世界選手権が1950年に開催され、アルファロメオに所属していたイタリアのジョゼッペ・ファリーナがチャンピオンとなった。この数十年に、F1界はメディアから多大な影響を受け、ハイテクと金に支配されるスポーツとなった。

グランプリレース

競技は3日間で行なわれる。金曜日と土曜日の午前中はマシンの整備に当てられ、走行を繰り返してセッティングする。土曜日の午後には1時間の公式予選が開かれる。この時間内に最大12周を走行し、その記録によって決勝でのスターティンググリッドの位置を決定する。最も速い1周の周回時間を予選タイムとする。予選通過のためには、ポールポジションのタイム（予選トップのタイム）との差が7%を超えてはならない（107%ルール）。本戦は日曜日の午後に開かれる。スタートの30分前にピットを離れ、コーテジーラップを行ない、グリッドに並ぶ。スタートの15分前までにピットを離れなかった車両は、フォーメーションラップを行なわずに、最後の車両が通り過ぎた後、ピットレーン出口からのスタートとなる。フォーメーションラップの1分前にエンジンを始動する。フォーメーションラップでは、低速でコースを1周し（追い越し不可）、正式なスタートの前にタイヤを温める。タイヤは100℃で最大効率を発揮する。フォーメーションラップの完了後にスターティンググリッドに整列する。5つの赤いシグナルが1秒間隔で1つずつ点灯する。その後5つのシグナルが一斉に消え、レースのスタートとなる。

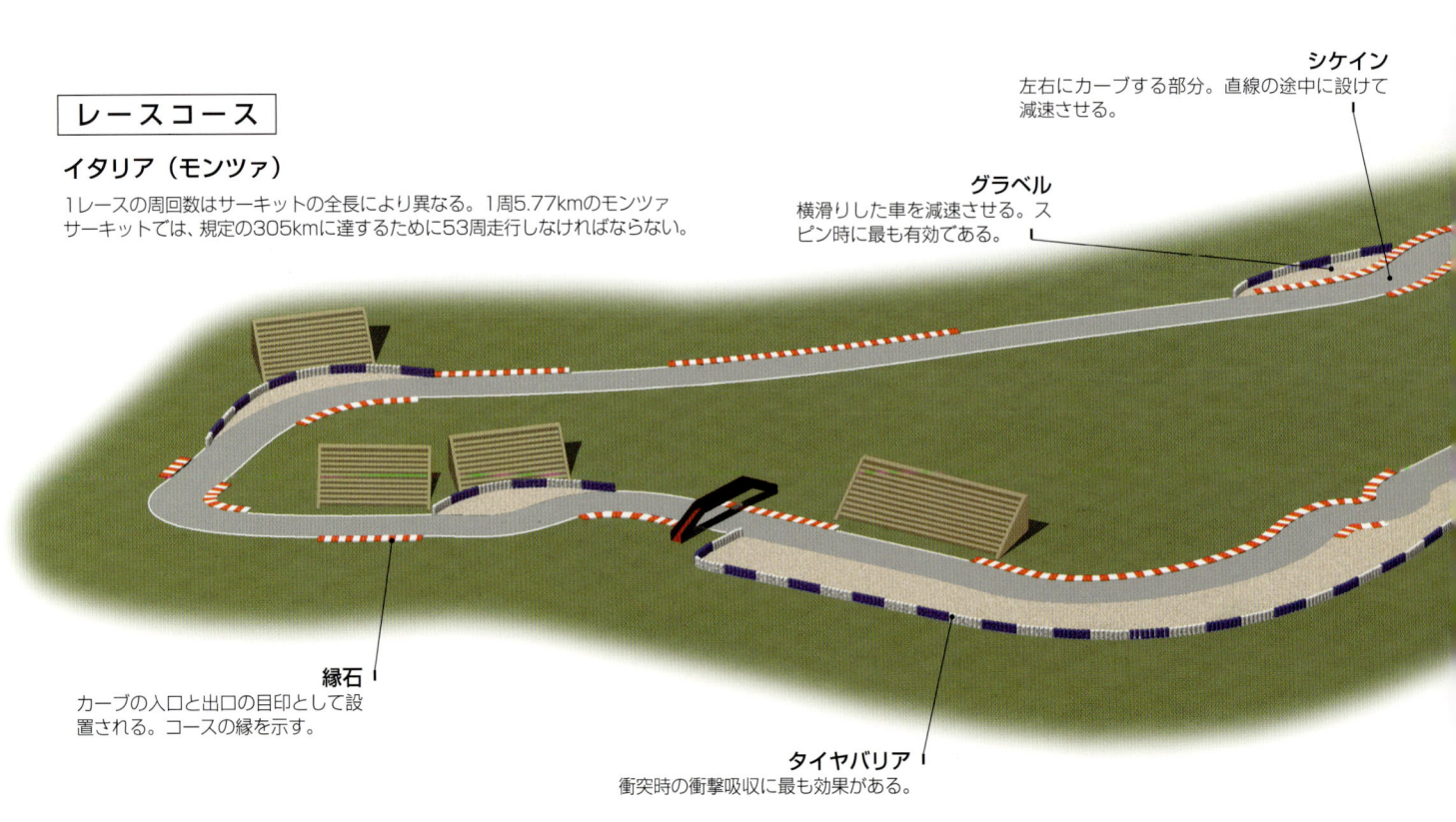

レースコース

イタリア（モンツァ）

1レースの周回数はサーキットの全長により異なる。1周5.77kmのモンツァサーキットでは、規定の305kmに達するために53周走行しなければならない。

シケイン
左右にカーブする部分。直線の途中に設けて減速させる。

グラベル
横滑りした車を減速させる。スピン時に最も有効である。

縁石
カーブの入口と出口の目印として設置される。コースの縁を示す。

タイヤバリア
衝突時の衝撃吸収に最も効果がある。

グランプリコース

コースの全長は3〜7kmである。グランプリでは合計305kmを走行する。

ポイントシステム

フォーミュラ1世界選手権は、各チーム2人の12チームによって、16または17レースで競われる。シーズン終了時に最高ポイントを獲得した選手がチャンピオンとなる。

製造者にも選手権がある。一定の基準とチームの成績にもとづいて与えられたポイントが、シーズン終了時に最も高かったチームの優勝となる。
上位8人の選手に次の得点が与えられる。

順位	1位	2位	3位	4位	5位	6位	7位	8位
ポイント	10	8	6	5	4	3	2	1

シーズンの終了時に最もポイントの高かった選手が世界チャンピオンとなる。

スペイン（バルセロナ）
非常に速いコースでブレーキの負担が大きい。さまざまなカーブがあり、車体の性能が問われる。

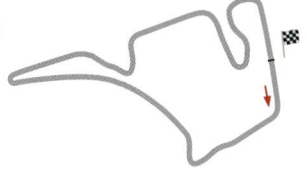

ドイツ（ホッケンハイム）
以前は長距離コースだったが、より追い抜きがし易くなるよう、2.2kmのコース短縮工事がなされた。325kmにも達するストレートに低速セクションが続いている。

モナコ（モンテカルロ）
F1サーキット中で最も遅いコース。市街サーキットであるため、正確な走行が必要とされる

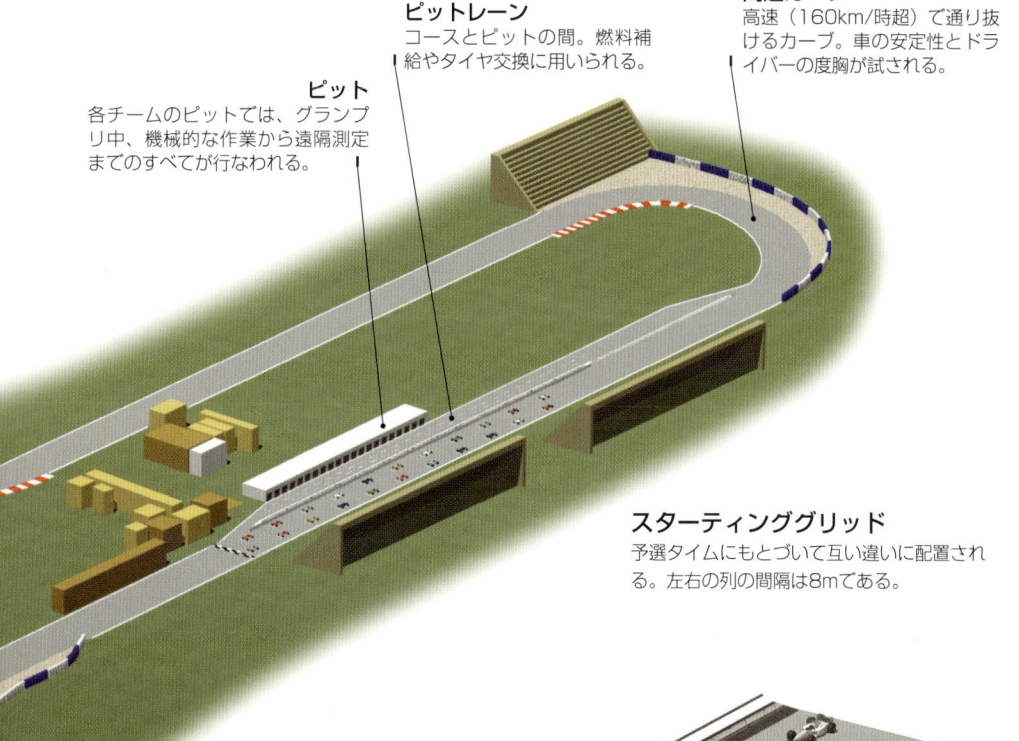

日本（鈴鹿）
エンジンの馬力が決め手となる長いコース。直線が長いため、追い越しが多く行なわれる。

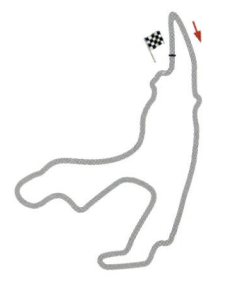

ベルギー（スパフランコルシャン）
選手に人気のあるサーキット。カーブが非常に高速なため、最も難しく見ごたえのあるコースである。

ピット
各チームのピットでは、グランプリ中、機械的な作業から遠隔測定までのすべてが行なわれる。

ピットレーン
コースとピットの間。燃料補給やタイヤ交換に用いられる。

高速カーブ
高速（160km/時超）で通り抜けるカーブ。車の安定性とドライバーの度胸が試される。

スターティンググリッド
予選タイムにもとづいて互い違いに配置される。左右の列の間隔は8mである。

ポールポジション
グリッドの先頭。予選トップのマシンに与えられる。

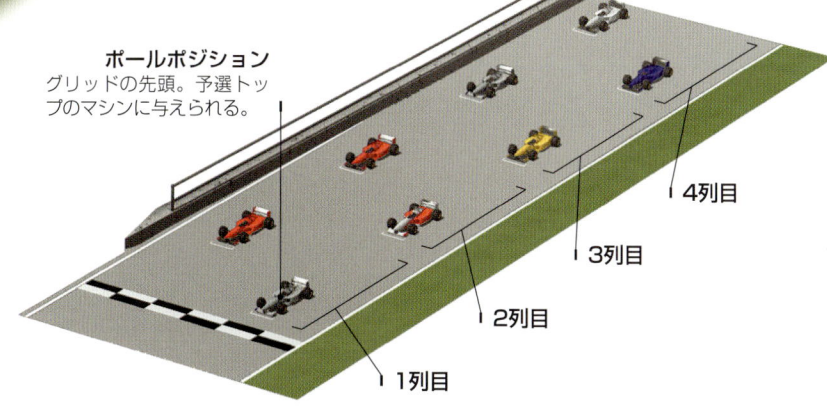

1列目 / 2列目 / 3列目 / 4列目

モータースポーツ

一人乗りF1車両

F1車両は驚異的な馬力（800hp超）を生み出し、スピードは320km/時を超える。4サイクルエンジンで、排気量は3,000cc以下である。F1ではターボチャージャーが禁じられている。ギアボックスは4〜7速でバックギアを持つ。4輪駆動は禁じられている。

F1車両のサイズ規定

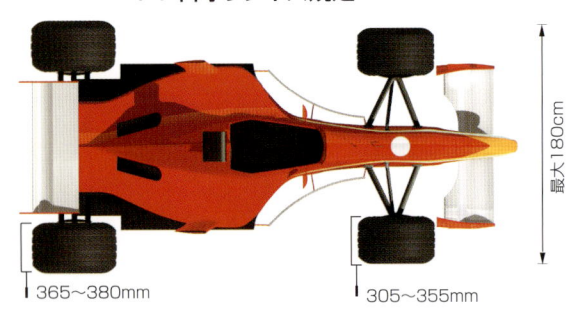

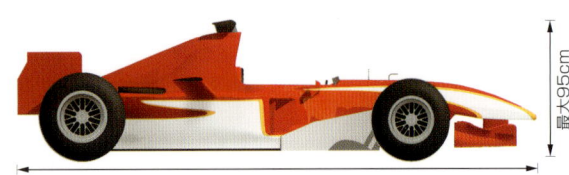

最大180cm
365〜380mm　305〜355mm
最大95cm
平均:4.4m
最低重量:600kg（選手を含む）

タイヤ

レース中は天候によって異なるタイヤを用いる。晴天の場合はスリックタイヤを用いる。レインタイヤはトレッドが深く、排水量が多い（300km/時で26l/秒）。レインタイヤの一種である「インターミディエイト」は、トレッドが浅く、路面が湿っているときに用いられる。

ゴムの種類も幅広く、路面とのグリップ力や耐久性がそれぞれ異なる。ゴムの選択（ソフト〜ハード）はレースを左右する。予選の前にタイヤを決定し、その後の競技ではそのタイヤを使用しなければならない。

レインタイヤ

スリックタイヤ

溝

1999年シーズンの初めから、速度を抑えて安全性を高めるための4本の溝が、前後のタイヤ共に義務付けられている。

ステアリング

技術的な進歩により、以前コックピットに配置されていた計器やパネル類は、現在、ステアリング上にある。クラッチ操作やギアの選択は、指先でコントロールできる。

ウイング

前後車軸に負荷を加える空気圧を作り、それによってタイヤを路面に押しつける力を向上させる。サーキットごとにウイングを調節して空気抵抗を変える。

ブラックボックス

航空機と同様、F1車両にもデータレコーダーが備え付けられ、事故や故障が起きた場合に要因を解析するために用いられる。

カメラ

競技を通して2台のカメラで撮影する。5箇所に取り付け可能。

ロールバー

変形しない構造のため、車両が反転した場合に選手を守ることができる。選手のヘルメットより70mm以上高くなければならない。

無線アンテナ

レース中、選手とチーム間の連絡を可能にする。

ピトー管

風速測定用の空気取り入れ口。風速をもとに実際の走行速度を算出する。

サイドフェアリング

衝突時に衝撃を吸収して変形する。内側にはラジエーターや電子機器があり、エンジンに風をあてる。

遠隔測定システム

すべての車両に遠隔測定システムが備え付けられ、その送信機は片方のリアビューミラーに設置されている。このシステムによって、ピットクルーはレース中に車両の主な機能を監視する。

モータースポーツ

空気抵抗

意外なことに、セダンの外形はF1車両より空気抵抗を受けにくいため、燃料の消費が少ない。F1車両は外側の部品（ウイング、ホイール）の空気抵抗を利用し、非常に高速で走行する車両を路面に押し付けている。

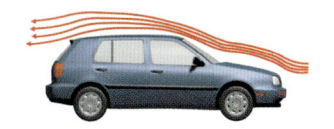

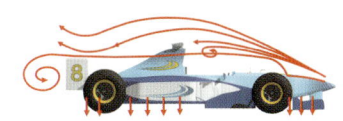

F1車両の変遷

最高速度は、1950年代にすでに300km/時に達したため、あまり変化していない。平均速度は、近年の設計技術の進歩により、劇的に向上している。

1950～60年
第1回グランプリでの車両はフロントエンジンで、最も速い車体はアルミニウム製だった。

1960～70年
1960年代にリアエンジンとモノコックが登場してからは、フロントエンジンの車両がグランプリで優勝することがなくなった。

1975年
1970年代の中期に登場したウイングによる革命で、安定性と操縦性が向上した。

1980～90年
1980年代には多くの技術的な進歩がもたらされた。1200hpまでの馬力を生み出すターボチャージャーエンジンは、その圧倒的な強さにより1989年に禁止となった。

1990～2000年
自然吸気式のエンジンの復活と安全性への考慮により、これまでで最高の性能を持つ長めの車両が開発された。

2000–2005年
F1マシンの流線型ラインはパフォーマンスを発揮するのに非常に重要であり、その機能は360km/時の高速運転を可能とする。排気量は3.5から3.0へと減少された。

テクニック

ドラフティング

走行中の車両のすぐ後には、空気抵抗の少ない「空気のトンネル」が出来る。これを利用して一時的に速度を上げてから、横にそれて追い越しを行なうことができる。

低速カーブでの追い越し

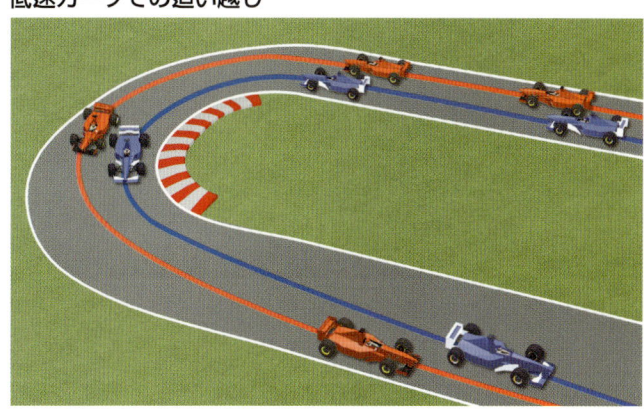

青色の車両は追い越しを行なうため、遅めにブレーキをかける。カーブの内側に入り込むことで、良いポジションにつけ、カーブ出口では理想的なコース取りができる。

シケインの通過

シケインは左右にカーブしているが、スピードを保持しながら、最短ルートを通ってまっすぐ通り抜ける。

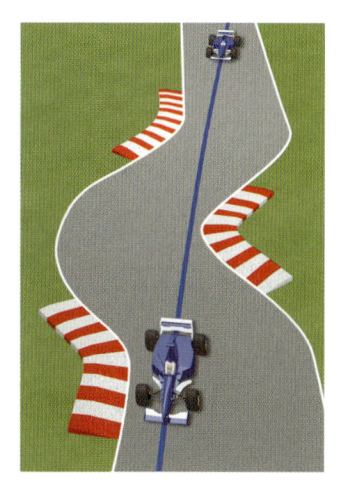

モータースポーツ

モータースポーツ

ピットストップ

レース中に1、2回、走行を中断して燃料補給を行なう。18人以上のメカニックがしっかり計算された手順に従い、燃料補給と4つのタイヤの交換を8秒未満で行なう。

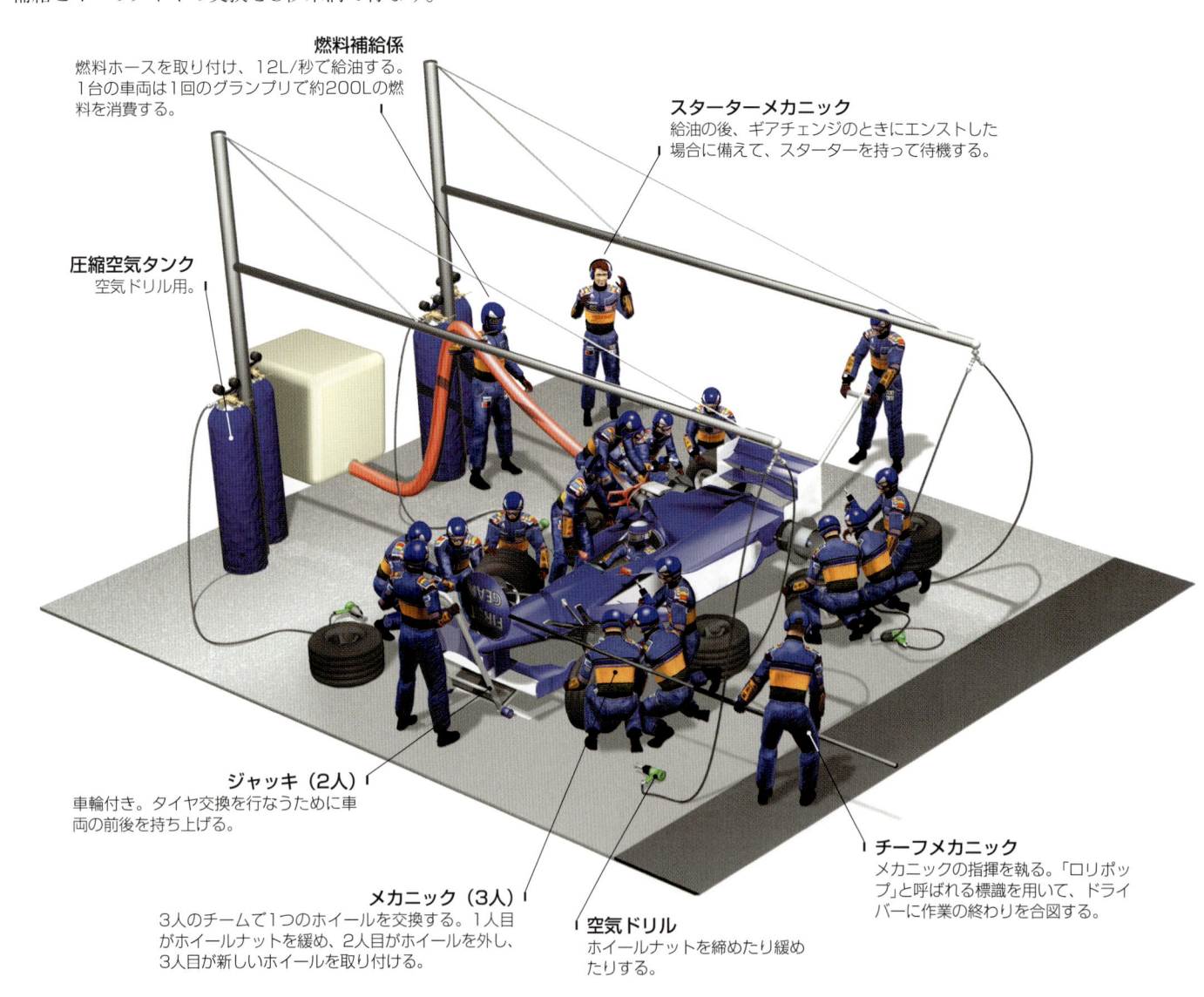

燃料補給係
燃料ホースを取り付け、12L/秒で給油する。1台の車両は1回のグランプリで約200Lの燃料を消費する。

スターターメカニック
給油の後、ギアチェンジのときにエンストした場合に備えて、スターターを持って待機する。

圧縮空気タンク
空気ドリル用。

ジャッキ（2人）
車輪付き。タイヤ交換を行なうために車両の前後を持ち上げる。

メカニック（3人）
3人のチームで1つのホイールを交換する。1人目がホイールナットを緩め、2人目がホイールを外し、3人目が新しいホイールを取り付ける。

空気ドリル
ホイールナットを締めたり緩めたりする。

チーフメカニック
メカニックの指揮を執る。「ロリポップ」と呼ばれる標識を用いて、ドライバーに作業の終わりを合図する。

ドライバーの特徴

・F1車両での走行には、体力よりも持久力が必要とされる。温度が50℃まで上がるコックピット内で暑さに絶えなければならないため、レースが終わると4kgも体重が減ることがある。

・トレーニングでは、首、前腕、腹部、脚に集中した筋肉の強化を行なう。視力と調整力が優れていなければならない。

・健全な心機能が不可欠である。レース中の心拍数は約160/分、危険を感じたときには190/分まで上がる。

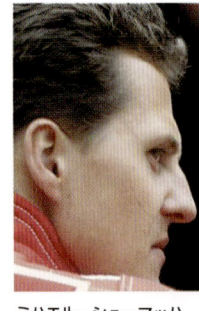

ミハエル・シューマッハ（ドイツ）
212レース中、優勝35回。その内の19回、および1994、95年のワールドチャンピオンは、ベネトンチームに所属。1996年からはフェラーリチームで5シーズン連続優勝、計7回の優勝という不滅の記録を持つ。

アイルトン・セナ（ブラジル）
161グランプリ中、F1ワールドチャンピオン3回（1988、90、91年）、優勝41回、ポールポジション65回（最多記録）。1994年、イモラでのサンマリノGP中に死亡。疑いの余地なく、F1史上最も偉大な選手の1人である。

ジム・クラーク（イギリス）
偉大なF1ドライバーの1人。72GP中、優勝25回、ポールポジション33回。1963、65年ワールドチャンピオン。1968年、ホッケンハイムでのフォーミュラ2レース中に死亡。

アラン・プロスト（フランス）
ワールドチャンピオン4回。スコットランド人のジャッキー・スチュワートによる優勝回数の記録を破って名を上げた。1980～93年、199GP中、優勝51回。1998年にプロスト・プジョーチームのオーナーとなった。

ドラッグレース

2台の車両が純粋にスピードを競うドラッグレースは、陸上競技のスプリントにあたる自動車レースである。典型的なアメリカンスポーツであるドラッグレースは、南カリフォルニアで始められ、非公式のレースが（多くは非合法的に）乾いた湖底やわき道で行なわれていた。ナショナルホットロッドアソシエーション（NHRA）が1951年に創設されたことにより、1950～60年代にはさらに発展した。1975年、R.J.レイノルズ・タバコ社の資金援助によりNHRAウィンストン選手権が開催されて全国的なイベントになると、多くのスポンサーがつき、ネットワークテレビで放映された。1993年、国際自動車連盟（FIA）がNHRAおよびドラッグレースを公認し、ドラッグレース委員会を発足した。現在、NHRAは国際的地位を得て、アメリカ国外でのドラッグレースの普及に取り組んでいる。

1959年、南カリフォルニアのチャールストンにある空海軍基地でのプレ・ナショナル・チャンピオンシップ・ドラッグレースに出場する競技車両。

レース

ドラッグレースは勝ち上がり式のレース（ヒート）で構成され、各ヒートでは2台の車両が直線コース上で競い合う。組み合わせは無作為の抽選によって決定する。各レースの勝者が次のレースに進む。残り2台になるまでこれを繰り返し、その2台によって決勝が行なわれる。各ヒートのスタートでは、2台がそれぞれのレーンに着き、電子式のスタートシグナルに対面する。グリーンライトが点灯する前にスタートラインを越えると失格となる。グリーンライトに反応する時間はリアクションタイムと呼ばれ、計測も行なわれる。スタートからゴールまでのタイムにリアクションタイムを加算して、レースの勝敗を決定する。選手は反射神経が鋭い。また、レース前に路面の状態を素早く見極めることにより、スタート時の戦略を立て、エンジンの調整を行なう。

コース

初めの46m(50yds)の路面は摩擦の大きいセメント、残りの路面はアスファルトと花崗岩粒子の混合物で舗装されている。コース全体に特殊な溶剤を塗布し、タイヤとの間に十分な摩擦を作る。コースの全長は402.33m(1/4mile)または201.16m(1/8mile)である。スタートライン近くの専用区間でタイヤを暖める。コースの最後には、レース距離の1.5倍の減速区間を設けなければならない。雨天の場合は、溶剤によって路面が滑りやすくなるため、レースを行なわない。

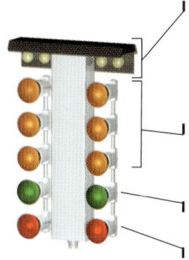

ステージインディケーターライト（2） 車両がスタート位置にいるときに点灯する。

クリスマスツリー 電子式のスタートシグナルは、ライトが並んでいるため、クリスマスツリーと呼ばれる。

イエローライト（3つ） 順番に点灯した後にグリーンライトが点灯する。

グリーンライト スタートの合図。

レッドライト 反則スタートおよび無効を表す。

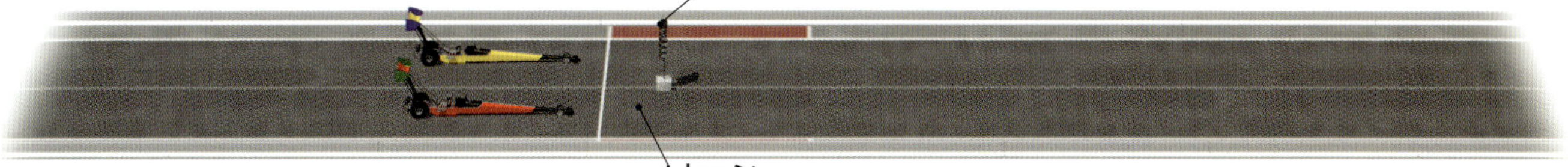

レーン 9.15m（30フィート）幅のレーンが各選手に与えれる。相手側のレーンに入った車両は、故意かどうかにかかわらず失格となる。

車両

ドラッグレースの車両には、200を超えるクラスがあり、12のカテゴリーに分類される。その内、プロストック、プロストックバイク、ファニーカー、トップフューエルの4つはプロクラスである。

ウィリーバー 加速時の車両の転倒を防ぐ。

空力シェル 流線型で、高さが非常に低い。長さは6m(20ft.)を超える。

プロストック ガソリンを燃料とする、市販車に近い車両。排気管、シャシー、サスペンションは、改良されている。6秒で300km/(186mph)時を超えるスピードに達する。

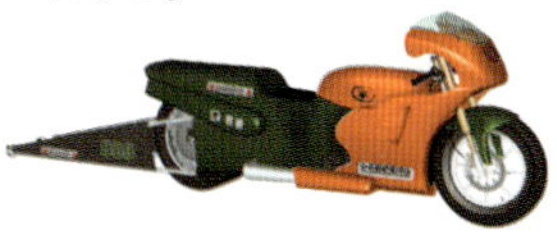

プロストックバイク 2または4バルブの改良型ガスエンジンを搭載。最高速度は300km/時を超え、402.33mを7.2秒で走る。

ファニーカー 出力が60,000hpを超え、402.33m(1/4mile)を5秒未満で走行することができる。最高速度は500km/時を超える。

トップフューエル ナイトロメタンを燃料とする燃料噴射エンジンを搭載し、出力は6,000hpを超える。最高速度は530km/時を超え、402.33mを4.5秒未満で走行する。

ラリー

ラリーは公道（通常は封鎖される）で行なわれるレースで、走行時間が指定されるリエゾンと、タイムを競うスペシャルステージで構成される。競技中は交通ルールを守らなければならない。20世紀の初めから、都市間レースが数多く行なわれてきたが、1911年にモナコ自動車クラブの会長によって、最初の本格的なラリーであるモンテカルロラリーが催された。第1回大会では、23の参加車両が異なる地点からスタートし、7日間かけてモンテカルロを目指した。英国王立自動車クラブが初めてラリーを開催したのは1932年である。1950～60年代にラリーの人気が高まり、ヨーロッパ各地で競技会が誕生した。1950年スウェーデンラリー、1951年1,000湖ラリー（フィンランド）、1953年アクロポリスラリー（ギリシャ）、1956年コルシカおよびサンレモラリー（イタリア）である。1994年、国際自動車連盟（FIA）により、ドライバーズ選手権とマニュファクチャラーズ選手権からなる世界ラリー選手権が発足し、1997年からヨーロッパ、メキシコ、ニュージーランド、日本、オーストラリアの各国で16の競技会が行なわれている。

1954年のモンテカルロラリーの出場車両。

ラリー

ドライバーとコ・ドライバーが、1つのチームとして機能する。ドライバーが運転している間、コ・ドライバー（ナビゲーター）はロードブックを見ながらコースの特徴を読み上げる。ロードブックは、競技の主催者から供給される公式なコース概要で、コース上の危険箇所や特徴（曲がり角、くぼみ、隆起など）の詳細が記される。また、2つのチェックポイント間に割り当てられた走行時間が記されたアイテナリーも渡される。通常、コースの全長は数十～数千km（オフロードラリーの場合）である。1つのラリーは2種類のステージに分けられる。大部分を占めるリエゾンでは、交通ルールを守りながら、ロードブックで指定されている時間で走行する。スピードを競うスペシャルステージもあり、これは封鎖した公道または常設のレースサーキットで行なわれる（夜間に行なわれることもある）。メカニカルサポート（競技中の修理）は認められる。得点は、各チェックポイントでタイムカードを提出したときに、役員によって与えられる。チェックポイントに1分（または1分未満でも）遅れて到着した場合、10秒のペナルティが科される。ポイントはフォーミュラ1と同様の方法で分配され、シーズン終了時に最もポイントの多かった選手が、ワールドチャンピオンとなる。競技終盤のスペシャルステージの勝者には、さらにポイントが与えられる。

車両

参加車両は、グループN（プロダクションカー）とグループA（2,500台以上生産される試作車）のツーリングカー。1997年に登場したワールドラリーカー（WR車）は、速い車両のグループで規制が少ない（最低20台の生産で認められる）。今日、最高のパフォーマンスを発揮するWR車は全輪駆動、ターボエンジンを装備し、300馬力以上のパワーを持つ。ブレーキやタイヤ、サスペンションはレース環境に応じて装備される。例えばダートメインのオーストラリア、アスファルトのコルシカ、スエーデンなど。現在は多くのコースがダートとなっているため、ほとんどの車両が全輪駆動にしている。ドライバーは素早くコース状況（路面、高低差）を見分け、最適の車両をセットアップしなければならない。

レースカー
安全性確保の為の多くの装備をもつ（ロールケージ、補強シャーシ、6点補強ハーネス、耐熱タンク等）。

ユハ・カンクネン（フィンランド）
ワールドチャンピオン4回（1986、87、91、93年）を初めて達成した。世界選手権優勝24回。1988年、パリ～ダカールラリー優勝。

オフロードラリー

オフロードラリーでは、車両の性能と共に冒険心が試される。オフロードラリーの概念は、自動車の歴史と同じくらい古くからある。1907年に、パリ～北京の間で12,000kmのレースが行なわれた。1931年にフランスの自動車メーカー、シトロエンが行なった「アジア大陸横断」と呼ばれる探検では、2つのチームがそれぞれ中東とヨーロッパから出発し、多くの砂漠やヒマラヤなどの山岳地帯を越えて北京に到着した。1968年には、90カ国近くを通過するロンドン～シドニーラリーが大成功を収め、続いてロンドン～メキシコラリーが行なわれた。1978年、フランスのティエリー・サビーヌが、かの有名なオフロードラリーであるパリ～ダカールラリー（現ダカールラリー）を開催した。この競技（1999年グラナダ～ダカール、2000年ダカール～カイロ）では、自動車、オートバイ、トラックがそれぞれサハラ砂漠を横断する。これが大々的にメディアで報道されたことにより、ファラオラリー、アトラスラリー、チュニジアラリー、モロッコラリーなど、多くのアフリカンラリーが生まれた。FIAクロスカントリーラリー・ワールドカップは、シーズン終了時に優勝回数の最も多いチームに与えられる。

1984年のパリ～ダカールラリー。

オフロードラリー

砂漠地帯を横切るコースは、通常、全長数千kmで、リエゾンとスペシャルステージで構成される。トラックで競技車両を追うメカニックが、技術的なサポートを行なう。修理を行なうことができるのは、ステージ（1日の走行区間）中、および、ステージ終了後、次の朝にステージがスタートするまで駐車する車両保管エリアに入るまでである。各ステージに先立ち、コースの詳細と補助を受けることができる地点が記されたロードブックが渡される。燃料補給はロードブックに記されている補給ポイントで行なう。ステージの距離によって異なるが、競技車両は8～24時間休まずに走り続ける。世界測位衛星システム（GPS）の使用が認められているため、衛星通信によって経度と緯度を知ることができる。GPS装置は主催者から供給されたものでなければならない。

テクニック

数週間にわたって走行するため、オフロードラリーは肉体的、精神的な試練の場であると同時に、チームの技術力と車両の信頼性が厳しく試される。主要なメーカーの多くが参加し、プロのドライバーを雇って優勝を目指す。

ダカールラリー2000

463台がバルセロナをスタートし、216台のみがダカールにフィニッシュできた。9,039kmもの長距離コースであり、16ステージ（3,606kmのリエゾン、5,433kmのスペシャルステージ）で構成された。

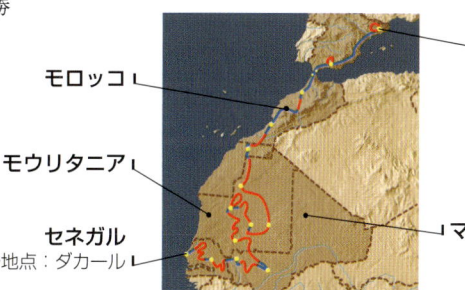

スペイン　スタート地点：バルセロナ
モロッコ
モウリタニア
セネガル　ゴール地点：ダカール
マリ

車両

自動車
大部分は市販車を改造した4輪駆動車である。1,000台以上生産されている車両でなければならない。改造車クラスは、2輪駆動車と、個別に製造された車両に分類される。

オートバイ
排気量450cc以上で、380km以上走行できる車両でなければならない。大部分は市販車で、各メーカーでは、オフロードラリー用のバイクを全クラスにわたって開発している。

トラック
近年、トラックの参加が奨励されている。トラックのクラスが作られて最初に用いられたのは、フロントアクスルで荷台のある型である。4、6、8輪駆動のトラックは、改造された市販車である。

ステファン・ペテランセル（フランス）
パリ～ダカールラリーで、オートバイの全クラスの記録を獲得（1991、92、93、95、97、98年）。1997年、世界選手権エンデューロチャンピオン（250）。1992年、パリ～北京ラリー優勝、1984年以降、フランスエンデューロチャンピオン11回。1998年、シャモニー24時間（氷上24時間自動車レース）優勝。1990、1994、2002年チュニジアラリー優勝。

オートバイレース

蒸気エンジンで走る2輪車は、1868年にアメリカとヨーロッパで登場したが、特許出願は1871年にフランスで行なわれた。1894年にヨーロッパで初めて市場に出されたオートバイは、ガソリンエンジンを搭載していた。ギアボックスの使用が広まり、1903年には120km/時の記録が樹立された。同じころ、サイドカー（オートバイの横に取り付けられる1輪の側車）が発明され、サイドカー付オートバイのレースが行なわれるようになった。1904年、最初の大規模なロードレース（フランスのクープ・ド・モトシクル・クルブ）の開催に続き、イギリス、フランス、ドイツ、オーストリア、ベルギー、デンマークによって国際モーターサイクルクラブ連盟（FIMC）が創設された。マン島（イギリス）の公道で行なわれる、有名なツーリストトロフィーの第1回大会が、1907年に開催された。1922年、最初の24時間耐久レースであるボルドールがフランスで開かれた。モトクロスは、自然の地形で行なわれるトライアルを、遅すぎて退屈だと感じた選手たちによって考え出され、1945年の後間もなく独立した競技として認められた。その後、世界中でレースが開催されるようになり、1949年、FIMCが国際モーターサイクリズム連盟（FIM）と改名された。現在、ロードレースとオフロードレースに分類される27の競技が、FIMに公認されている。

1952年、ブランズハッチ（イギリス）で開催された、有名なモトクロスデナシオンで競技中のイギリスのB.G.ストーンブリッジ。

スプリントレース

スプリントレースはクローズドサーキットで行なわれる。フリー走行では、コースの下見と車両の調整を行なう。土曜日には、レースに先立って1時間の予選を2回行ない、スターティンググリッドのポジションを決定する。最も速かった車両を先頭とする。レースは日曜日に行なわれる。予選タイムにもとづいて、車両がスターティンググリッドに整列する。隊列を保ったまま1、2周のフォーメーションラップを行ない、エンジンがかかった状態でグリッドに戻る。スタートの合図は、コースディレクターによって、初めに赤のライト、次に緑のライトで示される。スプリントレースの走行時間は通常20〜30分であるため、強い忍耐力が必要とされる。レースの最後に最も速くフィニッシュラインを越えた選手の優勝となる。

優勝杯と選手権

オートバイロードレースの最高峰と考えられているロードレース世界選手権では、ヨーロッパをはじめとする世界各地で16を超えるグランプリが開かれている。フィニッシュラインを越えた順で上位15人に、1位25ポイント、2位20ポイント、3位16ポイントという具合にポイントが与えられる。シーズン終了時に最もポイントの多かった選手が、各クラスのワールドチャンピオンとなる。スプリントレースと耐久レースの選手権にはサイドカークラスがある。

コース

全長は3.5〜10kmで、スタートエリアは250m以上の直線でなければならない。安全上の理由から、レースオフィシャルがコース沿いに配置され、路面に落下物、破片、油膜などがある場合に警告する。

排気量別クラス			
クラス	出力	重量	最高速度
GP125	45 hp	70 kg	245 km/h
GP250	100 hp	100 kg	270 km/h
スーパーバイク	210 hp	165 kg	310 km/h
モトGP	240 hp	138〜158 kg	345 km/h

トラック
幅10m以上でなければならない。

ピット
技術およびメカニックのチームによって、調整と修理が行なわれる領域。

スタンド
競技役員および観客用の座席。

テクニック

スタート
体重を前方に移動させ、加速時に前輪が浮き上がらないようにする。エンジンの力をすべて出しきるが、前輪を浮かせすぎると、コントロールを取り戻すために減速が必要となる。ヘルメットがウインドシールドの陰になるように前屈みになり、空気抵抗を減らしてスピードを上げる。フロントフォークには緩衝器があり、前端の揺れ（スピードとコースの状態によって起きるハンドルの振動。車両が不安定になる）を軽減する。

カーブのテクニック
カーブ内側の頂点で路面とのグリップ力を利用することと、カーブを出るときにできるだけ早くアクセルを全開にして加速することが重要である。1.カーブに入る前からブレーキを掛け始め、カーブ内側の頂点に近づくにつれて徐々にブレーキを緩める。2.腰を外側にずらし、車体を内側に傾ける。3.フェアリングの外側に、カーブ内側の膝を移動させ、地面に触れて傾きの程度を測る。サスペンションに負担がかからないように、腰を車体の外側に保って重心をずらす。4.カーブ内側の頂点を通過した直後から徐々に加速を始める。5.理想的な走行ラインを保つために、可能であればコースの端までドリフトする。

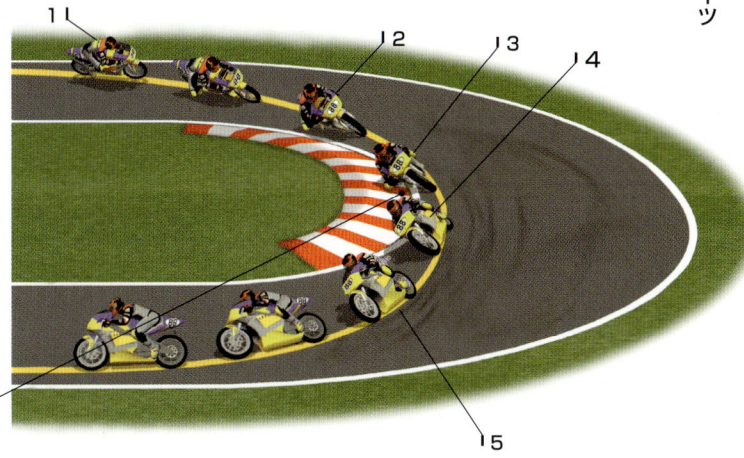

カーブ内側の頂点
オートバイの軌道が最もカーブの内側に近づく地点。

用具

操縦性と、加速のための出力重量比を向上させるため、車両の軽量化が常に考えられている。フレームは通常、アルミまたはチタン合金で作られる。ファイバー・カーボン製のフェアリングは、地面に触れずに50°傾けることができなければならない。グランプリで使用される125、250、500ccクラスのオートバイは、メーカーで設計されたプロトタイプである。スーパーバイクは500台以上が市場に出ている市販車でなければならない。改造は認められているが、競技用の車両は一般に売られているものに非常に近い。

ネックサポート
ヘルメットを押し上げて、転倒時に頭が後ろに倒れるのを防ぐ。

レーシングスーツ
上下一体型の革製スーツ。危険の少ない箇所（袖の内側など）は合成繊維。腰、膝、肘にはさらにパッドが内蔵されている。スーツの下にバックプロテクターを着ける。

ラバープロテクション
硬く滑りやすいプラスチック製。頻繁に路面とこすれるスーツの部分にマジックテープで取り付ける。簡単に取り替えることができる。

ブーツ
革製。主に足首周りをケブラーで補強している。

ディスクブレーキ
スチール製が一般的。

ホイール
カーボン製の場合は、軽量であるためジャイロ効果が減り、カーブ時に傾けやすくなる。

フルフェイスヘルメット
FIMの規格に合ったもの。衝撃を受けた場合は、交換しなくてはならない。

バイザー
層状のプラスチックフィルムがはり付けてあり、オイルやほこりで汚れた場合にはがすことができる。

グローブ
革製。ケブラーとカーボンファイバーで指が補強されている。

エンジン冷却用の空気取り入れ口

タイヤ
極限まで傾けても地面との接触が保たれるように設計されている。乾いた路面ではスリックタイヤ、濡れた路面ではグルーブドタイヤが用いられる。ゴムの品質は絶えず進化し、優れたグリップ力を生み出している。

エアアウトレット

モータースポーツ

混合およびオフロードレース

混合レース（ロード、オフロード）およびオフロードレースは、レースを行なう地形同様にさまざまである。エンデューロは耐久レースで、車両の信頼性と選手の技術が試される。毎年、FIMによりインターナショナルシックスデイズエンデューロが開かれ、1日1回のレースが6日間行なわれる。合計走行距離は1,200～1,600kmである。

フットボール場で行なわれるモトボールでは、2チーム各6人の選手が、相手チームのネットにゴールを入れることを競い合う。

スピードウェイ（シンダートラック）、グラストラック（原野）、アイスレースは、それぞれ土、草、氷のオーバルトラックで行なわれる。メタノールを燃料とするブレーキの無い車両を用いる。

アメリカ、それにヨーロッパ特にフランスでは、スーパーモタードのレースが、土70％、アスファルト30％のコースで行なわれる。インポシブル・クライム競技では、2台の車両がスキー場のふもとからスタートする。150m以上の急な坂を上る前に3回ジャンプしなければならない。ニトロメタノールを燃料とする改造車両を使用する。スーパーモト世界選手権が2002年からFIMのもと開催されている。

モトクロスとスーパークロス

スピードとジャンプを特徴とする壮観なレースであるモトクロスは、クローズドサーキットで行なわれる。自然の地形に設けられたコースには、急な上り下り、多くのバンプ、モーグル、わだち、さまざまな障害物がある。スーパークロスは、屋内または屋外で、土、あるいは砂と粘土の混合物で作られた人工のコースで行なわれる。非常に高いジャンプを要する障害物が設置される。25人の選手が1列に並んでスタートし、フィニッシュラインを最初に越えた選手の優勝となる。モトクロスおよびスーパークロスの世界選手権は、それぞれ16レースから成り、上位20人にポイントが与えられる。各クラスのワールドチャンピオンは、16レースの終了時に最もポイントの多かった選手（サイドカーではチーム）に与えられる。

グループスタート
エンジンがかかった状態で静止する。役員が15秒を示すカードを上げ、次に5秒を示すカードを上げる。フォルススタートがあった場合は、レッドフラッグで合図される。選手はウェイティングエリアに戻り、できるだけ早く再スタートを行なう。

スターティングゲート
使用しなければならない。50cm以上の高さの横向きのバーで、スタート時に倒される、または下げられる。

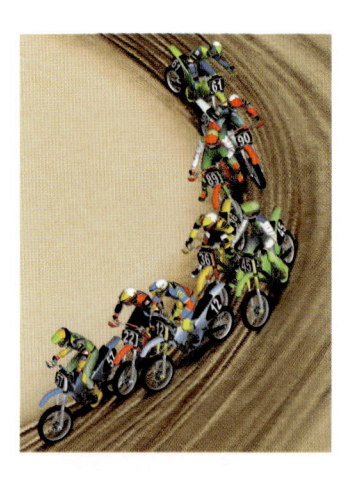

カーブ
追い越しは主にカーブで行なわれる。特にレースの序盤は、密集してポジションを競うため追い越しやすい。

スーパークロスコース

コースは全長300m以上、幅5m以上でなければならない。障害物と地面の間には縦3m以上の空間がなければならない。1レースは約15周で行なわれる。約20人の競技役員がコース沿いに配置され、トラブルが発生した場合には、イエローフラッグを用いて危険を選手に知らせる。

テーブルトップ

トリプルジャンプ

ブリッジ（フィニッシュライン）

連続ジャンプのための並んだバンプ

スパイン

ロッカー

スタートエリア
スタートラインは、オートバイ30台またはサイドカー15台が1列に並ぶことのできる幅がある。オートバイは1m間隔、サイドカーは2m間隔で並ぶ。スターティングラインは、すべての車両にとって平等なスタートが行なえるように設置されなければならない。

ジャンプ

ランプでは、地面を離れる前に身体を前傾する。地面を離れた後、身体を後ろに引いて腕を伸ばす。適切な角度で着地するために、加速して車体の後部を下げる、あるいはブレーキを掛けて前部を下げる。着地では身体を前傾してスピードを上げる。

トライアル

この競技では、スピードよりも集中力、運転技術、バランス感覚といった選手の技術に重点が置かれる。オートバイまたはサイドカーで、自然の地形（わき道、田舎道、林など）またはスタジアム内（インドア）の、起伏の激しいコースを走行する。コースは15のセクションから成り、1セクションの全長は60m以下である。セクションは番号順に通過しなければならない。地面に足が着いた場合は減点となる。選手の身体または車体の1部（タイヤ、フットペグ、エンジンブロック、プロテクションを除く）が、地面に触れるか障害物（樹木、岩など）に寄り掛かった場合も、地面に足が着いたのと同様にみなされる。スタート順は抽選で決める。1つのセクションは1車両ずつ通過しなければならない。最も減点数の少なかった選手が勝者となる。

選手の特徴

- オートバイ競技では、強い忍耐力と集中力が必要とされる。オフシーズンには筋力トレーニングやエアロビクスを行なう。食物の摂取に注意し、レースの前には流動食を多量にとる。
- 多くの選手は、競技の前に独りになり、レースをイメージして集中する。

用具

トライアルオートバイ
軽くて（約70kg）操縦しやすい。安定性の向上のため、重心は非常に低い。競技では、タイヤの空気を抜いて障害物に対するグリップ力を高める。

モトクロスヘルメット
必須。FIMの規格を満たしているもの。

プロテクター
胴部、腕、肘、膝、背中用があり、着用は任意だが、最近では着用されないことが多い。

ゴーグル
数層のプラスチックフィルムがはり付けてあり、汚れたときにはがすことができる。

パンツおよびジャージ
合成素材製で軽い。

グローブ
合成素材製で、内側と外側にパッドが付いている。

モトクロスブーツ
革とプラスチックで作られる。

ノビータイヤ
地形に合わせてソフト、ハード、マッドの3種類がある。直径は後輪48cm、前輪53cmである。

アンダーガード
バンプからエンジンを守る。この部分で滑ることによって、障害物にはまるのを防ぐ。

ジャコモ・アゴスティーニ（イタリア）
ワールドチャンピオン15回（500cc8回、350cc7回）。1965～77年、122レースで優勝（連勝22回）。史上最高のグランプリライダーと言われている。

ジェレミー・マクグラス（アメリカ）
モトクロスおよびスーパーモトクロス優勝77回。アメリカン・モーターサイクリング・アソシエーション（AMA）ランキング1位。1999年までに、AMAスーパークロスで6回優勝した唯一の選手。1996年、モトクロスデナシオン金メダル。

スノーモービルレース

スノーモービルを発明したジョゼフ・アルマン・ボンバルディエ（カナダ）。

冬場の移動が困難な地域で、輸送に用いられていたスノーモービルは、今ではレジャースポーツとして親しまれ、ハイテクや壮観さが特徴の国際的スポーツとしても人気を集めている。1920年、雪上での移動のために、後ろのタイヤに鋲を取り付け、前輪をスキーに置き換えた自動車が作られた。1937年にカナダのジョゼフ・アルマン・ボンバルディエが、スプロケット・ホイール・エンドレストラック・トラクション・システム（キャタピラを駆動させる起動輪）の特許を取得した。1959年に初めて生産された原動機付きのそりは、スキドゥーの名で販売されている。1960年代から始まったスノーモービルレースは、地域のクラブによる普及活動や、数百マイルにも及ぶコース網が作られたことによって発展し、現在では4百万人ほどの人々に親しまれている。カナダチャレンジなどの国際的な競技会が毎年開かれている。

レース

レースが告知された後、2分以内にスタートの準備を整えなければならない。競技の種類ごとに異なるが、25台までの競技車両が、3列に並んでスタートする。スタート位置は無作為の抽選により決定する。参加者が25人を超えている場合は予選を行なう。スタートの合図はグリーンフラッグ（またはグリーンライト）で行なう。事故が起きた場合は、テクニカルディレクターが当該車両を点検し、レースに復帰できるかどうかを決定する。

レースの種類

スノークロス：スノークロスは、全長0.8〜3.2km（0.5〜2マイル）の雪で覆われたコースで、難しい左右カーブで構成されている。障害物を通過しなければならないために見ごたえがあり、人気が上昇している。レースではタイムが計測される。タイムは通常約12分である。

アイス・ル・マン：雪ではなく氷で覆われたスノークロス型のコースで行なわれる。障害物は無く、直線でのスピードは160km/時に達する。

クロスカントリー：スノークロスに近いが、自然を利用した数百マイルに及ぶ曲がりくねったサーキットで行なわれる。チェックポイント（位置は選手に知らせない）および燃料補給地点が、コース沿いに分散して設置される。

ドラッグレース：この競技が登場したときから、エクストリームスポーツの分野にスノーモービルが加えられた。スノーモービルには各種ドラッグレースがあり、競技はアスファルト、草、雪、氷、水の上で行なわれる。コースは直線で、幅7.6m（25ft.）、長さ152.4〜201.2m（500〜660ft.）で、減速領域が含まれる。フィニッシュラインにできるだけ速く到達することを目的とする

レーダー・スピードラン：この競技はレースというより、純粋に性能を競うものである。目的は、その車両の最高速度（210km/時まで）を測定することである。氷または雪の直線コースで行なわれる。

ヒルクライム：ヒルクライムでは、雪または氷で覆われた急な坂（通常はスキー場）で行なわれる。1度に1台ずつできるだけ速く坂を登る。使用される車両は大幅に改造され、非常に長くなっている。

オーバルコース

コースは全長800〜1000m（875〜1094ft.）で、雪または氷上に設置される。表面は厚さおよそ70cm（27 1/2in.）の氷の層で覆われている。スノーモービルのスピードは160km/時に到達する。最短距離の場合の周回数は3周である。

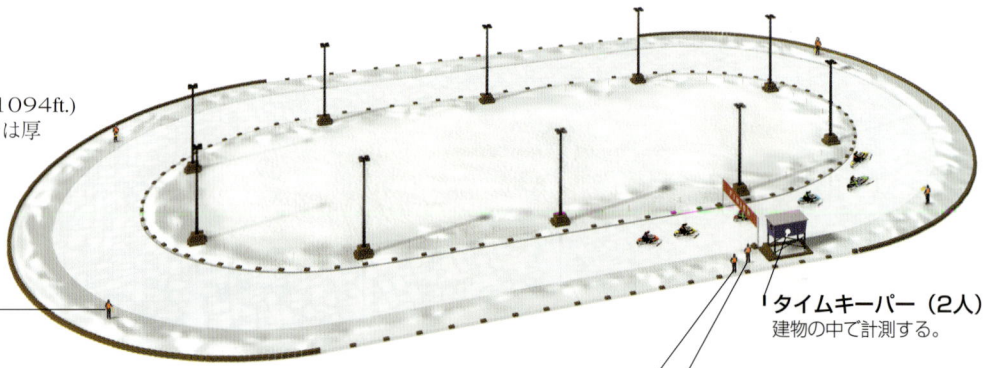

マーシャル（4人）
チーフマーシャルによって統轄される。フラッグを掲示して選手に危険を警告する。イエローフラッグ（またはイエローライト）はコーションの発動を示す。レッドフラッグ（またはレッドライト）は、各競技車両のポジションにかかわらず競技を即刻中止することを知らせる。

テクニカルディレクター
テクニカルディレクターは、レース前に車両やコースの安全性を確認する。レース後は、上位2、3台の車両と、その車両の使用した燃料が規定に従ったものであることを検査する。競技中は、コース外に確保される囲いで保護された領域にとどまる。

チーフスターター
スタート・フィニッシュラインで、コースの各コーナーに配置された他のマーシャルと無線で連絡を取る。各フラッグ指示に対する責任を持つ。

レースディレクター
レースに関する全面的な権限・責任を持つ。

タイムキーパー（2人）
建物の中で計測する。

用具

これらのパワフルなマシンは、4秒間で0〜100km/時の加速が可能で、最高速度が210km/時に達する。共通のシャシーをベースにしたさまざまな種類のスノーモービルがある。立法センチメートル（cc）で表されるエンジンの力（排気量）にもとづいて、その車両の属するクラスが決められる。レベルの高い競技会になるほど、または、競技が過酷になるほど、排気量が大きくなる。およそ40のクラスがあり、さまざまな種類のスノーモービルで構成される。「ストック」はメーカー製造の車両で、どのような改造もしてはならない。改造車は、メーカー、選手、選手のチームのいずれかによって改造された車両である。改造の程度は属するクラスによって異なる。特定のメーカーの製造した車両のみが、競技車両として認められる。

スノーモービルの変遷

B-12
スノーモービルの原型。1946年に初めて製造された。木製で、乗員は12人まで。

最初のモデル（1960年）
木製スキーと金属製フェアリングを使用していた。

スノークロス用スノーモービル

- スロットル
- 油圧ブレーキ
- フェンダー：車両を牽引するときのハンドルとしても用いられる。
- ウインドシールド
- ショックアブソーバー
- ステップ
- スタッド付きトラック（キャタピラ）：スノークロス競技では、スタッドの数が96個までに制限されている。どのような研磨、加工、改造もしてはならない。
- ロッカーアーム式サスペンション
- スキー

選手の特徴

- プロの選手はモトクロスの選手でもあることが多い。肉体的コンディションを良好に保ち、レース中に酷使される背中、腕、前腕をジムで強化する。基本的なトレーニングとしてサイクリングも行なう。
- レースの前にはストレッチ体操でウォームアップを行なう。
- オフシーズンには、ストックカーやモトクロスのレースに参加し、技を磨き、テクニックを習得する。

オーバルコースレース用スノーモービル

セーフティベスト
高密度発泡素材のパッド入りで、胸部と背骨を保護する。

ヘルメット
着用が義務付けられている。バイザー付きで、表面の75％以上がオレンジ色でなければならない。

競技用スーツ
セーフティベストは選手の上半身を守る。シンガードは必須である。グローブおよびブーツ（足首から15cm以上の丈がなければならない）は、革製で、規定に従ったものでなければならない。安全上の理由から、スーツの胴体部分はオレンジ色でなければならない。スノーモービルの車体にはオレンジ色の部分があってはならない。

ジャック・ビルヌーヴ（カナダ）
自動車レーサーである故ジル・ビルヌーヴの弟、ジャック・ビルヌーヴは、優れたスノーモービルレーサーである。アメリカ、ウィスコンシン州のイーグルリバーで行なわれる世界スノーモービル選手権で3回優勝した（1980、82、86年）。

オーバルトラックレースでのテクニック

直線では、車両の中央に座るが、カーブに入るときは身体を内側に傾ける。左側のスキーが軽く持ち上がるため、直進せずに、容易に曲がることができる。カーブ入り口で速度を緩め、その後、身体をずらして遠心力に対抗しながら徐々に加速する。

パワーボートレース

パワーボートレースとは、海、湖、川で行なうモーターボートレースの総称である。ボートに原動機が取り付けられるようになったのは19世紀中期であるが、スポーツとして体系づけられたのは、1902年にイギリスでマリン・モータリング・アソシエーションが創設されてからである。その1年後、ニューヨークのコロンビア・ヨットクラブ（現アメリカパワーボート連盟[APBA]）がアメリカで創設された。1903年に、フランスのセーヌ川でのレースや、イギリス海峡を横断するレースが開催された。当時のまっすぐな船首と平底のボートは、流体力学にかなったものではなく、もっぱら動力に依存していた。1908年、パリに拠点を置くアソシアション・インテルナショナル・ド・ヨッティング・オートモビルが、ヨーロッパでのレースを組織した。一方、アメリカでは、1917年から毎年およそ10レースが行なわれていた。1922年に創設された国際モーターボート連盟（UIM）は、1927年にルールと公式レースの日程を発表した。第二次世界大戦後の大幅な技術的改良により、パワーボートレースは多様化していった。APBAはアメリカでの発展の中心的役割を果たし、UIMは国際レースの統轄を行なった。パーソナルウォータークラフトは、海難救助を目的として1970年ごろにアメリカで登場した。1980年に創設された国際ジェットスポーツ協会（IJSBA）は、現在39の加盟国を持ち、プロ世界選手権の開催を行っている。UIMはフォーミュラ1パワーボート世界選手権を1981年に立ち上げ、1996年にはパーソナルウォータークラフトをクラスプロ世界選手権に加えた。1997年の時点で、57カ国がUIMに加盟している。

1938年以降、バリーフィールド・レガッタ（カナダ）には世界中から参加者が集まり、ワールドレガッタ（1967、76年）、1992年のワールドチャンピオンシップ世界選手権などの特別な競技会が行なわれている。

ボートレース

スピードレースと耐久レースがある。耐久レースは通常、私有の競技艇を用いて海上で行なわれる。UIMの世界選手権は、外洋（オフショアクラス1～3）、または、無風の海をブイで仕切ったクローズドサーキット（フォーミュラ1、フォーミュラ3）で行なわれる。APBAは、各種カテゴリーやクラスの選手権を、アメリカ国内で開催している。

F1グランプリレース

F1世界選手権では8～10のグランプリが行なわれ、各グランプリレースの順位にもとづいてポイントを累積していく。予選を2回行なってスタートのポジションを決定する。スタートでは、エンジンを停止した状態で浮桟橋から縦1列に整列する。そのため、予選最速（ポールポジション）の選手が有利になる。オフィシャルが24隻の競技艇を整列させ、スタートの合図を行なう。通常、グリーンライトとレッドライトを順番に点灯する。周回数は45分の競技時間に合わせて決定される。最短タイムでゴールした選手の優勝となる。

レースコース

サーキットは川（パリ6時間など）、湖、湾のいずれかで行なわれる。回る方向は地形により異なる。2つのターン間の直線は850m以下とする。

セーフティチーム
ウィンチを備えたボート。医師が指揮を執るレスキューダイバーのチームが待機する。選手がおぼれる危険があるため、チームは事故後30秒以内に行動しなければならない。

浮桟橋
安全上の理由により、75m以上でなければならない。最初のカーブから300m以上離れた位置に設置されなければならない。

ピットエリア
クレーンでボートを水上に下ろす場所。

用具

選手は、防護用ヘルメット、ライフジャケット、防炎性および恒温性のある衣服を着用する。非常用酸素マスクの着用が推奨されるが、必須ではない。ボートは、フォーミュラ1車両のような対クラッシュ性のセーフティセル（事故時の防護用区画）と、戦闘機のようなセーフティコックピットを持つ。

ボート

オフショアクラス1

1チームは、ドライバーと、加速の制御を担当するスロットルマンの2人で構成される。船体はモノハル（単胴艇）またはカタマラン（双胴艇）で、アルミニウムまたは強化ポリマー製である。2～3基の8リッターガスまたは10リッターディーゼルV12エンジンを動力とする。最高速度は250km/時を超え、コースでの平均速度は200km/時、ターン時の速度は160～180km/時である。チーム間およびオフィシャルとの連絡は無線で行なう。GPS（全地球測位システム）を用いて航行する。

プロペラ
10種類ほどのプロペラを使い分けることが多い。ブレードの数は通常6枚である。海の状態に応じて直径やブレードの形の異なるプロペラを使用する。ステンレススチール製である。

12.19 - 13.41m

「無制限」ハイドロプレーン

APBAの後援を受けて、主にアメリカで発展した。ハイドロプレーンの名は、船体中央の翼型の部分からきている。船体の後部のみが水につかるため、喫水が浅く、スピードは速い。「無制限」のクラスでは、レース中の平均速度が260km/時、直線での速度は350km/時超である。航空用タービンまたはピストンエンジンをベースにしたエンジンが、直径最大40cm、ブレード2、3枚のプロペラとつながっている。

バックウイング ボートの向きを安定させる。固定されている。

排気管

エンジン

空気取り入れ口

コックピット

ポンツーン

ケブラー製カウル

フロントウイング 可動式であることが多く、レース中にドライバーが調節してボートを安定させる。

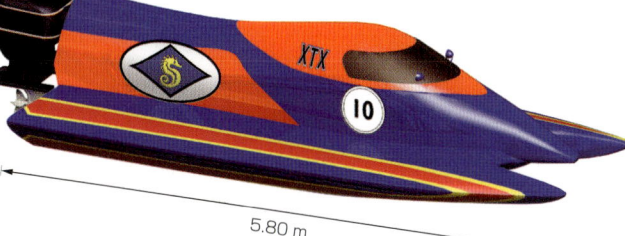

8.50～9.75 m

5.80 m

フォーミュラ1アウトボード

2～3リッター、350hpのガスエンジンを動力とする。3.5秒間に100km/時にまで加速可能で、最高速度は220km/時を超える。衝突した場合にセーフティセルが沈むのを防ぐため、自動膨張式のブイが備え付けられている。船体はフロートが2つの、シンプルな「トンネル」（2つのフロートの間に乱気流を作って船体を持ち上げる）型のカタマランである。フロートと胴体は、衝突に備えて前端で分離されている。F1アウトボードで使用するプロペラのブレードは3、4枚で、コースの状態によって異なる。

ブイ
各ターンは2つのブイによって示されている。黄色は右ターン、オレンジは左ターンである。ブイを破壊または破損した場合は、1度目はペナルティラップが科せられ、2度目には失格となる。

モータースポーツ

357

パーソナルウォータークラフト（PWC）レース

プロ世界選手権には、競技艇のタイプ別に分類された多くのカテゴリーがある。1人乗り、2人乗り、排気量785〜1,200ccの3人乗りランナバウト（座り乗り）、立ったまま操縦する1人乗りアクアバイク（スキーディビジョン）など。いずれも男女共に参加できる。

- スラロームはタイムレースで、9個のブイで印を付けた86mの直線コースで行なう。各選手が2回ずつ走行して速い方のタイムを使用する。
- スピードレースでは、ブイでターンをしるしたコースで、数回のヒートを行なう。
- フリースタイルでは、アクロバティックな演技を3分間行なう。5人の審査員（ドライバー2人、オフィシャル3人）により、構成、技の数、演技の質を基準に採点が行われ、1〜10のポイントが与えられる。規定演技と自由演技を行なわなければならない。
- 耐久レースは、数ステージに分けられた全長約150kmのコースで行なわれ、2人の選手が交替で操縦する。燃料補給と選手交替の戦略が、勝敗の鍵となる。

スピード競技

登録した選手の人数しだいでは予選が必要になる。スピードサーキットの全長は、ランナバウト785〜1,200ccクラスでは2,000〜3,000m、スキーディビジョンでは1,000〜2,000mである。コースには8〜30個のブイが設置される。スタートは通常、浮桟橋または岸から行なわれる。エンジンのかかった状態でケーブルの後ろに整列する。2人のメカニックが競技艇を押さえる。オフィシャルの合図（グリーンフラッグ）によってスタートし、15〜25周走行する（コースの全長によって異なる）。最も速く指定された周回数を走行した選手が勝者となる。各レースの上位12人にポイントが与えられ、シーズン終了時のポイントによって世界選手権のランキングを決定する。

ブイ
UIMのコースでは、赤色のブイは左ターン、白色（IJSBAでは黄色）のブイは右ターンを示す。ブイを回らなかった場合は20秒のペナルティとなる。

用具

PWCの動力であるタービンは、前から吸い込んだ水を後ろに送って噴出する。噴出する方向はハンドルバーでコントロールすることができる。このためセンターボードが必要なく、操作性に優れている。

1人乗り、立ち乗り（スキーディビジョン）
フリースタイルおよびスキーディビジョンで用いられる。重量102kg超、全長304cm以下でなければならない。

セーフティベスト
衝突（特にハンドルとの衝突）の衝撃を和らげるために、補強されている。

ウェットスーツ
ネオプレン製。脚と腰の部分に、保護パッドが付いている。スタート時に水中にいるため、他の競技艇との衝突の危険があるスキーディビジョンで、主に使用される。

ヘルメット
落水した場合に、他の競技艇との衝突から守る。

ゴーグル
水しぶきから目を守る。

スロットル

グローブ
ハンドルをしっかり握ることができる。

ハンドルポール
縦方向に動く蝶番式で、選手が体重を移動しやすく、ジャンプや急な方向転換ができる。

ダブルトラック
コースには、別のトラックを選択できる部分（破線部分）がある。追い越しのときに他の競技艇の航跡を避け、スピードを上げるために用いられることが多い。

フィニッシュライン
UIMではチェッカーボード、IJSBAでは白色のブイで示される。

ファーストブイ
スタートから100mの位置に設置される。

マーシャル（4人）
コースの中央および両端に配置される。選手が落水した場合は、合図をして選手を保護する。レース中の競技艇の停止を補佐する。

1人乗り、座り乗り（ランナバウト）
スピードレースのランナバウト785〜1,200ccクラス、および、耐久競技に使用される。重量113kg超、全長305cm以下でなければならない。

審美スポーツ

360　ボディビルディング

ボディビルディング

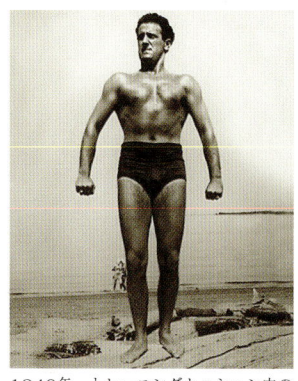

ボディビルディングとウェイトリフティングは古代に端を発するが、ウェイト、バーベル、筋肉アップが一般的になったのは19世紀の終わりである。1930年代までに、ボディビルディングの競技会がアメリカで広く行なわれるようになり、1939年にアメリカン・アスレティック・ユニオンによって、ミスターアメリカのタイトルが作られた。第二次世界大戦後、アメリカやヨーロッパでボディビル専門の団体が数多く誕生した。1946年にベン・ウィーダーとジョー・ウィーダーによって国際ボディビル連盟（IFBB）が創設され、加盟国は現在170以上を数える。しかし、ボディビルディングがIOC（国際オリンピック委員会）の暫定的な承認を得たのは1998年になってからである。ボディビルディングは、運動によって調和のとれた体型を作ることを目的としている。各筋肉群を育てるフリーウェイトやトレーニングマシンを用い、すべての筋肉を鍛錬して発達させる。パワーや体格を必要とする各種スポーツ競技の強化に、筋力トレーニングとしてボディビルディングが取り入れられている。

1940年、トレーニングセッション中のベン・ウィーダー。国際ボディビル連盟の共同創立者。

競技会

通常、IFBBの審査委員会によって任命された9人の公認審査員が審査を行なう。筋肉の大きさ、バランス、均整、筋肉の境目（ディフィニション）など、4つの基準にもとづいて評価を行なう。競技者が15人を超える場合は、フロントダブルバイセップス、サイドチェスト（右側でも左側でも選手の任意の側）、バックダブルバイセップス、アブドミナル・アンド・サイの4つの規定ポーズによる予選を行なう。勝ち残った15人はグループで登場し、フロントおよびバックのハンズ・オン・ヒップスのポーズを行なう。競技は壇上で行なわれるため、審査員は競技者の身体全体を見ることができる。

6つの主な筋肉群

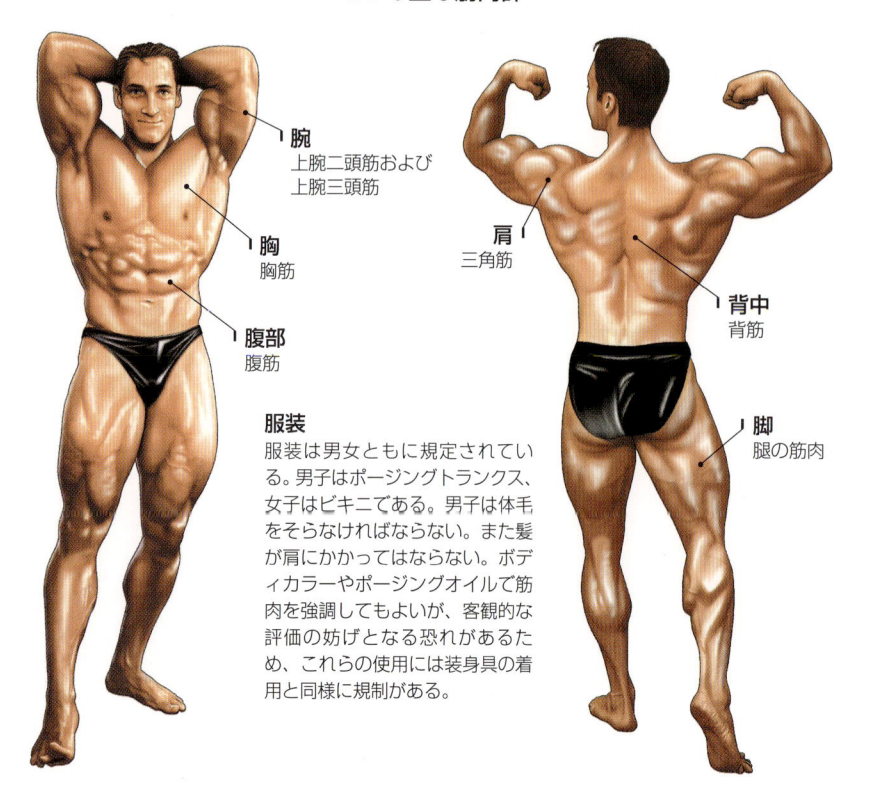

- 腕：上腕二頭筋および上腕三頭筋
- 胸：胸筋
- 腹部：腹筋
- 肩：三角筋
- 背中：背筋
- 脚：腿の筋肉

服装

服装は男女ともに規定されている。男子はポージングトランクス、女子はビキニである。男子は体毛をそらなければならない。また髪が肩にかかってはならない。ボディカラーやポージングオイルで筋肉を強調してもよいが、客観的な評価の妨げとなる恐れがあるため、これらの使用には装身具の着用と同様に規制がある。

変遷

1960年代以降、選手の体格同様、ボディビルディングの規定も大きく前進した。薬物の使用を避けボディビルディングを「クリーン」なスポーツにするため、各団体は薬物検査を設け、非常に厳しい反薬物政策を採用している。競技直前に無作為の薬物検査を行ない、競技終了後に勝者を検査する。女子では、過度に発達した筋肉は敬遠されるようになり、適度な筋トレ、体操、エアロビクスエクササイズを中心とした「フィットネス」が誕生した。

競技のレベル

競技は競技会というより展示会の様相を呈している。競技は地域、国内外やアマチュア、プロのレベルなどに応じて、様々である。IFBB認可のアマチュア大会では年齢、体重、性別に応じた多くのカテゴリーがある。男性のジュニアカテゴリー（21歳以下）は3種の体重別カテゴリーをもち、シニアカテゴリー（21〜39歳）は6種ある。マスターカテゴリー（40〜49歳）は2種あり50歳以上はオープンカテゴリーとなっている。女性の場合、3種のカテゴリーがある。ジュニア（21歳以下）、シニア（21〜34歳）、35歳以上のオープンカテゴリーである。またカップルのカテゴリーもある。

規定ポーズ

国際大会での規定ポーズは、7種類（女子およびペアは5種類）である。

- フロントダブルバイセップス
- フロントラットスプレッド（男子のみ）
- サイドチェスト（任意の側）
- トライセップス（任意の側） 
- バックラットスプレッド（男子のみ） 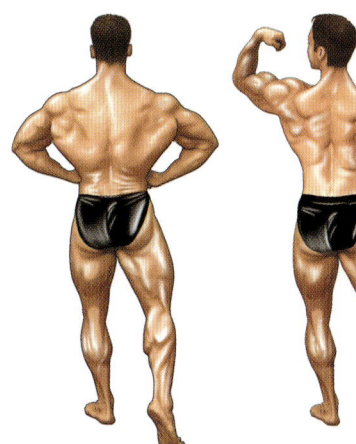
- バックダブルバイセップス
- アブドミナル・アンド・サイ 

選手の特徴

- 競技会で審査されるのは体格であるため、いずれの筋肉も発達している。調和と均整のとれた筋肉群を作るため、毎日2〜4時間のトレーニングを効率よく行なう。筋肉の力と量を増やすための代表的な技法であるピラミッド方式では、ウェイトの増加と反復の減少を、持ち上げることのできる最大のウェイトまで繰り返す。また、軽いウェイトに時間をかけて筋肉を強化し、耐久力を向上させる。

- 食事や栄養も重要である。脂質が少なく炭水化物の多いバランスのとれた食物を摂らなければならない。競技会の前には、塩分や糖分の無い、できる限り脂質の少ない物を摂る。ビタミンやプロテインのサプリメントを摂って筋肉量を増やし、激しいトレーニングによって弱まる免疫システムを強化する。選手の体脂肪率は体重の5％未満である。

- ボディビルディングには目的意識、決断力、粘り強さが必要であるため、精神面も非常に重要である。

アーノルド・シュワルツェネッガー（アメリカ）
ボディビルディングは、シュワルツェネッガーが競技を始めたころに人気が出た。1969〜80年に、有名なミスターオリンピアで7回優勝するなど、国際大会のタイトルをほぼ独占した。

レンダ・マーレー（アメリカ）
1990〜95年、6年連続で名誉あるジョー・ワイルダーのミスオリンピアを獲得した。

用具

フリーウェイトやマシンを用いたエクササイズは何百種類もある。最も一般的なピボットマシンには、多機能型、単機能型、カムマシンがある。

- ベンチプレスベンチ
- ラットプルダウンマシン  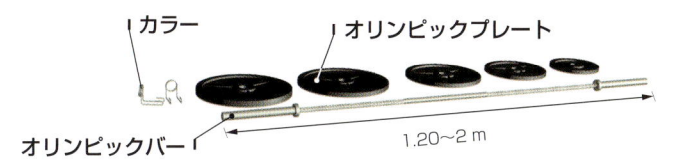
- カラー
- オリンピックプレート
- オリンピックバー
- 1.20〜2 m
- 25〜40 cm
- EZバー
- バーベル
- スミスマシン 
- レッグプレスマシン 

審美スポーツ

謝辞 — acknowledgment

Preparation of Sports: The Complete Visual Reference would not have been possible without the invaluable assistance of the many sports federations, experts, coaches, and athletes who helped us obtain up-to-date and precise information. We would like to express our gratitude to the following people and organizations:

Jean-Guy André, Catherine Damblant, Raymond Damblant, Jocelyn East, Richard Leduc, RDS Archives.

Aikido
Claude Berthiaume, Aikido de la Montagne,
Robert Zimmermann, Toronto Aikikai
Alpine Skiing
Christian Femy, Ski Québec alpin,
Vincent Lévesque, CSIA
American and Canadian Football
Jacques Dussault, Carabins, Université de Montréal, Jacques Moreau, Montreal Alouettes
Apnea Freediving
Claude Chapuis, AIDA, Johan Valentin, Club d'apnée sportive de Montréal
Archery
Gabriela Cosovan, FTAQ
Artistic Gymnastics
Brian Eaton, USA Gymnastics,
Emmanuel Jacquinot, Fédération de gymnastique du Québec
Australian Rules Football
Brian Clarke, IAFC, Bruce Parker, AFL Canada
Badminton
Gaëtan Jean, Badminton Québec
Bandy
Morris Glimcher, FIB
Baseball
Aurora Blayà, IBAF, Marc Griffin, journalist
Basketball
Jean-Simon Allard, Basketball Québec
Beach Volleyball
Alain D'Amboise, Volleyball Québec
Biathlon
Jean-Guy Lévesque, Biathlon Canada
Billiards
John Lewis, WPA
BMX
Rémi Bérubé, Canadian Cycling Association,
Mathieu Boucher, FQSC, Jeff Ingram, BMX Canada, Pierre Thibault, FQSC
Bobsledding
Pascal Richard, BCS, Jean Riendeau, Club Bob Luge Skeleton Macôt La Plagne
Bodybuilding
Ben Weider, IFBB, Rémi Zuri, bodybuilder
Bowling
Robert Langlois, Association des quilles de Montréal, Mark Miller, USBC
Boxing
Kenneth Piché, Boxe Québec
Canoe-kayak: Flatwater Racing
Mark Granger, AQCKV, Jean-Guy Lahaie, AQCKV
Canoe-kayak: Whitewater
Jonathan Tremblay, Fédération québécoise de canoë-kayak en eaux vives
Cricket
Calvin Clarke, CCA, Jon Long, ICC
Cross-country Skiing
Stéphane Barrette, Ski de fond Québec, Luke Bodensteiner, USSA
Curling
Benoit Cyr, Curling Québec, Louise Delorme, CCA
Cycling
Louis Barbeau, FQSC, Sylvain Richard, FQSC
Diving
Donald Dion, Plongeon Québec
Drag Racing
Jacques Lebel, Piste d'accélération de Pont-Rouge
Equestrian Sports
Marie-Josée Delisle, CEF, Hugues Girard, France Galop, Jean Laroche, Hippodrome de Montréal, Ken Weingartner, USTA
Fencing
Danek Nowosielski, CFF, Nathalie Rodriguez, FIE, Claudia Viereck, fencer
Field Hockey
Roger Webb, FIH
Figure Skating
Diane Choquet, FPAQ
Football
André Gagnon, Fédération québécoise de soccerfootball, Éric Leroy, Fédération québécoise de soccer-football
Formula 1
René Fagnan, motor sports journalist
Freestyle Skiing
Luc Belhumeur, FQSA, David Mirota, FQSA,
John Pomeroy, CFSA
Golf
Gary Coblenz, RCGA, Sylvain Leblanc, Canadian Pro Golf Association
Greco-Roman and Freestyle Wrestling
Dominique Choquette, FLOQ
Handball
Danny Bell, Balle au mur Québec,
Vern Roberts, USHA
Handball (Team)
Denis Dubreuil, Fédération québécoise de handball olympique
Ice Dancing
Diane Choquet, FPAQ
Ice Hockey
Paul Carson, Hockey Canada, Gaétan Ménard, École de hockey Hockey Plus, Lisa Noseworthy, Hockey Canada, Richard Trottier, Hockey Québec
In-line skating
Richard Hawkins, USA Roller Sports, Dominique Vasselin, FFRS
Judo
Patrick Vesin, Judo Québec
Ju-jitsu
Robert Kranstz, Milton School of Ju-Jitsu, Roberto Orlandi, JJIF
Karate
Ronald Auclair, École de karaté Seiken, Chanh Chau Tran, FQK
Kendo
Richard Goulet, Kendo Club, Université de Montréal
Kickboxing and Full Contact
Steve Fossum, IKF, Patrick Giroux, Karaté autodéfense de Montréal
Kung Fu
Shifu Mario Hétu, Académie Shaolin Gong Fu, Sifu Toy, École d'arts martiaux chinois Jocelyn Toy
Lacrosse
Pierre Filion, FCQ, Graham Lester, ILF
Lawn Bowling
Claude Bouthillier, Club de boulingrin Saint-Lambert, Woodruff Ogden, United States Lawn Bowls Association
Luge
Jean Riendeau, Club Bob Luge Skeleton Macôt La Plagne, Marie-Claude Staudinger, FIL
Modern Pentathlon
Denise Fekete, Canadian Modern Pentathlon Association
Motorcycling
Buddy Ford, CMRC, Bertrand Gahel, motorcycling journalist, Marc Petrier, FIM
Mountain Biking
Mathieu Boucher, FQSC, Michel Leblanc, Canadian Cycling Association
Netball
Marina Leigertwood, Quebec Amateur Netball Federation
Nordic Combined
Bruce Keith, The Alpine Club of Canada
Ocean Surfing
Layla Marcille, ISA, Maurice Muise, CSSA
Off-road Rallying
Georges Colin, FFSA
Orienteering
Nicolas Côté, Orienteering Québec, Colin Kirk, COF
Parachuting
Jean-Marc Badan, FAI, Sylvain Barriére, CSPA
Pelota Vasca (Basque Ball)
Josean Iraundegui, FIPV, Gérard Venmans, Fédération de pelote basque du Canada
Petanque
Bernard Aurouze, Fédération de pétanque du Québec
Polo
Steve Sadler, Montreal Polo Club, Veronica Santa Maria, FIP
Powerboat Racing
Marc Rousse, Régates de Valleyfield, Pierre Savoie, ACSRM
Powerlifting
Robert Keller, IPF, Marcel Saint-Laurent, Canadian Powerlifting Association
Racquetball
Josée Grand'Maître, Association québécoise de racquetball
Rallying
Georges Colin, FFSA, Pierre Côté, Rallye international de Québec
Rhythmic Gymnastics
Daniela Arendasova, FIG judge
Rock Climbing
Charles Laliberté, École nationale d'escalade du Québec
Roller Hockey
Dave Easter, Canada Inline, Richard Hawkins, USA Roller Sports
Rowing
Nick Matthews, Rowing Canada
Rugby
Jean-Michel Rabanel, Rugby Québec
Sailboarding Stéphane Ouellet, Association de planche à voile de Montréal
Sailing
Corinne Aulnette, FFV, Marc Wilson, FVQ
Shooting Jean Delisle, FFTir, Mario Methot, FQTir, Nicole Sola, FFTir
Skateboarding
David Pang, Skate Australia Skeleton Ryan Davenport, USBSF, Jean Riendeau, Club Bob Luge Skeleton Macôt La Plagne
Ski Jumping
Ron Read, Ski Jumping Canada
Snowboarding
Rémi Laliberté, CSF
Snowmobiling
Michel Brault, FCMQ, Musée Bombardier de Valcourt
Softball
Chantale Gagnon, Softball Québec
Speed Skating
Robert Dubreuil, FPVQ
Speed Skiing
Adam Earle, Velocity Challenge Sun Peaks Resort, Philippe Goitschel, world record holder
Sports Aerobics
Valérie Grandjean, FFG coach, Georgi Sergiev, Bulgarian Gymnastics Federation
Squash
Lorraine Harding, WSF, Yvon Provencal, Club sportif MAA
Sumo Wrestling
Graham Clarke, Canada's Sumo Page
Synchronized Swimming
Steffi Haeberli, FINA, Diane Lachapelle, Synchro Québec
Swimming
Alain Lefe`bvre, FNQ, Claude Warren, Carabins, Université de Montréal
Table Tennis
Pierre Desjardins, CTTA
Taekwondo
Michel Jobin, ATQ
Tennis
Louis Cayer, Tennis Canada, William Coffey, Tennis Canada, Eugène Lapierre, Tennis Canada, Frédéric Ledoux, Tennis Québec
Track and Field
Roland Maury, IAAF international judge, Daniel Mercier, Kinesiology Dept., Université de Montréal, Michel Portmann, Athletics Canada, Serge Thibodeau, Fédération québécoise d'athlétisme
Trampoline
Alain Duchesne, Quadrotramp Club, Stéphan Duchesne, FIG judge, Karina Kosko,
Quadrotramp Club
Triathlon
Colette Blain, Triathlon Québec, B.J.H. Evans, USA Triathlon
Volleyball
Alain D'Amboise, Volleyball Québec
Water Polo
Paul-David Bernard, Fédération de Water-Polo du Québec Waterskiing Kuno Ritschard, IWSF, Philippe-André Tellier, Ski nautique Québec
Weightlifting
Augustin Brassard, Fédération d'haltérophilie du Québec

索引 ― index ―

[英数字]

100m走　4
100mハードル　10
10m高飛び込み　90
10m高飛び込み（シンクロナイズド）　90
10m高飛び込み（個人）　90
110mハードル　10
12番ゲージのカートリッジ　137
13人制ラグビー　252
1500m走　12
16インチ・スローピッチ　227
1アウトボード、フォーミュラ1　357
1歳馬　129
1対1のマッチレース　104
1人乗りカナディアンカヌー　101
1人乗りカヤック　101
1マイル走　12
200m走　6
22（5.6mm）口径ライフル　138
22口径ライフル　209
2人乗りボブスレー　173
3000m障害物競走　14
3Dアーチェリー　141
3m板飛び込み　90
3m板飛び込み（シンクロナイズド）　90
3m板飛び込み（個人）　90
400m走　7
400mハードル　11
470級　105
49er級　104
4WAYシーケンス　217
4WAYローテーション　217
4×100mリレー　8
4×400mリレー　8
4人乗りボブスレー　173
5.6mm口径銃弾　138
5000m走　18
6日間レース　46
7人制ラグビー　252
800m走　12
8mmピストル　139
8WAY　217
8ボール　145
ABA（米国自転車協会）　49
B.G.ストーンブリッジ　350
B-12　355
D.G.・ブラッドマン　233
EZバー　361
F1　342,356
GP125　350
GP250　350
GPS（全地球測位システム）　109
K点　200
NBA（全米自転車協会）　49
NBL（全米自転車連盟）　49
RS:Xセールボード　105
W.G.（ウィリアム・ギルバート）・グレース　230

[あ行]

アイアン　155
アイアンマン　158
アイガード　285
合気道　306
合気道着　307
アイススポーツ　163-188
アイスダンス　183
アイスダンス用ブレード　182
アイスホッケー　164
アイスホッケーリーグ　164
アイス・ル・マン　354
アイスレース　352
アイルトン・セナ　346
アウト　222
アウトリガー・カヌー・クラブ　112
赤球　143
アキュラシーランディング　216
アクアスロン　158
アクアバイク　358
アクセル　180
アクセル・パウルゼン　180
アグレッシブスケート　336
アクロ競技会　197
アクロのスキー　197
曙チャド・ローウェン　311
アゴスティーニ、ジャコモ　353
アジア大陸横断　349
足ガード　321
アスロス　2
アーチェリー　140
アットーリコ、フランチェスコ　87
アップホールライン　111
アデマール・フェレイラ・ダ・シルバ　37
アドミラルズカップ　109
アーノルド・シュワルツェネッガー　361
アヒョウ、トウ　287
アブドゥル=ジャバー、カリーム　267
アブナー・ダブルデー将軍　220
アペネア国際振興協会　88
アベストギー、ホセ　238
アベベ・ビキラ　21
アメリカズカップ　108
アメリカン・アスレチック・ユニオン　360
アメリカン・スタンダードブレッド　118
アメリカン・ビリヤード　145
アメリカンフットボール　256
アメリカンリーグ　220
アラブ種　118
アラン・ヴィッキ　175
アラン・プロスト　346
アリソン・サイダー　54
アリ、モハメド・カッシウス・クレイ　318
アルトー、フローレンス　109
アルフレッド・オーター　25
アルフレッド・メンドーサ　114
アルベルト・トンバ　193
アルベルト・バルデス　123
アルペン　205
アルペンスキー　190
アルペン用ボード　207
アルム、エコール・デ　322
アルム・フセイン　314
アレキサンダー・カートライト　220
アレクサンダー・パリシニコフ　29
アレクサンドル・カレリン　330
アレクサンドル（サーシャ）・ポポフ　78
アレクセイエフ、ヴァシリ　71
アレン、マーク　159
アロイス・ルッツ　181
アーロン、ハンク　225
アントニオ・カノーヴァ　328
アンドレ・ジャック・ガルネリン　216
アントン・ザイラー　190
アントン・ヘーシンク　305
あん馬　58
イ・ギョングン　314
イザベル・デュシェネー　183
イザベル・パティシエ　214
板飛び込み　90
一本　303
伊藤由里子　65
イニング（回）　220
イヤープロテクター　139
イリーナ・バルブ　204
イローナ・エレク　327
イングリッシュ・ハンター　118
イングリッド・ベルグマン　305
イングリング級　104
インゲマル・ステンマルク　193
飲食物供給所　17,21
インタークロス　229
インポッシブル・クライム　352
インラインスケート　336
インラインホッケー　334
インラインホッケースケート　335
ヴァシリ・アレクセイエフ　71
ヴァンデ・グローブ　109
ウィケット　231
ウィーダー、ジョー　360
ウィーダー、ベン　360
ヴィッキ、アラン　175
ウィッシュボーンブーム　111
ヴィット、カタリナ　182
ウィリアムズ、パーシー　5
ウィリー　347
ヴィロルタ　143
ウインドサーフィン　110
ウエイト　88
ウエイトベルト　89
ウエイトリフティング　70
ウェイン・グレツキー　169
ウェークボード　115,116
植芝盛平　306
ウェッジ　155
ウエットスーツ　113
ウェーバー、ディック　149
ウェーブ・パフォーマンス　110
ウォークオーバー・バック　82
ウォータークラフト、パーソナルPWC　358
ウォーターマン　96
ウォルター・ペイトン　261
ウーゴ・フリジェリオ　16
ウッズ、タイガー　155
ウッド　155
ウプホフ、ニコル　122
馬　122,125,127,129,131,133
梅ヶ谷藤太郎　310
ウラジミル・パルフェノビッチ　100
ウラディスラフ・トレチヤク　169
ウルリッヒ・サルコウ　180
エアピストル　139
エアライフル　138
エアリアル　196
エアリアル競技会　196
エアリアルとモーグルのスキー　197
エアロビック、競技　64
泳者　78,83
詠春拳　313
エイト　98
エカテリーナ・ゴルデーワ　182
エカテリーナ・セレブリアンスカヤ　63
エクサレ　191
エクストリーム柔術　300
エゲルセギ、クリスティナ　78
エコール・デ・アルム　322
エコール・デ・ジョワンヴィル　322
エスティアルテ、マヌエル　87
エスペン・ブレーデセン　201
エッガー、ハリー　199
エディ・メルクス　45
エドウィン・モーゼス　11
江戸時代　308
エドソン・アランテス・ド・ナシメント　242
えび型　68,92
エペ　326
エマ・ジョージ　33
エミール・ザトペック　18
エリカ・サリュマエ　48
エリクソン、スラロム　195
エリック・スレッキ　327
エリック・タバリー　104
エリック・ハイデン　188
エリンガー、パトリック　212
エルトマン、スージー　177
エルビス・ストイコ　182
エレク、イローナ　327
演技台　56,64
エンケ、カリン　188
エンツォ・フェラーリ　340
エンデュランス競技　119
エンデューロ　352
円盤投げ　24
円盤を投げる人　24
演武　300
演技面　62
オア、ボビー　169
追い抜き競走、個人　47
追い抜き競走、団体　47
王軍霞　18
王貞治　225
オーエンス、ジェシー　5,6
大塚博紀　296
大山倍達　296
沖縄　300
荻原健司　210
オクセンシェルナ、ヨハン　160
オーストラリアンフットボール　254
オッター、アルフレッド　25
オットー、ニコラス　340
オートバイ　350
オートバイレース　350
オーバル　254
オーバルコース　354
帯　301,307,313
オフショアクラス　356
オフショアクラス1　357
オブライエン、ダン　40
オブライエン投法　28,29
オブライエン、バリー　28,29
オフロードラリー　348
オープンフレーム　149
オラフ・コス、ヨハン　188
オリエンテーリング　162
オリジナルダンス　183
オリンピックコース　106,110
オリンピックスプリント　47
オリンピック・トレンチ　136
オリンピック大会用プール　74
オール　99
オルガ・セダコワ　83
オルロフ・トロッター　118
音声高度計　218

[か行]

回転投法　29
外洋レース　108
抱え型　68,92
格闘技　295-330
賭け　128
駆足（かけあし）　118
囲い　142
カザンキナ、タチアナ　13
かじ付きフォア　98
ガスペリ、レオ　198
型　296
片手によるリフティング　70
カタマラン　107
カタリーナ・ヴィット　182
カーチ・キライ　271
カッシウス・クレイムハメド・アリ　318
カップ　123
可動式ゲート　130
カート・ブラウニング　182
カートライト、アレキサンダー　220
カードル・ノワール　122
カナディアンカヌー　103
カナディアンフットボール　256
カナディアン・フットボール・リーグ（CFL）　256
カナディアン・ラグビー・ユニオン（CRU）　256
ガニョン、マーク　188
カヌー：スラローム　102
カヌー：フラットウォーターレーシング　100
カノーヴァ、アントニオ　328
嘉納治五郎　302
カハナモク、デューク　112
カービー、カロリン　273
カメラ　2,341
カヤック　103
空手　320
空手着　299
カラビナ　214
カリーヌ・ルビ　207
カリフォルニアビーチバレー協会（CBVA）　273
カリーム・アブドゥル=ジャバー　267
カリン・エンケ　188
カーリング　150
カルチョ　242
ガルネリン、アンドレ・ジャック　216
カルパンティエ、ジョルジュ　316
カルビン・スミス　5
カール・フォン・ドライス　42
カール・ベンツ　340,342
カル・リプケン・ジュニア　225
カール・ルイス　5,35
カロリン・カービー　273
ガン　113
カンクネン、ユハ　348
カンチャ　238
カンフー　312
気　313
気合　309
キオニス　34
騎手　122,125,127,131,133
キッカー　237
キックボクシング　320
キプタヌイ、モーゼス　15
決め　306
キャッチャー（捕手）　225
キャノピーフォーメーション　217
キャプテン・クック　112
キャロム・ビリヤード　143
キャロライン・ブルネット　100
キュー　145
球技（大きなボール）　241-276
球技（小さなボール）　219-240
ギュンター・ヴィンクラー、ハンス　125
競技エアロビック　64
競技、総合馬術　126
行司　310
競走、クロスカントリー　19
競歩　16
極真会館　296
キョルギ　314
キライ、カーチ　271
キリー、ジャン・クロード　194
キール　107
キング、メアリー　127
近代五種競技　160
クイーバー　142
クイーンズベリー侯爵　316
クーコッチ、トニー　267
クセノボーン　118,120
クヌーセン、フレデリク　274
クーパー、ケネス　64
組手　298
鞍（くら）　119
クライマー　214
クライム、インポシブル　352
クラーク、ジム　346
クラシカルスタイル　202
グラシダ、メモ　133
クラシック・ビリヤード　143
クラシックレース　43
グラスコート　282
グラストラック　352
クラップスケート　188
グラップリング　300
クラブ　63,155
グラフ、シュテフィ　279
グランプリ　121
グランプリスペシャル　121
クリケット　230
クリスティナ・エゲルセギ　78
クリストファー・ディーン　183
クリストフ・ランゲン　173
クリスマスツリー　347
グリフィス・ジョイナー、フローレンス　5
グリーン　146
クリーン＆ジャーク　71
グリンコフ、セルゲイ　182
グリーンサム　152
グリーンフェルド、シャーマン　285
グリーン、モーリス　5
グループA　348
グループN　348
クレー　137
クレイ、カッシウスモハメド・アリ　318
グレイシー、ホイス　301
グレイハウンド　131
グレイラグ　126
クレスタ　172,174
グレツキー、ウェイン　169
グレッグ・ノーマン　156
グレッグ・ルガニス　94
グレナフ、ゲイル　125
グレコローマンレスリング　328
グレース、G.W.（ウィリアム・ギルバート）　230
クレーコート　282
クレー放出機　137
クーレマンス、レイモンド　145
クロス　229
クロスカントリー　19,52,127
クロスカントリースキー　202
クロスカントリー用マウンテンバイク　53

グローブ 225,319,321	国際モーターサイクルクラブ連盟 (FIMC) 350	シェリル・スターンズ 218	女子用ハードル 10	ズダルスキー、マチアス 195	
クロフォード、シェーン 254	国際モーターボート連盟UIM 356	シェルボ、ビタリー 61	女子ラクロス 228	スターンズ、シェリル 218	
クロフォード、マーチン 210	国際ラグビー連盟 (IRFB) 248	ジェレミー・マグラス 353	ジョゼッペ・ファリーナ 342	スタンダードピストル 139	
クロール 76	国際ラクロス連盟 (ILF) 228	シェーン・クロフォード 254	ジョゼフ・アルマン・ボンバルディエ 354	スタンド 350	
グンダーセン方式 210	国際ラケットボール連盟 (IRF) 284	ジェーン・トービル 183	ジョー・ソベック 284	スタンレーカップ 169	
軍馬選手権 126	国際陸上競技連盟 (IAAF) 38	シカゴ・ベアーズ 256	ジョーダン、マイケル 267	スティック 168,171,237	
繋駕 (けいが) 競争：斜対歩と側対歩 130	国際リュージュ連盟 (FIL) 176	シケイン 342	ジョッキー 129	スティーブ・デイビス 145	
計時 3	国際レスリング連盟 (FILA) 328	膝射 138	ショットガン 136	スティーブ・レッドグレイブ 99	
競馬：競馬場 128	ゴーグル 79,293	室内ラクロス 229	ショートトラック 185	ステージレース 43	
競輪 47	個人追い抜き競走 47	自転車競技 41-54	ショートトラックのスケート 188	ステフカ・コスタディノワ 30	
ゲイル・グレナフ 125	個人追い抜き競走用自転車 48	自動操舵装置 218	ショートプログラム 178	ステンマルク、インゲマル 193	
ゲオルク・ハックル 177	個人のノーマルヒル 200	シトロエン 349	ショートボード 113	ストイコ、エルビス 182	
化粧回し 311	個人のラージヒル 200	竹刀 309	ジョナ・バリントン 292	ストライク 149,222	
ケネス・クーパー 64	コース、オーバル 354	ジム・クラーク 346	ジョー・ブリーズ 52	ストリート 50,332,337	
ケベック・サンマロトランサット 108	コース、レース 356	ジム・ソープ 5	ジョー・モンタナ 261	ストロークプレー 152	
ケリー・スレーター 113	コースレース 110	ジム・ハインズ 5	ジョルジュ・カルパンティエ 316	ストーン 151	
ゲーリックフットボール 252,254	コー、セバスチャン 13	ジャイアント 192	ジョンヴィル、エコール・ド 322	ストーンブリッジ、B.G. 350	
ゲーリー・フィッシャー 52	コックス 98	ジャイアントスラローム 192	ジョンクェール・ドリオラ、ピエール 125	スナッチ 70	
現アメリカパワーボート連盟 (APBA) 356	ゴットリーブ・ダイムラー 340	ジャイビング 107	ジョン・ジョンストン 195	スヌーカー 144	
剣術 306,308	コッピ、ファウスト 44	シャーウィン・ポッパー 205	ジョンストン、ジョン 195	スノークロス 354	
拳闘 316	コッホ、コンラッド 274	ジャクソン・リシャーソン 276	ジョーンズ、マリオン 35	スノークロス用スノーモービル 355	
剣道 308	小手 309	射撃 136,160	ジョン・スミス 330	スノースポーツ 189-210	
浩一、中野 48	固定障害、障害レース 127,129	射手 139	ジョンソン、マイケル 6	スノー・デュアスロン 158	
ゴーウェンロック、ミス 289	ゴーディ・ハウ 169	射場 140	ジョン・フラナガン 27	スノー・トライアスロン 158	
効果 303	コート 262,268,270,274,278,284,289,292	ジャッキー・ジョイナー・カーシー 40	ジョーン・ベノイト 21	スノーボード 205	
洪家拳 312,313	コートハンドボール委員会 240	ジャック 146	シルビー・フレシェット 83	スノーモービル、オーバルコースレース用 355	
剛柔流 296	コ・ドライバー 349	ジャック・ニクラウス 156	白の手球 143	スノーモービルレース 354	
高度計 218	ゴードン・ベネット、ジェームズ 132	ジャック・ビルヌーヴ 355	白の的球 143	スーパーG 191	
国際BMX連盟 (IBMXF) 49	コナー、デニス 109	ジャック・マイヨール 88	シングルスカル 98	スパイラル 179	
国際アーチェリー連盟 (FITA) 140	小林伸明 145	シャトル 291	シングルスリュージュ 177	スパク 314	
国際アマチュアボクシング連盟 (IABA) 316	コーピング 51,333	ジャニー・ロンゴ 45	シングレット 330	スーパークロス 352	
国際オリエンテーリング連盟 (IOF) 162	コーフボール 268	ジャハンギール・ハーン 293	シンクロナイズド種目 66	スーパージャイアントスラローム 191	
国際カヌー連盟 100	コマネチ、ナディア 61	シャーマン・グリーンフェルド 285	シンクロナイズドスイミング 80	スーパーバイク 350	
国際近代五種連合 (UIPM) 161	ゴールキーパーのスティック 168	ジャーマン・ハノーバー 118	シンクロナイズド・スケーティング 183	スパフランコルシャン 343	
国際クリケット評議会 (ICC) 230	ゴルデーワ、エカテリーナ 182	ジャレット・レウェリン 116	シンクロナイズドダイビング 94	スーパーモタード 352	
国際航空連盟 (FAI) 216	ゴールデンボーイ 247	ジャンパー 201	人工コート 282	スピッツ、マーク 78	
国際サッカー連盟 (FIFA) 242	コルト 136	ジャン＝ピエール・リーブ 253	ジーン・サラゼン 156	スピードウェイ 352	
国際サーフィン協会 (ISA) 112	ゴルフ 152	ジャンプ 114	シンジン・スミス 273	スピード競技 212	
国際サーフィン連盟 (ISF) 112	ゴルファー 156	ジャンプスキー 116	新体操 62	スピードスキー 198	
国際山岳連盟 (UIAA) 212	ゴールポスト 255	ジャンプ台 114	シンティ 234	スピードスキーヤー 199	
国際ジェットスポーツ協会 (IJSBA) 356	混合ダブルス 278	ジャン＝フランソワ・ラムー 327	審美スポーツ 360	スピードスケート 184,337,338	
国際自転車競技連合 (UCI) 49,52	混成競技 38	ジャン・ボブランダー 237	水泳 74,158,160	スピードトライアル 110	
国際自動車連盟 (FIA) 340,347,348	コンパウンド 142	ジャン＝リュック・ブラッサール 197	水球 84	スピードラン、レーダー 354	
国際水泳連盟 (FINA) 74,80,84,90	コンパス 162	自由演技グランプリ 121	水濠 (すいごう) 125	スピードレース 358	
国際スキー連盟 (FIS) 190,195,198,200,202,205	コンパルソリーダンス 183	自由形 76	水濠 (すいごう) 障害 125	スプリントレース 350	
国際スケート連盟 (ISU) 178,184	コンビネーション障害 124	十字倒立 60	水上スキー 114	スプレースカート 103	
国際スポーツ射撃連盟 (ISSF) 136	コンラッド・コッホ 274	収縮 121	水中・水上の競技 73-94	スペア 149	
国際相撲連盟 (IFS) 310	サイダー、アリソン 54	柔術 300,302	水鳥シャトル 291	スペイン乗馬学校 122	
国際セーリング連盟 104	[さ行]	柔術着 301	垂直 125	スペシャルスラローム 192	
国際体操連盟 (FIG) 56,62,64,66	サイドカー 350	集団 42	スイニー、マイケル 31	スポーツ柔術 300	
国際卓球連盟 (ITTF) 286	サイ・ヤング 225	銃弾 209	スイミング、シンクロナイズド 80	スポーツピストル 139	
国際柱技者連盟 148	ザイラー、アントン 190	柔道 302	スウィープ艇 98	すまい 310	
国際テニス連盟 (ITF) 278	サーキットレース 43	重量 70	スープス、シェリル 267	スミス、カルビン 5	
国際トライアスロン連合 (ITU) 158	サチン・テンドゥールカ 233	シュガー・レイ・ロビンソン 318	スカイサーフィン 217	スミス、ジョン 330	
国際トランポリン連盟 (FIT) 66	サッカー 242	シュシュノワ 58	スカッシュ 292	スミス、シンジン 273	
国際ネットボール連盟 (INA) 268	ザトペック、エミール 18	十種競技 291	スカル艇 98	スミスマシン 361	
国際バイアスロン連合 (IBU) 208	サネエフ、ビクトル 37	ジュディ・ハッシュマン 291	スキー 194,199,201,209	相撲 310	
国際馬術連盟 (FEI) 120,123	サーファー 113	シュテフィ・グラフ 279	スキージャンプ 200	スライディングタックル 245	
国際バスケットボール連盟 (FIBA) 262	サーフィン 112	シュナイダー、フレニー 194	スキー、種類 116	スラローム 110	
国際パラシューティング協会 (IPC) 216	サーブル 326	シューマッハ、ミハエル 346	スキー、水上 114	スラローム、カヌー 102	
国際バレーボール連盟 (FIVB) 270,273	サラゼン、ジーン 156	シューマラー、サンドラ 151	スキーディビジョン 358	スラロームスキー 116	
国際パワーリフティング連盟 (IPF) 72	サラブレッド 118,128	ジュリー・モス 158	スケート 137	スラローム用ボート 103	
国際バンディ連盟 (IBF) 170	サリュマエ、エリカ 48	ジュール・ルノアール 147	スキドゥー 354	スレーター、ケリー 113	
国際ハンドボール連盟 (IHF) 274	サルキ (2輪の繋駕 (けいが)) 131	シュワツァー、ホイル 110	スクリメージライン 257	スレッキ、エリック 327	
国際ボクシング連盟 (IBF) 317	サルコウ 180	シュワルツェネッガー、アーノルド 361	スクワット 72	スレッド 89	
国際ホッケー連盟 (FIH) 234	三冠 131	ジョイナー・カーシー、ジャッキー 40	スケーター 183	スローピッチ 227	
国際ボディビル連盟 (IFBB) 360	三段跳び 36	ジョー・ウィーダー 360	スケーティング滑走 203	スローン、トッド 128	
国際ボート連盟 96	三段横木 124	ジョーヴィー、ミッシー 54	スケーティングスタイル 210	精度を追求するスポーツ 135-156	
国際ボブスレー・トボガニング連盟 (FIBT) 172,174,176	サンドバッグ 319	障害飛越 (ひえつ) 競技 126	スケート 168	背泳ぎ 76	
国際ポロ連盟 (FIP) 132	サンドラ・シューマラー 151	障害物競走、3000m 14	スケート、アグレッシブ 338	世界カーリング連盟 150	
国際モーターサイクリズム連盟 (FIM) 340,350	試合 308	障害物競走用ハードル 15	スケート、インライン 336	世界スカッシュ連盟 (WSF) 292	
国際モーターサイクルクラブ連盟 (FIMC) 340	試合または組手 296	上下二連式ショットガン：12口径 137	スケート、スピード 338	世界ボクシング機構 (WBO) 317	
	ジュ・プロヴァンサル (ローンボウルズやペタンクに似た競技) 147	松涛館 (しょうとうかん) 296	スケートボード 332	世界ボクシング協会 (WBA) 317	
	ジェイ・バーズ 142	乗馬 161	スケート、ローラー 336	世界ボクシング評議会 (WBC) 317	
	ジェイ・ミロン 51	少林寺 312,314	スケルトン 174	世界ローラースポーツ連盟 (FIRS) 334	
	ジェシー・オーエンス 5,6	昭林流 (しょうりんりゅう) 296	ズコウスキー 176	セスタ 239	
	ジェニソン・ヒートン 33	昭霊流 (しょうれいりゅう) 296	スザンヌ・ランラン 278	セスタス 316	
	ジョージ、エマ 33	スター級 104	スージー・エルトマン 177	セスタプンタ 239	
	ジョージ・ニッセン 66	スタディオン 2	鈴鹿 343	セダコワ、オルガ 83	
	女子のPGA 152	スタティックアブネア 89	セット 279		
	女子プロバレーボール協会 (WPVA) 273	スターティンググリッド 343	セディフ、ユーリー 27		
	ジェームズ・A・ネイスミス 262	スターティングゲート 128	セナ、アイルトン 346		
	ジェームズ・ゴードン・ベネット 132	スターティングブロック 3	セバスチャン・コー 13		
	ジェリー・ライス 261	スタート台 79	セベリアーノ・バレステロス 156		
	シェリル・スウープス 267	ジョージ・ホーリン 31			

セルゲイ・グリンコフ 182	力の競技 69-72	トラップ（自分から遠ざかっていくクレー標的を撃つ） 136	ハックル、ゲオルク 177	ビットエリア 356	
セルゲイ・チュヒライ 100	地形図 162	トラピーズ 107	パッサージュ 121	ピットストップ 346	
セルゲイ・ブブカ 33	チベット語のpu-lu 132	トランポリン 66	ハッシュマン、ジュディ 291	ビデオカメラ 218	
セルビー大佐 289	チーム 80	トランポリンの選手 68	バッター（打者） 224	ヒート 347	
セル・フランセ 118	チーム種目 83	ドリコス走 18	発艇員 100	ヒートン、ジェニソン 174	
セールカード 111	チャカ 132	トリック 115	バット 224,227,233	ピニャテリ 122	
ゼレズニー、ヤン 23	宙返り 58	トリックスキー 116	パット・デイ 129	ビハインドポスト 255	
セレブリアンスカヤ、エカテリーナ 63	中距離走 12	トリプルス 146,147	パティシエ、イザベル 214	ビーモン、ボブ 34	
船体の種類 107	中・長距離 47	バート 332	ビュット 147		
センターファイアピストル 139	忠平、南部 36	トルネード級 104	バトカス、ディック 259	ビューフォート公爵 126	
センターボード 107	チュヒライ、セルゲイ 100	トレチヤク、ヴラディスラフ 169	ハードコート（セメント） 282	表A 123	
セントアンドリュースのゴルフコース 152	長距離走 14,18-21	ドロップゾーン 216	パドック 123	表C 123	
全米アマチュア競技連合 38	跳馬 59	ドンコワ、ヨルダンカ 11	バドミントン 289	標的 139,141	
全米バスケットボール協会（NBA） 262	杖 307	トンパ、アルベルト 193	パトリス・マルタン 116	ビョルン・ダーリ 204	
全米プロバレーボール協会（AVP） 273	ツカハラ 58		パトリック・エリンガー 212	ビョン・ダンカーベック 111	
全米ボウリング協会 148	塚原光男 61	[な行]	パドリング 103	平泳ぎ 76	
総合的な力を要するスポーツ 157-162	つり輪 60	ナイロンシャトル 291	ハードル 10,11,129	ビラルダ 143	
総合馬術競技 126	ツーリングカー 348	中野浩一 48	ハードル、100m、110m 10	ビリー、フィリップ 199	
総合馬術大会 126	手 296	中山博道 308	ハードル、400m 11	ビリヤード 143	
側対歩 131	ティー 150,156	なぎなた 306	バトン 9	ヒルクライム 354	
ソトマヨル、ハビエル 30	ディアミドフ 60	投げ、砲丸 28	ハノーバー、ブレット 131	ビルミン・ツルブリッケン 194	
ソフトボール 226	ディエゴ・マラドーナ 247	ナショナル・フットボール・リーグ（NFL） 256	馬場 120,128,130	ピロス・ディマス 71	
ソベック、ジョー 284	ティエリー・サビーヌ 349	ナショナルホットロッドアソシエーション（NHRA） 347	ハビエル・ソトマヨル 30	ピロルタ 143	
空のスポーツ 215-218	ティーグラウンド 153	ナショナルリーグ 220	ハーフパイプ 51	ピン 149	
ソルベルグ、マグナル 208	デイグル、マイケル 195	ナッシュ、ロビー 110	ハーフパス 121	ビンディング 116	
ソロ 80	ティスドール、ロバート 11	ナディア・コマネチ 61	ハーフマイル走 12	ピンポン 286	
	ディック・ウェバー 149	七種競技 38	バーベル 71,361	ファウスト・コッピ 44	
[た行]	ディック・バトカス 259	ナビゲーター 348	パベル・レドネフ 161	ファストネットレース 104	
ダイアゴナル滑走 202	ディック・フォスベリー 31	並足（なみあし） 118	ハム、ミア 247	ファーストピッチ 227	
タイガー・ウッズ 155	蹄鉄（ていてつ） 119	ナンシー・ロペス 156	速足（はやあし） 118	ファニー 147	
耐久 47	デイ、パット 129	ナンセン、フリチョフ 190	バラ 239	ファニーカー 347	
耐久競技 126	デイビス、スティーブ 145	南部忠平 36	バラクーダ 82	ファビオラ・ダ・シルバ 338	
耐久レース 358	ディフィカルティ競技 212	ニクラウス、ジャック 156	バラクラバ 341	ファリーナ、ジョゼッペ 342	
大佐、セルビー 289	ティム・リーバイス 332	ニコラス・オット 340	パラコルタ 239	ファンジオ、ファン・マヌエル 342	
大西洋横断レース 104	ディーン、クリストファー 183	ニコラス・フォンテーン 197	パラシューティング 216	ファンボード 110	
体操 56	テクニカルプログラム 178	ニコ・ブイヨズ 54	パラシュート 218	ファン・マヌエル・ファンジオ 342	
体操競技 55-68	テクニカルルーティン 81	ニコル・ウブホフ 122	パラスト 88	パラレル大回転 206	
体操、新 62	テコンドー 314	ニッカネン、マッチ 201	ハーリー 237	フィギュアスケート 178	
ダイナミックアプネア 89	デシュシェネー、イザベル＆ポール 183	ニッセン、ジョージ 66	ハリー、アルミン 5	フィッシャー、ゲーリー 52	
ダイバー 89	手ぬぐい 144	ニーボード 112	バリー・オブライエン 28	フィディピデス 20	
タイムトライアル 43,47	デッキ 333	ニューピー・フレイザー、ポーラ 159	パリシニコフ、アレクサンダー 29	ブイヨズ、ニコ 54	
タイムトライアル用自転車 45	テッキョン 314	ネイスミス、ジェームス 268	パリ～ダカールラリー 349	フィリップ・ゴイチェル 199	
ダイムラー、ゴットリーブ 340	デッドリフト 72	ネイスミス、ジェームス・A 262	バリーフィールド・レガッタ 356	フィリップ・ビリー 199	
ダウンヒル 54,191	鉄棒 60	ネットボール 268	バリーフェン・バンディクラブ 170	フィリップ・リード 254	
高飛び、走り 30	テニス 278	ノースクリップ 81,89	ハーリング 237	フィールドアーチェリー 141	
高野佐三郎 308	デニス・コナー 109	ノックアウト 316	バリントン、ジョナ 292	フィン 89	
貴乃花（花田光司） 311	デュエット 80	伸び型 68,92	バルセロナ 343	フィンガータブ 142	
ダカールラリー 349	デュエット種目 80,83	ノーマン、グレッグ 156	バルト・ヤン・プレンティエンス 52	フィン級 105	
ダ・シルバ、ファビオラ 338	デューク・カハナモク 112	ノーリミッツ 89	ハルトノ、ルディ 291	風速計 3	
畳 303	転位 60	ノルディック複合 210	バルナ、ビクター 286	フェアウェイ 153	
タチアナ・カザンキナ 13	電子計測式タッチパネル 75		バルブ、イリーナ 204	フェアリング（流線型の覆い） 199	
立ち高跳び 31	電子時計 3	[は行]	バルフェノビッチ、ウラジミル 100	フェラーリ、エンツォ 340	
卓球 286	テンドゥールカ、サチン 233	バー 31	バレステロス、セベリアーノ 156	フェレイラ・ダ・シルバ、アデマール 37	
卓球台 286	胴 309	バー 153	バレー、ビーチ 273	フェンシング 160,322	
タッキング 107	トウ・アヒョウ 287	バイアスロン 208	バレーボール 270	フォアサム 152	
ダートジャンプ競技 49	投球のテクニック 223	ハイアライ 239	ハーレムグローブトロッターズ 267	フォアーズ 146	
タバルト、エリック 104	投てき 22-29	ハイキングアウト 107	パワーズ、ロス 207	フォアボール 152	
ダブルスカル 98	道服 314	バイク 159	パワーボートレース 356	フォス、フランク 32	
ダブルスリュージュ 177	トゥリンケテ 239	バイク、マウンテン 52	パワーリフティング 72	フォスベリー、ディック 31	
ダブルデー、アブナー将軍 220	蟷螂拳（とうろうけん） 313	バイシクルモトクロス 49	バンカー 153	フォックス、リチャード 103	
ダブルトラップ 137	トカチェフ 60	ハイデン、エリック 188	ハンク・アーロン 225	フォーミュラ1 342,356	
ダブルベース 226	トッド・スローン 128	ハイドロプレーン 357	ハンス・ジャハンギール 293	フォーミュラ1アウトボード 357	
ダブルボール 203	トッド、トミー 198	背面跳び 31	ハンス・ギュンター・ウィンクラー 125	フォーミュラ3 356	
ダブルミニトランポリン 67	トッド、マーク 127	ハインズ、ジム 5	パンチングボール 319	フォーメーションスカイダイビング 217	
タマラ・プレス 29	トップフューエル 347	ハウ、ゴーディ 169	バンディ 170	フォンテーン、ニコラス 197	
ダミラノ、マウリツィオ 17	トップロープ 212	パウルセン、アクセル 180	ハンディキャップ 132	複合 190	
試割 296	トニー・クーコッチ 267	バー、オリンピック 361	バンテージ 319	伏射 138	
ダラズ 176	飛び込み 90	バガタウェイ 228	バント 224	ブザルト・シューティング 141	
ダーリ、ビョルン 204	跳び、三段 36	はかま 307,309	ハンドプロテクター 61	フセイン、アルム 314	
ダリル・ボウイ 195	跳び、走り幅 34	馬具 119	ハンドボール 240,274	ブッカー、レイモンド 89	
垂 309	跳び、棒高 32	パーク、トーマス 5	ハンドル 116	フックス、ルート 23	
ダン・オブライエン 40	土俵 310	ハーケン 214	パンピ・ラデュシュ 239	フットボール、アメリカン 256	
ダンカーベック、ビョン 111	トービル、ジェーン 183	はさみ跳び 31	ハンマー投げ 26	フットボール、オーストラリアン 254	
短距離走 4-11	トーマス旋回 58	パーシー・ウィリアムズ 5	ピアッフェ 121	フットボール、カナディアン 256	
男子用ハードル 10	トーマス、カール 5	馬術競技 117-134	ピエール・ジョンクェール・ドリオラ 125	ブーナ 289	
男女別シングルス 278	トミー・トッド 198	馬場馬術 120,126	ビキラ、アベベ 21	船越義珍 296	
男女別ダブルス 278	トライアスロン 158	走り高跳び 30	ビクター・バルナ 286	舟・船の競技 95-116	
団体追い抜き競技 47	トライアル 353	走り幅跳び 34	ビクトル・サネーエフ 37	フープ 63	
団体のラージヒル 200	トライジーネ 42	バスケットボール、ペロタバスカ 238	ピゴット、レスター 129	ブブカ、セルゲイ 33	
段違い平行棒 60	ドライス、カール・フォン 42	バスケットボール 262	ピスト 322	踏み切り板 34,36	
タンブリング 67	ドライバー 346	バーズ、ジェイ 142	ピストル 3	ブムセ 314	
ダンロップ、J.B. 42	ドライビングスーツ 341	パーソナルウォータークラフトPWC 358	ビタリー・シェルボ 61	ブラウニング、カート 182	
チェストプロテクター 142	トライマラン 107	パター 155	ビーチバレー 273	フラッグ 340	
チェッコリ、マウロ 127	トラック 2,46,349	バタフライ 78	ピッチ 231	ブラッサール、ジャンリュック 197	
	トラックレーサー 48	バック 168	ピッチャーサークル 226	フラットウォーターレーシング、カヌー 100	
	トラックレース 46		ピット 350	ブラッド・ギリガム 72	
	ドラッグレース 347,354				

プラットフォーム	83	ペロタバスカ（バスクボール） 238	マディソンレース	47	[ら行]		レース、トラック	46
ブラッドマン、D.G.	233	ベン・ウィーダー 360	マーティン、ミシェル	293	ライス、ジェリー	261	レース、ドラッグ	347
フラットランド	50	ベンチプレス 72,361	マーテンセン、ヤーゲン	162	ライナー・クリムケ	122	レース、パワーボート	356
フラットレーシング、カヌー	100	ベンツ、カール 340,342	マーニー・マクビーン	99	ライナー、マイケル	253	レスリング、グレコローマン	328
プラティニ、ミシェル	247	ホイス、グレイシー 301	マヌエル・エスティアルテ	87	ライフル	138	レスリング、フリースタイル	328
フラナガン、ジョン	27	ホイル・シュワイツァー 110	マラソン	20	ラグビー	248,254	レース、ロード	28
ブランク（厚板）	124	ポイントレース 47	マラドーナ、ディエゴ	247	ラグビー・フットボール	248	レーダー・スピードラン	354
フランク・フォス	32	ボウイ、ダリル 195	マリア・ペトロバ	63	ラグビーリーグ	252	レッグプレスマシン	361
フランシス・ロビション・ド・ラ・ゲリニエール	120	砲丸投げ 28	マリオン・ジョーンズ	35	ラクロス	228	レッドグレイブ、スティーブ	99
フランチェスコ・アットーリコ	87	帽子 87,224	マリー・ジョゼ・ペレク	6	ラケットスポーツ	277-294	レットルール	292
フランチェスコ・モゼール	44	棒高跳び 32	マルシアノ、ロッキー	318	ラケットボール	284	レドネフ、パベル	161
フランツ・ベッケンバウアー	247	ボウリング 148	マルタン、パトリス	116	ラ・ゲリニエール、フランシス・ロビション・ド・	120	レンガ障害	124
フランツ・レイシェル	248	ボクシング 316	マルティナ・ヘルマン	25			レンダ・マーレー	205
フリーイマージュ	88	ホークス、レイチェル 237	マレット	133	ラック	145	ロイヤル・アンド・エンシェント・ゴルフクラブ	152
プーリー（滑車）クライミング	213	木刀 307	マーレー、レンダ	361	ラットプルダウンマシン	361	勒（ろく）	119
ブリガディア・ボルトン	126	ポケット・ビリヤード 145	ミア・ハム	247	ラデュシュ、パンビ	239	ロスクレアス	26
フリジェリオ、ウーゴ	16	ホセ・アベストギー 238	ミシェル・プラティニ	247	ラピッドファイアピストル	139	ロス・パワーズ	207
ブリーズ、ジョー	52	菩提達磨 312,314	ミシェル・マーティン	293	ラフ	153	ローズ、ラルフ	28
フリースタイル	50,110,195,203,205,217,358	ボーダークロス 205	水着	81	ラーミニー、ミス	289	ロス・レバグリアティ	205
フリースタイルスキー	195,197	ボックス 33	光男、塚原	61	ラム、ジャン=フランソワ	327	ロッキー・マルシアノ	318
フリースタイル用ボード	207	ボックスラクロス 229	ミッシェル・ブリュファー	198	ラリー	348	ロッククライミング	212
フリースタイルレスリング	328	ホッケー 234	ミッシー・ジョーヴィー	54	ラリー、オフロード	349	ロッド、レイバー	279
フリーダイビング	88	ホッケー協会 334	ミニトランサット	108	ラリー、モンテカルロ	348	ロードレーサー	45
フリーダンス	183	ホッケー、ローラー 334	ミニトランポリン、ダブル	67	ラリー、ロンドン〜シドニー	349	ロードレース	28
フリデリク・ナンセン	190	ホッケンハイム 343	ミハエル・シューマッハ	346	ラルフ・ローズ	28	ロバート・ティスドール	11
フリーピストル	139	ボッチ 146	宮城長順	296	ラン	159	ロビー・ナッシュ	110
フリーフォール	217	ポッパー、シャーウィン 205	ミリアム・ペダール	209	ランゲン、クリストフ	173	ロビンソン、シュガー・レイ	318
フリーフライ	217	ボディコード 327	ミリテール（軍という意味のフランス語）	126	乱取	298	ロープ	63,116,214
フリープログラム	178	ボディビルディング 360	ミレーヤ・ルイス	271	ランナバウト	358	ロペス、ナンシー	156
フリーライド	205	ボディボード 113	ミロン、ジェイ	51	ランニング	161	ローラースケート	336
フリーライフル	138	ボート 96	ミントネット	270	ランラン、スザンヌ	278	ローラースポーツ	331-338
フリールーティン	81	ボード 113	メアリー・キング	127	リカーブ（オリンピック）	142	ローラーホッケー	334
プリングル、マイク	261	ポドコパエワ、リリア 61	明治時代	300	陸上競技	1-40	ローラーホッケースケート4輪	335
プリンストン・ルールズ	256	ボビー・オア 169	メドレー	78	リシャーソン、ジャクソン	276	ローリー・アンダーウッド	253
プール	147	ボブスレー 172,173	メドレーリレー	78	リーシュコード	113	ロリトス	336
プール	80,84	ボブ・ビーモン 34	メモ・グラシダ	133	リストコード	285	ロールオーバー	31
プール、オリンピック大会用	74	ホフマン、マット 49	メリルボーン・クリケットクラブ	230	リズ・マサカヤン	273	ロレイン・ホワイトコム	62
フルコンタクト	320	ボブランダー、ジャン 237	メルクス、エディ	45	リチャード・フォックス	103	ロングディスタンスレース	110
ブルース・リー	313	ボポフ、アレクサンドル（サーシャ） 78	面	309	リチャード、モーリス・「ロケット」	169	ロングトラック	184
ブルックス、マーシャル	31	ポーム 278	メンドーサ、アルフレッド	114	立射	138	ロングプログラム	178
ブルネット、キャロライン	100	ポーラ・ニュービー・フレイザー 159	モーグル	195	リードクライミング	212	ロングプログラム用ブレード	182
フルフルフル	68	ホーリン、ジョージ 31	モーゼス、エドウィン	11	リード、フィリップ	254	ロングボード	113
ブルーム	151	ポール（ball） 63,149,222	モーゼス・キブチヌイ	15	リーバイス、ティム	332	ロングライフル、22口径	138
フルーレ	326	ポール（bowl） 146	モゼール、フランチェスコ	44	リブゲン・ジュニア、カル	225	ロンゴ、ジャニー	45
プレス、タマラ	29	ポール 32	モータースポーツ	339-358	リーブ、ジャン=ピエール	253	ロンドン〜シドニーラリー	349
ブレット・ハノーバー	131	ボルダリング 212	モトクロス	352	リー、ブルース	313	ローンボウルズ	146
ブレーデセン、エスペン	201	ボルティング競技 119	モトール	352	リボン	63	ローンボウルズ	146
フレデリク・クヌーセン	274	ポール・デュシェネー 183	モノハル	114	リュージュ	181		
フレニー・シュナイダー	194	ボルトン、ブリガディア 126	モノスキー	114	リリア・ポドコパエワ	61	[わ行]	
フレミング、ペギー	178	ポールポジション 343	モハメド・アリカッシウス・クレイ	318	リリーサー	142	技あり	303
フレンチ・トロッター	118	ポロ 132	モーリス・グリーン	5	リレー	48,187,203	ワックス	113
プロゴルフ協会	152	ホワイトコム、ロレイン 62	モーリス・「ロケット」・リチャード	169	リレー、4×100m、4×400m	8	和道流	296
プロサーフィン協会	112	ボンバルディエ、ジョゼフ・アルマン 354	モンタナ、ジョー	261	リンク	150,164,170,178,184	ワールドクオリファイシリーズ	112
プロスト、アラン	346		モンツァ	342	リング	316,320	ワールドゲームズ	72
プロストック	347	[ま行]	モンテカルロ	343	ルイ14世	143	ワールドコンペティションズツアー	112
プロストックバイク	347	マイク・プリングル 261	モントリオール・カナディアンズ	164	ルイス、カール	5,35	ワールドシリーズ	220
フローター	196	マイケル・ジョーダン 267			ルイス、ミレーヤ	271	ワルドナー、ヤン・オベ	287
フローレンス・アルト	109	マイケル・ジョンソン 31	[や行]		ル・エテ、アラン	299	ワールドラリーカーWR車	348
フローレンス・グリフィス・ジョイナー	5	マイケル・スイニー 31	矢	142	ルガニス、グレッグ	94		
フロンティス	238	マイケル・デイグル 195	ヤーガー、ヤロミール	169	ルース、ベーブ	220		
フロンテニス	239	マイケル・ライナー 253	野球	220,226	ルッツ	181		
フロントン	238	マイヨール、ジャック 88	ヤーゲン・マーテンセン	162	ルディ・ハルトノ	291		
ペアーズ	146	マウスピース 319,321	ヤードチェーン	257	ルーティン	82		
ペアハンド	239	マウリツィオ・ダミラノ 17	山田嘉光	307	ルート・デュ・ルム	108		
ペアボウ	142	マウロ・チェッコリ 127	山のスポーツ	211	ルート・フックス	23		
平安五段	298	マウンテンバイク 52	やり投げ	22	ルドルフ	66		
平均台	58	マーク・アレン 159	ヤロミール・ヤーガー	169	ルノアー、ジュール	147		
平行棒	60	マーク・ガニオン 188	ヤン・オベ・ワルドナー	287	ルビ、カリーヌ	207		
平地競争	129	マグラス、ジェレミー 353	ヤン・ゼレズニー	23	ル・マン、アイス	354		
ペイトン、ウォルター	261	マーク・スピッツ 78	ヤング、サイ	225	レイシェル、フランツ	248		
ペギー・フレミング	178	マーク・トッド 127	ヤン・プレンティエンス、バルト	52	レイチェル・ホークス	237		
ペグ	51	マグナル・ソルベルグ 208	有効	303	レイバー、ロッド	279		
ヘーシンク、アントン	305	マクビーン、マーニー 99	ゆか	58	レイモンド・クーレマンス	145		
ペダール、ミリアム	209	まげ 310	ユハ・カンクネン	348	レイモンド・ブッカー	89		
ペタンク	146,147	マサカヤン、リズ 273	弓	142	レウェリン、ジャレット	116		
ベッケンバウアー、フランツ	247	マーシャル・ブルックス 31	由里子、伊藤	65	レオ・ガスペリ	198		
ペトロバ、マリア	63	マシュー・マクグラス 26	ユーリー・セディフ	27	レオタード	61		
ベノイト、ジョーン	21	マスク 89,327	ユルチェンコ	58	レオナルド・ダ・ヴィンチ	42,216		
ベーブ・ルース	220	マチアス・ズダルスキー 195	ヨット	104	レガッタ、バリーフィールド	356		
ベルグマン、イングリッド	305	マーチン・クロフォード 210	ヨットレーサー	108	レーザー級	104		
ヘルマン、マルティナ	25	マクグラス、マシュー 26	マッチスプリント	47	レーザーパレタ	239		
ペルメル	143	マクグラス、マシュー 26	ヨハン・オクセンシェルナ	160	レーザーラジアル級	105		
ペレ	242	マッチ・ニッカネン 201	ヨハン・オラフ・コス	188	レース	49		
ペレク、マリー・ジョゼ	6	マッチプレー 152	ヨルダンカ・ドンコワ	11	レースコース	356		
ペロタデゴマ	239	マッチレース 104	ヨーロッパ1スター	108	レスター・ピゴット	129		
		マット 146						
		マット・ホフマン 49						

監訳者あとがき

　この本の中にはスポーツが溢れています。よく知られているメジャーなものから日頃あまり目にしない新しいスポーツまで多種多様です。その数は実に１２０以上にのぼっています。ところでこのようなスポーツは、近代社会の産物であり、経済や文化の発展に伴って急速に世界中に広まってきたものです。

　この新しいスポーツは、身体技術の進歩、それに伴う戦術の発展、また、素材を含めた用具の飛躍的改善、施設の近代化、競技組織の整備、ハイテク技術の応用による精密な分析と構成などによって現代人の興味を呼び起こしています。しかし、その反面、より詳細で厳格になったルールや用具の実際、施設の規格や運営の方法など、分かりにくいものになってきたと感じる人が多くなってきたのも事実です。この本はそんな問題を解決してくれるものです。最新のルール改正など、あらゆる詳細なデーターとイラストによる分かりやすい説明は、スポーツの理解を進めるだけではなく、より楽しくスポーツを観戦することが出来るように、多くの人の助けとなるものです。

　ところで、スポーツの歴史は人類の歴史と共に古いものです。古代社会に大きな文明の足跡を残したエジプトやギリシャ時代に多くの競技が存在したことを、その遺跡や遺物の中に知ることが出来ます。近代オリンピック競技（第１回、１８９６年、アテネ）を再興したのはフランスのクーベルタンという人でした。その目的は、古代ギリシャ時代のオリンピア祭の現代的復活であり、また、壮大な青少年のための教育的事業の企てであったと言われています。その歴史のルーツは本当にロマンに満ちたものです。この本ではそのような競技の歴史的経緯を容易に知ることが出来るのです。

　また、近代スポーツの原型は、近世ヨーロッパで民衆の間に自然発生的に生じたものであると言われています。このことは、スポーツが自然環境や地域の生活文化に即して独特な形で発展して来たことを意味しているのです。このため、多くのスポーツが地域的な特性を持っており、馴染みのない国の人にはよく分からないスポーツが多いことも事実です。

　さらに、ルールや戦術の近代化には目を見張るものがあります。複雑になればなるほど一般の人には分かりにくいものになってきたのです。記録や採点をコントロールする審判の制度や運営方法などはなかなか分かりにくいものです。ある意味、専門家でなければ分からないのが本当のところではないでしょうか。

　歴史、ルールや戦術、用具と素材、採点方法や審判基準、施設の詳細などを知りたいと思う人はたくさんいます。この本は、このような、日頃疑問を持っている多くのファンの人にスポーツを分かりやすく解説してくれます。さらに、テレビなどの映像では見えない審判の配置や役割などが分かりやすくイラストで示されています。とにかく、過去の記録やデーター、競技方法、戦術、審判の役割など数字に関する情報に満ち溢れています。ぜひご覧頂いて、スポーツについての正確な知識を身につけていただきたいと思っています。

室星　隆吾

編著：フランソワ・フォルタン（François Fortin）
カナダのモントリオールにてCG技術の研究を行い、その分野の発展に寄与する。その成果を基にCGを施した多数の書籍をてがけ、幾多の作品で受賞する。Libraly Journal主催Best Reference Book Award、Communication Arts主催Award of Excellenceなど。

監訳：室星　隆吾（むろぼし　りゅうご）
国立大学法人東京学芸大学教授。東京大学大学院教育学研究科博士課程（体育学専門課程）中退。
専門領域：ウォーキングと教育、ウォーキングの文化史
主著：『ウォーキングの本』岩波書店・1996年、『ウォーキング研究。』『ウォーキング研究 』不昧堂出版 1995,1997年

図解スポーツ大百科

2006年6月22日　第1刷発行

編　著　者　　フランソワ・フォルタン
監　訳　者　　室星　隆吾
翻　　　訳　　（株）トランネット　大和　都・北間　由香・相馬　聡子
装　　　丁　　桂川　潤

発　行　者　　星　勝男

発　行　所　　悠書館
　　　　　　　〒113-0024 東京都文京区西片1-15-19-1302
　　　　　　　TEL/FAX：03-3812-6504

ISBN4-903487-00-8